Jugendarbeitsschutzgesetz
Basiskommentar

Thomas Lakies

Jugendarbeits- schutzgesetz

Basiskommentar zum JArbSchG
mit Einleitung und ergänzenden Vorschriften

8., überarbeitete und aktualisierte Auflage

BUND
VERLAG

Bibliografische Information Der Deutschen Nationalbibliothek
Die Deutsche Nationalbibliothek verzeichnet diese Publikation in der
Deutschen Nationalbibliografie; detaillierte bibliografische Daten
sind im Internet über *http://dnb.d-nb.de* abrufbar

8., überarbeitete und aktualisierte Aufl. 2018
© 1979 by Bund-Verlag GmbH, Frankfurt am Main
Umschlag: Ute Weber, Geretsried
Satz: Dörlemann Satz, Lemförde
Druck: CPI books GmbH, Leck
Printed in Germany 2018
ISBN 978-3-7663-6720-4

www.bund-verlag.de

Vorwort

Trotz längerer Schulzeit sind viele Jugendliche erwerbstätig. In der amtlichen Statistik werden sie in der Altersgruppe 15–19 Jahre erfasst. Die Erwerbsquote in dieser Altersgruppe liegt bei rund 28 %, das sind rund eine Million junge Frauen und Männer (vgl. Datenreport 2016, S. 129). Das Gesetz zum Schutz der arbeitenden Jugend, das Jugendarbeitsschutzgesetz, ist also keineswegs überflüssig. Geschützt werden sollen die Gesundheit und die ungestörte körperliche und geistige Entwicklung von Kindern und Jugendlichen in Ausbildung und Arbeit.

Der vorliegende Kommentar stellt das Jugendarbeitsschutzrecht anschaulich, kompakt und abgestellt auf die Bedürfnisse der Praxis dar.

Der Kommentar richtet sich an die Ausbildungsberater der Kammern, an die Personalverantwortlichen in den Betrieben sowie an Betriebs- und Personalräte und Jugend- und Ausbildungsvertretungen. Ebenso können Rechtsanwälte, Rechtsberater in Verbänden, Gewerkschaften und Kammern und Richter das Buch zu Rate ziehen. Der Kommentar ist so konzipiert, dass er auch als Ratgeber für die betroffenen Jugendlichen, die Eltern sowie die Ausbildenden und Ausbilder dienen kann.

Die besonderen Rechtsfragen, die Kinder und Jugendliche (Minderjährige) betreffen und nicht direkt im JArbSchG geregelt sind, werden in der »Einleitung« aufbereitet. Da sich die meisten Jugendlichen nicht in einem Arbeitsverhältnis befinden, sondern in der Ausbildung, enthält die Einleitung auch eine kompakte Erläuterung der wichtigsten Vorschriften des Berufsbildungsrechts in dem Abschnitt »Minderjährige in der Ausbildung«. Aktuelle Entwicklungen, wie das Auftreten von Minderjährigen in Casting-Shows, Doku-Soaps oder Minderjährige im Profisport, werden bei der Kommentierung der einschlägigen Vorschriften des JArbSchG berücksichtigt.

Berlin, im April 2018
Thomas Lakies

Inhaltsverzeichnis

Vorwort.   5
Abkürzungsverzeichnis.   11
Literaturverzeichnis   17

Einleitung
1. Die Geschichte des Jugendarbeitsschutzes   20
2. Die rechtliche Stellung Minderjähriger.   30
3. Die gesetzliche Vertretung Minderjähriger   71
4. Minderjährige in der Ausbildung.   84
5. Minderjährige im Arbeitsverhältnis   127

Gesetzestext mit Kommentar
Gesetz zum Schutze der arbeitenden Jugend
(Jugendarbeitsschutzgesetz – JArbSchG)

Erster Abschnitt
Allgemeine Vorschriften
§ 1   Geltungsbereich   129
§ 2   Kind, Jugendlicher   141
§ 3   Arbeitgeber.   142
§ 4   Arbeitszeit   143

Zweiter Abschnitt
Beschäftigung von Kindern
§ 5   Verbot der Beschäftigung von Kindern   155
§ 6   Behördliche Ausnahmen für Veranstaltungen.   166
§ 7   Beschäftigung von nicht vollzeitschulpflichtigen Kindern   . . .   177

Inhaltsverzeichnis

Dritter Abschnitt
Beschäftigung Jugendlicher

Erster Titel
Arbeitszeit und Freizeit

§ 8	Dauer der Arbeitszeit	178
§ 9	Berufsschule	184
§ 10	Prüfungen und außerbetriebliche Ausbildungsmaßnahmen	190
§ 11	Ruhepausen, Aufenthaltsräume	194
§ 12	Schichtzeit	198
§ 13	Tägliche Freizeit	199
§ 14	Nachtruhe	200
§ 15	Fünf-Tage-Woche	211
§ 16	Samstagsruhe	213
§ 17	Sonntagsruhe	220
§ 18	Feiertagsruhe	224
§ 19	Urlaub	227
§ 20	Binnenschifffahrt	234
§ 21	Ausnahmen in besonderen Fällen	236
§ 21a	Abweichende Regelungen	237
§ 21b	[Ermächtigung]	238

Zweiter Titel
Beschäftigungsverbote und -beschränkungen

§ 22	Gefährliche Arbeiten	239
§ 23	Akkordarbeit; tempoabhängige Arbeiten	244
§ 24	Arbeiten unter Tage	248
§ 25	Verbot der Beschäftigung durch bestimmte Personen	249
§ 26	Ermächtigungen	252
§ 27	Behördliche Anordnungen und Ausnahmen	252

Dritter Titel
Sonstige Pflichten des Arbeitgebers

§ 28	Menschengerechte Gestaltung der Arbeit	256
§ 28a	Beurteilung der Arbeitsbedingungen	260
§ 29	Unterweisung über Gefahren	261
§ 30	Häusliche Gemeinschaft	262
§ 31	Züchtigungsverbot, Verbot der Abgabe von Alkohol und Tabak	263

Vierter Titel
Gesundheitliche Betreuung

§ 32   Erstuntersuchung 265
§ 33   Erste Nachuntersuchung. 269
§ 34   Weitere Nachuntersuchungen 272
§ 35   Außerordentliche Nachuntersuchung 272
§ 36   Ärztliche Untersuchungen und Wechsel des Arbeitgebers . . . 273
§ 37   Inhalt und Durchführung der ärztlichen Untersuchungen . . . 274
§ 38   Ergänzungsuntersuchung 276
§ 39   Mitteilung, Bescheinigung. 277
§ 40   Bescheinigung mit Gefährdungsvermerk 278
§ 41   Aufbewahren der ärztlichen Bescheinigungen. 279
§ 42   Eingreifen der Aufsichtsbehörde. 281
§ 43   Freistellung für Untersuchungen. 282
§ 44   Kosten der Untersuchungen 283
§ 45   Gegenseitige Unterrichtung der Ärzte 283
§ 46   Ermächtigungen 285

Vierter Abschnitt
Durchführung des Gesetzes

Erster Titel
Aushänge und Verzeichnisse

§ 47   Bekanntgabe des Gesetzes und der Aufsichtsbehörde 285
§ 48   Aushang über Arbeitszeit und Pausen 288
§ 49   Verzeichnisse der Jugendlichen 289
§ 50   Auskunft; Vorlage der Verzeichnisse 290

Zweiter Titel
Aufsicht

§ 51   Aufsichtsbehörde; Besichtigungsrechte und Berichtspflicht. . . 292
§ 52   Unterrichtung über Lohnsteuerkarten an Kinder 295
§ 53   Mitteilung über Verstöße 296
§ 54   Ausnahmebewilligungen. 297

Dritter Titel
Ausschüsse für Jugendarbeitsschutz

§ 55   Bildung des Landesausschusses für Jugendarbeitsschutz 300
§ 56   Bildung des Ausschusses für Jugendarbeitsschutz bei der
        Aufsichtsbehörde. 307
§ 57   Aufgaben der Ausschüsse 309

Inhaltsverzeichnis

Fünfter Abschnitt
Straf- und Bußgeldvorschriften

§ 58   Bußgeld- und Strafvorschriften 314
§ 59   Bußgeldvorschriften 321
§ 60   Verwaltungsvorschriften für die Verfolgung und Ahndung von
        Ordnungswidrigkeiten 321

Sechster Abschnitt
Schlussvorschriften

§ 61 Beschäftigung von Jugendlichen auf Kauffahrteischiffen 322
§ 62 Beschäftigung im Vollzug einer Freiheitsentziehung 323

Anhang
1.   EU-Richtlinie 94/33/EG über den Jugendarbeitsschutz 328
2.   Verordnung über den Kinderarbeitsschutz
     (Kinderarbeitsschutzverordnung – KindArbSchV) 344
3.   Verordnung über die ärztlichen Untersuchungen nach dem
     Jugendarbeitsschutzgesetz
     (Jugendarbeitsschutzuntersuchungsverordnung – JArbSchUV) .   346
4.   Verordnung über Ausnahmen von Vorschriften des
     Jugendarbeitsschutzgesetzes für jugendliche
     Polizeivollzugsbeamte in der Bundespolizei (BGS-JArbSchV) . . 348
5.   Jugendschutzgesetz (JuSchG) – Auszug – 351
6.   Berufsbildungsgesetz (BBiG) – Auszug – 362
7.   Seearbeitsgesetz (SeeArbG) – Auszug – 378
8.   Abschlussbericht der Bund-Länder-Arbeitsgruppe zur
     Überprüfung des Jugendarbeitsschutzgesetzes vom Mai 2011
     – Auszug – 392

Stichwortverzeichnis 427

Abkürzungsverzeichnis

a. A.	anderer Ansicht
a. a. O.	am angegebenen Ort
ABl. EG	Amtsblatt der Europäischen Gemeinschaft Ausgabe L
Abs.	Absatz
AEntG	Gesetz über zwingende Arbeitsbedingungen für grenz-überschreitend entsandte und für regelmäßig im Inland beschäftigte Arbeitnehmer und Arbeitnehmerinnen (Arbeitnehmer-Entsendegesetz)
AG	Aktiengesellschaft
AGG	Allgemeines Gleichbehandlungsgesetz
AiB	Arbeitsrecht im Betrieb (Zeitschrift)
AktG	Aktiengesetz
Anm.	Anmerkung
AP	Arbeitsrechtliche Praxis (Entscheidungssammlung)
ArbG	Arbeitsgericht
ArbGG	Arbeitsgerichtsgesetz
ArbSchG	Arbeitsschutzgesetz
ArbStättV	Verordnung über Arbeitsstätten (Arbeitsstättenverordnung)
ArbZG	Arbeitszeitgesetz
Art.	Artikel
ASiG	Arbeitssicherheitsgesetz
ASK	Ausbildungsstandskontrollen
AÜG	Arbeitnehmerüberlassungsgesetz
AuR	Arbeit und Recht (Zeitschrift)
AVO	Ausführungsverordnung
AVR	Arbeitsvertragliche Richtlinien
AWiS	AWiS-Consult, Arbeitszeit- und Organisationsberatung, Personalentwicklung
AWZ	außerordentliche Wirtschaftszone
Az.	Aktenzeichen

Abkürzungsverzeichnis

BAföG	Bundesausbildungsförderungsgesetz
BAG	Bundesarbeitsgericht
BAuA	Bundesanstalt für Arbeitsschutz und Arbeitsmedizin
BAZG	Gesetz über die Arbeitszeit in Bäckereien und Konditoreien
BB	Betriebs-Berater (Zeitschrift)
BBG	Bundesbeamtengesetz
BBiG	Berufsbildungsgesetz
Bek.	Bekanntmachung
BetrVG	Betriebsverfassungsgesetz
BG	Berufsgenossenschaft
BGB	Bürgerliches Gesetzbuch
BGBl.	Bundesgesetzblatt
BGH	Bundesgerichtshof
BFDG	Gesetz über den Bundesfreiwilligendienst (Bundesfreiwilligendienstgesetz)
BMAS	Bundesministerium für Arbeit und Soziales
BPersVG	Bundespersonalvertretungsgesetz
BR-Drucks.	Bundesratsdrucksache
BT	Deutscher Bundestag
BT-Drucks.	Bundestagsdrucksache
BUrlG	Bundesurlaubsgesetz
BVerfG	Bundesverfassungsgericht
BVerwG	Bundesverwaltungsgericht
BVerwGE	Entscheidungssammlung des Bundesverwaltungsgerichts
bzw.	beziehungsweise
CDU	Christlich-demokratische Union
CSU	Christlich Soziale Union
DB	Der Betrieb (Zeitschrift)
DGB	Deutscher Gewerkschaftsbund
DIN	Deutsche Industrie-Norm = Deutsche Industrie-Normen)
DKKW	Däubler/Kittner/Klebe/Wedde (siehe Literaturverzeichnis)
Drs.	Drucksache
DVBl.	Deutsches Verwaltungsblatt (Zeitschrift)
DVO	Durchführungsverordnung
EFZG	Entgeltfortzahlungsgesetz
EG	Europäische Gemeinschaft

EGBGB	Einführungsgesetz zum Bürgerlichen Gesetzbuch
Einf.	Einführung
ELStAM	Elektronische LohnSteuerAbzugs-Merkmale
Entsch.	Entscheidung
ErfK	Erfurter Kommentar zum Arbeitsrecht (siehe Literaturverzeichnis: *Müller-Glöge/Preis/Schmidt*)
EStG	Einkommenssteuergesetz
EU	Europäische Union
EuGH	Gerichtshof der Europäischen Union (Europäischer Gerichtshof)
EVertr	Einigungsvertrag
evtl.	eventuell
EWG	Europäische Wirtschaftsgemeinschaft
EzB	Entscheidungssammlung zum Berufsbildungsrecht
FamFG	Gesetz über das Verfahren in Familiensachen und in den Angelegenheiten der freiwilligen Gerichtsbarkeit
FDP	Freie Demokratische Partei Deutschlands
ff.	folgende
Fußn.	Fußnote
GaststG	Gaststättengesetz
GBl.	Gesetzblatt
gem.	gemäß
GewO	Gewerbeordnung
GG	Grundgesetz für die Bundesrepublik Deutschland
GmbH	Gesellschaft mit beschränkter Haftung
GmbHG	Gesetz betreffend die Gesellschaften mit beschränkter Haftung
GVBl.	Gesetz- und Verordnungsblatt
GVG	Gerichtsverfassungsgesetz
HAG	Heimarbeitsgesetz
HGB	Handelsgesetzbuch
HK-ArbR	Handkommentar Arbeitsrecht (siehe Literaturverzeichnis *Däubler/Hjort/Hummel/Wolmerath (Hrsg.)*)
h. M.	herrschende Meinung
Hrsg.	Herausgeber
HWK	Henssler/Willemsen/Kalb (siehe Literaturverzeichnis)
IAO	Internationale Arbeitsorganisation
i. d. F.	in der Fassung
IHK	Industrie und Handelskammer

Abkürzungsverzeichnis

InsO	Insolvenzordnung
i. V. m.	in Verbindung mit
JArbSchG	Jugendarbeitsschutzgesetz
JArbschUV	Jugendarbeitsschutzuntersuchungsverordnung
JAV	Jugend- und Auszubildendenvertretung
JGG	Jugendgerichtsgesetz)
JSchGÖff.	Gesetz zum Schutze der Jugend in der Öffentlichkeit
JuSchG	Jugendschutzgesetz
JWG	Gesetz für Jugendwohlfahrt
KG	Kommanditgesellschaft
KindArbSchV	Kinderarbeitsschutzverordnung
KSchG	Kündigungsschutzgesetz
LAG	Landesarbeitsgericht
LAGE	Entscheidungssammlung der Landesarbeitsgerichte
lfd.	laufende
LFZG	Lohnfortzahlungsgesetz
LSchlG	Ladenschlussgesetz
MiLoG	Mindestlohngesetz
MüArbR	Münchener Handbuch zum Arbeitsrecht (siehe Literaturverzeichnis)
MünchKommBGB	Münchener Kommentar zum Bürgerlichen Gesetzbuch (siehe Literaturverzeichnis)
MuSchG	Mutterschutzgesetz
m. w. N.	mit weiteren Nachweisen
NachwG	Nachweisgesetz
n. F.	neue Fassung
NJW	Neue Juristische Wochenschrift (Zeitschrift)
NK-GA	Nomos Kommentar Gesamtes Arbeitsrecht, siehe Literaturverzeichnis: *Boecken/Düwell/Diller/Hanau*
Nr.	Nummer
Nm.	Nummern
NW	Nordrhein-Westfalen
NZA	Neue Zeitschrift für Arbeitsrecht (Zeitschrift)
NZA-RR	NZA Rechtsprechungs-Report Arbeitsrecht (Zeitschrift)
NVwZ	Neue Zeitschrift für Verwaltungsrecht (Zeitschrift)

OHG	Offene Handelsgesellschaft
OLG	Oberlandesgericht
OVG	Oberverwaltungsgericht
OWiG	Gesetz über Ordnungswidrigkeiten
PersR	Der Personalrat (Zeitschrift)
PersVG	Personalvertretungsgesetz
RdA	Recht der Arbeit (Zeitschrift)
RdErl.	Runderlass
RGBl.	Reichsgesetzblatt
Rn.	Randnummer
RVO	Rechtsverordnung
s.	siehe
S.	Seite
SeeArbG	Seearbeitsgesetz
SeemG	Seemannsgesetz
SGB I	Sozialgesetzbuch Erstes Buch (Allgemeiner Teil)
SGB II	Sozialgesetzbuch Zweites Buch (Grundsicherung für Arbeitsuchende)
SGB III	Sozialgesetzbuch Drittes Buch (Arbeitsforderung)
SGB IV	Sozialgesetzbuch Viertes Buch (Gemeinsame Vorschriften für die Sozialversicherung)
SGB V	Sozialgesetzbuch Fünftes Buch (Krankenversicherung)
SGB VI	Sozialgesetzbuch Sechstes Buch (Rentenversicherung)
SGB VII	Sozialgesetzbuch Siebtes Buch (Unfallversicherung)
SGB VIII	Sozialgesetzbuch Achtes Buch (Kinder- und Jugendhilfe)
SGB IX	Sozialgesetzbuch Neuntes Buch (Rehabilitation und Teilhabe behinderter Menschen)
SGB X	Sozialgesetzbuch Zehntes Buch (Sozialverwaltungsverfahren und Sozialdatenschutz)
SGB XI	Sozialgesetzbuch Elftes Buch (Soziale Pflegeversicherung)
SGB XII	Sozialgesetzbuch Zwölftes Buch (Sozialhilfe)
SGG	Sozialgerichtsgesetz
sm	Seemeile
sog.	so genannte
SPD	Sozialdemokratische Partei Deutschlands
SpuRt	Sport und Recht (Zeitschrift)
StGB	Strafgesetzbuch

Abkürzungsverzeichnis

TVG	Tarifvertragsgesetz
TzBfG	Teilzeit- und Befristungsgesetz
Ü	Übereinkommen
u. a.	unter anderem
usw.	und so weiter
UW	Unfallverhütungsvorschriften
VA	Verwaltungsakt
VBG	Vorschriften der Berufsgenossenschaft
vgl.	vergleiche
VO	Verordnung
Vorbem.	Vorbemerkung
VwGO	Verwaltungsgerichtsordnung
WRV	Weimarer Reichsverfassung
ZPO	Zivilprozessordnung

Literaturverzeichnis

Anzinger, Jugendarbeitsschutz, in: Münchener Handbuch zum Arbeitsrecht, 3. Auflage 2009

Boecken/Düwell/Diller/Hanau (Hrsg.), Gesamtes Arbeitsrecht, Nomos Kommentar, 1. Auflage 2016 (zitiert: NK-GA/*Bearbeiter*)

Däubler/Deinert/Zwanziger (Hrsg.), Kündigungsschutzrecht, Kommentar für die Praxis, 10. Auflage 2017 (zitiert: DDZ/*Bearbeiter*)

Däubler/Hjort/Hummel/Wolmerath (Hrsg.), Arbeitsrecht, Handkommentar, 2008 (zitiert: HK-ArbR-*Bearbeiter*)

Däubler/Kittner/Klebe/Wedde (Hrsg.), Betriebsverfassungsgesetz, Kommentar für die Praxis, 16. Auflage 2018 (zitiert: *DKKW-Bearbeiter*)

Henssler/Willemsen/Kalb (Hrsg.), Arbeitsrecht Kommentar, 7. Auflage 2016 (zitiert: HWK/*Bearbeiter*)

Kittner/Zwanziger/Deinert/Heuschmid (Hrsg.), Arbeitsrecht, Handbuch für die Praxis, 9. Auflage 2017

Lakies/Malottke, Berufsbildungsgesetz, Kommentar für die Praxis, 5. Auflage 2016

Lakies, Berufsbildungsgesetz, Basiskommentar, 4. Auflage 2018

Lakies, Mindestlohngesetz, Basiskommentar, 3. Auflage 2017

Lorenz, Jugendarbeitsschutzgesetz, Kommentar, 1997

Molitor/Volmer/Germeimann, Jugendarbeitsschutzgesetz, Kommentar, 3. Auflage 1986

Münchener Kommentar zum Bürgerlichen Gesetzbuch, 7. Auflage 2015 (zitiert: MünchKommBGB/*Bearbeiter*)

Müller-Glöge/Preis/Schmidt, Erfurter Kommentar zum Arbeitsrecht, 18. Auflage 2018 (zitiert: ErfK/*Bearbeiter*)

Nesemann, Arbeitsvertragliche Grenzen im professionellen Jugendfußball, 2012.

Palandt, Bürgerliches Gesetzbuch (BGB), Kommentar, 77. Auflage 2018 (zitiert: Palandt/*Bearbeiter*)

Schaub (Hrsg.), Arbeitsrechts-Handbuch, 17. Auflage 2017 (zitiert: Schaub/*Bearbeiter*)

Taubert, Jugendarbeitsschutzgesetz, Kommentar, 2003

Wedde (Hrsg.), Arbeitsrecht, Kompaktkommentar, 5. Auflage 2016

Literaturverzeichnis

Weyand, Jugendarbeitsschutzgesetz, Nomos Kommentar, 2. Online-Auflage 2016 (www.beck-online.de)

Weyand, Der arbeitsrechtliche Schutz von Kindern und Jugendlichen im Sportbetrieb, in: *Wolmerath/Gallner/Krasshöfer/Weyand* (Hrsg.), Recht – Politik – Geschichte, Festschrift für Franz Josef Düwell zum 65. Geburtstag, 2011, S. 172–187.

Zmarzlik, Jugendarbeitsschutz, in: Münchener Handbuch zum Arbeitsrecht, 2. Auflage 2000

Zmarzlik/Anzinger, Jugendarbeitsschutzgesetz, Kommentar, 5. Auflage 1998

Einleitung

Inhaltsübersicht   Rn.

1. Die Geschichte des Jugendarbeitsschutzes 1– 33
2. Die rechtliche Stellung Minderjähriger   34–227
   a. Verträge mit geschäftsunfähigen Minderjährigen 37– 49
   b. Verträge mit beschränkt geschäftsfähigen Minderjährigen 50– 80
      aa. Das »lediglich rechtlich vorteilhafte« Geschäft 51– 62
      bb. Einbeziehung des gesetzlichen Vertreters 63– 80
   c. Einseitige Rechtsgeschäfte 81– 93
      aa. Die Kündigung durch Minderjährige 89– 91
      bb. Die Kündigung gegenüber Minderjährigen 92– 93
   d. Insichgeschäfte 94– 96
   e. Genehmigungsvorbehalte des Familiengerichts 97– 99
   f. Minderjährige als Arbeitnehmer (§ 113 BGB)   100–139
      aa. »Ermächtigung« (§ 113 BGB)   101–115
      bb. Rechtsfolgen der »Ermächtigung«   116–128
      cc. Rücknahme und Einschränkung der »Ermächtigung«   129–130
      dd. Ablehnung der Erteilung der »Ermächtigung«   131–133
      ee. Berufsausbildungsverhältnisse   134–139
   g. Haftung minderjähriger Arbeitnehmer   140–165
      aa. Haftung bei der Vertragsanbahnung   140–147
      bb. Haftung für Schäden bei der Tätigkeit   148–165
   h. Minderjährige in der Betriebsverfassung   166
   i. Minderjährige in der Sozialversicherung   167–168
   j. Minderjährige im Arbeitsgerichtsprozess   169–208
      aa. Prozessfähigkeit   169–192
      bb. Der gesetzliche Vertreter im Prozess   193–208
   k. Minderjährige als Arbeitgeber (§ 112 BGB)   209–227
3. Die gesetzliche Vertretung Minderjähriger   228–296
   a. Vertretung durch die Eltern   228–246
      aa. Gesamtvertretung und Alleinvertretung   228–232
      bb. Ausübung des gemeinsamen Vertretungsrechts   233–242
      cc. Rechtslage bei mangelnder Einigung der Eltern   243–245
      dd. Benachteiligung Minderjähriger durch elterliche Maßnahmen   246
   b. Änderung der familienrechtlichen Verhältnisse   247–268
      aa. Elterliche Sorge bei Trennung der Eltern   247–253
      bb. Entscheidungsrecht der Pflegeperson   254–256
      cc. Rechtliche und tatsächliche Verhinderung an der Ausübung
          des elterlichen Sorgerechts   257–264

      dd. Endgültige Beendigung und Übergang elterlicher Vertretungs-
           rechte 265–268
  c. Vormundschaft und Pflegschaft 269–296
      aa. Vormundschaft 269–289
      bb. Pflegschaft 290–296
4. Minderjährige in der Ausbildung 297–404
  a. Abschluss des Berufsausbildungsvertrages 298–301
  b. Anzuwendende arbeitsrechtliche Vorschriften 302–305
  c. Nichtige Vereinbarungen 306–319
      aa. Schutz der Berufsfreiheit der Auszubildenden 306–310
      bb. Finanziell belastende Vereinbarungen 311–319
  d. Pflichten der Auszubildenden 320–328
  e. Allgemeine Pflichten der Ausbildenden 329–336
  f. Freistellungspflichten 337–344
  g. Rechtsanspruch auf angemessene Ausbildungsvergütung 345–355
  h. Kündigung des Berufsausbildungsverhältnisses 356–376
      aa. Kündigung während der Probezeit 356
      bb. Kündigung nach der Probezeit durch die Ausbildenden 357–374
      cc. Kündigung nach der Probezeit durch die Auszubildenden . . . 375–376
  i. Schadensersatz bei vorzeitiger Beendigung 377–387
      aa. Vorzeitige Beendigung des Berufsausbildungsverhältnisses . . . 377–379
      bb. Fristgerechte Geltendmachung 380
      cc. Rechtsfolge: Schadensersatz 381–387
  j. Weiterarbeit nach Ende der Ausbildung 388–398
      aa. Grundsatz: Kein Anspruch auf Übernahme in ein Arbeits-
           verhältnis 388–391
      bb. Tatsächliche Weiterbeschäftigung 392–398
  k. Andere Vertragsverhältnisse 399–404
5. Minderjährige im Arbeitsverhältnis 405

1.   Die Geschichte des Jugendarbeitsschutzes

1   Die Geschichte des Schutzes von Kindern und Jugendlichen vor der Überbeanspruchung durch Arbeit spiegelt die Geschichte der Industrialisierung wi-
der. Kinderarbeit hat es allerdings auch in **vorindustrieller Zeit** gegeben.
Kinder mussten in den bäuerlichen Familien von früh auf »mitarbeiten«
und wurden zum Teil auch auf Nachbarhöfe ausgeliehen. Im Handwerk gab
es – vor allem wegen der strengen Zunftzwänge – so gut wie keine Kinderarbeit. Die wenigen bekannten Kinderschutzbestimmungen wurden in der Regel zu dem Zweck geschaffen, die Zahl der Lehrlinge zu beschränken, um
nicht das Zunftgefüge zu stören. Die **ersten Kinderschutzbestimmungen**
stammen aus dem 13. Jahrhundert. So legte im Jahre 1284 die Glasschlei-
ferinnung in Venedig das Mindestalter für Lehrlinge auf acht Jahre fest. Im
16. Jahrhundert gab es in Deutschland vereinzelt Vorschriften über Alters-

grenzen für Lehrlinge. Die Buchbinder in Nürnberg und die Ziegler in Württemberg legten ein Beschäftigungsalter von 14 bzw. 15 Jahren fest.[1]

Erst mit der **Industrialisierung** und der damit verbundenen hemmungslosen Ausbeutung der Arbeitskraft von Kindern entwickelten sich Regelungen zum Schutz der Kinder und Jugendlichen vor einer Überbeanspruchung durch Arbeit. Da die Industrialisierung in England ihren Ausgang nahm, wurden auch hier die ersten gesetzlichen Schutzmaßnahmen getroffen. In England ab 1750, in Deutschland ab 1800 führte der verstärkte Einsatz von Maschinen und eine damit zunehmende Arbeitsteilung zu extremen Ausbeutungsmethoden und unmenschlichen Arbeits- und Lebensbedingungen für die erwachsenen Frauen und Männer, aber auch für Kinder und Jugendliche. Der Aufbau des Produktionsapparates des modernen Kapitalismus und die Schaffung der Schwerindustrie waren unter großen Menschenopfern vor sich gegangen. Die Elendsviertel der Städte quollen über. Unternehmer und Politiker waren von der Vorstellung ausgegangen, dass der Mensch im Überfluss vorhanden und das billigste sei, was es gäbe. Dass es »die Ware Arbeitskraft nur in Behältern aus Fleisch und Blut gibt« – wie es *Sinzheimer* formulierte –, zügelte den Verwertungsprozess nicht. **2**

Im Mittelalter bis hin zur Mitte des 19. Jahrhunderts hatten **Kinder keinen eigenen Rechtsstatus.** Kinder waren kleine Erwachsene – zwar mit begrenzten körperlichen Kräften, gleichwohl prinzipiell für die Tätigkeiten geeignet, die auch Erwachsene zu verrichten hatten. Man hielt sie teilweise sogar für besser geeignet, wenn man das Beispiel der Kinder in Bergwerken heranzieht: Ihre geringere Körpergröße erlaubte eine niedrigere Stollenhöhe. Sie konnten arbeiten, wo Erwachsene nicht mehr eingesetzt werden konnten. **3**

Noch um 1850 war die Wissenschaft bis auf wenige Ausnahmen der Auffassung, das Kindesalter ende mit dem 10., spätestens mit dem 11. Lebensjahr. Der Übergang in das Erwachsenendasein folge nahtlos. Die Phase des Jugendlichen war unbekannt. Daher muss man, wenn man von Jugendarbeitsschutz spricht, davon ausgehen, dass sich bis 1810 der »Jugendarbeitsschutz« allein auf Kinderarbeit bezog, sich also auf höchstens 11-Jährige erstreckte. Erst im preußischen Regulativ von 1839 taucht eine Bestimmung über die Beschränkung der Arbeit für Jugendliche unter 16 Jahren auf. **4**

Da es für die Zeit vor 1850 keine Statistiken über Umfang und Art von Kinderarbeit gibt, müssen Berichte von Einzelpersonen die Situation illustrieren. So stellt der Oberpräsident von Heydebreck von Brandenburg in einem Bericht fest, dass fünfjährige Kinder in Fabriken einen 15-Stunden-Tag mit einer Stunde Mittagspause haben. 1834 beschreibt der Preußische Geheime Regierungsrat Keller die Lage der arbeitenden Kinder in den Baumwollfabriken: »Die Kinder sind täglich von 5:00 Uhr morgens bis 12:00 Uhr mittags **5**

---

1 *Sperling* Jugendarbeitsschutz – Geschichtliche Entwicklung, S. 7.

und nachmittags von 1:00 Uhr bis am späten Abend, im Winter natürlich bei Lichte, beschäftigt. Schulunterricht genießen sie gar nicht, weder in den frühesten Jahren, noch während der Zeit, in welcher sie hier Arbeit finden, nicht einmal in Sonntagsschulen.«[2]

6 Deutsche und englische Fabrikinspektoren schildern in ihren Jahresberichten die Arbeitsbedingungen von Jungen und Mädchen:[3]
   • in Metallschlossereien zehn Stunden und mehr in gebückter Haltung; Eisen- und Stahlstaub zersetzen die Lunge und bewirken ständigen Durst, den viele Kinder wie die Erwachsenen mit Alkohol stillen;
   • in Zündholzfabriken mit Schwefel und Phosphor, die Brechreiz und Vergiftungen hervorrufen;
   • nicht wenige fallen der ständig drohenden Explosionsgefahr zum Opfer;
   • in Spinnzellen, in Hitze, Staub und Lärm; Schwindsucht ist eine häufige Folge dieser Arbeit;
   • in Bergwerken, als Anschläger und Karrenschieber, was zur Verkrümmung der Beine, der Füße und des Rückgrats fuhrt.

7 Die Kinder mussten zwar arbeiten wie Erwachsene, wurden aber wesentlich geringer entlohnt. Die Not war so groß, dass alle Kinder, die irgendwie arbeiten konnten, ebenso wie die Frauen zum Lebensunterhalt der Familie beitragen mussten. Das große Angebot von Kindern und ihre geringe Entlohnung ließen sie auf dem Arbeitsmarkt als Konkurrenten für die erwachsenen Männer auftreten. Mit dieser Armee ausgebeuteter Kinder wurde ein hoher Profit erzielt und der Lohn der erwachsenen Arbeiter gedrückt. Die Unternehmer hatten deshalb kein Interesse an ersten Bestrebungen, Kinder und Jugendliche zu schützen.

8 Im Jahre 1796 kam es in **England** zu der ersten wirksamen Initiative für eine staatliche Regelung zum Schutze der Kinder und Jugendlichen. Initiatoren waren zum Teil Fabrikanten, die jedenfalls die schlimmsten Missstände abstellen wollten. Die Öffentlichkeit unterstützte dieses Vorhaben so massiv, dass 1802 das erste Gesetz zum Schutz von Kindern und Jugendlichen ins Parlament eingebracht und beschlossen wurde.

9 In **Deutschland** sind die ersten staatlichen Aktivitäten zur Einschränkung der Kinderarbeit um das Jahr 1820 festzustellen. Im Juni 1824 und April 1827 erließ der preußische Unterrichtsminister von Altenstein sog. Zirkularverfügungen an die Regierungspräsidenten, in denen er zur Berichterstattung über die Kinderarbeit und zu Gesetzesvorschlägen aufforderte. 1837 richtete der Rheinische Landtag eine Petition an den König von Preußen, um ihn zu einem Schutzgesetz für Kinder in den Fabriken zu veranlassen.

---

2 Zitiert nach *Hoppe* Dokumente zur Geschichte der Lage des arbeitenden Kindes in Deutschland von 1700 bis zur Gegenwart, S. 53.
3 Zitiert nach *Adolphs* Industrielle Kinderarbeit, S. 56 ff.

Diese überwiegend sozial-moralisch begründete Initiative war allerdings 10 nur ein sehr schwacher Anstoß für wirkungsvolle gesetzgeberische Maßnahmen. Den wohl entscheidenden Ansatzpunkt lieferten **wehrpolitische Überlegungen.** Hier ist überliefert, dass 1828 der Kommandeur der Rheinarmee, Generalleutnant von Horn, in einem Landwehrgeschäftsbericht an den preußischen König die übermäßige Kinderarbeit in den Fabriken und Bergwerken kritisierte. Vorausgegangen war die für einen Militär sehr unerfreuliche Tatsache, dass der Rekrutierer von jungen Fabrikarbeitern eine sehr große Zahl zurückstellen musste. Er schloss daraus: »Infolge der Nachtarbeit der Fabrikkinder können wohl die Industriebezirke nicht mehr den erforderlichen Rekrutennachwuchs stellen.«

Diese Überlegungen, die bei dem preußischen König mit Sicherheit schwerer wogen als die Vorschläge seiner Minister und Präsidenten, beschleunigten den Jugendarbeitsschutz und führten zur ersten gesetzlichen Initiative in Deutschland, zum »Regulativ«. Im April 1839 wurde in Preußen das »**Regulativ über die Beschäftigung jugendlicher Arbeiter in Fabriken**« erlassen. Die wesentlichsten Bestimmungen waren: 11

- das Verbot der Kinderarbeit für Kinder unter neun Jahren,
- Zehn-Stunden-Tag für Jugendliche unter 16 Jahren,
- Verbot der Nachtarbeit zwischen 23:00 Uhr und 5:00 Uhr,
- Verbot der Arbeit an Sonn- und Feiertagen für Jugendliche,
- Führen einer Liste über die beschäftigten Jugendlichen und Kinder, die Name und Alter der Jugendlichen enthalten sollte,
- Mittagspause von einer Stunde und jeweils eine Viertelstunde Pause am Vor- und Nachmittag,
- für Vergehen gegen das Gesetz wurden Ordnungsstrafen angekündigt.

Bayern und Baden zogen im Jahre 1840 mit einem Gesetzeswerk nach, das 12 dem preußischen Regulativ vergleichbar war. Als zusätzlicher Punkt wurde dort aufgenommen, dass Kinder mit zwölf Jahren nur nach einer gerichtsärztlichen Untersuchung eingestellt werden dürfen. Alle diese Bestimmungen galten nur für Fabriken. Die großen Bereiche der kleinen Gewerbebetriebe, der Heimarbeiter und die gesamte Landwirtschaft blieben ausgeklammert.

Die vorgesehenen Beschränkungen der Einsatzmöglichkeiten und damit der 13 Ausbeutung der Kinder und Jugendlichen ließ die Unternehmer befürchten, ihr Profit schmäler sich. Ihr Widerstand gegen die Regelungen zeigte sich sowohl in der Phase bis zum Erlass des Regulativs als auch nach seinem Inkrafttreten, hier vor allem durch permanente Übertretungen. Immerhin hat es allein elf Jahre gedauert, bis sich die Militärs – trotz ihrer überragenden Stellung im Staat und ihres Einflusses beim König – gegen die Unternehmer durchsetzen konnten und das Regulativ verabschiedet wurde. Die Androhung von Ordnungsstrafen verhalf zur Durchsetzung der Bestimmungen nur wenig. Eine Kontrolle der Einhaltung der Bestimmungen gab es nicht.

Ebenso wenig fanden sich Möglichkeiten des Widerstandes der abhängig Beschäftigten gegen Gesetzesverstöße durch ihre Arbeitgeber. Das führte zu einer Situation, die diese ersten Jugendarbeitsschutzbestimmungen nahezu zur Wirkungslosigkeit verurteilten.

14 Folgende Faktoren führten im Jahre 1853 zu einer Verbesserung des Regulativs:

- Das preußische Militär war an gesunden Rekruten interessiert – durch die Ausweitung des Militärhaushaltes hatte sich der Bedarf sogar vergrößert;
- fortschrittliche Pädagogen und Schulbeamte kämpften um die Einhaltung der Schulpflicht;
- mit einer Verbesserung des Regulativs war die Absicht verbunden, soziale Unruhen und politischen Aktivitäten der Arbeiter zu vermeiden;
- die Ministerialbürokratie, vor allem auch die Justiz, wollte ein Instrumentarium zur Überwachung und Einhaltung der Bestimmungen.

15 Das preußische Gesetz aus dem Jahre 1853 enthielt folgende Verbesserungen:

- Verbot der regelmäßigen Kinderarbeit für Kinder unter zwölf Jahren,
- den Sechs-Stunden-Tag für Kinder von zwölf bis 14 Jahren,
- Verbot der Nachtarbeit zwischen 20:30 Uhr und 5:30 Uhr,
- Verlängerung der Vor- und Nachmittagspausen auf je eine halbe Stunde,
- Einführung von fakultativen Fabrikinspektoren, das heißt von Aufsichtsbeamten, die jedoch nur mit Zustimmung der Eigentümer die Fabriken betreten durften.

16 Diese Verbesserungen des Regulativs waren in einem entscheidenden Punkt ein wachsweicher Kompromiss – nämlich in der Frage der Kontrolle des Gesetzes und der Aufsicht. Es dauerte noch 25 Jahre, bis eine obligatorische Gewerbeaufsicht durch Fabrikinspektoren im Jahre 1878 durchgesetzt werden konnte. Die preußischen Regelungen wurden auch von anderen Staaten des Norddeutschen Bundes übernommen. So erging 1869 die Gewerbeordnung des Norddeutschen Bundes, die die verschiedenen Schutzvorschriften der Einzelstaaten vereinheitlichte.

17 Die erste **Novellierung der Gewerbeordnung im Jahre 1878** brachte neben der obligatorischen Gewerbeaufsicht auch das Verbot der nicht regelmäßigen Kinderarbeit für Kinder unter zwölf Jahren in Fabriken, die bis dahin erlaubt war. Es gab in dieser Zeit wesentliche und weiter gehende Forderungen nach einem verbesserten Arbeitsschutz für Kinder, Jugendliche und Frauen. So fordern 1869 die Sozialdemokraten im Eisenacher Programm eine entscheidende Einschränkung der Frauenarbeit und ein totales Verbot der Kinderarbeit. Im Jahre 1875 wurde im Gothaer Programm ein Verbot der Kinderarbeit und aller die Gesundheit und Sittlichkeit schädigende Frauenarbeit festgeschrieben. Im Jahre 1891 wird schließlich in Erfurt das totale Verbot jeglicher Erwerbsarbeit für Kinder unter 14 Jahren bekräftigt.

Das **Arbeiterschutzgesetz** vom 1. 7. 1891 war ein wesentliches Ergebnis der **18**
Bismarckschen Sozialgesetzgebung. Diese hatte zum Ziel, durch Zugeständ-
nisse an die Arbeiterbewegung diese zu beschwichtigen und auch in be-
grenztem Maße für innenpolitische Zwecke einzusetzen. Bekanntlich hatte
Bismarck 1878 das »Gesetz gegen die gemeingefährlichen Bestrebungen der
Sozialdemokratie« erlassen. Weil er aber der Meinung war, dass eine poli-
tische Bewegung sich nicht allein mit Illegalisierung und Gewalt unterdrü-
cken lässt, versuchte er, soziale Gesetze als positives Gegenstück zu den So-
zialistengesetzen zu verabschieden. Das Reichshaftpflichtgesetz von 1871
und das Unfallversicherungsgesetz von 1884 waren Bismarcks Versuche, der
Sozialdemokratie das Wasser abzugraben und ihrem Anwachsen ein Ende
zu bereiten. Auch mit dem Arbeiterschutzgesetz von 1891 wurde dieses Ziel
verfolgt. Die wesentlichsten Verbesserungen dieses Gesetzes waren:
* Verbot der Kinderarbeit unter 13 Jahren,
* Verbot der Kinderarbeit von volksschulpflichtigen Kindern,
* Sechs-Stunden-Tag für Kinder von 13 bis 14 Jahren, Zehn-Stunden-Tag
  für Jugendliche von 14 bis 16 Jahren,
* Nachtruhe zwischen 20:00 Uhr und 6:00 Uhr.

Auch für diese gesetzlichen Verbesserungen musste die Arbeiterbewegung **19**
kämpfen. Zu dieser Zeit waren in Deutschland noch rund 532 000 arbei-
tende Kinder gemeldet, davon 2000 in Steinbrüchen und ebenso viele in Ziegeleien.[4]

Die stufenweise Entwicklung des Jugendarbeitsschutzes ging als Ergebnis **20**
des Kampfes der Arbeiterbewegung kontinuierlich weiter. Am **30. 3. 1903**
wurde im **Kinderschutzgesetz** der Arbeitsschutz für Kinder zusammengefasst. Er bezog sich jetzt nicht mehr nur auf Fabrikarbeit, sondern auf alle gewerblichen Betriebe. Kinder unter zwölf Jahren durften nach diesen Bestimmungen nicht mehr in Werkstätten, im Handels- und Verkehrsgewerbe, in
Gast- und Schankwirtschaften sowie mit dem Austragen von Waren für
Dritte (zum Beispiel Zeitschriften) beschäftigt werden. Für Kinder über
zwölf Jahre enthielt dieses Gesetz folgende Bestimmungen:
* Verbot von bestimmten, schweren und gefährlichen Arbeiten (Steinbrüche, Gruben, Ziegeleien),
* Verbot der Nachtarbeit,
* Verbot der Beschäftigung vor dem Vormittagsunterricht,
* Einführung einer zweistündigen Mittagspause,
* grundsätzlich keine Beschäftigung an Sonn- und Feiertagen und Be-
  schränkung einer Beschäftigungsdauer auf drei Stunden täglich.

Einen **Rückschritt erfuhr der Jugendarbeitsschutz im ersten Weltkrieg** **21**
(1914–1918). Zahlreiche Verordnungen beschränkten den Arbeitsschutz

---

4 *Adolphs* Industrielle Kinderarbeit, S. 108.

und damit auch den Jugendarbeitsschutz. In weiten Wirtschaftsbereichen wurden die bisherigen Gesetze faktisch außer Kraft gesetzt. Erst durch die Demobilmachung wurde – im Zusammenhang mit der **Novemberrevolution 1918** – der Acht-Stunden-Tag eingeführt[5] und der Jugendarbeitsschutz wieder ein Stück vorangebracht. Mit dem Acht-Stunden-Tag war eine lang erhobene Forderung der Arbeiterbewegung erfüllt. Wie für die Erwachsenen galt auch für die Jugendlichen, unabhängig von Ort der Beschäftigung, der Acht-Stunden-Tag. Diese Errungenschaften hielten nicht lange. Schon 1923 ermöglichte die Arbeitszeitordnung wieder, Jugendliche zehn Stunden täglich arbeiten zu lassen.

22 Während des **deutschen Faschismus (Nationalsozialismus)** wurde auf dem Gebiet des Jugendarbeitsschutzes das Jugendschutzgesetz vom 30. 4. 1938 in Kraft gesetzt, mit dem die bestehenden Schutzgesetze vereinheitlicht wurden. An formalen Verbesserungen brachte das Gesetz:
- die Ausdehnung des Geltungsbereiches auf alle Lehr- und Arbeitsverhältnisse, hiervon ausgenommen waren Hauswirtschaft, Land-, Forst- und Jagdwirtschaft, See- und Binnenschifffahrt, Fischerei und die Beschäftigung verwandter Jugendlicher,
- Kinder unter 14 Jahren durften grundsätzlich nicht mehr beschäftigt werden,
- den Acht-Stunden-Tag für Jugendliche und eine wöchentliche Arbeitszeitbegrenzung auf 48 Stunden,
- das Schutzalter der Jugendlichen wurde von 16 auf 18 Jahre heraufgesetzt,
- Anrechnung der Berufsschulzeit auf die Arbeitszeit,
- zwölf bis 15 Tage Erholungsurlaub.

23 Diese nach außen beachtlich erscheinenden Verbesserungen waren zum großen Teil nicht das Papier wert, auf dem sie standen. Zahllose Ausnahmeregelungen durchlöcherten die gesetzlichen Bestimmungen und verschafften den Betrieben die »notwendige« Einsatzmöglichkeit von Kindern und Jugendlichen, wobei im Zweiten Weltkrieg (1939–1945) ohnehin der gesamte Bereich des Arbeitsschutzes faktisch außer Kraft gesetzt wurde.

24 Nach dem **Ende des Zweiten Weltkriegs** forderten die Gewerkschaften ein Jugendarbeitsschutzgesetz, das den Interessen und Bedürfnissen der Kinder und Jugendlichen besser entsprechen sollte als das Gesetz von 1938. Vor allem die Forderung des DGB nach Einführung der 40-Stunden-Woche für alle Jugendlichen führte zu harten Auseinandersetzungen mit den Unternehmern und deren Verbänden.

25 Am **9. 8. 1960** verabschiedete der Deutsche Bundestag in Westdeutschland ein neues **Jugendarbeitsschutzgesetz**. In vielen Bestimmungen entsprach

---

5 Demobilmachungsverordnung über die Arbeitszeit der gewerblichen Arbeiter vom 23. 11. und 17. 12. 1918 (RGBl. S. 1334, 1436) und über die Arbeitszeit der Angestellten vom 18. 3. 1919 (RGBl. S. 315).

dieses Gesetz nicht den gewerkschaftlichen Forderungen. Die wesentlichsten Verbesserungen gegenüber dem Jugendarbeitsschutzgesetz von 1938 waren:

- Die Ausnahmen vom Verbot der Kinderarbeit wurden eingeschränkt,
- für Jugendliche unter 16 Jahren wurde die Arbeitszeit auf wöchentlich 40 Stunden begrenzt,
- für Jugendliche über 16 Jahre auf 44 Stunden,
- die Akkord- und Fließbandarbeit von Kindern und Jugendlichen wurde grundsätzlich verboten,
- die gesundheitliche Betreuung der Jugendlichen wurde durch die Einführung von ärztlichen Untersuchungen verbessert.

Ebenso wie bei den Jugendarbeitsschutzgesetzen, die zuvor gegolten hatten, **26** gab es entscheidende Schwachstellen: die große Zahl von Ausnahmeregelungen, die mangelhafte Kontrolle und Überwachung der Einhaltung der gesetzlichen Regelungen. So wurde deutlich, dass auch mit diesem neuen Gesetz, vor allem in Klein- und Mittelbetrieben, der Jugendarbeitsschutz nicht wirksam verbessert werden konnte. Tagtäglich wurde gegen die gesetzlichen Bestimmungen verstoßen. Die Gewerbeaufsicht war personell unterbesetzt. Sie konnte ihren Aufgaben nicht gerecht werden. Es wurden 50 000 Verstöße jährlich gemeldet plus einer geschätzten Dunkelziffer von rund einer Million Verstößen. Diese Tatsachen verdeutlichten, dass die gesetzliche Grundlage wesentlich verbessert, vor allem die Aufsichtsbehörden personell erheblich verstärkt werden mussten.

Nach dem **Wahlsieg der SPD/FDP-Koalition 1972** in der Bundesrepublik **27** Deutschland legte der DGB im Mai 1973 einen Entwurf für eine Neufassung des Jugendarbeitsschutzgesetzes der Öffentlichkeit vor. Die Bundesregierung beschloss im Februar 1974 den Entwurf eines neuen Jugendarbeitsschutzgesetzes. Allerdings blieb die Vorlage, die zwar zahlreiche Forderungen der Gewerkschaften enthielt, in wichtigen Punkten hinter den gewerkschaftlichen Ansprüchen zurück. Die Unternehmer machten – altbekannt – geltend, eine Verbesserung des Jugendarbeitsschutzes behindere den Bestand und vor allem die Neuschaffung von Ausbildungsstellen. Diese Gleichung »mehr Jugendarbeitsschutz gleich weniger Ausbildungsplätze, weniger Jugendarbeitsschutz gleich mehr Ausbildungsplätze« wird bis heute in den Auseinandersetzungen um die Durchsetzung der Jugendarbeitsschutzbestimmungen geltend gemacht. Jugendarbeitslosigkeit wird von Unternehmerverbänden benutzt, um ihnen nicht genehme gesetzliche Schutzbestimmungen in Frage zu stellen. Schutzbestimmungen werden zu »ausbildungshemmenden Vorschriften« abqualifiziert. Für ihre Beseitigung wird als »Gegenleistung« die Schaffung von Ausbildungsplätzen in Aussicht gestellt.

In der parlamentarischen Beratung wurde der Regierungsentwurf in einer **28** Reihe von Punkten verschlechtert. Vor allem der Katalog der Ausnahmeregelungen wurde ausgedehnt. Am **23.1.1976** beschloss der Bundestag, bei nur einer Gegenstimme, das **neue Jugendarbeitsschutzgesetz.** Am 9. 4. 1976 stimmte der Bundesrat dem Jugendarbeitsschutzgesetz zu, das am 8. 5. 1976 in Kraft trat (BGBl. I S. 965).

29 Knapp ein Jahr nach Inkrafttreten des neuen Jugendarbeitsschutzgesetzes beschloss der Bundesrat mit der Mehrheit der CDU/CSU-regierten Bundesländer eine Entschließung zur »Überprüfung ausbildungshemmender Vorschriften«, unter anderem auch des Jugendarbeitsschutzgesetzes. Entsprechend der Positionen der Arbeitgeberverbände im Gesetzgebungsverfahren 1975/1976 argumentierte die Mehrheit des Bundesrates, dass im Hotel- und Gaststättengewerbe, in Bau- und Montagebetrieben sowie im Nahrungsmittelhandwerk die Vorschriften des Jugendarbeitsschutzgesetzes sich »ausbildungshemmend« ausgewirkt hätten. Ferner forderte der Bundesrat die Bundesregierung auf, zu prüfen, ob nicht »flexiblere Regelungen« bei der Freistellung Jugendlicher nach dem Berufsschulunterricht sowie bei der Nachtruhe gefunden werden könnten.

30 Da die Bundesregierung in ihrer Antwort auf den Entschließungsantrag des Bundesrates sowie auf den Bericht der Spitzenverbände der Arbeitgeber an den gesetzlichen Regelungen von 1976 festhielt, brachte die CDU/CSU-Bundestagsfraktion in einer Kleinen Anfrage an die Bundesregierung vom März 1978 die Problematik »ausbildungshemmender Vorschriften des Jugendarbeitsschutzes« erneut ins Gespräch. In dieser Kleinen Anfrage wurden zum Teil sehr detaillierte Vorschläge zum Abbau von Jugendarbeitszeitvorschriften gemacht, vor allem in den § 14 (Nachtruhe), § 16 (Samstagsarbeit) und § 9 (Berufsschulbesuch). Bis zum November 1979 stellten sie insgesamt elf Anträge auf Ausnahmeregelungen (§ 21 Abs. 3 JArbSchG). Sowohl die Kleine Anfrage der CDU/CSU wie auch die Anträge der Arbeitgeberverbände wurden vom Bundesarbeitsministerium bzw. der Bundesregierung abschlägig beschieden.

31 Im gleichen Zeitraum pendelte sich zudem die Zahl der von den Aufsichtsbehörden festgestellten Verstöße gegen die Bestimmungen des Jugendarbeitsschutzgesetzes zwischen 20 000 und 30 000 pro Jahr ein. Die Bußgelder, die von den einzelnen Bundesländern aufgrund von Bußgeldkatalogen verhängt wurden, waren – von Ausnahmen abgesehen – so geringfügig, dass ein Verstoß gegen das Jugendarbeitsschutzgesetz wie bereits in der Vergangenheit als Kavaliersdelikt angesehen werden konnte. Während das Jugendarbeitsschutzgesetz auf diese Weise in der Praxis besonders in kleinen und mittleren Betrieben, im Handwerk und im Dienstleistungsbereich mehr und mehr ausgehöhlt wurde, setzte die Bundesratsmehrheit der CDU/CSU-regierten Länder erneut zum Angriff auf die gesetzlichen Vorschriften selbst an. Die wachsende Ausbildungslosigkeit Jugendlicher diente dabei als Argument, den Jugendarbeitszeitschutz in einem Gesetzentwurf vom 16. 7. 1982 weiter einzuschränken.

Nach Bildung der CDU/CSU/FDP-Koalition wurde durch das **Erste Gesetz** **32** **zur Änderung des Jugendarbeitsschutzgesetzes** vom 15. 10. 1984 (BGBl. I S. 1277) das JArbSchG geändert. Damit wurden zum ersten Mal in der Geschichte des Jugendarbeitsschutzes gesetzliche Normen nicht verbessert, sondern verschlechtert. Die Vorschriften über die Nachtruhe wurden verschlechtert, die Freistellung am Berufsschultag reduziert, und es wurde durch § 21a JArbSchG (Abweichende Regelungen) die Möglichkeit eröffnet, durch Tarifvertrag oder durch eine Betriebsvereinbarung aufgrund eines Tarifvertrages vom gesetzlichen Jugendarbeitsschutz abzuweichen.

Seit dem Einigungsvertrag vom 3. 10. 1990 gilt das Jugendarbeitsschutzge- **33** setz auch in den neuen Bundesländern. Das **Zweite Gesetz zur Änderung des Jugendarbeitsschutzgesetzes** vom 24. 2. 1997 (BGBl. I S. 311) war die letzte umfassendere Änderung des Jugendarbeitsschutzgesetzes. Sie bezweckte zwar nach dem Gesetzentwurf der Bundesregierung (BT-Drucks. 13/5494), das Jugendarbeitsschutzgesetz an die Richtlinie 94/33/EG über den Jugendarbeitsschutz (Anhang Nr. 1) anzupassen. Da die Mindestnormen der Jugendarbeitsschutzrichtlinie durch das Jugendarbeitsschutzgesetz weitgehend erfüllt seien, müssten im Wesentlichen nur die Vorschriften über das Verbot der Kinderarbeit neu gefasst werden. Der Gesetzgeber hat aber diese Gelegenheit genutzt, den Jugendarbeitsschutz partiell abzubauen. Vor allem hat er eine für die Praxis wichtige Bestimmung in § 9 JArbSchG aufgehoben, nämlich die dort vorgesehene Geltung der Bestimmungen über den Berufsschulunterricht auch für volljährige Berufsschulpflichtige.

Seit 1997 gab es nur **marginale Änderungen des JArbSchG**. Das Bundesministerium für Arbeit und Soziales (BMAS) hat im Jahr 2006 eine Bund-Länder-Arbeitsgruppe zur fachlichen Überprüfung des Jugendarbeitsschutzgesetzes eingesetzt. Die Bund-Länder-Arbeitsgruppe nahm im September 2006 ihre Arbeit auf. Neben dem BMAS beteiligten sich an der Arbeitsgruppe elf Bundesländer (Baden-Württemberg, Bayern, Brandenburg, Bremen, Hamburg, Hessen, Niedersachsen, Nordrhein- Westfalen, Rheinland-Pfalz, Saarland und Thüringen). Die Bundesanstalt für Arbeitsschutz und Arbeitsmedizin (BAuA) war ständig in die Arbeit eingebunden. Der **Abschlussbericht der Bund-Länder-Arbeitsgruppe zur Überprüfung des Jugendarbeitsschutzgesetzes** wurde im **Mai 2011** vorgelegt.[6] Umgesetzt wurde der »Abschlussbericht« allerdings bislang nur in wenigen Bereichen. Zuletzt hat die Bundesregierung der 19. Wahlperiode (gebildet aus CDU/CSU und SPD) erklärt, dass sie keine Änderung des JArbSchG plane.[7]

---

6 Abgedruckt im Anhang unter Nr. 8.
7 Antwort der Bundesregierung vom 13. 3. 2018 auf eine Kleine Anfrage der FDP-Fraktion, BT-Drs. 19/1165.

2. Die rechtliche Stellung Minderjähriger

34 Minderjährig ist, wer das 18. Lebensjahr noch nicht vollendet hat (§ 2 BGB). Der entscheidende Zeitpunkt des Übergangs von der **Minderjährigkeit** zur **Volljährigkeit** ist der 18. Geburtstag, 0:00 Uhr (§ 187 Abs. 2 Satz 2 BGB). Früher wurde das Volljährigkeitsalter erst mit dem 21. Lebensjahr erreicht. Das 18. Lebensjahr als Stichdatum wurde durch das Gesetz vom 31.7.1974 (BGBl. I S. 1713) eingeführt.

35 Der Minderjährige ist je nach Alter geschäftsunfähig oder beschränkt geschäftsfähig. Die von Geburt an bestehende **Geschäftsunfähigkeit** (§ 104 Nr. 1 BGB) geht mit der Vollendung des 7. Lebensjahres (0:00 Uhr des 7. Geburtstages) in die **beschränkte Geschäftsfähigkeit** (§ 106 BGB) mit abgemilderten Wirkungen für die rechtsgeschäftliche Handlungsfähigkeit über (§ 107, §§ 110–113 BGB).

36 Das **Erreichen des Volljährigkeitsalters** hat weitreichende rechtliche Auswirkungen. Es führt zur **unbeschränkten Geschäftsfähigkeit**, das heißt der Fähigkeit, Rechtsgeschäfte mit voller Wirksamkeit selbstständig vorzunehmen (zum Beispiel Vereinbarung eines Ausbildung- oder Arbeitsvertrages). Die Volljährigkeit bewirkt zudem den Erwerb des aktiven und passiven Wahlrechts zum Betriebs- und Personalrat (§§ 7 und 8 BetrVG, §§ 13–15 BPersVG). Mittelbar wirkt sich die Volljährigkeit auch auf die Prozessfähigkeit aus, denn diese folgt der Geschäftsfähigkeit (§ 52 ZPO). Mit der Vollendung des 18. Lebensjahres beginnt auch die volle Verantwortlichkeit bei der Zufügung von Schäden (Delikts- oder Verschuldensfähigkeit, vgl. § 828 BGB). Schließlich enden mit dem Erreichen der Volljährigkeit das elterliche Sorge- und Vertretungsrecht (§ 1629 Abs. 1 BGB) sowie die Vormundschaft (§§ 1773, 1882 BGB) und die Pflegschaft (§ 1918 Abs. 1 BGB).

a. Verträge mit geschäftsunfähigen Minderjährigen

37 Der geschäftsunfähige Minderjährige (§ 104 Nr. 1 BGB) kann rechtswirksam keine Verträge abschließen, also auch kein Arbeitsverhältnis vereinbaren. Für ihn muss der **gesetzliche Vertreter** handeln.

38 Willenserklärungen von Geschäftsunfähigen sind unheilbar **nichtig** (§ 105 Abs. 1 BGB). Ein Minderjähriger, der altersbedingt geschäftsunfähig ist, kann auch nicht einen anderen bevollmächtigen, um an seiner Stelle einen Arbeitsvertrag abzuschließen, um die Rechtsfolge der Nichtigkeit zu umgehen. Da die Erteilung einer Vollmacht durch einen Geschäftsunfähigen nichtig ist, handelt der Bevollmächtigte als Vertreter ohne Vertretungsmacht (§§ 177 ff. BGB). Umgekehrt ist auch die vom Geschäftsunfähigen als Vertreter eines anderen abgegebene Willenserklärung nichtig, obwohl er daraus persönlich nicht verpflichtet wird.[8]

Ein Geschäftsunfähiger kann jedoch **Bote** fremder Willenserklärungen sein. **39** Er kann beispielsweise vom gesetzlichen Vertreter beauftragt werden, eine (schriftliche) Willenserklärung dem Vertragspartner zu übermitteln. Praxisrelevant ist das selten. Der geschäftsunfähige Minderjährige kann aber keine rechtsgeschäftliche Erklärung rechtsverbindlich **entgegennehmen.** Eine Willenserklärung (oder geschäftsähnliche Handlung), die gegenüber einem Geschäftsunfähigen abzugeben ist, wird nicht wirksam, bevor sie dem **gesetzlichen Vertreter** zugeht (§ 131 Abs. 1 BGB). Dabei ist erforderlich, dass die Willenserklärung, zum Beispiel die Erklärung der Annahme eines Vertrages, unmittelbar an den gesetzlichen Vertreter gerichtet ist. Es reicht nicht, wenn er davon erst durch den Geschäftsunfähigen selbst erfährt oder die Erklärung zufällig an ihn gelangt.[9]

Die Willenserklärung des gesetzlichen Vertreters, die dieser für den Minder- **40** jährigen abgibt, ist nichtig, wenn er seinerseits geschäftsunfähig ist und sein Sorge- und Vertretungsrecht deshalb ruht (§ 1673 Abs. 1, § 1675 BGB). Bei **Gesamtvertretung** durch beide Eltern (vgl. Rn. 228) übt ein Elternteil das Vertretungsrecht für den geschäftsunfähigen Minderjährigen allein aus, wenn der andere Elternteil geschäftsunfähig ist und sein Vertretungsrecht deshalb ruht (§ 1678 Abs. 1 BGB). Handelt der geschäftsunfähige Elternteil trotz des Vertretungsverbots für den Minderjährigen, bleibt das Rechtsgeschäft aufgrund des Alleinvertretungsrechts des anderen Elternteils wirksam.

In der **Praxis** sind **Arbeitsverträge,** an denen geschäftsunfähige Minderjäh- **41** rige als Arbeitnehmer beteiligt sind, die Ausnahme, denn das Jugendarbeitsschutzgesetz geht von einem grundsätzlichen Verbot der Kinderarbeit aus (vgl. § 2 Abs. 1, § 5 Abs. 1 JArbSchG) und erlaubt diese nur in engen Grenzen und unter bestimmten Voraussetzungen (vgl. § 5 Abs. 2, § 6 JArbSchG). Arbeitsverträge, die eine nach dem Jugendarbeitsschutzgesetz verbotene Tätigkeit zum Inhalt haben, sind nichtig (§ 134 BGB). Auf geschäftsunfähige **Selbstständige** ist das Jugendarbeitsschutzgesetz nicht anwendbar (vgl. § 1 Rn. 18).

Ist der Arbeitsvertrag wegen Geschäftsunfähigkeit eines Vertragspartners **42** nichtig, sei es wegen Nichtbeachtung der sich aus dem Jugendarbeitsschutzgesetz ergebenden Beschäftigungsverbote oder weil eine Vertragspartei beim Vertragsschluss nicht nach den Vorschriften des Gesetzes vertreten war, kommen **Rückabwicklungsansprüche** in Betracht, wenn das Arbeitsverhältnis bereits in Vollzug gesetzt war. Insoweit gelten die Grundsätze des **faktischen Vertrages.**

---

8 Palandt/*Ellenberger* BGB § 105 Rn. 1.
9 Palandt/*Ellenberger* BGB § 131 Rn. 2 m. w. N.

43 Arbeitsverträge des Mindcrjährigen, die der erforderlichen Mitwirkung des gesetzlichen Vertreters (und gegebenenfalls der Genehmigung des Familiengerichts) entbehren, sind nichtig. Daraus folgt, dass der minderjährige Arbeitnehmer nicht verpflichtet ist, die in Aussicht genommene Tätigkeit aufzunehmen und der Arbeitgeber nicht in Annahmeverzug gerät, wenn er die ihm angebotenen Dienste verweigert.

44 Es kann jedoch die Situation eintreten, dass der **Arbeitsvertrag tatsächlich (zeitweise) durchgeführt**, in Vollzug gesetzt wird, sei es, dass die mangelnde Mitwirkung des gesetzlichen Vertreters – aus welchen Gründen auch immer – unbemerkt blieb, sei es, dass der minderjährige Arbeitnehmer die Arbeit in der Erwartung beider Vertragsparteien, die Genehmigung werde erteilt, bereits vor Erteilung der Genehmigung aufgenommen hat, und diese dann doch nicht erteilt wurde. Der Arbeitsvertrag ist in diesem Fall nichtig. Das gleichwohl faktisch ausgeübte Beschäftigungsverhältnis kann von jedem Partner durch einseitige Erklärung beendet werden, ohne dass die Voraussetzungen einer außerordentlichen Kündigung vorzuliegen brauchen.

45 Da der nicht voll geschäftsfähige Arbeitnehmer seine Arbeitsleistung bis zur Feststellung der Unwirksamkeit des Vertrages aber bereits erbracht hat, muss dem Arbeitnehmer auch die Gegenleistung zustehen, ansonsten würde sich die Nichtigkeit allein zu seinen Lasten auswirken. Deshalb wird das tatsächlich durchgeführte Beschäftigungsverhältnis für die Vergangenheit wie ein fehlerfrei zustande gekommenes Rechtsverhältnis behandelt. Daraus folgt, dass der minderjährige Arbeitnehmer für die bis zur Geltendmachung der Nichtigkeit geleistete Arbeit Vergütungsansprüche hat. Hatten die Vertragsparteien (noch) nichts über den Lohn vereinbart, ist § 612 BGB (Anspruch auf die ortsübliche Vergütung) entsprechend anzuwenden.

46 Bei beiderseitiger **Tarifbindung** oder Allgemeinverbindlichkeit des Tarifvertrages (§ 5 TVG) richtet sich der Lohnanspruch nach dem Tarifvertrag, falls keine übertarifliche Bezahlung vereinbart worden war. Der Tarifvertrag ist auch anzuwenden, wenn aufgrund des nichtigen Arbeitsvertrages Lohnansprüche bestehen. Auch stehen dem minderjährigen Arbeitnehmer die Ansprüche zu, die im Krankheitsfall bestehen, sowie alle sonstigen Ansprüche, die er gegen den Arbeitgeber bei einem wirksamen Arbeitsvertrag hätte, zum Beispiel Ansprüche auf Mehrarbeitsvergütung und Urlaub.

47 Schließlich hat auch der minderjährige Arbeitnehmer, der aufgrund eines nichtigen Vertrages gleichwohl tatsächlich Arbeitsleistungen erbringt, **Ersatzansprüche bei Pflichtverletzungen** des Arbeitgebers.

48 Der Rückabwicklung der beiderseitigen Leistungen aus dem nichtigen Arbeitsvertrag unterliegen hingegen *nicht* quasivertragliche Ansprüche des Arbeitgebers gegen den minderjährigen Arbeitnehmer, zum Beispiel wegen Schlechtleistung bei der Ausführung der vertraglich in Aussicht genommenen Tätigkeit. Vertragliche Leistungs- oder Schadensersatzansprüche stehen dem Arbeitgeber *nicht* zu, weil der minderjährige Arbeitnehmer sich nicht wirksam verpflichten konnte. Deshalb kann der Arbeitgeber bei der Schadenszufügung durch den Minderjährigen lediglich Deliktansprüche (§§ 823 ff. BGB), aber keine vertraglichen Ansprüche geltend machen.

Bei Nichtigkeit des Arbeitsvertrages wegen mangelnder Geschäftsfähigkeit **49** des **Arbeitgebers** kommt es darauf an, ob man sich zu der Auffassung bekennt, dass nach dem Grundprinzip des geltenden Privatrechts der Schutz des Minderjährigen dem Bestreben vorgeht, das faktische Arbeitsverhältnis wie ein gültiges zu behandeln. Wer diese Frage bejaht, kann folgerichtig dem Arbeitnehmer keine Vergütungsansprüche für nach Vollzug des nichtigen Arbeitsvertrages geleistete Arbeit zubilligen, sondern muss ihn auf außervertragliche Ansprüche verweisen. Die Rückabwicklung der beiderseitigen Leistungen bestimmt sich nach den Vorschriften über die ungerechtfertigte Bereicherung (§§ 812 ff. BGB). Danach ist der objektive Wert der geleisteten Arbeit auszugleichen. Dieser berechnet sich nach der üblichen Vergütung (§ 612 Abs. 2 BGB).

b. Verträge mit beschränkt geschäftsfähigen Minderjährigen

Ist ein Arbeitnehmer oder Auszubildender minderjährig, ist er zwar selbst **50** der Vertragspartner, kann aber, soweit nur beschränkt geschäftsfähig (§ 106 BGB), den Vertrag nicht allein schließen. Vielmehr muss er sich beim Vertragsabschluss durch den oder die gesetzlichen Vertreter vertreten lassen. Es bedarf der vorherigen **Einwilligung** des gesetzlichen Vertreters in den Vertragsabschluss (§ 107 BGB). Fehlt die Einwilligung, ist der Vertrag schwebend unwirksam. Der gesetzliche Vertreter kann ihn nachträglich genehmigen (§ 108 BGB). Wird der Vertrag nicht genehmigt, bleibt der Vertrag unwirksam. Ausnahmsweise ist die Willenserklärung eines Minderjährigen ohne Zustimmung der gesetzlichen Vertreter wirksam, wenn der Minderjährige durch die Willenserklärung lediglich einen rechtlichen Vorteil erlangt (vgl. Rn. 51 ff.).

aa. Das »lediglich rechtlich vorteilhafte« Geschäft

Das BGB geht davon aus, dass Minderjährige bereits mit der Vollendung des **51** 7. Lebensjahres ohne Beteiligung des gesetzlichen Vertreters rechtsgeschäftlich mit verbindlicher Wirkung handeln können, wenn sie durch die Willenserklärung lediglich einen rechtlichen Vorteil erlangen (§ 107, § 131 Abs. 2 Satz 2 BGB).

So ist der Minderjährige in dieser Altersstufe der »beschränkten Geschäftsfähigkeit« berechtigt, mit dem (ehemaligen) Arbeitgeber einen Erlassvertrag **52** zu vereinbaren, soweit dieser für ihn rechtlich vorteilhaft ist, wenn also der Arbeitgeber auf (vermeintliche) Forderungen verzichtet (§ 397 BGB). Auch das Angebot zum Abschluss eines Arbeitsvertrages kann dem Minderjährigen gegenüber wirksam abgegeben werden, weil die Entgegennahme des Angebots für sich allein noch keine Verpflichtung mit sich bringt, der Vertragsgegner aber an das Angebot gebunden ist (§§ 145ff. BGB) und deshalb für den Minderjährigen noch die Möglichkeit besteht, den Vertrag unter Beachtung der für die Annahmeerklärung erforderlichen Mitwirkung des gesetzlichen Vertreters zustande zu bringen.[10]

53 Ein lediglich vorteilhaftes Geschäft ist demgegenüber *nicht* anzunehmen, wenn es um die **Ablehnung eines Vertragsangebots** (zum Beispiel zum Abschluss eines Arbeitsvertrages) geht, weil damit die kraft Gesetzes durch den Antrag geschaffene Rechtsposition aufgrund eigenen Zutuns des Minderjährigen wieder beseitigt würde.[11]

54 Der unentgeltliche Erwerb einer Forderung durch den Minderjährigen, beispielsweise die **Forderungsabtretung** zum Zwecke der Erfüllung des Lohnanspruchs, wird als lediglich rechtlich vorteilhaftes Geschäft angesehen.[12] Allerdings bleibt dabei unberücksichtigt, dass der Schuldner berechtigt ist, auch noch nach der Abtretung der Forderung Einwendungen geltend zu machen und diese dem neuen Gläubiger entgegenzusetzen. Die Einwendungen können sich sowohl auf den Abtretungsvertrag selbst als auch auf die abgetretene Forderung beziehen und diese in ihrem Bestand gefährden (vgl. §§ 404, 406, 407 BGB).

55 Daraus ergibt sich, dass die mit der Abtretung verbundene Gläubigerstellung durchaus auch mit rechtlichen Nachteilen verknüpft sein kann. Indessen wird davon ausgegangen, dass solche rechtlichen Nachteile unschädlich sind, die sich nur *mittelbar* auf die rechtliche Stellung des Neugläubigers auswirken. Jedenfalls kann die Abtretung dann als ein für den Minderjährigen lediglich rechtlich vorteilhaftes Geschäft betrachtet werden, wenn der Schuldner mit ihm einen Verzichtsvertrag abschließt, in dem er erklärt, dass er die Forderung anerkenne und die Abtretung bestätige und annehme. Der Verzicht auf die Einwendungen ist seinerseits ein ausschließlich vorteilhaftes Geschäft.[13]

56 Einen lediglich rechtlichen Vorteil erlangt der Minderjährige auch bei anderen Tatbeständen des **Rechtserwerbs**. So kann der minderjährige Arbeitnehmer zum Beispiel den Lohn zustimmungsfrei in Empfang nehmen, weil er damit lediglich das Eigentum an dem gezahlten Geld erwirbt, nicht aber den Anspruch auf die Lohnforderung verliert, weil diese mit der Entgegennahme des Geldes noch nicht getilgt ist.

57 Generell gilt: Nimmt der minderjährige Arbeitnehmer eine ihm vom Arbeitgeber angebotene Leistung an, beispielsweise die Abtretung einer Forderung

---

10 Palandt/*Ellenberger* BGB § 131 Rn. 3.
11 MünchKommBGB/*Schmitt* § 107 Rn. 48.
12 MünchKommBGB/*Schmitt* § 107 Rn. 47; Palandt/*Ellenberger* BGB § 107 Rn. 4.
13 Palandt/*Grüneberg* BGB § 404 Rn. 7.

zur Erfüllung des Lohnanspruchs, ist damit der Lohnanspruch gleichwohl nicht erloschen (§ 362 BGB), weil der Verlust des Lohnanspruchs, für sich allein betrachtet, einen rechtlichen Nachteil darstellt. Insoweit ist das Rechtsgeschäft, wenn es ohne Zustimmung des gesetzlichen Vertreters vorgenommen wird, unwirksam.

Auch **neutrale Geschäfte** kann der beschränkt Geschäftsfähige abschließen, 58 ohne dass der gesetzliche Vertreter beteiligt sein muss. Neutrale Geschäfte sind solche, die dem Minderjährigen weder rechtliche Vorteile noch Nachteile bringen. Auch insoweit bedarf der Minderjährige nicht des Schutzes vor rechtlicher Übervorteilung.[14]

Hauptanwendungsgebiet neutraler Geschäfte ist das **Recht der Stellvertre-** 59 **tung** (§§ 164 ff. BGB). Da eine Willenserklärung, die jemand innerhalb der ihm zustehenden Vertretungsmacht im Namen des Vertretenen abgibt, unmittelbar für und gegen den Vertretenen wirkt (§ 164 Abs. 1 Satz 1 BGB), ist es nur folgerichtig, dass die Wirksamkeit der von oder gegenüber dem Vertreter abgegebenen Willenserklärung nicht beeinträchtigt wird, wenn der Vertreter in der Geschäftsfähigkeit beschränkt ist (§ 165 BGB).

Wer einen beschränkt Geschäftsfähigen zu seinem Vertreter bestellt, über- 60 nimmt die damit verbundenen Risiken. Hingegen bringt das Vertretungshandeln für den beschränkt geschäftsfähigen Vertreter keinen rechtlichen Nachteil mit sich; die Haftung für Vertreterhandeln trifft ihn nur dann, wenn er mit Zustimmung seines gesetzlichen Vertreters tätig wird (§ 179 Abs. 3 Satz 2 BGB).

Kann also ein beschränkt Geschäftsfähiger Vertreter sein (§ 165 BGB) ist es 61 auch möglich, den in der Geschäftsfähigkeit beschränkten Minderjährigen zum Beispiel zum Prokuristen, Handlungsbevollmächtigten oder Organmitglied einer juristischen Person zu bestellen. Zum Vorstand oder Aufsichtsrat einer AG oder zum Geschäftsführer einer GmbH kann ein beschränkt geschäftsfähiger Minderjähriger dagegen *nicht* bestellt werden, weil insoweit ausdrücklich die unbeschränkte Geschäftsfähigkeit verlangt wird (§ 76 Abs. 3 Satz 1, § 100 Abs. 1 AktG, § 6 Abs. 2 Satz 1 GmbHG).

Ein beschränkt Geschäftsfähiger kann als Vertreter wirksam Willenserklä- 62 rungen abgeben und entgegennehmen (§ 165 BGB). Die Norm regelt hingegen nicht, ob dem Bevollmächtigten wirksam Vertretungsmacht erteilt ist (§§ 166 ff. BGB), und sie klärt auch nicht die Rechtsfragen, die im Verhältnis zwischen Vertreter und Vertretenem bestehen. Die Wirksamkeit des Grundrechtsverhältnisses (Auftrag, Geschäftsbesorgungsvertrag, Gesellschaftsvertrag oder ein anderes Rechtsverhältnis), bestimmt sich nach den allgemeinen Vorschriften (§§ 107 ff. BGB). So kann zum Beispiel der zwischen Vertretenem und minderjährigem Vertreter abgeschlossene Geschäftsbesor-

---

14 MünchKommBGB/*Schmitt* § 107 Rn. 33.

gungsvertrag (schwebend) unwirksam sein, weil der gesetzliche Vertreter des Minderjährigen diesen (noch) nicht genehmigt hat (vgl. § 108 Abs. 1 BGB). Trotzdem kann die auf dem Geschäftsbesorgungsvertrag beruhende Bevollmächtigung Bestand haben; denn für diese benötigte der Minderjährige nicht die Zustimmung des gesetzlichen Vertreters, weil sie zu den neutralen Geschäften zählt, die sich nicht nachteilig für den Minderjährigen auswirken (vgl. Rn. 58). Allerdings können die Parteien in Form eines wechselseitigen Bedingungsverhältnisses vereinbaren, dass Grundrechtsverhältnis und Bevollmächtigung ein einheitliches Geschäft (§ 139 BGB) bilden.[15]

bb. Einbeziehung des gesetzlichen Vertreters

63 Geht es um Rechtsgeschäfte des Minderjährigen, die ihm (auch) rechtliche Nachteile bringen, sind diese nur wirksam, wenn der gesetzliche Vertreter eingeschaltet wird. Das dient zum einen dem Schutz des Minderjährigen, schützt zum anderen aber auch die berechtigten Belange des Geschäftspartners und des Rechtsverkehrs insgesamt.[16]

64 Gesetzliche Vertreter sind im Regelfall die **Eltern** (§§ 1626, 1629 BGB), und zwar bei gemeinsamer Sorge Vater und Mutter gemeinschaftlich, bei Alleinsorge der allein sorgeberechtigte Elternteil. Sind die Eltern miteinander verheiratet, besteht ein gemeinsames Sorgerecht. Sind sie nicht miteinander verheiratet, steht ihnen die elterliche Sorge gemeinsam zu, wenn sie eine gemeinsame Sorgeerklärung abgegeben haben oder (später) einander heiraten oder soweit ihnen das Familiengericht die elterliche Sorge gemeinsam überträgt, sonst allein der **Mutter** (§ 1626a BGB). Im Falle der Scheidung besteht die gemeinsame Sorge fort, es sei denn das Familiengericht entscheidet etwas anderes (§ 1671 BGB). Besteht keine elterliche Sorge, wird der Minderjährige durch einen **Pfleger** oder **Vormund** vertreten (zu den Einzelheiten vgl. Rn. 269 ff.).

65 Im Arbeitsrecht gehören zu den Rechtsgeschäften des Minderjährigen, die der Einwilligung der gesetzlichen Vertreters bedürfen, die **Begründung eines Arbeitsverhältnisses**, die Vereinbarung von **Änderungen des Arbeitsvertrages** und die einvernehmliche **Aufhebung des Arbeitsvertrages**. Ebenso ist die Zustimmung des gesetzlichen Vertreters bei Rechtsgeschäften erforderlich, die den Gegenanspruch, das Arbeitsentgelt, betreffen, so beim Verzicht auf den Lohnanspruch.

66 Zu den zustimmungspflichtigen Rechtsgeschäften des Minderjährigen gehört auch die Annahme der Arbeitsvergütung als Erfüllung, weil damit der Anspruch auf die Lohnforderung für den betreffenden Monat erlischt (§ 362 BGB). Die bloße Empfangnahme des Lohnbetrags durch den Minderjähri-

---

15 Palandt/*Ellenberger* BGB § 167 Rn. 4.
16 MünchKommBGB/*Schmitt* § 106 Rn. 2.

gen bewirkt jedoch nicht automatisch die Erfüllung. Mit dem bloßen Erwerb des Eigentums an dem gezahlten Geld ist ein rechtlicher Vorteil verbunden, sie ist als solche rechtlich nicht zustimmungspflichtig (vgl. Rn. 51 ff.).

Zustimmungspflichtig ist der Abschluss eines **Vergleichs** über wechselseitige Ansprüche der Vertragsparteien, wenn im Wege des gegenseitigen Nachgebens (behauptete) Forderungen des Minderjährigen betroffen sind, auch wenn der Vergleich insgesamt für diesen vorteilhaft sein mag. **67**

Für die Vereinbarung eines **Berufsausbildungsvertrages** benötigt der Minderjährige die Zustimmung des gesetzlichen Vertreters (vgl. Rn. 134). **Einseitige Rechtsgeschäfte**, wie die Erklärung einer **Kündigung** (sei es eines Arbeitsverhältnisses oder eines Berufsausbildungsverhältnisses) durch den Minderjährigen oder gegenüber den Minderjährigen, sind ohne die erforderliche Einwilligung des gesetzlichen Vertreters **unwirksam** (vgl. Rn. 81 ff.). Rechtlich nachteilige Wettbewerbsverbote minderjähriger **Handelsvertreter** sind ebenfalls zustimmungspflichtig. **68**

In der Regel wird sich die Einwilligung auf ein bestimmtes Rechtsgeschäft beziehen. Der gesetzliche Vertreter kann aber auch von vornherein in einen Kreis künftiger, zunächst noch nicht individualisierter Rechtsgeschäfte einwilligen, die bei einer bestimmten Betätigung des Minderjährigen anfallen, sofern der Umfang der künftigen Geschäfte sachlich abgrenzbar ist (**beschränkter Generalkonsens**). Eine solche Generaleinwilligung ist indes unzulässig, wenn sie im Ergebnis zu einer Ausweitung der in §§ 112, 113 BGB vorgesehenen partiellen Geschäftsfähigkeit des Minderjährigen führen würde. Zum Schutz der Minderjährigen ist die Einwilligung im Zweifel eng auszulegen. Die für ein »Hauptgeschäft« erteilte Zustimmung kann sich indes auch auf sachlich damit im Zusammenhang stehende »Folgegeschäfte« beziehen (Folgekonsens). So wird die Zustimmung zum **Gewerkschaftsbeitritt** regelmäßig auch die Einwilligung zur Wahrnehmung der Rechte beinhalten, die sich notwendigerweise aus der Mitgliedschaft ergeben. **69**

Die Mitwirkung des gesetzlichen Vertreters ist als **Einwilligung**, das heißt (so § 183 Satz 1 BGB) als **vorherige Zustimmung** ausgestaltet (§ 107 BGB). Es genügt, wenn sie gleichzeitig mit der Willenserklärung des Minderjährigen abgegeben wird. Die Regelung gilt für alle Rechtsgeschäfte, also sowohl für Verträge als auch für einseitige rechtsgeschäftliche Erklärungen (vgl. § 111 BGB). **70**

Die Zustimmung ist eine einseitige, empfangsbedürftige Willenserklärung, die nicht der für das zugrunde liegende Rechtsgeschäft bestimmten Form bedarf (§ 182 Abs. 2 BGB). Auch genügt es, wenn sie durch schlüssiges Verhalten, das jedoch eindeutig sein muss, erklärt wird. Für die rechtliche Wirkung der Einwilligung bleibt sich gleich, ob sie dem Minderjährigen gegenüber abgegeben oder unmittelbar an den Geschäftsgegner gerichtet wird. Da der Status des Minderjährigen die Vertretungsmacht des gesetzlichen Vertre- **71** ters nicht einschränkt, kann dieser die Einwilligung bis zur Vornahme des Rechtsgeschäfts durch den Minderjährigen widerrufen (§ 183 Satz 1 BGB), wobei der Widerruf sowohl dem Minderjährigen als auch dem Geschäftsgegner gegenüber erklärt werden kann (§ 183 Satz 2 BGB). Der gesetzliche Vertreter kann das Geschäft an Stelle des Minderjährigen auch selbst tätigen.[17]

72 Hat der Minderjährige einen Arbeitsvertrag oder eine sonstige zustimmungsbedürftige Vereinbarung ohne die erforderliche Einwilligung des gesetzlichen Vertreters abgeschlossen, besteht zunächst ein **Schwebezustand**. Die Wirksamkeit des Vertrages hängt davon ab, ob der gesetzliche Vertreter des Minderjährigen diesen noch **nachträglich genehmigt** (§ 108 Abs. 1 BGB). Die Genehmigung kann auch durch schlüssiges Verhalten erfolgen, setzt dann aber voraus, dass der Vertreter gewusst oder zumindest mit der Möglichkeit gerechnet hat, der Vertrag sei noch unwirksam und werde gerade durch sein Verhalten wirksam.

73 Erklärungsadressat kann sowohl der Minderjährige als auch der Geschäftsgegner sein. Mit dem Zugang der Genehmigung wird der Vertrag **rückwirkend wirksam** (§ 184 BGB). Verweigert der gesetzliche Vertreter die Genehmigung, ist die Vereinbarung von Anfang an unwirksam.[18]

74 Sowohl die Genehmigung als auch die Verweigerung der Genehmigung sind, weil sie rechtsgestaltend wirken, unwiderruflich. Während des an sich unbefristeten **Schwebezustands** entstehen zwar noch keine Rechte und Pflichten der Vertragsparteien. Diese sind aber an den schwebend unwirksamen Vertrag insoweit gebunden, als bereits Anwartschaftsrechte bestehen. Deshalb kann der Minderjährige nicht etwa dem Vertragspartner erklären, dass er von dem Rechtsgeschäft »nach nochmaliger Überlegung« Abstand nehmen wolle. Er ist vielmehr darauf angewiesen, dass der gesetzliche Vertreter die Genehmigung verweigert. Nur wenn der Minderjährige während des Schwebezustands volljährig geworden ist, kann er selbst darüber entscheiden, ob er genehmigen will oder nicht (§ 108 Abs. 3 BGB). Auch eine Genehmigung durch schlüssiges Handeln, zum Beispiel durch stillschweigende Fortsetzung des (schwebend unwirksamen) Vertrages nach Erreichen des Volljährigkeitsalters, ist wirksam, sofern sich der nunmehr Volljährige nur der Rechtsfolge seines Verhaltens bewusst war oder diese bei pflichtgemäßer Sorgfalt als solche hätte erkennen können.

75 Der **Vertragspartner** des Minderjährigen hat während des Schwebezustands verschiedene Rechte. Er kann den gesetzlichen Vertreter zur Erklärung über die Genehmigung auffordern. Der gesetzliche Vertreter kann in dem Fall Erklärung nur noch dem Vertragsgegner gegenüber abgeben. Eine Genehmigung oder Verweigerung der Genehmigung, die bereits vor der Auffor-

---

17 MünchKommBGB/*Schmitt* § 107 Rn. 9.
18 MünchKommBGB/*Schmitt* § 108 Rn. 19.

derung dem Minderjährigen gegenüber erklärt worden war, wird hinfällig (§ 108 Abs. 2 Satz 1 BGB). Das Gesetz räumt dem Vertreter eine Überlegungsfrist bis zum Ablauf von zwei Wochen seit dem Empfang der Aufforderung ein. Lässt er sie verstreichen, ohne sich positiv zur Genehmigung geäußert zu haben, gilt diese als verweigert (§ 108 Abs. 2 Satz 2 BGB). Diese Regelung ist auf die Einwilligung (§ 107 BGB) nicht entsprechend anzuwenden.[19]

Bis zur Genehmigung ist der Vertragspartner berechtigt, sich durch **Widerruf,** der auch dem Minderjährigen gegenüber erklärt werden kann (§ 109 Abs. 1 Satz 2 BGB), von der Bindung an den Vertrag zu befreien (§ 109 Abs. 1 Satz 2 BGB). Die Genehmigung beseitigt das Widerrufsrecht, auch wenn sie dem Minderjährigen erklärt war und der andere Teil davon (noch) keine Kenntnis hatte. Die Rechte aus § 108 Abs. 2 BGB bleiben jedoch bestehen, so dass auch das Widerrufsrecht erneut entstehen kann.   **76**

Mit dem Zugang des Widerrufs wird der Vertrag endgültig unwirksam. Wer bewusst das Risiko eines Vertrages mit einem Minderjährigen eingegangen ist, kann aber nur widerrufen, wenn der Minderjährige wahrheitswidrig die Einwilligung des gesetzlichen Vertreters behauptet hat. Er kann nicht wirksam widerrufen, wenn ihm das Fehlen der Einwilligung bei Abschluss des Vertrages bekannt war (§ 109 Abs. 2 BGB).[20]   **77**

Ein besonderer Anwendungsfall der Einwilligung des gesetzlichen Vertreters ist der **Taschengeldparagraph** (§ 110 BGB). Danach gilt ein von dem Minderjährigen ohne Zustimmung des gesetzlichen Vertreters geschlossener Vertrag als von Anfang an wirksam, wenn der Minderjährige die vertragsgemäße Leistung mit Mitteln bewirkt, die ihm zu diesem Zweck oder zur freien Verfügung von dem Vertreter oder mit dessen Zustimmung von einem Dritten überlassen worden sind. Im Arbeitsrecht hat die Vorschrift für minderjährige Arbeitnehmer Bedeutung, wenn diese über ihren Arbeitslohn oder Teile davon frei verfügen wollen, daran aber zunächst aufgrund des Zustimmungsvorbehalts des gesetzlichen Vertreters gehindert sind.[21]   **78**

In der Überlassung der Mittel wird eine Einwilligung durch schlüssiges Handeln des gesetzlichen Vertreters in das Verpflichtungsgeschäft des Minderjährigen gesehen, das aber erst mit der Bewirkung der Leistung durch den Minderjährigen wirksam wird. Bis dahin kann der gesetzliche Vertreter die Einwilligung noch widerrufen (§ 183 BGB), zum Beispiel den Verwendungszweck ändern, beschränken oder die Mittelüberlassung überhaupt zurück-   **79**

---

19 MünchKommBGB/*Schmitt* § 108 Rn. 24 m. w. N.; **a. A.:** Palandt/*Ellenberger* BGB
    § 108 Rn. 7.

20 BGH 25. 1. 1989, IVb ZR 44/88, NJW 1989, 1728.

21 Vgl. zur Anwendung des § 110 BGB beim Verfügungsrecht über das Arbeitseinkommen minderjähriger Arbeitnehmer auch BGH 12. 10. 1976, VI ZR 172/75,
    NJW 1977, 622, 623.

nehmen. Auch für den Vertragspartner des Minderjährigen besteht während des Schwebezustands (in entsprechender Anwendung des § 109 BGB) ein Widerrufsrecht.[22]

80 Bereits mit dem Abschluss durch den Minderjährigen und nicht erst mit der Bewirkung der Mittel werden Rechtsgeschäfte wirksam, in die der gesetzliche Vertreter vor ihrer Individualisierung im Rahmen eines beschränkten Generalkonsenses (vgl. Rn. 69) eingewilligt hatte; insoweit ist § 110 BGB nicht anzuwenden.[23]

c. Einseitige Rechtsgeschäfte

81 Ein einseitiges Rechtsgeschäft, das der Minderjährige ohne die erforderliche Einwilligung des gesetzlichen Vertreters vornimmt, ist **unwirksam** und nicht genehmigungsfähig (§ 111 Satz 1 BGB). Deshalb kann der minderjährige Arbeitnehmer das Arbeitsverhältnis nicht wirksam **kündigen** (vgl. Rn. 89) oder anfechten, wenn er die Einwilligung hierzu nicht eingeholt hatte. Fehlt die vorherige Einwilligung, bedarf das Rechtsgeschäft der Neuvornahme, die allerdings auch darin liegen kann, dass der gesetzliche Vertreter dem Geschäftsgegner gegenüber das Rechtsgeschäft des Minderjährigen »bestätigt« (§ 141 BGB analog).

82 Das gilt jedoch nicht ausnahmslos. Hat der Geschäftsgegner nämlich den Mangel der Einwilligung gekannt und war er trotzdem mit der Vornahme des Rechtsgeschäfts einverstanden, sind die §§ 108, 109 BGB entsprechend anzuwenden (vgl. § 180 Satz 2 Variante 2 BGB), so dass das Rechtsgeschäft durch Genehmigung seitens des gesetzlichen Vertreters doch noch wirksam werden kann.[24]

83 Andererseits ist das Rechtsgeschäft trotz vorliegender Einwilligung unwirksam, wenn diese weder in schriftlicher Form (§ 126 BGB) vorgelegt noch dem Geschäftsgegner vom gesetzlichen Vertreter mitgeteilt worden ist *und* der Geschäftsgegner das Rechtsgeschäft *aus diesem Grunde* unverzüglich (ohne schuldhaftes Zögern, vgl. § 121 Abs. 1 Satz 1 BGB) zurückweist (§ 111 Satz 2 und 3 BGB). Die **Zurückweisung** braucht zwar nicht ausdrücklich zu erfolgen; es muss sich aber aus der Begründung oder aus anderen Umständen eindeutig und zweifelsfrei ergeben, dass sie nur aus den gesetzlichen Gründen und nicht wegen anderer Beanstandungen vorgenommen wird. Die Zurückweisung ist eine empfangsbedürftige Willenserklärung, die auch gegenüber dem Minderjährigen erklärt werden kann (§ 109 Abs. 1 Satz 2

---

22 Palandt/*Ellenberger* BGB § 110 Rn. 4; MünchKommBGB/*Schmitt* § 110 Rn. 34 m. w. N., auch zur Gegenauffassung.

23 Palandt/*Ellenberger* BGB § 110 Rn. 1.

24 MünchKommBGB/*Schmitt* § 111 Rn. 8; vgl. auch BGH 9. 3. 1990, V ZR 244/88, NJW 1990, 1721.

analog BGB) und mit dem Zugang für die Zukunft wirkt. Unverzüglich ist die Zurückweisung auch dann noch erklärt, wenn der Minderjährige die Mitteilung des gesetzlichen Vertreters über die Einwilligung dem anderen Teil in Aussicht gestellt und dieser daraufhin noch angemessene Zeit zugewartet hatte.

Soll der minderjährige Arbeitnehmer gekündigt oder sonst ihm gegenüber **84** eine einseitige empfangsbedürftige Willenserklärung abgegeben werden, gilt § 131 Abs. 2 BGB: Die Willenserklärung wird nicht wirksam, bevor sie dem gesetzlichen Vertreter zugeht (§ 131 Abs. 2 Satz 1 i. V. m. Abs. 1 BGB). Bei der Kündigung eines Berufsausbildungsverhältnisses bedarf die Kündigung zudem der Angabe der Kündigungsgründe (§ 22 Abs. 3 BBiG). Bei einem Minderjährigen ist es erforderlich, dass dem gesetzlichen Vertreter die Tatsachen mitgeteilt werden, die die Kündigung begründen sollen. Es reicht nicht, wenn nur dem Minderjährigen die Kündigungsgründe mitgeteilt werden.[25]

Um die Wirksamkeit beim gesetzlichen Vertreter zu bewirken, ist die (förmli- **85** che) Adressierung an diesen nicht erforderlich; vielmehr genügt es, dass die Willenserklärung nach der Auslegung des Erklärungsverhaltens eindeutig an ihn gerichtet ist und von ihm vernommen wird. Eine rein zufällige Kenntnisnahme durch den gesetzlichen Vertreter bewirkt jedoch keinen wirksamen Zugang der einseitigen Willenserklärung.[26]

Es gilt folgende Ausnahme (§ 131 Abs. 2 Satz 2 BGB): Der gesetzliche Ver- **86** treter kann, was auch stillschweigend (durch schlüssiges Verhalten) möglich ist, darin *einwilligen,* dass die Willenserklärung unmittelbar dem Minderjährigen gegenüber abgegeben wird. Die Erklärung wird dann in dem Zeitpunkt wirksam, in dem sie diesem zugeht (§ 131 Abs. 2 Satz 2 BGB). Jedoch kann eine dem Minderjährigen gegenüber erklärte Kündigung (oder ein anderes einseitiges Rechtsgeschäft) *nicht* nachträglich mit dem Ziele genehmigt werden, den Zugang auf den Zeitpunkt der Empfangnahme durch den Minderjährigen zurückwirken zu lassen.

Auch eine an den Minderjährigen gerichtete **Vertragsannahmeerklärung,** **87** zum Beispiel zum Abschluss eines Arbeitsvertrages, wird erst wirksam, wenn sie dem gesetzlichen Vertreter zugeht (§ 131 Abs. 2 Satz 1 BGB). Dabei kann der beschränkt Geschäftsfähige Empfangsbote (aber nicht Empfangsvertreter) seines gesetzlichen Vertreters sein.[27]

Des Zugangs an den gesetzlichen Vertreter bedarf es jedoch dann nicht, **88** wenn dieser seine Einwilligung erteilt hat, wofür schlüssiges Verhalten genügt (§ 131 Abs. 2 Variante 2 BGB). In dem Fall wird die Erklärung in dem Zeitpunkt wirksam, in dem sie dem beschränkt Geschäftsfähigen zugeht.

---

25 BAG 25. 11. 1976, 2 AZR 751/75, AP BBiG § 15 Nr. 4.
26 Palandt/*Ellenberger* BGB § 131 Rn. 2 m. w. N.
27 Palandt/*Ellenberger* BGB § 131 Rn. 2.

Auch werden dem Minderjährigen gegenüber abgegebene Vertragsannahmeerklärungen – anders als einseitige Willenserklärungen (Rn. 81) – noch nachträglich wirksam, wenn der gesetzliche Vertreter den ohne seine Einwilligung geschlossenen Vertrag **genehmigt** (§ 108, § 109 BGB). In der Genehmigung des Vertragsschlusses durch den gesetzlichen Vertreter ist die (stillschweigende) Genehmigung des Zugangs der Annahmeerklärung enthalten

aa. Die Kündigung durch Minderjährige

89 Für eine wirksame Kündigungserklärung ist Voraussetzung, dass sowohl derjenige, der die Kündigung erklärt, als auch der Erklärungsempfänger volljährig ist. Der Minderjährige ist nur **beschränkt geschäftsfähig** (§ 106 BGB). Der Minderjährige kann deshalb wirksam nur mit Einwilligung des gesetzlichen Vertreters kündigen. »Einwilligung« ist die vorherige Zustimmung, also die zeitlich vor Ausspruch der Kündigungserklärung erteilte Zustimmung (§ 183 BGB). In Einzelfällen kann problematisch sein, wer »gesetzlicher Vertreter« ist (vgl. Rn. 247 ff.). Ein einseitiges Rechtsgeschäft (wie die Kündigung), das der Minderjährige ohne die erforderliche Einwilligung des gesetzlichen Vertreters vornimmt, ist unwirksam (§ 111 Satz 1 BGB).

90 Nimmt der Minderjährige mit Einwilligung der gesetzlichen Vertreter ein solches Rechtsgeschäft (Kündigung) einem anderen gegenüber vor, so ist das Rechtsgeschäft (die Kündigung) unwirksam, wenn der Minderjährige die **Einwilligung** nicht **in schriftlicher Form** vorlegt *und* der andere das Rechtsgeschäft (die Kündigung) *aus diesem Grunde* zurückweist (§ 111 Satz 2 BGB). Liegt die Einwilligung tatsächlich (wenn auch nicht schriftlich) vor und weist der Kündigungsempfänger die Kündigung *nicht* zurück, ist die Kündigung wirksam. Liegt die Einwilligung tatsächlich nicht vor, macht der Kündigungsempfänger gleichwohl von seinem Zurückweisungsrecht keinen Gebrauch, kann die Kündigung vom gesetzlichen Vertreter noch genehmigt werden. **Genehmigung** ist die nachträgliche Zustimmung. Mit Erteilung der Genehmigung wird die Kündigung wirksam (§ 184 Abs. 1 BGB). Verweigert der gesetzliche Vertreter die Genehmigung, ist die Kündigung endgültig unwirksam.

91 Die Zurückweisung der Kündigung kann vermieden werden, wenn eine **schriftliche Einwilligung** vorgelegt wird: Die Zurückweisung der Kündigung wegen Fehlens einer schriftlichen Einwilligungserklärung ist ausgeschlossen, wenn der gesetzlicher Vertreter den anderen (also den Kündigungsempfänger) von der Einwilligung in **Kenntnis** gesetzt hatte (§ 111 Satz 3 BGB).

bb. Die Kündigung gegenüber Minderjährigen

Ist der oder die Minderjährige zum Zeitpunkt des Ausspruchs der Kündigungserklärung minderjährig, dann ist die Kündigung gegenüber dem gesetzlichen Vertreter des Minderjährigen zu erklären (§ 131 BGB). Eine nur gegenüber dem Minderjährigen erklärte Kündigung ist unwirksam. Die Kündigung wird erst **mit Zugang beim gesetzlichen Vertreter wirksam.**[28] Obwohl das Kind durch die Eltern gemeinschaftlich vertreten wird, genügt der Zugang der Kündigung bei einem Elternteil (§ 1629 Abs. 1 Satz 2 BGB).

Eine gegenüber einem Minderjährigen abgegebene schriftliche Willenserklärung geht zu und wird wirksam (§ 131 Abs. 2 Satz 1 BGB), wenn sie mit dem erkennbaren Willen abgegeben worden ist, dass sie seinen gesetzlichen Vertreter erreicht, und wenn sie tatsächlich in den Herrschaftsbereich des Vertreters gelangt. Sie muss mit Willen des Erklärenden in Richtung auf den gesetzlichen Vertreter in den Verkehr gelangt sein und der Erklärende muss damit gerechnet haben können und gerechnet haben, sie werde – und sei es auf Umwegen – den von ihm bestimmten Empfänger erreichen.[29]

Wird ein Kündigungsschreiben an den Minderjährigen, gesetzlich vertreten durch seine Eltern, adressiert, lässt dies den Willen des Arbeitgebers oder Ausbildenden, dass das Kündigungsschreiben die Eltern des Minderjährigen als dessen gesetzliche Vertreter erreichen soll, noch hinreichend erkennen. Der Arbeitgeber/Ausbildende trägt allerdings bei einer solchen Adressierung das Risiko, dass bei postalischer Übermittlung die Zusteller ein solches Schreiben in einen eventuell vorhandenen eigenen Briefkasten des Minderjährigen einwerfen. Will der Arbeitgeber/Ausbildende dieses Risiko vermeiden, muss er das Kündigungsschreiben an die Eltern als gesetzliche Vertreter des Minderjährigen adressieren.[30]

Der Zugang einer Kündigungserklärung kann auch durch Dritte, auf Seiten des Erklärenden durch sogenannte Erklärungsboten, vermittelt werden. Der Bote muss nicht geschäftsfähig sein. Übergibt ein Ausbildender einem minderjährigen Auszubildenden das an die Eltern gerichtete Kündigungsschreiben mit der Bitte, dieses den Eltern zu übergeben, handelt der Minderjährige als Erklärungsbote des Ausbildenden.[31]

Bei der Kündigung eines Berufsausbildungsverhältnisses sind dem gesetzlichen Vertreter des oder der Minderjährigen auch die **Kündigungsgründe** mitzuteilen (§ 22 Abs. 3 BBiG), ansonsten ist die Kündigung unwirksam. Es

92

93

---

28 BAG 8. 12. 2011, 6 AZR 354/10, NZA 2012, 495.
29 BAG 8. 12. 2011, 6 AZR 354/10, Rn. 19, NZA 2012, 495.
30 BAG 8. 12. 2011, 6 AZR 354/10, Rn. 24/25, NZA 2012, 495.
31 LAG Schleswig-Holstein 20. 3. 2008, 2 Ta 45/08.

genügt nicht, wenn nur dem Minderjährigen die Kündigungsgründe mitgeteilt werden.[32]

d. Insichgeschäfte

94 Will der gesetzliche Vertreter (Vater und/oder Mutter, Vormund) den Minderjährigen selbst als Arbeitnehmer beschäftigen, gilt § 181 BGB: Danach kann ein Vertreter (sofern, wie hier, die in der Vorschrift bestimmten Ausnahmen nicht vorliegen) im Namen des Vertretenen mit sich im eigenen Namen oder als Vertreter eines Dritten ein Rechtsgeschäft nicht vornehmen. Solche Insichgeschäfte des gesetzlichen Vertreters erfordern die Einschaltung eines Ergänzungspflegers, der für den Minderjährigen tätig wird und gegebenenfalls den Arbeitsvertrag für diesen mit dem aus Rechtsgründen verhinderten gesetzlichen Vertreter abschließt (vgl. § 1630 Abs. 1, § 1794, § 1909 Abs. 1 Satz 1 und Abs. 2 BGB).

95 Der gesetzliche Vertreter kann das Vertretungsverbot des § 181 BGB nicht in der Weise umgehen, dass er den Minderjährigen durch Einwilligung (§ 107 BGB) ermächtigt, den Vertrag mit ihm abzuschließen. Auch wenn formal insoweit Personenidentität nicht besteht, hindert jedoch die Interessenkollision, dem so zustande gekommenen Rechtsgeschäft Geltung zu verschaffen.

96 Demgegenüber ist § 181 BGB nicht anzuwenden, wenn der Minderjährige nach § 113 BGB allgemein zur Eingehung von Arbeitsverhältnisses ermächtigt und damit insoweit voll geschäftsfähig ist (vgl. Rn. 100 ff.).

e. Genehmigungsvorbehalte des Familiengerichts

97 Nicht immer reicht die gesetzliche Vertretung (Eltern, Vormund, Pfleger) zur Wirksamkeit eines für den Minderjährigen abgeschlossenen Rechtsgeschäfts aus. Vielmehr bedarf der gesetzliche Vertreter zu bestimmten Rechtsgeschäften der Genehmigung des Familiengerichts.

98 Dabei ist der Umfang der Genehmigungspflicht unterschiedlich gesetzlich geregelt, je nachdem, ob die Eltern gesetzliche Vertreter sind (vgl. Rn. 228 ff.) oder eine Vormundschaft angeordnet ist. Der Vormund muss für alle in § 1822 BGB aufgeführten Rechtsgeschäfte die Genehmigung des Familiengerichts einholen (vgl. Rn. 278 ff.). Demgegenüber können die Eltern Ausbildungs- und Arbeitsverträge ohne Genehmigung des Familiengerichts abschließen.[33]

---

32 BAG 25.11.1976, 2 AZR 751/75, AP BBiG § 15 Nr. 4.

33 BAG 25.4.2013, 8 AZR 453/12, Rn. 49, NZA 2013, 1206; die Einzelheiten sind (vor allem bei langfristigen Verträgen im Berufssport) allerdings streitig, vgl. *Nesemann*, S. 66–75 m.w.N.

Weiterhin erstreckt sich die Soll-Vorschrift des § 1823 BGB nur beim Vor- **99**
mund auch auf die Auflösung eines bestehenden Erwerbsgeschäfts; bei den
Eltern ist die Einschaltung des Familiengerichts hingegen nur vorgesehen,
wenn ein Erwerbsgeschäft im Namen des Minderjährigen neu begonnen
werden soll (§ 1645 BGB). Die Vorschriften der §§ 1825 und 1828 bis 1831
BGB (vgl. Rn. 285 ff.) sind entsprechend anzuwenden (§ 1643 Abs. 3 BGB).

f. Minderjährige als Arbeitnehmer (§ 113 BGB)

Der gesetzliche Vertreter kann den Minderjährigen ermächtigen, ein **100**
Dienst- oder Arbeitsverhältnis einzugehen, ohne dass der konkrete Vertragsabschluss der Zustimmung bedarf (§ 113 BGB). Ermächtigt der gesetzliche
Vertreter den Minderjährigen, in Dienst oder in Arbeit zu treten, ist der
Minderjährige für solche Rechtsgeschäfte **unbeschränkt geschäftsfähig**,
welche die Eingehung oder Aufhebung eines Dienst- oder Arbeitsverhältnisses der gestatteten Art oder die Erfüllung der sich aus einem solchen Verhältnis ergebenden Verpflichtungen betreffen (§ 113 Abs. 1 Satz 1 BGB). Man
kann insofern von einer **Teilgeschäftsfähigkeit** sprechen.

aa. »Ermächtigung« (§ 113 BGB)

§ 113 BGB erfasst Arbeitsverträge, aber auch freie Dienstverträge, nicht aber **101**
Berufsausbildungsverhältnisse (vgl. Rn. 134). Die Norm gilt also für **Arbeitnehmer**, aber auch für **Selbstständige** und **arbeitnehmerähnliche Personen.**

Bei **Handelsvertretern** ist zu unterscheiden zwischen selbstständigen Ge- **102**
werbetreibenden (§ 84 Abs. 1 HGB), arbeitnehmerähnlichen Einfirmenver-
tretern (§ 92a Abs. 1 HGB) und persönlich und wirtschaftlich abhängigen
Handelsvertretern (§ 84 Abs. 2 HGB). Auch die erstgenannten beiden Gruppen werden aufgrund ihres dienstvertraglichen Status von § 113 BGB erfasst,
so dass der minderjährige Handelsvertreter, ob er nun selbstständiger Unternehmer oder wirtschaftlich abhängiger Einfirmenvertreter ist, nicht der Genehmigung des Familiengerichts bedarf, um mit Zustimmung des gesetzlichen Vertreters einen Handelsvertretervertrag abzuschließen. Ermächtigt
der gesetzliche Vertreter den Minderjährigen zur Eingehung eines Handels-
vertreterverhältnisses, wird dieser dadurch nach näherer Maßgabe des § 113
Abs. 1 BGB unbeschränkt geschäftsfähig.

Für Handelsvertreter oder sonstige Personen, die aufgrund eines Dienstver- **103**
trages tätig sind, ist daneben § 112 BGB anwendbar (vgl. Rn. 209 ff.), wenn
sie mit Genehmigung des Familiengerichts vom gesetzlichen Vertreter zum
selbstständigen Betrieb eines Erwerbsgeschäfts ermächtigt werden. Da der

Umfang der Ermächtigungen in beiden Vorschriften unterschiedlich geregelt ist, können sie auch nebeneinander bestehen.[34]

104 § 113 BGB unterscheidet *nicht* zwischen einfachen Diensten und solchen höherer Art. So wird beispielsweise der Engagement-Vertrag eines minderjährigen Schauspielers und ein Vertrag mit einem minderjährigen Profifußballspieler ebenso erfasst wie das Arbeitsverhältnis eines minderjährigen Arbeitnehmers, der untergeordnete Tätigkeiten mit geringen beruflichen Anforderungen verrichtet.

105 Von der Ermächtigung ausgenommen sind Verträge, zu denen der Vertreter der Genehmigung des Familiengerichts bedarf (§ 113 Abs. 1 Satz 2 BGB). Der Kreis der Geschäfte ist für Eltern und Vormund verschieden. Praktisch bedeutsam ist für beide Gruppen der Genehmigungsvorbehalt bei der **Kreditaufnahme** sowie bei Eingehen einer Wechselverbindlichkeit und einer Bürgschaft (§ 1643 Abs. 1, § 1822 Nr. 8, 9 und 10 BGB). So ist der Minderjährige zwar zum Gewerkschaftsbeitritt ermächtigt, nicht aber zur Darlehensaufnahme bei der Gewerkschaft, wenn und solange das Familiengericht diese nicht genehmigt hat.

106 Ist der Minderjährige durch einen Vormund vertreten, ist auch das Eingehen eines Dienst- oder Arbeitsverhältnisses an die Genehmigung des Familiengerichts gebunden, wenn der Vertrag für längere Zeit als ein Jahr abgeschlossen werden soll (§ 1822 Nr. 7 BGB).

107 Die Erweiterung der Geschäftsfähigkeit des Minderjährigen auf das Eingehen oder die Aufhebung eines Dienst- oder Arbeitsverhältnisses ist abhängig von der vorherigen Ermächtigung des gesetzlichen Vertreters. Die Ermächtigung ist eine einseitige empfangsbedürftige Willenserklärung, die keiner Form bedarf. Sie beruht auf einer Willensübereinstimmung zwischen dem gesetzlichen Vertreter und dem Minderjährigen. Die Ermächtigung ist deshalb gegenüber dem Minderjährigen zu erklären.[35]

108 Das Einverständnis (die Ermächtigung) kann ausdrücklich, aber auch konkludent (durch schlüssiges Verhalten) erfolgen. Erklärungen und Verhalten müssen jedoch erkennen lassen, dass der gesetzliche Vertreter das Eingehen des Dienst- oder Arbeitsverhältnisses billigt und mit der geplanten Arbeitsaufnahme einverstanden ist. Deshalb liegt beispielsweise *keine* Ermächtigung im Sinne des § 113 BGB vor, wenn die Eltern den Minderjährigen ermahnen, nicht in einem Nachtlokal zu arbeiten, sich damit aber nicht durchsetzen und schließlich resignieren.

109 Die Erteilung der Ermächtigung durch schlüssiges Verhalten ist indes in der Regel anzunehmen, wenn der Minderjährige ohne Zustimmung des gesetzlichen Vertreters eine bestimmte Tätigkeit bereits ausübt und der gesetzliche Vertreter diese stillschweigend duldet, ohne einzuschreiten.

---

34 Palandt/*Ellenberger* BGB § 113 Rn. 2; MünchKommBGB/*Schmitt* § 113 Rn. 8 ff.
35 ErfK/*Preis* § 113 BGB Rn. 3 m. w. N.

Andererseits schließt der gesetzliche Vertreter eine Ermächtigung still- **110** schweigend aus, wenn er selbst für den Minderjährigen – oder gemeinsam mit diesem – auftritt oder den Vertrag des Minderjährigen mit unterzeich- net.

Die Ermächtigung kann von vornherein **inhaltlich beschränkt** erteilt wer- **111** den. Sie kann sich auch auf Dienst- oder Arbeitsverhältnisse einer bestimm- ten Art beziehen oder bestimmte Rechtsverhältnisse überhaupt ausnehmen. Umgekehrt ist auch eine Ausdehnung der Ermächtigung auf alle künftigen Dienst- oder Arbeitsverhältnisse, gleich welcher Art sie sein mögen, nach dem freien Ermessen des gesetzlichen Vertreters zulässig. § 113 BGB spricht in diesem Zusammenhang von Rechtsgeschäften der »gestatteten Art«.

Einen Dienst- oder Arbeitsvertrag der gestatteten Art kann der Minderjäh- **112** rige aufgrund der Ermächtigung aber *nicht* mit dem gesetzlichen Vertreter selbst abschließen. § 181 BGB ist insoweit zumindest entsprechend anzu- wenden.[36]

Im Zweifel gilt die für einen einzelnen Fall erteilte Ermächtigung als allge- **113** meine Ermächtigung zum Eingehen von Verhältnissen derselben Art (§ 113 Abs. 4 BGB). Ob ein Rechtsverhältnis der gestatteten Art vorliegt, entschei- det im Einzelfall die Verkehrsanschauung. Gleichartigkeit kann auch bei ver- wandten Berufen gegeben sein, scheidet aber aus, wenn sich die rechtliche oder soziale Stellung des Minderjährigen wesentlich verschlechtert.[37]

Nach diesen Kriterien enthält die Erlaubnis zur Annahme einer Stellung als **114** Hausgehilfin in aller Regel nicht auch die Ermächtigung, als Kellnerin oder Bardame zu arbeiten oder einen Arbeitsvertrag als gewerbliche Arbeite- rin, kaufmännische Angestellte oder Schauspielerin abzuschließen. Eine Er- mächtigung, den Kellnerberuf auszuüben, bezieht sich nicht auch auf eine Tätigkeit in Nachtlokalen. Als nicht vergleichbar wurden ferner angesehen der Büromechaniker und der Kraftfahrer, der Buchdruckerei- und Buch- handlungsgehilfe sowie die Wäschereiarbeiterin und die Bedienung in einer Gaststätte.

Geht der Minderjährige ein Dienst- oder Arbeitsverhältnis ein, das nicht der **115** gestatteten Art entspricht, kann der gesetzliche Vertreter den Vertragsschluss jedoch genehmigen (vgl. Rn. 72) oder eine neue Ermächtigung erteilen, wel- che die bisher abweichende Tätigkeit einschließt.

bb. Rechtsfolgen der »Ermächtigung«

Liegt die Ermächtigung vor, ist der Minderjährige für alle Rechtsgeschäfte **116** unbeschränkt geschäftsfähig, die das Eingehen oder die Aufhebung eines

---

36 Palandt/*Ellenberger* BGB § 113 Rn. 3; ErfK/*Preis* § 113 BGB Rn. 5; Münch- KommBGB/*Schmitt* § 113 Rn. 11 ff.
37 Palandt/*Ellenberger* BGB § 113 Rn. 3.

Dienst- oder Arbeitsverhältnis der gestatteten Art oder die Erfüllung der sich aus einem solchen Verhältnis ergebenden Verpflichtungen betreffen. Im Interesse des Schutzes der Minderjährigen ist eine sachgerechte Abgrenzung gegenüber solchen Rechtsgeschäften vorzunehmen, mit denen üblicherweise nicht zu rechnen ist und die deshalb nicht mehr von der Ermächtigung gedeckt sind.

117 Allgemein gilt der **Grundsatz,** dass der Minderjährige nur zu solchen Rechtsgeschäften im Zusammenhang mit dem Eingehen, der Durchführung und Beendigung eines Dienst- oder Arbeitsverhältnisses ermächtigt ist, die ihn nicht übervorteilen oder sonst in einem ungewöhnlichen Maße benachteiligen. So ist ein Aufhebungsvertrag, der aus Anlass der Schwangerschaft einer minderjährigen Arbeitnehmerin vereinbart wird, nicht von der Ermächtigung gedeckt, weil damit die Rechte nach dem Mutterschutzgesetz (MuSchG) umgangen würden. Ein solcher Aufhebungsvertrag wäre nichtig.

118 Da der Minderjährige im Umfang der Ermächtigung voll geschäftsfähig ist, kann er den Dienst- oder Arbeitsvertrag selbstständig eingehen, ändern oder wieder aufheben, den Lohn und die sonstigen Arbeitsbedingungen vereinbaren und die mit der Erfüllung der beiderseitigen Rechte und Pflichten in Zusammenhang stehenden Rechtsgeschäfte vornehmen. Den Lohn kann er mit befreiender Wirkung für den Arbeitgeber in Empfang nehmen und auch über den Lohnanspruch verfügen, zum Beispiel auf ihn verzichten, stunden, aufrechnen oder einen Vergleich schließen, Schadensersatzansprüche geltend machen oder Forderungen des Arbeitgebers anerkennen.

119 Kraft der Ermächtigung kann der Minderjährige auch ordentlich oder außerordentlich kündigen sowie Kündigungen des Arbeitgebers entgegennehmen, in die Rücknahme einer Kündigung einwilligen oder den Arbeitgeber in Gläubigerverzug setzen (§§ 293 ff, 615 BGB).

120 Vor dem Eingehen eines Dienst- oder Arbeitsverhältnisses stehen häufig **Vorverhandlungen**, die mit durch die Ermächtigung gedeckt sind, wenn es sich um ein Rechtsverhältnis der gestatteten Art handelt. Auch für das bereits in diesem Stadium bestehende gesetzliche Schuldverhältnis ist der Minderjährige aufgrund der Ermächtigung voll geschäftsfähig. Er haftet deshalb dem anderen Teil auf Ersatz des Vertrauensschadens, wenn er vorvertragliche Verhaltenspflichten, Aufklärungs- und Mitteilungspflichten schuldhaft verletzt. Der Minderjährige hat seinerseits Anspruch auf Schadensersatz, wenn der andere Teil schuldhaft gegen seine bei den Vertragsverhandlungen bestehenden Verpflichtungen verstößt. Für beide Teile kommen insoweit Ansprüche auch in Betracht, wenn der angebahnte Vertrag infolge des Fehlverhaltens nicht oder zu Bedingungen zustande kommt, die der andere Teil so nicht vereinbart hätte.

121 Ist der Vertrag bereits zustande gekommen, kann noch die Anfechtung wegen Irrtums oder arglistiger Täuschung (§§ 119, 123 BGB) in Betracht kom-

men. Zur Abgabe solcher Erklärungen ist der Minderjährige nach § 113 BGB ebenso ermächtigt wie zur Entgegennahme von Anfechtungserklärungen der Gegenseite sowie zur Geltendmachung von Rückabwicklungsansprüchen.

Die Ermächtigung zur Eingehung eines Arbeitsverhältnisses umfasst alle **122** **verkehrsüblichen Vereinbarungen und Rechtsgeschäfte**, also solche Vereinbarungen, die gewöhnlich im Zusammenhang mit derartigen Arbeitsverträgen abgeschlossen werden, **nicht** aber **außergewöhnliche Vertragsgestaltungen.**

Die Ermächtigung umfasst Vereinbarungen, die die Vertragsparteien zwar **123** bereits bei Eingehen des Arbeitsverhältnisses oder während dessen Dauer getroffen haben, die aber vereinbarungsgemäß erst bei oder nach seiner Beendigung wirksam werden. Das meint etwa Vertragsstrafen und nachvertragliche Wettbewerbsverbote, soweit solche Vereinbarungen rechtlich zulässig und in dem betreffenden Gewerbezweig üblich sind. Bei **Wettbewerbsverboten** und **Vertragsstrafen** ist besonders zu prüfen, ob solche Vereinbarungen branchenüblich sind. Tariflich vorgesehene Gestaltungsmöglichkeiten im Zusammenhang mit betrieblichen Altersversorgungszusagen sollen durchaus verkehrsüblich sein und deshalb von § 113 Abs. 1 BGB gedeckt sein.[38]

Auch **Rückzahlungsklauseln** werden von § 113 BGB erfasst, die im Zu- **124** sammenhang mit der Gewährung zusätzlicher Leistungen wie Urlaubsgeld, Weihnachtsgratifikationen und sonstiger Zuwendungen mit Gratifikationscharakter vereinbart zu werden pflegen und durch die geregelt werden soll, dass sie (anteilig) zurückzuzahlen sind, wenn der Arbeitnehmer vor einem bestimmten Stichdatum aus dem Arbeitsverhältnis ausscheidet. Rückzahlungsvorbehalte bei der Gewährung von Gratifikationen spielen im Arbeitsleben eine erhebliche Rolle, so dass nicht vom Vorliegen ungewöhnlicher Vertragsbedingungen gesprochen werden kann, mit denen der gesetzliche Vertreter bei der Erteilung der Ermächtigung nicht zu rechnen brauchte. Soweit solche Klauseln tariflich geregelt sind, werden sie bei minderjährigen Arbeitgebern, die tarifgebunden sind, bereits aufgrund des durch § 113 BGB gedeckten Gewerkschaftsbeitritts des Minderjährigen (vgl. Rn. 133, 135) von der Ermächtigung erfasst.

Weiterhin kann der minderjährige Arbeitnehmer **Rückzahlungsklauseln** **125** **über Ausbildungskosten** wirksam vereinbaren, soweit es nicht um Berufsausbildungsverhältnisse geht (vgl. § 12 Abs. 2 Nr. 1 BBiG). Die durch die Rückzahlungsklausel bewirkte Bindung ist indes nur dann durch § 113 BGB gedeckt, wenn der Minderjährige als Gegenleistung eine Ausbildung erhält, die ihm zuvor verschlossene berufliche Möglichkeiten eröffnet und er da-

---

38 MünchKommBGB/*Schmitt* § 113 Rn. 19; ErfK/*Preis* § 113 BGB Rn. 8.

durch einen geldwerten Vorteil erlangt. Unabhängig davon, dass die Vereinbarung solcher Klauseln von der Ermächtigung nach § 113 BGB gedeckt sein kann, ist zu prüfen, ob diese auch arbeitsrechtlich zulässig sind oder eine unangemessene Benachteiligung (§ 307 BGB) darstellen.

126 Durch die Ermächtigung werden auch die mit dem Eingehen eines Dienst- oder Arbeitsverhältnisses zusammenhängenden **Rechtsgeschäfte, auch mit Dritten,** gedeckt, soweit diese erforderlich sind, um den Minderjährigen in die Lage zu versetzen, das Arbeitsverhältnis zu begründen und dessen Inhalt frei zu gestalten sowie die Verpflichtungen aus diesem Arbeitsverhältnis zu erfüllen. Dazu können Kauf-, Miet-, Beförderungs- und Bewirtungsverträge gehören, wie zum Beispiel das Anmieten eines Zimmers am Arbeitsort, Beförderungsverträge, um an die Arbeitsstelle zu gelangen, Verträge über die entgeltliche Gewährung von Kost und Wohnung bei auswärtiger Arbeitsstelle, Anschaffung von Berufskleidung, die Einrichtung eines Gehaltskontos sowie der Beitritt zur Gewerkschaft.[39]

127 Ist der Minderjährige insoweit ermächtigt, kann er auch die dabei entstehenden **Aufwendungen von seinem Arbeitseinkommen bestreiten,** ohne dass es noch einer besonderen Zustimmung des gesetzlichen Vertreters bedarf. In diesem Rahmen kann er deshalb auch über das Guthaben des Gehaltskontos verfügen, von diesem zum Beispiel Barabhebungen und Überweisungen vornehmen.

128 Wenn dem Minderjährigen weitere Beträge vom Lohn belassen werden, kann dem eine beschränkte Generaleinwilligung zugrunde liegen oder es kann § 110 BGB in Betracht kommen (vgl. Rn. 78). Die beschränkte Geschäftsfähigkeit des Minderjährigen bleibt jedoch insoweit bestehen. Verbleibende Restbeträge muss der Minderjährige dem gesetzlichen Vertreter abliefern, der sie im Rahmen seines Rechts zur Verwaltung des Vermögens und Einkommens des Minderjährigen (§ 1649 Abs. 1 Satz 2 BGB) zu verwenden hat, vor allem davon den Unterhalt des Minderjährigen zu bestreiten hat, soweit etwaige Vermögenseinkünfte des Minderjährigen hierzu nicht ausreichen.[40]

cc. Rücknahme und Einschränkung der »Ermächtigung«

129 Die dem Minderjährigen erteilte Ermächtigung kann vom gesetzlichen Vertreter zurückgenommen oder eingeschränkt werden (§ 113 Abs. 2 BGB). Die Einschränkung kann von vornherein oder nachträglich erfolgen. Eine Genehmigung des Familiengerichts ist insoweit nicht erforderlich. Erklärungsempfänger für die Rücknahme oder Einschränkung der Ermächtigung ist der Minderjährige. Rücknahme und Einschränkung können auch durch

---

39 MünchKommnBGB/*Schmitt* § 113 Rn. 23 ff.
40 Palandt/*Götz* BGB § 1626 Rn. 18 ff. und § 1629 Rn. 2 ff.

schlüssiges (konkludentes) Verhalten erfolgen, müssen jedoch dem Minderjährigen zur Kenntnis gelangen, diesem also zugehen, weil sie seine rechtlichen Handlungsmöglichen unmittelbar verändern.[41]

Die Rücknahme (oder Einschränkung) der Ermächtigung wirkt ab dem **130** Zeitpunkt, zu dem sie ausgesprochen wird, *nicht* rückwirkend. Die bis zur Rücknahme der Ermächtigung rechtswirksam ausgesprochenen Willenserklärungen des Minderjährigen, zum Beispiel der Abschluss eines Arbeitsvertrages, bleiben wirksam. In der Rücknahme der Ermächtigung liegt auch nicht zugleich die Kündigung des Arbeitsverhältnisses des Minderjährigen. Die Rücknahme (oder Einschränkung) der Ermächtigung versetzt den gesetzlichen Vertreter vielmehr erst in die Lage, die bis dahin dem Minderjährigen zustehenden Rechte nunmehr selbst auszuüben. Er kann erst nach der Rücknahme der Ermächtigung selbst wirksam die Kündigung des Arbeitsverhältnisses des Minderjährigen erklären oder Ansprüche aus dem Arbeitsverhältnis des Minderjährigen geltend machen, fristwahrende Erklärungen abgeben oder Gegenforderungen abwehren, zum Beispiel durch die Einrede der Verjährung. Rechte Dritter, die bei Wirksamwerden der Rücknahme oder Einschränkung der Ermächtigung bereits entstanden waren, bleiben hingegen unberührt.

dd. Ablehnung der Erteilung der »Ermächtigung«

Lehnt es der gesetzliche Vertreter überhaupt ab, die Ermächtigung zu ertei- **131** len, ist bei den Rechtsfolgen zwischen Eltern und Vormund zu unterscheiden. Der Weigerung des **Vormunds** kann der Minderjährige mit einem an das Familiengericht gerichteten Antrag entgegentreten, die Ermächtigung zu ersetzen (§ 113 Abs. 3 Satz 1 BGB). Das Familiengericht hat die Ermächtigung zu ersetzen, wenn dies im Interesse des Mündels liegt (§ 113 Abs. 3 Satz 2 BGB). Ist die Ermächtigung durch Entscheidung des Familiengerichts ersetzt worden, dann ist der Vormund nicht mehr zur Rücknahme oder zu Einschränkungen befugt.[42]

Die **Eltern** haben als gesetzliche Vertreter des Minderjährigen weitergehende **132** Befugnisse. Sie entscheiden nach ihrem **Ermessen** in Ausübung des elterlichen Sorgerechts, ob sie die Ermächtigung verweigern oder diese nur mit Einschränkungen erteilen wollen. Den Eltern ist aber kein willkürliches Ermessen eingeräumt. Missbrauchen sie das Sorgerecht und gefährden sie dadurch das Wohl des Minderjährigen, kann das Familiengericht eingreifen und auch ohne Antrag des Minderjährigen Erklärungen des Sorgeberechtigten ersetzen (§ 1666 Abs. 1 und 3 BGB). Das gilt sowohl hinsichtlich der Erteilung der Ermächtigung wie auch für deren Rücknahme oder Einschrän-

---

41 MünchKommBGB/*Schmitt* § 113 Rn. 36.
42 MünchKommBGB/*Schmitt* § 113 Rn. 41.

kung. Eine vom Familiengericht erteilte Ermächtigung kann nur das Gericht wieder zurücknehmen oder einschränken, es sei denn, die Ersetzung wäre jetzt ausgeschlossen.

133 Ein Missbrauch des Rechts der elterlichen Sorge wäre es zum Beispiel, wenn die Ermächtigung mit der Einschränkung erteilt wird, einem **Gewerkschaftsbeitritt** werde nicht zugestimmt. Gegen die Verweigerung des Gewerkschaftsbeitritts kann sich der Minderjährige auch unmittelbar auf die durch das Grundgesetz garantierte Koalitionsfreiheit (Art. 9 Abs. 3 GG) stützen. Es handelt sich dabei um ein höchstpersönliches Grundrecht, das auch Minderjährigen zusteht. Deshalb kann der Minderjährige wirksam der Gewerkschaft beitreten, ohne dafür eine gerichtliche Verfügung erwirken zu müssen.[43]

ee. Berufsausbildungsverhältnisse

134 Die Ermächtigung des gesetzlichen Vertreters (§ 113 BGB) erstreckt sich *nicht* auch auf das Eingehen oder die Aufhebung eines Berufsausbildungsverhältnisses. Für Berufsausbildungsverträge findet die Norm *keine* Anwendung, da beim Berufsausbildungsverhältnis der Ausbildungszweck und nicht die Leistung von Arbeit im Vordergrund steht und dieses deshalb kein Dienst- oder Arbeitsverhältnis im Sinne des § 113 BGB ist. Es bedarf also immer einer **Einzelzustimmung** des gesetzlichen Vertreters, also zumeist der Eltern, zu dem Abschluss eines Berufsausbildungsvertrages, solange der Betroffene minderjährig ist.[44]

135 Daraus folgt aber nicht, dass Minderjährige der Zustimmung der Eltern bedürfen, wenn sie einer **Gewerkschaft** beitreten wollen. Das Grundrecht der Koalitionsfreiheit (Art. 9 Abs. 3 GG) ist höchstpersönlich und steht auch Minderjährigen zu.[45]

136 In den Anwendungsbereich fallen auch nicht sonstige Rechtsverhältnisse, durch die berufliche Kenntnisse, Fertigkeiten oder Erfahrungen erworben werden, ohne dass es um eine Berufsausbildung im Sinne des Berufsbildungsgesetzes geht und auch ein Arbeitsverhältnis nicht vereinbart ist (§ 26 BBiG).

137 So kann der Minderjährige nicht unter Berufung auf § 113 BGB ein Volontärverhältnis, das heißt einen auf den Erwerb oder die Erweiterung beruflicher Kenntnisse und Fähigkeiten gerichteten Vertrag selbst abschließen, sondern bedarf der Einwilligung des gesetzlichen Vertreters (§ 107 BGB), wenn das Hauptgewicht der vertraglichen Beziehungen auf der Ausbildung

---

43 MünchKommBGB/Schmitt § 113 Rn. 24.
44 ErfK/*Preis* § 113 BGB Rn. 6; MünchKommBGB/*Schmitt* § 113 Rn. 14; Palandt/*Ellenberger* BGB § 113 Rn. 2.
45 *Lakies/Malottke* BBiG § 10 Rn. 22.

und nicht auf der Ausübung der beruflichen Tätigkeit liegt, der Ausbildungszweck also überwiegt.[46]

Ein Dienst- oder Arbeitsverhältnis im Sinne des § 113 BGB liegt hingegen **138** vor, wenn die Ausbildungsgesichtspunkte nicht die das Vertragsverhältnis prägende Wirkung haben und die Arbeitsleistung dominiert, was zum Beispiel bei beiläufigem Anlernen im Rahmen eines Arbeitsverhältnisses der Fall ist. Auf **Praktikantenverhältnisse** treffen diese Kriterien in der Regel nicht zu, weshalb auf diese § 113 BGB *keine* Anwendung findet. Praktikant ist, wer für eine begrenzte Zeit in einem Betrieb praktisch arbeitet, um sich die zur Vorbereitung auf einen (meist akademischen) Beruf notwendigen praktischen Kenntnisse und Erfahrungen anzueignen. Von einem Arbeitnehmer unterscheidet sich der Praktikant dadurch, dass bei diesem die Ausbildungsabsicht im Vordergrund steht.

Wird der Praktikant nach seinem Vertrag aber wie ein Arbeitnehmer be- **139** schäftigt, liegt ein Arbeitsverhältnis vor, auf das deshalb § 113 BGB Anwendung findet, wenn der gesetzliche Vertreter ihn ermächtigt hat. Das kann stillschweigend geschehen sein, wenn der gesetzliche Vertreter dem Ausbildungsvertrag im Hauptberuf zugestimmt hat und der Ausbildungsvertrag ein als Arbeitsverhältnis ausgestaltetes Praktikum einschließt. Dann gilt der Minderjährige zum Abschluss weiterer gleichartiger Praktikantenarbeitsverträge als ermächtigt (§ 113 Abs. 4 BGB), so dass er nicht noch jeweils die Einwilligung des gesetzlichen Vertreters für die Vertragsabschlüsse einholen muss.[47]

g. Haftung minderjähriger Arbeitnehmer

aa. Haftung bei der Vertragsanbahnung

Wer mit dem Minderjährigen selbst Verhandlungen zum Zwecke des Ab- **140** schlusses eines Arbeitsvertrages führt, muss sich vergewissern, ob die Einwilligung des gesetzlichen Vertreters und gegebenenfalls auch die – zusätzlich erforderliche – Genehmigung des Familiengerichts (§ 1643 Abs. 1, § 1822 BGB) vorliegt oder eine erteilte Ermächtigung die in Aussicht genommene Tätigkeit deckt.

Geschieht das nicht und stellt sich später heraus, dass die erforderliche Mit- **141** wirkung der gesetzlichen Vertretungsorgane nicht gewährleistet war und auch keine Einwilligung (§ 108 BGB) vorliegt, kann der andere Teil dem Minderjährigen gegenüber nicht geltend machen, dass er im Vertrauen auf den aufgrund entsprechender Zusicherungen des Minderjährigen als sicher erwarteten Vertragsschluss bereits mit Kosten verbundene Maßnahmen in

---

46 MünchKommBGB/*Schmitt* § 113 Rn. 14.
47 LAG Rheinland-Pfalz 8. 6. 1984, 6 Sa 51/84, NZA 1986, 293.

die Wege geleitet habe. Weil sich der in der Geschäftsfähigkeit beschränkte Minderjährige nicht wirksam verpflichten kann, kommt ein Ersatzanspruch wegen Verschuldens bei Vertragsschluss nicht in Betracht. Wegen eigenen Verschuldens vor oder bei Abschluss eines Vertrages kann der Minderjährige nicht auf Schadensersatz in Anspruch genommen werden.[48]

142 Das gilt auch dann, wenn der Minderjährige seine vorvertragliche Aufklärungspflicht verletzt und dem möglichen künftigen Vertragspartner verschwiegen hat, dass die Zustimmung der gesetzlichen Vertretung zum Vertragsschluss nicht vorliegt.

143 Schadensersatzansprüche gegen den Minderjährigen können sich aber ergeben, wenn der für diesen auftretende gesetzliche Vertreter die ihm gegenüber dem Geschäftsgegner bei den Vertragsverhandlungen obliegenden Verpflichtungen schuldhaft verletzt, er es zum Beispiel unterlassen hat, das Fehlen von Voraussetzungen, von denen die Wirksamkeit des Arbeitsvertrages abhängt, zu offenbaren.

144 Von einer Verletzung der Aufklärungspflicht ist zum Beispiel auszugehen, wenn der gesetzliche Vertreter erkannt hat oder erkennen musste, dass der Arbeitsvertrag mit dem in Aussicht genommenen Inhalt wegen des jugendlichen Alters des Arbeitnehmers im Hinblick auf Bestimmungen des Jugendarbeitsschutzgesetzes nicht wirksam abgeschlossen werden kann, oder wenn er im Falle der Ausübung des gemeinsamen Vertretungsrechts durch beide Eltern (vgl. Rn. 228) die mangelnde Zustimmung des anderen Elternteils zur Eingehung des Arbeitsverhältnisses verschwiegen oder nicht darauf hingewiesen hat, dass zur Wirksamkeit des Vertrages die Genehmigung des Familiengerichts erforderlich ist. Solange ein Vertragsschluss noch in der Schwebe ist, sind die Parteien allerdings in ihren Entschlüssen frei, und zwar auch dann, wenn der andere Teil in Erwartung des Vertrages bereits Aufwendungen gemacht hat. Eine Haftung aus einem Verschulden bei Vertragsabschluss (§ 311 Abs. 2 BGB) kommt jedoch in Betracht, wenn eine Partei den Vertragsschluss ohne triftigen Grund verweigert, nachdem sie in zurechenbarer Weise beim anderen Teil Vertrauen auf das Zustandekommen des Vertrages erweckt hat. Soweit dem gesetzlichen Vertreter des Minderjährigen danach ein Verschulden bei der Vertragsanbahnung zur Last fällt, hat der Minderjährige dafür einzustehen. Der Schuldner hat ein Verschulden seines gesetzlichen Vertreters in gleichem Umfang zu vertreten wie eigenes Verschulden (§ 278 BGB). Auch vertragsähnliche Rechtsverhältnis, das durch den Eintritt in die Vertragsverhandlungen entsteht, begründet solche Sorgfaltspflichten. Damit hat der Minderjährige für ein Verschulden seines gesetzlichen Vertreters einzustehen.[49]

---

48 Palandt/*Grüneberg* BGB § 311 Rn. 20.
49 Palandt/*Grüneberg* BGB § 278 Rn. 2.

Ein Mitverschulden des Geschädigten ist zu berücksichtigen (§ 254 BGB). **145** Ersatzansprüche des Minderjährigen gegen den gesetzlichen Vertreter bestimmen sich nach den auf das Innenverhältnis anzuwendenden gesetzlichen Vorschriften (vgl. § 1664, § 1833, § 1915 BGB).

Enthält das Verhalten des gesetzlichen Vertreters während oder aus Anlass **146** der Vertragsverhandlungen auch eine vorsätzliche sittenwidrige Schädigung des Verhandlungspartners (§ 826 BGB), haftet er diesem wegen des daraus entstehenden Schadens ausschließlich persönlich. Der Minderjährige selbst kann für unerlaubte Handlungen des gesetzlichen Vertreters nicht aus § 831 BGB in Anspruch genommen werden.

Soweit den Eltern (oder einem Elternteil) als gesetzlichen Vertretern oder **147** sonstigen vertretungsberechtigten Personen bei der Vertragsanbahnung ein Verschulden zur Last fällt, für das der Minderjährige einzustehen hat (§ 278 BGB), beschränkt sich seine Haftung auf den Bestand seines bei Eintritt der Volljährigkeit vorhandenen Vermögens (§ 1629a BGB).

bb. Haftung für Schäden bei der Tätigkeit

Minderjährige Arbeitnehmer sind dem Arbeitgeber für diesem oder einem **148** Dritten zugefügte Schäden nicht verantwortlich, wenn sie bei der Begehung der schädigenden Handlung nicht die zur Erkenntnis der Verantwortlichkeit erforderliche Einsicht haben (§ 828 Abs. 3 BGB). Unabhängig davon müssen sie schuldhaft (vorsätzlich oder fahrlässig im Sinne des § 276 BGB) gehandelt haben. Einsichtsfähigkeit und Verschulden sind getrennt voneinander zu prüfen.

Kommt es darauf an, ob der Minderjährige die erforderliche Sorgfalt außer **149** acht gelassen und damit fahrlässig (§ 276 Abs. 2 BGB) gehandelt hat, ist zu berücksichtigen, dass von einem minderjährigen Arbeitnehmer, der erst über geringe Berufserfahrung verfugt, nicht das Maß an Sorgfalt verlangt werden kann, das von einem Arbeitnehmer mit langjähriger Berufserfahrung erwartet wird. So wird zum Beispiel die fehlerhafte Bedienung einer Maschine, die unrichtige Berechnung eines Preises oder ein ähnliches Vorkommnis bei einem Arbeitnehmer mit langjähriger Berufserfahrung eher als schuldhafte Verletzung der Arbeitspflicht angesehen werden können als bei einem jugendlichen Arbeitnehmer, der die für fehlerfreie Arbeitsleistungen erforderlichen Kenntnisse erst noch erwerben muss. Fahrlässiges Verhalten wird bei einem minderjährigen Arbeitnehmer jedenfalls in der Regel dann nicht angenommen werden können, wenn er sich auf die Richtigkeit der Anweisung älterer und erfahrener Personen verlassen hat. Es ist von einem objektiv-abstrakten Sorgfaltsmaßstab auszugehen.[50]

---

50 Palandt/*Grüneberg* BGB § 276 Rn. 15 m. w. N.

150 Dementsprechend ist darauf abzustellen, welches Maß an Sorgfalt von einem Minderjährigen dieser Altersgruppe und dieses Bildungsstandes erwartet werden kann. Hingegen sind die besonderen Verhältnisse des Handelnden, namentlich der Grad seiner persönlichen Einsichtsfähigkeit oder Unerfahrenheit weder haftungsmildernd noch haftungsverschärfend zu berücksichtigen. Besitzt der Minderjährige zwar die erforderliche Einsichtsfähigkeit (§ 828 Abs. 3 BGB), ist ihm aber – etwa aufgrund seines Alters – keine Fahrlässigkeit vorzuwerfen, soll im Bereich des Vertragsrechts § 829 BGB (Ersatzpflicht aus Billigkeitsgründen) entsprechend anwendbar sein.[51]

151 Von dem speziellen Schutz für Minderjährige abgesehen ist es heute Allgemeingut, dass bei der Haftung von Arbeitnehmern und Auszubildenden für Pflichtverletzungen und Schäden die von der Rechtsprechung entwickelten Grundsätze der **Haftungsprivilegierung im Arbeitsverhältnis** gelten.[52]

152 Danach haben Arbeitnehmer und Auszubildende für alle Arbeiten, die durch den Betrieb veranlasst sind und aufgrund eines Arbeits- oder Ausbildungsverhältnisses geleistet werden, nur eingeschränkt zu haften. Voraussetzung für die Haftungserleichterung ist, dass der vom Arbeitnehmer/Auszubildenden verursachte Schaden bei einer betrieblichen Tätigkeit eingetreten ist. Betrieblich veranlasst ist eine Tätigkeit, die dem Arbeitnehmer/Auszubildenden entweder ausdrücklich übertragen worden ist oder die er im Interesse des Betriebs ausführt, die in nahem Zusammenhang mit dem Betrieb und seinem betrieblichen Wirkungskreis steht und in diesem Sinne betriebsbezogen ist.[53]

153 Danach haftet der Arbeitnehmer, der durch die betriebliche Tätigkeit einen Schaden verursacht hat, bei leichtester Fahrlässigkeit überhaupt nicht, wogegen er den Schaden in aller Regel allein zu tragen hat, wenn er diesen durch grobe Fahrlässigkeit herbeigeführt hat. Auch bei grober Fahrlässigkeit sind Haftungserleichterungen zugunsten des Arbeitnehmers jedoch nicht ausgeschlossen, wenn der Verdienst des Arbeitnehmers in einem deutlichen Missverhältnis zum verwirklichten Schadensrisiko der Tätigkeit steht.[54]

154 Bei »normaler« Fahrlässigkeit ist der Schaden regelmäßig zwischen Arbeitgeber und Arbeitnehmer anteilig zu verteilen, wobei die Gesamtumstände von Schadensanlass und Schadensfolgen nach Billigkeitsgrundsätzen und Zumutbarkeitsgesichtspunkten gegeneinander abzuwägen sind. Bei der Abwägung ist u. a. auch das Lebensalter des Arbeitnehmers zu berücksichtigen.[55] Bei der Anwendung dieser Grundsätze ist zwischen volljährigen und minderjährigen Arbeitnehmern zu unterscheiden. Für die Frage, ob ein

---

51 Palandt/*Grüneberg* BGB § 276 Rn. 6 m. w. N.
52 BAG 18. 4. 2002, 8 AZR 348/01, NZA 2003, 37.
53 BAG 18. 4. 2002, 8 AZR 348/01, NZA 2003, 37.
54 BAG 12. 11. 1998, 8 AZR 221/97, NZA 1999, 263.
55 BAG 25. 9. 1997, 8 AZR 288/96, NZA 1998, 310.

Minderjähriger dem Arbeitgeber einen Schaden fahrlässig verursacht hat, ist darauf abzustellen, welches Maß an Sorgfalt von dem Minderjährigen seiner Altersstufe und seines Bildungsstandes erwartet werden kann. Die Beurteilung nach diesen Kriterien kann zum Beispiel dazu fuhren, dass ein Sachverhalt, der einen Schadensersatz begründen kann, einem volljährigen Arbeitnehmer als normale Fahrlässigkeit anzulasten wäre, beim Minderjährigen nur als leichte oder leichteste Fahrlässigkeit zu bewerten ist.

Für **unerlaubte Handlungen** (§§ 823–826 BGB), die der minderjährige Arbeitnehmer zum Nachteil des Arbeitgebers begeht, haftet er mit den Einschränkungen des § 828 Abs. 3 BGB: Wer das 18. Lebensjahr noch nicht vollendet hat, ist für den Schaden, den er einem anderen zufügt, nicht verantwortlich, wenn er bei der Begehung der schädigenden Handlung nicht die zur Erkenntnis der Verantwortlichkeit erforderliche Einsicht hat. Insoweit kann der Arbeitgeber den Minderjährigen jedoch auch dann in Anspruch nehmen, wenn bei diesem Einsichtsfähigkeit und/oder Verschulden nicht vorliegen, sofern nur die Billigkeit eine Schadloshaltung erfordert und Ersatz des Schadens nicht von einem aufsichtspflichtigen Dritten, wie zum Beispiel den Eltern (§ 1629 BGB), der Pflegeperson (§ 1688 BGB) oder dem Vormund (§ 1793 BGB), erlangt werden kann (§ 829 BGB). **155**

Vertragliches **Verschulden seines gesetzlichen Vertreters** ist dem Minderjährigen wie eigenes Verschulden zuzurechnen (§ 278 BGB), wobei im Falle einer Gesamtvertretung (vgl. Rn. 228) das Verschulden eines Vertreters genügt. So hat der Minderjährige für die Folgen einer ungerechtfertigten außerordentlichen Kündigung einzustehen, die der gesetzliche Vertreter in Ausübung seiner Vertretungsmacht (§ 164 Abs. 1 BGB) erklärt hat. Schadensersatzansprüche gegen den Minderjährigen können sich auch ergeben, wenn sein gesetzlicher Vertreter dem Vertragspartner schuldhaft, wenn auch ohne Täuschungsabsicht, die für die in Aussicht genommene Tätigkeit erforderlichen Kenntnisse und Fähigkeiten zugesichert hat und sich später herausteht, dass diese unzureichend sind. Der Minderjährige muss alle Erklärungen seines gesetzlichen Vertreters, die Vertragsinhalt geworden sind, gegen sich gelten lassen (§ 164 Abs. 1 BGB). **156**

Der Minderjährige trägt auch das **Risiko eines Missbrauchs der Vertretungsmacht.** Der Vertragspartner hat insoweit in der Regel keine Prüfungspflicht. Wenn jedoch der Geschäftsgegner die missbräuchliche Ausnutzung der Vertretungsmacht erkannt hat oder bei Anwendung gehöriger Sorgfalt hätte erkennen müssen, oder wenn Vertreter und Geschäftsgegner sogar bewusst zum Nachteil des Vertretenen Zusammenwirken, ist dieser nicht gebunden. Auch kann der Minderjährige seiner Inanspruchnahme den Einwand der unzulässigen Rechtsausübung entgegensetzen, wenn der Vertreter von seiner Vertretungsmacht in ersichtlich verdächtiger Weise Gebrauch gemacht hat, so dass beim Vertragsgegner begründete Zweifel an der rechtmäßigen Ausübung der Vertretungsrechte entstehen mussten. **157**

158 Für unerlaubte Handlungen (§§ 823–826 BGB), die der gesetzliche Vertreter bei Gelegenheit der Ausübung seiner Vertretungsmacht begeht, haftet der Minderjährige dem Geschädigten nicht, da § 831 BGB in den Fällen der auf Gesetz beruhenden Vertretungsmacht keine Anwendung findet. Der gesetzliche Vertreter unterliegt nicht als Verrichtungsgehilfe des Minderjährigen dessen Weisungen.

159 Minderjährige bedürfen als solche wegen der Minderjährigkeit der **Aufsicht**, die den Sorgeberechtigten (Eltern, Vormund, Pfleger) obliegt. Fügt der Minderjährige dem Arbeitgeber durch eine – schuldlos oder schuldhaft – begangene **unerlaubte Handlung** widerrechtlich einen Schaden zu, dann hat der Aufsichtspflichtige dem Arbeitgeber Ersatz zu leisten (§ 832 Abs. 1 Satz 1 BGB). Dabei wird vermutet, dass die Aufsichtspflicht durch Unterlassung der im konkreten Fall gebotenen Sorgfalt verletzt worden ist und die Pflichtverletzung für den entstandenen Schaden ursächlich war.[56]

160 Gegen beide Vermutungen kann der Entlastungsbeweis geführt werden: Die Ersatzpflicht tritt nicht ein, wenn der Aufsichtspflicht genügt wurde oder der Schaden auch bei gehöriger Aufsichtsführung entstanden sein würde (§ 832 Abs. 1 Satz 2 BGB).

161 Das Maß der gebotenen Aufsicht bestimmt sich nach Alter, Eigenart, Bildungsstand und Charakter des Minderjährigen, nach der Vorhersehbarkeit des schädigenden Verhaltens sowie danach, was verständige Eltern (oder sonstige Aufsichtspflichtige) nach vernünftigen Anforderungen in der konkreten Situation an erforderlichen und zumutbaren Maßnahmen anzusinnen ist, damit Schädigungen Dritter vermieden werden, wobei Aufsicht und Überwachung um so intensiver sein müssen, je geringer der Erziehungserfolg ist.

162 Da der Minderjährige für Verbindlichkeiten einzustehen hat, die seine Eltern als gesetzliche Vertreter in Ausübung der Vertretungsmacht durch Rechtsgeschäft oder eine sonstige Handlung für ihn begründet haben, trägt er das Risiko, als Folge der Vertretungsmacht mit erheblichen Schulden in die Volljährigkeit entlassen zu werden.

163 Dem wirkt § 1629a BGB entgegen. Dort ist geregelt, dass sich die Haftung des Minderjährigen aus solchen Rechtsgeschäften oder sonstigen Handlungen auf den Bestand des bei Eintritt der Volljährigkeit vorhandenen Vermögens beschränkt. Damit die Haftungsbeschränkung nicht umgangen werden kann, sind Verbindlichkeiten aus Rechtsgeschäften gleichgestellt, die der Minderjährige mit Zustimmung der Eltern vorgenommen hat oder für die die Eltern die Genehmigung des Familiengerichts erhalten haben (§ 1629a Abs. 1 Satz 1 Halbsatz 2 BGB). Für Verbindlichkeiten, die der Vormund oder

---

56 Palandt/*Sprau* BGB § 832 Rn. 1.

der Pfleger als gesetzliche Vertreter des Minderjährigen für diesen begründet haben, gilt das entsprechend (§ 1793 Abs. 2, § 1915 Abs. 1 BGB).

Verbindlichkeiten aus dem selbstständigen Betrieb eines Erwerbsgeschäfts, zu dem der Minderjährige durch den gesetzlichen Vertreter mit Genehmigung des Familiengerichts ermächtigt war (§ 112 BGB), sind von der Haftungsbeschränkung ausdrücklich ausgenommen (§ 1629a Abs. 2). Die Regelung beruht auf der Erwägung, dass der durch die Ermächtigung partiell voll geschäftsfähige Minderjährige auch wie ein Volljähriger haften soll. **164**

Nicht erwähnt sind in § 1629a BGB die minderjährigen Arbeitnehmer, die aufgrund der Ermächtigung des gesetzlichen Vertreters, in Dienst oder Arbeit zu treten, selbstständig Arbeitsverträge eingehen und aufgeben sowie die sich daraus ergebenden Verpflichtungen erfüllen können (§ 113 BGB). Da diese Ermächtigung zur partiell unbeschränkten Geschäftsfähigkeit führt und dem Minderjährigen damit in diesen Grenzen die Stellung eines Volljährigen verschafft, wird die Vorschrift des § 1629a BGB dahin auszulegen sein, dass auch insoweit die Haftungsbeschränkung keine Anwendung finden soll. **165**

h. Minderjährige in der Betriebsverfassung

An der Wahl zum Betriebsrat sind die Minderjährigen nicht beteiligt, da sie weder wahlberechtigt (§ 7 BetrVG) noch wählbar (§ 8 BetrVG) sind. Deshalb werden sie auch bei der für die Errichtung eines Betriebsrates erforderlichen Mindestzahl der Arbeitnehmer nicht mitgerechnet (§ 1 BetrVG). Daraus folgt jedoch nicht, dass die minderjährigen Arbeitnehmer in der Betriebsverfassung keine Bedeutung haben. Denn in Betrieben, in denen ein Betriebsrat besteht, sind **Jugend- und Auszubildendenvertretungen** zu wählen, wenn dem Betrieb mindestens fünf Arbeitnehmer angehören, die das 18. Lebensjahr noch nicht vollendet haben (= jugendliche Arbeitnehmer) oder die zu ihrer Berufsausbildung beschäftigt sind und das 25. Lebensjahr noch nicht vollendet haben (§ 60 Abs. 1 BetrVG). Wahlberechtigt sind alle in § 60 BetrVG genannten Arbeitnehmer (§ 61 Abs. 1 BetrVG), wählbar die noch nicht 25-jährigen, soweit sie nicht Mitglieder des Betriebsrates sind (§ 61 Abs. 2 BetrVG) und der Hinderungsgrund des § 8 Abs. 1 Satz 1 nicht vorliegt (§ 61 Abs. 2 Satz 1 Halbsatz 3 BetrVG). Der Betriebsrat hat die Wahl vorzubereiten und durchzuführen (§ 63 BetrVG). Kommt dieser seiner Verpflichtung zur Einleitung der Wahl nicht nach, können erforderliche Anträge beim Arbeitsgericht auch von jugendlichen Arbeitnehmern gestellt werden (§ 63 Abs. 3 BetrVG). **166**

i. Minderjährige in der Sozialversicherung

167 Minderjährige, die das 15. Lebensjahr vollendet haben, können selbst Anträge auf Sozialleistungen stellen und diese verfolgen sowie Sozialleistungen entgegennehmen (§ 36 Abs. 1 Satz 1 SGB I). Sinngemäß anzuwenden ist die Vorschrift, wenn es nicht um die eigentliche Leistungsanträge geht, sondern um Erklärungen, die Leistungen erst ermöglichen sollen. Das gilt zum Beispiel bei Meldungen, die notwendig sind, um einen Anspruch zu begründen, etwa die Meldung über eine eingetretene Arbeitslosigkeit. Andererseits gilt § 36 SGB I nicht für Anträge, die gerade nicht auf eine Sozialleistung gerichtet sind, so etwa den Antrag auf Befreiung von der Versicherungspflicht.

168 Den Minderjährigen, der Sozialleistungen beantragt, treffen ausnahmslos alle Mitwirkungspflichten, die den Versicherten obliegen (vgl. §§ 60 ff. SGB I). Der gesetzliche Vertreter des Minderjährigen soll zwar über die Antragstellung und die erbrachten Sozialleistungen unterrichtet werden, hat darauf jedoch keinen gesetzlichen Anspruch (§ 36 Abs. 1 Satz 2 SGB I). Andererseits ist er aber berechtigt, die Handlungsfähigkeit des Minderjährigen durch schriftliche Erklärung gegenüber dem Leistungsträger einzuschränken (§ 36 Abs. 2 Satz 1 SGB I). Auch die Rücknahme von Anträgen, der Verzicht auf Sozialleistungen und die Entgegennahme von Darlehen bedürfen der Zustimmung des gesetzlichen Vertreters (§ 36 Abs. 2 Satz 2 SGB I). Fehlt diese, kann der Leistungsträger den gesetzlichen Vertreter in entsprechender Anwendung von § 108 Abs. 2 BGB zur Erklärung auffordern, ob er die Genehmigung erteile. Für Minderjährige, die altersbedingt (noch) nicht handlungsfähig sind, wird ausschließlich ihr gesetzlicher Vertreter tätig (§ 107 BGB). Der nach § 36 SGB I handlungsfähige Minderjährige hat in den ihn betreffenden Verwaltungsverfahren einschließlich der Widerspruchs- und Gerichtsverfahren die Stellung eines Verfahrensbeteiligten (§ 11 Abs. 1 Nr. 2 SGB X, § 71 Abs. 2 SGG, § 62 Abs. 1 VwGO). Jedoch bedürfen die Versagung oder Entziehung von Leistungen, die der Minderjährige im Rahmen seiner Befugnisse beantragt hat, vor Abschluss des Verfahrens der Unterrichtung des gesetzlichen Vertreters (§ 66 SGB I).

j. Minderjährige im Arbeitsgerichtsprozess

aa. Prozessfähigkeit

169 Einen Rechtsstreit kann nur derjenige selbst führen oder durch einen von ihm beauftragten Dritten führen lassen, der **prozessfähig** ist. Die Prozessfähigkeit bestimmt sich nach den Vorschriften des bürgerlichen Rechts (§ 51 ZPO), setzt also die Fähigkeit voraus, sich durch Verträge verpflichten zu können (§ 52 ZPO).

170 Danach ist nicht nur der Geschäftsunfähige (§ 104 Nr. 1 BGB), sondern auch der beschränkt geschäftsfähige Minderjährige prozessunfähig, da er zu einem ihn verpflichtenden Vertrag der Einwilligung seines gesetzlichen Vertreters bedarf (§§ 106, 107 BGB). Dieser kann dem beschränkt geschäftsfähigen Minderjährigen die Befugnis zur selbstständigen Prozessführung nicht dadurch verleihen, dass er ihr zustimmt.[57]

Betrifft der Rechtsstreit ein Rechtsgeschäft, das unter die dem Minderjährigen nach § 112, § 113 BGB erteilte **Ermächtigung** fällt, dann ist er, soweit die sich aus diesen Vorschriften ergebende erweiterte Geschäftsfähigkeit reicht, auch prozessfähig (§ 52 ZPO). **171**

So ist der Minderjährige, der zum selbstständigen Betrieb eines Erwerbsgeschäfts ermächtigt worden ist (§ 112 BGB), im Umfang aller Geschäfte prozessfähig, die der Betrieb des Erwerbsgeschäfts mit sich bringt (vgl. Rn. 209 ff.). **172**

Wer als Minderjähriger ermächtigt worden ist, in Dienst oder Arbeit zu treten (§ 113 BGB), ist für diejenigen Geschäfte prozessfähig, die sich aus dem Eingehen, der Erfüllung oder der Aufhebung solcher Geschäfte ergeben (vgl. Rn. 100 ff.). Deshalb kann der minderjährige Arbeitnehmer aufgrund der Ermächtigung nach § 113 BGB zum Beispiel den aus einem Arbeitsverhältnis der gestatteten Art herrührenden Lohnanspruch selbst einklagen und mit dem Arbeitgeber über die Lohnforderung einen gerichtlichen Vergleich schließen. Er kann auch einen Anwalt zum Prozessbevollmächtigten bestellen und den Dienstvertrag mit diesem abschließen, da er für alle Erfordernisse der Prozessführung die volle Geschäftsfähigkeit besitzt. **173**

Die Prozessfähigkeit erstreckt sich jedoch nicht auf den Kreis von Rechtsgeschäften, zu denen der gesetzliche Vertreter seinerseits der Genehmigung des Familiengerichts bedarf (§§ 1643 Abs. 1, 1822 BGB). **174**

Andererseits schließt die der Ermächtigung folgende beschränkte Prozessfähigkeit auch Prozesshandlungen während der **Zwangsvollstreckung** und Klagen ein, die aus der Zwangsvollstreckung erwachsen können. So kann der Minderjährige als Schuldner im Rahmen der §§ 112, 113 BGB zur Abgabe einer eidesstattlichen Versicherung nach § 807 ZPO verpflichtet sein.[58] **175**

Die aus den §§ 112, 113 BGB folgende beschränkte Prozessfähigkeit bezieht sich nicht auf eine **Widerklage,** wenn für diese, wäre sie als Klage erhoben, nach der Natur des ihr zugrunde liegenden Rechtsverhältnisses die erweiterte Geschäftsfähigkeit des Minderjährigen nicht gegeben wäre.[59] **176**

Der Verweis auf die Vorschriften des bürgerlichen Rechts in §§ 51, 52 ZPO gilt nicht ausnahmslos. So benötigt ein minderjähriger Jugendvertreter (§§ 60 ff. BetrVG) für die Geltendmachung eigener Rechte in arbeitsgerichtlichen Streitverfahren nicht die Zustimmung des gesetzlichen Vertreters.[60] **177**

---

57 *Baumbach/Hartmann* ZPO § 51 Rn. 5.
58 *Baumbach/Hartmann* ZPO § 807 Rn. 52.
59 *Baumbach/Hartmann* ZPO § 52 Rn. 3.
60 *Baumbach/Hartmann* ZPO § 52 Rn. 8.

178 Bei **Ausländern** bestimmt sich die Prozessfähigkeit in Deutschland nach dem Recht ihres Heimatstaates. Fehlt dem Ausländer danach die Prozessfähigkeit, gilt er im Inland trotzdem als prozessfähig, wenn nach deutschem Recht die Prozessfähigkeit bestünde (§ 55 ZPO).

179 Der ausländische gesetzliche Vertreter ist von der Prozessführung im Verfahren nach § 55 ZPO ausgeschlossen, er kann jedoch als Beistand auftreten (§ 90 ZPO). Zustellungen, auch im Ausland, sind nicht an den gesetzlichen Vertreter, sondern an die Partei zu bewirken. Da der gesetzliche Vertreter von der Prozessführung ausgeschlossen ist, kann er als Zeuge vernommen werden. Wer gesetzlicher Vertreter eines prozessunfähigen Ausländers ist, richtet sich nach seinem Heimatrecht (Art. 7 EGBGB). Auf staatenlose Ausländer ist § 55 ZPO entsprechend anwendbar.

180 Das Gericht hat den **Mangel der Prozessfähigkeit** von Amts wegen zu berücksichtigen (§ 56 Abs. 1 ZPO). Als Prozessvoraussetzung ist die Prozessfähigkeit der Verfügung der Parteien entzogen. Sie können über die Prozessfähigkeit keine Absprachen treffen und auf die Befolgung der Vorschrift nicht verzichten (§ 295 Abs. 2 ZPO). Eine Heilung bestehender Prozessunfähigkeit durch Anerkenntnis oder Geständnis ist deshalb ausgeschlossen. Auch kann der Mangel nicht dadurch geheilt werden, dass der Gegner des Minderjährigen sich auf das Verfahren rügelos einlässt. Die Berücksichtigung des Mangels der Prozessfähigkeit in § 56 Abs. 1 ZPO bedeutet nicht, dass dem Gericht eine Ermittlungspflicht auferlegt wäre, sondern besagt nur, dass die Frage der Prozessfähigkeit der Parteidisposition entzogen ist.

181 Der Mangel der Prozessfähigkeit wird **nicht vermutet.** Deshalb braucht das Gericht ihr Vorliegen von Amts wegen nur zu prüfen, wenn sich aus dem Sachvortrag der Parteien oder dem sonstigen Prozessstoff Anhaltspunkte für Bedenken ergeben. Im arbeitsgerichtlichen Verfahren wird das Gericht häufig vom Vorliegen der Prozessfähigkeit ausgehen können, wenn der minderjährige Kläger Umstände vorträgt, die eindeutig dafür sprechen, dass für das dem Rechtsstreit zugrunde liegende Rechtsgeschäft die Ermächtigung nach § 112, § 113 BGB erteilt war und der Gegner die tatsächlichen Behauptungen nicht bestreitet. Sprechen hingegen erhebliche Indizien gegen die Prozessfähigkeit des Klägers, bleibt er beweisbelastet.

182 Das gleiche gilt, wenn es um die Prozessfähigkeit des Vertragspartners des Minderjährigen geht, weil er die Sachentscheidung begehrt. Der Beklagte ist beweispflichtig, wenn er bei Ausbleiben des Klägers die Abweisung der Klage als unbegründet (§ 330 ZPO) oder eine Entscheidung nach Lage der Akten (§ 331a ZPO) begehrt. Beantragt der Beklagte gegen den ausgebliebenen Kläger Abweisung der Klage wegen Fehlens der Prozessfähigkeit als unzulässig, ist er auch hierfür beweispflichtig (§ 335 Abs. 1 Nr. 1 ZPO).

183 Im Verfahren über die Prüfung der Prozessfähigkeit ist der Minderjährige zur Verhandlung zugelassen. Als Beklagter kann er das Fehlen der Prozessfähigkeit rügen. Ein Sachurteil, auch ein Versäumnisurteil, kann erst ergehen, wenn die Frage der Prozessfähigkeit geklärt ist.

Bleibt der minderjährige Kläger für das Vorliegen einer von Anfang an gegebenen und während des Rechtsstreits bestehenden Prozessfähigkeit beweisfällig, dann ist seine Klage durch Prozessurteil als unzulässig abzuweisen. In gleicher Weise ist zu verfahren, wenn der Minderjährige die beklagte Partei ist. **184**

Die Abweisung der Klage als unzulässig kann verhindert werden, wenn der **gesetzliche Vertreter** des Minderjährigen in den Prozess eintritt und dessen bisherige Prozessführung **genehmigt**. Die Genehmigung hat rückwirkende Kraft. Sie darf aber nicht auf einzelne Prozessabschnitte, etwa auf den Abschluss eines Prozessvergleichs, beschränkt werden, sondern muss die gesamte bisherige Prozessführung des Minderjährigen umfassen. Die Genehmigung muss nicht ausdrücklich erfolgen. Sie kann auch durch schlüssiges Verhalten erklärt werden, wenn der gesetzliche Vertreter nach Zustellung der Klage an den prozessunfähigen Minderjährigen für diesen den Prozess betreibt. Die Wirksamkeit der Genehmigung hängt nicht von der Zustimmung des Prozessgegners ab. Dieser kann auch nicht verhindern, dass der Minderjährige seine bisherige Prozessführung nach Eintritt der Volljährigkeit selbst genehmigt und damit den Mangel heilt. **185**

Das Gericht kann nach pflichtgemäßem, nicht nachprüfbarem Ermessen den Minderjährigen oder dessen gesetzlichen Vertreter zur Prozessführung einstweilen mit dem Vorbehalt der Beseitigung des Mangels der Prozessfähigkeit zulassen, wenn mit dem Verzug Gefahr für die Partei verbunden ist (§ 56 Abs. 2 Satz 1 ZPO). Das Endurteil darf es erst erlassen, nachdem die für die Beseitigung des Mangels zu bestimmende Frist abgelaufen ist (§ 56 Abs. 2 Satz 2 ZPO). **186**

Der Mangel muss feststehen und behebbar sein, was der Fall ist, wenn der Nachweis der Prozessvoraussetzung nicht sogleich erbracht werden kann. Es muss aber damit gerechnet werden können, dass der Mangel binnen angemessener Frist beseitigt werden wird. Gefahr im Verzug kann vorliegen, wenn der Ablauf einer Verjährungsfrist bevorsteht. **187**

Soll ein nicht prozessfähiger Minderjähriger, der ohne gesetzlichen Vertreter ist oder dessen gesetzlicher Vertreter an der Ausübung des Vertretungsrechts aus rechtlichen Gründen verhindert ist, verklagt werden, so hat ihm der Vorsitzende des Prozessgerichts einen **besonderen Vertreter** zu bestellen, wenn nach pflichtgemäßem, aber nicht nachprüfbarem Ermessen des Vorsitzenden für den Kläger mit dem Verzug Gefahr verbunden ist (§ 57 Abs. 1 ZPO). Die behauptete Prozessunfähigkeit und die Angaben zur Begründung des Antrags sind glaubhaft zu machen (§ 294 ZPO). Die Bestellung erstreckt sich auf die Verfahren über eine Widerklage oder einen Zwischenstreit. Der besondere Vertreter ist zu Annahme des Amts nicht verpflichtet. Ist er dazu bereit, ist er für den beabsichtigten Prozess der gesetzliche Vertreter des min- **188** derjährigen Beklagten und kann als solcher auch Erklärungen abgeben oder entgegennehmen. Die bisherige Prozessführung kann er genehmigen, aber auch die Prozessunfähigkeit des künftigen Beklagten geltend machen.

189 Die Tätigkeit des Sondervertreters endet, sobald der gesetzliche Vertreter des Minderjährigen in den Prozess eintritt und dem Gericht die Bestellung anzeigt (§ 241 Abs. 1 ZPO). Weiterhin endet sie, wenn der Minderjährige prozessfähig wird oder wenn ein Widerruf der Bestellung erfolgt. Der Widerruf ist allerdings nur aus wichtigem Grund zulässig und berührt nicht das bisherige Prozessgeschehen.[61]

190 Ist der Mangel der Prozessfähigkeit bis zum Abschluss der Instanz **unbemerkt** geblieben, kann das ergangene Endurteil angefochten werden, wobei die Rechtsmittelfrist mit der Zustellung des Urteils an den Prozessunfähigen in Lauf gesetzt wird. Ein von ihm erklärter Rechtsmittelverzicht oder die durch ihn selbst erklärte Rücknahme des Rechtsmittels können wirksam sein. Ist das Urteil rechtskräftig geworden, kann der Mangel der Prozessfähigkeit jedoch noch mit der **Nichtigkeitsklage** (§ 579 Abs. 1 Nr. 4 ZPO) geltend gemacht werden. Die Klage ist vor Ablauf der Notfrist eines Monats zu erheben (§ 586 Abs. 1 ZPO). Die Frist beginnt bei mangelnder Prozessfähigkeit der Partei mit der Zustellung des vollständigen Urteils an den gesetzlichen Vertreter (§ 586 Abs. 3 ZPO). Solange dieser nicht bestellt ist, kann die Frist nicht in Lauf gesetzt werden.

191 Soweit dem Minderjährigen Prozesskosten zur Last fallen, müssen die Eltern, auch wenn sie nicht sorgeberechtigt sind (vgl. § 1601 BGB), aufgrund ihrer Unterhaltspflicht dafür aufkommen, wenn die Einkünfte aus dem Vermögen des Minderjährigen und der Ertrag seiner Arbeit zur Deckung der Prozesskosten nicht ausreichen (§ 1602 Abs. 2 BGB). Aus dem Stamm seines Vermögens braucht der Minderjährige die Kosten nur zu bestreiten, wenn die Eltern zur Leistung unter Berücksichtigung ihrer sonstigen Verpflichtungen ohne Gefährdung ihres angemessenen Unterhalts außerstande sind (§ 1603 Abs. 1 BGB). Besitzt der Minderjährige kein Vermögen, müssen die Eltern alle verfügbaren Mittel mit dem Minderjährigen teilen (§ 1603 Abs. 2 Satz 1 BGB).

192 In sinngemäßer Anwendung der für Ehegatten geltenden Regelung (vgl. § 1360a Abs. 4 BGB) ist von einer Einstandspflicht der Eltern für die Prozesskosten jedenfalls dann auszugehen, wenn dies mit den Maßstäben der Billigkeit vereinbar ist und der in Betracht kommende Rechtsstreit eine persönliche oder lebenswichtige Angelegenheit des Minderjährigen betrifft.

---

61 *Baumbach/Hartmann* ZPO § 57 Rn. 12.

bb. Der gesetzliche Vertreter im Prozess

In Prozessen, an denen **prozessunfähige** Minderjährige beteiligt sind, hat – **193** mit Ausnahme der Bestellung eines Prozesspflegers (Rn. 188) – allein der **gesetzliche** Vertreter die Befugnis, die minderjährige Partei zu vertreten. Prozesshandlungen, die von oder gegenüber einem nicht zum gesetzlichen Vertreter Bestellten vorgenommen werden, sind **unwirksam,** wenn der Berechtigte die Prozessführung nicht nachträglich **genehmigt.**

Wer als gesetzlicher Vertreter in Betracht kommt, bestimmt sich nach materiellem Recht (vgl. Rn. 228 ff.). Bei Gesamtvertretung, die nur bei den Eltern **194** möglich ist, kann das Vertretungsrecht auch in der Weise ausgeübt werden, dass ein gesetzlicher Vertreter dem anderen **Prozessvollmacht** erteilt. Prozesshandlungen, die nur einer der gesetzlichen Vertreter vornimmt, sind unwirksam, solange sie nicht durch den anderen Vertreter genehmigt werden.

Mit sich selbst kann der gesetzliche Vertreter nicht prozessieren. Betrifft der **195** Rechtsstreit Ansprüche aus einem Vertrag, den er in Form eines Insichgeschäfts (§ 181 BGB) zugleich als gesetzlicher Vertreter des Minderjährigen abgeschlossen hat (vgl. § 10 Abs. 3 BBiG), dann muss zunächst ein gesetzlicher Vertreter bestellt werden.

Zur Prozessführung ist der gesetzliche Vertreter in einem Rechtsstreit mit **196** dem Minderjährigen jedoch berechtigt, wenn der Rechtsstreit einen Arbeitsvertrag betrifft, für den der Minderjährige nach § 113 BGB ermächtigt war; denn eine Vertretung des Minderjährigen durch den gesetzlichen Vertreter im Prozess ist insoweit ausgeschlossen

Der gesetzliche Vertreter kann alle für die Prozessführung notwendigen Prozesshandlungen wirksam vornehmen und entgegennehmen. Das gilt auch **197** für Prozesshandlungen über Rechtsgeschäfte, die zu ihrer Wirksamkeit nach bürgerlichem Recht der Genehmigung durch das Familiengericht bedürfen (vgl. § 1643 Abs. 1, § 1822 BGB). Eine Ausnahme gilt für den Prozessvergleich, der nicht nur Prozesshandlung ist, sondern auch ein Vertrag nach § 779 BGB.

Ist der gesetzliche Vertreter ein Vormund oder Pfleger, muss dieser für den **198** Abschluss des Vergleichs die Genehmigung des Familiengerichts einholen (§ 1822 Nr. 12 BGB), »es sei denn, dass der Gegenstand des Streites oder der Ungewissheit in Geld schätzbar ist und der Wert von fünftausend Deutsche Mark nicht übersteigt oder der Vergleich einem schriftlichen oder protokollierten gerichtlichen Vergleichsvorschlag entspricht«. Bei Anerkenntnis und Verzicht (§§ 306, 307 ZPO) ist § 54 ZPO hingegen anwendbar, da sie reine Prozesshandlungen sind.

199 Für den prozessunfähigen Minderjährigen ist regelmäßig der gesetzliche Vertreter als **Partei** zu vernehmen. Bei **Gesamtvertretung** (vgl. Rn. 228) ist § 449 ZPO entsprechend anzuwenden.[62]

200 Das Gericht bestimmt, ob nur ein gesetzlicher Vertreter oder beide vernommen werden sollen. Der vertretene Minderjährige ist gegebenenfalls als Zeuge zu vernehmen. Nach pflichtgemäßem Ermessen kann das Gericht jedoch auch den Minderjährigen, wenn dieser das 16. Lebensjahr vollendet hat, als Partei vernehmen und auch beeidigen (§ 452 ZPO), sofern es sich um Tatsachen handelt, die in seinen eigenen Handlungen bestehen oder Gegenstand seiner Wahrnehmungen gewesen sind (§ 455 Abs. 2 Satz 1 ZPO). Schließlich bleibt es dem Gericht unbenommen, sowohl den gesetzlichen Vertreter als danach auch noch den Minderjährigen zu vernehmen, wenn die Voraussetzungen für seine Parteivernehmung vorliegen. Es ist auch zulässig, beide zu vereidigen, wenn ihre Aussagen sich nicht widersprechen.[63]

201 In Verfahren mit der Beteiligung Prozessunfähiger erfolgt die **Zwangsvollstreckung** (§§ 888 Abs. 1, 890 Abs. 1 ZPO), soweit die Verhängung eines Zwangs- oder Ordnungsgeldes angeordnet ist, auch in das Vermögen des Prozessunfähigen. Hingegen richtet sich die Anordnung von Zwangshaft oder Ordnungshaft allein gegen den gesetzlichen Vertreter, selbst wenn der prozessunfähige Schuldner persönlich zuwidergehandelt und die Einsichtsfähigkeit für rechtmäßiges Verhalten vorgelegen hat. Zulässig ist auch die Androhung, an einem von mehreren Vertretern zu vollziehen.[64]

202 Eine **eidesstattliche Versicherung** (§ 889 ZPO) hat derjenige gesetzliche Vertreter im Namen des Prozessunfähigen abzugeben, dem dessen Vermögenssorge obliegt; das gilt auch dann, wenn er im Urteil nicht benannt ist (vgl. zur Vermögenssorge durch die Eltern des prozessunfähigen Minderjährigen § 1626 Abs. 1 BGB und durch den Vormund § 1793 BGB).

203 Sonderfälle entstehen, wenn der gesetzliche Vertreter während des Rechtsstreits die dem Minderjährigen erteilte **Ermächtigung** zurücknimmt (§§ 112 Abs. 2, 113 Abs. 2 BGB) oder wenn umgekehrt die Ermächtigung während eines Rechtsstreits erteilt wird.

204 Wird die Ermächtigung zurückgenommen, büßt der Minderjährige die bis dahin bestandene Prozessfähigkeit ein. Er bleibt nicht deshalb prozessfähig, weil er im Zeitpunkt der Vornahme des Rechtsgeschäfts, das den Gegenstand des Rechtsstreits bildet, geschäftsfähig war. Deshalb kann der Minderjährige die Unwirksamkeit der Kündigung eines Arbeitsverhältnisses, das er aufgrund der Ermächtigung ohne Mitwirkung seines gesetzlichen Vertreters eingegangen war, nicht mehr selbst durch Klage geltend machen, wenn der gesetzliche Vertreter die Ermächtigung nach Zugang der Kündigung wider-

---

62 *Baumbach/Hartmann* ZPO § 455 Rn. 4.

63 *Baumbach/Hartmann* ZPO § 455 Rn. 7.

64 *Baumbach/Hartmann* ZPO § 890 Rn. 24.

rufen hat. Ist dies noch nicht geschehen, kann der gesetzliche Vertreter den Widerruf durch schlüssiges Verhalten erklären, indem er die Klage an Stelle des Minderjährigen nunmehr selbst erhebt oder bei bereits erfolgter Klageerhebung durch den Minderjährigen in den Rechtsstreit eintritt und diesen für den Minderjährigen weiterführt.

Die bis zur Rücknahme der Ermächtigung vorgenommenen Prozesshandlungen des Minderjährigen bleiben wirksam. Der gesetzliche Vertreter kann zum Beispiel die – als Prozesshandlung unwiderrufliche – Annahme eines richterlichen Vergleichsvorschlags durch den Minderjährigen nicht mehr im Wege der nachträglich erklärten Zurücknahme der Ermächtigung beseitigen. **205**

Der durch die Rücknahme der Ermächtigung hervorgerufene Verlust der Prozessfähigkeit führt zu einer **Unterbrechung** des Verfahrens, bis der gesetzliche Vertreter dem Gericht seinen Eintritt in den Prozess zur Kenntnis gibt **oder** der Gegner die Absicht anzeigt, den Rechtsstreit fortzusetzen und das Gericht die Anzeige von Amts wegen zugestellt hat (§§ 241, 250 ZPO). Die Unterbrechung tritt jedoch nicht ein, wenn der Minderjährige durch einen **Prozessbevollmächtigten** vertreten war, da die Vollmacht durch den Verlust der Prozessfähigkeit des Vollmachtgebers nicht erlischt (§§ 86, 246 ZPO). **206**

Will der gesetzliche Vertreter es bei der Ermächtigung des Minderjährigen belassen, den Prozess aber künftig für diesen fuhren, muss er sich **Prozessvollmacht** durch den Minderjährigen erteilen lassen. Tritt er ohne Prozessvollmacht auf, kann der Minderjährige seine Prozesshandlungen noch – ausdrücklich oder stillschweigend – **genehmigen** (§ 89 Abs. 2 ZPO). Die Genehmigungsmöglichkeit kann bedeutsam werden, wenn Fristen einzuhalten waren. Sie kommt in Betracht, wenn der gesetzliche Vertreter als vollmachtloser Bevollmächtigter für den Minderjährigen Kündigungsschutzklage erhoben hat und der Minderjährige wegen des im Zeitpunkt der Feststellung der fehlerhaften Prozessführung bereits erfolgten Ablaufs der Klagefrist (§ 4 KSchG) auf den Erfolg eines Antrags auf nachträgliche Zulassung der nunmehr von ihm selbst zu erhebenden Klage (§ 5 KSchG) angewiesen wäre. **207**

Erwirbt der Minderjährige durch Erteilung der Ermächtigung die Prozessfähigkeit während des Rechtsstreits, setzt er den schon bisher unter seinem Namen geführten Prozess nunmehr selbst fort. Da es zwar erforderlich, aber auch ausreichend ist, dass die Prozessfähigkeit im Zeitpunkt der letzten mündlichen Verhandlung besteht, kommt es nicht darauf an, ob der Minderjährige bei Vornahme des dem Rechtsstreit zugrunde liegenden Rechtsgeschäfts in Ermangelung der Ermächtigung noch nicht geschäftsfähig war. Es genügt, dass er es nunmehr durch die Erteilung der Ermächtigung für ein Geschäft dieser Art geworden ist. Betrifft der Rechtsstreit allerdings ein Rechtsgeschäft, das seiner Natur nach nicht in den Kreis der Geschäfte fällt, zu deren Vornahme er jetzt ermächtigt ist, dann bleibt er für dieses Verfahren weiterhin prozessunfähig. **208**

k. Minderjährige als Arbeitgeber (§ 112 BGB)

209 Wer als Minderjähriger ein Erwerbsgeschäft selbstständig betreiben will, bedarf dazu der Ermächtigung des gesetzlichen Vertreters (§ 112 BGB), die wiederum der Genehmigung des Familiengerichts bedarf.

210 § 112 BGB erfasst nur den selbstständigen Betrieb eines Erwerbsgeschäfts, aber nicht einen Unternehmenskaufvertrag. Ein **Vertrag** eines Minderjährigen **zum entgeltlichen Erwerb eines Unternehmens** (oder dessen Veräußerung) wird nicht von § 112 BGB erfasst. Vielmehr bedarf es dafür der besonderen Zustimmung des gesetzlichen Vertreters (§§ 107, 108 BGB), der seinerseits die Genehmigung des Familiengerichts einholen muss (§ 1822 Nr. 3, § 1643 Abs. 1 BGB; vgl. aber auch § 1823, § 1645 BGB).

211 Die **Wirksamkeit** der Ermächtigung hängt von der **Genehmigung** durch das **Familiengericht** ab (§ 112 Abs. 1 Satz 1 BGB). War die Ermächtigung mal erteilt, kann sie von dem gesetzlichen Vertreter nur mit Genehmigung des Familiengerichts wieder **zurückgenommen** werden (§ 112 Abs. 2 BGB).

212 Das Familiengericht entscheidet nach pflichtgemäßem Ermessen, ob es die Genehmigung erteilt. Dabei hat es zu prüfen, ob der Minderjährige die für die Leitung eines selbstständigen Betriebs erforderlichen Fähigkeiten und Kenntnisse besitzt. Eine bereits vor der Genehmigung durch das Familiengericht zugesagte Ermächtigung wird erst mit der Erteilung der Genehmigung ohne Rückbeziehung auf den Zeitpunkt der Ermächtigung wirksam (§ 158 BGB).[65]

213 Auch ob es die Rücknahme der Ermächtigung genehmigt, unterliegt dem pflichtgemäßen Ermessen des Familiengerichts. Sie kommt in Betracht, wenn die Voraussetzungen für die Erteilung der Ermächtigung weggefallen sind.[66]

214 In § 112 BGB ist nicht vorgesehen, dass das Familiengericht auch angerufen werden kann, wenn der gesetzliche Vertreter die Ermächtigung verweigert. Daraus darf geschlossen werden, dass der gesetzliche Vertreter nach freiem Ermessen entscheiden kann, ob er ermächtigen will oder nicht. Eine gerichtliche Kontrolle besteht insoweit nicht. Es besteht keine Verpflichtung des gesetzlichen Vertreters, die Ermächtigung zu erteilen. Das gilt indes nicht uneingeschränkt. Die Ermessensentscheidung des gesetzlichen Vertreters ist ausnahmsweise korrigierbar, wenn das Wohl des Minderjährigen durch missbräuchliche Ausübung der elterlichen Sorge gefährdet ist (§ 1666 Abs. 1 BGB). Unter dieser Voraussetzung kann das Familiengericht auch in die beruflichen Angelegenheiten des Minderjährigen eingreifen und Erklärungen der gesetzlichen Vertreter ersetzen, wenn diese offensichtlich auf Eignung und Neigungen des Minderjährigen keine Rücksicht nehmen (§ 1631a,

---

65 MünchKommBGB/*Schmitt* BGB § 112 Rn. 11.
66 MünchKommBGB/*Schmitt* BGB § 112 Rn. 24.

§ 1666 Abs. 3 BGB). Auch kann das Gericht dem gesetzlichen Vertreter die Vermögenssorge ganz oder teilweise entziehen, wenn durch Verweigerung der Ermächtigung nach § 112 BGB eine Vermögensgefährdung des Minderjährigen zu besorgen ist (§ 1666 Abs. 1, § 1667 Abs. 3 Satz 4, § 1837 Abs. 2 und 4 BGB).

Die Ermächtigung wie auch deren Rücknahme sind an den Minderjährigen **215** zu richtende Willenserklärungen, die keiner Form bedürfen. Die Ermächtigung wirkt nicht zurück, wenn der Minderjährige vorher den Geschäftsbetrieb aufgenommen hat; er kann aber in entsprechender Anwendung des § 108 Abs. 3 BGB Verträge genehmigen, die er bereits vor Erteilung der Ermächtigung abgeschlossen hat.[67]

Liegt eine wirksame Ermächtigung vor, ist der Minderjährige für solche **216** Rechtsgeschäfte **unbeschränkt** geschäftsfähig, die der **Geschäftsbetrieb** mit sich bringt (§ 112 Abs. 1 Satz 1 BGB). So kann der minderjährige Arbeitgeber die Arbeitsverträge mit den Arbeitnehmern, soweit sie sich auf den Geschäftsbetrieb beziehen, ohne Mitwirkung eines gesetzlichen Vertreters abschließen und beenden sowie alle sonstigen rechtsgeschäftlichen Erklärungen, die sich solche Arbeitsverhältnisse beziehen, selbst abgeben oder entgegennehmen. Die Ermächtigung zur Führung eines Gewerbebetriebs schließt die Verpflichtung des Minderjährigen ein, als Arbeitgeber Lohnsteuern für die Arbeitnehmer abzuführen und die sozialversicherungsrechtlichen Abgabebestimmungen zu beachten.

Der Umfang des Geschäftsbetriebs bestimmt sich in Zweifelsfällen nach der **217** Verkehrsanschauung. Erfasst werden auch ungewöhnliche wirtschaftliche Betätigungen, sofern diese dem konkreten Geschäftsbereich zuzuordnen sind.

Auch die Stellung als **persönlich haftender Gesellschafter** eines auf den Be- **218** trieb eines Handelsgewerbes gerichteten Unternehmens (§§ 105, 161 HGB) stellt ein Erwerbsgeschäft im Sinne des § 112 BGB dar.[68]

Die Ermächtigung zum selbstständigen Betrieb eines Erwerbsgeschäfts er- **219** möglicht es dem Minderjährigen auch, einem Arbeitgeberverband beizutreten oder sonst auf den Gewerbebetrieb bezogene Vereinbarungen mit Bindungswirkung für die Geschäftsführung zu treffen.[69]

Soweit die Ermächtigung wirkt, kann der gesetzliche Vertreter nicht für oder **220** an Stelle des Minderjährigen Rechtsgeschäfte tätigen, die den Geschäftsbetrieb betreffen; insoweit ruht seine gesetzliche Vertretungsmacht. Der Minderjährige kann den gesetzlichen Vertreter jedoch aufgrund der vollen Geschäftsfähigkeit in Einzelfällen bevollmächtigen, ihn zum Beispiel beauftragen, Arbeitnehmer für den Geschäftsbetrieb einzustellen und die Arbeits-

---

67 MünchKommBGB/*Schmitt* BGB § 112 Rn. 14.

68 MünchKommBGB/*Schmitt* BGB § 112 Rn. 6.

69 MünchKommBGB/*Schmitt* BGB § 112 Rn. 15 ff.

bedingungen auszuhandeln. Selbstständigkeit, Leitungsbefugnis und Weisungsrechte müssen aber gewahrt bleiben. Deshalb darf der Minderjährige das Erwerbsgeschäft auch nicht allgemein in seinem Namen durch einen anderen betreiben lassen.

221 Die **Erlöse aus dem Geschäftsbetrieb** kann der Minderjährige wieder für diesen verwenden, sie unterliegen insoweit nicht der Verwaltung und dem Zugriff des gesetzlichen Vertreters. Die Einkünfte aus dem Erwerbsgeschäft können aber auf Unterhaltungsleistungen angerechnet werden, soweit andere Vermögenseinkünfte des Minderjährigen zur Deckung des Bedarfs nicht ausreichen (vgl. § 1649 Abs. 1 Satz 2 BGB).

222 Für **Verbindlichkeiten** aus dem selbstständigen Betrieb eines Erwerbsgeschäfts, für den der Minderjährige nach § 112 BGB ermächtigt ist, haftet er in vollem Umfang. Die Vorschriften über die Haftungsbeschränkung des Minderjährigen finden insoweit keine Anwendung (§ 1629a Abs. 2 BGB).

223 Auch mit Genehmigung des Familiengerichts kann der Minderjährige nicht ermächtigt werden, sich zum Vorstand einer AG oder zum Geschäftsführer einer GmbH bestellen zu lassen (§ 76 Abs. 2 Satz 1 AktG, § 6 Abs. 2 Satz 1 GmbHG). Für diese Bestellungsakte genügt nicht die lediglich partiell unbeschränkte Geschäftsfähigkeit des § 112 BGB.

224 Von der Ermächtigung ausgenommen sind **Rechtsgeschäfte, zu denen der Vertreter der Genehmigung des Familiengerichts bedarf** (§ 112 Abs. 1 Satz 2 BGB). Welche Rechtsgeschäfte das sind, ergibt sich aus § 1822 BGB.

225 So kann der minderjährige Arbeitgeber trotz erteilter Ermächtigung wegen der Lohn- und Gehaltszahlungspflicht keine Arbeitsverträge eingehen, wenn diese noch länger als ein Jahr nach Eintritt seiner Volljährigkeit fortdauern sollen (§ 1643 Abs. 1, § 1822 Nr. 5 BGB). In Betracht kommen befristete (oder auflösend bedingte) Arbeitsverträge, bei denen eine ordentliche Kündigung ausgeschlossen ist. Liegt für einen solchen Vertrag die erforderliche Genehmigung des Familiengerichts nicht vor, kann er gleichwohl für die Zeit als gültig angesehen werden, für die er ohne die Genehmigung hätte eingegangen werden können, sofern nur anzunehmen ist, dass die Vertragsparteien ihn bei Kenntnis der Rechtslage für die zulässige kürzere Zeit abgeschlossen hätten (§§ 139, 140 BGB).

226 Zu den wiederkehrenden Leistungen (§ 1822 Nr. 5 BGB) gehören auch die Zusage eines Ruhegeldes an die Arbeitnehmer oder sonstige ein Jahr über den Eintritt der Volljährigkeit hinaus fortdauernde Verpflichtungen.[70]

227 Nicht genehmigungsfähig sind auch Rechtsgeschäfte, wie die **Kreditaufnahme**, die auch vorliegt, wenn es Teile des Arbeitsentgelts durch Arbeitnehmer des Betriebs durch Darlehen überlassen werden. Ebenso nicht genehmigungsfähig ist die Übernahme einer Bürgschaft, zum Beispiel zur Ab-

---

70 Palandt/*Götz* BGB § 1822 Rn. 14.

sicherung eines von Arbeitnehmern aufgenommenen Kredits, die Einge-
hung von Wechselverbindlichkeiten (vgl. § 1822 Nr. 8–10, § 1643 Abs. 1
BGB) und die Erteilung einer Prokura (§ 1822 Nr. 11 BGB). § 1822 Nr. 11
BGB erfasst jedoch nicht den Widerruf einer Prokura (§ 52 HGB) oder die
Erteilung einer Handlungsvollmacht (§ 54 HGB).[71]

3. Die gesetzliche Vertretung Minderjähriger

a. Vertretung durch die Eltern

aa. Gesamtvertretung und Alleinvertretung

Das Verhältnis der Minderjährigen zu ihren Eltern wird bestimmt durch die **228**
Pflicht und das Recht der Eltern, für das minderjährige Kind zu sorgen. Das
ist Inhalt der elterlichen Sorge (§ 1626 Abs. 1 Satz 1 BGB). Die Umschrei-
bung als »Sorgerecht« ist somit nicht ganz exakt, weil die Eltern neben dem
Recht die Pflicht haben, für das minderjährige Kind zu sorgen. Die elterliche
Sorge umfasst die Sorge für die Person des Kindes (Personensorge) und das
Vermögen des Kindes (Vermögenssorge).

Die elterliche Sorge umfasst die **Vertretung des Kindes** (§ 1629 Abs. 1 Satz 1 **229**
BGB). Die Eltern vertreten das Kind gemeinschaftlich; ist eine Willenserklärung gegenüber dem Kind abzugeben, genügt die Abgabe gegenüber einem
Elternteil (§ 1629 Abs. 1 Satz 2 BGB). Ein Elternteil vertritt das Kind allein,
soweit er die elterliche Sorge allein ausübt oder ihm die Entscheidung nach
§ 1628 BGB übertragen ist (§ 1629 Abs. 1 Satz 3 BGB). Bei Gefahr in Verzug
ist jeder Elternteil dazu berechtigt, alle Rechtshandlungen vorzunehmen, die
zum Wohl des Minderjährigen notwendig sind; der andere Elternteil ist unverzüglich zu unterrichten (§ 1629 Abs. 1 Satz 4 BGB).

Der Vater und die Mutter können den Minderjährigen insoweit nicht vertre- **230**
ten, als nach § 1795 BGB ein Vormund von der Vertretung ausgeschlossen ist
(§ 1629 Abs. 2 Satz 1 BGB). Auch kann das Familiengericht dem Vater und
der Mutter nach § 1796 BGB die Vertretung für einzelne Angelegenheiten
oder einen bestimmten Kreis von Angelegenheiten entziehen (§ 1629 Abs. 2
Satz 3 BGB). Jedoch soll die Entziehung nur erfolgen, wenn zwischen dem
Minderjährigen einerseits und den Eltern oder einem Elternteil andererseits
ein erheblicher Interessengegensatz besteht (§ 1796 Abs. 2 BGB). Eine weitergehende Entziehung von Vertretungsrechten kommt nur in Betracht,
wenn die Voraussetzungen einer Gefährdung des Kindeswohls (§ 1666 BGB)
vorliegen.

---

71 Palandt/*Götz* BGB § 1822 Rn. 18 ff. m. w. N.

231 Das Sorgerecht der Eltern ist bei einem Minderjährigen eingeschränkt, der verheiratet ist oder war. Es beschränkt sich in dem Fall auf die Vertretung in den persönlichen Angelegenheiten (§ 1633 BGB).

232 Die Eltern haben die elterliche Sorge in eigener Verantwortung und im gegenseitigen Einvernehmen zum Wohl des Kindes auszuüben. Bei Meinungsverschiedenheiten müssen sie sich einigen. § 1627 BGB geht insoweit vom Leitbild der gemeinsamen elterlichen Sorge aus. Nicht miteinander verheirateten Eltern steht die elterliche Sorge gemeinsam zu, wenn sie erklären, dass sie die Sorge gemeinsam übernehmen wollen (Sorgeerklärung), oder wenn sie einander heiraten (§ 1626a Abs. 1 Nr. 1 und 2 BGB) oder soweit ihnen das Familiengericht die elterliche Sorge gemeinsam überträgt (§ 1626a Abs. 1 Nr. 3 BGB). Im Übrigen hat die Mutter die elterliche Sorge (§ 1626a Abs. 3 BGB).

bb. Ausübung des gemeinsamen Vertretungsrechts

233 Der Grundsatz der gemeinsamen Vertretung der Eltern gilt für alle für den Minderjährigen abzugebende Willenserklärungen. Unerheblich ist, ob der Minderjährige selbst oder der Vertragspartner Erklärungsempfänger ist. Ist eine **Willenserklärung gegenüber dem Minderjährigen** abzugeben, genügt die Abgabe gegenüber einem Elternteil; gemeinsames Handeln der Eltern ist insoweit also nicht erforderlich (§ 1629 Abs. 1 Satz 2 Halbsatz 2 BGB).

234 **Gesamtvertretung** bedeutet zusammenwirkendes Handeln im Namen des vertretenen Minderjährigen (§ 164 BGB), was aber nicht notwendig gemeinschaftlich geschehen muss; vielmehr können die Eltern auch zeitlich voneinander getrennt tätig werden. Auch können sie vereinbaren, dass der eine mit Zustimmung des anderen handelt (§ 182 BGB). Es kommt entscheidend auf die inhaltliche Identität der Erklärungen an. Die Eltern können sich wechselseitig ermächtigen, das Vertretungsrecht für einzelne Geschäfte oder einen bestimmten Kreis von Rechtsgeschäften allein auszuüben und dass er zugleich in Vertretung oder als Bote des anderen Elternteils handelt.[72]

235 Die Ermächtigung erweitert die Gesamtvertretungsmacht des Ermächtigten punktuell zur Einzelvertretungsmacht. Der Grundsatz der Gesamtvertretung wäre jedoch umgangen, wenn ein Elternteil den anderen generell zur Vornahme der Rechtsgeschäfte für den Minderjährigen ermächtigte, die Übertragung der Vertretungsmacht also nicht auf bestimmte Rechtsgeschäfte beschränkt bliebe. Auch kann die Ermächtigung jederzeit widerrufen werden, denn eine unwiderruflich erteilte Ermächtigung wäre mit der Eigenverantwortung, die das Gesetz jedem Elternteil auferlegt, nicht in Einklang zu bringen.

---

72 Palandt/*Götz* BGB § 1629 Rn. 10.

Soweit eine Ermächtigung zum Handeln des einen Elternteils durch den anderen möglich ist, kann diese auch durch **schlüssiges Verhalten** erklärt werden, wenn sich nur der Ermächtigende seiner Vertretungsmacht bewusst ist und den Willen zum Ausdruck bringt, die Handlungsmacht des anderen Elternteils zu erweitern. So kann eine stillschweigende Ermächtigung vorliegen, wenn ein Elternteil dem anderen allgemein die Regelung der Arbeitsverhältnisse des Minderjährigen überlässt. Selbst eine Ermächtigung kraft Rechtsscheins kommt in Betracht, so wenn der am Geschäftsabschluss unbeteiligte Elternteil konkreten Anlass zur Annahme gegeben hat, er habe den anderen Elternteil zum alleinigen Handeln legitimiert. Die Zustimmung infolge **Duldung** setzt aber voraus, dass es ein Elternteil über einen längeren Zeitraum hinweg hinnimmt, dass der andere bei der Ausübung der elterlichen Sorge stets allein handelt.[73]

Deshalb kann sich ein Elternteil, der den anderen zwar nicht ermächtigt hat, dessen Handeln auch in seinem Namen aber fortgesetzt duldet, auf den Mangel der Ermächtigung nicht berufen, wenn der Geschäftsgegner des Minderjährigen die Duldung nach Treu und Glauben und mit Rücksicht auf die Verkehrssitte (§ 157 BGB) dahin werten durfte, dass dem Handelnden das Alleinvertretungsrecht übertragen ist. Andererseits genügt es nicht, dass sich für den Geschäftsgegner des Minderjährigen bei den Vertragsverhandlungen keine Umstände ergeben, die auf eine mangelnde Willenseinigung der Eltern schließen lassen. Es wird nicht vermutet, dass die Eltern ihr Vertretungsrecht untereinander aufteilen und deshalb von wechselseitigen Ermächtigungen ausgegangen werden kann.

Ein Verstoß gegen den Gesamtvertretungsgrundsatz liegt vor, wenn ein Elternteil zugleich im Namen des anderen ohne dessen Ermächtigung mit dem Geschäftsgegner für den Minderjährigen eine Vereinbarung getroffen hat, zum Beispiel einen Arbeitsvertrag geschlossen oder verändert hat. Der übergangene Elternteil kann das vollmachtlose Handeln in entsprechender Anwendung des § 177 Abs. 1 BGB jedoch noch genehmigen und damit der bis dahin schwebend unwirksamen Vereinbarung nachträglich Rechtsgeltung verschaffen. Der Geschäftsgegner kann der Genehmigung allerdings durch Widerruf zuvorkommen, es sei denn, er hat den Mangel der Vertretung bei Vertragsabschluss gekannt (§ 178 Satz 1 BGB).

Die **Genehmigung** kann in der Regel auch dem handelnden Elternteil gegenüber erklärt werden, der seinerseits an seine Erklärung gebunden ist (§§ 177, 178 BGB). Dabei genügt jedes Verhalten, das erkennen lässt, dass der Vertretene den ohne Vertretungsmacht geschlossenen Vertrag als wirksam gegen sich gelten lassen will. Ob im Einzelfall eine stillschweigende Genehmigung durch den übergangenen Elternteil in Betracht kommt, ist Aus-

---

73 Palandt/*Götz* BGB § 1629 Rn. 9.

legungsfrage. Sie wird zum Beispiel zu bejahen sein, wenn die Vertragsschließenden ihn unterrichtet haben und er sich nicht binnen angemessener Frist ablehnend äußert.

240 Schließt ein Elternteil als Vertreter des Minderjährigen für diesen ohne Zustimmung des anderen Elternteils einen Arbeitsvertrag und ist dieser auch nicht durch nachträgliche Genehmigung des übergangenen Elternteils wirksam geworden, hat der Handelnde dem Geschäftsgegner auch unabhängig von einem Verschulden Schadensersatz zu leisten (§ 179 Abs. 1 BGB). Gleiches gilt, wenn bei gemeinsamer Vertretung durch die Eltern diese zur Wirksamkeit des Rechtsgeschäfts der Genehmigung des Familiengerichts bedürfen (§ 1643 Abs. 1, § 1822 BGB), die jedoch nicht beantragt oder erteilt wurde. Die Vorschrift des § 179 BGB begründet eine gesetzliche Garantiehaftung des Vertreters aus von ihm veranlasstem Vertrauen. Sie tritt deshalb nicht ein, wenn der Geschäftsgegner den Mangel der Vertretungsmacht kannte oder kennen musste (§ 179 Abs. 3 BGB).

241 **Einseitige Rechtsgeschäfte** wie zum Beispiel eine Kündigung, die ein Elternteil ohne Zustimmung des anderen für den Minderjährigen vornimmt, sind nichtig, können allerdings durch den übergangenen Elternteil noch genehmigt werden, wenn der Erklärungsempfänger die mangelnde Gesamtvertretung nicht beanstandet hat oder mit dem vollmachtlosen Handeln einverstanden war (§ 180 BGB). Wird die Genehmigung verweigert, ist das Rechtsgeschäft endgültig unwirksam. Die Verweigerung der Genehmigung ist unwiderruflich.

242 Während des Schwebezustands kann der Erklärungsempfänger die Kündigung (oder das sonstige einseitige Rechtsgeschäft) in entsprechender Anwendung des § 178 BGB noch zurückweisen, wenn er den Mangel der Vertretungsmacht bei Zugang der Erklärung nicht gekannt hat. War ihm die fehlende Vertretungsbefugnis bekannt, kann er nach § 177 Abs. 2 BGB vorgehen, um auf diese Weise die Entscheidung über die Genehmigung herbeizuführen. Die Aufforderung zur Erklärung muss ausdrücklich und in einer für den Vertretenen deutlich erkennbaren Form erfolgen.

cc. Rechtslage bei mangelnder Einigung der Eltern

243 Die Wahrnehmung des Gesamtvertretungsrechts setzt voraus, dass die Eltern sich darüber einig sind, wie im Einzelfall zu verfahren ist. Anderenfalls kann die für den Minderjährigen zu treffende Entscheidung, etwa der geplante Arbeitsvertrag mit dem vorgesehenen Inhalt nicht zustande kommen. Dementsprechend hat der Gesetzgeber den Eltern die Pflicht auferlegt, sich nach Kräften zu bemühen, bestehende Meinungsverschiedenheiten zu überwinden (§ 1627 Satz 2 BGB). Scheitert der Einigungsversuch der Eltern und ist die Angelegenheit für den Minderjährigen von erheblicher Bedeutung, was zum Beispiel bei der Begründung oder Beendigung von Arbeitsverträgen der Fall sein dürfte, bleibt nur der Weg, das Familiengericht einzuschalten, das auf Antrag eines Elternteils tätig wird (§ 1628 BGB).

Wie in jedem Verfahren, das die Person des Minderjährigen betrifft, soll das Gericht schon in einem möglichst frühen Stadium die Eltern anhören. Dabei soll es darauf hinwirken, dass die Eltern sich doch noch auf eine dem wohlverstandenen Interesse des Minderjährigen entsprechende Regelung verständigen (vgl. § 156, § 160 FamFG). **244**

Sollte eine Entscheidung erforderlich werden, wird für das Gericht in der Regel die Erwägung maßgebend sein, dem Standpunkt desjenigen Elternteils zu folgen, der bei einer Gesamtbetrachtung aller Umstände die überzeugenderen Argumente für sich in Anspruch nehmen kann. Keinesfalls wird dem Familienrichter die Befugnis zu einer eigenen Sachentscheidung eingeräumt. Auch kann er den Vorschlag des Elternteils, dessen Auffassung er teilt, nicht durch über § 1628 Satz 2 BGB hinausgehende Beschränkungen und Auflagen so verändern, dass faktisch doch an dessen Stelle eine Gerichtsentscheidung tritt. **245**

dd. Benachteiligung Minderjähriger durch elterliche Maßnahmen

Versagen die Eltern – auch unverschuldet – in Angelegenheiten der Ausbildung und des Berufs des Minderjährigen (§ 1631a BGB), kann das Familiengericht die erforderlichen Maßnahmen treffen. So kann es zum Beispiel verhindern, dass gegen den Willen des Minderjährigen ein bestimmter Arbeitsvertrag abgeschlossen oder ein bestimmtes Ausbildungsverhältnis begründet wird. Dabei kann es auch Erklärungen des Inhabers der elterlichen Sorge ersetzen und gegebenenfalls Maßnahmen mit Wirkung gegen Dritte treffen (vgl. § 1666 BGB). **246**

b. Änderung der familienrechtlichen Verhältnisse

aa. Elterliche Sorge bei Trennung der Eltern

Das einmal gemeinsam bestehende Sorgerecht soll auch im Falle der Trennung oder Scheidung fortbestehen. Nicht miteinander verheiratete Eltern, denen das Sorgerecht gemeinsam zusteht, und miteinander verheiratete Eltern behalten das gemeinsame Sorgerecht und damit das Gesamtvertretungsrecht des Minderjährigen, wenn sie sich trennen oder scheiden lassen. **247**

Leben Eltern nicht nur vorübergehend getrennt und steht ihnen die elterliche Sorge gemeinsam zu, so kann jeder Elternteil beantragen, dass ihm das Familiengericht die elterliche Sorge oder einen Teil der elterlichen Sorge allein überträgt (§ 1671 Abs. 1 Satz 1 BGB). Dem Antrag ist stattzugeben (§ 1671 Abs. 1 Satz 2 BGB), soweit der andere Elternteil zustimmt (es sei **248** denn, das Kind hat das 14. Lebensjahr vollendet und widerspricht der Übertragung) oder soweit zu erwarten ist, dass die Aufhebung der gemeinsamen Sorge und die Übertragung auf den Antragsteller dem Wohl des Kindes am besten entspricht und auch keine abweichenden Regelungen aufgrund anderer Vorschriften entgegenstehen (§ 1671 Abs. 4 BGB). Widerspricht der Minderjährige, will das Gericht aber trotzdem dem Antrag entsprechen, dann hat es die Gründe des Widerspruchs gegen das wohlverstandene Interesse des Minderjährigen abzuwägen. Dem Minderjährigen, dessen Widerspruch übergangen werden kann, weil er kein echtes Vetorecht hat, bleibt es jedoch unbenommen, über einen Antrag wegen Gefährdung des Kindeswohls (§ 1666 BGB) eine andere Sorge- und Vertretungsmöglichkeit anzuregen.

249 Leben Eltern nicht nur vorübergehend getrennt und steht die elterliche Sorge der Mutter zu, so kann der Vater beantragen, dass ihm das Familiengericht die elterliche Sorge oder einen Teil der elterlichen Sorge allein überträgt (§ 1671 Abs. 2 Satz 1 BGB). Dem Antrag ist stattzugeben (§ 1671 Abs. 2 Satz 2 BGB), soweit

- die Mutter zustimmt (es sei denn, die Übertragung widerspricht dem Wohl des Kindes oder das Kind hat das 14. Lebensjahr vollendet und widerspricht der Übertragung) oder
- eine gemeinsame Sorge nicht in Betracht kommt und zu erwarten ist, dass die Übertragung auf den Vater dem Wohl des Kindes am besten entspricht.

250 Ruht die elterliche Sorge der Mutter nach § 1751 Abs. 1 Satz 1 BGB, gilt der Antrag des Vaters auf Übertragung der gemeinsamen elterlichen Sorge nach § 1626a Abs. 2 BGB als Antrag nach § 1671 Abs. 2 BGB (§ 1671 Abs. 3 Satz 1 BGB). Dem Antrag ist stattzugeben, soweit die Übertragung der elterlichen Sorge auf den Vater dem Wohl des Kindes nicht widerspricht (§ 1671 Abs. 3 Satz 2 BGB).

251 § 1687 BGB regelt das **Entscheidungsrecht bei gemeinsamer Sorge getrennt lebender Eltern.** Insoweit wird zwischen Angelegenheiten unterschieden, die für den Minderjährigen von erheblicher Bedeutung sind, wie zum Beispiel die Berufsausbildung oder der Abschluss von Beschäftigungsverhältnissen, und Entscheidungen in Angelegenheiten des täglichen Lebens. Entscheidungen in Angelegenheiten des täglichen Lebens sind in der Regel solche, die häufig vorkommen und die keine schwer abzuändernden Auswirkungen auf die Entwicklung des Kindes haben (§ 1687 Abs. 1 Satz 3 BGB).

252 Bei Entscheidungen in Angelegenheiten, deren Regelung für das Kind von **erheblicher Bedeutung** ist, ist das gegenseitige Einvernehmen der Eltern erforderlich (§ 1687 Abs. 1 Satz 1 BGB). In **Angelegenheiten des täglichen Lebens** hat der Elternteil, bei dem sich das Kind mit Einwilligung des anderen Elternteils oder auf Grund einer gerichtlichen Entscheidung gewöhnlich aufhält, die Befugnis zur alleinigen Entscheidung (§ 1687 Abs. 1 Satz 2 BGB). Solange sich das Kind mit Einwilligung dieses Elternteils oder auf Grund einer gerichtlichen Entscheidung bei dem anderen Elternteil aufhält, hat dieser die Befugnis zur alleinigen Entscheidung in Angelegenheiten der tatsächlichen Betreuung (§ 1687 Abs. 1 Satz 4 BGB). Das Notvertretungsrecht (§ 1629 Abs. 1 Satz 4 BGB) bleibt in allen Fähen unberührt (§ 1687 Abs. 1 Satz 5 BGB).

Ist das Einvernehmen der Eltern in Fällen mit erheblicher Bedeutung (§ 1687 Abs. 1 Satz 1 BGB) nicht erreichbar, muss das Familiengericht angerufen werden, das auf Antrag eines Elternteils entscheidet (§ 1628 BGB). Auch dann, wenn in Angelegenheiten des täglichen Lebens und der tatsächlichen Betreuung ein Alleinentscheidungsrecht besteht, kann das Familiengericht die Befugnisse des Elternteils einschränken oder ausschließen, wenn dies zum Wohl des Kindes erforderlich ist (§ 1671 Abs. 1 BGB). **253**

bb. Entscheidungsrecht der Pflegeperson

Lebt ein Kind für längere Zeit in Familienpflege, ist die Pflegeperson berechtigt, in Angelegenheiten des täglichen Lebens zu entscheiden und den Inhaber der elterlichen Sorge in diesem Bereich zu vertreten (§ 1688 Abs. 1 Satz 1 BGB). Das Vertretungsrecht schließt die Befugnis ein, den Arbeitsverdienst des Minderjährigen zu verwalten. Auch ist die Pflegeperson berechtigt und verpflichtet, Unterhalts-, Versicherungs-, Versorgungs- und andere Sozialleistungen für den Minderjährigen geltend zu machen und zu verwalten (§ 1688 Abs. 1 Satz 2 BGB). Die Pflegeperson kann bei Gefahr im Verzug alle zum Wohl des Minderjährigen notwendigen Rechtshandlungen vornehmen; sie muss lediglich die Inhaber der elterlichen Sorge unverzüglich unterrichten (§ 1688 Abs. 1 Satz 3 i. V. m. § 1629 Abs. 1 Satz 4 BGB). **254**

Pflegekräfte, die im Rahmen der Erziehungshilfe (§§ 34, 35 und 35a Abs. 1 Satz 2 Nrn. 3 und 4 SGB VIII) Erziehungsaufgaben des Minderjährigen übernommen haben, stehen der Pflegeperson gleich, haben also die Vertretungsrechte und Befugnisse des § 1688 Abs. 1 BGB (§ 1688 Abs. 2 BGB). **255**

Die Befugnisse der Pflegepersonen gelten allerdings nur, solange nicht der Inhaber der elterlichen Sorge etwas anderes erklärt (§ 1688 Abs. 3 Satz 1 BGB). Zudem kann das Familiengericht die Befugnisse der Pflegepersonen einschränken oder ausschließen, wenn dies zum Wohl des Kindes erforderlich ist (§ 1688 Abs. 3 Satz 2 BGB). **256**

cc. Rechtliche und tatsächliche Verhinderung an der Ausübung des elterlichen Sorgerechts

Ein Elternteil kann das mit der elterlichen Sorge verbundene Vertretungsrecht des Minderjährigen (§ 1629 Abs. 1 BGB) nicht ausüben, wenn er ge- **257** schäftsunfähig (§ 104 BGB) ist und deshalb die elterliche Sorge ruht (§ 1673 Abs. 1, § 1675 BGB). Das gilt auch bei beschränkter Geschäftsunfähigkeit, sofern sich diese ganz oder teilweise auf die elterliche Sorge bezieht. Sobald der betroffene Elternteil seine Geschäftsfähigkeit erlangt, kann es die elterliche Sorge selbst ausüben, ohne dass es einer gerichtlichen Entscheidung bedarf.

258 Das Sorgerecht eines Elternteils ruht auch dann, wenn dieser auf längere Zeit die elterliche Sorge tatsächlich nicht ausüben kann und das Familiengericht dies feststellt (§ 1674 Abs. 1 BGB). Die elterliche Sorge lebt wieder auf, wenn das Familiengericht feststellt, dass der Grund des Ruhens nicht mehr besteht (§ 1674 Abs. 2 BGB). Die Verfügung des Familiengerichts wird mit der Bekanntgabe an den Betroffenen wirksam. Für den bisher allein Berechtigten gilt bis zur Bekanntgabe § 1698a Abs. 1 und 2 BGB.

259 Ist ein Elternteil tatsächlich verhindert, die elterliche Sorge auszuüben, oder ruht seine elterliche Sorge, so übt der andere Teil die elterliche Sorge allein aus (§ 1678 Abs. 1 Halbsatz 1 BGB). Diese Rechtsfolge gilt unabhängig von der Dauer der tatsächlichen Verhinderung. Auch kommt es nicht darauf an, ob das Familiengericht eine entsprechende Feststellung getroffen hat.

260 Grundvoraussetzung für den Übergang ist jedoch, dass der andere Teil die elterliche Sorge auch ausüben kann, diese also nicht ruht (§§ 1673, 1674 BGB) oder er die Aufgaben des Sorgerechts aus anderen Gründen nicht wahrnehmen kann, zum Beispiel aufgrund von Maßnahmen des Familiengerichts wegen Gefährdung des Kindeswohls (§ 1666 Abs. 1 BGB).

261 Leben miteinander verheiratete Eltern getrennt und hat das Familiengericht die elterliche Sorge insgesamt oder teilweise auf Antrag eines Elternteils diesem übertragen (§ 1671 BGB), und ist dieses Elternteil tatsächlich verhindert, die elterliche Sorge auszuüben, oder ruht seine elterliche Sorge, dann wird nicht automatisch das andere Elternteil zuständig, vielmehr bedarf es einer Entscheidung des Familiengerichts (§ 1678 Abs. 1 Halbsatz 2 BGB). Das Familiengericht hat die elterliche Sorge dem anderen Elternteil zu übertragen, wenn dies dem Wohl des Kindes nicht widerspricht (§ 1678 Abs. 2 BGB).

262 Das gleiche gilt, wenn nicht miteinander verheiratete Eltern getrennt leben und das Familiengericht mit Zustimmung der Mutter, der die elterliche Sorge allein zustand, das Alleinvertretungsrecht auf den Vater überträgt.

263 Das gleich gilt auch, wenn nicht miteinander verheiratete Eltern keine Sorgeerklärung (§ 1626a Abs. 1 Nr. 1 BGB) abgegeben haben und der Mutter deshalb die elterliche Sorge allein zustand (§ 1626a Abs. 3 BGB). Auch dann wird nicht automatisch das andere Elternteil zuständig, vielmehr bedarf es einer Entscheidung des Familiengerichts (§ 1678 Abs. 1 Halbsatz 2 BGB). Das Familiengericht hat die elterliche Sorge dem Vater zu übertragen, wenn dies dem Wohl des Kindes nicht widerspricht (§ 1678 Abs. 2 BGB).

Sind beide Eltern nicht längerfristig (§ 1674 Abs. 1 BGB), sondern nur vorübergehend tatsächlich verhindert, das Sorgerecht auszuüben, dann ist im Bedarfsfall das Familiengericht anzurufen, das die im Interesse des Minderjährigen erforderlichen Maßregeln zu treffen hat, etwa eine unaufschiebbare vertragliche Regelung für den Minderjährigen abzuschließen hat (§ 1693 BGB).

264

dd. Endgültige Beendigung und Übergang elterlicher Vertretungsrechte

Stand die elterliche Sorge den Eltern gemeinsam zu und ist ein Elternteil gestorben, steht die elterliche Sorge dem überlebenden Elternteil zu (§ 1680 Abs. 1 BGB). Ist ein Elternteil, dem die elterliche Sorge allein zustand, gestorben, hat das Familiengericht die elterliche Sorge dem überlebenden Elternteil zu übertragen, wenn dies dem Wohl des Kindes nicht widerspricht (§ 1680 Abs. 2 BGB).

265

Diese Regelungen gelten entsprechend, wenn die elterliche Sorge eines Elternteils endet, weil er für tot erklärt oder seine Todeszeit nach den Vorschriften des Verschollenheitsgesetzes festgestellt worden ist (§ 1681 Abs. 1 BGB). Die Beendigung des Sorgerechts tritt in diesen Fällen mit dem Zeitpunkt ein, der als Zeitpunkt des Todes gilt (§ 1677 BGB). Lebt dieser Elternteil noch, hat ihm das Familiengericht auf Antrag das Sorgerecht in dem früheren Umfang zu übertragen, wenn dies dem Wohl des Minderjährigen nicht widerspricht (§ 1681 Abs. 2 BGB).

266

Dem Tod eines Elternteils ist der Fall gleichgestellt, dass dem Elternteil die elterliche Sorge entzogen wird, dem diese gemeinsam mit dem anderen Teil oder allein zustand (§ 1680 Abs. 3 BGB).

267

Mit der Adoption (Annahme als Kind, §§ 1741 ff. BGB) geht die elterliche Sorge des Minderjährigen auf die Annehmenden über. Nimmt ein Ehepaar ein Kind an oder ein Ehegatte ein Kind des anderen, steht das Sorgerecht den Ehegatten gemeinsam zu, in den anderen Annahmefällen dem Annehmenden allein (§ 1754 Abs. 3 BGB). Wird das Annahmeverhältnis wieder aufgehoben (§§ 1760 ff. BGB), hat das Familiengericht den leiblichen Eltern die elterliche Sorge zurück zu übertragen, wenn und soweit dies dem Wohl des Minderjährigen nicht widerspricht; anderenfalls bestellt es einen Vormund oder Pfleger (§ 1764 Abs. 4 BGB).

268

c. Vormundschaft und Pflegschaft

aa. Vormundschaft

Ein Minderjähriger erhält einen Vormund, wenn er nicht unter elterlicher Sorge steht oder wenn die Eltern weder in den die Person noch in den das

269

Vermögen betreffenden Angelegenheiten zur Vertretung des Minderjährigen berechtigt sind (§ 1773 BGB). Das Familiengericht hat die Vormundschaft von Amts wegen anzuordnen (§ 1774 Satz 1 BGB). Der Vormund tritt an die Stelle der Eltern und hat das Recht und die Pflicht, für die Person und das Vermögen des Mündels zu sorgen, insbesondere den Mündel zu vertreten (§ 1793 BGB).

270 Bei Gesamtvertretung des Minderjährigen durch beide Eltern (§ 1629 Abs. 1 Satz 2 Halbsatz 1 BGB) ist ein Vormund zu bestellen, wenn beide tatsächlich verhindert sind (§ 1678 Abs. 1 Halbsatz 1 Variante 1 BGB) oder wenn ihre elterliche Sorge, wenn auch aus unterschiedlichen Gründen, ruht (§§ 1673 Abs. 1, 1674 Abs. 1, 1675 BGB), so dass das Alleinvertretungsrecht eines Elternteils (§ 1678 Abs. 1 Halbsatz 1 BGB) nicht in Betracht kommt, ferner, wenn beide Eltern verstorben oder für tot erklärt worden sind, oder wenn ein Elternteil gestorben ist und die elterliche Sorge des Überlebenden ruht oder sie ihm entzogen ist (§§ 1680 Abs. 1 und 3, 1681 Abs. 1 BGB).

271 Hat das Familiengericht einem Elternteil in Fällen von erheblicher Bedeutung (zum Beispiel für den Abschluss und die inhaltliche Gestaltung von Arbeitsverträgen) die Alleinentscheidung übertragen, wird dieser Elternteil aber nach der Übertragung aus rechtlichen oder tatsächlichen Gründen an der Ausübung seiner Entscheidungsbefugnis gehindert, dann ist ebenfalls das Familiengericht anzurufen. Das Gericht bestellt dann einen Vormund, der in den Grenzen des Aufgabenbereichs des Elternteils für den Minderjährigen tätig wird, solange die Verhinderung des Elternteils besteht (§ 1793 BGB). Das Familiengericht wird jedoch prüfen, ob die Übertragung des Entscheidungsrechts auf den verhinderten Elternteil nicht wieder aufzuheben sei, was allerdings erfordert, dass die Änderung der Anordnung aus triftigen, das Wohl des Minderjährigen nachhaltig berührenden Gründen angezeigt erscheint (§ 1696 Abs. 1 BGB).

272 Die Anordnung einer Vormundschaft kommt auch in Betracht, wenn bei Getrenntleben der Eltern das Familiengericht einem Elternteil die elterliche Sorge allein übertragen hat, der Elternteil, der aufgrund dieser Regelung das Sorgerecht innehat, aber durch später eintretende Ereignisse aus Rechtsgründen gehindert ist, die Aufgaben des Sorgeberechtigten wahrzunehmen. Da der andere Teil durch die Entscheidung des Familiengerichts die elterliche Sorge nicht ausüben kann, steht der Minderjährige jetzt nicht mehr unter elterlicher Sorge (§ 1773 BGB). Das Familiengericht kann aber auch die Übertragung des Sorge- und Vertretungsrechts auf den nunmehr verhinderten Elternteil bei Vorliegen der Voraussetzungen des § 1696 Abs. 1 BGB mit der Folge wieder ändern, dass nunmehr, da § 1671 BGB nicht (mehr) eingreift, die allgemeine Regel des § 1678 Abs. 1 Halbsatz 1 BGB zur Anwendung kommt: Ist ein Elternteil tatsächlich verhindert, die elterliche Sorge auszuüben, oder ruht seine elterliche Sorge, so übt der andere Teil die elterliche Sorge allein aus.

Auch dann, wenn nicht miteinander verheiratete Eltern getrennt leben, **273** kann das Familiengericht statt die Vormundschaft anzuordnen und den Vormund auszuwählen (§§ 1696, 1697 BGB), die Übertragung der elterlichen Sorge auf den Vater durch Rückübertragung auf die Mutter (§ 1626a BGB) wieder ändern, wenn der Vater an der Ausübung des Sorgerechts durch rechtliche oder tatsächliche Umstände gehindert wird. Voraussetzung ist, dass die Interessen des Minderjährigen nicht entgegen stehen.

Die **Vormundschaft endet** mit dem Eintritt der Volljährigkeit oder dem **274** Wiederaufleben der elterlichen Sorgerechte (§ 1882 BGB).

Der Vormund hat die Aufgabe, den Minderjährigen gesetzlich zu vertreten **275** (§ 1793 Abs. 1 Satz 1 BGB). Das Vertretungsrecht ist jedoch in bestimmten Konstellation ausgeschlossen (vgl. Rn. 276).

So kann der Vormund den Minderjährigen beim Abschluss eines Arbeitsvertrages **276** zwischen seinem Ehegatten oder einem seiner Verwandten in gerader Linie wegen kollidierender Interessen nicht vertreten (§ 1795 Abs. 1 Nr. 1 BGB). Auch einseitige Rechtsgeschäfte, wie zum Beispiel eine Kündigung des Arbeitsvertrages oder eine Vertragsanfechtung, unterliegen dem Vertretungsverbot. Auch einen Rechtsstreit des Minderjährigen mit dieser Personengruppe kann der Vormund nicht für den Minderjährigen führen (§ 1795 Abs. 1 Nr. 3 BGB).

Ein Verstoß gegen das Vertretungsverbot führt in der Regel nicht zur Nichtigkeit **277** des Rechtsgeschäfts; vielmehr kann dieses noch durch einen Pfleger (§ 1909 BGB) oder durch den Minderjährigen selbst nach Eintritt der Volljährigkeit genehmigt werden (§§ 177 BGB ff.).[74]

Um zu gewährleisten, dass die Interessen des Minderjährigen beim Vertretungshandeln **278** des Vormunds gewahrt bleiben, bedürfen in ihren Auswirkungen besonders weitreichende Rechtsgeschäfte des Vormunds der **Genehmigung durch das Familiengericht.** So kann der Vormund einen Vertrag, der auf den entgeltlichen Erwerb oder die Veräußerung eines Erwerbsgeschäfts gerichtet ist, sowie einen Gesellschaftsvertrag, der zum Betrieb des Erwerbsgeschäfts eingegangen wird, für den Minderjährigen nicht ohne Genehmigung des Familiengerichts abschließen (§ 1822 Nr. 3 BGB). Auch soll der Vormund nicht ohne Genehmigung des Familiengerichts ein neues Erwerbsgeschäft im Namen des Minderjährigen beginnen oder ein bestehendes auflösen (§ 1823 BGB). Will er den Minderjährigen zum selbstständigen Betrieb eines Erwerbsgeschäfts ermächtigen, bedarf er auch hierzu der Genehmigung des Familiengerichts (vgl. Rn. 209 ff.).

Die Genehmigung des Familiengerichts ist auch erforderlich, wenn der Vormund **279** eines minderjährigen Arbeitgebers diesen zu wiederkehrenden Leistungen (zum Beispiel zu Lohn- und Gehaltszahlungen) verpflichtet und das

---

74 Palandt/*Götz* BGB § 1795 Rn. 16.

Vertragsverhältnis noch länger als ein Jahr nach dem Eintritt der Volljährigkeit fortdauern soll, das heißt vorher nicht gekündigt werden kann (§ 1822 Nr. 5 BGB). In Betracht kommen zulässigerweise befristete oder auflösend bedingte Arbeitsverträge, die eine ordentliche Kündigung ausschließen. Ohne Genehmigung des Familiengerichts können solche längerfristigen Arbeitsverträge jedoch im Wege der Umdeutung (§§ 139, 140 BGB) aufrechterhalten werden, sofern anzunehmen ist, dass die Vertragsparteien sie bei Kenntnis der Rechtslage für die kürzere zulässige Zeit abgeschlossen hätten.

280 Zu den wiederkehrenden Leistungen (§ 1822 Nr. 5 BGB) gehören auch Ruhegeldzusagen an die Arbeitnehmer und alle sonstigen Verpflichtungen, die ein Jahr über den Eintritt der Volljährigkeit hinaus fortdauern.[75]

281 Die Genehmigung des Familiengerichts ist auch erforderlich zu einem Ausbildungsvertrag, der für länger als ein Jahr geschlossen wird (§ 1822 Nr. 6 BGB) sowie zu einem auf die Eingehung eines Dienst- oder Arbeitsverhältnisses gerichteten Vertrag, wenn der Minderjährige zu persönlichen Leistungen, als Arbeitnehmer zum Beispiel zur Arbeitsleistung in Person, für länger als ein Jahr verpflichtet werden soll (§ 1822 Nr. 7 BGB).

282 Das Jugendamt ist als Amtsvormund oder Amtspfleger davon befreit, die Genehmigung des Familiengerichts einzuholen, wenn es um Abschluss und Durchführung von Verträgen nach § 1822 Nm. 6 und 7 BGB geht (§ 55 Abs. 1, § 56 Abs. 2 Satz 2 SGB VIII). Die Regelung ist derjenigen vergleichbar, die für die Eltern als gesetzliche Vertreter des Minderjährigen gilt (§ 1643 Abs. 1 BGB).

283 Der Genehmigungspflicht des Vormunds (wie auch der Eltern, § 1643 Abs. 1 BGB) unterliegt ferner die Kreditaufnahme, die beim minderjährigen Arbeitgeber vorliegt, wenn es sich um die darlehensweise Belassung von Teilen des Arbeitsentgelts durch Arbeitnehmer des Betriebs handelt (§ 1822 Nr. 8 BGB), die Übernahme einer Bürgschaft, die im Rahmen von Arbeitsverträgen etwa zur Absicherung eines von Arbeitnehmern des Betriebs aufgenommenen Kredits gewährt wird (§ 1822 Nr. 10 BGB) und die Erteilung einer Prokura durch minderjährige Arbeitgeber (§ 48 HGB), nicht jedoch deren Widerruf nach § 52 HGB oder die Erteilung einer Handlungsvollmacht nach § 54 HGB (§ 1822 Nr. 11 BGB).

284 Schließlich erstreckt sich die Genehmigungspflicht auf die in § 1822 Nm. 9, 12 und 13 BGB genannten Rechtsgeschäfte, die ebenfalls für die Arbeitsverhältnisse minderjähriger Arbeitgeber und Arbeitnehmer Bedeutung erlangen können.

285 Das Familiengericht kann dem Vormund u. a. zu den in § 1822 Nrn. 8 bis 10 BGB bezeichneten Rechtsgeschäften eine allgemeine Ermächtigung erteilen,

---

75 Palandt/*Götz* BGB § 1822 Rn. 14.

insbesondere wenn diese zum Betrieb eines Erwerbsgeschäfts des Minderjährigen erforderlich ist (§ 1825 BGB).

Bei Einzelgenehmigungen schreibt das Gesetz in Abweichung von § 182 **286** Abs. 1 BGB ausdrücklich vor, dass diese ausschließlich dem Vormund gegenüber zu erklären sind, also wirksam nicht auch gegenüber dem Minderjährigen oder dessen Geschäftspartner erklärt werden können (§ 1828 BGB).

Ein Vertrag, der ohne die erforderliche Genehmigung des Familiengerichts **287** vereinbart worden ist, ist unwirksam, er kann aber vom Familiengericht noch **nachträglich genehmigt** werden (§ 1829 Abs. 1 Satz 1 BGB). Die Genehmigung sowie deren Verweigerung wird dem Vertragspartner des Minderjährigen gegenüber erst wirksam, wenn sie ihm durch den *Vormund* mitgeteilt wird (§ 1829 Abs. 1 Satz 2 BGB). Fordert der Vertragspartner den Vormund zur Mitteilung darüber auf, ob die Genehmigung erteilt sei, so kann die Mitteilung der Genehmigung nur bis zum Ablauf von zwei Wochen nach dem Empfang der Aufforderung erfolgen. Erfolgt die Genehmigung nicht innerhalb der Frist, gilt die Genehmigung als verweigert (§ 1829 Abs. 2 BGB).

Hat der Vormund dem Vertragspartner gegenüber der Wahrheit zuwider die **288** Genehmigung des Familiengerichts behauptet, ist der Vertragspartner bis zur Mitteilung der nachträglichen Genehmigung des Familiengerichts zum Widerruf berechtigt, es sei denn, dass ihm das Fehlen der Genehmigung bei dem Abschluss des Vertrages bekannt war (§ 1830 BGB).

Einseitige Rechtsgeschäfte, die der Vormund ohne die erforderliche Geneh- **289** migung des Familiengerichts vornimmt, sind unheilbar unwirksam (§ 1831 Satz 1 BGB). Liegt die Genehmigung vor, muss der Vormund diese dem Empfänger in schriftlicher Form (durch Urschrift oder beglaubigte Abschrift) nachweisen. Geschieht dies nicht innerhalb der für das einseitige Rechtsgeschäft maßgeblichen Frist, dann ist das Rechtsgeschäft unwiderruflich unwirksam, wenn der andere Teil es aus diesem Grund unverzüglich (das heißt ohne schuldhaftes Zögern, § 121 Abs. 1 Satz 1 BGB) zurückweist (§ 1831 Satz 2 BGB).

bb. Pflegschaft

Ein Minderjähriger, der durch seine sorgeberechtigten Eltern oder den Vor- **290** mund gesetzlich vertreten wird, erhält für Angelegenheiten, an deren Besorgung die Eltern oder der Vormund aus rechtlichen oder tatsächlichen Gründen verhindert sind, einen Pfleger, der ihn in den Grenzen seiner Befugnisse gesetzlich vertritt (§ 1909 Abs. 1 Satz 1 BGB). Dementsprechend ist in §§ 1630 Abs. 1, 1794 BGB bestimmt, dass die elterliche Sorge und die Rechte und Pflichten des Vormunds sich nicht auf Angelegenheiten des Minderjährigen erstrecken, für die der Pfleger bestellt ist.

291 Ist der Pfleger für eine der Personensorge zuzuordnende Angelegenheit bestellt, ist aber gleichzeitig eine Angelegenheit der Vermögenssorge betroffen, die den Eltern obliegt, dann ist bei Meinungsverschiedenheiten zwischen Pfleger und Eltern das Familiengericht zur Entscheidung berufen (§ 1630 Abs. 2 BGB). Eine vergleichbare Regelung enthält § 1798 BGB für den Fall, dass die Personen- und Vermögenssorge jeweils einem anderen Vormund obliegt. Wenn zwischen beiden Vormündern Meinungsverschiedenheiten auftreten, entscheidet das Familiengericht.

292 Geben die Eltern das Kind für längere Zeit in Familienpflege, kann das Familiengericht Angelegenheiten der elterlichen Sorge unter den Voraussetzungen des § 1630 Abs. 3 BGB auf die Pflegeperson übertragen, die in dem Fall im Umfang der Übertragung die Rechte und Pflichten eines Pflegers hat.

293 Die Führung der Pflegschaft ist den für die Vormundschaft geltenden Vorschriften nachgebildet; diese finden vorbehaltlich abweichender Sonderbestimmungen entsprechende Anwendung (§ 1915 Abs. 1 BGB). Soweit Genehmigungen durch das Familiengericht erforderlich sind, gelten diese auch für den Ergänzungspfleger, der an Stelle der Eltern handelt. Rechtsgeschäfte im Sinne des § 1822 BGB unterliegen stets der Genehmigung des Familiengerichts, ohne die zugunsten der Eltern bestehenden Ausnahmen (§ 1643 Abs. 1 BGB).

294 Sobald eine Pflegschaft erforderlich wird, haben die Eltern oder der Vormund dies dem Familiengericht unverzüglich mitzuteilen (§ 1909 Abs. 2 BGB). In Eilfällen, das heißt, wenn ein ernsthaftes gegenwärtiges Bedürfnis besteht, ist die Pflegschaft bereits anzuordnen, wenn die Voraussetzungen einer Vormundschaft vorliegen, der Vormund aber noch nicht bestellt ist (§ 1909 Abs. 3 BGB).

295 Das Familiengericht ordnet die Pflegschaft an und bestellt den Pfleger, wobei der Wirkungskreis im Bestellungsakt zu umschreiben ist. Für beide Eltern ist gegebenenfalls nur ein Pfleger zu bestellen.

296 Die Pflegschaft ist wieder aufzuheben, wenn der Grund für die Anordnung weggefallen ist (§ 1919 BGB). War die Pflegschaft zur Besorgung einer einzelnen Angelegenheit angeordnet worden, endet sie mit deren Erledigung (§ 1918 Abs. 3 BGB). Im Übrigen endet die Pflegschaft kraft Gesetzes mit der Beendigung der elterlichen Sorge oder der Vormundschaft (§ 1918 Abs. 1 BGB).

4. Minderjährige in der Ausbildung

297 Soweit Minderjährige (Jugendliche) nach der Schule eine Vertragsbeziehung eingehen, geht es häufig um ein Ausbildungsverhältnis. Die maßgeblichen Rechtsvorschriften finden sich neben dem Jugendarbeitsschutzgesetz im Berufsbildungsgesetz (BBiG). Das Berufsausbildungsverhältnis ist ein **privat-**

rechtlicher Vertrag zwischen Ausbildenden und Auszubildenden. Es ist kein Arbeitsverhältnis, weil nicht Vergütung und Arbeitsleistung im Leistungs-Gegenleistungs-Verhältnis zueinander stehen, sondern der **Ausbildungszweck** im Vordergrund steht (vgl. § 13 Satz 1, § 14 Abs. 1 Nr. 1 BBiG). Die für Arbeitsverhältnisse geltenden Rechtsvorschriften und Rechtsgrundsätze finden gleichwohl Anwendung, soweit sich aus dem Wesen und Zweck des Berufsausbildungsverhältnisses oder aus dem BBiG nichts anderes ergibt (§ 10 Abs. 2 BBiG).

a.   Abschluss des Berufsausbildungsvertrages

Vertragsparteien sind die Ausbildenden und die Auszubildenden. Der minderjährige Auszubildende wird vertreten durch die gesetzlichen Vertreter (vgl. Rn. 63 ff., 134 ff.). Der **Ausbildende** ist derjenige, der einen anderen zur Berufsausbildung einstellt (§ 10 Abs. 1 BBiG), also die Privatperson oder bei einer Einzelfirma der Betriebsinhaber oder die juristische Person (GmbH, AG, Verein, eingetragene Genossenschaft), die mit dem Auszubildenden den Vertrag schließt. Auch eine BGB- Gesellschaft kann als solche Vertragspartner sein, wie auch eine OHG oder KG. Der Ausbildende muss nicht zugleich selbst in eigener Person ausbilden. Bildet der Ausbildende nicht selbst aus, muss dieser allerdings einen **Ausbilder** ausdrücklich mit der tatsächlichen Ausbildung beauftragen (§ 14 Abs. 1 Nr. 2 BBiG). **298**

Zur Erfüllung der vertraglichen Verpflichtungen der Ausbildenden können mehrere natürliche oder juristische Personen in einem **Ausbildungsverbund** zusammenwirken, soweit die Verantwortlichkeit für die einzelnen Ausbildungsabschnitte sowie für die Ausbildungszeit insgesamt sichergestellt ist (**Verbundausbildung**). Ausbildender im Rechtssinne kann sowohl das einzelne Mitglied des Ausbildungsverbundes sein oder der Ausbildungsverbund selbst, allerdings nur, wenn dieser sich als selbstständige juristische Person konstituiert hat (zum Beispiel als GmbH, Verein oder als rechtsfähige BGB-Gesellschaft). Aus dem Ausbildungsvertrag muss sich eindeutig ergeben, wer der Vertragspartner des Auszubildenden ist, denn nur diesen treffen, auch bei Zusammenarbeit mit anderen Partnern im Ausbildungsverbund, die Rechte und Pflichten aus dem Ausbildungsvertrag. Soweit ein Ausbildungsverbund über keinen gemeinsamen Betrieb verfügt, muss sichergestellt sein, dass er einen geordneten Ausbildungsgang in einer überbetrieblichen Ausbildungsstätte gewährleisten kann. Eine dem Ausbilder eines ausbildenden Unternehmens teilweise fehlende fachliche Eignung kann durch eine Verbundausbildung nicht kompensiert werden, wenn nicht geregelt ist, für welchen Ausbildungsabschnitt das andere Verbundunternehmen statt des ausbildenden Unternehmens die Verantwortlichkeit trägt, und **299** wenn nicht in dem anderen Verbundunternehmen ein insoweit fachlich geeigneter weiterer Ausbilder für das Ausbildungsverhältnis bestellt ist.[76]

300 Ein **Mangel in der Berechtigung, Auszubildende einzustellen oder auszubilden,** berührt die Wirksamkeit des Ausbildungsvertrages nicht (§ 10 Abs. 4 BBiG). Selbst wenn der Ausbildende öffentlich-rechtlich nicht geeignet ist, Auszubildende einzustellen, bleibt der gleichwohl abgeschlossene privatrechtliche Ausbildungsvertrag rechtswirksam. Wer jedoch entgegen § 28 Abs. 1 oder § 28 Abs. 2 BBiG Auszubildende einstellt oder ausbildet, begeht eine Ordnungswidrigkeit, die mit einer Geldbuße bis zu 5000 Euro geahndet werden kann (§ 102 Abs. 1 Nr. 5, Abs. 2 BBiG). Der insoweit rechtswirksam zustande gekommene Vertrag bedarf zur Beendigung eines Aufhebungsvertrages oder einer Kündigung. Verliert der Ausbildende nach Abschluss des Ausbildungsvertrages die Ausbildungsbefugnis, kann dies für beide Seiten eine Kündigung rechtfertigen (§ 22 BBiG). In der Regel ist der Ausbildende in einer solchen Fallkonstellation zum Schadensersatz verpflichtet (§ 23 BBiG).

301 Für den Abschluss des Ausbildungsvertrages besteht **keine Formvorschrift.** Er kann deshalb auch mündlich oder durch schlüssiges Handeln (konkludent) geschlossen werden.[77] Davon zu unterscheiden ist die in § 11 Abs. 1 und Abs. 3 BBiG geregelte Pflicht des Ausbildenden, den wesentlichen Inhalt des Vertrages schriftlich niederzulegen (gegebenenfalls nach Vertragsabschluss) und dem Auszubildenden oder dessen gesetzlichem Vertreter die unterzeichnete Niederschrift auszuhändigen.

b. Anzuwendende arbeitsrechtliche Vorschriften

302 Auf den Berufsausbildungsvertrag sind, soweit sich aus seinem Wesen und Zweck und aus dem Berufsbildungsgesetz nichts anderes ergibt, **die für den Arbeitsvertrag geltenden Rechtsvorschriften und Rechtsgrundsätze** anzuwenden (§ 10 Abs. 2 BBiG). Die Vorschrift hat im Wesentlichen nur klarstellende Bedeutung, weil in den meisten arbeitsrechtlichen Gesetzen Berufsausbildungsverhältnisse ohnedies ausdrücklich mit in ihren Anwendungsbereich einbezogen werden, wie zum Beispiel im Entgeltfortzahlungsgesetz (EFZG), im Bundesurlaubsgesetz (BUrlG) und im Allgemeinen Gleichbehandlungsgesetz (AGG). Nach den Bildungsurlaubsgesetzen der Länder können Auszubildende einen Anspruch auf **Bildungsurlaub** haben.

Im Fall der **Insolvenz** des Ausbildenden sind die Besonderheiten des Insolvenzverfahrens zu beachten. Die Auszubildenden haben bei Insolvenz des

---

76 LAG Baden-Württemberg 20. 10. 2017, 15 TaBV 2/17.
77 BAG 21. 8. 1997, 5 AZR 713/96, NZA 1998, 37.

Ausbildenden gegen die Bundesagentur für Arbeit einen Anspruch auf **Insolvenzgeld** (§ 165 SGB III).[78]

Für Auszubildende gelten die arbeitsrechtlichen Schutzvorschriften für **behinderte Menschen** (SGB IX) und für werdende **Mütter** (Mutterschutzgesetz [MuSchG]). Für **Eltern** gelten die Regelungen des Bundeselterngeld- und Elternzeitgesetzes (BEEG) mit den Regelungen zur Elternzeit, für **Minderjährige** die Normen des Jugendarbeitsschutzgesetzes. **303**

Wechselt der Inhaber eines Ausbildungsbetriebs, kommt es zu einem Vertragspartnerwechsel kraft Gesetzes (**Betriebsübergang**, § 613a BGB). Der neue Inhaber des Ausbildungsbetriebs wird neuer Vertragspartner (neuer Ausbildender) der Auszubildenden. **304**

Tarifverträge können in ihrem Geltungs- oder Anwendungsbereich auch Auszubildende mit einbeziehen. Das ist, wenn es an einer ausdrücklichen Regelung fehlt, gegebenenfalls durch Auslegung des Tarifvertrages zu klären. Meist gibt es spezielle Tarifverträge für Auszubildende, zum Beispiel zur Regelung der Ausbildungsvergütung. Anwendbar können Tarifverträge auch aufgrund **einzelvertraglicher Bezugnahme** im Ausbildungsvertrag sein. Das ist in der Praxis häufig der Fall. In der Vertragsniederschrift ist auf die anzuwendenden Tarifverträge hinzuweisen (§ 11 Abs. 1 Satz 2 Nr. 9 BBiG). **305**

c.   Nichtige Vereinbarungen

aa.   Schutz der Berufsfreiheit der Auszubildenden

Vereinbarungen, die Auszubildende für die Zeit nach Beendigung des Berufsausbildungsverhältnisses in der **Ausübung ihrer beruflichen Tätigkeit beschränken,** sind nichtig (§ 12 Abs. 1 Satz 1 BBiG). Damit soll die Berufsfreiheit (Art. 12 Abs. 1 GG) und die Entschlussfreiheit der Auszubildenden geschützt werden. Die Nichtigkeitsfolge gilt nicht, wenn sich Auszubildende innerhalb der letzten sechs Monate des Berufsausbildungsverhältnisses dazu verpflichten, nach dessen Beendigung mit dem Ausbildenden ein Arbeitsverhältnis einzugehen (vgl. Rn. 307). **306**

Die Beschränkung in der Ausübung der beruflichen Tätigkeit nach Beendigung des Ausbildungsverhältnisses ist zulässig, wenn die entsprechende Vereinbarung innerhalb der letzten sechs Monate des Berufsausbildungsverhältnisses getroffen wird (§ 12 Abs. 1 Satz 2 BBiG). Erlaubt ist nicht nur die »Verpflichtung«, ein Arbeitsverhältnis »einzugehen«, sondern auch bereits der unbedingte Vertragsabschluss. **307**

§ 12 Abs. 1 Satz 1 BBiG ist entsprechend anzuwenden, wenn **mittelbarer Druck** auf die Auszubildenden ausgeübt wird, so aufgrund finanzieller Be- **308**

---

78   BAG 26. 10. 2017, 6 AZR 511/16, Rn. 34.

lastungen.[79] Das gilt für **Rückzahlungsklauseln**, also solchen Klauseln, die die Auszubildenden verpflichten, einen Teil der Ausbildungskosten zurückzuzahlen, wenn sie nicht eine bestimmte Zeit beim Ausbildenden in einem Arbeitsverhältnis verbleiben. Solche Vereinbarungen sind **unwirksam.** Das gilt auch für Klauseln, die die Auszubildenden zur Rückzahlung von bestimmten Vergünstigungen oder gewährten Leistungen (zum Beispiel Weihnachtsgeld oder sonstige Sonderzahlungen) verpflichten, die sie während der Zeit der Ausbildung erhalten haben, falls sie nicht im Anschluss an die Ausbildung ein Arbeitsverhältnis im Ausbildungsbetrieb begründen oder vor einem bestimmten Termin aus einem nachfolgenden Arbeitsverhältnis ausscheiden.[80]

309 Unzulässig und unwirksam sind Vereinbarungen, durch die sich Auszubildende verpflichten, im Anschluss an die Ausbildung beim Ausbildenden ein Arbeitsverhältnis zu begründen (»**Bleibeverpflichtung**«) oder spätestens sechs Monate vor Ende des Ausbildungsverhältnisses schriftlich anzuzeigen (»**Anzeigepflicht**«), falls sie mit dem Ausbildenden kein Arbeitsverhältnis eingehen wollen.[81] Nichtig sind auch »**Weiterarbeitsklauseln**«, die beide Parteien zur Anzeige verpflichten, falls sie nicht ein Arbeitsverhältnis im Anschluss an die Ausbildung eingehen wollen.[82] Ebenso sind alle Vereinbarungen nichtig, die Auszubildenden für das Arbeitsverhältnis im Anschluss an das Ausbildungsverhältnis **Kündigungsbeschränkungen** auferlegen oder gar die Kündigung ausschließen.

310 Solche **Weiterarbeits- oder Übernahmeklauseln** sind aber **nicht insgesamt nichtig.** Durch § 12 BBiG soll eine Beschränkung der beruflichen Tätigkeit der Auszubildenden nach Ende der Ausbildung verhindert, nicht aber die Chancen verbaut werden, die den Auszubildenden durch vertragliche Verpflichtungen eröffnet werden, die die Ausbildenden eingehen. Da es sich bei § 12 BBiG um eine **Schutzvorschrift zugunsten des Auszubildenden** handelt, ist eine Bleibeverpflichtung oder ähnliche Vereinbarung nur nichtig, soweit der Ausbildende aus ihr Rechte herleiten will. Die Verpflichtung des Ausbildenden bleibt bestehen, so dass der Auszubildende aus ihr zu seinen Gunsten Rechte herleiten, also den Abschluss eines Arbeitsvertrages verlangen kann.[83]

---

79 BAG 25.4.2001, 5 AZR 509/99, NZA 2002, 1396.
80 ErfK/*Schlachter* § 12 BBiG Rn. 6.
81 BAG 31.1.1974, 3 AZR 58/73, AP BBiG § 5 Nr. 1.
82 BAG 13.3.1975, 5 AZR 199/74, DB 1975, 1417.
83 BAG 13.3.1975, 5 AZR 199/74, DB 1975, 1417; BAG 31.1.1974, 3 AZR 58/73, AP BBiG § 5 Nr. 1.

bb.   Finanziell belastende Vereinbarungen

Nichtig ist eine Vereinbarung, durch die sich Auszubildende verpflichten, **311** für die Berufsausbildung eine Entschädigung zu zahlen (§ 12 Abs. 2 Nr. 1 BBiG). Die Entscheidung des Gesetzgebers gegen das früher vielfach übliche »**Lehrgeld**« soll gewährleisten, dass der Zugang zu einer durch das Berufsbildungsgesetz geregelten Ausbildung nicht von dem finanziellen Leistungsvermögen der Auszubildenden oder ihrer Eltern abhängt.[84] Nichtig sind auch **Rückzahlungsvereinbarungen** oder ähnliche Klauseln, durch die sich der Auszubildende verpflichtet, einen Teil der Ausbildungskosten (zum Beispiel für außerbetriebliche Lehrgänge) zurückzuzahlen, wenn er nicht (oder nicht für eine bestimmte Dauer) anschließend in einem Arbeitsverhältnis im Ausbildungsbetrieb verbleibt.[85]

Das Verbot greift sowohl zugunsten der Auszubildenden als auch ihrer El- **312** tern. Unzulässig sind auch »**Umgehungsgeschäfte**«, wie die Vereinbarung von Naturalleistungen als Gegenleistung für einen Ausbildungsplatz (zum Beispiel unentgeltliche Fliesenlegerarbeiten), die Gewährung eines Darlehens durch die Eltern an den Auszubildenden oder der Abschluss eines Kaufvertrages als Gegenleistung für einen Ausbildungsplatz.[86]

Der Begriff der »**Entschädigung**« ist weit auszulegen. § 12 Abs. 2 Nr. 1 BBiG **313** verbietet es auch, dem Auszubildenden Kosten aufzubürden, die der Ausbildende im Rahmen der von ihm geschuldeten Ausbildung zu tragen hat (**Ausbildungskosten**). Zum Beispiel gehört der Erwerb der Fahrerlaubnis zur betrieblichen Fachausbildung zum Berufskraftfahrer, die Kosten des Fahrschulunterrichts sind daher vom Ausbildenden und nicht vom Auszubildenden zu tragen.[87] Übernimmt der Ausbildende die Kosten, die mit der Erlangung der Fahrerlaubnis verbunden sind, und verpflichtet sich der Auszubildende, diese Kosten zu erstatten, falls er nach Abschluss der Ausbildung nicht für eine bestimmte Zeit als Arbeitnehmer in dem Ausbildungsbetrieb bleibt, ist auch eine solche Vereinbarung nichtig.[88]

Das Verbot der Auferlegung von Kosten für die »Berufsausbildung« bezieht **314** sich auf die Kosten, die der Ausbildende zu tragen hat. Das sind die Kosten der **betrieblichen Ausbildung**, nicht die Kosten der schulischen Ausbildung. Die Kosten, die im »dualen System« im Zusammenhang mit der schulischen Ausbildung entstehen, haben nicht die Ausbildenden zu tragen, sondern die Berufsschule oder die Auszubildenden.

---

84 BAG 26. 9. 2002, 6 AZR 486/00, NZA 2003, 1403; BAG 25. 7. 2002, 6 AZR 381/00, DB 2003, 510.
85 BAG 25. 4. 1984, 5 AZR 386/83, NZA 1985, 184.
86 OLG Hamm 16. 12. 1982, 28 U 198/82, NJW 1983, 2708.
87 BAG 25. 4. 1984, 5 AZR 386/83, AP BBiG § 5 Nr. 5.
88 LAG Köln 7. 3. 1988, 6 Sa 1247/87, LAGE BBiG § 5 Nr. 1.

315   Zu den **Ausbildungskosten,** die der Ausbildende (nicht der Auszubildende) zu tragen hat, gehören
- die betrieblichen Personal- und Sachkosten,
- die Kosten für Ausbildungsmaßnahmen und Ausbildungsveranstaltungen außerhalb der Ausbildungsstätte, sofern sie in den Ausbildungsvorgang einbezogen sind,[89]
- die Aufwendungen, die mit der Durchführung außerbetrieblicher Bildungsmaßnahmen im engen Zusammenhang stehen, zum Beispiel Übernachtungs- und Verpflegungskosten,[90]
- die Kosten für Verpflegung und Unterkunft des Auszubildenden, die dadurch entstehen, dass die praktische Ausbildung nicht im Ausbildungsbetrieb, sondern an einem anderen Ort vorgenommen wird; das gilt auch, wenn sich die gesamte praktische Ausbildung außerhalb des Ausbildungsbetriebs vollzieht.[91]

316   Nicht zu den vom Ausbildenden zu tragenden Ausbildungskosten gehören (vorbehaltlich abweichender einzelvertraglicher oder tarifvertraglicher Vereinbarungen) die im Zusammenhang mit dem **Berufsschulbesuch und -unterricht** entstehenden Kosten. Solche Kosten sind von den Auszubildenden zu tragen. Das gilt auch für Fahrt-, Verpflegungs- und Unterbringungskosten, die dem schulischen Bereich zuzuordnen sind, zum Beispiel wegen eines Blockunterrichts an einer auswärtigen staatlichen Berufsschule.[92]

317   Von den Kosten des Berufsschulbesuchs zu unterscheiden sind die Kosten, die dem Ausbildenden dadurch entstehen, dass er dem Auszubildenden für die Zeiten der Freistellung (§ 15 BBiG), u. a. für die Teilnahme am Berufsschulunterricht, die Vergütung zu zahlen hat (§ 19 Abs. 1 Nr. 1 BBiG). Diese **Vergütungspflicht** kann der Ausbildende nicht auf den Auszubildenden verlagern. Deshalb ist eine Vereinbarung über die Verpflichtung des Auszubildenden, Kosten zu erstatten, die dem Ausbildenden durch die Zahlung der Ausbildungsvergütung während der Freistellung entstanden sind, nichtig (§ 12 Abs. 2 Nr. 1 BBiG).[93]

318   Zwar hat der Ausbildende nicht für die Kosten des schulischen Teils der Ausbildung einzustehen, das gilt jedoch nur, soweit die schulische Ausbildung in einer staatlichen Berufsschule erfolgt. Erfolgt der **schulische Teil der Ausbildung auf Veranlassung des Ausbildenden außerhalb des staatlichen Schulsystems,** hat dagegen der Ausbildende die entstehenden Kosten zu tra-

---

89   BAG 25. 7. 2002, 6 AZR 381/00, DB 2003, 510.
90   BAG 9. 6. 1988, 5 AZR 450/87, EzB BBiG § 5 Nr. 25.
91   BAG 21. 9. 1995, 5 AZR 994/94, NZA 1996, 205.
92   BAG 25. 7. 2002, 6 AZR 381/00, DB 2003, 510; BAG 26. 9. 2002, 6 AZR 486/00, NZA 2003, 1403; BAG 5. 12. 2002, 6 AZR 537/00, AP BBiG § 5 Nr. 11.
93   BAG 25. 7. 2002, 6 AZR 381/00, DB 2003, 510.

gen und darf sie wegen § 12 Abs. 2 Nr. 1 BBiG nicht auf den Auszubildenden abwälzen.[94]

Nichtig ist eine Vereinbarung über **Vertragsstrafen** im Zusammenhang mit der Berufsausbildung (§ 12 Abs. 2 Nr. 2 BBiG). Unzulässig ist eine Vereinbarung über den Ausschluss oder die Beschränkung von **Schadensersatzansprüchen** oder die vertragliche Festsetzung der Höhe eines Schadensersatzes in Pauschbeträgen (§ 12 Abs. 2 Nr. 3 und 4 BBiG). Die gesetzliche Regelung lässt die Haftungsprivilegierung der Auszubildenden bei von diesen verursachten Schäden entsprechend der Regelungen wie im Arbeitsverhältnis unberührt. **319**

d. Pflichten der Auszubildenden

Die Pflichten der Auszubildenden ergeben sich aus § 13 BBiG. Die zentrale Pflicht der Auszubildenden ergibt sich unmittelbar aus dem **Zweck des Berufsausbildungsverhältnisses**: Sie haben sich zu bemühen, die berufliche Handlungsfähigkeit zu erwerben, die erforderlich ist, um das **Ausbildungsziel** zu erreichen (§ 13 Satz 1 BBiG). Ob die Auszubildenden dieser (im eigenen Interesse bestehenden) **Lernpflicht** letztlich hinreichend nachgekommen sind, zeigt sich in der Abschlussprüfung. Vermeintliche Verstöße gegen die Lernpflicht können deshalb die vorherige Kündigung des Ausbildungsverhältnisses im Allgemeinen nicht rechtfertigen, es sei denn, es kommen Verstöße gegen andere Pflichten hinzu (zum Beispiel unentschuldigtes Fernbleiben von der Berufsschule und/oder der betrieblichen Ausbildung). **320**

Die Auszubildenden sind verpflichtet, die im Rahmen ihrer Berufsausbildung aufgetragenen **Aufgaben sorgfältig auszuführen** (§ 13 Satz 2 Nr. 1 BBiG). Die den Auszubildenden auferlegte Sorgfalt bemisst sich nach der Einsichtsfähigkeit und den Kenntnissen, die je nach dem Ausbildungsstand von einem durchschnittlich begabten Auszubildenden erwartet werden können. Aufgetragen sind Aufgaben nicht nur, wenn sie der Ausbildende oder der Ausbilder verlangt, sondern auch, wenn sie durch die Ausbildungsordnung vorgeschrieben sind (zum Beispiel Führen von Berichtsheften/schriftlichen Ausbildungsnachweisen). Aufgaben, die nicht dem Ausbildungszweck dienen und damit nicht in den Rahmen der Berufsausbildung gehören, dürfen den Auszubildenden nicht aufgetragen werden. Werden solche Aufgaben den Auszubildenden gleichwohl aufgetragen, müssen sie diese nicht ausführen. Nebentätigkeiten, die mit der Ausbildung im Zusammenhang stehen, wie zum Beispiel im angemessenen Umfang die Reinigung des Arbeitsplatzes oder von Werkzeugen, sind indes ebenfalls von den Auszubil- **321**

---

94 BAG 26. 9. 2002, 6 AZR 486/00, NZA 2003, 1403; BAG 25. 7. 2002, 6 AZR 381/00, DB 2003, 510.

denden sorgfältig auszuführen, weil auch diese im Rahmen der Ausbildung aufgetragen sind.

322 Die Auszubildenden sind verpflichtet, **an Ausbildungsmaßnahmen teilzunehmen**, für die sie nach § 15 BBiG freigestellt werden (§ 13 Satz 2 Nr. 2 BBiG). Hierzu gehören der Besuch der Berufsschule, die Ablegung der vorgesehenen Zwischen- und Abschlussprüfung sowie die Teilnahme an den vereinbarten oder in der Ausbildungordnung vorgesehenen Ausbildungsmaßnahmen außerhalb der Ausbildungsstätte.

323 Die Auszubildenden sind verpflichtet, den **Weisungen** zu folgen, die ihnen im Rahmen der Berufsausbildung von **Ausbildenden,** von **Ausbildern oder Ausbilderinnen** oder von **anderen weisungsberechtigten Personen** erteilt werden (§ 13 Satz 2 Nr. 3 BBiG). Als andere weisungsberechtigte Personen sind zum Beispiel zuständige Sachbearbeiter, Abteilungsleiter, Meister, Poliere, Vorarbeiter, Sicherheitsbeauftragte oder Personalverantwortliche anzusehen. Diese Personen dürfen (wie auch der Ausbildende und die Ausbilder) Weisungen nur im Rahmen der Ausbildung erteilen. Das setzt hinsichtlich der anderen weisungsberechtigten Personen voraus, dass die Auszubildenden bestimmungsgemäß im Rahmen ihrer Ausbildung in dem konkreten Arbeitszusammenhang, zum Beispiel im Durchlauf durch die einzelnen Abteilungen des Betriebs, bei diesen tätig sind und mit ihnen Zusammenarbeiten oder diesen Personen üblicherweise vom Ausbildenden eine Weisungsbefugnis eingeräumt ist.

324 Neben der Voraussetzung, dass das **Weisungsrecht sich nur im Rahmen der Ausbildung** bewegen darf, dürfen Weisungen nur erfolgen, soweit nicht spezielle Festlegungen im **Ausbildungsvertrag**, in Bestimmungen einer **Betriebs- oder Dienstvereinbarung,** eines anwendbaren **Tarifvertrages** oder in **gesetzliche Vorschriften** bestehen. Die für Arbeitsverhältnisse geltende Vorschrift des § 106 GewO gilt auch für Berufsausbildungsverhältnisse (§ 10 Abs. 2 BBiG). Weisungen dürfen deshalb auch im Rahmen der Ausbildung nur nach **billigem Ermessen** erfolgen.

325 Die Auszubildenden sind verpflichtet, **die für die Ausbildungsstätte geltende Ordnung zu beachten** (§ 13 Satz 2 Nr. 4 BBiG). »Beachten« bedeutet die Pflicht, die geltende Ordnung einzuhalten. »Ausbildungsstätte« ist die Einrichtung, in der die Ausbildung stattfindet (§ 2 Abs. 1 Nr. 1 BBiG). Es geht um den Ort, der in der Vertragsniederschrift aufgenommen ist. Findet die Ausbildung in einer überbetrieblichen Ausbildungsstätte statt, ist dies die Ausbildungsstätte. Die für die Ausbildungsstätte geltende Ordnung ergibt sich nicht nur aus der »Betriebsordnung«, sondern aus allen Regelungen, die die Ordnung im Betrieb gewährleisten sollen (zum Beispiel Unfallverhütungsvorschriften, sonstige Vorschriften zur Arbeitssicherheit, Betriebsvereinbarungen über Rauchverbote, Alkoholverbote, Zugangskontrollen, Handynutzung, Arbeitsordnung). Gemeint sind auch generelle Weisungen des Arbeitgebers, die die Ordnung des Betriebs oder das Verhalten der

Arbeitnehmer im Betrieb betreffen (vgl. § 106 Satz 2 GewO). Sie muss einen Bezug auf die Ausbildungsstätte aufweisen. Hierzu gehören auch Unfallverhütungsbestimmungen. Allgemeine Reinigungsarbeiten können durch solche Regelungen vorgesehen werden, allerdings nur, soweit sie dem Ausbildungszweck dienen.

Die Auszubildenden sind verpflichtet, **Werkzeug, Maschinen und sonstige** **326** **Einrichtungen pfleglich zu behandeln** (§ 13 Satz 2 Nr. 5 BBiG). Einrichtungen sind alle Gegenstände, die den Auszubildenden im Rahmen ihrer Ausbildung zur Verfügung gestellt oder sonst zugänglich sind. Die Pflicht zur pfleglichen Behandlung erfordert die Anwendung des allgemein nötigen Sorgfaltsmaßstabes. Bei gewerblich technischen Auszubildenden ist die pflegliche Behandlung häufig Bestandteil der beruflichen Ausbildung.

Die Auszubildenden sind verpflichtet, **über Betriebs- und Geschäftsge-** **327** **heimnisse Stillschweigen zu wahren** (§ 13 Satz 2 Nr. 6 BBiG). Betriebs- und Geschäftsgeheimnisse sind Tatsachen, die im Zusammenhang mit einem Geschäftsbetrieb stehen, nur einem eng begrenzten Personenkreis bekannt sind und nach dem bekundeten Willen des Betriebsinhabers geheim zu halten sind.[95] »Stillschweigen wahren« bedeutet Verschwiegenheit gegenüber jeder dritten Person. Die Pflicht, über Betriebs- und Geschäftsgeheimnisse Stillschweigen zu wahren, besteht während der Ausbildung, aber auch nach Beendigung des Ausbildungsverhältnisses.[96]

Die Verpflichtung zur Verschwiegenheit orientiert sich an der vertraglichen Pflicht zur Rücksichtnahme (§ 241 Abs. 2 BGB, auch als »Treuepflicht« bezeichnet). Das Bundesarbeitsgericht leitet daraus auch ein **Wettbewerbsverbot** während der Dauer des Ausbildungsverhältnisses ab.[97] Das bedeutet, der Auszubildende darf nicht bei einem Konkurrenzunternehmen tätig sein.

Die Auszubildenden sind verpflichtet, **einen schriftlichen oder elektroni-** **328** **schen Ausbildungsnachweis zu führen** (§ 13 Satz 2 Nr. 7 BBiG). Diese Regelung ist mit Wirkung zum 5. 4. 2017 neu in das Gesetz eingefügt worden. Da Voraussetzung für die Zulassung zur Abschlussprüfung unter anderem ist, dass ein vom Ausbilder *und* Auszubildenden abgezeichneter Ausbildungsnachweis vorgelegt wird (§ 43 Abs. 1 Nr. 2 BBiG), haben die Auszubildenden den Ausbildungsnachweis nicht nur zu führen, sondern auch abzuzeichnen.

Hintergrund für diese Regelung ist, dass früher in der Ausbildungsordnung geregelt werden konnte, dass Auszubildende einen schriftlichen Ausbildungsnachweis zu führen haben. Die Pflicht, einen Ausbildungsnachweis zu führen, ist nunmehr nicht entfallen, sondern vielmehr unmittelbar im BBiG

---

95 BAG 15. 12. 1987, 3 AZR 474/86, NZA 1988, 502.
96 BAG 15. 12. 1987, 3 AZR 474/86, NZA 1988, 502.
97 BAG 20. 9. 2006, 10 AZR 439/05, NZA 2007, 977; kritisch *Lakies/Malottke* § 13 BBiG Rn 26.

und nicht in der Ausbildungsordnung geregelt. § 11 Abs. 1 Satz 2 Nr. 10 BBiG schreibt vor, dass die Form des Ausbildungsnachweises in der Vertragsniederschrift zu regeln ist. Es ist also zu vereinbaren, ob der Ausbildungsnachweis schriftlich oder elektronisch zu führen ist. Die Ausbildenden haben die Auszubildenden zum Führen der Ausbildungsnachweise anzuhalten und diese regelmäßig durchzusehen (§ 14 Abs. 2 Satz 1 BBiG). Den Auszubildenden ist Gelegenheit zu geben, den Ausbildungsnachweis am Arbeitsplatz zu führen (§ 14 Abs. 2 Satz 2 BBiG).

§ 104 Abs. 3 BBiG enthält eine **Übergangsvorschrift:** Das neue Recht gilt für Ausbildungsverträge, die seit dem 1. 10. 2017 abgeschlossen wurden.

e. Allgemeine Pflichten der Ausbildenden

329 Die Ausbildenden haben dafür zu sorgen, dass den Auszubildenden die berufliche Handlungsfähigkeit vermittelt wird, die zum Erreichen des Ausbildungsziels erforderlich ist, und die Berufsausbildung in einer durch ihren Zweck gebotenen Form planmäßig, zeitlich und sachlich gegliedert so durchzuführen, dass das Ausbildungsziel in der vorgesehenen Ausbildungszeit erreicht werden kann (§ 14 Abs. 1 Nr. 1 BBiG). Dieser Ausbildungszweck setzt einen **betrieblichen Ausbildungsplan** voraus, der zu unterscheiden ist vom allgemeingültigen Ausbildungsrahmenplan. Der betriebliche Ausbildungsplan ist konkret auf den jeweiligen Ausbildungsbetrieb bezogen und Bestandteil des Berufsausbildungsvertrages. Der jeweilige Ausbildungsstand ist kontinuierlich durch **Ausbildungsstandskontrollen** (ASK) festzustellen. Inhalt und Umfang der zu vermittelnden Handlungsfähigkeit ergeben sich aus der Ausbildungsordnung und dem Ausbildungsrahmenplan.

330 Der Ausbildende muss entweder **selbst ausbilden** oder einen **Ausbilder** ausdrücklich damit **beauftragen** (§ 14 Abs. 1 Nr. 2 BBiG). Der Ausbildungspflicht entspricht ein **Anspruch der Auszubildenden auf tatsächliche Ausbildung**, der gegebenenfalls auch gerichtlich durchgesetzt werden kann.[98] Derjenige, der tatsächlich ausbildet, benötigt hierfür die Eignung nach den §§ 28 bis 30 BBiG. Werden mehrere Ausbilder bestellt, soll ein Ausbilder bestellt werden, der die leitende Verantwortung trägt (**Ausbildungsleiter**). Die Bestellung von Ausbildern ist der zuständigen Stelle anzuzeigen (§ 36 Abs. 2 Nr. 2 BBiG), da diese die Durchführung der Berufsausbildung zu überwachen hat (§ 76 Abs. 1 BBiG).

Bei der Bestellung von Ausbildern hat der **Betriebsrat** ein **Mitbestimmungsrecht** (§ 98 Abs. 2 und Abs. 5 BetrVG). Der Betriebsrat kann der Bestellung einer mit der Durchführung der betrieblichen Berufsbildung beauftragten Person widersprechen oder ihre Abberufung verlangen, wenn diese

---

98 LAG Berlin-Brandenburg 20. 12. 2016, 7 Sa 1401/16.

die persönliche oder fachliche, insbesondere die berufs- und arbeitspädagogische Eignung im Sinne des BBiG nicht besitzt oder ihre Aufgaben vernachlässigt (§ 98 Abs. 2 BetrVG). Der Betriebsrat kann eigenständig prüfen, ob aus seiner Sicht die fachliche Eignung vorliegt. Selbst wenn die zuständige Stelle, die Kammer, von der fachlichen Eignung der betreffenden Person ausgeht, sind weder der Betriebsrat hieran gebunden noch – im Falle einer gerichtlichen Auseinandersetzung – die Arbeitsgerichte.[99] Eine Vernachlässigung der Aufgaben einer mit der Durchführung der betrieblichen Berufsbildung beauftragten Person liegt vor, wenn der Ausbilder seine Aufgaben nicht mit der erforderlichen Gewissenhaftigkeit ausführt und deshalb zu befürchten ist, dass die Auszubildenden das Ziel der Ausbildung nicht erreichen, ohne dass es auf Verschulden des Ausbilders ankommt. Eine Vernachlässigung der Aufgaben eines Ausbilders liegt vor, wenn der Ausbilder ohne sachlich vertretbaren Grund von einem betrieblichen Ausbildungsplan abweicht oder wenn er seiner Tätigkeit keinen vollständigen, nachvollziehbaren Ausbildungsplan zugrunde legt und nicht nachweisbar ist, dass aus besonderen Gründen kein Plan erforderlich war, um das Ausbildungsziel in der vorgesehenen Ausbildungszeit zu erreichen.[100] Allein der Umstand, dass in einem Betrieb bisher alle Auszubildenden die Prüfung überhaupt bestanden haben, schließt nicht aus, dass eine Vernachlässigung der Aufgaben des Ausbilders vorliegt.[101]

Die Ausbildenden haben den Auszubildenden kostenlos die **Ausbildungsmittel**, Werkzeuge und Werkstoffe, zur Verfügung zu stellen, die zur Berufsausbildung und zum Ablegen von Zwischen- und Abschlussprüfungen, auch soweit solche nach Beendigung des Berufsausbildungsverhältnisses stattfinden, erforderlich sind (§ 14 Abs. 1 Nr. 3 BBiG). Eine **Kostenbeteiligung** kann von den Auszubildenden oder den Eltern nicht verlangt, auch nicht vertraglich vereinbart werden (§ 12 Abs. 1 Nr. 1 BBiG). § 14 BBiG betrifft den betrieblichen Teil der Ausbildung, so dass Ausbildungsmittel, die der Auszubildende für den Berufsschulbesuch benötigt (zum Beispiel Fachbücher), *nicht* vom Ausbildenden kostenlos zur Verfügung zu stellen sind, es sei denn, diese dienen zugleich der innerbetrieblichen Ausbildung.[102] Eine entsprechende Pflicht zur kostenlosen Bereitstellung von Ausbildungsmitteln für die Berufsschule könnte auch in einem anwendbaren Tarifvertrag oder in einer Betriebsvereinbarung geregelt sein.

Nicht zu den Ausbildungsmitteln zählt die **Arbeitskleidung.** Diese ist vom Auszubildenden selbst zu stellen und er hat die Kosten hierfür zu tragen, es sei denn im Ausbildungsvertrag oder in einem anwendbaren Tarifvertrag

331

332

---

99 LAG Baden-Württemberg 20.10.2017, 15 TaBV 2/17.
100 LAG Baden-Württemberg 20.10.2017, 15 TaBV 2/17.
101 LAG Baden-Württemberg 20.10.2017, 15 TaBV 2/17.
102 BAG 16.12.1976, 3 AZR 556/75, DB 1977, 1418.

oder in einer Betriebsvereinbarung ist etwas anderes geregelt.[103] Eine Pflicht des Ausbildenden, Schutzausrüstungen und Sicherheitsmittel zur Verfügung zu stellen, kann sich aber aus § 618 BGB und aus Unfallverhütungsvorschriften ergeben, bei Minderjährigen auch aus Vorschriften des Jugendarbeitsschutzgesetzes.

333 Die Ausbildenden haben die Auszubildenden **zum Besuch der Berufsschule anzuhalten** (§ 14 Abs. 1 Nr. 4 BBiG). Diese Verpflichtung folgt aus der Logik des **dualen Ausbildungssystems**, das heißt dem Zusammenwirken von schulischer und betrieblicher Ausbildung. Der Lehrstoff des Berufsschulunterrichts gehört zum Prüfungsstoff der Abschlussprüfung (§ 38 BBiG). Der Ausbildende hat den Auszubildenden für die Teilnahme am Berufsschulunterricht freizustellen (§ 15 BBiG) und zudem eine »Überwachungspflicht«, ob sie die Berufsschule besuchen. Um dem nachkommen zu können, haben die Auszubildenden gegenüber den Ausbildenden eine **Auskunftspflicht**, ob sie die Berufsschule besuchen.

334 Die Ausbildenden haben die Auszubildenden **zum Führen von Ausbildungsnachweisen** (vgl. Rn. 328) **anzuhalten und diese regelmäßig durchzusehen** (§ 14 Abs. 2 Satz 1 BBiG). Da Voraussetzung für die Zulassung zur Abschlussprüfung unter anderem ist, dass ein vom Ausbilder *und* Auszubildenden abgezeichneter Ausbildungsnachweis vorgelegt wird (§ 43 Abs. 1 Nr. 2 BBiG), haben die Ausbildenden die Ausbildungsnachweise nicht nur durchzusehen, sondern auch abzuzeichnen. Als gleichwertig zum Abzeichnen gilt eine elektronische Signatur. Die Ausbildungsnachweise sollen stichpunktartig den sachlichen und zeitlichen Ablauf der Ausbildung wiedergeben. Zweckmäßig ist es, dass der Ausbildungsnachweis wöchentlich durch die Auszubildenden geführt wird und (mindestens) monatlich durch die Ausbildenden kontrolliert wird. Die regelmäßige Durchsicht des Ausbildungsnachweises soll auch dazu dienen, die Ausbildenden **über Lernfortschritte und etwaige Lerndefizite zu informieren**, damit diese die Auszubildenden »effizient unterstützen« können.[104]

Ein Anspruch, den Ausbildungsnachweis **während der Arbeitszeit** (betrieblichen Ausbildungszeit) führen zu dürfen, bestand nach dem BBiG früher nicht. Jedoch verpflichteten die seit 1974 erlassenen Ausbildungsordnungen die Ausbildenden, den Auszubildenden während der Arbeitszeit/betrieblichen Ausbildungszeit Gelegenheit zum Anfertigen der Ausbildungsnachweise zu geben. Nunmehr regelt § 14 Abs. 2 Satz 2 BBiG ausdrücklich, dass den Auszubildenden Gelegenheit zu geben ist, den Ausbildungsnachweis »am Arbeitsplatz« zu führen. In der Gesetzesbegründung heißt es hierzu: *»Entsprechend der schon bisher bewährten Praxis wird festgelegt, dass Ausbil-*

---

103 BAG 9. 5. 1998, 9 AZR 307/96, NZA 1999, 38.
104 So die Gesetzesbegründung BT-Drs. 18/10183, S. 127.

dungsnachweise während der Ausbildungszeit bzw. am Ausbildungsplatz zu führen sind.«[105]

Die Ausbildenden haben dafür zu sorgen, dass Auszubildende charakterlich gefördert sowie sittlich und körperlich nicht gefährdet werden (§ 14 Abs. 1 Nr. 5 BBiG). Das wird bisweilen auch als **»Erziehungspflicht«** bezeichnet, woraus gefolgert wird, dass das Ausbildungsverhältnis auch ein »Erziehungsverhältnis« sei. Das wird einem modernen Verständnis von Berufsausbildung als einer beruflichen Qualifizierungsmaßnahme nicht gerecht. Bei volljährigen Auszubildenden hat die »Erziehungspflicht« deswegen zurückzutreten, weil diese in ihrer Eigenständigkeit als vollwertige Rechtssubjekte zu respektieren sind. Bei minderjährigen Auszubildenden ist das Elternrecht (Art. 6 Abs. 1 GG) vorrangig. Das Berufsbildungsgesetz begründet kein »Erziehungsrecht« der Ausbildenden gegenüber den Auszubildenden. Wegen der Pflicht zum **Schutz vor körperlichen Gefahren** kann zur näheren Konkretisierung auf die §§ 22 bis 31 JArbSchG zurückgegriffen werden (siehe die Kommentierungen dort). **335**

Den Auszubildenden dürfen **nur Aufgaben übertragen werden, die dem Ausbildungszweck dienen und ihren körperlichen Kräften angemessen sind** (§ 14 Abs. 3 BBiG). Werden dem Auszubildenden Aufgaben übertragen, die dem Ausbildungszweck nicht dienen, kann dieser die Verrichtung verweigern, ohne dass der Ausbildende dies sanktionieren könnte. Auch handelt es sich um eine **Ordnungswidrigkeit,** die mit einer Geldbuße bis zu 5000 Euro geahndet werden kann (§ 102 Abs. 1 Nr. 3, Abs. 2 BBiG). Bei Minderjährigen sind die Beschäftigungsverbote und -beschränkungen nach den §§ 22 bis 31 JArbSchG zu beachten. Der Ausbildungszweck liegt in der systematischen Vermittlung der beruflichen Handlungsfähigkeit. Es geht also um die Übertragung von Aufgaben, die geeignet sind, den Ausbildungszweck unmittelbar oder mittelbar zu fördern. Die Grenze zwischen den zulässigen und unzulässigen Aufgaben ist im Einzelfall nach dem jeweiligen Berufsbild und seiner berufspädagogischen Zielsetzung festzusetzen. Die Übertragung von berufsfremden Arbeiten, von Hilfs- und Nebenarbeiten, ist unzulässig. **336**

f. Freistellungspflichten

Ausbildende haben Auszubildende **»für die Teilnahme am Berufsschulunterricht« freizustellen** (§ 15 Satz 1 BBiG). Diese Pflicht besteht zum einen dann, wenn der Auszubildende der Berufsschulpflicht unterliegt, was im Einzelnen in den Schulgesetzen der Länder geregelt ist. Zum anderen besteht die Pflicht aber auch dann, wenn der Auszubildende zwar nicht der gesetz- **337**

---

105 BT-Drs. 18/10183, S. 128.

lichen Berufsschulpflicht unterliegt, aber die Verpflichtung zum Besuch der Berufsschule im Ausbildungsvertrag vereinbart ist. Die **Freistellung** für die Teilnahme am **Berufsschulunterricht** umfasst alle Zeiten, die erforderlich sind, um die Berufsschule während der geschuldeten Pflicht, sich betrieblich ausbilden zu lassen, wahrzunehmen. Die Auszubildenden sind nur dann von der Ausbildungspflicht tatsächlich befreit, wenn sie im Ergebnis entfällt und nicht nachgearbeitet werden muss.[106] Ob und inwieweit die Auszubildenden **vor oder nach dem Berufsschulunterricht** beschäftigt werden dürfen, ist nicht im Berufsbildungsgesetz, sondern in § 9 Abs. 1 JArbSchG geregelt.

338   Die »**Teilnahme**« am Berufsschulunterricht setzt voraus, dass dieser tatsächlich stattfindet. Die Freistellungspflicht besteht deshalb nur für die tatsächlich stattfindenden Berufsschulstunden. **Zeiten des notwendigen Verbleibs** an der Berufsschule während der unterrichtsfreien Zeit (zum Beispiel wenn die ausfallende Unterrichtsstunde zwischen anderen stattfindenden Unterrichtsstunden fällt) werden von der Freistellungspflicht mit umfasst. Bei tatsächlichem Ausfall von Unterrichtszeit muss der Auszubildende nach Ende des Berufsschulunterrichts in den Betrieb zurückkehren, sofern unter Berücksichtigung der Freistellungsverpflichtung noch tatsächlich zu erbringende Ausbildungszeit im Betrieb verbleibt. Beim **Blockunterricht** besteht die Freistellungspflicht für alle Tage der Berufsschulwoche, an denen der Unterricht tatsächlich stattfindet.

339   Die Freistellung von der betrieblichen Ausbildung umfasst neben der Zeit des Berufsschulunterrichts auch die Zeiträume, in denen der Auszubildende zwar nicht am Berufsschulunterricht teilnehmen muss, aber wegen des Schulbesuchs aus tatsächlichen Gründen gehindert ist, im Ausbildungsbetrieb an der betrieblichen Ausbildung teilzunehmen. Das betrifft auch die Zeiten des notwendigen Verbleibs an der Berufsschule während der unterrichtsfreien Zeit und die notwendigen **Wegezeiten** zwischen Berufsschule und Ausbildungsbetrieb.[107] Auch notwendige Zeiten zum Waschen und Umkleiden sind in die Freistellungspflicht einbezogen, nicht aber die Zeiten für die Erledigung von schulisch übertragenen Hausaufgaben.

340   Die Pflicht zur Freistellung besteht auch für **Schulveranstaltungen**, die zwar nicht »Berufsschulunterricht« sind, aber im Zusammenhang mit dem Unterricht stehen und von der Schule veranstaltet werden, zum Beispiel Schulausflüge und Exkursionen. Hierunter fällt nicht die Wahrnehmung von Veranstaltungen und Aufgaben der Schülervertretung, es sei denn, das betreffende Schulgesetz enthält eine besondere Regelung. Eine Freistellungsverpflichtung unter Fortzahlung der Vergütung kann sich aber aus § 19 Abs. 1 Nr. 2 b) BBiG ergeben (vgl. Rn. 355).

---

106 LAG Hamm 24.2.1999, 9 Sa 1273/98, AiB 1999, 589.
107 BAG 26.3.2001, 5 AZR 413/99, NZA 2001, 892.

Die Ausbildenden haben die Auszubildenden auch **für die »Teilnahme an** **341** **Prüfungen« freizustellen** (§ 15 Satz 1 BBiG). Das bezieht sich auf die Zwischen- und Abschlussprüfung (einschließlich erforderlicher Wiederholungsprüfungen) sowie auch auf andere Prüfungen, die in der Ausbildungsordnung oder im Ausbildungsvertrag vorgesehen sind oder von Seiten der Berufsschule stattfinden. Wie beim Berufsschulunterricht bezieht sich die Freistellungspflicht auch auf erforderliche **Wegezeiten.** Eine Freistellungsverpflichtung zur **Vorbereitung auf Prüfungen** besteht nach dem Gesetz nur für Minderjährige. Einzel- oder kollektivvertraglich sind weitergehende Vereinbarungen aber möglich. Für **Minderjährige** besteht für den Arbeitstag, der der schriftlichen Abschlussprüfung unmittelbar vorangeht, ein Anspruch auf Freistellung (§ 10 Abs. 1 Nr. 2 JArbSchG).

Die Ausbildenden haben die Auszubildenden auch **für die Teilnahme an** **342** **Ausbildungsmaßnahmen außerhalb der Ausbildungsstätte freizustellen** (§ 15 Satz 2 BBiG). Diese Freistellungspflicht besteht für solche Ausbildungsmaßnahmen, die in der Ausbildungsordnung oder im Ausbildungsvertrag vorgesehen oder ansonsten notwendig sind, weil in der Ausbildungsstätte die erforderliche berufliche Handlungsfähigkeit nicht in vollem Umfang vermittelt werden kann. Die Ausbildenden müssen die Auszubildenden in dem **Umfang** von der betrieblichen Ausbildung freistellen, die zeitlich für die Teilnahme an der Ausbildungsmaßnahme außerhalb der Ausbildungsstätte erforderlich ist. Neben der reinen Ausbildungszeit erstreckt sich die Freistellungspflicht wie beim Berufsschulbesuch auch auf notwendige Nebenzeiten, wie **Wegezeiten.** Bei **Minderjährigen** gilt ergänzend § 10 Abs. 1 Nr. 1 JArbSchG.

§ 15 BBiG regelt nur die Freistellungspflicht, nicht aber die **Anrechnung der** **343** **Freistellungszeiten auf die betriebliche Ausbildungszeit.** Für Minderjährige enthält § 9 JArbSchG eine Anrechnungsvorschrift. Diese galt früher auch für volljährige berufsschulpflichtige Auszubildende. Seitdem die entsprechende Vorschrift für Volljährige nicht mehr gilt (seit 1. 3. 1997) fehlt es an einer **Anrechnungsregelung** für volljährige Auszubildende. Das könnte dazu führen, dass der volljährige Auszubildende neben der Berufsschule noch die volle Ausbildungszeit im Betrieb (im Rahmen der tariflichen oder gesetzlichen Höchstgrenzen) zu absolvieren hätte. Dabei würde jedoch übersehen, dass schon aus Gründen des Gesundheitsschutzes eine Begrenzung der Gesamtausbildungszeit notwendig ist und aufgrund des »dualen Systems« die Berufsschulzeiten als Teil der Berufsausbildung gelten. Rechtssystematisch ist insofern das Zusammenspiel von Freistellungspflicht (§ 15 BBiG) und Vergütungspflicht für Zeiten der Freistellung (§ 19 BBiG) zu beachten, woraus geschlussfolgert werden kann, dass die Zeiten der Freistellung (die zu vergüten sind) auf die betriebliche Ausbildungszeit anzurechnen sind.

344 Aus der Freistellungs- und Vergütungspflicht folgt bei Überschneidungen von Zeiten des Besuchs der Berufsschule und betrieblicher Ausbildung, dass der Besuch des Berufsschulunterrichts der betrieblichen Ausbildung vorgeht. Das bedeutet zugleich die **Ersetzung der Ausbildungspflicht** im Betrieb, so dass ein **Nachholen** der so ausfallenden betrieblichen Ausbildungszeiten von Gesetzes wegen **ausgeschlossen** ist.[108] Da ein Nachholen der Freistellungszeiten ausgeschlossen ist, müssen diese folglich auch auf die betrieblichen Ausbildungszeiten angerechnet worden. Damit ist aber noch nicht gesagt, in welchem Umfang eine **Anrechnung der Berufsschulzeiten auf die betriebliche Ausbildungszeit** stattfindet, so bei tariflichen Regelungen, die eine kürzere Wochenarbeitszeit vorsehen als die gesetzlichen Höchstarbeitszeiten. Für **Volljährige** fehlt eine Anrechnungsregelung, seitdem § 9 Abs. 4 JArbSchG zum 1. 3. 1997 außer Kraft getreten ist. Das hat zur Folge, dass die Summe der Berufsschulzeiten und der betrieblichen Ausbildungszeiten kalenderwöchentlich größer als die regelmäßige tarifliche wöchentliche Ausbildungszeit sein kann,[109] es sei denn die einschlägige tarifliche Regelung sieht eine Anrechnungsregelung zugunsten der Auszubildenden vor. Das kann auch dazu führen, dass dann, wenn die Dauer des Berufsschulunterrichts an einem bestimmten Tag die an sich zu leistende betriebliche (tarifliche) Ausbildungszeit überschreitet, der Auszubildende den Berufsschulunterricht zu absolvieren hat, aber gleichwohl die zusätzliche Zeit nicht auf die (tarifliche) wöchentliche Ausbildungszeit angerechnet wird.[110] Die Höchstgrenze der Arbeitszeit und damit der Ausbildungszeit ergibt sich aus den gesetzlichen Höchstarbeitszeiten nach dem Arbeitszeitgesetz (ArbZG). Diese darf auch nicht durch die Addition der Berufsschulzeiten und der betrieblichen Ausbildungszeit überschritten werden.

g. Rechtsanspruch auf angemessene Ausbildungsvergütung

345 Die Auszubildenden haben kraft Gesetzes einen Anspruch auf eine »angemessene« Ausbildungsvergütung (§ 17 BBiG). Entsprechende Regelungen gelten für Ausbildungen, die außerhalb des Berufsbildungsgesetzes geregelt sind, wie zum Beispiel für die Ausbildung in Krankenpflege-/Gesundheitspflegeberufen[111] und in der Altenpflege.[112] Der allgemeine Mindestlohn, der seit 2015 für Arbeitnehmer gilt, gilt *nicht* für Auszubildende, weil sie keine Arbeitnehmer sind (§ 22 Abs. 3 MiLoG). Bei **Insolvenz** des Ausbildenden

---

108 BAG 26. 3. 2001, 5 AZR 413/99, NZA 2001, 892.

109 BAG 26. 3. 2001, 5 AZR 413/99, NZA 2001, 892.

110 BAG 13. 2. 2003, 6 AZR 537/01, NZA 2003, 984.

111 BAG 19. 2. 2008, 9 AZR 1091/06, NZA 2008, 828.

112 BAG 23. 8. 2011, 3 AZR 575/09, NZA 2012, 211.

hat der Auszubildende gegen die Bundesagentur für Arbeit einen Anspruch auf **Insolvenzgeld** (§ 165 SGB III).[113]

Die Ausbildungsvergütung hat **drei Funktionen:**[114]

- Sie soll den Auszubildenden oder den Eltern zur Ausführung der Berufsausbildung eine finanzielle Hilfe sein.
- Sie soll das Heranbilden eines ausreichenden Nachwuchses an qualifizierten Fachkräften gewährleisten.
- Sie soll schließlich eine Entlohnung darstellen.

Die **Ausbildungsvergütung** ist **angemessen,** wenn sie hilft, die Lebenshaltungskosten zu bestreiten und zugleich eine Mindestentlohnung für die Leistungen des Auszubildenden darstellt.[115] Die Ausbildungsvergütung muss **während der gesamten Ausbildungszeit angemessen** sein. Es kommt nicht auf den Zeitpunkt des Vertragsschlusses an, sondern auf den der Fälligkeit der Vergütung, da eine jeweils angemessene Vergütung zu gewähren ist. Diese ist so zu bemessen, dass sie mit fortschreitender Berufsausbildung ansteigt (§ 17 Abs. 1 Satz 2 BBiG). Bei Dauerschuldverhältnissen wie dem Berufsausbildungsverhältnis hat sich die Prüfung der Angemessenheit auf die jeweiligen Zeitabschnitte zu beziehen.[116] Der Anspruch ist unabdingbar (§ 25 BBiG), das heißt der Auszubildende kann darauf nicht wirksam verzichten. Allerdings kann der Anspruch auf die Vergütung verfallen, wenn er bei Nichtzahlung nicht rechtzeitig geltend gemacht wird, sofern auf das Ausbildungsverhältnis **Ausschlussfristen** Anwendung finden.

Die Angemessenheit der Ausbildungsvergütung wird der Höhe nach im Gesetz nicht näher definiert. In der Rechtsprechung wird die Ausbildungsvergütung als angemessen angesehen, wenn sie hilft, die Lebenshaltungskosten zu bestreiten und zugleich eine Mindestentlohnung für die Leistungen des Auszubildenden darstellt.[117] Wichtigster Anhaltspunkt für die Angemessenheit sind die **einschlägigen Tarifverträge,** da anzunehmen ist, dass bei der tariflichen Regelung die Interessen beider Seiten hinreichend berücksichtigt werden. Ein Tarifvertrag ist dann einschlägig, wenn beide Vertragsparteien (bei unterstellter Tarifbindung) unter seinen räumlichen, zeitlichen und

346

---

113 BAG 26. 10. 2017, 6 AZR 511/16, Rn. 34.
114 Ständige Rechtsprechung; vgl. nur BAG 16. 5. 2017, 9 AZR 377/16, Rn. 16, NZA 2017, 1129; BAG 29. 4. 2015, 9 AZR 108/14, Rn. 15, NZA 2015, 1384; BAG 17. 3. 2015, 9 AZR 732/13, Rn. 13; BAG 16. 7. 2013, 9 AZR 784/11, Rn. 12, NZA 2013, 1202.
115 BAG 15. 12. 2005, 6 AZR 224/05, AP BBiG § 10 Nr. 15; BAG 8. 5. 2003, 6 AZR 191/02, NZA 2003, 1343; BAG 24. 10. 2002, 6 AZR 626/00, NZA 2003, 1203.
116 BAG 25. 7. 2002, 6 AZR 311/00, AP BBiG § 10 Nr. 11; BAG 30. 9. 1998, AZR 690/97, NZA 1999, 265.
117 BAG 8. 5. 2003, 6 AZR 191/02, NZA 2003, 1343.

fachliche Geltungsbereich fallen.[118] Die einschlägige tarifliche Vergütung bestimmt sich *nicht* danach, für welchen Ausbildungsberuf die Ausbildung erfolgt. Entscheidend ist die fachliche Zuordnung des Ausbildungsbetriebs.[119]

347 Tarifvertragliche Regelungen der Ausbildungsvergütung sind stets als angemessen anzusehen.[120] Bei fehlender Tarifbindung kann **einzelvertraglich auf die tariflichen Regelungen ganz oder teilweise Bezug genommen werden**, auf diese kann verwiesen werden. Das ist in der Praxis der häufigste Fall der Tarifanwendung. Wie weit die einzelvertragliche Verweisung auf Tarifverträge reicht, ist bei unklaren Formulierungen durch **Auslegung** des Ausbildungsvertrages zu klären (§§ 133, 157 BGB). So können im Ausbildungsvertrag **konkret bezifferte Vergütungssätze** für das jeweilige Ausbildungsjahr mit dem Zusatz ergänzt sein, dass »mindestens die jeweils gültigen Tarifsätze« gelten sollen. Wird in einem solchen Fall nach Vertragsschluss die tarifliche Ausbildungsvergütung gesenkt, verbleibt dem Auszubildenden sein vertraglicher Anspruch auf die (höhere) Ausbildungsvergütung.[121]

348 Eine **einzelvertragliche** Regelung der Ausbildungsvergütung ist nur wirksam, wenn vom Ausbildenden eine »angemessene Vergütung« gewährt wird. Eine Ausbildungsvergütung, die sich an einem entsprechenden **Tarifvertrag** ausrichtet, ist stets als angemessen anzusehen.[122] Vertraglich vereinbarte Ausbildungsvergütungen sind nicht mehr angemessen, wenn sie die in einem für den Ausbildungsbetrieb einschlägigen Tarifvertrag geregelte Ausbildungsvergütung **um mehr als 20 %** unterschreiten.[123] Auch dann, wenn üblicherweise nur zwischen 80 % und 100 % der tariflichen Ausbildungsvergütung gezahlt werden, ist eine Ausbildungsvergütung, die die Grenze von 80 % unterschreitet, nicht mehr angemessen.[124] In **Sonderkonstellationen** gelten Abweichungen (vgl. Rn. 350).

---

118 BAG 16.5.2017, 9 AZR 377/16, Rn. 17, NZA 2017, 1129; BAG 29.4.2015, 9 AZR 108/14, Rn. 20, NZA 2015, 1384; BAG 17.3.2015, 9 AZR 732/13, Rn. 14; BAG 16.7.2013, 9 AZR 84/11, Rn. 13, NZA 2013, 1202.

119 BAG 15.12.2005, 6 AZR 224/05, AP BBiG § 10 Nr. 15; vgl. zur Abgrenzung von industrieller und handwerklicher Fertigung BAG 26.3.2013, 3 AZR 89/11.

120 BAG 16.5.2017, 9 AZR 377/16, Rn. 18, NZA 2017, 1129; BAG 22.1.2008, 9 AZR 999/06, NZA-RR 2008, 565; BAG 15.12.2005, 6 AZR 224/05, AP BBiG § 10 Nr. 15; BAG 30.9.1998, 5 AZR 690/97, AP BBiG § 10 Nr. 8.

121 BAG 26.9.2002, 6 AZR 434/00, NZA 2003, 435.

122 BAG 8.5.2003, 6 AZR 191/02, NZA 2003, 1343.

123 Vgl. nur BAG 16.5.2017, 9 AZR 377/16, Rn. 18, NZA 2017, 1129; BAG 29.4.2015, 9 AZR 108/14, Rn. 20, NZA 2015, 1384; BAG 16.7.2013, 9 AZR 784/11, Rn. 14, NZA 2013, 1202.

124 BAG 16.5.2017, 9 AZR 377/16, Rn. 23, NZA 2017, 1129; BAG 29.4.2015, 9 AZR 108/14, Rn. 26, NZA 2015, 1384.

Fehlt eine tarifliche Regelung, sind die **branchenüblichen Sätze** des betreffenden Wirtschaftszweiges zugrunde zu legen. Es kann auch auf die **Empfehlungen der zuständigen Stellen** (**Kammern**) zurückgegriffen werden.[125] Diese sind zwar nicht verbindlich, jedoch ein wichtiges Indiz für die Angemessenheit. Im Einzelfall kann die angemessene Vergütung auch darunter oder darüber liegen, vor allem, wenn die Empfehlungen längere Zeit nicht geändert worden sind.[126] Liegt die Ausbildungsvergütung **um mehr als 20 %** unter den Empfehlungen der zuständigen Kammer ist zu vermuten, dass sie nicht mehr angemessen im Sinne des § 17 BBiG ist.[127] Bei **kirchlichen Arbeitgebern** oder solchen, die dem Diakonischen Werk oder dem Caritasverband angehören, gelten als Kontrollmaßstab die Ausbildungsvergütungen, die in den Allgemeinen Arbeitsvertragsrichtlinien (AVR) festgelegt sind, die für solche Arbeitgeber Anwendung finden.[128]

Von diesen allgemeinen Grundsätzen abweichend hat die Rechtsprechung in **Sonderfällen** eine **weitergehende Abweichung** geduldet.[129] Wird die Ausbildung beispielsweise teilweise oder vollständig durch öffentliche Gelder oder Spenden zur Schaffung zusätzlicher Ausbildungsplätze finanziert, kann eine Ausbildungsvergütung auch bei deutlichem Unterschreiten dieser Grenze noch angemessen sein.[130] Für die Berechtigung, die tarifliche Ausbildungsvergütung erheblich zu unterschreiten, genügt die Gemeinnützigkeit des Ausbildungsträgers nicht. Entscheidend ist der mit der Ausbildung verfolgte Zweck.[131]

Wird die Ausbildung zumindest teilweise durch öffentliche Gelder zur Schaffung zusätzlicher Ausbildungsplätze finanziert und ist sie für den Ausbildenden mit keinerlei finanziellen Vorteilen verbunden, rechtfertigen die Begrenztheit der öffentlichen Mittel und das vom Staat verfolgte gesamtgesellschaftliche Interesse, möglichst vielen arbeitslosen Jugendlichen die Möglichkeit einer qualifizierten Berufsausbildung zu verschaffen, auch ein deutliches Unterschreiten der tariflichen Ausbildungssätze.[132] Entscheidend für die Beurteilung der Angemessenheit ist dabei nicht die Förderung durch öffentliche Mittel als solche, sondern sind die Förderungsvoraussetzungen.

---

125 BAG 16.7.2013, 9 AZR 784/11, NZA 2013, 1202, Rn. 17; BAG 15.12.2005, 6 AZR 224/05, AP BBiG § 10 Nr. 15.

126 BAG 25.7.2002, 6 AZR 311/00, AiB 2005, 58.

127 BAG 16.7.2013, 9 AZR 784/11, NZA 2013, 1202, Rn. 18; BAG 30.9.1998, 5 AZR 690/97, NZA 1999, 265.

128 BAG 23.8.2011, 3 AZR 575/09, NZA 2012, 211.

129 Zusammenfassend BAG 16.5.2017, 9 AZR 377/16, Rn. 19 ff., NZA 2017, 1129; BAG 29.4.2015, 9 AZR 108/14, Rn. 22, NZA 2015, 1384.

130 BAG 19.2.2008, 9 AZR 1091/06, NZA 2008, 828.

131 BAG 16.5.2017, 9 AZR 377/16, Rn. 19, NZA 2017, 1129; BAG 29.4.2015, 9 AZR 108/14, Rn. 22, NZA 2015, 1384.

132 BAG 22.1.2008, 9 AZR 999/06, NZA-RR 2008, 565.

Diese Erfordernisse dienen dazu, die vom Gesetzgeber erkannten Gefahren einer öffentlichen Förderung der außerbetrieblichen Berufsbildung einzudämmen.[133]

Auch eine durch Spenden Dritter finanzierte Ausbildungsvergütung, die mehr als 20 % unter den tariflichen Sätzen liegt, ist nicht zwingend unangemessen. Eine Unterschreitung des Tarifniveaus um mehr als 20 % kann gerechtfertigt sein, wenn der Ausbildende den Zweck verfolgt, die Jugendarbeitslosigkeit zu bekämpfen und auch Jugendlichen eine qualifizierte Ausbildung zu vermitteln, die sie ohne Förderung nicht erlangen könnten.[134] Allerdings rechtfertigt allein der Umstand, dass die Mitglieder eines als Verein organisierten Bildungsträgers zu 100 % Zuschüsse leisten, um (zusätzliche) Ausbildungsplätze zu schaffen, es nicht, bei der Prüfung der Angemessenheit der Ausbildungsvergütung von einer Orientierung an den einschlägigen tariflichen Sätzen abzusehen. Der Abschluss eines Berufsausbildungsvertrags muss einen inneren Zusammenhang zu dem Vereinszweck dergestalt aufweisen, dass dem konkreten Auszubildenden eine qualifizierte Ausbildung – und damit ein Zugang zum Erwerbsleben – ermöglicht wird, die ihm anderenfalls verschlossen geblieben wäre. Dazu muss der **Unterstützungs- und Förderungsbedarf gerade in der Person des Auszubildenden** begründet sein.[135] Nur so wird der Gefahr begegnet, dass Jugendliche dem freien Ausbildungsmarkt entzogen, zu weniger günstigen Bedingungen in außerbetriebliche Ausbildungen gedrängt werden und damit gegen die zwingenden gesetzlichen Vorgaben des § 17 BBiG verstoßen wird.[136]

Ist ausnahmsweise eine weitergehende Unterschreitung der üblichen Ausbildungsvergütung zulässig, ist eine vom konkreten Ausbildungsbetrieb losgelöste Orientierung an den allgemeinen Lebenshaltungskosten vorzunehmen. Hierfür bieten die **Förderungssätze nach dem BAföG** einen Anhaltspunkt. Davon ausgehend muss die Ausbildungsvergütung mindestens zwei Drittel des einschlägigen BAföG-Satzes betragen, so dass Ausbildungsvergütungen unterhalb dieser Grenze unzulässig sind.[137]

In einem Ausbildungsverhältnis, das vollständig von der Bundesagentur für Arbeit finanziert wird, und das zwischen einer überbetrieblichen Bildungseinrichtung und einem beruflichen **Rehabilitanden** nach dem SGB III vereinbart ist (öffentlich finanziertes, dreiseitiges Ausbildungsverhältnis) soll

---

133 BAG 16. 5. 2017, 9 AZR 377/16, Rn. 20, NZA 2017, 1129.

134 BAG 19. 2. 2008, 9 AZR 1091/06, NZA 2008, 828.

135 Das ist vom Ausbildenden konkret vorzutragen, ansonsten hat der Auszubildende einen Anspruch auf die einschlägige ungekürzte tarifliche Ausbildungsvergütung; vgl. BAG 16. 5. 2017, 9 AZR 377/16, Rn. 26 ff., NZA 2017, 1129.

136 BAG 16. 5. 2017, 9 AZR 377/16, Rn. 21, NZA 2017, 1129.

137 BAG 29. 4. 2015, 9 AZR 108/14, Rn. 22, NZA 2015, 1384; BAG 17. 3. 2015, 9 AZR 732/13, Rn. 20 ff.

die Nichtanwendung des § 17 BBiG mit der Folge geboten sein, dass *keine* Vergütungsansprüche des auszubildenden Rehabilitanden bestehen.[138]

Ist die vereinbarte Ausbildungsvergütung nach den Vorgaben des § 17 BBiG **351** nicht angemessen, ist die Vergütungsvereinbarung unwirksam (§ 25 BBiG). Anstelle der unwirksamen vertraglich vereinbarten Vergütung hat der Auszubildende Anspruch auf die angemessene, das heißt im Regelfall die tarifliche Ausbildungsvergütung.[139] Die Vergütung wird in einem solchen Fall nicht auf 80 % gekürzt. Eine **geltungserhaltende Reduktion** der vertraglichen Regelung bis zur Grenze dessen, was noch als angemessen anzusehen ist, sieht das Gesetz nicht vor. Das würde zu einer risikolosen Begünstigung der Ausbildenden führen, die eine unangemessene Vergütung vereinbaren, was dem Schutzzweck des § 17 BBiG widerspräche.[140] Der sich an den tariflichen Sätzen orientierende Anspruch auf eine angemessene Ausbildungsvergütung (§ 17 BBiG) schließt auch die Gewährung von **Sonderzahlungen** mit ein, wenn diese im einschlägigen Tarifvertrag geregelt sind.[141]

Die Auszubildenden haben in den in § 19 Abs. 1 BBiG genannten Fällen **352** einen **Anspruch auf Fortzahlung der Ausbildungsvergütung.** Der Katalog des § 19 BBiG ist nicht abschließend, er wird durch andere arbeitsrechtliche Gesetze ergänzt (§ 10 Abs. 2 BBiG). Vergütungsfortzahlung ist auch geschuldet während des Urlaubs (§ 11 Abs. 1 BUrlG), an Feiertagen (§ 2 EFZG) und bei Krankheit (§ 3 EFZG) sowie nach den mutterschutzrechtlichen Vorschriften (§§ 7, 16 MuSchG: Freistellung für Untersuchungen und zum Stillen, Ärztliches Beschäftigungsverbot).

Den Auszubildenden ist die Vergütung für die Zeit der Freistellung nach § 15 **353** BBiG fortzuzahlen (§ 19 Abs. 1 Nr. 1 BBiG; vgl. Rn. 337 ff.). Den Auszubildenden ist die Vergütung auch zu zahlen **bis zur Dauer von sechs Wochen,** wenn sie sich für die Berufsausbildung bereithalten, diese aber ausfällt (§ 19 Abs. 2 Nr. 2a BBiG). Es muss sich um Gründe handeln, die in den **Risikobereich des Ausbildenden** fallen, ohne dass es auf ein Verschulden ankommt. In Betracht kommen folgende Konstellationen: technische Gründe (zum Beispiel Maschinenschaden, Stromausfall); wirtschaftliche Gründe (zum Beispiel Auftragsmangel); personelle Gründe (zum Beispiel Erkrankung des Ausbildenden oder des Ausbilders): behördliche Auflagen (zum Beispiel Produktionsverbot, Untersagung der Ausbildung); sonstige Gründe (zum Beispiel Zerstörung der Ausbildungsstätte durch Brand oder sonstige Umstände).

---

138 BAG 16. 1. 2002, 6 AZR 325/01, NZA-RR 2003, 607; BAG 15. 11. 2000, 5 AZR 296/99, NZA 2001, 1248.

139 BAG 25. 7. 2002, 6 AZR 311/00, AiB 2005, 58.

140 BAG 16. 7. 2013, 9 AZR 784/11, NZA 2013, 1202, Rn. 20; BAG 25. 7. 2002, 6 AZR 311/00, AiB 2005, 58.

141 BAG 16. 5. 2017, 9 AZR 377/16, Rn. 36, NZA 2017, 1129.

354 Kein Vergütungsanspruch besteht, wenn der Auszubildende nicht zur Ausbildung erscheinen kann, zum Beispiel wegen Glatteis, Überschwemmung, behördlicher Fahrverbote, Streik der Verkehrsbetriebe. Das **Wegerisiko** liegt bei den Auszubildenden. Erscheint der Auszubildende wegen eines solchen Umstandes zu spät oder gar nicht zur Ausbildung, kann die Vergütung für die ausgefallene Zeit gekürzt werden. Das gilt auch, wenn der Auszubildende nicht oder verspätet erscheint wegen eines Umstandes, den er selbst zu vertreten hat, weil er zum Beispiel verschläft.

355 Den Auszubildenden ist die Vergütung auch zu zahlen bis zur Dauer von sechs Wochen, wenn sie aus einem **sonstigen in ihrer Person liegenden Grund unverschuldet verhindert** sind, ihre Pflichten aus dem Berufsausbildungsverhältnis zu erfüllen (§ 19 Abs. 1 Nr. 2b BBiG). Solche anerkennenswerten persönlichen Gründe sind: Arztbesuche, soweit sie nicht außerhalb der normalen Ausbildungszeit erledigt werden können; schwerwiegende Erkrankung naher Angehöriger, vor allem des eigenen Kindes, sofern keine anderweitige Versorgung besteht; eigene Hochzeit; Niederkunft der Ehefrau; Todesfall bei nahen Angehörigen; Wasserschaden in der eigenen Wohnung; Vorladung vor Gericht.

h. Kündigung des Berufsausbildungsverhältnisses

aa. Kündigung während der Probezeit

356 Während der Probezeit (§ 20 BBiG) kann das Ausbildungsverhältnis **jederzeit ohne Einhalten einer Kündigungsfrist** von beiden Seiten gekündigt werden (§ 22 Abs. 1 BBiG). Es besteht während dieser Zeit »Kündigungsfreiheit«.[142] Auch die Kündigung während der Probezeit muss **schriftlich** erfolgen (§ 22 Abs. 3 BBiG). Eine mündliche Kündigung ist unwirksam. Eine Angabe von Kündigungsgründen in dem Kündigungsschreiben bedarf es zur Wirksamkeit der Kündigung nicht (anders als nach der Probezeit). Die erleichterte Kündigungsmöglichkeit besteht »während« der Probezeit. Deshalb muss die schriftliche Kündigung während dieser Zeit erklärt werden und dem Erklärungsempfänger noch innerhalb der Probezeit zugehen, bei Minderjährigen den gesetzlichen Vertretern (vgl. Rn. 92). Geht sie dem Erklärungsempfänger auch nur einen Tag später zu, ist die Kündigung nur wirksam, wenn die erschwerten Voraussetzungen der Kündigung nach der Probezeit vorliegen.

Bisweilen kann sich die Frage stellen, ob vorherige Beschäftigungszeiten auf die Probezeit anzurechnen sind. Das BAG meint, dass – aufgrund des Zwecks der Probezeit, die auf das konkrete Berufsausbildungsverhältnis bezogen ist – eine Anrechnung von Zeiten in einem anderen Rechtsverhält-

---

142 BAG 16.12.2004, 6 AZR 127/04, NZA 2005, 578.

nis, sei es ein Praktikum oder ein Arbeitsverhältnis, *nicht* in Betracht kommt.[143]

Anders kann es bei einem vorherigen Ausbildungsverhältnis sein: Eine Kündigung eines Berufsausbildungsverhältnisses durch den Ausbildenden und daran anschließend die erneute Begründung eines Ausbildungsverhältnisses mit denselben Vertragspartnern in demselben Ausbildungsberuf ist zwar zulässig. Eine neue Probezeitvereinbarung ist aber unwirksam, wenn zu dem vorherigen Ausbildungsverhältnis derselben Vertragsparteien ein derart enger sachlicher Zusammenhang besteht, dass es als *ein* Berufsausbildungsverhältnis anzusehen ist.[144]

Besteht ein **Betriebsrat**, ist dieser vor Ausspruch der Kündigung zu hören (§ 102 BetrVG). Das gilt auch bei einer Kündigung während der Probezeit. Auch die Sonderkündigungsschutznormen sind zu beachten, vor allem das Kündigungsverbot während der **Schwangerschaft** und bis zum Ablauf von vier Monaten nach der Entbindung (§ 17 Abs. 1 MuSchG). Der besondere Kündigungsschutz für schwerbehinderte Menschen (vgl. Rn. 373) gilt *nicht* während der sechs Monate des Ausbildungsverhältnisses (§ 173 Abs. 1 Nr. 1 SGB IX).

In der Rechtsprechung ist anerkannt, dass auch bereits **vor Beginn der Ausbildung** das Berufsausbildungsverhältnis von beiden Vertragsparteien ordentlich entfristet, also ohne Beachtung einer Kündigungsfrist (wie während der Probezeit), gekündigt werden kann.[145]

bb. Kündigung nach der Probezeit durch die Ausbildenden

Das Ausbildungsverhältnis kann nach der Probezeit von den Ausbildenden nur »**aus einem wichtigen Grund**« ohne Einhalten einer Kündigungsfrist gekündigt werden (§ 22 Abs. 2 Nr. 1 BBiG). Ausgehend von dem Zweck des Ausbildungsverhältnisses, den Auszubildenden das Erlernen eines Berufes zu ermöglichen, und der ohnehin begrenzten zeitlichen Bindung, sind an die Kündigung nach der Probezeit besonders **hohe Anforderungen** zu stellen.[146] Gründe, die in einem Arbeitsverhältnis einen wichtigen Grund für eine außerordentliche Kündigung darstellen, müssen in einem Ausbildungsverhältnis noch lange nicht greifen. Bei der Abwägung, ob bei Berücksichtigung der Interessen beider Vertragsparteien ein wichtiger Grund für die vorzeitige Beendigung des Ausbildungsverhältnisses besteht, ist die bereits **zu-**

357

---

143 BAG 19. 11. 2015, 6 AZR 844/14, NZA 2016, 228 (zum vorherigen Praktikum); BAG 16. 12. 2004, 6 AZR 127/04, NZA 2005, 578 (zum vorherigen Arbeitsverhältnis).

144 BAG 12. 2. 2015, 6 AZR 831/13, Rn. 29 ff., NZA 2015, 737.

145 LAG Düsseldorf 16. 9. 2011, 6 Sa 909/11, NZA-RR 2012, 127.

146 BAG 1. 7. 1999, 2 AZR 676/98, NZA 1999, 1270.

rückgelegte Ausbildungszeit im Verhältnis zur Gesamtdauer der Ausbildung zu berücksichtigen.[147]

358   Neben der Dauer der Ausbildung ist auch in Erwägung zu ziehen, dass der Auszubildende normalerweise noch am **Anfang seines Berufslebens** steht und er deshalb häufig noch nicht ausreichend die für einen geregelten Betriebsablauf notwendigen Verhaltensweisen verinnerlicht hat. Auch das **Alter** der Auszubildenden ist gegebenenfalls zu ihren Gunsten zu berücksichtigen; das gilt vor allem bei Minderjährigen und jungen Volljährigen, deren Persönlichkeitsentwicklung noch nicht abgeschlossen ist. Als wichtiger Grund für eine Kündigung kommen nur solche Umstände in Betracht, die bei objektivierender Vorausschau ergeben, dass das Ausbildungsziel erheblich gefährdet oder nicht mehr zu erreichen ist. Je mehr sich das Ausbildungsverhältnis seinem Ende, der Abschlussprüfung, nähert, desto schärfer sind die Anforderungen an den wichtigen Grund. Kurz vor dem **Prüfungstermin** wird eine fristlose Kündigung durch die Ausbildenden nur in besonderen Ausnahmefällen zulässig sein.

359   Auch bei der Kündigung eines Ausbildungsverhältnisses kann man verhaltens-, personen- und betriebsbedingte Gründe unterscheiden. Bei der Abwägung, ob ein hinreichend wichtiger Grund für die Kündigung vorliegt, ist auf die **Umstände des Einzelfalls** abzustellen, so dass generalisierende Aussagen, in welchen Fällen ein Kündigungsgrund vorliegt, schwer möglich sind. Es ist zu fragen, ob erstens »an sich« ein wichtiger Grund für die Kündigung eines Ausbildungsverhältnisses vorliegt und ob zweitens dieser auch unter Berücksichtigung der Besonderheiten des Einzelfalls die Kündigung rechtfertigen kann. Erforderlich ist stets eine abschließende **Interessenabwägung,** für die es keine generellen Maßstäbe gibt, sondern die gerade die Besonderheiten des Einzelfalls berücksichtigen soll.

360   Verhaltensbedingte Kündigungsgründe liegen vor bei besonders **groben oder wiederholten Verstößen** (trotz vorheriger Abmahnungen) **gegen Pflichten aus dem Ausbildungsverhältnis** oder sonstigen Verhaltenspflichten, deren Einhaltung für eine gedeihliche Zusammenarbeit unabänderlich notwendig ist. Bevor eine Kündigung zulässig ist, ist zunächst, soweit zumutbar und erfolgversprechend, mit erzieherischen Mitteln oder mit Abmahnungen auf die Auszubildenden einzuwirken. Falls das nichts bewirken wird oder von vornherein aussichtslos ist oder wenn der Pflichtenverstoß so schwerwiegend sein sollte, dass nicht erwartet werden kann, der Ausbildende werde diesen hinnehmen, darf zulässigerweise – gleichsam als »letztes Mittel« (Ultima-Ratio-Prinzip) – eine Kündigung ausgesprochen werden.

361   Da die Beendigung des Ausbildungsverhältnisses wegen eines Pflichtenverstoßes die schärfste Sanktion darstellt, ist es notwendig, dass der Ausbil-

---

147 BAG 10.5.1973, 2 AZR 328/72, AP BBiG § 15 Nr. 3.

dende zunächst versucht, mit anderen Mitteln auf den Auszubildenden einzuwirken, wenn dies erfolgversprechend ist (**Verhältnismäßigkeitsgrundsatz**). Das gilt auch bei Verstößen der Auszubildenden gegen ihre Pflichten während der Berufsausbildung (§ 13 BBiG). Deshalb bedarf es normalerweise bei verhaltensbedingten Gründen der vorherigen **Abmahnung**.[148] Bei minderjährigen Auszubildenden muss die Abmahnung auch dem gesetzlichen Vertreter zur Kenntnis gebracht werden. Zu den unverzichtbaren **Voraussetzungen einer Abmahnung** gehört die konkrete Feststellung des zu beanstandenden Verhaltens, die exakte Rüge der genau zu bezeichnenden Pflichtverletzung, die eindringliche Aufforderung, sich zukünftig vertragstreu zu verhalten sowie der Hinweis, dass im Wiederholungsfall mit einer Kündigung zu rechnen ist. Bei **besonders schweren Pflichtverletzungen,** deren Pflichtwidrigkeit den Auszubildenden ohne weiteres erkennbar und eine Hinnahme durch die Ausbildenden offensichtlich ausgeschlossen ist, ist allerdings auch im Ausbildungsverhältnis eine Abmahnung entbehrlich, weil in solchen Fällen davon auszugehen ist, dass das pflichtwidrige Verhalten das für ein Ausbildungsverhältnis notwendige Vertrauen auf Dauer zerstört hat.[149]

Verhaltensbedingte Kündigungsgründe liegen vor bei besonders **groben Verstößen** (zum Beispiel Straftaten zu Lasten des Ausbildenden) oder bei **wiederholten Verstößen** oder einer Kette von Pflichtwidrigkeiten trotz vorheriger Abmahnungen (zum Beispiel häufiges Zuspätkommen, wiederholtes unentschuldigtes Fernbleiben, eigenmächtiges Überschreiten des Urlaubs, wiederholtes verspätetes Abliefern der Ausbildungsnachweise, wiederholtes Nichteinhalten der Zeitkontrolle).

362

Pflichtverletzungen im Zusammenhang mit **Erkrankungen**, die dazu führen, dass der Auszubildende nicht in der Lage ist, im Ausbildungsbetrieb oder in der Berufsschule zu erscheinen, können allenfalls nach vorherigen Abmahnungen eine Kündigung rechtfertigen. Zu beachten ist, dass für die Auszubildenden dieselben **Anzeige- und Nachweispflichten** wie für Arbeitnehmer gelten (§ 5 Abs. 1 EFZG). Die Auszubildenden sind also verpflichtet, den Ausbildenden die »Arbeitsunfähigkeit« und deren voraussichtliche Dauer unverzüglich anzuzeigen. Dauert die »Arbeitsunfähigkeit« länger als drei Kalendertage, haben die Auszubildenden eine ärztliche Bescheinigung über das Bestehen der »Arbeitsunfähigkeit« sowie deren voraussichtliche Dauer spätestens an dem darauf folgenden Arbeitstag vorzulegen. Die Ausbildenden sind berechtigt, die Vorlage der ärztlichen Bescheinigung früher zu verlangen. Dauert die »Arbeitsunfähigkeit« länger als in der Bescheinigung angegeben, sind die Auszubildenden verpflichtet, eine neue ärztliche Bescheinigung vorzulegen. Bei (wiederholten) Verstößen gegen die Anzeige-

---

148 LAG Rheinland-Pfalz 25. 4. 2013, 10 Sa 518/12, NZA-RR 2013, 406.
149 BAG 1. 7. 1999, 2 AZR 676/98, NZA 1999, 1270.

oder Nachweispflichten kann nach vorherigen Abmahnungen eine Kündigung in Betracht kommen.

Strenger sind die Maßstäbe bei einer **Manipulation der Arbeitszeitkontrolle** oder einem **eigenmächtigen Urlaubsantritt** oder dem eigenmächtigen Überschreiten des gewährten Urlaubs durch die Auszubildenden. Es muss jedem Auszubildenden gewahr sein, dass ein solches Verhalten der Ausbildende nicht hinnehmen muss und es deshalb nicht etwa einer vorherigen Abmahnung bedarf, sondern bereits der einmalige Verstoß, vorbehaltlich besonderer Umstände des Einzelfalls, eine Kündigung rechtfertigen kann.

363 Weigert sich der Auszubildende, **Überstunden** zu leisten, kann hierin kein Grund für eine Kündigung gesehen werden. Eine Verpflichtung der Auszubildenden, Überstunden zu leisten, besteht nämlich allenfalls in Ausnahmefällen, denn es ist nicht erkennbar, dass die Ableistung von Überstunden zur Erreichung des Ausbildungsziels notwendig ist. Bei Verstößen der Auszubildenden gegen Pflichten nach § 13 BBiG gilt das vorher Gesagte.

364 **Mangelhafte Leistungen** (im Betrieb oder in der Berufsschule) können die Kündigung nicht rechtfertigen, weil die Abschlussprüfung erweisen wird, ob der Auszubildende über die erforderliche berufliche Handlungsfähigkeit verfügt. Die Möglichkeit zur Teilnahme an der Abschlussprüfung soll den Auszubildenden normalerweise nicht genommen werden. Ob die (wiederholte) Verletzung der Pflicht zum Berufsschulbesuch die Kündigung rechtfertigen kann, ist umstritten.

Auch das wiederholte verspätete Abliefern oder das Nichtführen der **Ausbildungsnachweise** ist – nach erfolgloser vorheriger Abmahnung – als durchaus hinreichend für eine Kündigung angesehen worden.[150]

365 Da die Auszubildenden verpflichtet sind, am **Berufsschulunterricht** teilzunehmen, stellt sich die Nichtteilnahme auch als eine Verletzung der Pflichten aus dem privatrechtlichen Ausbildungsverhältnis dar und kann daher (wenn dies wiederholt nach Abmahnung erfolgt) im Einzelfall durchaus die Kündigung rechtfertigen.

366 Eine Kündigung wegen des **äußeren Erscheinungsbilds** des Auszubildenden, seiner Haartracht oder Kleidung, ist allenfalls nach einer vorherigen Abmahnung denkbar und nur dann, wenn dies aus Gründen des Arbeitsschutzes oder zur Unfallverhütung notwendig ist oder deswegen, weil ansonsten eine spürbare Beeinträchtigung des Geschäftsbetriebs zu besorgen ist. Das kann indes nur gelten, soweit der Beruf für den ausgebildet werden soll, ein bestimmtes äußeres Auftreten verlangt oder üblicherweise (auch von den Arbeitnehmern des Betriebs) erwartet wird, wie zum Beispiel bei Bankkaufleuten. Beim **Tragen eines Kopftuchs** durch eine Muslimin, die

---

150 LAG Hessen 3. 11. 1997, 16 Sa 657/97.

sich aus religiösen Gründen hierzu verpflichtet sieht, ist zudem die grundrechtlich geschützte Glaubens- und Religionsfreiheit (Art. 4 Abs. 1 GG) zu beachten.[151]

Rassistisches Verhalten eines Auszubildenden gegenüber dem Ausbildenden oder anderen Auszubildenden oder Arbeitnehmer oder gegenüber Kunden während der Ausbildungszeit kann als schwerwiegende vorsätzliche Nebenpflichtverletzung eine Kündigung rechtfertigen.[152] Entsprechendes kann bei **rechtsradikalen Äußerungen**, etwa im Intranet, gelten.[153] Allerdings ist – wie stets – auf die Umstände des Einzelfalls abzustellen, die durch das Grundgesetz geschützte Meinungsfreiheit (Art. 5 Abs. 1 GG) zu beachten (die auch für rechtsradikale Äußerungen gilt) und gegebenenfalls die Unreife des Auszubildenden zu berücksichtigen. Rechtsradikale Äußerungen oder Betätigungen außerhalb des Ausbildungsverhältnisses in der Freizeit können, sofern sie nicht strafbar sind, in aller Regel nicht ohne Weiteres eine Kündigung rechtfertigen.[154]

Straftaten zu Lasten des Ausbildenden oder auch anderer Arbeitskollegen (insbesondere Diebstahl, Unterschlagung oder gar Gewaltanwendung) rechtfertigen im Regelfall die Kündigung eines Ausbildungsverhältnisses, ebenso sexuelle Belästigungen.[155] Beim **Diebstahl** kommt es auf den Wert des Gegenstands nicht an. Rechtswidrige und vorsätzliche Handlungen des Auszubildenden, die sich unmittelbar gegen das Vermögen des Ausbildenden richten, können auch dann ein wichtiger Grund zur außerordentlichen Kündigung sein, wenn die Pflichtverletzung **Sachen von nur geringem Wert** betrifft oder nur zu einem geringfügigen, möglicherweise gar keinem Schaden geführt hat.[156] Entscheidend ist der Vertrauensverlust. Der Ausbildende muss sich darauf verlassen können, dass die Auszubildenden nicht ihr Eigentumsrecht und ihre legitimen Vermögensinteressen verletzen. Allerdings bedarf es stets einer umfassenden, auf den Einzelfall bezogenen Prüfung und Interessenabwägung dahingehend, ob dem Ausbildenden die Fortsetzung des Ausbildungsverhältnisses trotz der eingetretenen Vertrauensstörung zu-

367

---

151 Vgl. bezüglich einer Verkäuferin (keine Auszubildende): BAG 10. 10. 2002, 2 AZR 472/01, NZA 2003, 483; BVerfG 30. 7. 2003, 1 BvR 792/03, NZA 2003, 959.

152 BAG 1. 7. 1999, 2 AZR 676/98, NZA 1999, 1270.

153 LAG Köln 11. 8. 1995, 12 Sa 426/95, NZA-RR 1996, 128.

154 Vgl. zu Tätigkeiten für die NPD als Grund für die Kündigung eines Arbeitsverhältnisses BAG 6. 9. 2012, 2 AZR 372/11, NZA-RR 2013, 441; BAG 12. 5. 2011, 2 AZR 479/09, NZA-RR 2012, 43.

155 Vgl. für Arbeitsverhältnisse BAG 29. 6. 2017, 2 AZR 302/16, NZA 2017, 1121; BAG 20. 11. 2014, 2 AZR 651/13, NZA 2015, 294; BAG 9. 6. 2011, 2 AZR 323/10, NZA 2011, 1342.

156 Vgl. für Arbeitsverhältnisse BAG 21. 6. 2012, 2 AZR 153/11, NZA 2012, 1025; BAG 10. 6. 2010, 2 AZR 541/09, NZA 2010, 1227.

mutbar ist oder nicht.[157] Das ist für Arbeitsverhältnisse in der Rechtsprechung des BAG ausdrücklich herausgestellt worden und gilt für Ausbildungsverhältnisse umso mehr. Beispiel aus der Rechtsprechung: Der Versuch, Baumaterial im Wert von rund 40 Euro zu entwenden, kann jedenfalls dann eine außerordentliche Kündigung des Ausbildungsverhältnisses rechtfertigen, wenn der Auszubildende dabei noch aktiv versucht hat, seine Tat zu vertuschen.[158]

Auch eine grobe **Beleidigung** des Ausbildenden, des Ausbilders, eines Arbeitskollegen oder gar eines Kunden, die nach Form und Inhalt eine erhebliche Ehrverletzung für den Betroffenen bedeuten, kann eine Kündigung rechtfertigen. Das gilt auch für entsprechende **Äußerungen in sozialen Netzwerken** wie »facebook«.[159] Bei der rechtlichen Würdigung sind allerdings die Umstände zu berücksichtigen, unter denen diffamierende oder ehrverletzende Äußerungen gefallen sind. Geschah dies in vertraulichen Gesprächen unter Arbeitskollegen, vermögen sie eine Kündigung nicht ohne Weiteres zu rechtfertigen.[160]

Bei (vermeintlich unangemessenen) **Äußerungen in sozialen Netzwerken, in persönlichen Gesprächen, gegenüber dem Ausbilder oder Ausbildenden** ist generell zu beachten, dass die durch das Grundgesetz geschützte Meinungsfreiheit (Art. 5 Abs. 1 GG) zu Gunsten der Auszubildenden zu berücksichtigen ist.[161] Bewusst falsche Tatsachenbehauptungen unterfallen allerdings nicht dem Schutzbereich des Grundrechts. Anderes gilt für Äußerungen, die nicht Tatsachenbehauptungen, sondern ein Werturteil enthalten. Sie fallen in den Schutzbereich des Rechts auf Meinungsfreiheit. Dasselbe gilt für Äußerungen, in denen sich Tatsachen und Meinungen vermengen, sofern sie durch die Elemente der Stellungnahme, des Dafürhaltens oder Meinens geprägt sind. Der Grundrechtsschutz besteht dabei unabhängig davon, welches Medium der Auszubildende für seine Meinungsäußerung nutzt und ob diese rational oder emotional, begründet oder unbegründet ist. Vom Grundrecht der Meinungsfreiheit umfasste Äußerungen verlieren den sich daraus ergebenden Schutz selbst dann nicht, wenn sie scharf oder überzogen geäußert werden.[162] Das Grundrecht der Meinungsfreiheit ist allerdings nicht schrankenlos gewährleistet. Es ist durch die allgemeinen Gesetze und das Recht der persönlichen Ehre beschränkt (Art. 5 Abs. 2 GG). Zwischen

---

157 So selbst für Arbeitsverhältnisse BAG 10.6.2010, 2 AZR 541/09, NZA 2010, 1227.
158 LAG Mecklenburg-Vorpommern 5.4.2016, 2 Sa 84/15.
159 LAG Hamm 10.10.2012, 3 Sa 644/12.
160 Vgl. für Arbeitsverhältnisse BAG 10.12.2009, 2 AZR 534/08, NZA 2010, 698.
161 LAG Rheinland-Pfalz 2.3.2017, 5 Sa 251/16.
162 Vgl. für Arbeitsverhältnisse (für Ausbildungsverhältnisse kann nichts anderes gelten): BAG 18.12.2014, 2 AZR 265/14, Rn. 17, NZA 2015, 797.

der Meinungsfreiheit und dem Persönlichkeitsrecht der kritisierten Person hat eine Abwägung zu erfolgen.[163]

Bei minderjährigen Auszubildenden ist möglicherweise deren »Unreife« bzw. ihre allgemeine (noch nicht ausgereifte) Persönlichkeitsentwicklung zu ihren Gunsten zu berücksichtigen, kann aber sicherlich nicht jedes ungebührliche Benehmen rechtfertigen.

Straftaten, die **außerhalb des Berufsausbildungsverhältnisses** begangen werden, können – sofern sie sich nicht auf das betriebliche Ausbildungsverhältnis auswirken – keine Kündigung rechtfertigen.[164] Die Auszubildenden schulden keine »tadellose Lebensführung«. Denkbar ist allerdings eine Kündigung wegen »**Stalking**«. Ein schwerwiegender Verstoß eines Auszubildenden gegen die vertragliche Nebenpflicht, die Privatsphäre und den deutlichen Wunsch einer Arbeitskollegin zu respektieren, nicht-dienstliche Kontaktaufnahmen mit ihr zu unterlassen, kann die außerordentliche Kündigung des Ausbildungsverhältnisses rechtfertigen. Ob es zuvor einer einschlägigen Abmahnung bedarf, hängt von den Umständen des Einzelfalls ab.[165]

Eine Kündigung kann in Betracht kommen, wenn ein Bezug zum Ausbildungsberuf besteht. Ein Vermögensdelikt zu Lasten Dritter rechtfertigt durchaus die Kündigung eines Auszubildenden, der mit den Vermögensinteressen etwa von Kunden zu tun hat, zum Beispiel bei der Ausbildung zum Bankkaufmann.

Im allgemeinen Arbeitsrecht ist unter besonderen Voraussetzungen eine **Verdachtskündigung** zulässig, wenn der Verdacht einer schweren Verfehlung oder einer Straftat besteht, der Arbeitgeber den Sachverhalt umfassend aufgeklärt hat, und gewichtige Anhaltspunkte dafür sprechen, der Arbeitnehmer habe sich pflichtwidrig verhalten. Der bloße Verdacht, der jedoch dringend sein muss, kann in solchen Fällen die Kündigung rechtfertigen, wenn allein durch den Verdacht bereits nachhaltig das notwendige Vertrauensverhältnis gestört ist. Nach Auffassung des BAG kann eine Verdachtskündigung auch gegenüber einem Auszubildenden gerechtfertigt sein, wenn der Verdacht auch bei Berücksichtigung der Besonderheiten des Ausbildungsverhältnisses dem Auszubildenden die Fortsetzung der Ausbildung objektiv unzumutbar macht.[166] Allerdings ist die enge Bindung der Parteien des Berufsausbildungsvertrags bei der Prüfung der Voraussetzungen einer Verdachtskündigung im Einzelfall zu berücksichtigen. Dabei ist zu beachten,

---

163 Vgl. BAG 18. 12. 2014, 2 AZR 265/14, Rn. 18, NZA 2015, 797.

164 Maßgeblich sind die Umstände des Einzelfalls; vgl. LAG Berlin-Brandenburg 13. 11. 2009, 13 Sa 1766/09.

165 Vgl. für Arbeitsverhältnisse BAG 19. 4. 2012, 2 AZR 258/11, NZA-RR 2012, 567.

166 BAG 12. 2. 2015, 6 AZR 845/13, NZA 2015, 741: in dem Fall wurde eine Kündigung als wirksam erachtet beim Verdacht eines Diebstahls oder einer Unterschlagung von 500 Euro bei einem Auszubildenden zum Bankkaufmann.

dass Auszubildende typischerweise eine geringe Lebens- und Berufserfahrung haben, und den Ausbildenden besondere »Fürsorgepflichten« sowohl in charakterlicher als auch körperlicher Hinsicht treffen (vgl. § 14 Abs. 1 Nr. 5, § 14 Abs. 2 BBiG). Ein Tatverdacht ist nur dann ein wichtiger Grund (§ 22 Abs. 2 Nr. 1 BBiG) für eine Kündigung, wenn der Verdacht auch bei Berücksichtigung der Besonderheiten des Ausbildungsverhältnisses dem Ausbildenden die Fortsetzung der Ausbildung objektiv unzumutbar macht. Dies bedarf einer Würdigung der Umstände im Einzelfall.[167]

368 **Personenbedingte Gründe**, wie die **Erkrankung** Auszubildender, können nur ausnahmsweise die Kündigung eines Ausbildungsverhältnisses rechtfertigen, weil es in der Regel an den notwendigen betrieblichen Beeinträchtigungen fehlen wird. Das gilt vor allem bei einer Kündigung wegen häufiger Kurzerkrankungen. Eine lang anhaltende Krankheit kann, wenn überhaupt, nur dann die Kündigung rechtfertigen, wenn im Zeitpunkt der Kündigung eine Wiedergenesung bis zum regulären Ende des Ausbildungsverhältnisses nicht zu erwarten ist.

369 **Betriebsbedingte Gründe**, die die Kündigung eines Ausbildungsverhältnisses rechtfertigen können, bestehen lediglich dann, wenn es tatsächlichen unmöglich ist, die weitere Ausbildung fortzusetzen, wie bei einer **Betriebsstilllegung.** Das gilt auch im Falle der **Insolvenz,** die als solche keinen Kündigungsgrund darstellt. Bei einer Stilllegung von Betriebsteilen oder einer eingeschränkten Fortsetzung des Betriebs ist es normalerweise für den Ausbildenden zumutbar, die Ausbildung fortzusetzen. Eine Ausnahme gilt nur dann, für es den konkreten Ausbildungsberuf im gesamten Betrieb keine Ausbildungsmöglichkeiten mehr gibt.

370 Die Kündigung muss nach § 22 Abs. 3 BBiG **schriftlich** (§ 126 BGB) und **unter Angabe der Kündigungsgründe erfolgen** (qualifizierte Schriftform). Die Kündigung ist nicht nur unwirksam, wenn die Schriftform nicht eingehalten wird, sondern auch dann, wenn die **Kündigungsgründe** nicht oder nicht hinreichend in dem Kündigungsschreiben angegeben werden. Bei Minderjährigen muss die Kündigung erfolgen gegenüber den gesetzlichen Vertretern (vgl. Rn. 92 f.). Zwar kann der Ausbildende an sich erneut formwirksam kündigen, doch dürfte die Wirksamkeit der neuen Kündigung häufig daran scheitern, dass mittlerweile die Zwei-Wochen-Frist des § 22 Abs. 4 BBiG abgelaufen ist.

371 An die Einhaltung der qualifizierten Schriftform der Kündigung werden **strenge Anforderungen** gestellt. Dabei ist zu beachten, dass die fehlende Angabe der Kündigungsgründe nicht dadurch »geheilt« werden kann, dass diese später, in einem Rechtsstreit um die Wirksamkeit der Kündigung, nachgeholt wird.[168] Es genügt nicht, auf die dem Gekündigten vorher münd-

---

167 BAG 12.2.2015, 6 AZR 845/13, Rn. 41, NZA 2015, 741.
168 BAG 23.7.2015, 6 AZR 490/14, Rn. 22, NZA-RR 2015, 628.

lich mitgeteilten Kündigungsgründe zu verweisen, ohne diese im Kündigungsschreiben näher zu erläutern, oder der Hinweis auf die »Ihnen bekannten Gründe«. Die Kündigungsgründe müssen im Kündigungsschreiben so genau beschrieben werden, dass der Kündigungsempfänger eindeutig erkennen kann, um welche konkreten Vorfälle es geht, denn nur dann kann er sich darüber schlüssig werden, ob er die Kündigung anerkennen will oder nicht.[169] Der Kündigende muss in dem Kündigungsschreiben die **Tatsachen** mitteilen, die für die Kündigung maßgebend sind. **Werturteile** wie »mangelhaftes Benehmen« oder »Störung des Betriebsfriedens« genügen nicht.[170] Wie genau die Kündigungsgründe in tatsächlicher Hinsicht geschildert werden müssen, ist eine Frage des Einzelfalls, ein allgemeiner Maßstab lässt sich nicht aufstellen. Der Ausbildende darf sich im Kündigungsschutzprozess nicht auf Gründe stützen, die er im Kündigungsschreiben nicht genannt hat.[171]

Eine Kündigung aus einem wichtigen Grund ist unwirksam, wenn die ihr zugrunde liegenden Tatsachen dem zur Kündigung Berechtigten länger als zwei Wochen bekannt sind (§ 22 Abs. 4 Satz 1 BBiG). Die Kündigungserklärung, die der qualifizierten Schriftform des § 22 Abs. 3 BBiG genügen muss, muss innerhalb der Zwei-Wochen-Frist dem Auszubildenden zugehen. Wird die Frist, aus welchen Gründen auch immer, nicht eingehalten, ist die Kündigung unwirksam, selbst wenn ein wichtiger Grund für diese an sich vorgelegen haben mag. Innerhalb der Zwei- Wochen Frist ist der **Betriebsrat**, sofern er besteht, anzuhören (§ 102 BetrVG). Die Vorschrift entspricht nach Inhalt und Zweck § 626 Abs. 2 BGB. Dementsprechend beginnt auch die Frist des § 22 Abs. 4 Satz 1 BBiG mit dem Zeitpunkt, in dem der Kündigungsberechtigte von den für die Kündigung maßgebenden Tatsachen Kenntnis erlangt. Dies ist der Fall, sobald er eine zuverlässige und möglichst vollständige Kenntnis der einschlägigen Tatsachen hat, die ihm die Entscheidung darüber ermöglicht, ob er das Ausbildungsverhältnis fortsetzen soll oder nicht. Zu den maßgebenden Tatsachen gehören sowohl die für als auch die gegen eine Kündigung sprechenden Umstände. Der Kündigungsberechtigte, der bislang nur Anhaltspunkte für einen Sachverhalt hat, der zur außerordentlichen Kündigung berechtigen könnte, kann nach pflichtgemäßem Ermessen weitere Ermittlungen anstellen und den Betroffenen anhören, ohne dass die Frist zu laufen beginnt. Dies gilt allerdings nur so lange, wie er aus verständigen Gründen mit der gebotenen Eile Ermittlungen durchführt, die ihm eine umfassende und zuverlässige Kenntnis des Kündigungssachverhalts verschaffen sollen. Soll der Kündigungsgegner angehört werden, muss dies innerhalb einer kurzen Frist erfolgen. Sie darf im Allge-

372

---

169 BAG 22.2.1972, 2 AZR 205/71, AP BBiG § 15 Nr. 1.
170 BAG 12.2.2015, 6 AZR 845/13, Rn. 91, NZA 2015, 741.
171 BAG 12.2.2015, 6 AZR 845/13, Rn. 91, NZA 2015, 741.

meinen nicht mehr als eine Woche betragen. Bei Vorliegen besonderer Umstände darf sie auch überschritten werden.[172]

373 Die Ausbildenden haben bei der Kündigung Auszubildender neben den Bestimmungen des Berufsbildungsgesetzes alle sonstigen Kündigungsschutzregelungen in anderen Gesetzen zu beachten. Zu beachten sind das Kündigungsverbot zugunsten von Auszubildenden, die in **Elternzeit** sind (§ 18 BEEG) und das Kündigungsverbot zugunsten von (werdenden) Müttern während der **Schwangerschaft** und bis zum Ablauf von vier Monaten nach der Entbindung (§ 17 MuSchG). Sonderregelungen gelten auch zugunsten von **schwerbehinderten Menschen** (§§ 168 ff. SGB IX).

374 Besteht ein **Betriebsrat** ist dieser vor Ausspruch der Kündigung zu hören (§ 102 BetrVG). Einem besonderen Kündigungsschutz unterliegen die in § 15 KSchG genannten Mandatsträger, vor allem **Mitglieder eines Betriebsrates oder einer Jugend- und Auszubildendenvertretung (JAV).**

cc. Kündigung nach der Probezeit durch die Auszubildenden

375 Auch die Auszubildenden haben ein Kündigungsrecht, wobei auch sie die **Schriftform** (§ 126 BGB) beachten müssen; auch muss die **Kündigung unter Angabe der Kündigungsgründe** erfolgen (§ 22 Abs. 3 BBiG). Für die Kündigung durch die Auszubildenden gelten bei den Formerfordernissen keine geringeren Anforderungen als bei der Kündigung durch die Ausbildenden.[173] Bei Minderjährigen bedarf es der Einwilligung der gesetzlichen Vertreter (vgl. Rn. 89 ff.).

Die Auszubildenden können, wie die Ausbildenden, aus einem wichtigen Grund kündigen. Zudem haben sie zum Schutz ihrer Berufsfreiheit (Art. 12 Abs. 1 GG) ein Sonderkündigungsrecht (§ 22 Abs. 2 Nr. 2 BBiG). Danach können Auszubildende mit einer **Kündigungsfrist von vier Wochen** kündigen, wenn sie die Berufsausbildung aufgeben oder sich für eine andere Berufstätigkeit ausbilden lassen wollen. Der bloße Wechsel der Ausbildungsstelle fällt nicht hierunter.[174] Das ist einseitig über eine Kündigung nur möglich, wenn Auszubildende einen wichtigen Grund haben. Allein die Tatsache, dass in einem anderen Ausbildungsbetrieb die Vergütung höher ist, ist kein wichtiger Grund für eine Kündigung. Die Kündigungsfrist von vier Wochen ist eine Mindestkündigungsfrist und keine zwingende Vorgabe, die vom Auszubildenden nicht überschritten werden darf.[175] Das heißt, der Aus-

---

172 Vgl. insgesamt BAG 12.2.2015, 6 AZR 845/13, Rn. 94, NZA 2015, 741.
173 LAG Rheinland-Pfalz 19.4.2017, 4 Sa 307/16; LAG Baden-Württemberg 24.7.2015, 17 Sa 33/15.
174 BAG 9.6.2016, 6 AZR 396/15, Rn. 21, NZA 2016, 1406.
175 LAG Niedersachsen 15.12.2016, 6 Sa 808/16; bestätigt durch BAG 22.2.2018, 6 AZR 50/17.

zubildende kann auch mit längerer Frist (als vier Wochen) wirksam kündigen, etwa um ohne zeitliche Unterbrechung eine neue Berufsausbildung aufzunehmen. Unproblematisch ist es, wenn der Auszubildende etwa zum Monatsende kündigt (vier Wochen entspricht nicht einem Monat), um zu einem »runden Ende« zu kommen. Der Ausbildende erscheint auch nicht schutzwürdig, hat es doch der Auszubildende ohnehin in der Hand, wann er die Kündigung schriftlich erklärt, um so die Vier-Wochen-Kündigungsfrist einzuhalten.

Die Auszubildenden können aus einem wichtigen Grund ohne Einhalten einer Kündigungsfrist kündigen (§ 22 Abs. 2 Nr. 1 BBiG). In dem Fall ist die **Zwei-Wochen-Frist** des § 22 Abs. 4 BBiG einzuhalten. Für die Kündigung durch die Auszubildenden gelten beim »wichtigen Grund« keine geringeren Anforderungen als bei der Kündigung durch die Ausbildenden. Zudem wird man auch vom Auszubildenden verlangen müssen, dass er vor Ausspruch einer Kündigung den Ausbildenden zur Unterlassung bestimmter Verhaltensweisen auffordert, ihn also abmahnt.[176]   **376**

Wichtige Gründe, die die Auszubildenden zur Kündigung berechtigen, sind zum Beispiel

- die nicht vorhandene Berechtigung des Ausbildenden zum Einstellen oder Ausbilden,
- die mehrmalige Nichtzahlung der Ausbildungsvergütung nach vorheriger Abmahnung,[177]
- die Anwendung von Gewalt gegenüber dem Auszubildenden,
- sexuelle Belästigungen durch den Ausbildenden, Ausbilder oder Arbeitskollegen,
- Beleidigungen durch den Ausbildenden oder Ausbilder.

i.   Schadensersatz bei vorzeitiger Beendigung

aa.   Vorzeitige Beendigung des Berufsausbildungsverhältnisses

Wird das Ausbildungsverhältnis **nach der Probezeit** vorzeitig gelöst, können Ausbildende oder Auszubildende Ersatz des Schadens verlangen, wenn der andere den Grund für die Auflösung zu vertreten hat (§ 23 Abs. 1 Satz 1 BBiG). Die **Verpflichtung zum Schadensersatz** ist **ausgeschlossen,** wenn der Auszubildende deshalb gekündigt hat, weil er die Berufsausbildung aufgeben oder sich für eine andere Berufstätigkeit ausbilden lassen will (§ 23 Abs. 1 Satz 2 BBiG). Erfasst wird das **Auflösungsverschulden**, also der Scha-   **377**

---

176 LAG Rheinland-Pfalz 19.4.2017, 4 Sa 307/16; LAG Baden-Württemberg 24.7.2015, 17 Sa 33/15; LAG Hamburg 20.7.2010, 2 Sa 24/10.
177 ArbG Trier 15.8.2013, 3 Ca 403/13, NZA-RR 2014, 17.

den, der durch die vorzeitige Beendigung des Ausbildungsverhältnisses entsteht.[178]

378 Die Schadensersatzpflicht setzt die vorzeitige Lösung des Ausbildungsverhältnisses voraus. Der Begriff der »Lösung« ist weit zu verstehen und erfasst jeden Fall der tatsächlichen Beendigung des Ausbildungsverhältnisses vor dem regulären Ende. Eine Kündigung oder eine sonstige Willenserklärung ist nicht erforderlich, vielmehr kommt es allein auf die faktische Lösung vom Ausbildungsverhältnis an.[179] Eine solche faktische Lösung vom Ausbildungsverhältnis liegt vor, wenn ein Vertragspartner schuldhaft einen wichtigen Kündigungsgrund für den anderen Vertragspartner gesetzt hat oder wenn der eine Vertragspartner kündigt und die Erfüllung der Vertragspflichten verweigert, obwohl ein Kündigungsgrund nicht vorliegt oder wenn der eine Vertragspartner ohne Ausspruch einer Kündigung rein tatsächlich (faktisch) die Vertragserfüllung verweigert, zum Beispiel wenn der Auszubildende der Ausbildung einfach fernbleibt.[180]

379 Der andere Vertragsteil muss den Grund für die Auflösung zu vertreten haben. Der »andere« Vertragsteil ist der **Anspruchsgegner,** der die Lösung vom Ausbildungsverhältnis rechtlich zu vertreten, das heißt verschuldet hat. Zu »vertreten« ist **vorsätzliches und fahrlässiges Handeln** (§§ 276, 278 BGB). Nicht entscheidend ist, welcher Vertragsteil sich im Ergebnis vom Ausbildungsverhältnis gelöst hat (zum Beispiel durch Kündigung), sondern wer den **Grund für die vorzeitige Vertragslösung** gesetzt hat. Kündigt der Auszubildende rechtmäßig, kann der Ausbildende ersatzpflichtig sein, wenn er sich vertragswidrig verhalten hat. Umgekehrt kann der Auszubildende ersatzpflichtig sein, wenn der Ausbildende rechtmäßig wegen einer Vertragsverletzung des Auszubildenden gekündigt hat.

bb. Fristgerechte Geltendmachung

380 § 23 Abs. 2 BBiG regelt eine besondere **Ausschlussfrist.** Der Schadensersatzanspruch erlischt, wenn er nicht innerhalb von **drei Monaten nach Beendigung des Ausbildungsverhältnisses** geltend gemacht wird. Maßgebend für den Beginn der Ausschlussfrist ist das vertragsgemäße rechtliche Ende des Berufsausbildungsverhältnisses.[181] Für die Geltendmachung ist **keine Form** vorgeschrieben, sie kann daher auch mündlich oder durch schlüssiges Verhalten (konkludent) erfolgen. Aus **Beweisgründen** ist die **Schriftform** zu empfehlen. Eine gerichtliche Geltendmachung innerhalb der Frist ist nicht erforderlich.

---

178 BAG 17.7.1997, 8 AZR 257/96, NZA 1997, 1224.
179 BAG 17.8.2000, 8 AZR 578/99, NZA 2001, 150.
180 BAG 17.8.2000, 8 AZR 578/99, NZA 2001, 150.
181 BAG 17.7.2007, 9 AZR 103/07, DB 2008, 709.

cc. Rechtsfolge: Schadensersatz

Hat die eine Vertragspartei schuldhaft die Ursache für die vorzeitige Lösung **381**
des Ausbildungsverhältnisses gesetzt, ist diese zum **Schadensersatz** verpflichtet. Es ist der Schaden zu ersetzen, der infolge der vorzeitigen Beendigung des Ausbildungsverhältnisses entsteht. Maßgebend ist der **Vergleich
des vorzeitig beendeten mit einem ordnungsgemäß erfüllten Ausbildungsverhältnis.**[182]

Ist der **Ausbildende ersatzpflichtig,** kann der Auszubildende Ersatz des **382**
Schadens verlangen, der ihm durch die vorzeitige Lösung des Ausbildungsverhältnisses entstanden ist. Der Schadensersatzanspruch des Auszubildenden ist ein **Bruttoanspruch**. Dieser ist aus der Differenz zwischen der erzielten Bruttovergütung und der Bruttovergütung zu ermitteln, die ohne das
zum Schadensersatz verpflichtende Verhalten in der maßgeblichen Zeit erzielt worden wäre.

Ungeachtet der besonderen Funktionen der **Ausbildungsvergütung** hat der **383**
zum Schadensersatz verpflichtete Ausbildende dem Auszubildenden die
Ausbildungsvergütung bis zur Aufnahme einer neuen Ausbildung oder eines
Arbeitsverhältnisses weiterzuzahlen.[183] Kommt es erst später zur Begründung eines neuen Ausbildungsverhältnisses, hat der ersatzpflichtige Ausbildende auch die Ausbildungsvergütung bis zur Aufnahme einer neuen Ausbildung zu zahlen und zudem etwaige **Vergütungsdifferenzen** zwischen der
alten und neuen Ausbildungsvergütung, jedenfalls soweit diese dadurch verursacht sind, dass der Auszubildende erst zu einem späteren Zeitpunkt Anspruch auf die steigende Ausbildungsvergütung (§ 17 Abs. 1 Satz 2 BBiG)
hat. Der Auszubildende muss sich auf den Ersatzanspruch **anderweitigen
Verdienst anrechnen lassen.**[184]

Kann der Auszubildende wegen der Vertragsauflösung und der notwendigen **384**
Neubegründung eines Ausbildungsverhältnisses die **Ausbildung erst später
beenden,** kann der ersatzpflichtige Ausbildende auch den Ausgleich der Ver-
gütungsdifferenz zur entsprechenden Facharbeitervergütung, die der Auszubildende erst verspätet erzielen konnte, verlangen. Das setzt aber voraus,
dass der ehemalige Auszubildende belegen kann, dass er bei regulärer Ver-
tragsdurchführung aufgrund der Arbeitsmarktsituation und seiner Qualifikation auch bereits früher als gelernte Fachkraft oder als Geselle eingestellt
worden wäre. Der dem Auszubildenden zu ersetzende Schaden umfasst je-

---

182 BAG 16. 7. 2013, 9 AZR 784/11, Rn. 40, NZA 2013, 1202; BAG 17. 7. 2007, 9 AZR
     103/07, DB 2008, 709; BAG 8. 5. 2007, 9 AZR 527/06, NJW 2007, 3594; BAG
     17. 8. 2000, 8 AZR 578/99, NZA 2001, 150.
183 BAG 16. 7. 2013, 9 AZR 784/11, Rn. 40, NZA 2013, 1202.
184 BAG 16. 7. 2013, 9 AZR 784/11, Rn. 30, NZA 2013, 1202.

doch **keine Abfindung** (entsprechend den §§ 9, 10 KSchG), da das Ausbildungsverhältnis kein Arbeitsverhältnis ist.[185]

385 Zum Schadensersatz gehören auch **Aufwendungen für die Begründung eines neuen Ausbildungsverhältnisses,** unter anderem die Bewerbungskosten (Portokosten, Aufwendungen für Kopien sowie Fahrtkosten für Vorstellungsgespräche, soweit sie nicht anderweitig erstattet werden). Ersatzpflichtig sind auch die **Mehrkosten,** die durch die Ausbildung an einem anderen Ort verursacht werden, auch soweit sie vor der rechtlichen Beendigung des alten Ausbildungsverhältnisses entstanden sind.[186]

386 Ist der **Auszubildende ersatzpflichtig,** kann der Ausbildende Ersatz der Aufwendungen verlangen, die er nach den Umständen für erforderlich halten durfte. Dazu gehören nicht die Aufwendungen für die ersatzweise Beschäftigung eines ausgebildeten Arbeitnehmers. Ausbildungs- und Arbeitsverhältnis können wegen der unterschiedlichen Pflichtenbindung nicht gleichgesetzt werden.[187]

387 Der Ausbildende kann auch keinen Schadensersatz mit der Begründung verlangen, die bis dahin erbrachte Arbeitsleistung entspreche nicht der Ausbildungsvergütung, weil Arbeitsleistung und Vergütung im Ausbildungsverhältnis nicht im Austauschverhältnis stehen. Zu den vom Auszubildenden zu erstattenden Aufwendungen können solche gehören, die dem Ausbildenden durch den Abschluss eines neuen Ausbildungsvertrages entstehen. **Inseratskosten** können nur verlangt werden, wenn sie auch bei einem rechtmäßigen Alternativverhalten des Auszubildenden entstanden wären.[188]

j.   Weiterarbeit nach Ende der Ausbildung

aa.   Grundsatz: Kein Anspruch auf Übernahme in ein Arbeitsverhältnis

388 Nach Ende des Ausbildungsverhältnisses besteht grundsätzlich **kein Anspruch auf Übernahme** in ein Arbeitsverhältnis. § 24 BBiG stellt demgegenüber eine **Ausnahmeregelung** dar, die an die tatsächliche Weiterbeschäftigung über das Ende der Ausbildung hinaus anknüpft. In dem Fall wird, wenn es an abweichenden Vereinbarungen fehlt, das Zustandekommen eines Arbeitsverhältnisses fingiert. Ein weitergehender Schutz gilt für **Mandatsträger** (§ 78a BetrVG).

389 Ansonsten steht es den Arbeitsvertragsparteien frei, im Anschluss an die Ausbildung ein Arbeitsverhältnis zu vereinbaren. Möglich ist der Abschluss

---

185 BAG 16.7.2013, 9 AZR 784/11, NZA 2013, 1202.
186 BAG 11.8.1987, 8 AZR 93/85, NZA 1988, 93.
187 BAG 17.8.2000, 8 AZR 578/99, NZA 2001, 150.
188 Vgl. für das Arbeitsverhältnis: BAG 23.3.1984, 7 AZR 37/81, NZA 1984, 122.

eines unbefristeten, aber auch eines befristeten Arbeitsvertrages. Wird ein Arbeitsverhältnis vereinbart, besteht im betrieblichen Anwendungsbereich des § 23 KSchG für die weiterbeschäftigten Auszubildenden wegen der Anrechnung der Ausbildungszeit auf die Wartezeit des § 1 Abs. 1 KSchG bereits mit Beginn des Arbeitsverhältnisses **Kündigungsschutz.** Auch die Wartezeit des § 3 Abs. 3 EFZG für die Entstehung des Anspruchs auf Entgeltfortzahlung im Krankheitsfall muss von einem (ehemaligen) Auszubildenden, der unmittelbar im Anschluss an die Berufsausbildung als Arbeitnehmer weiterbeschäftigt wird, nicht erneut erfüllt werden. Vielmehr wird die vorherige Zeit der Berufsausbildung auf die Wartezeit angerechnet.[189]

Für die Vereinbarung eines **befristeten Arbeitsvertrages** im Anschluss an die Berufsausbildung gelten die allgemeinen arbeitsrechtlichen Vorschriften des Teilzeit- und Befristungsgesetzes (TzBfG). Zu beachten ist, dass die Befristung eines Arbeitsvertrages zu ihrer Wirksamkeit der Schriftform bedarf (§ 14 Abs. 4 TzBfG). Auszubildende können nach Ende der Ausbildung auch befristet ohne Sachgrund für die Dauer von maximal zwei Jahren eingestellt werden (§ 14 Abs. 2 Satz 1 TzBfG). Zwar ist eine Befristung ohne Sachgrund unzulässig, wenn bereits zuvor ein »Arbeitsverhältnis« bestanden hat (§ 14 Abs. 2 Satz 2 TzBfG). Ein Berufsausbildungsverhältnis ist aber kein Arbeitsverhältnis im Sinne des § 14 Abs. 2 Satz 2 TzBfG.[190] Allerdings muss der befristete Vertrag spätestens am Tag nach Beendigung des Ausbildungsverhältnisses unter Beachtung der Schriftform des § 14 Abs. 4 TzBfG begründet werden. Bei tatsächlicher Weiterbeschäftigung ohne schriftliche Befristungsvereinbarung greift ansonsten die Fiktion des § 24 BBiG und es gilt ein unbefristetes Arbeitsverhältnis als begründet.

390

Bisweilen sehen **Regelungen in Tarifverträgen** eine zumindest zeitlich befristete »**Übernahmegarantie**« vor.[191] Diese sind jedoch stets hinsichtlich ihrer **Anspruchsqualität** zu überprüfen. Tarifliche Regelungen, die vorsehen, dass der Ausbildende in einem bestimmten Zeitraum vor dem Ende der Ausbildung dem Auszubildenden eine schriftliche Mitteilung zu machen hat, ob er ihn nach Beendigung des Ausbildungsverhältnisses in ein Arbeitsverhältnis übernehmen will, begründen keine vertragliche Bindung auf Abschluss eines Arbeitsvertrages.[192] Tarifverträge, die »im Grundsatz« eine Übernahme in ein Arbeitsverhältnis nach erfolgreich bestandener Abschlussprüfung »für mindestens sechs Monate« vorsehen, verpflichten den Arbeitgeber nach der Rechtsprechung des Bundesarbeitsgerichts lediglich, dem Auszu-

391

---

189 BAG 20. 8. 2003, 5 AZR 436/02, NZA 2004, 205.
190 BAG 21. 9. 2011, 7 AZR 375/10, NZA 2012, 255.
191 Vgl. zur tariflichen Praxis *Bispinck/Schweizer/Kirsch* WSI-Mitteilungen 2002, 213 ff.
192 BAG 5. 4. 1984, 2 AZR 513/82, NZA 1985, 329; BAG 30. 11. 1984, 7 AZR 539/83, DB 1985, 2304.

bildenden die Übernahme in ein sich unmittelbar anschließendes Arbeitsverhältnis für die Dauer von sechs Monaten anzubieten, sofern kein tariflicher Ausnahmetatbestand gegeben ist.[193] Die Nichterfüllung dieser Pflicht
kann den Arbeitgeber zum Schadensersatz verpflichten, die allerdings nur
auf Entschädigung in Geld geht und nicht auf tatsächliche Übernahme in ein
Arbeitsverhältnis, das erst später beginnt.[194]

bb. Tatsächliche Weiterbeschäftigung

392 Werden Auszubildende **im Anschluss** an das Ausbildungsverhältnis **tatsächlich weiter beschäftigt**, ohne dass ausdrücklich etwas vereinbart worden
ist, so gilt ein **Arbeitsverhältnis** auf unbestimmte Zeit als begründet (§ 24
BBiG). Davon ist auszugehen, wenn der Auszubildende an dem Arbeitstag,
der auf die rechtliche Beendigung des Ausbildungsverhältnisses folgt, im Betrieb erscheint und auf Weisung oder mit Wissen und Willen des Arbeitgebers (ehemaligen Ausbildenden) oder einer zur Vertretung berechtigten Person tätig wird.[195] Da der Auszubildende tatsächlich beschäftigt werden muss,
reicht das Anbieten der Arbeitskraft, ohne dass tatsächlich Arbeitsleistung
erbracht wird, nicht aus. Erforderlich ist die Beschäftigung »im Anschluss«
an das Ausbildungsverhältnis, also **ohne zeitliche Unterbrechung.** Eine Unterbrechung ist etwa gegeben im Falle der Nichtarbeit aufgrund Arbeitsunfähigkeit infolge Erkrankung. Deshalb führt eine Weiterarbeit erst nach
Ende der Arbeitsunfähigkeit nicht zur Fiktion des § 24 BBiG.

393 Die Tätigkeit muss **mit Wissen des Ausbildenden/Arbeitgebers** erfolgen
oder einer Person, die Vertretung berechtigt ist. Diese Person muss auch
Kenntnis davon haben, dass die Beschäftigung im Anschluss an das Ausbildungsverhältnis erfolgt, also dass das Ausbildungsverhältnis beendet ist. Da
beim Bestehen der Abschlussprüfung auf die Bekanntgabe des Ergebnisses
durch den Prüfungsausschuss abgestellt wird (§ 21 Abs. 2 BBiG), reicht es,
wenn der Ausbildende durch eine Nachfrage bei der zuständigen Stelle vom
Bestehen der Prüfung erfährt. Hat der Ausbildende keine Kenntnis von der
Bekanntgabe des Ergebnisses der Abschlussprüfung und damit der Beendigung des Ausbildungsverhältnisses, tritt die Fiktion des § 24 BBiG mangels
Kenntnis vom Ende der Ausbildung nicht ein.

394 Da § 37 Abs. 2 Satz 2 BBiG den Ausbildenden einen Anspruch gegen die zuständige Stelle auf Übermittlung der Prüfungsergebnisse gibt, ist allerdings
zu erwägen, die fahrlässige Unkenntnis vom Bestehen der Abschlussprüfung
der Kenntnis gleichzustellen. Erlangt der Ausbildende oder sein Vertreter

---

193 BAG 14. 5. 1997, 7 AZR 159/96, NZA 1998, 50; BAG 14. 10. 1997, 7 AZR 298/96,
     NZA 1998, 775.
194 BAG 14. 10. 1997, 7 AZR 811/96, NZA 1998, 778.
195 BAG 8. 2. 1978, 4 AZR 552/76, BB 1978, 713.

erst nach Aufnahme der Arbeit vom Ende der Ausbildung aufgrund vorzeitigen Bestehens der Abschlussprüfung Kenntnis, muss er der Weiterbeschäftigung **unverzüglich widersprechen,** um die Folgen des § 24 BBiG abzuwenden. Der Widerspruch kann auch schon vor dem Ende des Ausbildungsverhältnisses erfolgen.

Bei **juristischen Personen** (wie einer GmbH) ist bei der Kenntnis von der tatsächlichen Beschäftigung auf die vertretungsberechtigten natürlichen Personen abzustellen. Neben dem Geschäftsführer sind das alle Personen, die personalrechtliche Befugnisse haben, also zur Einstellung von Arbeitnehmer befugt sind. Die Kenntnis eines Vorgesetzten, der keine personalrechtlichen Befugnisse hat, reicht nicht.[196]   **395**

Die Weiterbeschäftigung muss erfolgen, »ohne dass hierüber ausdrücklich etwas vereinbart worden ist«. Liegt eine »Vereinbarung« über die Weiterbeschäftigung vor, geht diese der Fiktion des § 24 BBiG vor. Vom Grundsatz her unproblematisch sind Vereinbarungen **innerhalb der letzten sechs Monate vor Ende der Ausbildung** und auch nach Ende der Ausbildung über die Begründung eines Arbeitsverhältnisses im Anschluss an die Ausbildung (vgl. § 12 Abs. 1 Satz 2 BBiG). Möglich ist dabei der Abschluss eines unbefristeten, aber auch eines befristeten Arbeitsvertrages. Für die **Befristung** im Anschluss an die Berufsausbildung gelten die allgemeinen arbeitsrechtlichen Vorschriften des Teilzeit- und Befristungsgesetzes. Allerdings muss der befristete Vertrag vor der tatsächlichen Arbeitsaufnahme nach Beendigung der Ausbildung unter Beachtung der Schriftform des § 14 Abs. 4 TzBfG vereinbart sein. Erfolgt die tatsächliche Weiterbeschäftigung, ohne dass eine wirksame schriftliche Befristungsvereinbarung vorliegt, greift ansonsten die Fiktion des § 24 BBiG und es gilt ein unbefristetes Arbeitsverhältnis als begründet.   **396**

Die Fiktion des § 24 BBiG greift nicht, wenn sich aus den Erklärungen einer Vertragspartei ergibt, dass die Begründung eines Arbeitsverhältnisses nicht gewollt ist, so bei einem (unverzüglichen) **Widerspruch** des Ausbildenden gegen die Weiterbeschäftigung. Der Widerspruch kann auch schon vor dem Ende des Ausbildungsverhältnisses erfolgen. Erklärt der Ausbildende bereits vor der Abschlussprüfung, dass der Auszubildende nach dem Ende der Ausbildungszeit nicht weiterbeschäftigt werden könne oder dass man sich nach der Abschlussprüfung vom Auszubildenden trennen wolle, liegt darin ein Widerspruch, der der Begründung eines Arbeitsverhältnisses nach § 24 BBiG entgegensteht. Eine Erklärung des Ausbildenden, er lehne eine Übernahme des Auszubildenden ab, sei aber bereit, diesen aus sozialen Gründen für eine begrenzte Zeit weiter zu beschäftigen, ist als Widerspruch gegen das Zustandekommen eines unbefristeten Arbeitsverhältnisses anzusehen, mit   **397**

---

196 Vgl. zur vergleichbaren Regelung bei § 625 BGB: BAG 24.10.2001, 7 AZR 620/00, NZA 2003, 153.

dem aber zugleich der Abschluss eines befristeten Arbeitsvertrages angeboten wird. Eine solche Befristungsvereinbarung bedarf der Schriftform (§ 14 Abs. 4 TzBfG). Fehlt es an der Schriftform, kommt ein unbefristetes Arbeitsverhältnis zustande (§ 16 Satz 1 TzBfG).

398 Liegen die dargestellten Voraussetzungen des § 24 BBiG vor, gilt ein Arbeitsverhältnis auf unbestimmte Zeit als begründet. Es kommt also ein **unbefristetes Arbeitsverhältnis** zustande, und zwar zu den in der Branche üblichen Bedingungen oder bei Tarifbindung zu den im Tarifvertrag geregelten Bedingungen. Bei der Höhe der Arbeitsvergütung gilt bei fehlender Tarifbindung § 612 BGB. Danach ist die »übliche« Vergütung geschuldet, also im Regelfall die tarifliche Vergütung. Im Normalfall kommt ein unbefristetes **Vollzeitarbeitsverhältnis** zustande. Soll das Arbeitsverhältnis als Teilzeitarbeitsverhältnis begründet werden, bedarf es einer ausdrücklichen Vereinbarung. Wird der bisherige Auszubildende allerdings auf einer **Teilzeitstelle** und auch nur in diesem Umfange tatsächlich weiterbeschäftigt, gilt nur ein Teilzeitarbeitsverhältnis nach § 24 BBiG als begründet. Im betrieblichen Anwendungsbereich des Kündigungsschutzgesetzes (KSchG) besteht für den weiterbeschäftigten Auszubildenden wegen der Anrechnung der Ausbildungszeit auf die Wartezeit des § 1 Abs. 1 KSchG bereits mit Beginn des Arbeitsverhältnisses **Kündigungsschutz.**

k. Andere Vertragsverhältnisse

399 Das Berufsbildungsgesetz enthält in § 26 BBiG eine Sonderregelung für »andere Vertragsverhältnisse«. Demnach gilt § 26 BBiG für Personen, die eingestellt werden, um berufliche Fertigkeiten, Kenntnisse, Fähigkeiten oder berufliche Erfahrungen zu erwerben, ohne dass es sich um eine Berufsausbildung im Sinne des Berufsbildungsgesetzes handelt. Für Berufsausbildungsverhältnisse gilt das Berufsbildungsgesetz nämlich unmittelbar. Dazu gehört sowohl die Berufsausbildungsvorbereitung (§ 68 BBiG) wie auch die betriebliche Einstiegsqualifizierung, die durch die Bundesagentur für Arbeit finanziell gefördert werden kann und der Vorbereitung auf einen anerkannten Ausbildungsberuf dient (§ 54a SGB III).

400 Ein anderes Vertragsverhältnis besteht nach dem Eingangssatz von § 26 BBiG *nicht,* wenn die Parteien ein Arbeitsverhältnis vereinbart haben. In dem Fall gelten unmittelbar die arbeitsrechtlichen Normen. § 26 BBiG gilt deshalb nur für solche Personen, die sich nicht wie in einem Arbeitsverhältnis überwiegend zur Leistung von Arbeit nach Weisung des Arbeitgebers verpflichtet haben, sondern bei denen der **Ausbildungs- oder Lernzweck** im Vordergrund steht.[197] Überwiegt die Pflicht, eine vertraglich geschuldete Ar-

---

197 BAG 5. 12. 2002, 6 AZR 216/01, DB 2004, 141.

beitsleistung zu erbringen, geht es um ein Arbeitsverhältnis und nicht um ein anderes Vertragsverhältnis im Sinne des § 26 BBiG.[198] Überwiegt der Ausbildungszweck, ohne dass es um eine Berufsausbildung (§ 1 Abs. 1 BBiG) geht, wird das Vertragsverhältnis von § 26 BBiG erfasst. Steht die Arbeitsleistung und nicht der Ausbildungszweck im Vordergrund, liegt ein Arbeitsverhältnis vor. Das bedeutet, die allgemeinen arbeitsrechtlichen Normen finden Anwendung.

Bei diesen anderen Vertragsverhältnissen geht es um die Rechtsverhältnisse von Anlernlingen, Praktikanten oder Volontären. **Anlernlinge** sind Personen, die in einem engeren Fachgebiet eine Spezialausbildung erhalten. In Abgrenzung zu Auszubildenden ist die Ausbildung des Anlernlings kürzer, seine persönliche Anbindung an den Ausbildenden geringer. Geht es um die **Einarbeitung** auf einen bestimmten Arbeitsplatz, liegt ein Arbeitsverhältnis vor und kein Vertragsverhältnis im Sinne des § 26 BBiG. Die **Ausbildung für einen anerkannten Ausbildungsberuf** darf nur nach der Ausbildungsordnung vorgenommen werden (§ 4 Abs. 2 BBiG). Das hat zur Folge, das für einen anerkannten Ausbildungsberuf die Ausbildung zwingend in einem Berufsausbildungsverhältnis stattzufinden hat, es dürfen keine anderen Vertragsverhältnisse, ein »Anlernvertrag« oder Ähnliches, vereinbart werden. Gleichwohl vereinbarte **Anlernverträge** für einen anerkannten Ausbildungsberuf sind entsprechend den Regeln über das Arbeitsverhältnis auf fehlerhafter Vertragsgrundlage (faktisches Arbeitsverhältnis) wie ein Arbeitsverhältnis zu behandeln, mit den entsprechenden vergütungs- rechtlichen Konsequenzen (ortsübliche Vergütung wie im Arbeitsverhältnis, § 612 Abs. 2 BGB).[199]

401

Praktikanten sind Personen, die sich, ohne eine systematische Berufsausbildung zu praktizieren, einer bestimmten betrieblichen Tätigkeit und Ausbildung im Rahmen einer anderweitigen Gesamtausbildung unterziehen. Ist die praktische Ausbildung **Teil eines Hochschul- oder Universitätsstudiums,** findet § 26 BBiG *keine* Anwendung.[200] § 26 BBiG findet auch keine Anwendung auf das **Betriebs- oder Schülerpraktikum.** Solche Praktika werden nach Erlassen der Schulverwaltungen in allen Bundesländern ausgeführt. Es sind letztlich Schulveranstaltungen, die in dem Betrieb als Unterrichtsort abgehalten werden und die weder ein Ausbildungs-, noch ein Beschäftigungsverhältnis des Schülers zu dem Betriebsinhaber begründen. Die Einzelheiten der mit der Ausführung verbundenen Pflichten und Rechtsbeziehungen ergeben sich aus dem Schulrecht und aus den für Betriebsprak-

402

---

198 BAG 1. 12. 2004, 7 AZR 129/04, NZA 2005, 779.
199 BAG 27. 7. 2010, 3 AZR 317/08, DB 2011, 943.
200 BAG 25. 3. 1981, 5 AZR 353/79, NJW 1981, 2534, BAG 19. 6. 1974, 4 AZR 436/73, DB 1974, 1920.

tika erlassenen Richtlinien.[201] Von Bedeutung ist die Abgrenzung zum »verschleierten« Arbeitsverhältnis. Ist der »Praktikant« nach der tatsächlichen Handhabung des Vertrages als Arbeitnehmer in das betriebliche Geschehen eingegliedert und unterliegt er faktisch wie ein Arbeitnehmer einem Weisungsrecht des Vertragspartners, ist er als Arbeitnehmer anzusehen. Das hat zur Folge, dass alle arbeitsrechtlichen Schutznormen zu seinen Gunsten anzuwenden sind.[202]

403   **Volontäre** sind Personen, die sich gegenüber dem Vertragspartner (als Quasi-Ausbildenden) zur Leistung von Diensten verpflichten, während sich der Vertragspartner zur Ausbildung verpflichtet, ohne dass mit der Ausbildung eine vollständig abgeschlossene Fachausbildung in einem anerkannten Ausbildungsberuf beabsichtigt ist. **Volontäre** können in einem Arbeitsverhältnis beschäftigt werden, aber auch in einem anderen Vertragsverhältnis (§ 26 BBiG). Ein Volontariat als anderes Vertragsverhältnis (§ 26 BBiG) besteht, wenn aufgrund des Ausbildungsvertrages oder einschlägiger tariflicher Vorschriften ein geordneter Ausbildungsgang vorgeschrieben ist und die Dauer der Ausbildung der gesetzlichen Mindestanforderung für staatlich anerkannte Ausbildungsberufe von mindestens zwei Jahren entspricht.[203]

404   Besteht ein anderes Vertragsverhältnis im Sinne des § 26 BBiG, geht das Gesetz von einem Schutzbedürfnis der betreffenden Personen aus. Deshalb finden die Schutznormen für die Auszubildenden, d. h. die §§ 10 bis 23 und 25 BBiG, mit bestimmten Maßgaben Anwendung. Daraus folgt unter anderem, dass Vereinbarungen im Sinne des § 12 BBiG unwirksam sind, dass ein Zeugnisanspruch besteht, dass ein **Anspruch auf eine angemessene Vergütung** und auf Fortzahlung der Vergütung besteht oder dass eine Kündigung nur eingeschränkt nach § 22 BBiG zulässig ist. Für solche anderen Vertragsverhältnisse kann die Probezeit abgekürzt, auf die Vertragsniederschrift verzichtet und bei vorzeitiger Lösung des Vertragsverhältnisses nach Ablauf der Probezeit abweichend von § 23 Abs. 1 Satz 1 BBiG Schadensersatz *nicht* verlangt werden. Die Regelung über das Weiterarbeiten nach dem Ende des Vertragsverhältnisses (§ 24 BBiG) findet ausdrücklich *keine* Anwendung. **Praktikanten** haben nach dem Mindestlohngesetz unter bestimmen Voraussetzungen einen **Anspruch auf den allgemeinen Mindestlohn** (§ 22 Abs. 1 MiLoG).[204]

---

201 Vgl. *Scherer,* NZA 1986, 284 ff.
202 Vgl. *Orlowski,* RdA 2009, 38 ff.
203 BAG 1. 12. 2004, 7 AZR 129/04, NZA 2005, 779.
204 Siehe zu den Einzelheiten *Lakies,* MiLoG, § 22 Rn. 25 ff.

5. Minderjährige im Arbeitsverhältnis

Begründen Minderjährige ein Arbeitsverhältnis, gelten neben den Sonder-regelungen des Jugendarbeitsschutzgesetzes zu ihren Gunsten sämtliche arbeitsrechtliche Schutzregelungen wie sie auch für Volljährige gelten, also etwa das Kündigungsschutzgesetz. Ungleichbehandlungen wegen des Alters sind insoweit untersagt. Für die **Höhe der Arbeitsvergütung** (des Lohns, des Gehalts) gilt, sofern keine Tarifverträge Anwendung finden, der Grundsatz der Vertragsfreiheit. Der **allgemeine Mindestlohn** gilt *nicht* für Minderjährige (§ 22 Abs. 2 MiLoG).

405

Gesetzestext mit Kommentar
Gesetz zum Schutze der arbeitenden Jugend
(Jugendarbeitsschutzgesetz – JArbSchG)

vom 12. 4. 1976 (BGBl. I S. 965), zuletzt geändert durch Artikel 13 des
Gesetzes zur Auflösung der Bundesmonopolverwaltung für Branntwein
und zur Änderung weiterer Gesetze (Branntweinmonopolverwaltung-
Auflösungsgesetz) vom 10. 3. 2017 (BGBl. I S. 420)

Erster Abschnitt
Allgemeine Vorschriften

§ 1 Geltungsbereich

(1) Dieses Gesetz gilt in der Bundesrepublik Deutschland und in der ausschließlichen Wirtschaftszone für die Beschäftigung von Personen, die
noch nicht 18 Jahre alt sind,
1. in der Berufsausbildung,
2. als Arbeitnehmer oder Heimarbeiter,
3. mit sonstigen Dienstleistungen, die der Arbeitsleistung von Arbeitnehmern oder Heimarbeitern ähnlich sind,
4. in einem der Berufsausbildung ähnlichen Ausbildungsverhältnis.
(2) Dieses Gesetz gilt nicht
1. für geringfügige Hilfeleistungen, soweit sie gelegentlich
   a) aus Gefälligkeit,
   b) auf Grund familienrechtlicher Vorschriften,
   c) in Einrichtungen der Jugendhilfe,
   d) in Einrichtungen zur Eingliederung Behinderter erbracht werden,
2. für die Beschäftigung durch die Personensorgeberechtigten im Familienhaushalt.

Inhaltsübersicht	Rn.
1. Überblick	1
2. Räumlicher Anwendungsbereich	2
3. Persönlicher Anwendungsbereich	3– 5
4. Sachlicher Anwendungsbereich (»Beschäftigung« von Minderjährigen)	6–27
a. Arbeitnehmer, Heimarbeiter, sonstige Dienstleistungen	14–15
b. Berufsausbildung und ähnliche Ausbildungsverhältnisse	16–17
c. Keine Geltung für Selbstständige	18–20
d. Keine Geltung für »geringfügige Hilfeleistungen«	21–25
e. Keine Geltung bei Beschäftigung im Familienhaushalt	26–27

1. Überblick

1 § 1 als Eingangsnorm des Jugendarbeitsschutzgesetzes regelt den Geltungsbereich. Es beantwortet die Frage, wer vom Schutzbereich des Gesetzes erfasst wird und für welche Tätigkeitsbereiche es gilt oder für welche nicht. **Schutzzweck** des Gesetzes ist es, Kinder und Jugendliche vor Gefahren für ihre Gesundheit, Arbeitskraft und Entwicklung zu schützen, die von einer abhängigen Beschäftigung ausgehen können. Die zur Entwicklung der Persönlichkeit junger Menschen erforderliche Freizeit soll trotz Berufstätigkeit oder Ausbildung gewährleistet werden.[1]

2. Räumlicher Anwendungsbereich

2 Das Jugendarbeitsschutzgesetz ist anwendbar auf dem Gebiet der **Bundesrepublik Deutschland.** Jede Beschäftigung eines Kindes oder Jugendlichen auf dem Gebiet der Bundesrepublik wird erfasst. Auf die Staatsangehörigkeit oder den Wohnsitz des Jugendlichen oder den Sitz des Unternehmens kommt es nicht an.[2] Bei einer Beschäftigung im Ausland gilt das Jugendarbeitsschutzrecht des jeweiligen Staates. Bei einer kurzfristigen **Entsendung** ins Ausland kann das deutsche Recht weiterhin anzuwenden sein.[3] Für die Mitgliedsstaaten der Europäischen Union gibt die **Jugendarbeitsschutzrichtlinie** 94/33/EWG vom 22.6.1994 Mindeststandards vor (Anhang Nr. 1).

Aufgrund einer ausdrücklichen Änderung des § 1 JArbSchG mit Wirkung seit dem 1.8.2013 durch das »Gesetz zur Umsetzung des Seearbeitsübereinkommens 2006 der Internationalen Arbeitsorganisation« vom 20.4.2013 (BGBl. I S. 868) gilt das Jugendarbeitsschutzgesetz auch in der **ausschließlichen Wirtschaftszone.** Als ausschließliche Wirtschaftszone (AWZ) wird nach dem Seerechtsübereinkommen (SRÜ) der Vereinten Nationen das Gebiet jenseits des Küstenmeeres bis zu einer Erstreckung von 200 Seemeilen (sm = 370,4 km) ab der Basislinie bezeichnet (daher auch 200-Meilen-Zone). Die 200-Meilen-Zone gehört nicht zum Staatsgebiet des jeweiligen Küstenstaates. Völkerrechtlich haben die jeweils angrenzenden Küstenstaaten lediglich bestimmte Hoheitsbefugnisse, wie das Recht zur wirtschaftlichen Ausbeutung einschließlich des Fischfangs, die Ausnutzung von Windkraft und die Errichtung künstlicher Inseln und Anlagen auf See.

Die Bundesrepublik Deutschland hat durch Proklamation vom 29.11.1994 (BGBl. II S. 3769) die Errichtung einer AWZ in der **Nord- und Ostsee** erklärt. Deutschland hat das Recht, in der AWZ stationäre Anlagen, zum Bei-

---

1 ErfK/*Schlachter* § 1 JArbSchG Rn. 1.
2 ErfK/*Schlachter* § 1 JArbSchG Rn. 2; HWK/*Tillmanns* § 1 JArbSchG Rn. 15.
3 ErfK/*Schlachter* § 1 JArbSchG Rn. 2; HWK/*Tillmanns* § 1 JArbSchG Rn. 16.

spiel **Bohrinseln** und **Offshore-Windenergieanlagen,** zu errichten und zu betreiben. Sofern dort Minderjährige beschäftigt werden, sind die Schutzvorschriften des Jugendarbeitsschutzgesetzes zu beachten.[4] Der Vollzug und die Kontrolle des Jugendarbeitsschutzgesetzes erfolgt in der AWZ durch die zuständigen Behörden der **Küstenländer.** Die Länder sind jeweils für den an ihr Küstenmeer angrenzenden Bereich der AWZ zuständig. Soweit es um die Nordsee geht, betrifft das die Länder Schleswig-Holstein und Niedersachsen, soweit es um die Ostsee geht, das Bundesland Mecklenburg-Vorpommern. Die auf Offshore-Anlagen tätigen Personen sind gegenüber den Besatzungsmitgliedern auf Schiffen der Küsten- und Hochseeschifffahrt abzugrenzen; für letztere gilt das Seearbeitsgesetz, nicht das Jugendarbeitsschutzgesetz (s. § 61 JArbSchG).

3. Persönlicher Anwendungsbereich

Das Jugendarbeitsschutzgesetz gilt für die Beschäftigung von Personen, die **3** noch nicht 18 Jahre alt sind (§ 1 Abs. 1 JArbSchG). Diese Personen werden im Allgemeinen unter den Oberbegriff der **Minderjährigen** erfasst (vgl. Einleitung Rn. 34 ff). Wer das 18. Lebensjahr vollendet hat, ist volljährig. Bei den Minderjährigen wird zwischen Kindern und Jugendlichen unterschieden. Wer Kind oder Jugendlicher ist, ergibt sich aus § 2 JArbSchG. Es gibt im Jugendarbeitsschutzgesetz keine Unterscheidung nach der Nationalität oder Staatsangehörigkeit. Das JArbSchG gilt für Kinder und Jugendliche deutscher oder ausländischer Herkunft oder Staatsangehörigkeit gleichermaßen.

Heranwachsende (Personen ab dem 18. bis zur Vollendung des 21. Lebens- **4** jahres, also junge Volljährige) fallen nach dem eindeutigen Wortlaut des § 1 *nicht* unter den Schutzbereich des Jugendarbeitsschutzgesetzes. Wollte man für diese Personengruppe spezielle Schutznormen schaffen, müsste das ausdrücklich geregelt werden.

Das Jugendarbeitsschutzgesetz verpflichtet **Arbeitgeber,** die Kinder oder Ju- **5** gendliche beschäftigen. Der Arbeitgeberbegriff, der sich aus § 3 JArbSchG ergibt, ist weiter gefasst als der allgemein vom Arbeitsrecht verwendete Arbeitgeberbegriff. Das folgt daraus, dass sich das Jugendarbeitsschutzgesetz nicht nur auf Arbeitsverhältnisse, sondern auf jede Form der abhängigen Beschäftigung bezieht.

---

4 Allgemein zum Arbeitsrecht in der AWZ: *Lunk/Hinze,* NVwZ 2014, 278 ff.

4. Sachlicher Anwendungsbereich (»Beschäftigung« von Minderjährigen)

6 Das Jugendarbeitsschutzgesetz gilt für die »Beschäftigung« von Minderjährigen. Die Arten der »Beschäftigung« werden in § 1 Abs. 1 Nr. 1 bis 4 JArbSchG aufgeführt. Es gilt für die Beschäftigung in einer Berufsausbildung, als Arbeitnehmer oder Heimarbeiter, mit sonstigen Dienstleistungen (die der Arbeitsleistung von Arbeitnehmern oder Heimarbeitern ähnlich sind) oder in einem der Berufsausbildung ähnlichen Ausbildungsverhältnis. Aufgrund beamtenrechtlicher Vorschriften gilt das Jugendarbeitsschutzgesetz auch für minderjährige **Beamte.** Für eine **Tätigkeit im Rahmen eines Bundesfreiwilligendienstes** ist das Jugendarbeitsschutzgesetz entsprechend anzuwenden, so ausdrücklich § 13 Abs. 1 Bundesfreiwilligendienstgesetz (BFDG).

Problematisch ist die Anwendbarkeit des JArbSchG auf **Volunteer-Programme bei Sportgroßveranstaltungen**. Volunteer-Programme sind integraler Bestandteil von Sportgroßveranstaltungen in Deutschland.[5] **Volunteers** sind Sportbegeisterte, die bei Sportgroßveranstaltungen Hilfs- und Unterstützungsleistungen erbringen. Sie werden auch als Freiwillige oder freiwillige Helfer bezeichnet. Die Volunteers wollen Teil der Veranstaltung sein, und zwar nicht als zahlender Zuschauer, sondern als Teil der Organisation. Die Veranstalter sind an der Beteiligung von Volunteers interessiert, da auf diese Weise umfangreiche Unterstützungsleistungen kostengünstig realisiert werden können. Die Tätigkeiten der Volunteers umfassen Hilfsleistungen in verschiedenen Veranstaltungsbereichen, von der Akkreditierung bis zu Zuschauerdiensten. Neben Sprachkenntnissen werden von den Veranstaltern vor allem Freundlichkeit, Hilfsbereitschaft, Belastbarkeit und Flexibilität erwartet. Obwohl die Volunteers für ihre Tätigkeit in der Regel lediglich Kleidung, Essensgutscheine und kostenfreie Nutzung des öffentlichen Personennahverkehrs erhalten, ist der Andrang bei Welt- und Europameisterschaften in vielen Sportarten groß. Die große Mehrzahl der Volunteers wird unter jungen Leuten rekrutiert.[6]

Volunteers sind **ehrenamtlich Tätige und keine Arbeitnehmer**. Nach § 1 Abs. 1 Nr. 3 JArbSchG gilt das JArbSchG jedoch nicht nur für Arbeitnehmer, sondern auch für **sonstige Dienstleistungen** (die der Arbeitsleistung von Arbeitnehmern oder Heimarbeitern ähnlich sind). Damit soll möglichst jede Form der Beschäftigung von Kindern und Jugendlichen erfasst werden. Die erforderliche Ähnlichkeit mit Dienstleistungen von Arbeitnehmern liegt vor, wenn das Kind oder der Jugendliche mit der Tätigkeit Arbeit im wirtschaftlichen Sinne im Interesse eines Dritten leistet. Ob die Dienstleistung

---

5 Vgl. dazu umfassend *Jedlitschka*, NZA-RR 2017, 513 ff.

6 *Jedlitschka*, NZA-RR 2017, 513.

ständig, gelegentlich oder nur vorübergehend erbracht wird oder bei freier Zeiteinteilung und ob eine Vergütung vereinbart ist, ist unerheblich. Eine gewisse Regelmäßigkeit, ein größerer Umfang und eine längere Dienstleistung, ebenso wie eine Vergütungsvereinbarung sprechen für eine Ähnlichkeit.[7] Anders als beim ArbZG für volljährige Volunteers ist der Schutz Minderjähriger nach dem JArbSchG weitergehend. Das JArbSchG stellt nicht nur auf ein Arbeitsverhältnis ab, sondern erweitert den Anwendungsbereich auch auf sonstige Dienstleistungen.[8] **Deshalb gilt das JArbSchG auch für sonstige Dienstleistungen und damit auch für Volunteers.**

Ziel des JArbSchG ist es, **sämtliche Formen abhängiger Beschäftigung** von Minderjährigen zu erfassen, so dass die Abgrenzung im Einzelnen nicht von praktischer Relevanz ist. Erfasst wird jede Arbeit, die dem **Weisungsrecht** einer anderen Person unterliegt und die in persönlicher Abhängigkeit erbracht wird.[9] Ob eine Bezahlung erfolgt oder nicht, ist für die Anwendung des Jugendarbeitsschutzgesetzes ohne Bedeutung.[10]   **7**

Abgestellt wird auf die »**Beschäftigung**«, so dass nicht der formelle Rechtsstatus entscheidend ist, sondern die tatsächliche Gestaltung.[11] Deshalb ist es für die Anwendung des Jugendarbeitsschutzgesetzes auch nicht erheblich, ob der Vertrag, der der Beschäftigung zugrunde liegt, rechtswirksam ist oder nicht. So werden auch faktische Arbeitsverhältnisse erfasst.[12]   **8**

Reine **Freizeitbeschäftigungen** (Spiel, Sport, Hobby) sind keine »Beschäftigung« im Sinne des § 1 JArbSchG. Tätigkeiten, die von Kindern oder Jugendlichen in **Vereinen, Verbänden** oder sonstigen Gruppen (Sportvereine, Chöre, Musikgruppen, Theatergruppen, Tanzvereine, Karnevalsvereine usw.), deren Mitglied sie sind, verrichtet werden, sind zulässig; ebenso die Teilnahme an sportlichen oder ähnlichen Wettkämpfen oder Austauschprogrammen.[13]   **9**

Wenn im Rahmen des Vereins- oder Verbandszwecks **öffentliche Veranstaltungen** abgehalten werden, sind diese noch als Freizeitbeschäftigungen anzusehen, die *nicht* unter das Jugendarbeitsschutzgesetz fallen. Das gilt auch, wenn dadurch Einnahmen erzielt werden, sofern diese dem Vereins- oder Verbandszweck zugute kommen. Was anderes gilt, wenn der **kommerzielle Charakter** der öffentlichen Veranstaltungen **im Vordergrund steht** oder diese einen erheblichen zeitlichen Umfang haben und eine Pflicht zur Mit-   **10**

---

7 *Jedlitschka*, NZA-RR 2017, 513, 516.

8 *Jedlitschka*, NZA-RR 2017, 513, 517.

9 *Molitor/Volmer/Germelmann* § 1 Rn. 46; HK-ArbR-*Poser* § 1 JArbSchG Rn. 5; ErfK/*Schlachter* § 1 JArbSchG Rn. 5; *Taubert* § 1 Rn. 6.

10 ErfK/*Schlachter* § 1 JArbSchG Rn. 4; *Taubert* § 1 Rn. 8.

11 ErfK/*Schlachter* § 1 JArbSchG Rn. 4; *Taubert* § 1 Rn. 11.

12 OLG Hamm 14. 8. 1987, 6 Ss OWi 445/86, AiB 1989, 267.

13 *Molitor/Volmer/Germelmann* § 1 Rn. 74; HK-ArbR-*Poser* § 1 JArbSchG Rn. 7; *Taubert* § 1 Rn. 10.

wirkung besteht, etwa bei kommerziellen Auftritten eines Kinderchors oder im Rahmen von Sponsoring-Veranstaltungen eines Sportvereins. In diesen Fällen findet das Jugendarbeitsschutzgesetz Anwendung.[14] Ein Auftritt von Kindern (§ 2 Abs. 1 JArbSchG) ist in solchen Fällen unzulässig, es sei denn, es liegt eine behördliche Ausnahmegenehmigung vor (§ 6 JArbSchG).

11 Aktivitäten im schulischen Zusammenhang fallen *nicht* unter das Jugendarbeitsschutzgesetz, wie etwa der **Schülerlotsendienst** oder wenn ein Schüler eine Arbeitsgemeinschaft für andere Schüler anbietet (zum Beispiel Schach-AG).

12 »Beschäftigung« meint ein **aktives Tun.** Ein passives Verhalten ist keine Beschäftigung, es sei denn, dass passive Verhalten ist gerade Zweck der Beschäftigung, wie bei Film- oder Fotoaufnahmen.[15] Werden Kinder lediglich für einen kurzen Zeitraum in ihrer natürlichen Umgebung bei ihren natürlichen Verhaltensweisen (zum Beispiel Spielen, Schlafen, Essen) fotografiert oder gefilmt, ist das zulässig. Etwas anderes gilt, wenn dieser Rahmen überschritten wird, wie bei gestellten Szenen, wenn Anweisungen zu befolgen sind, vorherige Proben abgehalten werden.[16] Besondere Bedeutung hat das bei Kindern (§ 2 Abs. 1 JArbSchG), bei denen eine Beschäftigung nur aufgrund behördlicher Ausnahmegenehmigungen zulässig ist (§ 6 JArbSchG), die aber für Kinder unter drei Jahren nicht erteilt werden darf.

13 Keine »Beschäftigung« im Sinne des Jugendarbeitsschutzgesetzes sind Tätigkeiten, die der **Religionsausübung** von Kindern oder Jugendlichen dienen, zum Beispiel Aktivitäten als Messdiener, das Musizieren und Singen sowie Hilfeleistungen im Gottesdienst und bei sonstigen religiösen Feiern, Wallfahrten oder Prozessionen.[17] Das ist mit dem durch das Grundgesetz garantierten Selbstbestimmungsrecht der Kirchen (Art. 140 GG, Art. 137 Abs. 3 WRV) und dem Recht auf ungestörte Religionsausübung (Art. 4 Abs. 2 GG) begründbar. Allerdings besteht das Selbstbestimmungsrecht der Kirchen und Religionsgemeinschaften »innerhalb der Schranken des für alle geltenden Gesetzes«, so dass das Jugendarbeitsschutzgesetz als allgemeingültiges Gesetz dem kirchlichen Selbstbestimmungsrecht durchaus Grenzen aufzuerlegen vermag. Tätigkeiten, die über die Religionsausübung im engeren Sinne hinausgehen, wie Sammlungen für karitative Zwecke, ehrenamtliche Arbeit mit kranken oder behinderten Menschen oder Beschäftigungen in kirchlichen Krankenhäusern oder Kindergärten, fallen in den Anwendungsbereich des Jugendarbeitsschutzgesetzes. Das ergibt sich im Umkehrschluss auch aus § 2 Abs. 1 Nr. 5 KindArbSchV (siehe Anhang), weil dort »Tätigkei-

---

14 HK-ArbR-*Poser* § 1 JArbSchG Rn. 8; *Taubert* § 1 Rn. 10.
15 *Molitor/Volmer/Germeimann* § 1 Rn. 69.
16 HK-ArbR-*Poser* § 1 JArbSchG Rn. 6.
17 *Molitor/Volmer/Germelmann* § 1 Rn. 78a; HK-ArbR-*Poser* § 1 JArbSchG Rn. 9.

ten bei nichtgewerblichen Aktionen und Veranstaltungen der Kirchen, Religionsgemeinschaften« ausdrücklich erwähnt werden.[18]

a. Arbeitnehmer, Heimarbeiter, sonstige Dienstleistungen

§ 1 Abs.1 Nr. 2 JArbSchG erwähnt ausdrücklich **Arbeitnehmer** und **Heimarbeiter** (§ 2 Abs. 2 HAG). In den Geltungsbereich des Jugendarbeitsschutzgesetzes einbezogen sind auch **sonstige Dienstleistungen,** die der Arbeitsleistung von Arbeitnehmern oder Heimarbeitern ähnlich sind (§ 1 Abs. 1 Nr. 3 JArbSchG). Damit soll jede Form abhängiger Beschäftigung in den Geltungsbereich des Jugendarbeitsschutzgesetzes mit einbezogen werden. Die »sonstigen Dienstleistungen« müssen der Arbeitsleistung von Arbeitnehmern oder Heimarbeitern »**ähnlich**« sein. Eine der Arbeitsleistung von Arbeitnehmern ähnliche Dienstleistung ist dann gegeben, wenn sie ebenso wie diese in abhängiger Stellung auf Weisung eines anderen erbracht wird und wenn mit ihr Arbeit im wirtschaftlichen Sinne im Interesse eines Dritten geleistet wird.[19] *Beispiele* sind das Austragen von Zeitungen oder die Arbeit in einem Reitstall wie das Ausmisten, Putzen und Füttern von Pferden bei einem privat-gewerblichen Anbieter (was anderes gilt, wenn solche Tätigkeiten im Zusammenhang mit einer Vereinsmitgliedschaft stehen; vgl. Rn. 9f.).

Auch die Teilnahme von Kindern und Jugendlichen an **Interviews, Talkshows, Talentwettbewerben, Casting-Shows, Doku-Soaps** sind solche sonstigen Dienstleistungen, jedenfalls wenn vertragliche Verpflichtungen bestehen oder Regieanweisungen oder Proben erfolgen.[20]

Bei **Sportlern** (zum Beispiel bei Lizenzspielern von Mannschaftssportarten, aber auch bei Individualsportarten, wie Schwimmen, Kunstturnen usw.) ist die Arbeitnehmereigenschaft normalerweise unproblematisch zu bejahen, wenn vertragliche Vereinbarungen bestehen und in irgendeiner Art und Weise ein Entgelt bezahlt wird, wobei dieses auch in Vergünstigungen bestehen oder **Naturalentgelt** sein kann, wie die kostenlose Überlassung von Schuhen, Trikots, Trainingsanzügen, sonstigen Kleidungsstücken, Sportgeräten, Smartphones usw.[21] Dasselbe gilt auch für Vertragsamateure.[22] Jedenfalls ist von einer »sonstigen Dienstleistung« im Sinne des § 1 Abs. 1 Nr. 3

14

---

18 HWK/*Tillmanns* § 1 JArbSchG Rn. 4.

19 OVG Münster 17. 2. 1986, 12 A 1453/85, NJW 1987, 1443.

20 HK-ArbR-*Poser* § 1 JArbSchG Rn. 16; HWK/*Tillmanns* § 1 JArbSchG Rn. 7.

21 Das gilt ebenfalls, wenn Vergütungen oder geldwerte Leistungen zugunsten der Eltern vereinbart werden. So kommt es vor, dass Familienmitglieder als Gegenleistung für Spielertransfers bei dem Verein beschäftigt werden oder Geld für einen Vereinswechsel erhalten; vgl. *Nesemann*, S. 43.

22 Vgl. *Weyand,* Der arbeitsrechtliche Schutz von Kindern und Jugendlichen im Sportbetrieb, S. 172, 177.

JArbSchG auszugehen, wenn die Minderjährigen in den Trainings- und Wettbewerbsbetrieb des Vereins oder ihrer Leistungszentren eingebunden sind oder bei der Teilnahme an (Sport-)Veranstaltungen mit einer wirtschaftlichen Zielsetzung oder kommerziellen Ausrichtung, etwa bei Veranstaltungen unter Beteiligung des Vereinssponsors oder bei einer Beteiligung an »Schaukämpfen«, die (auch mit »Naturalvergütung«) vergütet werden, oder bei Wettbewerben, die mit Antritts- und/oder Preisgeldern honoriert werden.[23]

Allgemein kann man sagen: Geht es auch (wenn auch untergeordnet) um die »Vermarktung« der sportlichen Betätigung, also um kommerzielle Interessen,[24] ist stets, wenn nicht von einem Arbeitsverhältnis, zumindest von einer »sonstigen Dienstleistung« im Sinne des § 1 Abs. 1 Nr. 3 JArbSchG auszugehen.[25] Das bedeutet, die Schutzvorschriften des Jugendarbeitsschutzgesetzes sind zu beachten, so das Verbot der Kinderarbeit (§ 5 JArbSchG) und die Regelungen zur Arbeitszeit, vor allem zur Nachtruhe (§ 14 JArbSchG). Das Verbot der Samstagsarbeit gilt allerdings bei Jugendlichen (§ 2 Abs. 2 JArbSchG) »beim Sport« nicht (§ 16 Abs. 2 Nr. 9 JArbSchG), ebenso wenig die Sonntagsruhe (§ 17 Abs. 2 Nr. 6 JArbSchG).

15 Betreiben die Personensorgeberechtigten ein selbstständiges Unternehmen (einen »**Familienbetrieb**«) und beschäftigen sie dort ihr Kind, findet das Jugendarbeitsschutzgesetz Anwendung. Das ist keine Beschäftigung im »Familienhaushalt«, die vom Jugendarbeitsschutzgesetz ausgenommen ist (vgl. Rn. 26).

b.   Berufsausbildung und ähnliche Ausbildungsverhältnisse

16 Das Jugendarbeitsschutzgesetz gilt auch ausdrücklich für die Beschäftigung in der **Berufsausbildung** und in **einem, der Berufsausbildung ähnlichen Ausbildungsverhältnis** (§ 1 Abs. 1 Nr. 1 und Nr. 4 JArbSchG). »Berufsausbildung« meint die betriebliche Ausbildung in einem staatlich anerkannten Ausbildungsberuf, für die das Berufsbildungsgesetz Anwendung findet. Durch die »ähnlichen Ausbildungsverhältnisse« erfasst werden sämtliche Ausbildungsverhältnisse nach dem Berufsbildungsgesetz, auch die Berufsausbildungsvorbereitung (§ 1 Abs. 2, § 68 BBiG), theoretisch auch die beruf-

---

23 Vgl. *Weyand,* Der arbeitsrechtliche Schutz von Kindern und Jugendlichen im Sportbetrieb, S. 172, 179.

24 Das gilt auch, wenn ein Sportverein mit den Kindern oder Jugendlichen dessen »Vermarktung« vereinbart. Typischerweise vereinbaren die Vereine, dass der Sportler gegen Entgelt seine Vermarktungsrechte und das Recht an den Erlösen auf den Verein überträgt; vgl. *Nesemann,* S. 31.

25 So auch im Ergebnis, vor allem für sportliche Nachwuchsleistungszentren, *Nesemann,* S. 28–45.

liche Fortbildung oder berufliche Umschulung (§ 1 Abs. 3 und 4 BBiG), was allerdings vom Alter her kaum praktisch werden dürfte.

Unter § 1 Abs. 1 Nr. 4 JArbSchG (**einem der Berufsausbildung ähnlichen** **17** **Ausbildungsverhältnis**) fallen **Praktika** in Betrieben sowie **Volontariate** bei Zeitungen, Radio- oder Fernsehsendern, die berufliche Kenntnisse, Fertigkeiten und Erfahrungen vermitteln sollen, jedoch nicht durch eine schulische Ausbildung wie im normalen Ausbildungsverhältnis begleitet werden.[26] Zudem erfasst § 1 Abs. 1 Nr. 4 JArbSchG **Praxiszeiten,** die in schulische Bildungsgänge integriert sind, sowie die Ausbildung in Berufsbildungs- und Berufsförderungswerken und in Behindertenwerkstätten, soweit diese nicht nur gelegentliche, geringfügige Hilfeleistungen (§ 1 Abs. 2 JArbSchG) sind.[27] § 1 Abs. 1 Nr. 4 JArbSchG gilt auch auf die Beschäftigung von Schülern im Rahmen eines **Betriebspraktikums**.[28] Allerdings ist das Betriebspraktikum ausdrücklich vom Verbot der Kinderarbeit ausgenommen (§ 5 Abs. 2 Nr. 2 JArbSchG). Die »**Schnupperlehre**«, die Probearbeit vollzeitschulpflichtiger Schüler in einem Betrieb, die über das berufsbezogene Praktikum der Schulen hinausgeht, kann unter § 1 Abs. 1 Nr. 4 JArbSchG fallen. Geht es um Kinder, die der Vollzeitschulpflicht unterliegen, ist eine solche Beschäftigung – anders als ein Betriebspraktikum – verboten.[29]

c. Keine Geltung für Selbstständige

Da neben der Berufsausbildung und ähnlichen Ausbildungsverhältnissen **18** (Nr. 1 und Nr. 4) ausdrücklich auf »Arbeitnehmer« (Nr. 2) und »sonstige Dienstleistungen« abgestellt wird, die der Arbeitsleistung von Arbeitnehmern oder Heimarbeitern »ähnlich« sind (Nr. 4), wird die **selbstständige Tätigkeit** von Minderjährigen nach dem Willen des Gesetzgebers vom Schutzbereich des Jugendarbeitsschutzgesetzes ausdrücklich *nicht* erfasst. Bedeutung kann das im künstlerischen Bereich haben, wenn zum Beispiel ein Jugendlicher als selbstständiger Musiker auftritt.

Vereinzelt wird vertreten, die Nichtanwendung des Jugendarbeitsschutz- **19** gesetzes auf Selbstständige verstoße gegen den Gleichheitssatz (Art. 3 Abs. 1 GG).[30] Das Jugendarbeitsschutzgesetz ist ein Arbeitsschutzgesetz. Die sachliche Rechtfertigung für die Ungleichbehandlung von selbstständiger und unselbstständiger Beschäftigung wird darin gesehen, dass besondere Arbeitsschutznormen generell für die abhängige Beschäftigung geregelt werden, während das für die selbstständige Arbeit nicht für erforderlich erachtet

---

26 ErfK/*Schlachter* § 1 JArbSchG Rn. 11; HWK/*Tillmanns* § 1 JArbSchG Rn. 8.
27 ErfK/*Schlachter* § 1 JArbSchG Rn. 12; HWK/*Tillmanns* § 1 JArbSchG Rn. 8.
28 ErfK/*Schlachter* § 1 JArbSchG Rn. 12; HWK/*Tillmanns* § 1 JArbSchG Rn. 8.
29 OLG Hamm 14. 8. 1987, 6 Ss OWi 445/86, EzB JArbSchG § 5 Nr. 1.
30 *Salje,* DVBl. 1988, 135, 141.

wird.[31] Das ist insofern zu kurz gedacht, weil es nach dem Schutzzweck des Jugendarbeitsschutzgesetzes um den **Gesundheitsschutz von Minderjährigen** geht. Für diesen ist es aber nicht von Bedeutung, ob die Beschäftigung in unselbstständiger oder selbstständiger Tätigkeit erbracht wird.

20 Jedenfalls ist aber eine Beschäftigung vom Schutzbereich des Jugendarbeitsschutzgesetzes erfasst, die zwar **formal selbstständig, faktisch aber als Arbeitnehmer** ausgeübt wird. Insofern gilt nichts anderes wie im allgemeinen Arbeitsrecht für die Abgrenzung von selbstständiger und unselbstständiger Tätigkeit, also für die Frage, wer »Arbeitnehmer« ist.[32] Entscheidend ist nicht die formale Kennzeichnung eines Beschäftigungsverhältnisses als »Selbstständiger«, »freier Mitarbeiter« oder was auch immer, sondern der tatsächliche Vertragsinhalt. Wird nach den tatsächlichen Verhältnissen eine abhängige weisungsgebundene Tätigkeit ausgeübt, wird der betreffende Minderjährige vom Schutzbereich des Jugendarbeitsschutzgesetzes erfasst.

Für die Frage, wer als Arbeitnehmer tätig ist, gelten die allgemeinen Abgrenzungskriterien. **Arbeitnehmer** ist, wer aufgrund eines privatrechtlichen Vertrags im Dienste eines anderen zur Leistung weisungsgebundener, fremdbestimmter Arbeit in persönlicher Abhängigkeit verpflichtet ist.[33] Der Arbeitnehmer erbringt seine vertraglich geschuldete Leistung im Rahmen einer von Dritten vorgegebenen Arbeitsorganisation. Seine Eingliederung in die Arbeitsorganisation zeigt sich darin, dass er einem Weisungsrecht unterliegt, das Inhalt, Ausführung, Zeit, Dauer und Ort der Tätigkeit betreffen kann. Arbeitnehmer ist derjenige Mitarbeiter, der nicht im Wesentlichen frei seine Tätigkeit gestalten und seine Arbeitszeit bestimmen kann. Der Grad der persönlichen Abhängigkeit hängt dabei auch von der Eigenart der jeweiligen Tätigkeit ab. Letztlich kommt es für die Beantwortung der Frage, welches Rechtsverhältnis im konkreten Fall vorliegt, auf eine Gesamtwürdigung aller maßgebenden Umstände des Einzelfalls an. Der jeweilige Vertragstyp ergibt sich aus dem wirklichen Geschäftsinhalt. Die zwingenden gesetzlichen Regelungen für Arbeitsverhältnisse können nicht dadurch abbedungen werden, dass die Parteien ihrem Arbeitsverhältnis eine andere Bezeichnung geben. Der **objektive Geschäftsinhalt** ist den ausdrücklich getroffenen Vereinbarungen und der praktischen Durchführung des Vertrags zu entnehmen. Widersprechen sich Vereinbarung und tatsächliche Durchführung, ist Letztere maßgebend.[34]

---

31 ErfK/*Schlachter* § 1 JArbSchG Rn. 5.

32 Vgl. allgemein zum Arbeitnehmerbegriff *Deinert*, in: Kittner/Zwanziger/Deinert/ Heuschmid, § 3 Rn. 1 ff.

33 Vgl. nur BAG 14.6.2016, 9 AZR 305/15, Rn. 15, NZA 2016, 1453; BAG 11.8.2015, 9 AZR 98/14, Rn. 16, NZA-RR 2016, 288; BAG 29.8.2012, 10 AZR 499/11, Rn. 14, NZA 2014, 1433.

34 Vgl. nur BAG 14.6.2016, 9 AZR 305/15, Rn. 15, NZA 2016, 1453; BAG 11.8.2015, 9 AZR 98/14, Rn. 16, NZA-RR 2016, 288; BAG 15.2.2012, 10 AZR 301/10, Rn. 13, NZA 2012, 731.

Im Zusammenhang mit Änderungen bei der Leiharbeit und Werkverträgen wurde der Begriff des Arbeitnehmers in § 611a Abs. 1 BGB definiert.[35] Die Regelung hat – anknüpfend an die Rechtsprechung – folgenden Wortlaut: *Durch den Arbeitsvertrag wird der Arbeitnehmer im Dienste eines anderen zur Leistung weisungsgebundener, fremdbestimmter Arbeit in persönlicher Abhängigkeit verpflichtet. Das Weisungsrecht kann Inhalt, Durchführung, Zeit und Ort der Tätigkeit betreffen. Weisungsgebunden ist, wer nicht im Wesentlichen frei seine Tätigkeit gestalten und seine Arbeitszeit bestimmen kann. Der Grad der persönlichen Abhängigkeit hängt dabei auch von der Eigenart der jeweiligen Tätigkeit ab. Für die Feststellung, ob ein Arbeitsvertrag vorliegt, ist eine Gesamtbetrachtung aller Umstände vorzunehmen. Zeigt die tatsächliche Durchführung des Vertragsverhältnisses, dass es sich um ein Arbeitsverhältnis handelt, kommt es auf die Bezeichnung im Vertrag nicht an.*

d. Keine Geltung für »geringfügige Hilfeleistungen«

21 Ausgenommen vom Anwendungsbereich des Jugendarbeitsschutzgesetzes sind die in § 1 Abs. 2 Nr. 1 a) bis d) JArbSchG genannten **geringfügigen Hilfeleistungen,** soweit sie **gelegentlich** erbracht werden
- aus Gefälligkeit (Nr. 1 a) oder
- aufgrund familienrechtlicher Vorschriften (Nr. 1 b) oder
- in Einrichtungen der Jugendhilfe (Nr. 1 c) oder
- in Einrichtungen zur Eingliederung behinderter Menschen (§ 1 Abs. 2 Nr. 1 d).

22 Eine **Gefälligkeit** wird angenommen, wenn sie uneigennützig erfolgt und sie keine rechtliche Verpflichtung beinhaltet, zum Beispiel beim Einkaufen, Blumengießen, Nachhilfeunterricht oder Babysitten in der Nachbarschaft oder unter Verwandten. Der Umstand, dass häufig solche Gefälligkeiten mit »kleinen finanziellen Belohnungen« verbunden sind, macht aus der Gefälligkeit noch keine »Beschäftigung« im Sinne des § 1 Abs. 1 JArbSchG.[36] Eine solche »Gefälligkeit« ist aber nicht mehr anzunehmen, wenn der **kommerzielle Aspekt im Vordergrund** steht, wie bei Modeschauen, Talentwettbewerben, Casting-Shows und ähnlichen Veranstaltungen. In solchen Fällen fehlt es auch schon am Merkmal »geringfügige Hilfeleistung«.[37]

23 Gelegentliche geringfügige Hilfeleistungen aufgrund **familienrechtlicher Vorschriften** fallen nicht in den Anwendungsbereich des Jugendarbeitsschutzgesetzes. Das Kind ist, solange es dem elterlichen Hausstand angehört

---

35 Gesetz zur Änderung des Arbeitnehmerüberlassungsgesetzes und anderer Gesetze vom 21. 2. 2017 (BGBl. I S. 258), das am 1. 4. 2017 in Kraft getreten ist. Artikel 2 dieses Gesetzes regelte den neuen § 611a BGB.
36 ErfK/*Schlachter* § 1 JArbSchG Rn. 14.
37 HK-ArbR-*Poser* § 1 JArbSchG Rn. 20.

und von den Eltern erzogen oder unterhalten wird, verpflichtet, in einer seinen Kräften und seiner Lebensstellung entsprechenden Weise den Eltern in ihrem Hauswesen und Geschäft Dienste zu leisten (§ 1619 BGB).

24 Vom Anwendungsbereich des Jugendarbeitsschutzgesetzes sind auch gelegentliche geringfügige Hilfeleistungen ausgenommen, die in **Einrichtungen der Jugendhilfe** erbracht werden. Diese ergeben sich aus dem SGB VIII. Gemeint sind damit unter anderem Heime, betreute Wohngruppen, Jugendfreizeitheime, Tageseinrichtungen, Schullandheimen.[38]

25 Vom Anwendungsbereich des Jugendarbeitsschutzgesetzes sind auch gelegentliche geringfügige Hilfeleistungen ausgenommen, die in **Einrichtungen zur Eingliederung Behinderter** erbracht werden. Gemeint sind damit vor allem Behindertenwerkstätten und Berufsförderungswerke.[39]

e. Keine Geltung bei Beschäftigung im Familienhaushalt

26 Ausgenommen vom Anwendungsbereich des Jugendarbeitsschutzgesetzes ist die **Beschäftigung durch die Personensorgeberechtigten im Familienhaushalt** (§ 1 Abs. 2 Nr. 2 JArbSchG). Gemeint sind Hilfen im Haushalt wie Abwaschen, Einkaufen, Putzen, Rasenmähen. Das Jugendarbeitsschutzgesetz gilt aber nur dann nicht, wenn die Beschäftigung im »**Familienhaushalt**« erfolgt. Betreiben die Personensorgeberechtigten ein selbstständiges Unternehmen (einen »Familienbetrieb«) und beschäftigen sie dort ihr Kind, findet das Jugendarbeitsschutzgesetz Anwendung. Eine Beschäftigung im »Familienhaushalt« liegt auch nicht vor, wenn der Personensorgeberechtigte zu Hause einer Erwerbstätigkeit nachgeht und die Kinder hier mitarbeiten müssen (»Familien-Heimarbeit«). Nach der Gesetzesbegründung soll unter dem Begriff »Familienhaushalt« in der Landwirtschaft »Haus und Hof« zu verstehen sein.[40] Das ist mit dem Schutzzweck des Gesetzes kaum zu vereinbaren.

27 Erforderlich ist eine Beschäftigung durch die »**Personensorgeberechtigten**«. Das Personensorgerecht steht den leiblichen Eltern zu (§ 1626, § 1626a Abs. 1 BGB), und zwar normalerweise beiden Elternteilen gemeinsam. Bei der Adoption des Kindes übernehmen die Adoptiveltern das Sorgerecht (§ 1754 BGB). Bei Trennung oder Scheidung steht entweder beiden Elternteilen weiterhin gemeinsam das Sorgerecht zu oder aber das Familiengericht überträgt einem Elternteil das Sorgerecht (§ 1671 BGB), so dass der nicht sorgeberechtigte Elternteil in der Konsequenz auch das Jugendarbeits-

38 HK-ArbR-*Poser* § 1 JArbSchG Rn. 23.
39 HK-ArbR-Poser § 1 JArbSchG Rn. 24; ErfK/*Schlachter* § 1 JArbSchG Rn. 16.
40 BT-Drucks. 7/4544, S. 4.

schutzgesetz zu beachten hat[41] (vgl. im Einzelnen zum Begriff des Personensorgeberechtigten Einleitung Rn. 228 ff.).

§ 2 Kind, Jugendlicher

(1) Kind im Sinne dieses Gesetzes ist, wer noch nicht 15 Jahre alt ist.

**(2) Jugendlicher im Sinne dieses Gesetzes ist, wer 15, aber noch nicht
18 Jahre alt ist.**

**(3) Auf Jugendliche, die der Vollzeitschulpflicht unterliegen, finden die
für Kinder geltenden Vorschriften Anwendung.**

Inhaltsübersicht Rn.
1. Überblick 1
2. Definitionen 2–5
   a. Kind 2
   b. Jugendlicher 3
   c. Vollzeitschulpflichtige Jugendliche 4–5

1. Überblick

§ 2 JArbSchG definiert den Begriff des Kindes und den von Jugendlichen im 1
Sinne des Jugendarbeitsschutzgesetzes. Die Abgrenzung hat Bedeutung für
die zulässige Beschäftigung von Kindern einerseits (§ 5 bis § 7 JArbSchG)
und von Jugendlichen andererseits (§ 8 bis § 46 JArbSchG). Für Kinder ist
ergänzend die Verordnung über den Kinderarbeitsschutz (KindArbSchV)
vom 23. 6. 1998 (BGBl. I S. 1508) zu beachten, die im Anhang abgedruckt ist.

2. Definitionen

a. Kind

§ 2 Abs. 1 JArbSchG definiert als Kind, wer das 15. Lebensjahr noch 2
nicht vollendet hat. Die Beschäftigung von Kindern ist verboten (§ 5 Abs. 1
JArbSchG). Ausnahmen ergeben sich aus § 5 JArbSchG und der Kinderarbeitsschutzverordnung (siehe Anhang) sowie bei behördlichen Ausnahmebewilligungen (§ 6 JArbSchG). Danach sind **Ausnahmen vom Verbot der
Kinderarbeit** für Kinder bis zu drei Jahren nicht zulässig, für Kinder von
drei bis sechs Jahren nur aufgrund einer behördlichen Ausnahmebewilligung (§ 6 Abs. 1 JArbSchG) und für Kinder ab dem 13. Lebensjahr nach
Maßgabe des § 5 Abs. 3 JArbSchG.

---

41 ErfK/*Schlachter* § 2 JArbSchG Rn. 17.

b.   Jugendlicher

3   Jugendlicher ist, wer 15 Jahre alt ist, aber das 18. Lebensjahr noch nicht vollendet hat (§ 2 Abs. 2 JArbSchG). Mit dem 18. Geburtstag tritt die Volljährigkeit des Jugendlichen ein. Für Volljährige gelten nicht mehr die Schutzbestimmungen des Jugendarbeitsschutzgesetzes.

c.   Vollzeitschulpflichtige Jugendliche

4   Mit § 2 Abs. 3 JArbSchG sollen Doppelbelastungen von Jugendlichen, die der Vollzeitschulpflicht in Deutschland unterliegen, durch Schule und Erwerbstätigkeit verhindert werden.[42] Auf Jugendliche, die der Vollzeitschulpflicht unterliegen, finden die für Kinder geltenden Vorschriften Anwendung; diese Jugendlichen gelten quasi noch als Kinder im Sinne des Jugendarbeitsschutzgesetzes. Wann die **Vollzeitschulpflicht** beendet ist, richtet sich nach den Schulgesetzen der Bundesländer. Sie beträgt entweder neun Schuljahre, in Berlin, Brandenburg, Bremen, Nordrhein-Westfalen und Thüringen zehn Schuljahre.[43]

5   Nach Ende der Vollzeitschulpflicht endet der Schutz durch § 2 Abs. 3 JArbSchG. Dabei spielt es keine Rolle, ob der Jugendliche weiter zur Schule geht oder nicht. Er fällt ab diesem Zeitpunkt unter § 2 Abs. 2 JArbSchG und kann nach Maßgabe des § 7 JArbSchG einer Arbeit nachgehen.

§ 3   Arbeitgeber

Arbeitgeber im Sinne dieses Gesetzes ist, wer ein Kind oder einen Jugendlichen gemäß § 1 beschäftigt.

1   § 3 JArbSchG regelt, wer Arbeitgeber und damit nach dem Jugendarbeitsschutzgesetz verpflichtet ist. Arbeitgeber ist jede natürliche oder juristische Person, die mindestens ein Kind oder einen Jugendlichen nach § 1 JArbSchG »beschäftigt«. Da auf die tatsächliche Beschäftigung abgestellt wird, kommt es nicht darauf an, ob der Beschäftigung ein wirksamer Vertrag zugrunde liegt. Mit der Anknüpfung an dem Begriff der »Beschäftigung« ist der Arbeitgeberbegriff des Jugendarbeitsschutzgesetzes weiter gefasst als der im allgemeinen Arbeitsrecht. Es gilt ein **funktioneller Arbeitgeberbegriff:** Es kommt auf die tatsächliche Beschäftigung an, auf die tatsächliche Funktion im Verhältnis zum Kind oder Jugendlichen, nicht auf den Rechtsstatus. Arbeitgeber im Sinne des Jugendarbeitsschutzgesetzes ist der, der Kinder und

---

42 ErfK/*Schlachter* § 2 JArbSchG Rn. 3.
43 HK-ArbR-*Poser* § 2 JArbSchG Rn. 3; ErfK/*Schlachter* § 2 JArbSchG Rn. 3; HWK/ *Tillmanns* § 2 JArbSchG Rn. 2.

Jugendliche in einem Berufsausbildungsverhältnis oder in Heimarbeit beschäftigt oder sonst in einem abhängigen Beschäftigungsverhältnis beschäftigt.[44] Auch ein Arbeitnehmer, der sich von einem Kind oder Jugendlichen helfen lässt und hier Weisungen erteilt, ist Arbeitgeber im Sinne des Jugendarbeitsschutzgesetzes.[45]

Auch der Personalleiter, der Ausbildungsleiter, der Ausbilder oder der Betriebsleiter gilt als funktioneller Arbeitgeber im Sinne des Jugendarbeitsschutzgesetzes, wenn sie eine Weisungsbefugnis gegenüber dem Kind oder jugendlichen ausüben. Gleiches gilt für die vertretungsberechtigten Organe einer juristischen Person oder die Gesellschafter einer Personenhandelsgesellschaft.[46] In Leiharbeitsverhältnissen ist sowohl der Verleiher als auch der Entleiher Arbeitgeber im Sinne des Jugendarbeitsschutzgesetzes. Bei der Heimarbeit ist der Auftraggeber Arbeitgeber im Sinne des Jugendarbeitsschutzgesetzes. Gibt der Zwischenmeister die Heimarbeit an ein Kind oder einen Jugendlichen weiter, ist dieser ebenfalls Arbeitgeber im Sinne des Jugendarbeitsschutzgesetzes.

§ 4 Arbeitszeit

(1) Tägliche Arbeitszeit ist die Zeit vom Beginn bis zum Ende der täglichen Beschäftigung ohne die Ruhepausen (§ 11).

(2) Schichtzeit ist die tägliche Arbeitszeit unter Hinzurechnung der Ruhepausen (§ 11).

(3) Im Bergbau unter Tage gilt die Schichtzeit als Arbeitszeit. Sie wird gerechnet vom Betreten des Förderkorbs bei der Einfahrt bis zum Verlassen des Förderkorbs bei der Ausfahrt oder vom Eintritt des einzelnen Beschäftigten in das Stollenmundloch bis zu seinem Wiederaustritt.

(4) Für die Berechnung der wöchentlichen Arbeitszeit ist als Woche die Zeit von Montag bis einschließlich Sonntag zugrunde zu legen. Die Arbeitszeit, die an einem Werktag infolge eines gesetzlichen Feiertags ausfällt, wird auf die wöchentliche Arbeitszeit angerechnet.

(5) Wird ein Kind oder ein Jugendlicher von mehreren Arbeitgebern beschäftigt, so werden die Arbeits- und Schichtzeiten sowie die Arbeitstage zusammengerechnet.

Inhaltsübersicht Rn.
1. Überblick 1
2. Tägliche Arbeitszeit 2–11
3. Schichtzeit 12
4. Bergbau unter Tage 13

---

44 ErfK/*Schlachter* § 3 JArbSchG Rn. 1; NK-GA/*Taubert* § 3 JArbSchG Rn. 2.
45 OVG Münster 17. 2. 1986, 12 A 1453/85, NJW 1987, 1443.
46 HK-ArbR-*Poser* § 3 JArbSchG Rn. 1; ErfK/*Schlachter* § 3 JArbSchG Rn. 1.

5. Berechnung der wöchentlichen Arbeitszeit   14
6. Gesetzlicher Feiertag und Wochenarbeitszeit   15–17
7. Mehrere Arbeitgeber   18–20
8. Vergütungsrechtliche Konsequenzen   21–23

1. Überblick

1 § 4 JArbSchG definiert den für die nachfolgenden Vorschriften maßgeblichen Begriff der Arbeitszeit und damit im Zusammenhang stehende Begriffe. Unabhängig von dieser Begriffsdefinition im Jugendarbeitsschutzgesetz sind die Rechte des Betriebsrates zu sehen. Der **Betriebsrat** hat ein **Mitbestimmungsrecht** beim Beginn und Ende der täglichen Arbeitszeit (§ 87 Abs. 1 Nr. 2 BetrVG). Das umfasst auch Pausenregelungen und die Verteilung der Arbeitszeit auf die einzelnen Wochentage. Das Mitbestimmungsrecht bezieht sich auch auf die Einführung und konkrete Ausgestaltung verschiedener Arbeitszeitsysteme, wie Gleitzeit, Schichtarbeit, Arbeitszeitkonten. Für den **Personalrat** ergibt sich das Mitbestimmungsrecht aus § 75 Abs. 3 Nr. 1 BPersVG oder den Personalvertretungsgesetzen der Bundesländer.

2. Tägliche Arbeitszeit

2 Tägliche Arbeitszeit ist die Zeit vom Beginn bis zum Ende der täglichen Beschäftigung ohne die Ruhepausen (§ 4 Abs. 1 JArbSchG). Wegen der Ruhepausen wird auf § 11 JArbSchG verwiesen. Die Definition der Arbeitszeit entspricht § 2 Abs. 1 Satz 1 ArbZG. Die zulässige Dauer der täglichen Arbeitszeit folgt aus § 8 JArbSchG.

Klassischerweise wird im Arbeitszeitrecht unterschieden zwischen »Arbeitszeit« und »Ruhezeit«. Bei bestimmten Formen der Arbeit kann problematisch sein, ob diese zur »Arbeitszeit« gehören, so bei der Arbeitsbereitschaft, dem Bereitschaftsdienst und der Rufbereitschaft. Für die Abgrenzung ist nicht nur das deutsche Recht maßgeblich, sondern auch die Richtlinie 2003/88/EG des Europäischen Parlaments und des Rates vom 4. 11. 2003 über bestimmte Aspekte der Arbeitszeitgestaltung (Arbeitszeit-Richtlinie). Nach Art. 2 dieser Richtlinie ist »Arbeitszeit« jede Zeitspanne, während der ein Arbeitnehmer gemäß den einzelstaatlichen Rechtsvorschriften und/oder Gepflogenheiten arbeitet, dem Arbeitgeber zur Verfügung steht und seine Tätigkeit ausübt oder Aufgaben wahrnimmt. »Ruhezeit« ist jede Zeitspanne außerhalb der Arbeitszeit. Bei der Abgrenzung geht es darum, ob und inwieweit Zeiten der Arbeitsleistung oder der Nichtarbeit auf die Höchstarbeitszeit anzurechnen sind oder die Ruhezeit des Arbeitnehmers unterbrechen. **Nicht** zur Arbeitszeit gehören

- **Wegezeiten** (die der Arbeitnehmer verbringt, um von zu Hause zum Betrieb zu fahren und wieder zurück),[47]
- **Raucherpausen,**[48]
- **Ruhepausen** (§ 11 JArbSchG).[49]

Ob **Arbeitszeit** vorliegt, richtet sich nicht zwingend danach, ob der Jugendliche tatsächlich eine Arbeitsleistung erbringt oder beschäftigt wird, sondern danach, ob er sich an einem vom Arbeitgeber vorgegebenen Ort bereithalten muss, um gegebenenfalls Arbeitsleistung zu erbringen. Dazu zählt nicht nur die eigentliche **Tätigkeit**, sondern jede vom Arbeitgeber verlangte sonstige Tätigkeit oder Maßnahme, die mit der eigentlichen Tätigkeit oder der Art und Weise von deren Erbringung unmittelbar zusammenhängt.[50] Zur Arbeit zählt nicht nur jede Tätigkeit, die als solche der Befriedigung eines fremden Bedürfnisses dient, sondern auch eine vom Arbeitgeber veranlasste **Untätigkeit**, während derer der Arbeitnehmer am Arbeitsplatz oder einer vom Arbeitgeber bestimmten Stelle anwesend sein muss und nicht frei über die Nutzung des Zeitraums bestimmen kann, er also weder eine Pause (§ 11 JArbSchG) noch Freizeit hat.[51] **3**

Zur Arbeitszeit gehört auch die **Zeit des Wartens auf Arbeit,** wenn zum Beispiel der Materialnachschub stockt oder im Einzelhandel gerade kein Kunde im Laden ist (vgl. zur Arbeitsbereitschaft und zum Bereitschaftsdienst Rn 9). Die Zeit der Arbeitsunterbrechung durch Ruhepausen (§ 11 JArbSchG) ist durch die ausdrückliche Regelung in § 4 Abs. 1 JArbSchG von der Arbeitszeit ausgenommen.

Betriebliche Ausbildungsmaßnahmen sowie zusätzlicher im Betrieb angebotener **theoretischer Unterricht** und **Praxislehrgänge** gehören ebenfalls zur Arbeitszeit (vgl. zu außerbetrieblichen Ausbildungsmaßnahmen und Prüfungen § 10 JArbSchG, zum Berufsschulunterricht § 9 JArbSchG). **4**

Auch **Vor- und Abschlussarbeiten** gehören zur Arbeitszeit. Vor- und Abschlussarbeiten sind Reinigungs- oder Instandhaltungsarbeiten und Arbeiten zur Erhaltung der betrieblichen Funktion. Die Reinigung des Arbeitsplatzes und der Maschinen gehört damit zu Arbeitszeit.[52] **5**

---

47 Vgl. BAG 22. 4. 2009, 5 AZR 292/08, Rn. 15, NZA-RR 2010, 231.
48 Vgl. BAG 11. 7. 2013, 2 AZR 241/12, Rn. 25, NZA 2013, 1259.
49 Allerdings können Pausen aufgrund ausdrücklicher arbeits- oder tarifvertraglicher Regelung auch als »bezahlte Pausen« oder »Pausen ohne Lohnabzug« vereinbart werden; vgl. *BAG* 23. 1. 2001, 9 AZR 4/00, NZA 2002, 224.
50 Vgl. BAG 19. 9. 2012, 5 AZR 678/11, Rn. 28, NZA-RR 2013, 63.
51 Vgl. BAG 19. 11. 2014, 5 AZR 1101/12, Rn. 16, AP BGB § 611 Nr. 24; BAG 20. 4. 2011, 5 AZR 200/10, Rn. 21, NZA 2011, 917.
52 ErfK/*Schlachter* § 4 JArbSchG Rn. 4.

6   **Wasch- und Umkleidezeiten** gehören an sich *nicht* zur Arbeitszeit.[53] Wenn
das Tragen einer bestimmten Kleidung vom Arbeitgeber jedoch vorgeschrieben wird, gehören die **Umkleidezeiten** (und die durch das Umkleiden ver-
anlassten *innerbetrieblichen* Wegezeiten) zur Arbeitszeit, wenn das Umkleiden einem fremden Bedürfnis dient *und* nicht zugleich ein eigenes Bedürfnis
erfüllt, vor allem, wenn das Umkleiden im Betrieb erfolgen muss,[54] nicht dagegen, wenn die Dienstkleidung zu Hause angelegt und – ohne besonders
auffällig zu sein – auch auf dem Weg zur Arbeit getragen werden kann.[55]
Die Kleidung ist besonders auffällig, wenn die Arbeitnehmer im öffentlichen
Raum aufgrund der Ausgestaltung ihrer Kleidungsstücke ohne Weiteres als
Angehörige ihres Arbeitgebers erkannt werden können, zum Beispiel durch
ein Emblem oder einen Schriftzug, wobei es auf die Größe der Schriftzüge
oder Logos nicht ankommt.[56] Eine auffällige Dienstkleidung liegt auch vor,
wenn der Auszubildende aufgrund ihrer Ausgestaltung in der Öffentlichkeit
einem bestimmten Berufszweig oder einer bestimmten Branche zugeordnet
werden kann (zum Beispiel weiße Kleidung bei Krankenpflegeberufen).[57]
An der ausschließlichen Fremdnützigkeit fehlt es, wenn es dem Arbeitnehmer gestattet ist, eine an sich auffällige Dienstkleidung außerhalb der Arbeitszeit zu tragen und er sich entscheidet, diese nicht im Betrieb an- und
abzulegen. Dann dient das Umkleiden auch einem eigenen Bedürfnis, weil
der Arbeitnehmer keine eigenen Kleidungsstücke auf dem Arbeitsweg einsetzen muss oder sich aus anderen, selbstbestimmten Gründen gegen das
An- und Ablegen der Dienstkleidung im Betrieb entscheidet.[58]

7   Zur Arbeitszeit gehören **betrieblich veranlasste Wegezeiten,** die durch die
Beförderung jugendlicher Arbeitnehmer vom Betrieb zu einer anderen Arbeitsstätte anfallen[59] oder die Zeit für den Weg zwischen dem Betrieb und einer außerbetrieblichen Ausbildungsstätte oder auch die Zeit von einer Arbeitsstelle (oder Baustelle) zur nächsten (etwa bei Monteursarbeiten) oder
bei Außendienstarbeiten von einem Kunden zum nächsten, *nicht* aber sonstige Wegezeiten von zu Hause zum Betrieb oder der Nachhauseweg.[60] Hat
der Jugendliche auf Weisung des Arbeitgebers die Arbeit nicht im Betrieb
aufzunehmen, sondern an einer Montage- oder Baustelle, zählt die von ihm

---

53 BAG 11. 10. 2000, 5 AZR 122/99, NZA 2001, 458; BAG 22. 3. 1995, 5 AZR 934/93,
     NZA 1996, 107.
54 BAG 26. 10. 2016, 5 AZR 168/16, NZA 2017, 323; BAG 19. 9. 2012, 5 AZR 678/11,
     NZA-RR 2013, 63; BAG 28. 7. 1994, 6 AZR 220/94, NZA 1995, 437.
55 BAG 10. 11. 2009, 1 ABR 54/08, Rn. 15, NZA-RR 2010, 301.
56 BAG 17. 11. 2015, 1 ABR 76/13, Rn. 31, NZA 2016, 247.
57 BAG 6. 9. 2017, 5 AZR 382/16, NZA 2018, 180.
58 BAG 17. 11. 2015, 1 ABR 76/13, Rn. 25, NZA 2016, 247; BAG 12. 11. 2013, 1 ABR
     59/12, Rn. 33, NZA 2014, 557.
59 BayOLG 23. 3. 1992, 3 ObOWi 18/92, NZA 1992, 811.
60 *Taubert* § 4 Rn. 9; *Zmarzlik* MüArbR § 232 Rn. 7.

dafür benötigte Wegezeit als Arbeitszeit, wenn und soweit die dafür aufgewandte Zeit über die Zeit hinausgeht, die der Jugendliche normalerweise von seiner Wohnung bis zum Betrieb oder zur üblichen Arbeitsstätte benötigt.[61]

Ein Jugendlicher, der sich in einer betrieblichen Ausbildung befindet, ist für **8** die Teilnahme am **Berufsschulunterricht** und **Prüfungen** freizustellen (§ 9 JArbSchG). Die Wegezeiten zur Berufsschule gehören ebenfalls zum Freistellungszeitraum.[62] Diese Zeiten fallen begrifflich nicht unter die »Arbeitszeit«, sind aber auf die Arbeitszeit nach näherer Maßgabe der § 9 und § 10 JArbSchG anzurechnen.[63]

Zur Arbeitszeit gehören auch der Bereitschaftsdienst und die Arbeitsbereit- **9** schaft.[64] Von **Bereitschaftsdienst** spricht man, wenn der Arbeitnehmer sich an einer vom Arbeitgeber bestimmten Stelle innerhalb oder außerhalb des Betriebs aufzuhalten hat, um, sobald es notwendig ist, die Arbeit aufzunehmen.[65] Die inaktiven Zeiten des Bereitschaftsdienstes sind *keine* **Pausen** (§ 11 JArbSchG). Beim Bereitschaftsdienst kann der Arbeitgeber den Aufenthaltsort des Arbeitnehmers bestimmen und ihn jederzeit einsetzen. Der Arbeitnehmer kann nicht frei darüber verfugen, wo und wie er die inaktiven Zeiten verbringt. Deshalb ist es keine »Ruhepause« im Sinne des Arbeitszeitrechts. Eine solche Pause ist nämlich dadurch gekennzeichnet, dass der Arbeitnehmer frei darüber entscheiden kann, wo und wie er diese Zeit verbringen will. Entscheidendes Merkmal der Ruhepause ist, dass der Arbeitnehmer von jeder Arbeitsverpflichtung und auch von jeder Verpflichtung freigestellt ist, sich zur Arbeit bereitzuhalten (vgl. auch § 11 Rn. 7).[66] Bei der **Arbeitsbereitschaft** ist der Arbeitnehmer an der Arbeitsstelle anwesend und muss jederzeit bereit sein, die Arbeit aufzunehmen oder in den Arbeitsprozess einzugreifen (zum Beispiel Arbeit des Pförtners, Zeiten, in denen Verkäufer im Ladengeschäft auf Kunden warten, in denen Mitarbeiter in einem Service-Center/Call-Center auf Anrufe warten oder ansonsten beim Warten auf Zuarbeiten, auf Anweisungen oder Material). Arbeitszeitrechtlich ist mittlerweile die Unterscheidung zwischen »Bereitschaftsdienst« und »Arbeitsbereitschaft« ohne Bedeutung. Beides ist Arbeitszeit.

Nicht ganz klar ist die Rechtslage bei der Rufbereitschaft. Bei der **Rufbereit- 10 schaft** muss der Arbeitnehmer nicht am Arbeitsort anwesend sein. Vielmehr

---

61 *Zmarzlik* MüArbR § 232 Rn. 7.
62 BAG 26.3.2001, 5 AZR 413/99, NZA 2001, 892.
63 ErfK/*Schlachter* § 4 JArbSchG Rn. 4.
64 BAG 16.12.2009, 5 AZR 157/09, NZA 2010, 505; BAG 15.7.2009, 5 AZR 867/08, NZA 2009, 1366, 1367; BAG 16.3.2004, 9 AZR 93/03 NZA 2004, 927; BAG 18.2.2003, 1 ABR 2/02, NZA 2003, 742.
65 BAG 22.11.2000, 4 AZR 612/99, NZA 2001, 451.
66 BAG 16.12.2009, 5 AZR 157/09, NZA 2010, 505; BAG 13.10.2009, 9 AZR 139/08, ZTR 2010, 79 Rn. 30; BAG 29.10.2002, 1 AZR 603/01, NZA 2003, 1212.

ist es ihm gestattet, sich in der eigenen Wohnung oder an einem anderen Ort aufzuhalten, muss allerdings für den Arbeitgeber dort erreichbar sein. Auf Anforderung des Arbeitgebers muss der Arbeitnehmer seine Arbeitstätigkeit aufnehmen und hierzu die Betriebsstätte oder einen anderen vom Arbeitgeber bestimmten Ort aufsuchen. Bislang wurde davon ausgegangen, dass die Rufbereitschaft **keine Arbeitszeit** ist, soweit der Arbeitnehmer nicht zur Arbeit gerufen wird, weil der Arbeitnehmer für den Arbeitgeber zwar erreichbar sein muss, jedoch frei darin ist, wo er sich konkret aufhält.[67] Wird der Arbeitnehmer zur Arbeit herangezogen, ist die Zeit, in der er Arbeitstätigkeiten ausübt, selbstverständlich Arbeitszeit. Für Jugendliche wurde – als Ausnahme von dieser allgemeinen Regel – zum Teil angenommen, dass auch die Rufbereitschaft zur Arbeitszeit zähle.[68] Das soll aus dem Schutzzweck des Jugendarbeitsschutzgesetzes folgen. Der Jugendliche soll vor Einschränkungen seiner freien Zeit geschützt werden. Dem kann aus rechtssystematischen Gründen nicht gefolgt werden. Bei der Auslegung des Begriffs der Arbeitszeit in den Arbeitszeitschutzbestimmungen kann nicht danach differenziert werden, ob es um minder- oder volljährige Arbeitnehmer geht. Will der Gesetzgeber eine Personengruppe besonders schützen (hier Jugendliche), muss er das ausdrücklich regeln; es kann nicht ohne ausdrückliche Regelung in das Gesetz »hineingelesen« werden.

Allerdings ist bei der Rufbereitschaft insgesamt eine stärkere **Differenzierung** erforderlich. Der **EuGH** hatte sich jüngst mit der Rufbereitschaft eines belgischen Feuerwehrmanns zu befassen.[69] Dieser, ein Herr Matzak, durfte während des Dienstes zwar seinen Aufenthaltsort frei wählen, doch war ihm aufgegeben, dass er die Wache bei normalem Verkehrsfluss spätestens innerhalb von acht Minuten erreichen können muss. Ganz in der Linie seiner Begrifflichkeit bezeichnet der EuGH den Einsatz des Klägers als »Bereitschaftsdienst«, differenziert diesen Begriff allerdings weiter aus und legt dar, dass sich Besonderheiten bei der Qualifikation des Bereitschaftsdienstes ergeben können, wenn der Arbeitnehmer während des Dienstes nur erreichbar sein muss, er sich aber an einem von ihm selbst bestimmten Ort aufhalten darf, er also nicht am Arbeitsplatz anwesend sein muss. Damit erkennt der EuGH letztlich die Rufbereitschaft als gesonderte Arbeitszeitform an, auch wenn er sie verbal nicht als solche kategorisiert.

Wenn der Arbeitnehmer einen Bereitschaftsdienst nach dem System der Rufbereitschaft erbringe, die seine ständige Erreichbarkeit, nicht jedoch zugleich seine Anwesenheit am Arbeitsplatz erfordere, sei das anders zu bewerten als der klassische Bereitschaftsdienst (mit Anwesenheitspflicht am Arbeitsort). Selbst wenn der Arbeitnehmer dem Arbeitgeber in dem Sinne zur

---

67 *Molitor/Volmer/Germelmann* § 4 Rn. 14; ErfK/*Schlachter* § 4 JArbSchG Rn. 3.
68 *Taubert* § 4 Rn. 5; *Zmarzlik/Anzinger* § 4 Rn. 10.
69 EuGH 21. 2. 2018, C-518/15 – Matzak, NZA 2018, 293.

Verfügung steht, dass er erreichbar sein muss, kann er in dieser Situation freier über seine Zeit verfügen und eigenen Interessen nachgehen. Unter diesen Umständen ist nur die Zeit, die für die tatsächliche Erbringung von Leistungen aufgewandt wird, als »Arbeitszeit« anzusehen.[70] Nach Ansicht des EuGH ist Rufbereitschaft jedoch insgesamt als Arbeitszeit zu erfassen (also auch, was Zeiten der Nichtarbeit betrifft) wenn der Arbeitnehmer nicht nur verpflichtet ist, für seinen Arbeitgeber verfügbar zu sein, sondern dem Arbeitnehmer auch vorgegeben wird, sich auf Zuruf **innerhalb von acht Minuten an seinem Arbeitsplatz** einzufinden. Dadurch – so der EuGH – sei die Möglichkeit für den Arbeitnehmer, über seine Zeit selbst zu bestimmen, zum Beispiel anderen Tätigkeit nachzugehen, erheblich eingeschränkt und deshalb müsse bei einer so engen Zeitvorgabe auch die Zeit zu Hause als »Arbeitszeit« angesehen werden.[71]

Aus dieser Entscheidung folgt nun *nicht*, dass jede Rufbereitschaft (wie Bereitschaftsdienst) als »Arbeitszeit« anzusehen ist. Der entscheidende Unterschied gegenüber dem klassischen Bereitschaftsdienst bleibt: der Arbeitnehmer ist bei der Rufbereitschaft nicht verpflichtet, vor Ort am Arbeitsplatz anwesend zu sein, sondern er kann frei entscheiden, wo er sich aufhält (zu Hause oder sonst wo) und muss lediglich erreichbar sein. Wenn allerdings die Zeitvorgabe, binnen derer der Arbeitnehmer den Arbeitsplatz erreichen muss, so eng ist, dass die Möglichkeit für den Arbeitnehmer, über seine Zeit selbst zu bestimmen, erheblich eingeschränkt ist, ist das letztlich nicht anders zu behandeln, als ob der Arbeitnehmer am Arbeitsplatz vor Ort anwesend sein müsste. Die Acht-Minuten-Grenze in dem Fall, der dem EuGH zur Entscheidung vorlag, ist nun nicht zwingend. Es kommt vielmehr auf die **Umstände des Einzelfalls** an. Für den EuGH ist entscheidend, ob die in Frage stehende Rufbereitschaft den Arbeitnehmer so sehr in Anspruch nimmt, dass er auch während inaktiver Zeiten so angespannt ist, dass diese als Arbeitsleistung angesehen werden müssen. Es kommt also darauf an, ob der Arbeitnehmer durch die Rufbereitschaft so sehr an der Verfolgung seiner persönlichen und sozialen Interessen gehindert wird, dass sich die Situation letztlich kaum von einer Anwesenheit im Betrieb unterscheidet.[72]

Für die vergütungsrechtliche Seite hat das BAG mehrfach entschieden, dass eine arbeits- oder tarifvertragliche Regelung zur Rufbereitschaft nur dann greift, wenn der Arbeitnehmer seinen Aufenthaltsort während der Rufbereitschaft selbst bestimmen kann und lediglich sicherstellen muss, dass er in einer angemessenen Zeit seine Arbeit wieder aufnehmen kann.[73] Das hat das

---

70 EuGH 21.2.2018, C-518/15 – Matzak, Rn. 60, NZA 2018, 293.
71 EuGH 21.2.2018, C-518/15 – Matzak, NZA 2018, 293.
72 Vgl. *Bayreuther*, NZA 2018, 348, 349.
73 BAG 11.7.2006, 9 AZR 519/05, NZA 2007, 155.

BAG für ein Zeitfenster von 45 Minuten bejaht[74], verneint für ein Zeitfenster von 10 Minuten[75] oder 20 Minuten.[76]

11 Im Berufsausbildungsverhältnis haben die Auszubildenden einen schriftlichen oder elektronischen Ausbildungsnachweis zu führen (§ 13 Satz 2 Nr. 7 BBiG) und die Ausbildenden haben die Auszubildenden zum Führen der Ausbildungsnachweise anzuhalten und diese regelmäßig durchzusehen (§ 14 Abs. 2 Satz 1 BBiG). Den Auszubildenden ist Gelegenheit zu geben, **den Ausbildungsnachweis am Arbeitsplatz zu führen** (§ 14 Abs. 2 Satz 2 BBiG), das heißt während der betrieblichen Ausbildungszeit.

3. Schichtzeit

12 Schichtzeit ist die tägliche Arbeitszeit unter Hinzurechnen der Ruhepausen (§ 4 Abs. 2 JArbSchG). Auch wenn innerhalb der Schichtzeit eine mehrstündige Pause liegt, in der der Jugendliche den Arbeitsplatz verlassen darf, gilt die tägliche Arbeitszeit dadurch nicht als unterbrochen.[77] Die zulässige Dauer der Schichtzeit ergibt sich aus § 12 JArbSchG.

4. Bergbau unter Tage

13 Im Bergbau unter Tage gilt die Schichtzeit als Arbeitszeit (§ 4 Abs. 3 Satz 1 JArbSchG). Sie wird gerechnet vom Betreten des Förderkorbs bei der Einfahrt bis zum Verlassen des Förderkorbs bei der Ausfahrt oder vom Eintritt des einzelnen Beschäftigten in das Stollenmundloch bis zu seinem Wiederaustritt (§ 4 Abs. 3 Satz 2 JArbSchG). Das Stollenmundloch ist die Öffnung, also der Eingang des Stollens. Die Ruhepausen werden hier auf die Arbeitszeit angerechnet, wie sich aus § 4 Abs. 2 JArbSchG ergibt. Aus der Regelung folgt, dass im Bergbau unter Tage die Entgegennahme und das Abgeben von Werkzeug, das Umkleiden und Waschen über Tage und ähnliche Vorbereitungs- und Abschlussarbeiten nicht zur Arbeitszeit gehören.[78] Das Gleichsetzen von Arbeitszeit und Schichtzeit gilt nur für den Bergbau unter Tage. Mit Bergbau unter Tage ist nicht nur der Steinkohlebergbau gemeint, sondern jede bergbauliche Tätigkeit unter Tage im Sinne des Bundesberggesetzes, also auch der Erz- und Kalibergbau.[79] Erhalten jugendliche Bergbau-

---

74 BAG 22. 1. 2004, 6 AZR 543/02.
75 BAG 19. 12. 1991, 6 AZR 592/89, NZA 1992, 560.
76 BAG 31. 01. 2002, 6 AZR 214/00: in dem Fall ging es darum, dass eine tarifliche Ermächtigung zur Anordnung von Rufbereitschaft eine dahingehende Weisung des Arbeitgebers nicht abdeckte.
77 BayOLG 28. 1. 1982, 3 Ob OWi 213/81, DB 1982, 1680.
78 ErfK/*Schlachter* § 4 JArbSchG Rn. 5.
79 *Molitor/Volmer/Germelmann* § 4 Rn. 26; *Zmarzlik/Anzinger* § 4 Rn. 27.

lehrlinge im Anschluss an den Berufsschulunterricht einen zur Teilnahme verpflichtenden Sportunterricht, dann ist auch diese Zeit Arbeitszeit und als solche auch zu vergüten.[80]

5. Berechnung der wöchentlichen Arbeitszeit

Für die Berechnung der wöchentlichen Arbeitszeit ist als Woche die Zeit **14** von Montag bis einschließlich Sonntag zugrunde zu legen (§ 4 Abs. 4 Satz 1 JArbSchG). Die Regelung ist im Zusammenhang zu sehen mit § 8 Abs. 1 und § 15 JArbSchG. Die gesetzliche Höchstarbeitszeit für Jugendliche beträgt 40 Stunden wöchentlich an fünf Tagen in der Woche (§ 15 JArbSchG). § 4 Abs. 4 Satz 1 JArbSchG hat Bedeutung, wenn ausnahmsweise die fünf Tage auch am Samstag oder Sonntag erbracht werden dürfen (§§ 16, 17 JArbSchG). Die Samstags- oder Sonntagsarbeit ist also mit einzubeziehen in die 40-Stunden-Woche an fünf Tagen.

6. Gesetzlicher Feiertag und Wochenarbeitszeit

Die Arbeitszeit, die an einem Werktag infolge eines gesetzlichen Feiertages **15** ausfällt, wird auf die wöchentliche Arbeitszeit angerechnet (§ 4 Abs. 4 Satz 2 JArbSchG; vgl. zu den gesetzlichen Feiertagen § 18 Rn. 1). Das gilt auch dann, wenn der gesetzliche Feiertag auf einen Sonntag fällt und der Jugendliche an Sonntagen arbeiten darf (§ 17 Abs. 2 und 3 JArbSchG). Zwar ist ausdrücklich in dieser Bestimmung nur von Arbeitszeit die Rede, die an einem Werktag wegen eines gesetzlichen Feiertages ausfällt; diese Regelung muss aber auch in den Fällen gelten, in denen normalerweise sonntags gearbeitet werden müsste, jedoch wegen eines gesetzlichen Feiertages (zum Beispiel am Ostersonntag oder Pfingstsonntag) die Arbeit an diesem Tag ausfällt.[81]

Nur die tatsächliche Arbeitszeit, die ausfällt, wird auf die wöchentliche Ar- **16** beitszeit angerechnet und ist nach dem Lohnausfallprinzip so zu vergüten, wie wenn gearbeitet worden wäre. Eine Umgehung der Bestimmung, etwa durch Verlegung der Arbeitszeit auf andere Tage, wäre unzulässig.[82]

Fällt durch einen Feiertag ein Berufsschultag aus, dann gilt für die Anrech- **17** nung § 9 Abs. 2 Nr. 1 JArbSchG. Da nur die tatsächlich ausfallende Arbeitszeit anzurechnen ist (§ 4 Abs. 4 JArbSchG), ist bei der Anrechnung des Berufsschulunterrichts (§ 9 JArbSchG) auf die Dauer des an dem betreffenden Tag vorgesehenen planmäßigen Berufsschulunterrichts abzustellen. Hätte der Tag mehr als fünf Unterrichtsstunden von mindestens 45 Minuten (§ 9 Abs. 1

80 LAG Hamm 9. 4. 1963, 3 Sa 73/63, BB 1964, 261.
81 ErfK/*Schlachter* § 4 JArbSchG Rn. 6; HWK/*Tillmanns* § 4 JArbSchG Rn. 5; *Zmarzlik/Anzinger* § 4 Rn. 30.
82 *Zmarzlik/Anzinger* § 4 Rn. 33.

Nr. 2 JArbSchG) gehabt und wäre es der einzige Berufsschultag in der Woche, ist dieser Berufsschultag auf die Arbeitszeit mit acht Stunden anzurechnen (§ 9 Abs. 2 JArbSchG). Bei Blockunterricht (§ 9 Abs. 2 Nr. 3 JArbSchG) ist die tatsächliche Unterrichtszeit einschließlich der Pausen anzurechnen.[83]

7. Mehrere Arbeitgeber

18 Wird ein Kind oder ein Jugendlicher von mehreren Arbeitgebern beschäftigt, werden die Arbeits- und Schichtzeiten sowie die Arbeitstage zusammengerechnet (§ 4 Abs. 5 JArbSchG). Dadurch soll eine **Umgehung der Schutzbestimmungen** des Jugendarbeitsschutzgesetzes verhindert werden.[84] Auch bei mehreren Beschäftigungsverhältnissen darf der Jugendliche insgesamt nur acht Stunden täglich und 40 Stunden wöchentlich an insgesamt fünf Tagen in der Woche arbeiten. Die Arbeitszeit darf einschließlich der Pausen die Grenze des § 12 JArbSchG nicht überschreiten, da auch die Schichtzeit bei der Beschäftigung durch mehrere Arbeitgeber zusammengerechnet wird. Eine Zusammenrechnung erfolgt auch bei den Arbeitstagen, so dass wegen der gesetzlichen garantierten Fünf-Tage-Woche (§ 15 JArbSchG) ein Jugendlicher auch von mehreren Arbeitgebern nur insgesamt fünf Tage in der Woche beschäftigt werden darf.

19 Eine weitere zeitliche Beschränkung, Jugendliche bei mehreren Arbeitgebern tätig werden zu lassen, ergibt sich aus der Berufsschulpflicht und aus der Anrechnung der Berufsschulzeit auf die Arbeitszeit (§ 9 Abs. 2 JArbSchG): Von den 40 Stunden, die ein Jugendlicher bei mehreren Arbeitgebern maximal tätig sein kann, müssen nämlich bei Berufsschulpflicht entweder acht Stunden oder die tatsächliche Zeit des Berufsschulunterrichts abgezogen werden. Unabhängig von der Anrechnung ist zu beachten, dass ein Jugendlicher von einem Arbeitgeber an dem Tag nicht mehr beschäftigt werden darf, bei dem der Berufsschulunterricht einschließlich der Pausen mindestens fünf Stunden beträgt (§ 9 Abs. 1 Satz 2 Nr. 2 JArbSchG).

20 Die Pflicht zur Beachtung der gesetzlichen Bestimmungen, etwa der höchstzulässigen Wochenarbeitszeit von 40 Stunden, trifft vor allem den zweiten Arbeitgeber. Um sicherzustellen, dass die Vorgabe des § 4 Abs. 5 JArbSchG nicht umgangen wird, haben die Arbeitgeber jeweils eine **Erkundigungspflicht**, ob der Jugendliche eine weitere Beschäftigung bei einem anderen Arbeitgeber ausübt.[85] Soweit die zulässige Arbeitszeit überschritten ist, besteht ein **Beschäftigungsverbot.** Die Weisung des zweiten Arbeitgebers, die Arbeit auszuführen, verstößt, soweit die zulässige Arbeitszeit dadurch überschritten wird, gegen ein gesetzliches Verbot und ist deshalb unwirksam

---

83 *Taubert* § 4 Rn. 18; *Zmarzlik/Anzinger* § 4 Rn. 34.

84 *Molitor/Volmer/Germelmann* § 4 Rn. 40.

85 HWK/*Tillmanns* § 4 JArbSchG Rn. 6.

(§ 134 BGB): der Minderjährige muss der Weisung nicht nachkommen.[86] Erbringt der Minderjährige die Arbeitsleistung, hat er hierfür einen Anspruch auf die Zahlung der Arbeitsvergütung. Gegebenenfalls kann auch die Aufsichtsbehörde eine Anordnung erlassen, dass der Zweitarbeitgeber die Anschriften der Hauptarbeitgeber von Aushilfskräften aufzulisten und die Liste auf Verlangen der Behörde zugänglich zu machen hat.[87]

8. Vergütungsrechtliche Konsequenzen

Bei der Arbeitszeit muss man unterscheiden zwischen dem öffentlich-rechtlichen Arbeitszeitrecht (das im ArbZG und im JArbSchG geregelt ist) und den privatrechtlichen Auswirkungen. Das öffentlich-rechtliche Arbeitszeitrecht regelt aus Gründen des Gesundheitsschutzes, wie lange die Arbeitnehmer maximal arbeiten dürfen (und zu welchen Zeiten/an welchen Tagen). Es wird durch Behörden kontrolliert, ob es eingehalten wird. Privatrechtlich kann sich der einzelne Arbeitnehmer weigern, länger zu arbeiten, als durch das Arbeitszeitrecht vorgegeben oder zu Zeiten zu arbeiten, an denen er nicht arbeiten muss (zum Beispiel Sonntags oder in der Nacht). Wenn zu diesen verbotenen Zeiten gleichwohl gearbeitet wird, hat der Arbeitnehmer einen **Anspruch auf Vergütung der Arbeitszeit.** 21

Problematisch kann allerdings sein, ob Zeiten mit geringerer zeitlicher Inanspruchnahme (Arbeitsbereitschaft, Bereitschaftsdienst) genauso bezahlt werden müssen wie die »Vollarbeit«. Das BAG betont, dass durch Arbeits- oder Tarifvertrag **unterschiedliche Vergütungssätze** geregelt werden dürfen[88], doch bedarf es dafür einer klaren Vereinbarung oder Regelung.[89] Auch wenn bestimmte Zeiten als »Arbeitszeit« im Sinne des öffentlich-rechtlichen Arbeitszeitrechts, hier des JArbSchG, einzuordnen sind, hat das keinen unmittelbaren Einfluss auf den Vergütungsanspruch der Arbeitnehmer. Vielmehr bleiben die Arbeitsvertragsparteien und die Tarifvertragsparteien in ihrer Entscheidung frei, wie Zeiten mit geringerer zeitlicher Inanspruchnahme vergütet werden sollen, das gilt vor allem für die Rufbereitschaft, falls diese ausnahmsweise (vgl. Rn. 10) als »Arbeitszeit« einzuordnen ist. Denkbar ist die Zahlung der »normalen« Arbeitsvergütung für die gesamte Rufbereitschaft, aber eben auch nur für die aktiven Leistungszeiten. Ebenso wäre vorstellbar, dass für aktive Phasen, aber auch für die gesamte Rufbereitschaft geringere oder umgekehrt auch höhere Entgelte im Vergleich zur »Normalarbeit« festgesetzt werden oder lediglich eine anteilige Vergütung 22

---

86 HWK/*Tillmanns* § 4 JArbSchG Rn. 6.
87 BVerwG 4.7.1989, 1 C 3/87, NJW 1990, 529.
88 BAG 19.11.2014, 5 AZR 1101/12, Rn. 16, AP BGB § 611 Nr. 24; BAG 28.1.2004, 5 AZR 530/02, NZA 2004, 656.
89 BAG 19.11.2014, 5 AZR 1101/12, Rn. 16, AP BGB § 611 Nr. 24.

erfolgt oder Pauschalen gezahlt werden. Daran ändert auch die EU-Richtlinie 2003/88/EG zur Arbeitszeit nichts. Die EU hat nämlich keine Kompetenz zur Regelung des Arbeitsentgelts und auch die genannte Richtlinie enthält zur Bezahlung keine Vorgaben.[90]

23   Von diesem Grundsatz gibt es zwei wichtige Ausnahmen:

1. Das BAG betont zwar, dass durch Arbeits- oder Tarifvertrag unterschiedliche Vergütungssätze geregelt werden dürfen, doch bedarf es dafür einer **klaren Vereinbarung oder Regelung**.[91] Haben die Arbeitsvertragsparteien nichts zur Vergütung besonderer Arbeitszeiten vereinbart, ist die »übliche« Vergütung (§ 612 Abs. 2 BGB), also die Vergütung für die »Normalarbeit« zu zahlen.

2. Wenn **Mindestlohnregelungen** gelten (MiLoG, Branchen-Mindestlöhne nach dem AEntG, Lohnuntergrenze für die Leiharbeit), dann sind diese zwingend und dürfen durch den Arbeitsvertrag oder einen anwendbaren Tarifvertrag nicht unterschritten werden. Die Mindestlohnregelungen differenzieren nicht nach dem Grad der tatsächlichen Inanspruchnahme. Leistet der Arbeitnehmer vergütungspflichtige Arbeit, hat er einen ungekürzten Anspruch auf den Mindestlohn.[92] Zur vergütungspflichtigen Arbeit zählt danach auch eine vom Arbeitgeber veranlasste Untätigkeit, während derer der Arbeitnehmer am Arbeitsplatz oder einer vom Arbeitgeber bestimmten Stelle anwesend sein muss und nicht frei über die Nutzung des Zeitraums bestimmen kann, er also weder eine Pause noch Freizeit hat.[93] Werden Bereitschaftszeiten nach einem anwendbaren Tarifvertrag oder nach dem Arbeitsvertrag nur anteilig als Arbeitszeit berücksichtigt, ändert das nichts daran, dass die Zeit mit dem Mindestlohn zu vergüten ist. Der Mindestlohn ist zwingend. Weder durch den Arbeitsvertrag noch durch Tarifvertrag darf davon zum Nachteil der Arbeitnehmer abgewichen werden (§ 3 MiLoG).[94] Das BAG hat mit Urteil vom 11. 10. 2017 betont, dass auch Bereitschaftszeiten mit dem gesetzlichen Mindestlohn zu vergüten sind. Leistet der Arbeitnehmer Vollarbeit und Bereitschaftsdienst, ist der Anspruch auf den gesetzlichen Mindestlohn (nur) erfüllt, wenn er für die in einem Kalendermonat erbrachte Arbeit (einschließlich der Bereitschaft) mindestens eine Bruttovergütung erhält, die das Produkt der Gesamtstunden mit dem Mindestlohn nicht unterschreitet.[95]

---

90 So auch ausdrücklich EuGH 21. 2. 2018, C-518/15 – Matzak, Rn. 24, NZA 2018, 293.

91 BAG 19. 11. 2014, 5 AZR 1101/12, Rn. 16, AP BGB § 611 Nr. 24.

92 BAG 11. 10. 2017, 5 AZR 591/16, Rn. 14, NZA 2018, 32; BAG 29. 6. 2016, 5 AZR 716/15, Rn. 29, NZA 2016, 1332.

93 BAG 29. 6. 2016, 5 AZR 716/15, NZA 2016, 1332; vgl. zum Mindestentgelt in der Pflegebranche: BAG 19. 11. 2014, 5 AZR 1101/12, Rn. 16, AP BGB § 611 Nr. 24.

94 BAG 29. 6. 2016, 5 AZR 716/15, Rn. 30, NZA 2016, 1332.

95 BAG 11. 10. 2017, 5 AZR 591/16, NZA 2018, 32.

Zweiter Abschnitt
Beschäftigung von Kindern

§ 5   Verbot der Beschäftigung von Kindern

(1) Die Beschäftigung von Kindern (§ 2 Abs. 1) ist verboten.

(2) Das Verbot des Absatzes 1 gilt nicht für die Beschäftigung von Kindern

1. zum Zwecke der Beschäftigungs- und Arbeitstherapie,

2. im Rahmen des Betriebspraktikums während der Vollzeitschulpflicht,

3. in Erfüllung einer richterlichen Weisung.

Auf die Beschäftigung finden § 7 Satz 1 Nr. 2 und die §§ 9 bis 46 entsprechende Anwendung.

(3) Das Verbot des Absatzes 1 gilt ferner nicht für die Beschäftigung von Kindern über 13 Jahre mit Einwilligung des Personensorgeberechtigten, soweit die Beschäftigung leicht und für Kinder geeignet ist. Die Beschäftigung ist leicht, wenn sie auf Grund ihrer Beschaffenheit und der besonderen Bedingungen, unter denen sie ausgeführt wird,

1. die Sicherheit, Gesundheit und Entwicklung der Kinder,

2. ihren Schulbesuch, ihre Beteiligung an Maßnahmen zur Berufswahlvorbereitung oder Berufsausbildung, die von der zuständigen Stelle anerkannt sind, und

3. ihre Fähigkeit, dem Unterricht mit Nutzen zu folgen, nicht nachteilig beeinflusst. Die Kinder dürfen nicht mehr als zwei Stunden täglich, in landwirtschaftlichen Familienbetrieben nicht mehr als drei Stunden täglich, nicht zwischen 18 und 8 Uhr, nicht vor dem Schulunterricht und nicht während des Schulunterrichts beschäftigt werden. Auf die Beschäftigung finden die §§ 15 bis 31 entsprechende Anwendung.

(4) Das Verbot des Absatzes 1 gilt ferner nicht für die Beschäftigung von Jugendlichen (§ 2 Abs. 3) während der Schulferien für höchstens vier Wochen im Kalenderjahr. Auf die Beschäftigung finden die §§ 8 bis 31 entsprechende Anwendung.

(4a) Die Bundesregierung hat durch Rechtsverordnung mit Zustimmung des Bundesrates die Beschäftigung nach Absatz 3 näher zu bestimmen.

(4b) Der Arbeitgeber unterrichtet die Personensorgeberechtigten der von ihm beschäftigten Kinder über mögliche Gefahren sowie über alle zu ihrer Sicherheit und ihrem Gesundheitsschutz getroffenen Maßnahmen.

(5) Für Veranstaltungen kann die Aufsichtsbehörde Ausnahmen gemäß § 6 bewilligen.

Inhaltsübersicht   Rn.
1. Grundsatz: Verbot der Kinderarbeit. 1– 7
2. Ausnahmen vom Verbot der Kinderarbeit   8–31
     a. Beschäftigungs- und Arbeitstherapie   8
     b. Betriebspraktikum während der Vollzeitschulpflicht   9–10
     c. Erfüllung einer richterlichen Weisung 11–12
     d. Leichte und für Kinder geeignete Tätigkeiten (KindArbSchV) . . . 13–29
     e. Jugendliche in den Schulferien   30
     f. Genehmigung der Aufsichtsbehörde   31
3. Unterrichtungspflicht des Arbeitgebers   32

1.   Grundsatz: Verbot der Kinderarbeit

1   § 5 Abs. 1 JArbSchG stellt den Grundsatz auf: Die Beschäftigung von **Kindern** (wer noch nicht 15 Jahre alt ist, § 2 Abs. 1 JArbSchG) ist verboten. Wegen § 2 Abs. 3 JArbSchG gilt das auch für **Jugendliche, die der Vollzeitschulpflicht unterliegen,** denn für diese finden die für Kinder geltenden Vorschriften ebenfalls Anwendung. Auch für diese gilt das Beschäftigungsverbot, erstreckt sich also auf einen erheblichen Personenkreis, weil die Vollzeitschulpflicht nach den Schulgesetzen der Länder (vgl. § 2 Rn. 4) 15-jährige, vielfach auch die 16-jährigen betrifft.

§ 5 JArbSchG ist ein **Verbotsgesetz** (§ 134 BGB). Das bedeutet, dass Verträge über Kinderarbeit, die verboten ist, nichtig sind.[96] Die Einwilligung der Minderjährigen selbst oder der Eltern ändert daran nichts. Zudem handelt der Arbeitgeber ordnungswidrig (Rn. 7). Es gelten die Grundsätze über das fehlerhafte Arbeitsverhältnis: Die tatsächlich erbrachte Arbeitsleistung ist zu vergüten. Die Rechtsfolge der Nichtigkeit gilt nicht rückwirkend. Wird die Beschäftigung wegen des Überschreitens der maßgeblichen Altersgrenze zulässig, bleibt der Vertrag wirksam. Die Beschäftigungsverbote sollen den Minderjährigen schützen, nicht aber zum Verlust eines Arbeitsverhältnisses führen, das mittlerweile zulässig ist.[97]

2   Das generelle Verbot der Kinderarbeit gilt für jede **Beschäftigung**, die unter § 1 Abs. 1 JArbSchG fällt und nicht von den Ausnahmen des § 1 Abs. 2 JArbSchG erfasst ist. Unerheblich ist es, ob eine Vergütung gezahlt wird oder nicht, ob ein Vertrag geschlossen wurde oder nicht. Bei »selbstständiger Tätigkeit« des Kindes ist gegebenenfalls zu prüfen, ob eine Umgehung des Gesetzes vorliegt. Abzustellen ist auf die tatsächliche Handhabung, ob also eine weisungsabhängige Beschäftigung stattfindet, nicht auf die formale Vertragsgestaltung. Das Verbot der Kinderarbeit gilt auch in Notfällen. § 21 JArbSchG lässt in den dort genannten Notfallsituationen nur eine Beschäftigung Jugendlicher, nicht aber von Kindern zu.

---

96   BAG 25. 4. 2013, 8 AZR 453/12, Rn. 52, NZA 2013, 1206.
97   HWK/*Tillmanns* § 5 JArbSchG Rn. 2.

Ausnahmen vom Verbot der Kinderarbeit ergeben sich aus § 5 Abs. 2 bis 4   **3**
JArbSchG und aus § 6 JArbSchG (in dem Fall ist eine behördliche Ausnahmebewilligung zwingende Voraussetzung). Ausnahmen vom Verbot der
Kinderarbeit sind für Kinder bis zu drei Jahren nicht zulässig, für Kinder von
drei bis sechs Jahren nur aufgrund einer behördlichen Ausnahmebewilligung (§ 6 Abs. 1 JArbSchG) und für Kinder ab dem 13. Lebensjahr nach
Maßgabe des § 5 Abs. 3 JArbSchG (vgl. Rn. 13 ff.). Ferner sind bestimmte Be-
schäftigungsformen vom Verbot ausgenommen (§ 5 Abs. 2 JArbSchG; vgl.
Rn. 8–12).

Die Regelung zur Beschäftigung von Kindern sind durch das Zweite Ge-   **4**
setz zur Änderung des Jugendarbeitsschutzgesetzes vom 24. 2. 1997 (BGBl. I
S. 311) geändert worden, weil die Richtlinie 94/33/EG des Rates vom
22. 6. 1994 über den Jugendarbeitsschutz (**Jugendarbeitsschutzrichtlinie**,
Anhang Nr. 1) in nationales Recht umgesetzt werden musste. Die Jugendarbeitsschutzrichtlinie lässt eine Beschäftigung von Kindern ab 13 Jahren nur
mit leichten und für Kinder geeigneten Arbeiten zu. Entsprechend der Jugendarbeitsschutzrichtlinie sind diese Arbeiten in § 5 Abs. 3 JArbSchG in ge-
nereller Form festgelegt worden. Durch diese gesetzlichen Festlegungen ist
der Schutz der Kinder ab 13 Jahren aber nicht in ausreichendem Umfang sichergestellt gewesen. Die in § 5 Abs. 4a JArbSchG eingefügte **Rechtsver-
ordnungsermächtigung** verpflichtete daher die Bundesregierung, durch
Rechtsverordnung mit Zustimmung des Bundesrates die Beschäftigung mit
leichten und für Kinder geeigneten Arbeiten näher zu bestimmen. Die Ausnahmen nach § 5 Abs. 3 JArbSchG sind also durch die **Verordnung über den
Kinderarbeitsschutz** (KindArbSchV) vom 23. 6. 1998 (BGBl. I S. 1508) konkretisiert worden (siehe Anhang), so dass § 5 JArbSchG stets im Zusammenhang mit der Kinderarbeitsschutzverordnung gelesen werden muss. Die
Kinderarbeitsschutzverordnung wird deshalb in der nachfolgenden Kommentierung berücksichtigt.

Entsprechend der Zielsetzung des generellen Kinderarbeitsverbots (mit Aus-   **5**
nahmen) werden durch die Kinderarbeitsschutzverordnung nur solche Tätigkeiten zugelassen, die für Kinder als üblich und gesellschaftlich anerkannt
angesehen werden, wie beispielsweise das Erledigen von Einkäufen oder das
Erteilen von Nachhilfeunterricht. Zudem werden die Tätigkeiten nur zeitlich begrenzt bis maximal zwei Stunden täglich und maximal zehn Stunden
wöchentlich zugelassen. **Verboten ist eine Beschäftigung in der gewerblichen Wirtschaft, in der Produktion, im Handel und im Dienstleistungs-
gewerbe**, obwohl es auch in diesen Bereichen vereinzelt leichte Arbeiten für
Kinder über 13 Jahren geben mag. Grundsätzlich sind jedoch Arbeiten in
diesen Bereichen für Kinder nicht geeignet, da auch solche »leichte« Arbeiten durch den im Arbeitsleben bestehenden Zeitdruck, durch die Notwendigkeit zur Zusammenarbeit mit Erwachsenen und das Erfordernis einer
Arbeit an Maschinen zu einer Belastung der Kinder über 13 Jahren führen,

die in diesem Lebensabschnitt grundsätzlich nicht zumutbar ist. Hiervon ausgenommen bleibt die gewerbliche Tätigkeit des Austragens von Zeitungen, Zeitschriften, Anzeigenblättern und von Werbematerial (bis maximal zwei Stunden täglich und maximal zehn Stunden wöchentlich), die seit Jahrzehnten von Kindern über 13 Jahren ausgeübt wird und – mit Einschränkungen bei der manuellen Handhabung von Lasten – auch weiterhin ausgeübt werden kann.

6   Der durch die Kinderarbeitsschutzverordnung umschriebene Kinderarbeitsschutz umfasst die **Beschäftigung mit leichten und für Kinder geeigneten Arbeiten** (§ 5 Abs. 3 JArbSchG). Dabei beschränkt sich die Rechtsverordnung auf die Benennung der zulässigen Beschäftigungen, wiederholt also nicht Regelungen, die bereits im Jugendarbeitsschutzgesetz enthalten sind. Unberührt von der Rechtsverordnung bleiben deshalb die Beschäftigungen, die durch andere Vorschriften des Jugendarbeitsschutzgesetzes zugelassen sind (vgl. § 1 Rn. 9 ff.).

7   Wer als Arbeitgeber ein Kind oder einen Jugendlichen, der der Vollzeitschulpflicht unterliegt, in anderer als der zugelassenen Weise beschäftigt, begeht eine **Ordnungswidrigkeit,** die mit einer Geldbuße geahndet werden kann (§ 58 Abs. 1 Nr. 1 und 2 JArbSchG), unter Umständen ist das sogar strafbar (§ 58 Abs. 5 und 6 JArbSchG).

2.   Ausnahmen vom Verbot der Kinderarbeit

a.   Beschäftigungs- und Arbeitstherapie

8   Vom Verbot der Kinderarbeit ausgenommen ist die Beschäftigung von Kindern zum Zwecke der **Beschäftigungs- und Arbeitstherapie** (§ 5 Abs. 2 Satz 1 Nr. 1 JArbSchG). Diese Ausnahmeregelung bezieht sich auf Kinder und vollzeitschulpflichtige Jugendliche, die sich wegen einer Erkrankung (Drogenabhängigkeit, Geisteskrankheit) oder Behinderung einer Therapie unterziehen, deren Zweck in der Förderung der späteren Berufsfähigkeit liegt. Voraussetzung ist nicht, dass das Kind in einer Einrichtung untergebracht ist. Auch ambulante Beschäftigungs- und Arbeitstherapien werden erfasst.

b.   Betriebspraktikum während der Vollzeitschulpflicht

9   Vom Verbot der Kinderarbeit ausgenommen sind auch die **Betriebspraktika,** die während der Schulzeit absolviert werden (§ 5 Abs. 2 Satz 1 Nr. 2 JArbSchG). Diese Betriebspraktika gehören zu den Aufgaben der allgemeinbildenden Schulen und werden normalerweise im neunten Schuljahr durchgeführt. Sie sollen den Schülern Einblicke in die Berufswelt und den Arbeitsalltag vermitteln und dienen der Berufsfindung. Während des Praktikums

müssen sowohl die Schule als auch die Aufsichtsbehörde dafür Sorge tragen, dass die Regelungen des Jugendarbeitsschutzgesetzes eingehalten werden.[98]

Unter die Ausnahmeregelung der Betriebspraktika fallen *nicht* die Angebote **10** von Unternehmen an Vollzeitschüler, außerhalb des Unterrichts »Probe zu arbeiten«. Auch Ferienarbeit oder die Hilfe in Heimen, bei denen als Gegenleistung der Aufenthalt und die Verpflegung frei sind, sind *keine* Betriebspraktika (vgl. zu Ferienarbeiten aber Rn. 30).

c. Erfüllung einer richterlichen Weisung

Eine Ausnahme vom Kinderarbeitsverbot gilt, wenn die Beschäftigung in **11** Erfüllung einer richterlichen Weisung erfolgt (§ 5 Abs. 2 Satz 2 Nr. 3 JArbSchG). Damit sind **Weisungen des Jugendrichters** gemeint. Das betrifft Kinder, die eine Straftat begangen haben und zur Tatzeit mindestens 14 Jahre alt waren (§ 1 Abs. 2 JGG). Nach dem JGG können vom Jugendrichter **Erziehungsmaßregeln** (§ 9 JGG) verhängt werden, dazu gehört die Erteilung von Weisungen. Weisungen sind Gebote und Verbote, welche die Lebensführung des Jugendlichen regeln und dadurch seine Erziehung fördern und sichern sollen (§ 10 Abs. 1 Satz 1 JGG). Dabei dürfen an die Lebensführung des Jugendlichen keine unzumutbaren Anforderungen gestellt werden (§ 10 Abs. 1 Satz 2 JGG). Das JGG sieht folgende Weisungen vor, wobei der Katalog nicht abschließend ist (§ 10 Abs. 1 Satz 3 Nr. 1 bis 9 JGG):

- Weisungen, die sich auf den Aufenthaltsort beziehen,
- die Weisung, bei einer Familie oder in einem Heim zu wohnen,
- die Weisung, eine Ausbildungs- oder Arbeitsstelle anzunehmen,
- die Weisung, Arbeitsleistungen zu erbringen,
- die Weisung, sich der Betreuung und Aufsicht einer bestimmten Person (Betreuungshelfer) zu unterstellen,
- die Weisung, an einem sozialen Trainingskurs teilzunehmen,
- die Weisung, sich zu bemühen, einen Ausgleich mit dem Verletzten zu erreichen (Täter-Opfer-Ausgleich),
- die Weisung, den Verkehr mit bestimmten Personen oder den Besuch von Gast- oder Vergnügungsstätten zu unterlassen,
- die Weisung, an einem Verkehrsunterricht teilzunehmen.

Solche Weisungen durch den Jugendrichter kommen auch in Betracht, wenn **12** eine Jugendstrafe zur Bewährung ausgesetzt wird (§ 23 JGG). Wird ein Kind aufgrund einer solchen richterlichen Weisung beschäftigt, ist derjenige, der das Kind beschäftigt, Arbeitgeber (§ 3 JArbSchG), gegen den sich die Be-

---

98 ErfK/*Schlachter* § 5 JArbSchG Rn. 4.

stimmungen des Jugendarbeitsschutzgesetzes richten und der für ihre Einhaltung verantwortlich ist.[99]

d. Leichte und für Kinder geeignete Tätigkeiten (KindArbSchV)

13   Das Verbot der Kinderarbeit gilt nicht (§ 5 Abs. 2 Satz 2 Nr. 3 JArbSchG) für die Beschäftigung
- von Kindern über 13 Jahre,
- mit Einwilligung des Personensorgeberechtigten,
- soweit die Beschäftigung leicht und für Kinder geeignet ist.

14   § 5 Abs. 3 Satz 2 Nr. 1 bis 3 JArbSchG definiert, unter welchen Voraussetzungen die Beschäftigung »leicht« ist, nämlich wenn sie aufgrund ihrer Beschaffenheit und der besonderen Bedingungen, unter denen sie ausgeführt wird,
- die Sicherheit, Gesundheit und Entwicklung der Kinder,
- ihren Schulbesuch, ihre Beteiligung an Maßnahmen zur Berufswahlvorbereitung oder Berufsausbildung, die von der zuständigen Stelle anerkannt sind, und
- ihre Fähigkeit, dem Unterricht mit Nutzen zu folgen,

nicht nachteilig beeinflusst.

15   § 5 Abs. 3 Satz 3 JArbSchG begrenzt für diese Fälle die zeitliche Dauer und die zeitliche Lage der Beschäftigung: Die Kinder dürfen
- nicht mehr als zwei Stunden täglich,
- in landwirtschaftlichen Familienbetrieben nicht mehr als drei Stunden täglich,
- nicht zwischen 18:00 und 8:00 Uhr,
- nicht vor dem Schulunterricht und
- nicht während des Schulunterrichts

beschäftigt werden. Die Ausweitung auf drei Stunden in landwirtschaftlichen Familienbetrieben steht nicht im Einklang mit der Jugendarbeitsschutzrichtlinie 94/33/EG (Anhang Nr. 1).[100] Art. 8 Abs. 1 b) der Richtlinie lässt nur maximal zwei Stunden zu.

16   Soweit Beschäftigungen von Kindern nach § 5 JArbSchG oder nach der Kinderarbeitsschutzverordnung ausnahmsweise zugelassen sind, bedarf es keiner ausdrücklichen behördlichen Genehmigung. Es gelten aber für diese Beschäftigungen die in § 5 JArbSchG festgesetzten zeitlichen Beschränkungen. Zudem gelten die für die Jugendlichen geltenden Schutzvorschriften entsprechend (§ 5 Abs. 3 Satz 4 JArbSchG), wie auch § 2 Abs. 3 der KindArbSchV klarstellt.

---

99 *Zmarzlik/Anzinger* § 5 Rn. 17.
100 HWK/*Tillmanns*, § 5 JArbSchG Rn. 7.

Aus dem Gebot der »entsprechenden Anwendung« folgt für Kinder, dass die Ausnahmen von den Verbotsvorschriften, die für Jugendliche gelten, für Kinder keine Anwendung finden. Das gilt vor allem für die Nachtruhe und das **Samstag- und Sonntagsarbeitsverbot**.[101] Demnach dürfen Kinder u. a.

- nicht mehr als zwei Stunden täglich (in landwirtschaftlichen Familienbetrieben nicht mehr als drei Stunden täglich),
- nicht zwischen 18:00 und 8:00 Uhr,
- nicht vor dem Schulunterricht und nicht während des Schulunterrichts,
- nicht an mehr als fünf Tagen in der Woche,
- nicht samstags,
- nicht sonn- und feiertags,
- nicht mit gefährlichen Arbeiten (§ 22 JArbSchG),
- nicht mit Akkordarbeit und tempoabhängigen Arbeiten (§ 23 JArbSchG)

beschäftigt werden.

Durch die **Verordnung über den Kinderarbeitsschutz (KindArbSchV)** 17
vom 23. 6. 1998 (siehe Anhang) werden die zulässigen Tätigkeiten für Kinder (§ 5 Abs. 3 JArbSchG) konkretisiert (vgl. Rn. 13 ff.). **Kinder über 13 Jahre und vollzeitschulpflichtige Jugendliche dürfen** (§ 2 Abs. 1 KindArbSchV) nur beschäftigt werden

1. mit dem Austragen von Zeitungen, Zeitschriften, Anzeigenblättern und Werbeprospekten,
2. in privaten und landwirtschaftlichen Haushalten mit
    a) Tätigkeiten in Haushalt und Garten,
    b) Botengängen,
    c) der Betreuung von Kindern und anderen zum Haushalt gehörenden Personen,
    d) Nachhilfeunterricht,
    e) der Betreuung von Haustieren,
    f) Einkaufstätigkeiten mit Ausnahme des Einkaufs von alkoholischen Getränken und Tabakwaren,
3. in landwirtschaftlichen Betrieben mit Tätigkeiten bei
    a) der Ernte und der Feldbestellung,
    b) der Selbstvermarktung landwirtschaftlicher Erzeugnisse,
    c) der Versorgung von Tieren,
4. mit Handreichungen beim Sport,
5. mit Tätigkeiten bei nichtgewerblichen Aktionen und Veranstaltungen der Kirchen, Religionsgemeinschaften, Verbände, Vereine, Parteien,

wenn die Beschäftigung nach § 5 Abs. 3 JArbSchG leicht und für sie geeignet ist.

---

[101] *Zmarzlik* MünchArbR § 231 Rn. 20.

Da durch die Kinderarbeitsschutzverordnung (KindArbSchV) die nach § 5 Abs. 3 JArbSchG zulässigen Beschäftigungen »bestimmt« werden (vgl. § 5 Abs. 4a JArbSchG), ist der **Katalog der erlaubten Tätigkeiten abschließend**. Tätigkeiten, die in der KindArbSchV nicht ausdrücklich benannt werden, sind während der Schulzeit verboten. Verboten ist zum Beispiel eine Beschäftigung im Einzelhandel, im Büro oder allgemein mit gewerblichen Tätigkeiten (*einzige Ausnahme:* »Austragen von Zeitungen, Zeitschriften, Anzeigenblättern und Werbeprospekten«). Etwas anderes gilt in den Grenzen des § 5 Abs. 4 JArbSchG während der Schulferien (Rn. 30).

18   Für Kinder über 13 Jahre und vollzeitschulpflichtige Jugendliche erlaubt ist das **Austragen von Zeitungen und Zeitschriften** (*Nummer 1*), ebenso das **Austragen von Anzeigenblättern und Werbeprospekten**. Hier ist aber jeweils besonders darauf zu achten, dass die in § 2 Abs. 2 Nr. 1 KindArbSchV festgelegten Grenzwerte für die manuelle Handhabung von Lasten nicht überschritten werden (vgl. Rn. 25). Diese Ausnahmeregelung ist nicht mit der Jugendarbeitsschutzrichtlinie 94/33/EG (Anhang Nr. 1) vereinbar. Art. 5 Abs. 3 dieser Richtlinie lässt Ausnahmen nur für bestimmte Bereiche zu, die hier nicht vorliegen.[102]

19   Zugelassen ist auch die **Beschäftigung von Kindern über 13 Jahren und vollzeitschulpflichtige Jugendliche in privaten und landwirtschaftlichen Haushalten** (*Nummer 2*). Die landwirtschaftlichen Haushalte werden neben den privaten Haushalten gesondert genannt, weil Haushalte von landwirtschaftlichen Familienbetrieben oft als Teile des landwirtschaftlichen Betriebs gelten und deswegen nicht vom Begriff des privaten Haushalts erfasst werden. Es soll jedoch auch die »Mithilfe« von Kindern in landwirtschaftlichen Haushalten in bestimmten Grenzen erlaubt sein. Die zulässigen Arbeiten werden in den Buchstaben a) bis f) so konkret wie möglich bezeichnet. Das ist jedoch keine abschließende Aufzählung aller denkbaren Tätigkeiten in privaten Haushalten. In Zweifelsfällen kann die zuständige Aufsichtsbehörde nach § 3 KindArbSchV entscheiden.

20   Durch die *Nummer 3* sind bestimmte **Tätigkeiten in der Landwirtschaft** zugelassen. Unter **Feldbestellung** sind nicht nur Tätigkeiten bei der Feldbestellung im Frühjahr zu verstehen, sondern auch Tätigkeiten, die während der Wachstumsphase erforderlich werden, wie zum Beispiel das Jäten von Unkraut oder das Festbinden von Tomatenpflanzen und Reben. Die **Selbstvermarktung** landwirtschaftlicher Erzeugnisse (wie zum Beispiel der Verkauf zuvor geernteter Erdbeeren) wird in einem engen Zusammenhang mit der Ernte gesehen, so dass diese miteinbezogen ist. Der Begriff der **Versorgung von Tieren** umfasst neben der Pflege und Fütterung der Tiere zum Beispiel auch die Reinigung von Ställen und Käfigen sowie das Hüten von Tieren.

---

102   NK-GA/*Taubert* § 5 JArbSchG Rn. 18.

In der **Landwirtschaft** gehen besondere Gefahren von Tieren und Maschinen aus. Für diesen Bereich wird durch § 2 Abs. 2 Nr. 3 KindArbSchV eine Beschäftigung mit Arbeiten ausgeschlossen, die mit solchen **Unfallgefahren** verbunden sind, die Kinder über 13 Jahre und vollzeitschulpflichtige Jugendliche wegen mangelnden Sicherheitsbewusstseins oder mangelnder Erfahrung nicht erkennen oder nicht abwenden können. **21**

Auch in der Landwirtschaft dürfen Kinder über 13 Jahre und vollzeitschulpflichtige Jugendliche **nicht mehr als zwei Stunden täglich und zehn Stunden wöchentlich** beschäftigt werden. Lediglich in landwirtschaftlichen Familienbetrieben darf die zugelassene Tätigkeit täglich bis zu drei Stunden und wöchentlich bis zu 15 Stunden ausgeübt werden (§ 5 Abs. 3 Satz 3 JArbSchG). Diese Zeitgrenze darf auch dann nicht überschritten werden, wenn zusätzlich eine Tätigkeit im landwirtschaftlichen Haushalt ausgeübt wird. **22**

Handreichungen beim Sport *(Nummer 4)* sind für Kinder über 13 Jahren und vollzeitschulpflichtige Jugendliche erlaubt. Das betrifft zum Beispiel die Tätigkeit der »Balljungen« bei Tennisturnieren oder Fußballspielen. Soweit bei Leichtathletikwettkämpfen schwere oder gefährliche Sportgeräte zu transportieren sind, ist dies in aller Regel für Kinder ungeeignet.[103] Zulässig sind solche Handreichungen sowohl bei gewerblichen als auch bei nichtgewerblichen Sportveranstaltungen. Tätigkeiten beim Sport (Training, Wettkämpfe), die über »Handreichungen« hinausgehen, sind für Kinder und vollzeitschulpflichtige Jugendliche *nicht* erlaubt. Deswegen sind auch **Tätigkeiten in sportlichen Nachwuchsleistungszentren** für Kinder und vollzeitschulpflichtige Jugendliche **nicht zulässig.** Diese gehen deutlich über »leichte« Beschäftigungen (§ 5 Abs. 3 JArbSchG) hinaus. Eine Beschäftigung ist dann nicht mehr leicht, wenn dadurch die schulische Bildung nachteilig beeinflusst werden kann (§ 5 Abs. 3 Satz 2 Nr. 2, 3 JArbSchG). In der Praxis wird das Kinderarbeitsverbot allerdings häufig ignoriert.[104] **23**

---

103 NK-GA/*Taubert* § 5 JArbSchG Rn. 28.

104 *Nesemann* (S. 52–60) meint dagegen, durch die »erheblichen Anstrengungen der zahlreichen hauptamtlichen Mitarbeiter in den Nachwuchsleistungszentren zum Schutz der Jugendlichen« schafften die Vereine die Voraussetzungen dafür, »dass trotz bestehender Gefahren weder die Gesundheit noch die Entwicklung oder die Schullaufbahn nachteilig beeinflusst werden« *(Nesemann,* S. 60). Andererseits schildert er anschaulich die erhebliche Doppelbelastung mit Schule und Training und die hohe Beanspruchung der jungen Sportler, die von den Vereinen in Nachwuchsleistungszentren bereits in jungen Jahren an den Profisport herangeführt werden. Das durchschnittliche Eintrittsalter der Spieler in Nachwuchsleistungszentren liegt bei 12,7 Jahren *(Nesemann,* S. 20) und die zeitliche Belastung ist erheblich. Sie geht weit über die nach § 5 Abs. 3 JArbSchG überhaupt nur zulässigen zwei Stunden hinaus.

24   Tätigkeiten bei nichtgewerblichen Aktionen und Veranstaltungen der Kirchen, Religionsgemeinschaften, Verbände, Vereine, Parteien *(Nummer 5)* betrifft Hilfstätigkeiten, da es sich um »leichte« Tätigkeiten handeln muss. Zu diesen Hilfeleistungen gehören das Verteilen von Prospekten oder das Ausschenken von nichtalkoholischen Getränken.

25   In § 2 Abs. 2 KindArbSchV werden die Arbeiten konkretisiert, bei denen eine nachteilige Beeinflussung der Sicherheit, der Gesundheit und der Entwicklung des Kindes anzunehmen ist und die deshalb **nicht als leichte und für Kinder geeignete Arbeiten** angesehen werden können. Die Vorschrift geht, soweit Kinder und vollzeitschulpflichtige Jugendliche eines besonderen Schutzes bedürfen, über die Schutzvorschriften der §§ 22 ff. JArbSchG hinaus. Eine Beschäftigung mit Arbeiten nach Absatz 1 ist nicht leicht und für Kinder über 13 Jahre und vollzeitschulpflichtige Jugendliche nicht geeignet, wenn sie insbesondere

1.   mit einer manuellen Handhabung von Lasten verbunden ist, die regelmäßig das maximale Lastgewicht von 7,5 kg oder gelegentlich das maximale Lastgewicht von 10 kg überschreiten; manuelle Handhabung in diesem Sinne ist jedes Befördern oder Abstützen einer Last durch menschliche Kraft, u. a. das Heben, Absetzen, Schieben, Ziehen, Tragen und Bewegen einer Last,

2.   infolge einer ungünstigen Körperhaltung physisch belastend ist oder

3.   mit Unfallgefahren, insbesondere bei Arbeiten an Maschinen und bei der Betreuung von Tieren, verbunden ist, von denen anzunehmen ist, dass Kinder über 13 Jahre und vollzeitschulpflichtige Jugendliche sie wegen mangelnden Sicherheitsbewusstseins oder mangelnder Erfahrung nicht erkennen oder nicht abwenden können,

§ 2 Abs. 2 Satz 2 Nr. 2 KindArbSchV gilt nicht für vollzeitschulpflichtige Jugendliche (§ 2 Abs. 2 Satz 2 KindArbSchV).

26   Die Festlegung eines maximalen Lastgewichts für die manuelle Handhabung von Lasten *(Nummer 1)* soll dem Schutz der Kinder vor körperlicher Überbeanspruchung Rechnung tragen. Der Begriff »leicht« in § 5 Abs. 3 JArbSchG kann unterschiedlich interpretiert werden. Durch § 2 Abs. 2 KindArbSchV wird deshalb für die manuelle Handhabung von Lasten ein fester Grenzwert festgelegt. Dadurch werden auch die Aufsichtsbehörden in die Lage versetzt, die Einhaltung des Kinderarbeitsverbotes in der Praxis zu überwachen.

27   Eine gesundheitsgefährdende Überlastung ist auch bei Arbeiten, die mit einer ungünstigen Körperhaltung verbunden sind, zu befürchten *(Nummer 2)*. Das betrifft zum Beispiel Arbeiten über Kopf und Arbeiten in gebückter Haltung.

28   Die Regelung in der *Nummer 3* (Unfallgefahren) entspricht § 22 Abs. 1 Nr. 3 JArbSchG und ist im Hinblick auf die besonders Kinder gefährdende Beschäftigung mit Maschinen und beim Umgang mit Tieren konkretisiert worden. Bei der durch § 28a JArbSchG vorgeschriebenen Beurteilung der Arbeitsbedingungen und damit auch der Frage, ob eine Gefährdung im Einzelfall vorliegen kann, ist eine Differenzierung nach dem Alter der Kinder vorzunehmen. Bei 13- oder 14-jährigen Kindern sind strengere Maßstäbe anzulegen als bei vollzeitschulpflichtigen Jugendlichen, die je nach der Zahl der Pflichtschuljahre bereits 16 Jahre alt sein können.

Die **Aufsichtsbehörde** kann im Einzelfall durch Verwaltungsakt verbindlich darüber entscheiden, ob eine von Kindern über 13 Jahren ausgeübte Tätigkeit unter die nach § 2 Abs. 1 KindArbSchV zulässigen Arbeiten fällt und keine nachteilige Beeinflussung nach § 2 Abs. 2 KindArbSchV mit sich bringt (§ 3 KindArbSchV). Das dient der Rechtsklarheit, setzt aber einen Antrag des Arbeitgebers voraus. Es geht um einen **feststellenden Verwaltungsakt**. Derjenige, der Kinder über 13 Jahre beschäftigt, hat die im Verwaltungsakt getroffenen Festlegungen zu beachten oder auf dem Verwaltungsrechtsweg anzufechten. Die Aufsichtsbehörde kann bei Entscheidungen nach § 3 KindArbSchV den Umfang der zulässigen Arbeiten weder einschränken noch erweitern, ihr obliegt lediglich die Beurteilung darüber, ob eine bestimmte Arbeit aus Gründen des Schutzes der Kinder vor Gefahren und Beeinträchtigungen ihrer Gesundheit als ungeeignet für Kinder anzusehen ist. **29**

e. Jugendliche in den Schulferien

Das Verbot der Kinderarbeit gilt ferner nicht für die Beschäftigung von Jugendlichen (§ 2 Abs. 3 JArbSchG) während der Schulferien **für höchstens vier Wochen im Kalenderjahr** (§ 5 Abs. 4 Satz 1 JArbSchG). Die weiteren Einschränkungen nach § 5 Abs. 3 JArbSchG gelten *nicht* während der Schulferien, auch nicht die Beschränkung auf leichte und für Kinder geeignete Tätigkeiten, weshalb in den Grenzen des § 5 Abs. 4 JArbSchG während der Schulferien zum Beispiel auch eine Beschäftigung im Einzelhandel oder im Büro zulässig ist, die während der Schulzeit nicht erlaubt ist (vgl. Rn. 17–24). Auf die Beschäftigung während der Schulferien finden die §§ 8 bis 31 JArbSchG entsprechende Anwendung (§ 5 Abs. 4 Satz 2 JArbSchG). Daraus folgt, dass zwar die vier Wochen auf verschiedene Schulferien im Kalenderjahr verteilt werden dürfen, dass aber keinesfalls die Gesamtdauer von höchstens vier Wochen im Kalenderjahr (nicht Schuljahr) überschritten werden darf. Da die Fünf- Tage-Woche gilt (§ 15 JArbSchG), dürfen Kinder während der Schulferien insgesamt nur an 20 Tagen im Kalenderjahr beschäftigt werden.[105] **30**

---

105 *Taubert* § 5 Rn. 40; *Zmarzlik* MünchArbR § 231 Rn. 22.

f. Genehmigung der Aufsichtsbehörde

31   Für Veranstaltungen kann die Aufsichtsbehörde Ausnahmen nach § 6 JArbSchG bewilligen (§ 5 Abs. 5 JArbSchG).

3. Unterrichtungspflicht des Arbeitgebers

32   Der Arbeitgeber unterrichtet die Personensorgeberechtigten der von ihm beschäftigten Kinder über mögliche Gefahren sowie über alle zu ihrer Sicherheit und ihrem Gesundheitsschutz getroffenen Maßnahmen (§ 5 Abs. 4b JArbSchG).

§ 6   Behördliche Ausnahmen für Veranstaltungen

(1) Die Aufsichtsbehörde kann auf Antrag bewilligen, dass

1. **bei Theatervorstellungen Kinder über sechs Jahre bis zu vier Stunden täglich in der Zeit von 10 bis 23 Uhr,**

2. **bei Musikaufführungen und anderen Aufführungen, bei Werbeveranstaltungen sowie bei Aufnahmen im Rundfunk (Hörfunk und Fernsehen), auf Ton- und Bildträger sowie bei Film- und Fotoaufnahmen**

   a) **Kinder über drei bis sechs Jahre bis zu zwei Stunden täglich in der Zeit von 8 bis 17 Uhr,**

   b) **Kinder über sechs Jahre bis zu drei Stunden täglich in der Zeit von 8 bis 22 Uhr**

gestaltend mitwirken und an den erforderlichen Proben teilnehmen. Eine Ausnahme darf nicht bewilligt werden für die Mitwirkung in Kabaretts, Tanzlokalen und ähnlichen Betrieben sowie auf Vergnügungsparks, Kirmessen, Jahrmärkten und bei ähnlichen Veranstaltungen, Schaustellungen oder Darbietungen.

(2) Die Aufsichtsbehörde darf nach Anhörung des zuständigen Jugendamts die Beschäftigung nur bewilligen, wenn

1. **die Personensorgeberechtigten in die Beschäftigung schriftlich eingewilligt haben,**

2. **der Aufsichtsbehörde eine nicht länger als vor drei Monaten ausgestellte ärztliche Bescheinigung vorgelegt wird, nach der gesundheitliche Bedenken gegen die Beschäftigung nicht bestehen,**

3. **die erforderlichen Vorkehrungen und Maßnahmen zum Schutz des Kindes gegen Gefahren für Leben und Gesundheit sowie zur Vermeidung einer Beeinträchtigung der körperlichen oder seelisch-geistigen Entwicklung getroffen sind,**

4. **Betreuung und Beaufsichtigung des Kindes bei der Beschäftigung sichergestellt sind,**

5. nach Beendigung der Beschäftigung eine ununterbrochene Freizeit von mindestens 14 Stunden eingehalten wird,

6. das Fortkommen in der Schule nicht beeinträchtigt wird.

(3) Die Aufsichtsbehörde bestimmt,

1. wie lange, zu welcher Zeit und an welchem Tag das Kind beschäftigt werden darf,

2. Dauer und Lage der Ruhepausen,

3. die Höchstdauer des täglichen Aufenthalts an der Beschäftigungsstätte.

(4) Die Entscheidung der Aufsichtsbehörde ist dem Arbeitgeber schriftlich bekanntzugeben. Er darf das Kind erst nach Empfang des Bewilligungsbescheids beschäftigen.

Inhaltsübersicht   Rn.

1. Überblick 1– 3
2. Ausnahmebewilligung 4–20
3. Voraussetzungen für die Ausnahmebewilligung 21–29
4. Entscheidung der Aufsichtsbehörde 30–38

1. Überblick

§ 6 JArbSchG regelt die Möglichkeit der Erteilung von **Ausnahmebewil** 1
ligungen durch die Aufsichtsbehörde für bestimmte Veranstaltungen im Bereich Werbung, Theater, Musik, Film, Fernsehen, Rundfunk und Fotoaufnahmen. § 6 Abs. 1 JArbSchG legt abschließend fest, für welche Veranstaltungen Ausnahmebewilligungen zulässig sind, und gibt zeitliche Grenzen und Altersgrenzen vor. Für eine **gestaltende Mitwirkung** (vgl. Rn. 9) bei solchen Veranstaltungen, Aufführungen usw. erlaubt § 6 Abs. 1 JArbSchG Ausnahmen vom grundsätzlichen Verbot der Kinderarbeit (§ 5 JArbSchG). Der Gesetzgeber sah sich vor die Alternative gestellt, entweder Veranstaltungen, bei denen die Mitwirkung von Kindern gewünscht wird oder notwendig scheint, zu untersagen oder die Beschäftigung von Kindern in Einzelfällen zuzulassen. Er hat sich für eine begrenzte Zulassung der Beschäftigung von Kindern entschieden. Der Zweck der Vorschrift besteht darin, Veranstaltungen, an denen Kinder üblicherweise mitwirken, weiterhin zu ermöglichen.[106]

Ausnahmebewilligungen sind bei Theatervorstellungen nur zulässig für **Kinder über sechs Jahre**, bei Musikaufführungen, bei Werbeveranstaltungen sowie Ton-, Film- und Fotoaufnahmen bereits für **Kinder über drei Jahre**. Manche fassen diese Bereiche zusammen zum **Kultur- und Medienbereich** und meinen, diese Altersdifferenzierung sei (zum Beispiel zur Ver-

---

106 *Zmarzlik/Anzinger* § 6 Rn. 4.

einfachung der Arbeitsabläufe bei Filmproduktionen) nicht nachvollziehbar und sollte vereinheitlicht werden. Nach geltendem Recht besteht diese Unterscheidung und ist zu beachten. Jedenfalls besteht weitgehend Einigkeit darüber, dass für Kinder unter drei Jahren keine Regelung zur Beteiligung im Kultur- und Medienbereich (etwa für die Beteiligung an Filmproduktionen und Werbeaufnahmen) in das JArbSchG aufgenommen werden sollte.

2 § 6 JArbSchG enthält eine Ausnahme gegenüber dem grundsätzlichen Verbot der Beschäftigung von Kindern (§ 5 JArbSchG). Zu beachten ist jedoch, ob überhaupt der Geltungsbereich des JArbSchG (§ 1 JArbSchG) eröffnet ist. Fällt eine Beschäftigung nicht unter § 1 JArbSchG, bedarf es selbst bei einer Beteiligung von Kindern keiner Ausnahmegenehmigung. Daher können zum Beispiel bei Veranstaltungen von Schulen die Schüler, bei Veranstaltungen von Vereinen oder Verbänden die Mitglieder ohne Beschränkungen mitwirken (vgl. § 1 Rn. 10). Es geht in diesen Fällen nicht um eine Beschäftigung, die unter den Geltungsbereich des § 1 Abs. 1 JArbSchG fällt, so dass es keiner Ausnahmebewilligung bedarf. So ist zum Beispiel die Betätigung von Kindern im Karneval ohne vorherige Ausnahmebewilligung zulässig.[107]

3 Wer als Arbeitgeber ein Kind vor Erhalt des Bewilligungsbescheides beschäftigt, begeht eine **Ordnungswidrigkeit,** die mit einer Geldbuße geahndet werden kann (§ 59 Abs. 1 Nr. 1 JArbSchG). Wer ein Kind oder einen Jugendlichen, der der Vollzeitschulpflicht unterliegt, in anderer als der zugelassenen Weise beschäftigt, begeht ebenfalls eine Ordnungswidrigkeit, die mit einer Geldbuße geahndet werden kann (§ 58 Abs. 1 Nr. 1 und 2 JArbSchG), unter Umständen ist das sogar strafbar (§ 58 Abs. 5 und 6 JArbSchG).

2. Ausnahmebewilligung

4 Die möglichen **Veranstaltungen,** für die Ausnahmebewilligungen auf Antrag erfolgen können, sind in § 6 Abs. 1 Satz Nr. 1 und 2 JArbSchG **abschließend benannt.** Es geht dabei um die **gestaltende Mitwirkung** (vgl. Rn. 9) an **Theatervorstellungen, Musikaufführungen** (und vergleichbaren »anderen« Aufführungen) sowie an **Ton-, Film- und Fotoaufnahmen. Sportveranstaltungen oder die Tätigkeiten in Nachwuchsleistungszentren für junge Sportler gehören ausdrücklich** *nicht* **dazu.**[108] Erfolgt eine Ausnahmebewilligung bezieht sich diese nicht nur auf die Vorstellungen, Aufführungen, Veranstaltungen und Aufnahmen, sondern auch auf die Teilnahme an den erforderlichen **Proben** (§ 6 Abs. 1 Satz 1 JArbSchG am Ende).

---

107 *Zmarzlik/Anzinger* § 6 Rn. 8.

108 Vgl. *Weyand,* Der arbeitsrechtliche Schutz von Kindern und Jugendlichen im Sportbetrieb, S. 172, 182 f.; auch eine analoge Anwendung kommt nicht in Betracht; vgl. *Nesemann,* S. 47–52.

Proben sind die auf Weisung und unter Beaufsichtigung des Arbeitgebers oder seiner Hilfsperson durchzuführenden Vorbereitungen für die Aufführung, an der Stätte der Aufführung, in besonderen Probenräumen oder dort, wo die Kinder wohnen und leben. Die Probezeiten sind auf die zulässige Höchstdauer der Beschäftigung anzurechnen. Auch wenn die Proben zu Hause abgehalten werden, sind sie auf die tägliche Beschäftigungsdauer anzurechnen.   5

In § 6 Abs. 1 Satz Nr. 1 und 2 JArbSchG werden **zeitliche Obergrenzen** für die Dauer und die Lage der Beschäftigungszeiten festgelegt. Das Gesetz bestimmt den maximal zulässigen Zeitumfang. Für den **Einzelfall gelten die durch die Ausnahmebewilligung der Behörde bewilligten Zeiten**, die auch unterhalb dieser Maximalzeiten liegen können, aber nicht oberhalb der gesetzlichen vorgegebenen Maximalzeiten liegen dürfen. Im konkreten Einzelfall maßgeblich für die zulässigen Zeiten sind nicht die § 6 Abs. 1 JArbSchG genannten Maximalzeiten, sondern die von der Aufsichtsbehörde konkret festgelegten Zeiten. Die **Aufsichtsbehörde bestimmt im Einzelfall** (§ 6 Abs. 3 Nr. 1 bis 3 JArbSchG),   6

- wie lange, zu welcher Zeit und an welchem Tag das Kind beschäftigt werden darf,
- die Dauer und Lage der Ruhepausen,
- die Höchstdauer des täglichen Aufenthalts an der Beschäftigungsstätte.

Die Aufsichtsbehörde ist nicht verpflichtet, die im Gesetz genannten zeitlichen Obergrenzen auszuschöpfen. Vielmehr muss sie je nach der konkreten Beschäftigung und unter Berücksichtigung der individuellen Situation, des Alters und der Entwicklung des Kindes die sachgerechten Anordnungen treffen. Gerade bei jüngeren Kindern ist es, wenn überhaupt eine Ausnahmebewilligung ergeht, nicht sachgerecht, die Maximalzeit auszuschöpfen. Ebenso ist, unabhängig vom Alter, eine Ausdehnung bis spätabends in der Regel nicht sachgerecht. Die **Aufsichtsbehörde** hat in jedem Fall eine **Abwägung des Einzelfalls** vorzunehmen.   7

Bei der Abwägung hat die Aufsichtsbehörde die Vorschriften zu beachten, die sogar für Jugendliche Einschränkungen bei der Beschäftigung vorsehen. So darf an einem Tag, der dem Schulunterricht unmittelbar vorangeht, eine Beschäftigung nach **20:00** Uhr nicht stattfinden, wie sich aus der Wertung des § 14 Abs. 4 JArbSchG ergibt. Generell hat der **Schulunterricht Vorrang**, so dass für eine Beschäftigung vor dem Unterricht oder gar während der Unterrichtszeit Ausnahmebewilligungen nicht erteilt werden dürfen. Das folgt letztlich aus § 6 Abs. 2 Nr. 6 JArbSchG, weil das Fortkommen in der Schule durch die Beschäftigung nicht beeinträchtigt werden darf. Zudem folgt unmittelbar aus § 6 Abs. 2 Nr. 5 JArbSchG, dass nach Beendigung der Beschäftigung eine **ununterbrochene Freizeit von mindestens 14 Stunden** eingehalten werden muss.   8

Voraussetzung ist in jedem Falle, dass die Kinder an den in § 6 Abs. 1 JArbSchG genannten Veranstaltungen »**gestaltend mitwirken**«. Das setzt   9 voraus, dass der Zweck der Veranstaltung ohne die Mitwirkung des Kindes nicht oder nur unvollkommen erreicht würde und das Kind unmittelbar an der Aufführung als Schauspieler, Sänger oder Musiker oder sonstwie gestaltend beteiligt ist.[109] Keine gestaltende Mitwirkung liegt vor, wenn das Kind hinter der Bühne nur **Hilfsdienste** für die eigentlichen Darsteller zu verrichten hat, zum Beispiel Tätigkeiten von Bühnenarbeitern oder des technischen Personals, oder bei sonstigen Tätigkeiten aus Anlass einer Aufführung, etwa der Verkauf von Waren, Karten oder Programmen, Tätigkeiten als Platzanweiser, in der Garderobe oder ähnliches. Tätigkeiten, die keine »gestaltende Mitwirkung« darstellen, sind den Kindern verboten, für diese darf auch **keine Ausnahmebewilligung** erteilt werden.

10　Eine Ausnahmebewilligung ist möglich für folgende Veranstaltungen:
- Theatervorstellungen,
- Musikaufführungen und andere Aufführungen,
- Werbeveranstaltungen,
- Aufnahmen im Rundfunk (Hörfunk und Fernsehen),
- Aufnahmen auf Ton- und Bildträger,
- Film- und Fotoaufnahmen.

11　**Theatervorstellungen** (§ 6 Abs. 1 Satz 1 Nr. 1 JArbSchG) umfassen das Sprech- und Musiktheater, zum Beispiel Opern, Operetten, Musicals, Ballett- und sonstige Tanzaufführungen, Sing- und Marionettenspiele, Sprechtheater wie Dramen, Tragödien und Komödien, auch offene Theater-Veranstaltungen von Volkshochschulen oder Laienspielgruppen, nicht jedoch in Kabaretts (§ 6 Abs. 1 Satz 2 JArbSchG; vgl. Rn. 18).[110] Ausnahmebewilligungen sind für Theatervorstellungen nur zulässig für **Kinder über sechs Jahre** maximal bis zu vier Stunden täglich und nur in der Zeit von 10:00 bis 23:00 Uhr (§ 6 Abs. 1 Nr. 1 JArbSchG). Für jüngere Kinder oder für längere oder andere Zeiten sind Ausnahmebewilligungen *nicht* zulässig. Eine Beschränkung nur auf Werktage ist im Gesetz nicht vorgesehen, so dass Ausnahmebewilligungen auch für Samstage und Sonntage möglich sind, was letztlich die Aufsichtsbehörde zu entscheiden hat (§ 6 Abs. 3 Nr. 1 JArbSchG: »an welchem Tage das Kind beschäftigt werden darf«).

12　Bei den in § 6 Abs. 1 Satz 1 Nr. 2 JArbSchG genannten **Musikaufführungen und anderen Aufführungen, Werbeveranstaltungen, Aufnahmen im Rundfunk (Hörfunk und Fernsehen), Aufnahmen auf Ton- und Bildträger und Film- und Fotoaufnahmen** (Ton-, Film- und Fotoaufnahmen) wird je nach Alter differenziert: **Kinder über drei bis sechs Jahre** dürfen maximal bis zu zwei Stunden täglich in der Zeit von 8:00 bis 17:00 Uhr beschäftigt werden, **Kinder über sechs Jahre** maximal bis zu drei Stunden täglich in

---

109　ErfK/*Schlachter* § 6 JArbSchG Rn. 1; *Taubert* § 6 Rn. 3.
110　ErfK/*Schlachter* § 6 JArbSchG Rn. 2; *Taubert* § 6 Rn. 4; *Zmarzlik* MünchArbR § 231 Rn. 28.

der Zeit von 8:00 bis 22:00 Uhr. Für jüngere Kinder oder für längere oder andere Zeiten sind Ausnahmebewilligungen nicht zulässig. Auch hier ist eine Beschränkung nur auf Werktage im Gesetz nicht vorgesehen, so dass Ausnahmebewilligungen auch für Samstage und Sonntage möglich sind, was letztlich die Aufsichtsbehörde zu bestimmen hat (§ 6 Abs. 3 Nr. 1 JArbSchG: »an welchem Tage das Kind beschäftigt werden darf«).

Musikaufführungen (§ 6 Abs. 1 Satz 1 Nr. 2 JArbSchG) sind alle instrumentalen, Gesangs- und sonstige musikalische Aufführungen heiterer oder ernster Art, wie Orchester-, Chor- und Solokonzerte. In Abgrenzung zu den Theatervorstellungen (§ 6 Abs. 1 Nr. 1 JArbSchG) sind theatermäßig angelegte Aufführungen keine »Musikaufführungen« (§ 6 Abs. 1 Nr. 2 JArbSchG), also Opern, Operetten, Musicals. Sind Kinder eines Chors regelmäßig vertraglich zur Mitwirkung in einem nach wirtschaftlichen Grundsätzen geführten Opern- und Konzertbetrieb verpflichtet, bedarf das der Genehmigung durch die Aufsichtsbehörde.[111] **Castings-Shows** sind entweder Musikaufführungen oder »**andere Aufführungen**« (vgl. Rn. 14), so dass für diese Ausnahmebewilligungen möglich sind.[112] Finden die Casting-Shows im Fernsehen statt, gilt Rn. 16. **13**

Bei den »**anderen Aufführungen**« (§ 6 Abs. 1 Satz 1 Nr. 2 JArbSchG) ist ebenfalls in Abgrenzung zur Nr. 1 zu beachten, dass sie nicht theatermäßig sein dürfen. Dazu gehören artistische Vorstellungen, Tanzturniere und Puppenspiele, auch Dressuren (von Tieren) und Kinderkonkurrenzen.[113] Ausdrücklich verboten sind die in § 6 Abs. 1 Satz 2 JArbSchG genannten Veranstaltungen (vgl. Rn. 18). Werden Kinder im Zusammenhang mit einer Schul- oder Vereinsveranstaltung beschäftigt, ist keine Ausnahmebewilligung erforderlich, weil eine solche Beschäftigung nicht unter den Geltungsbereich des Jugendarbeitsschutzgesetzes fällt (vgl. § 1 Rn. 9). Ist das Kind *selbstständig* als Solist, Sänger oder ähnliches tätig, fällt auch das nicht unter den Geltungsbereich des Jugendarbeitsschutzgesetzes (vgl. § 1 Rn. 18). Eine Ausnahmebewilligung wäre allerdings erforderlich, wenn das Kind nicht selbstständig tätig ist, sondern nach der *tatsächlichen Gestaltung des Vertrags* eine arbeitnehmerähnliche Dienstleistung gegeben ist oder ein Arbeitsverhältnis vorliegt.[114] **14**

Werbeveranstaltungen (§ 6 Abs. 1 Satz 1 Nr. 2 JArbSchG) sind alle Veranstaltungen, in denen Produkte oder Ideen zur kommerziellen Verwertung vorgestellt werden. Gemeint sind vor allem Modeschauen, Messen oder Ausstellungen, an denen Kinder als Mannequins, Sänger, Tänzer oder Sprecher zum Zwecke der Werbung mitwirken. **15**

---

111 OVG Münster 17.2.1986, 12 A 1453/85, NJW 1987, 1443.
112 NK-GA/*Taubert* § 6 JArbSchG Rn. 8.
113 *Zmarzlik/Anzinger* § 6 Rn. 11.
114 *Zmarzlik/Anzinger* § 6 Rn. 13.

16 Beim **Rundfunk** (Hörfunk und Fernsehen) dürfen Kinder in sämtlichen Sendungen (auch Werbesendungen) mitarbeiten (§ 6 Abs. 1 Satz 1 Nr. 2 JArbSchG), die nicht jugendgefährdend sind. Das gilt auch für **Casting-Shows.**[115]

17 Schließlich ist auch die Mitwirkung bei **Ton-, Bildträger-, Film- und Fotoaufnahmen** (Ton-, Film- und Fotoaufnahmen) genehmigungsfähig (§ 6 Abs. 1 Satz 1 Nr. 2 JArbSchG).

18 § 6 Abs. 1 Satz 2 JArbSchG bestimmt, dass eine Ausnahme *nicht* bewilligt werden darf für die Mitwirkung

- in Kabaretts, Tanzlokalen und ähnlichen Betrieben sowie
- auf Vergnügungsparks, Kirmessen, Jahrmärkten und bei ähnlichen Veranstaltungen, Schaustellungen oder Darbietungen.

19 Da § 6 Abs. 1 Satz 2 JArbSchG **Variete** und **Zirkus** nicht explizit anspricht, ist eine gestaltende Mitwirkung von Kindern hierbei nicht generell verboten (»andere Aufführungen«, § 6 Abs. 1 Satz 1 Nr. 2 JArbSchG). Die Aufsichtsbehörde kann hier im Rahmen ihres pflichtgemäßen Ermessens Ausnahmebewilligungen erteilen, wenn schädliche Einflüsse auf das Kind nicht zu befürchten sind und soweit es um **ungefährliche Tätigkeiten** geht.[116]

20 Auch **Karnevalsveranstaltungen** sind von der Bewilligung durch die Aufsichtsbehörde nicht ausgeschlossen. Einer Ausnahmebewilligung bedarf es ohnehin nicht, wenn solche Veranstaltungen nicht unter den Geltungsbereich des § 1 JArbSchG fallen, wie etwa wenn die Kinder selbst Mitglied im Karnevalsverein sind und die Aktivitäten der Brauchtumspflege dienen (vgl. § 1 Rn. 9).[117]

3. Voraussetzungen für die Ausnahmebewilligung

21 Die Aufsichtsbehörde darf die Ausnahmebewilligung nur nach Anhörung des zuständigen Jugendamts erteilen und wenn die in § 6 Abs. 2 Nr. 1 bis 6 JArbSchG genannten Voraussetzungen kumulativ vorliegen. Das zuständige **Jugendamt muss von der Aufsichtsbehörde angehört werden.** Bedenken des Jugendamts sind von der Aufsichtsbehörde zu berücksichtigen. Gleichwohl muss die Aufsichtsbehörde dem Votum des Jugendamts nicht folgen. Eine Ausnahmebewilligung ohne vorherige Anhörung des Jugendamts ist jedoch anfechtbar.

22 Die **Personensorgeberechtigten** müssen in die konkrete Beschäftigung **schriftlich eingewilligt haben** (§ 6 Abs. 2 Nr. 1 JArbSchG). Da die Personensorgeberechtigung normalerweise den Eltern gemeinsam zusteht (vgl. zu

---

115 NK-GA/*Taubert* § 6 JArbSchG Rn. 10.

116 *Zmarzlik/Anzinger* § 6 Rn. 27.

117 *Zmarzlik/Anzinger* § 6 Rn 25.

den Einzelheiten Einleitung Rn. 228 ff.), müssen Vater und Mutter unterschrieben haben.

Der Aufsichtsbehörde muss eine nicht länger als vor drei Monaten ausgestellte **ärztliche Bescheinigung** vorgelegt wird, nach der keine gesundheitliche Bedenken gegen die Beschäftigung bestehen (§ 6 Abs. 2 Nr. 2 JArbSchG). Es ist nicht nötig, dass ein bestimmter Arzt, etwa der Amtsarzt, die Bescheinigung ausgestellt hat. Eine Bescheinigung des Hausarztes oder jedes anderen Arztes genügt. Allerdings muss sich die »Unbedenklichkeitsbescheinigung« auf die bestimmte, **in Aussicht genommene Tätigkeit** beziehen. Die ärztliche Bescheinigung setzt voraus, dass der Arzt vom Antragsteller genau und detailliert über die in Aussicht genommene Arbeit des Kindes informiert worden ist. Soll die Beschäftigung auf andere Tätigkeiten ausgedehnt werden, muss eine neue Bescheinigung vorgelegt werden. Das gilt auch, wenn eine neue Bewilligung oder eine Verlängerung beantragt wird und die der Aufsichtsbehörde vorliegende ärztliche Bescheinigung am Tag des Antrags älter als drei Monate ist. Enthält die ärztliche Bescheinigung **Bedenken gegen eine Beschäftigung,** die von Seiten der Aufsichtsbehörde nicht durch Auflagen oder Begrenzungen der Bewilligung ausgeräumt werden können, muss die Behörde die Ausnahmebewilligung verweigern, weil es an einer zwingenden Bewilligungsvoraussetzung fehlt.

Voraussetzung für die Ausnahmebewilligung ist zudem, dass die erforderlichen **Vorkehrungen und Maßnahmen zum Schutz des Kindes** gegen Gefahren für Leben und Gesundheit sowie zur Vermeidung einer Beeinträchtigung der körperlichen oder seelisch-geistigen Entwicklung getroffen sind (§ 6 Abs. 2 Nr. 3 JArbSchG). Bei der Prüfung der Gefahren und einer möglichen Beeinträchtigung ist nicht nur der Auftritt des Kindes, sondern die **Gesamtheit der Umstände,** die auf das Kind einwirken können, zu prüfen. Zu berücksichtigen sind zum Beispiel auch die Wege zur und von der Arbeitsstelle, die Pausenbedingungen und der gesamte Rahmen, in dem die Veranstaltung abläuft. Die Vorkehrungen und Maßnahmen müssen vor Beginn der Beschäftigung, also bereits vor Probenbeginn, getroffen worden sein. Deswegen ist es nicht ausreichend, wenn sie in der Ausnahmebewilligung zur Bedingung oder Auflage gemacht werden.

Die **Betreuung und Beaufsichtigung des Kindes muss bei der Beschäftigung sichergestellt sein** (§ 6 Abs. 2 Nr. 4 JArbSchG). Das setzt auch voraus, dass je nach Art der Beschäftigung Umkleide- und Aufenthaltsräume dem Kind zur Verfügung stehen. Bei der Beschäftigung und während der Pausen muss das Kind von einer **geeigneten erwachsenen Person betreut** werden. Findet die Veranstaltung, an der das Kind mitwirkt, abends statt, ist sicherzustellen, dass das Kind ungefährdet nach Hause kommt.[118] Das Vor-

23

24

25

---

118 ErfK/*Schlachter* § 6 JArbSchG Rn. 9.

liegen dieser Voraussetzungen muss der Aufsichtsbehörde nachgewiesen werden.

26   Es muss nach Beendigung der Beschäftigung eine **ununterbrochene Freizeit von mindestens 14 Stunden** eingehalten werden (§ 6 Abs. 2 Nr. 5 JArbSchG). Strittig ist, ob zur Freizeit auch der Schulunterricht zählt oder ob der Schulbesuch die 14-stündige Freizeit unterbricht und damit zu einer Versagung der Ausnahmebewilligung führt. Wohl überwiegend wird davon ausgegangen, dass sich »Beschäftigung« und »Freizeit« einander ausschließen, also innerhalb der 14 Stunden eine »Beschäftigung« ausgeschlossen ist, Schulunterricht jedoch keine »Beschäftigung« sei und deshalb zur »Freizeit« zähle.[119]

27   Richtigerweise ist jedoch davon auszugehen, dass der Schulbesuch keine Freizeit ist. Freizeit ist nämlich nur die Zeit, über die das Kind selbstbestimmt verfügen kann. Der Schulbesuch ist jedoch nicht freiwillig, sondern es besteht Schulpflicht. Es müssen also zwischen dem Ende der Beschäftigung im Betrieb und dem Beginn des Schulunterrichts mindestens 14 Stunden Freizeit liegen. Konsequenz ist, dass zeitlich späte Auftritte von Kindern (nach 18:00 Uhr) nur an Tagen möglich sind, an die sich nicht unmittelbar der Schulunterricht anschließt, also am Freitag oder Samstag.[120]

28   Der **Vorrang des Schulunterrichts** ergibt sich (neben § 6 Abs. 2 Nr. 6 JArbSchG) auch aus § 14 Abs. 4 JArbSchG, nach dessen Bestimmung an dem, einem Berufsschultag unmittelbar vorangehenden Tag Jugendliche nicht nach 20:00 Uhr beschäftigt werden dürfen, wenn der Berufsschulunterricht am Berufsschultag vor 9:00 Uhr beginnt. Mit dem Schutzzweck des § 6 JArbSchG wäre es unvereinbar, wenn das zwar für Jugendliche, nicht aber für Kinder gelten würde.

29   Voraussetzung ist schließlich, dass durch die Beschäftigung das **Fortkommen in der Schule nicht beeinträchtigt** wird (§ 6 Abs. 2 Nr. 6 JArbSchG). Um das zu klären, hat sich die Aufsichtsbehörde entweder mit der Schule in Verbindung zu setzen oder sich eine entsprechende Bescheinigung der Schule vorlegen zu lassen. Weisen die Zeugnisse des Kindes mangelhafte Leistungen aus, ist eine Ausnahmebewilligung zu versagen. Das gilt auch, wenn Anhaltspunkte dafür vorliegen, dass durch eine Beschäftigung die Gefahr einer Verschlechterung der schulischen Leistungen besteht.

---

119   ErfK/*Schlachter* § 6 JArbSchG Rn. 9; *Taubert* § 6 Rn. 21; *Zmarzlik/Anzinger* § 6 Rn. 42.

120   *Weyand* (JArbSchG, § 6 Rn. 24) meint, der Schulunterricht sei zwar keine Beschäftigung, will jedoch dem »notwendigen Schutz des Kindes« dadurch Rechnung tragen, dass die Aufsichtsbehörde bei der Festsetzung der Beschäftigungszeit nach § 6 Abs. 3 JArbSchG den Schulunterricht berücksichtige.

4. Entscheidung der Aufsichtsbehörde

Die zuständige Aufsichtsbehörde (§ 51 JArbSchG) wird nur »auf Antrag« tätig (§ 6 Abs. 1 JArbSchG). Örtlich zuständig ist – je nach landesrechtlicher Regelung – die Aufsichtsbehörde, in dessen Bezirk der Beschäftigungsort liegt oder das Kind seinen Wohnsitz hat. Jedenfalls dürfte bei Wechsel des Beschäftigungsortes die Ausnahmebewilligung gültig bleiben, wenn es um die gleiche Tätigkeit beim gleichen Arbeitgeber geht. **30**

Der **Antrag** kann vom Arbeitgeber, aber auch von den Personensorgeberechtigten gestellt werden. Eine bestimmte Form ist nicht vorgeschrieben; er kann mündlich oder schriftlich gestellt werden.[121] Allerdings muss der Antrag bestimmt genug sein, damit die Aufsichtsbehörde sachgerecht prüfen kann, ob die Bewilligungsvoraussetzungen vorliegen. Vom Antragsteller anzugeben sind also Name, Anschrift und Geburtsdatum des Kindes sowie Datum, Uhrzeit und Dauer der beabsichtigten Beschäftigung, Ort und Art der Veranstaltung sowie Zahl und Dauer der Pausen sowie Name und Qualifikation der Betreuungsperson.[122] **31**

Wird der Antrag vom Arbeitgeber gestellt, muss die **schriftliche Einwilligung der Personensorgeberechtigten** vorliegen (vgl. Rn. 22). Weitere formelle Voraussetzungen für die Entscheidung der Aufsichtsbehörde sind, dass die erforderliche **ärztliche Bescheinigung** vorliegt (vgl. Rn. 23) und das **Jugendamt** angehört wird (vgl. Rn. 21). Es steht der Aufsichtsbehörde frei, weitere Behörden oder Institutionen (zum Beispiel die Schule) anzuhören oder Auskünfte anderer Stellen (Polizei, Ordnungsamt, Gesundheitsamt, Familiengericht) einzuholen.[123] **32**

Die **materiellen Voraussetzungen** für die Ausnahmebewilligung ergeben sich aus § 6 Abs. 1 und 2 JArbSchG. Die in Frage kommenden Veranstaltungen, für die eine Ausnahmebewilligung erfolgen kann, sind in § 6 Abs. 1 JArbSchG abschließend aufgeführt. Die Aufsichtsbehörde darf nicht darüber hinausgehen. Zudem müssen die in § 6 Abs. 2 JArbSchG genannten Bewilligungsvoraussetzungen vorliegen. Fehlt es an einer dieser Voraussetzungen, darf die Ausnahmebewilligung nicht ergehen. Selbst wenn die formellen und materiellen Bewilligungsvoraussetzungen vorliegen, besteht **kein Rechtsanspruch auf die Erteilung der Ausnahmebewilligung**.[124] **33**

Die Entscheidung steht vielmehr im pflichtgemäßen **Ermessen** der Aufsichtsbehörde (sie »kann … bewilligen«). Das Ermessen bezieht sich auf das »**Ob**« **und** »**Wie**«, ob also überhaupt eine Ausnahmebewilligung ergeht und wenn ja, mit welchem konkreten Inhalt und in welchem zeitlichen Umfang. **34**

---

121 *Zmarzlik/Anzinger* § 6 Rn. 29.
122 *Zmarzlik/Anzinger* § 6 Rn. 29.
123 NK-GA/*Taubert* § 6 JArbSchG Rn. 16.
124 ErfK/*Schlachter* § 6 JArbSchG Rn. 10.

Die Aufsichtsbehörde hat in jedem Fall eine **Einzelfallabwägung** vorzunehmen. Zu berücksichtigen sind die konkrete Beschäftigung, die individuelle Situation, das Alter und die Entwicklung des Kindes (vgl. Rn. 7 ff.).

35 Die Ausnahmebewilligung oder die Versagung der Erteilung einer Ausnahmebewilligung ist jeweils ein **Verwaltungsakt**, der mit Widerspruch und nach ablehnendem Widerspruchsbescheid vor dem Verwaltungsgericht angefochten werden kann. Ausnahmen können nur für einzelne Beschäftigte, einzelne Betriebe oder einzelne Teile des Betriebs bewilligt werden (§ 54 Abs. 2 JArbSchG).

36 Die **Ausnahmebewilligung ist zu befristen** (§ 54 Abs. 1 Satz 1 JArbSchG), das heißt sie darf nur für einen befristeten Zeitraum erteilt werden. Zudem sind die weiteren Vorgaben des § 54 JArbSchG zu beachten. Die Aufsichtsbehörde kann ihre Entscheidung mit zusätzlichen **Auflagen** und **Bedingungen** versehen, soweit dies der Schutz des Kindes vor gesundheitlichen Beeinträchtigungen oder seine ungestörte Entwicklung gebieten. Sie kann zum Beispiel anordnen, das Kind in den Pausen in bestimmten Räumen eines Gebäudes unter bestimmten Bedingungen zu betreuen, oder besondere Maßnahmen für sein Fortkommen in der Schule zu treffen oder bestimmte ärztliche Untersuchungen durchzuführen.[125] Eine erteilte **Ausnahmebewilligung** kann **jederzeit widerrufen werden** (§ 54 Abs. 1 Satz 2 Nr. 3 JArbSchG).

Die Aufsichtsbehörde bestimmt nach § 6 Abs. 3 Nr. 1 bis 3 JArbSchG,

- wie lange, zu welcher Zeit und an welchem Tag das Kind beschäftigt werden darf,
- die Dauer und Lage der Ruhepausen,
- die Höchstdauer des täglichen Aufenthalts an der Beschäftigungsstätte.

37 Daraus folgt, dass nicht nur die »reine« Zeit der Beschäftigung und der Pausen von der Aufsichtsbehörde festzulegen ist, sondern zudem auch die Höchstdauer des täglichen Aufenthalts an der Beschäftigungsstätte – das meint die Zeit der Beschäftigung einschließlich der Pausen. Zu dieser Höchstdauer zählen auch alle Arbeitsunterbrechungen, zum Beispiel Pausen zwischen zwei Auftritten, bei denen sich das Kind zwar nicht aufgrund einer Weisung des Arbeitgebers an der Beschäftigungsstätte aufhalten muss, aber wegen längerer Entfernung der Beschäftigungsstätte von der Wohnung die Zeit selbst nicht sinnvoll nutzen kann. Zur Beschäftigungszeit zählt auch die Zeit der notwendigen Vorbereitung an der Beschäftigungsstätte, zum Beispiel das Umziehen, Schminken oder das Warten oder Bereithalten für den Auftritt.[126]

38 Die Entscheidung der Aufsichtsbehörde ist dem Arbeitgeber schriftlich bekanntzugeben (§ 6 Abs. 4 Satz 1 JArbSchG). **Der Arbeitgeber darf das Kind**

125　NK-GA/*Taubert* § 6 JArbSchG Rn. 13.
126　ErfK/*Schlachter* § 6 JArbSchG Rn. 10.

erst nach Empfang des Bewilligungsbescheids beschäftigen (§ 6 Abs. 4 Satz 2 JArbSchG). Wer als Arbeitgeber entgegen § 6 Abs. 4 Satz 2 JArbSchG ein Kind vor Erhalt des Bewilligungsbescheids beschäftigt, begeht eine Ordnungswidrigkeit, die mit einer Geldbuße geahndet werden kann (§ 59 Abs. 1 Nr. 1 JArbSchG). Eine vorläufige Beschäftigung durch den Arbeitgeber, zum Beispiel bei »Eilentscheidungen«, ist nicht erlaubt. Der Arbeitgeber ist verpflichtet, die **Ausnahmebewilligung im Betrieb auszuhängen** (§ 54 Abs. 3 JArbSchG).

§ 7 Beschäftigung von nicht vollzeitschulpflichtigen Kindern

Kinder, die der Vollzeitschulpflicht nicht mehr unterliegen, dürfen
1. **im Berufsausbildungsverhältnis,**
2. **außerhalb eines Berufsausbildungsverhältnisses nur mit leichten und für sie geeigneten Tätigkeiten bis zu sieben Stunden täglich und 35 Stunden wöchentlich**
beschäftigt werden. Auf die Beschäftigung finden die §§ 8 bis 46 entsprechende Anwendung.

§ 7 JArbSchG bezieht sich auf die Beschäftigung von nicht mehr vollzeitschulpflichtigen Kindern. Wann die **Vollzeitschulpflicht** beendet ist, richtet sich nach den Schulgesetzen der Bundesländer. Sie beträgt entweder neun Schuljahre, in Berlin, Brandenburg, Bremen, Nordrhein-Westfalen und Thüringen zehn Schuljahre (vgl. § 2 Rn. 4). **1**

§ 7 JArbSchG hat **in der Praxis kaum Bedeutung**, da die meisten Kinder bei der Einschulung sechs Jahre alt sind und nach neun oder zehn Schuljahren bereits das 15. Lebensjahr vollendet haben, so dass sie keine Kinder (§ 2 Abs. 1 JArbSchG) sind. Auf sie findet § 7 JArbSchG deshalb keine Anwendung. Anwendungsfälle sind denkbar beim Überspringen von Schulklassen oder bei Einwanderern oder Flüchtlingen, die wegen fortgeschrittenen Alters nicht mehr eingeschult werden.[127] Für Kinder, die noch nicht 15 Jahre alt sind (§ 2 Abs. 1 JArbSchG), gilt das Beschäftigungsverbot (§ 5 Abs. 1 JArbSchG) mit den Ausnahmen nach § 5 Abs. 2 JArbSchG. **2**

Ist das Kind jedoch noch nicht 15 Jahre alt, kann es im Anschluss an die Schule in einem **Berufsausbildungsverhältnis** beschäftigt werden. Das setzt voraus, dass ein Berufsausbildungsvertrag (§ 10 BBiG) abgeschlossen worden ist, der in das Verzeichnis der Berufsausbildungsverhältnisse eingetragen ist (§ 34 BBiG). **3**

Außerhalb eines Berufsausbildungsverhältnisses schränkt § 7 Satz 1 Nr. 2 JArbSchG die Tätigkeit zeitlich ein, nämlich auf maximal sieben Stunden **4**

---

127 ErfK/*Schlachter* § 7 JArbSchG Rn. 1.

täglich und 35 Stunden wöchentlich und schränkt damit die Vorgaben des § 8 JArbSchG weiter ein. Die zeitliche Begrenzung von 35 Stunden wöchentlich und sieben Stunden täglich muss auch bei einer Beschäftigung bei mehreren Arbeitgebern eingehalten werden. Die einzelnen Zeiten müssen in diesen Fällen zusammengezählt werden.

5   Erlaubt sind zudem nur **leichte und für Kinder geeignete Tätigkeiten**. Unzulässig sind Tätigkeiten, die mit Unfallgefahren verbunden sind, das Tragen von Lasten sowie Produktions-, Transport- und Reparaturarbeiten in der Industrie.[128] Für Kinder, die noch nicht 15 Jahre alt sind (§ 2 Abs. 1 JArbSchG), gilt zudem das Beschäftigungsverbot (§ 5 Abs. 1 JArbSchG) mit den Ausnahmen nach § 5 Abs. 2 JArbSchG, so dass außerhalb eines Berufsausbildungsverhältnisses faktisch nur die in § 5 Abs. 2 JArbSchG genannten Tätigkeiten als zulässige Beschäftigung in Betracht kommen. Im Einzelnen regelt § **2 KindArbSchV,** welche Tätigkeiten zulässig sind (vgl. § 2 KindArbSchV im Anhang).

6   Auf die nach § 7 Satz 1 JArbSchG zulässigen Beschäftigungen finden die §§ 8 bis 46 JArbSchG entsprechende Anwendung (§ 7 Satz 2 JArbSchG). Das bedeutet, dass für Kinder, die der Vollzeitschulpflicht nicht mehr unterliegen, die Schutzbestimmungen anzuwenden sind, die für Jugendliche gelten, vor allem die Beschäftigungsverbote und -beschränkungen.

7   **Zuwiderhandlungen** gegen § 7 JArbSchG sind **Ordnungswidrigkeiten** und können mit einer Geldbuße geahndet werden (§ 58 Abs. 1 Nr. 4 JArbSchG), unter Umständen sind sie sogar strafbar (§ 58 Abs. 5 und 6 JArbSchG).

Dritter Abschnitt
Beschäftigung Jugendlicher

Erster Titel
Arbeitszeit und Freizeit

§ 8   Dauer der Arbeitszeit

(1) **Jugendliche dürfen nicht mehr als acht Stunden täglich und nicht mehr als 40 Stunden wöchentlich beschäftigt werden.**
(2) **Wenn in Verbindung mit Feiertagen an Werktagen nicht gearbeitet wird, damit die Beschäftigten eine längere zusammenhängende Freizeit haben, so darf die ausfallende Arbeitszeit auf die Werktage von fünf zusammenhängenden, die Ausfalltage einschließenden Wochen nur derge-**

---

128 Gesetzesbegründung, BT-Drucks. 7/2305, S. 28; ErfK/*Schlachter* § 7 JArbSchG Rn. 2.

stalt verteilt werden, dass die Wochenarbeitszeit im Durchschnitt dieser fünf Wochen 40 Stunden nicht überschreitet. Die tägliche Arbeitszeit darf hierbei achteinhalb Stunden nicht überschreiten.

(2 a) Wenn an einzelnen Werktagen die Arbeitszeit auf weniger als acht Stunden verkürzt ist, können Jugendliche an den übrigen Werktagen derselben Woche achteinhalb Stunden beschäftigt werden.

(3) In der Landwirtschaft dürfen Jugendliche über 16 Jahre während der Erntezeit nicht mehr als neun Stunden täglich und nicht mehr als 85 Stunden in der Doppelwoche beschäftigt werden.

Inhaltsübersicht Rn.
1. Überblick 1–10
2. Höchstarbeitszeit und Abweichungen 11–20
   a. Grundsatz 11
   b. Sonderregelung in Verbindung mit Feiertagen. 12–15
   c. Sonderregelung bei anderer Verteilung der Arbeitszeit 16–17
   d. Sonderregelung für die Landwirtschaft 18–20

1. Überblick

§ 8 JArbSchG regelt die Dauer der täglichen Arbeitszeit von Jugendlichen. **1** Maßgebend hierfür ist die Arbeitszeit ohne die Ruhepausen (§ 4 Abs. 1 JArbSchG). Aus Gründen des **Gesundheitsschutzes**, um Jugendliche vor Überforderung und Gesundheitsschädigung durch zu lange Arbeitszeiten zu schützen und ihnen ausreichende Freizeit zur Erholung und Entfaltung ihrer Persönlichkeit sicherzustellen, hat der Gesetzgeber die höchstzulässige Arbeitszeit auf acht Stunden täglich und 40 Stunden wöchentlich begrenzt.

Für Jugendliche gilt die **Fünf-Tage-Woche** (§ 15 JArbSchG), so dass eine **2** Verteilung der 40 Wochenstunden maximal auf fünf Tage zulässig ist. Selbst bei einer Verteilung auf weniger Wochentage bleibt es bei der Begrenzung auf den Acht-Stunden-Tag. »Fünf- Tage-Woche« bedeutet nicht in allen, aber in vielen Fällen eine Arbeitszeit von Montag bis Freitag. Eine Beschäftigung Jugendlicher an Samstagen und Sonntagen ist nur in den Grenzen des § 16 und 17 JArbSchG zulässig. Begrifflich ist klarzustellen, dass **Werktage** alle Kalendertage sind, die nicht Sonn- oder gesetzliche Feiertage sind, also Montag bis einschließlich Samstag.

Aus § 8 Abs. 2 und 2a JArbSchG ergeben sich Verlängerungsmöglichkeiten **3** auf achteinhalb Stunden täglich, die sich auf die Arbeit an Feiertagen und flexible Arbeitszeitmodelle beziehen. Für die **Landwirtschaft** während der Erntezeit enthält § 8 Abs. 3 JArbSchG eine **Sonderregelung** für Jugendliche über 16 Jahre. Nach Maßgabe des § 9 und § 10 JArbSchG sind die Zeiten des Berufsschulunterrichts und der Teilnahme an Prüfungen auf die gesetzliche Höchstarbeitszeit anzurechnen.

4 **Ausnahmen** können in Notfällen in Betracht kommen (§ 21 JArbSchG), ansonsten aufgrund allgemeiner Regelungen durch Rechtsverordnung (§ 21b JArbSchG) oder durch Tarifvertrag oder aufgrund eines Tarifvertrages durch Betriebsvereinbarung (§ 21a JArbSchG). Weitere Ausnahmen vom Acht-Stunden-Tag und von der 40-Stunden-Woche gibt es nur noch in der **Hochseeschifffahrt,** nicht aber in der Binnenschifffahrt (§ 61 JArbSchG).

5 **Zuwiderhandlungen** gegen § 8 JArbSchG sind **Ordnungswidrigkeiten** und können mit einer Geldbuße geahndet werden (§ 58 Abs. 1 Nr. 5 JArbSchG), unter Umständen sind sie sogar strafbar (§ 58 Abs. 5 und 6 JArbSchG).

6 Die Regelungen der Arbeitszeit in § 8 JArbSchG betreffen »**Jugendliche**« (§ 2 JArbSchG). Für **Kinder** (wer noch nicht 15 Jahre alt ist) gilt § 5 bis § 7 JArbSchG. Für **volljährige Arbeitnehmer oder Auszubildende** gelten die Bestimmungen des Arbeitszeitgesetzes (ArbZG). Danach gilt: Die werktägliche Arbeitszeit der Arbeitnehmer darf acht Stunden nicht überschreiten (§ 3 Satz 1 ArbZG). Sie kann auf bis zu zehn Stunden nur verlängert werden, wenn innerhalb von sechs Kalendermonaten oder innerhalb von 24 Wochen im Durchschnitt acht Stunden werktäglich nicht überschritten werden (§ 3 Satz 2 ArbZG).

7 § 8 JArbSchG regelt die **gesetzliche Höchstarbeitszeit**, keine Mindestarbeitszeit. Die gesetzliche Höchstarbeitszeit darf nicht überschritten werden. Anderslautende einzelvertragliche Vereinbarungen sind wegen des Verstoßes gegen das gesetzliche Verbot des § 8 JArbSchG nichtig (§ 134 BGB).[129] **Vertragliche Vereinbarungen**, die die gesetzliche Höchstarbeitszeit nicht über-, sondern unterschreiten, sind selbstverständlich zulässig, so die Vereinbarung von **Teilzeitarbeit**. Auch eine **Teilzeitberufsausbildung** ist möglich (§ 8 Abs. 1 Satz 2 BBiG). Sofern **tarifvertragliche Regelungen** Anwendung finden, können diese auch eine regelmäßige Vollarbeitszeit vorsehen, die unterhalb der gesetzlichen Höchstarbeitszeit liegt. Wie lange (bis zur gesetzlichen Höchstgrenze) tatsächlich von dem Jugendlichen gearbeitet werden muss, richtet sich nach der vertraglichen Vereinbarung oder einem anwendbaren Tarifvertrag.

8 Die **Lage der Arbeitszeit**, also die Frage, zu welcher Zeit am Tag zu arbeiten ist, ist gesetzlich nicht vorgegeben, sieht man davon ab, dass gesetzlich die Ruhezeit (§ 13 JArbSchG) und die Nachtruhe (§ 14 JArbSchG) vorgegeben ist. Zudem sind die Ruhepausen (§ 11 JArbSchG) zu beachten.

9 Zu beachten ist, dass der Arbeitgeber verpflichtet ist, einen **Aushang über Beginn und Ende der regelmäßigen täglichen Arbeitszeit und der Pausen** an geeigneter Stelle im Betrieb anzubringen (§ 48 Abs. 1 JArbSchG). Dies gilt für alle Beschäftigungsverhältnisse, auch im Bergbau unter Tage und in der Binnenschifffahrt.

---

129 ErfK/*Schlachter* § 8 JArbSchG Rn. 1.

Bei der Verteilung der Arbeitszeit für Jugendliche hat der **Betriebsrat** neben 10
den allgemeinen Überwachungsaufgaben (§ 80 Abs. 1 Nr. 1 BetrVG) auch
ein **Mitbestimmungsrecht** (§ 87 Abs. 1 Nr. 2 BetrVG) bei der konkreten
Umsetzung. Hinzu kommt auf dem Gebiet des Arbeitsschutzes die Mitbestimmung aus § 87 Abs. 1 Nr. 7 BetrVG zur Verhütung von Arbeitsunfällen sowie zum Gesundheitsschutz. Für den Personalrat folgt das Mitbestimmungsrecht aus § 75 Abs. 3 Nr. 1 und Nr. 11 BPersVG oder den Personalvertretungsgesetzen der Bundesländer.

2. Höchstarbeitszeit und Abweichungen

a. Grundsatz

Grundsätzlich dürfen Jugendliche nicht mehr als **acht Stunden täglich** und 11
nicht mehr als **40 Stunden wöchentlich** beschäftigt werden (§ 8 Abs. 1
JArbSchG). Allgemein sind zwei Sonderkonstellationen in § 8 Abs. 2 und § 8
Abs. 2a JArbSchG geregelt, die Ausnahmen zulassen. Ergänzend sind die **De-
finitionen der Arbeitszeit** in § 4 JArbSchG zu beachten. **Tägliche Arbeits-
zeit** ist die Zeit vom Beginn bis zum Ende der täglichen Beschäftigung **ohne
die Ruhepausen** (§ 4 Abs. 1 JArbSchG, zur Definition der Ruhepausen § 11
JArbSchG).
Für die Berechnung der wöchentlichen Arbeitszeit ist als Woche die Zeit
von Montag bis einschließlich Sonntag zugrunde zu legen (§ 4 Abs. 4 Satz 1
JArbSchG). Die Arbeitszeit, die an einem Werktag infolge eines gesetzlichen
Feiertages ausfällt, wird auf die wöchentliche Arbeitszeit angerechnet (§ 4
Abs. 4 Satz 2 JArbSchG). Wird ein Jugendlicher von mehreren Arbeitgebern
beschäftigt, so werden die Arbeits- und Schichtzeiten sowie die Arbeitstage
zusammengerechnet (§ 4 Abs. 5 JArbSchG).

b. Sonderregelung in Verbindung mit Feiertagen

Wenn **in Verbindung mit Feiertagen** an Werktagen *nicht* gearbeitet wird, 12
damit die Beschäftigten eine längere zusammenhängende Freizeit haben, so
darf die ausfallende Arbeitszeit auf die Werktage von fünf zusammenhängenden, die Ausfalltage einschließenden Wochen nur dergestalt verteilt
werden, dass die Wochenarbeitszeit im Durchschnitt dieser fünf Wochen
40 Stunden nicht überschreitet (§ 8 Abs. 2 Satz 1 JArbSchG). Die tägliche
Arbeitszeit darf hierbei achteinhalb Stunden nicht überschreiten (§ 8 Abs. 2
Satz 2 JArbSchG). Fällt die Arbeit nicht wegen der Verbindung mit einem
Feiertag aus, sondern aus anderen Gründen (zum Beispiel Streik), findet
diese Regelung keine Anwendung.[130]

---

130 ErfK/*Schlachter* § 8 JArbSchG Rn. 3.

13   Die ausgefallene Arbeitszeit darf in diesen Fällen vor- und nachgearbeitet werden. Sie kann auf die Werktage von fünf zusammenhängenden Wochen verteilt werden, und zwar so, dass die Wochenarbeitszeit im Durchschnitt aller fünf Wochen 40 Stunden nicht überschreitet. Die Woche, in der die freien Tage liegen, zählt zu dem Fünf-Wochen- Zeitraum. Die tägliche Arbeitszeit darf achteinhalb Stunden nicht überschreiten. Die Bestimmungen über die Fünf-Tage-Woche (§ 15 JArbSchG) sind auch in diesen Fällen zu beachten, demnach darf nur an fünf Tagen in der Woche vor- oder nachgearbeitet werden. Auch das grundsätzliche Verbot der Samstagsarbeit (§ 16 JArbSchG) und der Sonntagsarbeit (§ 17 JArbSchG) ist zu beachten. Das führt im Ergebnis dazu, dass im Ausgleichszeitraum (fünf Wochen) nur maximal 1,5 Arbeitstage vor- oder nachgearbeitet werden dürfen.[131]

14   Bedeutung hat die Regelung zum Beispiel zwischen Weihnachten und Neujahr und ansonsten, wenn der Donnerstag ein Feiertag ist und am Freitag im Betrieb nicht gearbeitet wird (»Brückentage«). Die Jugendlichen können in diese Regelung miteinbezogen werden. Es ist aber zu beachten, dass jedenfalls bei einer tariflichen oder einzelvertraglichen Arbeitszeit von 40 Stunden in der Woche nur 1 bis maximal 1,5 freie Tage in diesem Fünf-Wochen-Zeitraum vor- oder nachgearbeitet werden dürfen, da an den Tagen innerhalb des Fünf-Wochen- Zeitraums, an dem der Jugendliche tatsächlich arbeitet, jeweils nur eine halbe Stunde »herausgearbeitet« werden darf. Es ist nicht zulässig, zwei volle Arbeitstage innerhalb dieses Fünf-Wochen-Zeitraums vor- oder nachzuarbeiten.

15   **Beispiel:**
Der Heiligabend, der 24. Dezember (kein Feiertag), fällt auf einen Montag. Dienstag und Mittwoch sind Feiertage (1. und 2. Weihnachtstag). Arbeitstage wären in dieser Woche Donnerstag und Freitag. Wird an diesen Arbeitstagen nicht gearbeitet, kann der Jugendliche in den vorhergehenden fünf Wochen diese Tage nicht in vollem Umfang Vorarbeiten, weil er in vier Wochen maximal an 20 Tagen je eine halbe Stunde, nämlich maximal zehn Stunden Vorarbeiten darf Der Arbeitgeber müsste ihm daher die fehlenden sechs Stunden ohne Entgeltausfall freigeben. Diese fehlenden sechs Stunden können auch nicht in den nächsten fünf Wochen nachgearbeitet werden, auch dann nicht, wenn in Verbindung mit dem Feiertag des 1. Januar am 2. Januar wieder ein freier Tag gegeben wird. Zwar würde für die Nacharbeit dieses freien 2. Januar erneut eine Fünf-Wochen-Frist beginnen, in der der Jugendliche die fehlende Zeit nacharbeiten kann. Dies bezieht sich aber nicht auf die fehlenden sechs Stunden der vorhergehenden Fünf-Wochen-Periode, sondern auf die ausgefallene Arbeitszeit am 2. Januar.

---

131 ErfK/*Schlachter* § 8 JArbSchG Rn. 3.

c. Sonderregelung bei anderer Verteilung der Arbeitszeit

Wenn an **einzelnen Werktagen** die **Arbeitszeit auf weniger als acht Stun-** 16
den verkürzt ist, können Jugendliche an den übrigen Werktagen derselben
Woche achteinhalb Stunden beschäftigt werden (§ 8 Abs. 2a JArbSchG).
Zweck der Vorschrift ist es, auch Jugendliche in flexiblen Arbeitszeitmodel-
len zu beschäftigen, gegebenenfalls an die Arbeitszeit der Erwachsenen anzupassen, zum Beispiel wenn für diese der Freitagnachmittag frei ist. Praktische Bedeutung hat die Vorschrift auch für Betriebe mit Gleitzeitregelungen.
§ 8 Abs. 2a JArbSchG ermöglicht eine Beteiligung der Jugendlichen an **Gleit-**
zeitregelungen, bei denen ein Zeitausgleich nötig ist, weil sie an manchen
Tagen weniger als acht Stunden gearbeitet haben. Allerdings ist für Jugendliche die Grenze des täglichen Zeitausgleichs auf eine halbe Stunde festgelegt, da höchstens achteinhalb Stunden pro Werktag gearbeitet werden darf.
Eine weitere Beschränkung liegt darin, dass der Zeitausgleich in »derselben«
Woche zu erfolgen hat, was die Woche von Montag bis Sonntag meint (§ 4
Abs. 4 JArbSchG) und zudem die Fünf-Tage-Woche zu beachten ist (§ 15
JArbSchG).

Durch **Tarifvertrag** kann auch für Jugendliche der Ausgleichszeitraum für 17
gleitende Arbeitszeit auf neun Stunden täglich und 44 Stunden wöchentlich,
verteilt auf bis zu fünfeinhalb Tagen und einem Ausgleichszeitraum von zwei
Monaten, ausgedehnt werden (§ 21a Abs. 1 Nr. 1 JArbSchG). **Einzelvertrag-**
liche Regelungen ohne Verweisung auf Tarifverträge, die Entsprechendes
vorsehen, sind allerdings unzulässig.

d. Sonderregelung für die Landwirtschaft

In der Landwirtschaft dürfen **Jugendliche über 16 Jahre während der Ern-** 18
tezeit nicht mehr als neun Stunden täglich und nicht mehr als 85 Stunden in
der Doppelwoche beschäftigt werden (§ 8 Abs. 3 JArbSchG). Zwei Wochen
hintereinander darf nicht täglich neun Stunden gearbeitet werden, weil dadurch 85 Stunden in der Doppelwoche überschritten würden. Auch hier
geht es um die Regulierung der gesetzlichen Höchstarbeitszeit. Wie lange
tatsächlich von dem Jugendlichen gearbeitet werden muss, richtet sich nach
der vertraglichen Vereinbarung oder einem anwendbaren Tarifvertrag.

Zur **Landwirtschaft** zählen die Bodennutzung, also Ackerbau, Obst-, Ge- 19
müse- und Weinbau, aber auch Wiesen- und Weidewirtschaft für die Tierhaltung. Nicht dazu gehört dagegen die Tierhaltung als solche, was sich
schon daraus ergibt, dass die Ausnahmeregelung auf die Zeit der Ernte beschränkt ist und Tierhaltung begrifflich hier nicht eingeordnet werden kann.
Zur Landwirtschaft gehören auch die **Familienhaushalte,** die mit einem
landwirtschaftlichen Betrieb des Arbeitgebers verbunden sind, wenn regel-

mäßig auch Dienste für den landwirtschaftlichen Betrieb geleistet werden. Hierunter fällt auch die Fischerei in Binnengewässern.

20 **Erntezeit** ist die Jahreszeit, in der üblicherweise eine bestimmte Frucht eingebracht wird. Die Erntezeit liegt häufig teilweise außerhalb der Schulferien. Das bedeutet, dass die Jugendlichen bei bestehender Schulpflicht und die Auszubildenden am **Berufsschulunterricht** teilnehmen müssen. An mindestens einem Tag in der Woche stehen die Jugendlichen demnach nicht zur Arbeitsleistung zur Verfügung. Da nach § 9 JArbSchG Berufsschultage mit mehr als fünf Unterrichtsstunden mit acht Stunden auf die wöchentliche Arbeitszeit anzurechnen ist, müssen in der Zwei-Wochen-Frist des § 8 Abs. 3 JArbSchG mindestens zwei mal acht Stunden auf die 85-Stunden-Woche angerechnet werden. Das gilt entsprechend für die Teilnahme an Prüfungen, wenn diese in die Erntezeit fallen.

§ 9   Berufsschule

(1) Der Arbeitgeber hat den Jugendlichen für die Teilnahme am Berufsschulunterricht freizustellen. Er darf den Jugendlichen nicht beschäftigen

1. vor einem vor 9 Uhr beginnenden Unterricht; dies gilt auch für Personen, die über 18 Jahre alt und noch berufsschulpflichtig sind,

2. an einem Berufsschultag mit mehr als fünf Unterrichtsstunden von mindestens je 45 Minuten, einmal in der Woche,

3. in Berufsschulwochen mit einem planmäßigen Blockunterricht von mindestens 25 Stunden an mindestens fünf Tagen; zusätzliche betriebliche Ausbildungsveranstaltungen bis zu zwei Stunden wöchentlich sind zulässig.

(2) Auf die Arbeitszeit werden angerechnet

1. Berufsschultage nach Absatz 1 Nr. 2 mit acht Stunden,

2. Berufsschulwochen nach Absatz 1 Nr. 3 mit 40 Stunden,

3. im übrigen die Unterrichtszeit einschließlich der Pausen.

(3) Ein Entgeltausfall darf durch den Besuch der Berufsschule nicht eintreten.

Inhaltsübersicht   Rn.
1. Überblick 1– 3
2. Freistellung für den Berufsschulunterricht 4– 8
3. Berufsschule und Beschäftigungsverbote im Betrieb   9–12
4. Anrechnung der Berufsschule auf die Arbeitszeit im Betrieb   13–18
5. Kein Entgeltausfall   19–20

1. Überblick

§ 9 JArbSchG regelt das Verhältnis vom Berufsschulunterricht zur Arbeit **1** oder Ausbildung im Betrieb. Die Regelung wird ergänzt durch die Vorschrift für (volljährige) Auszubildende in § 15 BBiG. Die **Berufsschulpflicht** beginnt mit dem Ende der Vollzeitschulpflicht, das heißt – je nach der Regelung in den Bundesländern (vgl. § 2 Rn. 4) – nach dem 9. oder 10. Schuljahr (Berlin, Brandenburg, Bremen, Nordrhein-Westfalen und Thüringen), und sie ist Teil der allgemeinen Schulpflicht.[132] Die Berufsschulpflicht gilt für alle, die sich in Deutschland aufhalten, damit auch für Personen, die nicht die deutsche Staatsangehörigkeit haben oder im Ausland geboren wurden. Für die Jugendlichen, die nicht in einem Berufsausbildungsverhältnis stehen, endet die Berufsschulpflicht mit Vollendung des 18. Lebensjahres. Für Jugendliche innerhalb eines Berufsausbildungsverhältnisses endet die Berufsschulpflicht, die in den Schulgesetzen der Bundesländer geregelt ist, meist mit der Vollendung des 21. Lebensjahres oder mit dem Ende des Ausbildungsverhältnisses. Nach Vollendung des 21. Lebensjahres besteht keine Berufsschulpflicht mehr. Zum Teil sehen die Regelungen in den Schulgesetzen vor, dass Auszubildende, die ein Berufsausbildungsverhältnis nach Vollendung des 21. Lebensjahres beginnen, berechtigt sind, während des Bestehens des Berufsausbildungsverhältnisses die Berufsschule zu besuchen.

Während § 9 Abs. 1 JArbSchG festlegt, dass Jugendliche für die Teilnahme **2** am Berufsschulunterricht freizustellen sind und im Zusammenhang mit dem Berufsschulunterricht Beschäftigungsverbote regelt, regelt § 9 Abs. 2 JArbSchG, in welchem Umfang Berufsschulzeiten auf die Arbeitszeit anzurechnen sind. Durch den Besuch der Berufsschule darf kein Entgeltausfall eintreten (§ 9 Abs. 3 JArbSchG).

Zuwiderhandlungen gegen die Freistellungsverpflichtung (§ 9 Abs. 1 **3** JArbSchG) sind **Ordnungswidrigkeiten** und können mit einer Geldbuße geahndet werden (§ 58 Abs. 1 Nr. 6 JArbSchG), unter Umständen sind sie sogar strafbar (§ 58 Abs. 5 und 6 JArbSchG). Eine entsprechende Bußgeldvorschrift gibt es auch (wegen § 15 BBiG) in § 102 Abs. 1 Nr. 4 BBiG.

2. Freistellung für den Berufsschulunterricht

Der Arbeitgeber hat den Jugendlichen für die Teilnahme am Berufsschulun- **4** terricht freizustellen (§ 9 Abs. 1 Satz 1 JArbSchG). § 15 Satz 1 BBiG regelt generell, dass Auszubildende (Minderjährige oder Volljährige) für die Teilnahme am Berufsschulunterricht freizustellen sind. Insofern besteht der Anspruch nach beiden Rechtsgrundlagen. Die Pflicht zur Freistellung besteht zum einen, wenn der Auszubildende der Berufsschulpflicht unterliegt, was

---

132 HK-ArbR-*Poser* § 9 JArbSchG Rn. 1.

im Einzelnen in den Schulgesetzen der Länder geregelt ist (vgl. Rn. 1). Die Pflicht besteht zum anderen aber auch dann, wenn der Auszubildende zwar nicht der gesetzlichen Berufsschulpflicht unterliegt, aber die Verpflichtung zum Besuch der Berufsschule im Ausbildungsvertrag vereinbart ist. Aus der Pflicht zur Freistellung folgt ein Rechtsanspruch des Auszubildenden auf Freistellung.

5   Die **Freistellung** für die Teilnahme am **Berufsschulunterricht** umfasst alle Zeiten, die erforderlich sind, um die Berufsschule während der geschuldeten Pflicht, sich betrieblich ausbilden zu lassen, wahrzunehmen. Die Auszubildenden sind nur dann von der Ausbildungspflicht tatsächlich befreit, wenn sie im Ergebnis entfällt und nicht nachgearbeitet werden muss.[133] Ob und inwieweit die Auszubildenden **vor oder nach dem Berufsschulunterricht** beschäftigt werden dürfen, ergibt sich aus § 9 Abs. 1 Satz 2 JArbSchG.

6   Die »**Teilnahme**« am Berufsschulunterricht setzt voraus, dass dieser tatsächlich stattfindet. Die Freistellungspflicht besteht deshalb nur für die tatsächlich stattfindenden Berufsschulstunden. Fällt der Berufsschulunterricht ganz oder teilweise aus, ist der Auszubildende verpflichtet, soweit der Unterricht ausfällt, im Betrieb zu arbeiten. **Zeiten des notwendigen Verbleibs** an der Berufsschule während der unterrichtsfreien Zeit (zum Beispiel, wenn die ausfallende Unterrichtsstunde zwischen anderen stattfindenden Unterrichtsstunden liegt) werden von der Freistellungspflicht mit umfasst. Fällt der an sich planmäßig vorgesehene Unterricht tatsächlich aus, muss der Auszubildende nach Ende des Berufsschulunterrichts in den Betrieb zurückkehren, sofern unter Berücksichtigung der Freistellungsverpflichtung noch tatsächlich zu erbringende Arbeitszeit im Betrieb verbleibt. Für Minderjährige gilt § 9 Abs. 1 Satz 2 JArbSchG (vgl. Rn. 9 ff). Beim **Blockunterricht** besteht die Freistellungspflicht für alle Tage der Berufsschulwoche, an denen der Unterricht tatsächlich stattfindet.

7   Die Freistellung von der betrieblichen Ausbildung umfasst neben der Zeit des Berufsschulunterrichts auch die Zeiträume, in denen der Auszubildende zwar nicht am Berufsschulunterricht teilnehmen muss, aber wegen des Schulbesuchs aus tatsächlichen Gründen gehindert ist, im Ausbildungsbetrieb an der betrieblichen Ausbildung teilzunehmen. Dies betrifft Zeiten des notwendigen Verbleibs an der Berufsschule während der unterrichtsfreien Zeit und die notwendigen **Wegezeiten** zwischen Berufsschule und Ausbildungsbetrieb.[134] Auch notwendige Zeiten zum Waschen und Umkleiden sind in die Freistellungspflicht einbezogen, nicht aber die Zeiten für die Erledigung von schulisch übertragenen Hausaufgaben.

8   Eine Freistellungsverpflichtung besteht auch für verbindliche **Schulveranstaltungen,** die zwar nicht »Berufsschulunterricht« sind, aber im Zusam-

---

133 LAG Hamm 24. 2. 1999, 9 Sa 1273/98, AiB 1999, 589.
134 BAG 26. 3. 2001, 5 AZR 413/99, NZA 2001, 892.

menhang mit dem Unterricht stehen und von der Schule durchgeführt werden, zum Beispiel Schulausflüge und Exkursionen. Hierunter fällt *nicht* die Wahrnehmung von Veranstaltungen und Aufgaben der Schülervertretung, es sei denn, das betreffende Schulgesetz enthält eine besondere Regelung. Eine Freistellungsverpflichtung unter Fortzahlung der Vergütung kann sich aber aus § 19 Abs. 1 Nr. 2 b) BBiG ergeben. Für freiwillige Schulveranstaltungen besteht keine Freistellungspflicht.

3. Berufsschule und Beschäftigungsverbote im Betrieb

Ob und inwieweit die Auszubildenden vor und nach dem Berufsschulunterricht im Betrieb beschäftigt werden dürfen, ist nicht im BBiG geregelt, sondern in § 9 Abs. 1 Satz 2 JArbSchG und gilt nur für »**Jugendliche**«, nicht also für volljährige Auszubildende (abgesehen von § 9 Abs. 1 Satz 2 Nr. 1 JArbSchG; vgl. Rn. 10). **9**

Der Arbeitgeber darf den Jugendlichen **vor einem vor 9:00 Uhr beginnenden Unterricht** nicht beschäftigen, und zwar auch nicht in Notfällen (§ 9 Abs. 1 Satz 2 Nr. 1 JArbSchG). Damit soll gewährleistet werden, dass der Jugendliche dem Unterricht ausgeruht und gewinnbringend folgen kann.[135] Diese Regelung gilt auch für **Volljährige,** sofern sie noch berufsschulpflichtig sind. Bei einem Schulbeginn um 9:00 Uhr oder später sind die Auszubildenden nach dem Gesetz verpflichtet, noch im zumutbaren Umfang im Betrieb zu erscheinen, soweit dort eine sinnvolle Tätigkeit möglich ist. **10**

Auch ist die Beschäftigung eines Jugendlichen **an einem Berufsschultag mit mehr als fünf Unterrichtsstunden von mindestens 45 Minuten** verboten, allerdings nur **einmal in der Woche** (§ 9 Abs. 1 Satz 2 Nr. 2 JArbSchG). Am zweiten Berufsschultag darf der Auszubildende nach der Berufsschule noch im Betrieb beschäftigt werden. **11**

Aus § 9 Abs. 1 Satz 2 Nr. 3 JArbSchG folgt ein Beschäftigungsverbot für Jugendliche in Berufsschulwochen, in denen ein **planmäßiger Blockunterricht von mindestens 25 Stunden an mindestens fünf Tagen** stattfindet. Erreicht der Blockunterricht an der Berufsschule nicht den Mindestumfang von 25 Stunden an mindestens fünf Tagen je Woche, weil an einem Tag der Unterricht planmäßig ausfällt, besteht kein Verbot für den Arbeitgeber, einen Jugendlichen zu beschäftigen.[136] Fällt der Unterricht kurzfristig und unplanmäßig aus, gilt die Freistellungspflicht.[137] **Zusätzliche betriebliche Ausbildungsveranstaltungen** bis zu zwei Stunden wöchentlich sind neben dem Blockunterricht zulässig. **12**

---

135 ErfK/*Schlachter* § 9 JArbSchG Rn. 6.
136 OVG Nordrhein-Westfalen 11.3.1985, 12 A 2697/82, NZA 1985, 712.
137 ErfK/*Schlachter* § 9 JArbSchG Rn. 8.

4.   Anrechnung der Berufsschule auf die Arbeitszeit im Betrieb

13   § 9 Abs. 3 JArbSchG regelt, in welchem Umfang die Berufsschulzeiten auf die Arbeitszeit der Jugendlichen angerechnet werden. Es zählt die Unterrichtszeit einschließlich der Pausen (§ 9 Abs. 2 Nr. 3 JArbSchG). Auch der Unterricht an einem arbeitsfreien Tag, zum Beispiel Samstag, ist anzurechnen. Damit verringert sich die Beschäftigungs- und Ausbildungszeit im Betrieb innerhalb der Woche entsprechend.[138]

14   Die Anrechnungszeiten beziehen sich auf die gesetzlichen Höchstarbeitszeiten (§ 8 JArbSchG). Sind in einem anwendbaren Tarifvertrag kürzere Arbeits- oder Ausbildungszeiten festlegt, so erfolgt die Anrechnung gleichwohl auf die gesetzliche Höchstarbeitszeit von acht Stunden täglich oder 40 Stunden wöchentlich und nicht auf die kürzere tarifliche Arbeits- oder Ausbildungszeit, es sei denn der Tarifvertrag enthält ausdrücklich eine Anrechnungsregelung.[139] Das gilt auch, wenn im Arbeits- oder Ausbildungsvertrag eine kürzere Arbeitszeit vereinbart ist. Folgende Anrechnung gilt:

- Berufsschultage mit mehr als fünf Unterrichtsstunden von mindestens je 45 Minuten werden mit acht Stunden angerechnet (§ 9 Abs. 2 Nr. 1 JArbSchG).
- Berufsschulwochen im Blockunterricht von mindestens 25 Stunden an mindestens fünf Tagen werden mit 40 Stunden angerechnet (§ 9 Abs. 2 Nr. 2 JArbSchG).

15   Daraus ergeben sich folgende Fallkonstellationen:

- Beträgt am Berufsschultag die Unterrichtszeit mindestens sechs Unterrichtsstunden, wird sie bei einer 40-Stunden-Woche mit acht Stunden auf die Arbeitszeit angerechnet. Der Jugendliche kann demnach nur noch an vier Tagen in dieser Woche 32 Stunden beschäftigt werden. Nicht angerechnet wird die Wegezeit von und zur Berufsschule.[140]
- Bei planmäßigem Blockunterricht von mindestens 25 Unterrichtsstunden an mindestens fünf Tagen wird Blockunterricht mit 40 Stunden auf die Arbeitszeit angerechnet.
- Beträgt die Unterrichtszeit weniger als sechs Unterrichtsstunden, der Blockunterricht weniger als 25 Stunden oder wird der Blockunterricht auf vier Tage verteilt, wird nur die tägliche Unterrichtszeit einschließlich der Pausen, wie sie tatsächlich erbracht wurde, auf die Arbeitszeit angerechnet.[141]
- Fällt der Berufsschultag auf einen Feiertag, wird dieser gleichwohl auf die Arbeitszeit angerechnet, soweit der Berufsschüler an diesem Tag ohne den

---

138 ErfK/*Schlachter* § 9 JArbSchG Rn. 10.
139 BAG 27.5.1992, 5 AZR 252/91, NZA 1993, 453.
140 ErfK/*Schlachter* § 9 JArbSchG Rn. 11.
141 ErfK/*Schlachter* § 9 JArbSchG Rn. 11.

Feiertag mehr als fünf Unterrichtsstunden gehabt hätte und das der einzige Berufsschultag in der Woche ist.[142]

Volljährige Auszubildende fallen nicht unter diese Anrechnungsvorschrift. **16** Für sie können deshalb die Berufsschulzeit und die betriebliche Arbeitszeit zusammen höher sein als die tarifvertraglich verankerte wöchentliche Ausbildungszeit.[143] § 15 BBiG regelt nur die Freistellungspflicht, nicht aber die Anrechnung der Freistellungszeiten auf die betriebliche Ausbildungszeit. Die Anrechnungsvorschrift für Minderjährige in § 9 Abs. 2 JArbSchG galt nach früherem Recht auch für volljährige berufsschulpflichtige Auszubildende. Seit dem Außerkrafttreten des § 9 Abs. 4 JArbSchG zum 1.3.1997 fehlt es an einer **Anrechnungsregelung** für volljährige Auszubildende.

Aus der Freistellungs- und Vergütungspflicht folgt bei Überschneidungen **17** von Zeiten des Besuchs der Berufsschule und betrieblicher Ausbildung, dass der Besuch des Berufsschulunterrichts der betrieblichen Ausbildung vorgeht. Dies bedeutet zugleich die **Ersetzung der Ausbildungspflicht** im Betrieb, so dass eine **Nachholung** der so ausfallenden betrieblichen Ausbildungszeiten von Gesetzes wegen **ausgeschlossen** ist.[144] Da eine Nachholung der Freistellungszeiten ausgeschlossen ist, müssen diese folglich auch auf die betrieblichen Ausbildungszeiten angerechnet werden. Damit ist aber noch nicht gesagt, in welchem Umfang eine **Anrechnung der Berufsschulzeiten auf die betriebliche Ausbildungszeit** stattfindet, vor allem unter Berücksichtigung tarifvertraglicher Regelungen, die eine kürzere Wochenarbeitszeit vorsehen, als die gesetzlichen Höchstarbeitszeiten.

Für **Volljährige** fehlt es seit dem Außerkrafttreten von § 9 Abs. 4 JArbSchG **18** zum 1.3.1997 an einer Anrechnungsregelung. Das hat zur Folge, dass die Summe der Berufsschulzeiten und der betrieblichen Ausbildungszeiten kalenderwöchentlich größer als die regelmäßige tarifliche wöchentliche Ausbildungszeit sein kann,[145] es sei denn, die einschlägige tarifliche Regelung sieht eine Anrechnungsregelung zugunsten der Auszubildenden vor. Dies kann auch dazu führen, dass dann, wenn die Dauer des Berufsschulunterrichts an einem bestimmten Tag die an sich zu leistende betriebliche (tarifliche) Ausbildungszeit überschreitet, der Auszubildende den Berufsschulunterricht zu absolvieren hat, aber gleichwohl die zusätzliche Zeit nicht auf die (tarifliche) wöchentliche Ausbildungszeit angerechnet wird.[146] Die Höchstgrenze der Arbeitszeit und damit der Ausbildungszeit ergibt sich aus den gesetzlichen Höchstarbeitszeiten nach dem ArbZG. Diese darf auch nicht

---

142 ErfK/*Schlachter* § 9 JArbSchG Rn. 11.
143 BAG 13.2.2003, 6 AZR 537/01, NZA 2003, 984.
144 BAG 26.3.2001, 5 AZR 413/99, NZA 2001, 892.
145 BAG 26.3.2001, 5 AZR 413/99, NZA 2001, 892.
146 BAG 13.2.2003, 6 AZR 537/01, NZA 2003, 984.

durch die Addition der Berufsschulzeiten und der betrieblichen Ausbildungszeit überschritten werden.

5.   Kein Entgeltausfall

19 Durch den Besuch der Berufsschule darf **kein Entgeltausfall** eintreten (§ 9 Abs. 3 JArbSchG). Für volljährige Auszubildende folgt das aus § 15, § 19 Abs. 1 Nr. 1 BBiG. Lohn, Gehalt oder Ausbildungsvergütung ist für die Berufsschulzeit so fortzuzahlen, als wäre gearbeitet worden (**Lohnausfallprinzip**). Fällt der Berufsschulunterricht auf einen arbeitsfreien Tag, ist die Unterrichtszeit zu vergüten, soweit sie auf die höchstzulässige Arbeitszeit angerechnet wird.[147] Hat der Jugendliche bereits 40 Stunden im Betrieb gearbeitet (Höchstarbeitszeit nach § 8 Abs. 1 JArbSchG), sind Unterrichtsstunden an einem arbeitsfreien Samstag als Mehrarbeit zu vergüten.[148] Eine vertragliche Vereinbarung, die Berufsschulzeiten nicht zu vergüten, wäre unwirksam.

20 Ein gesetzlicher Anspruch auf Übernahme der Kosten, die durch den Besuch der Berufsschule entstehen (zum Beispiel Fahrtkosten), besteht hingegen nicht.[149] Entsprechende Regelungen im Ausbildungsvertrag oder in einem anwendbaren Tarifvertrag oder in einer Betriebsvereinbarung sind allerdings möglich.

§ 10   Prüfungen und außerbetriebliche Ausbildungsmaßnahmen

(1) **Der Arbeitgeber hat den Jugendlichen**
1. **für die Teilnahme an Prüfungen und Ausbildungsmaßnahmen, die auf Grund öffentlich-rechtlicher oder vertraglicher Bestimmungen außerhalb der Ausbildungsstätte durchzuführen sind,**
2. **an dem Arbeitstag, der der schriftlichen Abschlussprüfung unmittelbar vorangeht, freizustellen.**

(2) **Auf die Arbeitszeit werden angerechnet**
1. **die Freistellung nach Absatz 1 Nr. 1 mit der Zeit der Teilnahme einschließlich der Pausen,**
2. **die Freistellung nach Absatz 1 Nr. 2 mit acht Stunden.**
Ein Entgeltausfall darf nicht eintreten.

Inhaltsübersicht   Rn.
1. Freistellung für Prüfungen und Ausbildungsmaßnahmen 1– 9
    a. Teilnahme an Prüfungen 3– 4
    b. Vorbereitung auf Prüfungen. 5– 7
    c. Teilnahme an außerbetrieblichen Ausbildungsmaßnahmen 8– 9
2. Anrechnung der Freistellungszeiten auf die betriebliche Ausbildungszeit   10–11

---

147 ErfK/*Schlachter* § 9 JArbSchG Rn. 14.
148 ErfK/*Schlachter* § 9 JArbSchG Rn. 14.
149 BAG 16. 9. 2002, 6 AZR 486/00, NZA 2003, 1403.

1. Freistellung für Prüfungen und Ausbildungsmaßnahmen

Der Arbeitgeber hat den Jugendlichen in dem in § 10 Abs. 1 Nr. 1 und 2 **1** JArbSchG geregelten Umfang unter Fortzahlung der Vergütung freizustellen, der Jugendliche hat kraft Gesetzes einen entsprechenden **Freistellungsanspruch.** Die Freistellungszeiten sind auf die Arbeitszeit anzurechnen, so dass die Zeiten nicht nachgearbeitet werden müssen. Die Regelungen haben jeweils nur Bedeutung für Jugendliche, die in **Ausbildung** sind, nicht für sonstige Beschäftigungsverhältnisse.

Zuwiderhandlungen gegen die Freistellungspflichten (§ 10 Abs. 1 **2** JArbSchG) sind **Ordnungswidrigkeiten** und können mit einer Geldbuße geahndet werden (§ 58 Abs. 1 Nr. 7 JArbSchG), unter Umständen sind sie sogar strafbar (§ 58 Abs. 5 und 6 JArbSchG).

a. Teilnahme an Prüfungen

Die Freistellung hat zum einen zu erfolgen für die Teilnahme an Prüfungen **3** (§ 10 Abs. 1 Nr. 1 JArbSchG). Die Regelung entspricht § 15 Satz 1 BBiG, so dass bezogen auf die Prüfungsteilnahme der Freistellungsanspruch sowohl für minderjährige wie für volljährige Auszubildende besteht.

Die Freistellung für Prüfungen bezieht sich auf die Zwischenprüfung (§ 48 **4** BBiG) und die Abschlussprüfung (§ 37 Abs. 1 Satz 1 BBiG). Die Freistellungspflicht besteht auch im Falle der Wiederholung der Abschlussprüfung. Die Abschlussprüfung kann im Falle des Nichtbestehens zweimal wiederholt werden (§ 37 Abs. 1 Satz 2 BBiG). Sofern die Ausbildungsordnung vorsieht, dass die Abschlussprüfung in zwei zeitlich auseinander fallenden Teilen durchgeführt wird (§ 5 Abs. 2 Nr. 2 BBiG), sind auch diese Prüfungen erfasst. Erfasst werden auch alle anderen Prüfungen, die in der Ausbildungsordnung oder im Ausbildungsvertrag vorgesehen sind oder von Seiten der Berufsschule stattfinden, weil § 10 Abs. 1 Nr. 1 JArbSchG (ebenso § 15 Satz 1 BBiG) umfassend von der Teilnahme an »Prüfungen« spricht. Wie beim Berufsschulunterricht (vgl. § 9 JArbSchG) bezieht sich die Freistellungspflicht auch auf die erforderlichen **Wegezeiten.**

b. Vorbereitung auf Prüfungen

Eine Freistellungsverpflichtung zur **Vorbereitung auf Prüfungen** besteht **5** nach § 10 Abs. 1 Nr. 2 JArbSchG nur eingeschränkt für Jugendliche. Es gibt keine entsprechende gesetzliche Freistellungsverpflichtung für **volljährige** Auszubildende, auch nicht im BBiG. Entsprechende Freistellungsregelungen **könnten** im Ausbildungsvertrag getroffen werden oder in anwendbaren Tarifverträgen oder in Betriebsvereinbarungen. Jugendliche sind an dem »Ar-

beitstag«, der der schriftlichen Abschlussprüfung »unmittelbar vorangeht«, freizustellen (§ 10 Abs. 1 Nr. 2 JArbSchG).

6   Die Freistellungsverpflichtung zur Vorbereitung besteht nach dem Gesetz nur bei der »**schriftlichen Abschlussprüfung«,** nicht zur Vorbereitung auf andere Prüfungen, auch nicht auf die Zwischenprüfung oder die mündliche oder praktische Abschlussprüfung. Überwiegend wird nach Sinn und Zweck der Freistellungsregelung die Freistellungspflicht auch auf den Arbeitstag vor der mündlichen Abschlussprüfung bezogen.[150] Sofern die Ausbildungsordnung vorsieht, dass die Abschlussprüfung in zwei zeitlich auseinander fallenden Teilen durchgeführt wird (§ 5 Abs. 2 Nr. 2 BBiG), kann es gegebenenfalls (je nach Regelung in der Ausbildungsordnung) zwei schriftliche Prüfungen geben, die jeweils beide als Abschlussprüfung (§ 10 Abs. 1 Nr. 2 JArbSchG) anzusehen wären, so das insoweit die Freistellungsverpflichtung besteht. Die Freistellungspflicht besteht auch im Falle der Wiederholung der Abschlussprüfung.

7   Nach dem Wortlaut des Gesetzes besteht die gesetzliche Freistellungspflicht nur für den **Arbeitstag,** der der schriftlichen Abschlussprüfung »**unmittelbar« vorangeht.**[151] Der Ausbildende ist selbstverständlich nicht gehindert, den Jugendlichen auch für Arbeitstage freizustellen, die nicht »unmittelbar« der Prüfung vorangehen. Ein *gesetzlicher Anspruch* auf Freistellung besteht insoweit indes nicht (das gilt ebenso für volljährige Auszubildende).

> **Beispiel 1:**
> Ist am Donnerstag Prüfung, am Mittwoch Berufsschule, am Dienstag Ausbildung im Betrieb, ist für den Dienstag *nicht* freizustellen, weil dieser Arbeitstag der Prüfung nicht »unmittelbar vorangeht«.

> **Beispiel 2:**
> Ist der Montag als Prüfungstag angesetzt, das Wochenende arbeitsfrei und der Freitag Ausbildung im Betrieb, geht der Freitag als Arbeitstag dem Prüfungstag nicht »unmittelbar« voran, weil das Wochenende dazwischenliegt. Eine besteht keine gesetzliche Freistellungspflicht.

> **Beispiel 3:**
> Ist der Montag als Prüfungstag angesetzt und wird üblicherweise am Sonntag gearbeitet, wie im Hotel- und Gaststättengewerbe, so ist der Sonntag der Arbeitstag, der der Prüfung »unmittelbar vorangeht« und damit freizugeben, ohne dass dieser Tag auf die notwendigen zwei freien Tage in der Woche (vgl. § 15 JArbSchG) angerechnet werden darf, weil der Freistellungstag auf die Arbeitszeit angerechnet wird (vgl. Rn. 11).

---

150 *ErfK./Schlachter* § 10 ArbSchG Rn. 3; *Zmarzlik/Anzinger* § 10 Rn. 16; HWK/*Tillmanns* § 10 JArbSchG Rn. 1; *Weyand* JArbSchG § 10 Rn. 10.

151 ErfK/*Schlachter* § 10 JArbSchG Rn. 3.

c.   Teilnahme an außerbetrieblichen Ausbildungsmaßnahmen

Die Freistellung hat zudem zu erfolgen für die Teilnahme an Ausbildungs- **8**
maßnahmen, die aufgrund öffentlich-rechtlicher oder vertraglicher Bestimmungen außerhalb der Ausbildungsstätte durchzuführen sind (§ 10 Abs. 1
Nr. 1 JArbSchG). Die Regelung entspricht § 15 Satz 2 BBiG, so dass bezogen
auf die Teilnahme an außerbetrieblichen Ausbildungsmaßnahmen der Freistellungsanspruch sowohl für minderjährige wie für volljährige Auszubildende besteht. Diese Freistellungspflicht besteht für solche Ausbildungsmaßnahmen, die in der Ausbildungsordnung oder im Ausbildungsvertrag
vorgesehen sind oder ansonsten notwendig sind, weil in der Ausbildungsstätte die erforderliche berufliche Handlungsfähigkeit nicht in vollem Umfang vermittelt werden können.

Die Ausbildenden müssen die Auszubildenden in dem Umfang von der be- **9**
trieblichen Ausbildung Freistellen, die zeitlich für die Teilnahme an der Ausbildungsmaßnahme außerhalb der Ausbildungsstätte erforderlich ist. Neben
der reinen Ausbildungszeit erstreckt sich die Freistellungspflicht wie beim
Berufsschulbesuch (vgl. § 9 JArbSchG) auch auf notwendige Nebenzeiten,
wie **Wegezeiten.**

2.   Anrechnung der Freistellungszeiten auf die betriebliche Ausbildungszeit

Die Anrechnung der in § 10 Abs. 1 JArbSchG genannten Freistellungszeiten **10**
auf die betriebliche Ausbildungszeit regelt § 10 Abs. 2 JArbSchG (zu Berufsschulzeiten vgl. § 9 JArbSchG). Durch die Freistellung darf ein Entgeltausfall
nicht eintreten (§ 10 Abs. 2 Satz 2 JArbSchG), die **Vergütung** ist also **fortzuzahlen.** Aus der Freistellungs- und Vergütungspflicht folgt, dass eine **Nachholung** der ausfallenden betrieblichen Ausbildungszeiten **ausgeschlossen**
ist.

Für den **Umfang der Anrechnung** für die Zeit der Teilnahme an den Prü- **11**
fungen und an außerbetrieblichen Ausbildungsmaßnahmen bestimmt § 10
Abs. 2 Satz 1 Nr. 1 JArbSchG, dass die Zeit der Teilnahme einschließlich der
Pausen anzurechnen ist. Das ist insofern unvollständig, als auch die notwendigen Wegezeiten anzurechnen sind, weil diese notwendig zu der »Zeit der
Teilnahme« gehören. Der Arbeitstag, der der schriftlichen Abschlussprüfung
unmittelbar vorangeht (§ 10 Abs. 1 Nr. 2 JArbSchG) ist mit acht Stunden anzurechnen (§ 10 Abs. 2 Satz 1 Nr. 2 JArbSchG).

§ 11   Ruhepausen, Aufenthaltsräume

(1) Jugendlichen müssen im voraus feststehende Ruhepausen von angemessener Dauer gewährt werden. Die Ruhepausen müssen mindestens betragen

1. 30 Minuten bei einer Arbeitszeit von mehr als viereinhalb bis zu sechs Stunden,
2. 60 Minuten bei einer Arbeitszeit von mehr als sechs Stunden.

Als Ruhepause gilt nur eine Arbeitsunterbrechung von mindestens 15 Minuten.

(2) Die Ruhepausen müssen in angemessener zeitlicher Lage gewährt werden, frühestens eine Stunde nach Beginn und spätestens eine Stunde vor Ende der Arbeitszeit. Länger als viereinhalb Stunden hintereinander dürfen Jugendliche nicht ohne Ruhepause beschäftigt werden.

(3) Der Aufenthalt während der Ruhepausen in Arbeitsräumen darf den Jugendlichen nur gestattet werden, wenn die Arbeit in diesen Räumen während dieser Zeit eingestellt ist und auch sonst die notwendige Erholung nicht beeinträchtigt wird.

(4) Absatz 3 gilt nicht für den Bergbau unter Tage.

Inhaltsübersicht	Rn.
1. Überblick	1– 6
2. Ruhepausen	7–13
a. Dauer der Ruhepausen	7–12
b. Lage der Ruhepausen	13
3. Aufenthalt während der Ruhepausen	14–16

1.   Überblick

1   Die Regelung zur Gewährung von Ruhepausen und zur Gestaltung von Aufenthaltsräumen bezweckt den **Schutz der Jugendlichen vor Überforderung,** denn die Ruhepausen sollen nicht nur sicherstellen, dass sich der Jugendliche erholt und gegebenenfalls etwas essen kann, sondern sie dienen ebenfalls dem Schutz vor Übermüdung und der Unfallverhütung.[152] Neben ungünstigen Arbeitszeiten können auch zu kurze oder zu wenige Pausen die Unfallgefahren und das Gesundheitsrisiko von Kindern und Jugendlichen erhöhen. Die Einhaltung der in § 11 JArbSchG vorgesehenen Pausenzeiten ist deshalb sowohl als Prävention als auch als Verbesserung und Erhaltung der Arbeitsqualität zu verstehen.[153]

2   § 11 JArbSchG enthält in Absatz 1 Vorgaben für die **Mindestpausenzeiten,** regelt ihre zeitliche **Lage** (Absatz 2) und macht in Absatz 3 Vorgaben für den

---

152 ErfK/*Schlachter* § 11 JArbSchG Rn. 1.
153 Vgl. *Frank,* AiB 2007, 452.

Fall, dass die Ruhepausen in den **Arbeitsräumen** stattfinden, wobei Absatz 1 nicht für den Bergbau unter Tage gilt (Absatz 4). Die **Ruhepausen** werden auf die **Schichtzeit** (§ 12 JArbSchG) angerechnet, wie sich aus § 4 Abs. 2 JArbSchG ergibt. Deshalb darf durch die Pausenzeiten die Schichtzeit nicht überschritten werden.

Wer als Arbeitgeber entgegen § 11 Abs. 1 oder Abs. 2 JArbSchG Ruhepausen   **3** nicht, nicht mit der vorgeschriebenen Mindestdauer oder nicht in der vorgeschriebenen zeitlichen Lage gewährt, begeht eine **Ordnungswidrigkeit,** die mit einer **Geldbuße** geahndet werden kann (§ 58 Abs. 1 Nr. 8 JArbSchG), unter Umständen ist das sogar strafbar (§ 58 Abs. 5 und 6 JArbSchG). Auch Zuwiderhandlungen gegen § 11 Abs. 3 JArbSchG sind Ordnungswidrigkeiten und können mit einer Geldbuße geahndet werden (§ 59 Abs. 1 Nr. 2 JArbSchG).

Der Arbeitgeber ist verpflichtet, einen **Aushang über Beginn und Ende der**   **4** **regelmäßigen täglichen Arbeitszeit und der Pausen** an geeigneter Stelle im Betrieb anzubringen (§ 48 Abs. 1 JArbSchG). Dies gilt für alle Beschäftigungsverhältnisse, auch im Bergbau unter Tage und in der Binnenschifffahrt.

§ 11 JArbSchG gilt für jugendliche Arbeitnehmer oder Auszubildende. Für   **5** **volljährige Auszubildende oder Arbeitnehmer** gelten die Bestimmungen über Pausenregelungen des Arbeitszeitgesetzes (ArbZG). Danach gilt: Die Arbeit ist durch im voraus feststehende Ruhepausen von mindestens 30 Minuten bei einer Arbeitszeit von mehr als sechs bis zu neun Stunden und 45 Minuten bei einer Arbeitszeit von mehr als neun Stunden insgesamt zu unterbrechen (§ 4 Satz 1 ArbZG). Die Ruhepausen können in Zeitabschnitte von jeweils mindestens 15 Minuten aufgeteilt werden (§ 4 Satz 2 ArbZG). Länger als sechs Stunden hintereinander dürfen Arbeitnehmer nicht ohne Ruhepause beschäftigt werden (§ 4 Satz 3 ArbZG).

Der **Betriebsrat** hat ein Mitbestimmungsrecht bei der Festsetzung der Pau-   **6** senzeiten und deren Lage (§ 87 Abs. 1 Nr. 2 BetrVG). Für den **Personalrat** ergibt sich das Mitbestimmungsrecht aus § 75 Abs. 3 Nr. 1 BPersVG oder den Personalvertretungsgesetzen der Bundesländer.

2.   Ruhepausen

a.   Dauer der Ruhepausen

Ruhepausen sind im **Voraus festgelegte Unterbrechungen der Arbeitszeit,**   **7** in denen der Arbeitnehmer weder Arbeit zu leisten noch sich dafür bereitzuhalten hat, sondern er frei darüber entscheiden kann, wo und wie er diese Zeit verbringen will.[154] Entscheidendes Merkmal für die Pause ist mithin,

---

154 BAG 19. 11. 2014, 5 AZR 1101/12, Rn. 19, AP BGB § 611 Nr. 24; BAG 16. 12. 2009, 5 AZR 157/09, NZA 2010, 505; BAG 29. 10. 2002, 1 AZR 603/01, NZA 2003, 1212.

dass der Arbeitnehmer von jeder Dienstverpflichtung und auch von jeder Verpflichtung, sich zum Dienst bereitzuhalten, freigestellt ist (vgl. auch § 4 Rn. 9).[155]

Der in der Praxis häufig übliche **pauschale Abzug von (fiktiven) Pausenzeiten** von der Arbeitszeit entspricht deshalb nicht den gesetzlichen Vorgaben. Da der Arbeitgeber die Ruhepausen zu gewähren hat, hat er dafür einzustehen, dass Pausen genommen werden können, das heißt, er hat den Arbeitsprozess entsprechend zu organisieren. Er muss durch geeignete organisatorische Maßnahmen oder Vorgaben dafür sorgen, dass Pausen tatsächlich durch die Arbeitnehmer genommen werden können.

8   § 11 Abs. 1 Satz 1 JArbSchG verlangt, dass Jugendlichen im Voraus feststehende Ruhepausen von angemessener Dauer gewährt werden müssen. § 11 Abs. 1 Satz 2 Nr. 1 und 2 JArbSchG gibt für die Ruhepausen bestimmte **Mindestzeiten** vor, die nicht unterschritten werden dürfen:

- bei einer Arbeitszeit von mehr als viereinhalb bis zu sechs Stunden betragen die Ruhepausen mindestens 30 Minuten,
- bei einer Arbeitszeit von mehr als sechs Stunden betragen die Ruhepausen mindestens 60 Minuten.

9   Daraus folgt, dass ein Jugendlicher grundsätzlich nie länger als viereinhalb Stunden ohne Pause arbeiten darf (§ 11 Abs. 2 Satz 2 JArbSchG). Wie lang eine **Pause von »angemessener« Dauer** sein muss, beurteilt sich nach dem Einzelfall. Wesentlich ist der Gesundheitsschutz zu beachten, allerdings ist auch den betrieblichen Erfordernissen Rechnung zu tragen.[156] Die Ruhepause kann als eine zusammenhängende gewährt werden, aber auch auf **mehrere Pausen** verteilt werden.[157]

10   Die Pause wird als »Ruhepause«, als Arbeitsunterbrechung nur dann gewertet, wenn sie **mindestens 15 Minuten** dauert (§ 11 Abs. 1 Satz 3 JArbSchG). Werden kürzere Arbeitsunterbrechungen (die weniger als 15 Minuten dauern) gewährt, zählen diese Unterbrechungen nicht als Ruhepausen, sondern zur Arbeitszeit (vgl. § 4 Abs. 1 JArbSchG) und verringern den Anspruch auf Ruhepausen nicht, können also auch nicht darauf angerechnet werden. Normalerweise ist mindestens eine längere Pause zu gewähren (»**Mittagspause**«), die deutlich länger als 15 Minuten sein muss. 30 Minuten sind wohl noch als »angemessen« anzusehen.

11   Abzugrenzen ist die Ruhepause von der Arbeitszeit. Eine **Ruhepause ist nur gegeben, wenn der Arbeitnehmer von jeder Arbeitsleistung und etwaigem Bereitschaftsdienst freigestellt** ist. Wird die Arbeit zwar unterbrochen, muss sich der Jugendliche jedoch zur Arbeitsaufnahme bereit halten, wie bei der Arbeitsbereitschaft oder dem Bereitschaftsdienst, liegt keine Ruhepause

---

155 BAG 23. 9. 1992, 4 AZR 562/91, NZA 1993, 752, 753.
156 ErfK/*Schlachter* § 11 JArbSchG Rn. 4.
157 *Zmarzlik* MünchArbR § 232 Rn. 62.

vor, sondern Arbeitszeit (vgl. auch § 4 Rn. 9). Solche Zeiten dürfen deshalb nicht auf den Anspruch auf Ruhepausen angerechnet werden. Zur Arbeitszeit zu rechnen sind auch sonstige »**Betriebspausen**« oder Arbeitsunterbrechungen, in denen der Arbeitnehmer nicht frei über die Zeit verfügen kann, zum Beispiel Wartezeiten wegen eines Maschinenschadens, wegen Materialmangels oder arbeitsablaufbedingte Wartezeiten. **Wegezeiten** von und zur Berufsschule sind *keine* Ruhepausen, sondern Arbeitszeit, jedenfalls soweit eine Freistellungspflicht (§ 9 Abs. 1 JArbSchG) besteht. **Unterrichtspausen** an Tagen mit Berufsschulunterricht sind *keine Ruhepausen* (§ 11 JArbSchG), denn die »Unterrichtszeit einschließlich der Pausen« sind auf die »Arbeitszeit« anzurechnen (§ 9 Abs. 2 Nr. 3 JArbSchG).

12 Würden längere Ruhepausen gewährt, so dass zusammen mit der Arbeitszeit die Schichtzeit des § 12 JArbSchG überschritten würde, dann muss die Arbeitszeit in entsprechendem Umfang verkürzt werden, weil insgesamt die Grenzen der Schichtzeit des § 12 JArbSchG eingehalten werden müssen. Bei der normalen Schichtzeit von zehn Stunden ist es allerdings – von begründeten Ausnahmen abgesehen – unangemessen, bei acht Stunden Arbeitszeit insgesamt zwei Stunden Pausen zu gewähren, weil eine Ausweitung dcr Pausenzeit für den Jugendlichen eine Einschränkung der zur Verfügung stehenden freien Zeit bedeutet.[158]

b.   Lage der Ruhepausen

13 § 11 Abs. 2 JArbSchG konkretisiert die zeitliche Lage der Ruhepausen. Die Ruhepausen müssen in angemessener zeitlicher Lage gewährt werden, frühestens eine Stunde nach Beginn und spätestens eine Stunde vor Ende der Arbeitszeit (§ 11 Abs. 2 Satz 1 JArbSchG). Länger als viereinhalb Stunden hintereinander dürfen Jugendliche nicht ohne Ruhepause beschäftigt werden (§ 11 Abs. 2 Satz 2 JArbSchG).

3.   Aufenthalt während der Ruhepausen

14 Da die Ruhepausen keine Arbeitszeit sind, darf sich der Arbeitnehmer, auch der jugendliche Arbeitnehmer, in dieser Zeit aufhalten, wo er will. Der Arbeitnehmer darf auch das Betriebsgelände verlassen. Das wird häufig, will man die Pause sinnvoll zur Entspannung und Erholung nutzen, faktisch kaum möglich sein, so dass man auf dem Betriebsgelände verbleibt. Für den Fall ergibt sich aus § 11 Abs. 3 JArbSchG die indirekte Vorgabe, dass der Arbeitgeber Pausen- oder Aufenthaltsräume zur Verfügung stellen muss. Allerdings ist der Arbeitgeber nach der Arbeitsstättenverordnung erst ab einer

---

158 ErfK/*Schlachter* § 11 JArbSchG Rn. 4.

Beschäftigtenzahl von mehr als zehn Mitarbeitern (oder wenn Sicherheits- oder Gesundheitsgründe dies erfordern) dazu verpflichtet, einen Pausenraum oder einen entsprechenden Pausenbereich zur Verfügung zu stellen. Der Aufenthalt während der Ruhepausen in **Arbeitsräumen** darf den Jugendlichen nur gestattet werden (§ 11 Abs. 3 JArbSchG), wenn

- die Arbeit in diesen Räumen während dieser Zeit eingestellt ist und
- auch sonst die notwendige Erholung nicht beeinträchtigt wird.

15   Das bedeutet, dass »die Arbeit« in diesen Räumen während der Ruhepausen insgesamt eingestellt sein muss, es darf also kein Arbeitnehmer (auch kein Erwachsener) arbeiten und die Maschinen oder sonstige Arbeitsgeräte dürfen nicht weiterlaufen. Die notwendige Erholung darf auch nicht anderweitig beeinträchtigt sein, also weder durch Gerüche, Lärm, Hitze, Kälte oder Feuchtigkeit. Ist eine solche generelle Arbeitsruhe nicht einzuhalten oder sind sonstige Beeinträchtigungen nicht vermeidbar, ist vom Arbeitgeber ein geeigneter Aufenthaltsraum zur Verfügung zu stellen, der nicht Arbeitsraum ist.

16   Die Vorgaben nach § 11 Abs. 3 JArbSchG gelten nicht für den **Bergbau unter Tage** (§ 11 Abs. 4 JArbSchG).

§ 12   Schichtzeit

Bei der Beschäftigung Jugendlicher darf die Schichtzeit (§ 4 Abs. 2) 10 Stunden, im Bergbau unter Tage 8 Stunden, im Gaststättengewerbe, in der Landwirtschaft, in der Tierhaltung, auf Bau- und Montagestellen 11 Stunden nicht überschreiten.

1   Schichtzeit ist die tägliche Arbeitszeit unter Hinzurechnung der Ruhepausen nach § 11 JArbSchG (§ 4 Abs. 2 JArbSchG). Die **Ruhepausen** werden demnach auf die Schichtzeit angerechnet. Anzurechnen sind auch längere **Schließungszeiten,** etwa im Gaststättengewerbe oder im Einzelhandel, Unterbrechungszeiten zum Beispiel bei geteilten Diensten in Krankenhäusern oder Pflegeheimen oder auch sonstige längere Arbeitsunterbrechungen, die der Arbeitgeber veranlasst, um »unproduktive« Zeiten zu überbrücken.[159]

2   Von der Schichtzeit nicht erfasst sind allerdings die **Wegezeiten** von der Wohnung zur Betriebsstätte und umgekehrt. Zur Schichtzeit und damit unter die Begrenzung des § 12 JArbSchG fallen allerdings Wegezeiten, die zur Arbeitszeit gehören. Das gilt auch für betriebsbedingte Wegezeiten, zum Beispiel wenn der Jugendliche vom Betrieb zu einer außerbetrieblichen Montage- oder Arbeitsstelle entsandt wird. Geht der Jugendliche auf Veranlassung des Arbeitgebers direkt von zu Hause zur außerbetrieblichen Ar-

---

159 ErfK/*Schlachter* § 12 JArbSchG Rn. 2; *Zmarzlik/Anzinger* § 12 Rn. 5.

beitsstätte, dann zählt die Wegezeit insoweit als Arbeitszeit, als sie länger ist als die »normale« Wegezeit des Jugendlichen zur Betriebsstätte. Etwas anderes, so eine volle Anrechnung der Wegezeiten zur auswärtigen Arbeitsstätte, kann sich aus tarifvertraglichen Regelungen ergeben.

Soweit für Jugendliche nach dem Berufsschulunterricht noch eine Beschäftigung im Betrieb in Betracht kommt, wird die Zeit der Teilnahme an der Berufsschule einschließlich der Wegezeiten auf die Schichtzeit angerechnet, da sie auf die Arbeitszeit anzurechnen ist (§ 9 Abs. 2 Nr. 2 JArbSchG).[160]   **3**

§ 12 JArbSchG legt die **Höchstgrenzen für die Schichtzeit** fest. Durch eine Begrenzung der Schichtzeit soll verhindert werden, dass die Arbeitszeit zum Beispiel in einzelne Blöcke aufgeteilt wird und der Jugendliche damit unter Umständen den ganzen Tag für die Arbeit zur Verfügung stehen muss. Auch durch eine mehrstündige Pause wird die Schichtzeit nicht unterbrochen.   **4**

Es gibt eine **generelle Höchstgrenze von 10 Stunden** für Jugendliche und davon abweichende Regelungen für bestimmte Branchen. Ausnahmen bestehen für die Beschäftigung im **Bergbau unter Tage:** hier ist die Schichtzeit auf **maximal 8 Stunden** begrenzt. **Maximal 11 Stunden** beträgt die Schichtzeit in folgenden Branchen: im Gaststättengewerbe, in der Landwirtschaft, in der Tierhaltung und auf Bau- und Montagestellen.   **5**

Eine weitere Ausnahme von der generellen Schichtzeitbegrenzung existiert in der **Binnenschifffahrt** (§ 20 Abs. 1 Nr. 1 JArbSchG). Weitere **Ausnahmeregelungen** wären möglich durch Tarifvertrag (§ 21a Abs. 1 Nr. 3 JArbSchG) oder durch eine Rechtsverordnung (§ 21b Nr. 1 JArbSchG).   **6**

Wer als Arbeitgeber entgegen § 12 JArbSchG einen Jugendlichen über die zulässige Schichtzeit hinaus beschäftigt, begeht eine **Ordnungswidrigkeit,** die mit einer Geldbuße geahndet werden kann (§ 58 Abs. 1 Nr. 9 JArbSchG), unter Umständen ist das sogar strafbar (§ 58 Abs. 5 und 6 JArbSchG).   **7**

§ 13 Tägliche Freizeit

Nach Beendigung der täglichen Arbeitszeit dürfen Jugendliche nicht vor Ablauf einer ununterbrochenen Freizeit von mindestens 12 Stunden beschäftigt werden.

Nach Beendigung der täglichen Arbeitszeit dürfen Jugendliche am Folgetag erst wieder beschäftigt werden, wenn zwischen Beendigung der Arbeitszeit und Beginn der neuen Arbeitszeit ein ununterbrochener Zeitraum von mindestens 12 Stunden liegt. In diesem Zeitraum von 12 Stunden darf der Jugendliche vom Arbeitgeber in keiner Weise zu Arbeitsleistungen herangezo-   **1**

---

160 ErfK/*Schlachter* § 12 JArbSchG Rn. 3; **a.A.:** *Zmarzlik/Anzinger* § 12 Rn. 20; *Weyand* JArbSchG, § 12 Rn. 6.

gen werden, auch die Anordnung von Rufbereitschaft, Arbeitsbereitschaft oder Bereitschaftsdienst ist unzulässig.

2   Das Gesetz wählt hier den Begriff der »**Freizeit**«, was insofern zutrifft, als der Jugendliche in dieser Zeit frei darin ist, wie er die Zeit gestaltet. Im Arbeitzeitgesetz, das für Volljährige gilt, ist insoweit von einer »Ruhezeit« die Rede, die mindestens elf Stunden betragen muss (§ 5 Abs. 1 ArbZG).

3   Wer als Arbeitgeber entgegen § 13 JArbSchG die Mindestfreizeit nicht gewährt, begeht eine **Ordnungswidrigkeit,** die mit einer **Geldbuße** geahndet werden kann (§ 58 Abs. 1 Nr. 10 JArbSchG). Unter Umständen ist das sogar strafbar (§ 58 Abs. 5 und 6 JArbSchG).

4   Nach zulässigen Musikaufführungen und ähnlichen Veranstaltungen, die in § 14 Abs. 7 JArbSchG genannt sind, dürfen Jugendliche erst nach einer ununterbrochenen Freizeit von mindestens 14 Stunden wieder beschäftigt werden.

5   Die **Lage der Freizeit** wird durch § 14 Abs. 1 JArbSchG genauer eingegrenzt: Jugendliche dürfen nur in der Zeit zwischen 6:00 Uhr morgens und 20:00 Uhr abends beschäftigt werden. Greift eine der Ausnahmen des § 14 JArbSchG, so verschiebt sich die Lage der Freizeit entsprechend.[161] Wegen der zulässigen Arbeitszeit an einem Tag, der dem **Berufsschultag** vorangeht, bestimmt § 14 Abs. 4 JArbSchG, dass Jugendliche nicht nach 20:00 Uhr beschäftigt werden dürfen, wenn der Berufsschulunterricht vor 9:00 Uhr beginnt.

6   Ausnahmen von § 13 gelten in der **Binnenschifffahrt.** Dort ist es zulässig, die tägliche Freizeit bis auf zehn Stunden zu verkürzen (§ 20 Abs. 1 Nr. 1 JArbSchG). Ansonsten gilt für **Notfälle** die Ausnahmeregelung des § 21 JArbSchG in den dort genannten Grenzen. **Andere Ausnahmeregelungen** von § 13 JArbSchG sind **unzulässig,** auch § 21a und § 21b JArbSchG lassen keine Ausnahme zu.

§ 14   Nachtruhe

(1) **Jugendliche dürfen nur in der Zeit von 6 bis 20 Uhr beschäftigt werden.**

(2) **Jugendliche über 16 Jahre dürfen**

1. **im Gaststätten- und Schaustellergewerbe bis 22 Uhr,**
2. **in mehrschichtigen Betrieben bis 23 Uhr,**
3. **in der Landwirtschaft ab 5 Uhr oder bis 21 Uhr,**
4. **in Bäckereien und Konditoreien ab 5 Uhr beschäftigt werden.**

(3) **Jugendliche über 17 Jahre dürfen in Bäckereien ab 4 Uhr beschäftigt werden.**

---

161 ErfK/*Schlachter* § 13 JArbSchG Rn. 1.

(4) An dem einem Berufsschultag unmittelbar vorangehenden Tag dürfen Jugendliche auch nach Absatz 2 Nr. 1 bis 3 nicht nach 20 Uhr beschäftigt werden, wenn der Berufsschulunterricht am Berufsschultag vor 9 Uhr beginnt.

(5) Nach vorheriger Anzeige an die Aufsichtsbehörde dürfen in Betrieben, in denen die übliche Arbeitszeit aus verkehrstechnischen Gründen nach 20 Uhr endet, Jugendliche bis 21 Uhr beschäftigt werden, soweit sie hierdurch unnötige Wartezeiten vermeiden können. Nach vorheriger Anzeige an die Aufsichtsbehörde dürfen ferner in mehrschichtigen Betrieben Jugendliche über 16 Jahre ab 5.30 Uhr oder bis 23.30 Uhr beschäftigt werden, soweit sie hierdurch unnötige Wartezeiten vermeiden können.

(6) Jugendliche dürfen in Betrieben, in denen die Beschäftigten in außergewöhnlichem Grade der Einwirkung von Hitze ausgesetzt sind, in der warmen Jahreszeit ab 5 Uhr beschäftigt werden. Die Jugendlichen sind berechtigt, sich vor Beginn der Beschäftigung und danach in regelmäßigen Zeitabständen arbeitsmedizinisch untersuchen zu lassen. Die Kosten der Untersuchungen hat der Arbeitgeber zu tragen, sofern er diese nicht kostenlos durch einen Betriebsarzt oder einen überbetrieblichen Dienst von Betriebsärzten anbietet.

(7) Jugendliche dürfen bei Musikaufführungen, Theatervorstellungen und anderen Aufführungen, bei Aufnahmen im Rundfunk (Hörfunk und Fernsehen), auf Ton- und Bildträger sowie bei Film- und Fotoaufnahmen bis 23 Uhr gestaltend mitwirken. Eine Mitwirkung ist nicht zulässig bei Veranstaltungen, Schaustellungen oder Darbietungen, bei denen die Anwesenheit Jugendlicher nach den Vorschriften des Jugendschutzgesetzes verboten ist. Nach Beendigung der Tätigkeit dürfen Jugendliche nicht vor Ablauf einer ununterbrochenen Freizeit von mindestens 14 Stunden beschäftigt werden.

Inhaltsübersicht	Rn.
1. Grundsatz: Nachtarbeitsverbot	1– 2
2. Ausnahmen vom Nachtarbeitsverbot	3–13
3. Vergütungszahlung/Nachtarbeitszuschlag	14–22

1. Grundsatz: Nachtarbeitsverbot

Jugendliche dürfen nur in der Zeit von 6:00 bis 20:00 Uhr beschäftigt werden (§ 14 Abs. 1 JArbSchG). Es gilt also grundsätzlich ein Nachtarbeitsverbot für die Zeit von 20:00 bis 6:00 Uhr. Damit sind in dieser Zeit auch Arbeitsbereitschaft, Bereitschaftsdienst und Rufbereitschaft verboten.[162] Für bestimmte **1**

---

162 *Zmarzlik/Anzinger* § 14 Rn. 4.

Branchen finden sich jedoch in § 14 Abs. 2 bis Abs. 7 JArbSchG Ausnahmen (vgl. Rn. 3 ff.).

2   Wer als Arbeitgeber entgegen § 14 Abs. 1 JArbSchG einen Jugendlichen außerhalb der Zeit von 6:00 bis 20:00 Uhr oder entgegen § 14 Abs. 7 Satz 3 JArbSchG vor Ablauf der Mindestfreizeit beschäftigt, begeht eine **Ordnungswidrigkeit** und kann mit einer Geldbuße belegt werden (§ 58 Abs. 1 Nr. 11 JArbSchG), unter Umständen ist das sogar strafbar (§ 58 Abs. 5 und 6 JArbSchG).

2.   Ausnahmen vom Nachtarbeitsverbot

3   Für **Jugendliche über 16 Jahre** regelt § 14 Abs. 2 Nr. 1 bis 4 JArbSchG die Ausnahmen, wo und wann diese beschäftigt werden dürfen
- im Gaststätten- und Schaustellergewerbe bis 22:00 Uhr (Rn. 5, 6),
- in mehrschichtigen Betrieben bis 23:00 Uhr (Rn. 7),
- in der Landwirtschaft ab 5:00 Uhr oder bis 21:00 Uhr (Rn. 8),
- in Bäckereien und Konditoreien ab 5:00 Uhr (Rn. 9).

4   **Jugendliche über 17 Jahre** dürfen in **Bäckereien** ab 4:00 Uhr beschäftigt werden (§ 14 Abs. 3 JArbSchG (Rn. 9).

Weitere Ausnahmen gibt es für besondere Fallkonstellationen in § 14 Abs. 4 JArbSchG (Rn. 10), § 14 Abs. 5 JArbSchG (Rn. 11), § 14 Abs. 6 JArbSchG (Rn. 12) und § 14 Abs. 7 JArbSchG. Bei § 14 Abs. 7 JArbSchG (Rn. 13) geht es um die gestaltende Mitwirkung an **Musikaufführungen, Theatervorstellungen** (und vergleichbaren »anderen« Aufführungen) sowie an **Ton-, Film- und Fotoaufnahmen.** Dieser Katalog der Ausnahmen vom Nachtarbeitsverbot ist abschließend. **Sportveranstaltungen gehören ausdrücklich *nicht* dazu** (Rn. 13).

5   Zum **Gaststättengewerbe** (§ 14 Abs. 2 Nr. 1 JArbSchG) zählen alle Schank-, Speise- und Beherbergungsbetriebe (vgl. § 12 JArbSchG), also Hotels, Gaststätten, Kantinen. Ein öffentlicher Publikumsverkehr wird nicht vorausgesetzt, so dass Heime und Jugendherbergen dazu zählen. Nicht zulässig wäre es, wenn hier eine Beschäftigung bis 23:00 Uhr verlangt würde unter Hinweis darauf, es handele sich um einen »mehrschichtigen Betrieb« (§ 14 Abs. 2 Nr. 2 JArbSchG). Der Begriff der Schichtarbeit setzt voraus, dass Arbeitnehmer sich gegenseitig ablösen, um die Besetzung der Arbeitsplätze über die regelmäßige Arbeitszeit einer Arbeitnehmergruppe hinaus zu gewährleisten. Der Begriff setzt ferner aus der Sicht des Arbeitnehmers voraus, dass die Lage seiner Arbeitszeit regelmäßig wechselt und er sie dabei mit anderen Arbeitnehmern tauscht. Dieser Wechsel gehört zum Schichtbegriff. Daraus folgt aber, dass es sich beim Gaststättengewerbe nicht deshalb um einen »Schichtbetrieb« handelt, weil auch morgens schon Arbeitnehmer dort tätig sind.

Zum **Schaustellergewerbe** (§ 14 Abs. 2 Nr. 1 JArbSchG) zählen die Buden 6
auf Jahrmärkten und Kirmessen und die Fahrgeschäfte.

In **mehrschichtigen Betrieben** (§ 14 Abs. 2 Nr. 2 JArbSchG) müssen die Ju- 7
gendlichen, die nach dieser Ausnahmevorschrift beschäftigt werden sollen,
selbst in den Schichtbetrieb eingegliedert sein, das heißt ihre eigene Arbeitszeit muss mit anderen abgewechselt werden. Die Ausnahmeregelung kann
nur dann Anwendung finden, wenn der Arbeitsplatz, auf dem der jugendliche Arbeitnehmer beschäftigt ist, tatsächlich an dem Schichtbetrieb teilnimmt. Das ist nicht der Fall, wenn es sich zwar um einen mehrschichtigen
Betrieb handelt, der konkrete Arbeitsplatz jedoch nicht in den Schichtbetrieb einbezogen ist.[163]

Die Ausnahmeregelung für die »**Landwirtschaft**« (§ 14 Abs. 2 Nr. 3 8
JArbSchG) erfasst nur diese, nicht die Tierhaltung (vgl. § 12 JArbSchG).
Zum Begriff der Landwirtschaft vgl. § 8 Abs. 3 JArbSchG.

Die Ausnahmeregelung für **Bäckereien und Konditoreien** (§ 14 Abs. 2 Nr. 4 9
JArbSchG) gilt nur für Betriebe, die Back- und Konditorwaren herstellen,
gilt also nicht für reine Verkaufsläden, die nicht selbst eine Backstube betreiben. Die Ausnahme gilt auch *nicht* für das Austragen und Ausfahren der
Backwaren, zum Beispiel der Brötchen.

Die weitere Ausnahmeregelung für **Jugendliche über 17 Jahre** (§ 14 Abs. 3
JArbSchG) gilt nur für **Bäckereien**, *nicht* für Konditoreien oder die Herstellung von Konditorwaren. Aber auch dann, wenn in einer Bäckerei neben
Backwaren auch Konditorwaren hergestellt werden, findet die Ausnahmeregelung Anwendung, allerdings dürfen die Jugendlichen über 17 Jahren von
4:00 bis 5:00 Uhr nur mit der Herstellung von Backwaren beschäftigt werden.[164] Nach § 17 Abs. 2 und § 18 Abs. 2 JArbSchG ist die Beschäftigung Jugendlicher an Sonn- und Feiertagen verboten. Dies gilt auch für die Ausnahme des § 14 Abs. 3 JArbSchG, so dass eine Tätigkeit für 17 Jährige ab
4:00 Uhr **nur an Werktagen** gestattet ist. Im Übrigen ergeben sich Einschränkungen durch die Bestimmungen über die Freizeit nach Arbeitsende
sowie über die Regelungen des Beschäftigungsverbotes vor dem Berufsschulunterricht.

Damit eine ausreichende Nachtruhe vor einem Berufsschultag gewährleistet 10
ist, enthält § 14 Abs. 4 JArbSchG eine Sonderregelung. An dem **einem Berufsschultag unmittelbar vorangehenden Tag** dürfen Jugendliche auch im
Gaststätten- und Schaustellergewerbe, in mehrschichtigen Betrieben und in
der Landwirtschaft nicht nach 20:00 Uhr beschäftigt werden, wenn der Berufsschulunterricht am Berufsschultag vor 9:00 Uhr beginnt (§ 14 Abs. 4
JArbSchG). Der gesetzgeberische Zweck, Jugendlichen vor dem Berufsschulunterricht eine ausreichende Freizeit zu sichern, wird durch § 14 Abs. 4

---

163 ErfK/*Schlachter* § 14 JArbSchG Rn. 2.
164 ErfK/*Schlachter* § 14 JArbSchG Rn. 3.

JArbSchG und durch § 13 JArbSchG, der ergänzend gilt, allerdings erst dann gewährleistet, wenn der Berufsschulunterricht *vor* 9:00 Uhr beginnt. Beginnt dieser später, also um 9:00 Uhr oder später, dann würde § 14 Abs. 4 JArbSchG nicht gelten. Im Übrigen gilt ergänzend die Bestimmung des § 13 JArbSchG: nach Beendigung der täglichen Arbeitszeit muss eine ununterbrochene Freizeit von mindestens zwölf Stunden gewährt werden. Dies gilt auch an Berufsschultagen, obwohl Berufsschulzeit keine Arbeitszeit ist, sondern lediglich auf die Arbeitszeit angerechnet wird (§ 9 Abs. 2 JArbSchG).

11 § 14 Abs. 5 JArbSchG bezieht sich auf die **Vermeidung unnötiger Wartezeiten aus verkehrstechnischen Gründen.** Die Vorschrift will erreichen, dass sich die Arbeitszeit eines Jugendlichen an den Fahrplänen der öffentlichen Verkehrsmittel orientiert, damit durch die Lage der Arbeitszeit unnötige Wartezeiten vermieden werden können. Nach vorheriger **Anzeige an die Aufsichtsbehörde** dürfen in Betrieben, in denen die übliche Arbeitszeit aus verkehrstechnischen Gründen nach 20:00 Uhr endet, Jugendliche bis 21:00 Uhr beschäftigt werden, soweit sie hierdurch unnötige Wartezeiten vermeiden können (§ 14 Abs. 5 Satz 1 JArbSchG). Nach vorheriger Anzeige an die Aufsichtsbehörde dürfen ferner in mehrschichtigen Betrieben Jugendliche über 16 Jahren ab 5:30 Uhr oder bis 23:30 Uhr beschäftigt werden, soweit sie hierdurch unnötige Wartezeiten vermeiden können (§ 14 Abs. 5 Satz 1 JArbSchG). In Ballungszentren mit gut organisiertem öffentlichen Nahverkehr können Arbeitgeber diese Bestimmung praktisch nicht nutzen, da die Voraussetzung, dass unnötige Wartezeiten erspart werden, praktisch nie erfüllt sein wird. Es wird auch nicht genügen, wenn diese Voraussetzungen nur für einige Jugendliche zutreffen; vielmehr muss, damit sich der Arbeitgeber auf diese Ausnahmeregelung berufen kann, die Mehrheit der Jugendlichen davon betroffen sein. Die Aufsichtsbehörde hat auch zu überprüfen, in welchem Verhältnis die Belastung des frühen Aufstehens zu kürzeren Wartezeiten steht.

12 Jugendliche dürfen in Betrieben, in denen die Beschäftigten in außergewöhnlichem Grade der Einwirkung von Hitze ausgesetzt sind (**Hitzebetriebe), in der warmen Jahreszeit ab 5:00 Uhr** beschäftigt werden (§ 14 Abs. 6 Satz 1 JArbSchG). Zu den Hitzebetrieben gehören Glashütten, Stahlwerke, Gießereien, aber auch vor Sonneneinstrahlung ungeschützte Arbeitsplätze wie Baustellen und Container.[165] Damit die Jugendlichen gleichwohl vor Gesundheitsgefährdungen durch die Hitzeeinwirkung geschützt sind, sind die Jugendlichen berechtigt, sich vor Beginn der Beschäftigung und danach in regelmäßigen Zeitabständen arbeitsmedizinisch untersuchen zu lassen (§ 14 Abs. 6 Satz 2 JArbSchG). Die Kosten der Untersuchungen hat der Arbeitgeber zu tragen, sofern er diese nicht kostenlos durch einen Betriebs-

---

165 ErfK/*Schlachter* § 14 JArbSchG Rn. 6.

arzt oder einen überbetrieblichen Dienst von Betriebsärzten anbietet (§ 14 Abs. 5 Satz 1 JArbSchG).

Jugendliche dürfen bei **Musikaufführungen, Theatervorstellungen** und **13** anderen Aufführungen, bei **Aufnahmen im Rundfunk** (Hörfunk und Fernsehen), auf **Ton- und Bildträgern** sowie bei **Film- und Fotoaufnahmen** (Ton-, Film- und Fotoaufnahmen) bis 23:00 Uhr »gestaltend mitwirken« (§ 14 Abs. 7 Satz 1 JArbSchG). Die hier angesprochenen Veranstaltungen entsprechen den in § 6 JArbSchG genannten Vorstellungen. Erforderlich ist eine »**gestaltende**« Mitwirkung, also eine künstlerische. Karten- oder Getränkeverkauf bei den im Gesetz genannten Veranstaltungen ist keine gestaltende Mitwirkung.

In jedem Fall ist als **zeitliche Grenze 23:00 Uhr** zu beachten. Beschäftigungen danach sind unzulässig, wobei es um eine materielle, nicht nur formale Beachtung der 23-Uhr-Grenze geht. Bei **Casting-Shows** (Talentwettbewerben) wird das nicht immer beachtet. Werden diese im Fernsehen gezeigt und handelt es sich um Aufzeichnungen, kommt es selbstverständlich auf den Zeitpunkt der Ausstrahlung nicht an. Bei **Live-Sendungen** ist allerdings eine Mitwirkung von Jugendlichen nach 23:00 Uhr untersagt. Das wird häufig in der Weise umgangen, dass die Minderjährigen dann nicht mehr auf der Bühne auftreten, aber nahe der Bühne im Publikum stehen und auch als Teilnehmer von der Kamera nach wie vor gezeigt werden. Das ist mit der 23-Uhr-Grenze, die eine absolute zeitliche Obergrenze ist, nicht vereinbar. Das Nachtarbeitsverbot wird damit objektiv umgangen.[166]

Eine Mitwirkung ist *nicht* zulässig bei Veranstaltungen, Schaustellungen oder Darbietungen, bei denen die Anwesenheit Jugendlicher nach den Vorschriften des **Jugendschutzgesetzes** (§ 4 Abs. 3, § 5, § 6, § 11 JuSchG; siehe Anhang) verboten ist (§ 14 Abs. 7 Satz 2 JArbSchG). Das betrifft die Tätigkeit in **Nachtbars, Nachtclubs, Spielhallen** und vergleichbaren Vergnügungsbetrieben. Nach Beendigung einer erlaubten Tätigkeit (§ 14 Abs. 7 Satz 1 JArbSchG) dürfen Jugendliche nicht vor Ablauf einer ununterbrochenen Freizeit von mindestens 14 Stunden beschäftigt werden (§ 14 Abs. 7 Satz 3 JArbSchG).

Für die Teilnahme an **Sportveranstaltungen gibt es keine Ausnahme vom Nachtarbeitsverbot**.[167] Sportveranstaltungen sind keine »anderen Aufführungen« im Sinne des § 14 Abs. 7 JArbSchG. Das folgt eindeutig aus der Sys-

---

166 In der Praxis wird das allerdings, soweit bekannt, nicht sanktioniert.

167 Vgl. NK-GA/*Taubert* § 14 JArbSchG Rn. 9; HWK/*Tillmanns* § 14 JArbSchG Rn. 7; *Gutzeit/Vrban,* SpuRt 2011, S. 60 f.; *Heink,* SpuRt 2011, S. 134 ff.; *Weyand,* Der arbeitsrechtliche Schutz von Kindern und Jugendlichen im Sportbetrieb, S. 172, 185 f.; **a. A.:** *Nesemann,* S. 61 f., der meint, Sportveranstaltungen seien »andere Aufführungen« im Sinne des § 14 Abs. 7 JArbSchG, der als »Generalklausel« formuliert sei.

tematik des Jugendarbeitsschutzgesetzes. Schon die Formulierung »Musikaufführungen, Theatervorstellungen und andere Aufführungen« zeigt deutlich, dass die anderen Aufführungen ihrer Art nach Musikaufführungen und
Theatervorstellungen vergleichbar sein müssen. Das kann bei Sportveranstaltungen nicht ernsthaft vertreten werden.[168] Andere Regelungen des Jugendarbeitsschutzgesetzes zeigen, dass die Ausdehnung des Begriffs »andere
Aufführungen« auf den Profisport nicht gewollt ist. Der Gesetzgeber hat
die besonderen zeitlichen Anforderungen des Sports durchaus gesehen, aber
eben nur insoweit berücksichtigt, als dies mit dem Gedanken des Jugendarbeitsschutzes vereinbar ist. So benennen § 16 Abs. 2 Nr. 9 JArbSchG und § 17
Abs. 2 Nr. 6 JArbSchG die Beschäftigung »beim Sport« ausdrücklich als Ausnahme vom Verbot der Samstags- und Sonntagsarbeit. Im Umkehrschluss
folgt daraus, dass eine Ausnahme bei der Nachtruhe für jugendliche Sportler
nicht gewollt ist, da in § 14 JArbSchG der »Sport« gerade nicht genannt ist.[169]
Dieses Ergebnis wird dadurch bestätigt, dass die gesetzlichen Regelungen bei
den Ausnahmen vom Samstags- und Sonntagsarbeitsverbot »Musikaufführungen, Theatervorstellungen und andere Aufführungen« (§ 16 Abs. 2 Nr. 7,
§ 17 Abs. 2 Nr. 5 JArbSchG) ausdrücklich neben dem »Sport« nennen. Das
zeigt, dass der Gesetzgeber bewusst zwischen »anderen Aufführungen«
und Sport unterscheidet.[170] Zwar wäre es nach Art. 9 der **EU-Richtlinie
94/33/EG** (Anhang Nr. 1) zulässig, auch für sportliche Tätigkeiten Ausnahme vom Nachtarbeitsverbot zuzulassen. Dazu bedürfte es jedoch einer
ausdrücklichen gesetzlichen Regelung, an der es, wie ausgeführt, fehlt. Es ist
auch nicht gegen die EU-Richtlinie 94/33/EG, eine Ausnahme für den Sport
vom Nachtarbeitsverbot nicht zu regeln, da die Richtlinie den Mitgliedstaaten einen Regelungsspielraum eröffnet. Sie »können« solche Ausnahmen regeln, müssen es aber nicht.

3. Vergütungszahlung/Nachtarbeitszuschlag

14   Darf ausnahmsweise in der Nacht gearbeitet werden, ist die Nachtarbeit
ebenso zu vergüten wie die Arbeit am Tage. Wird ein festes Monatsgehalt gezahlt, wie bei der Ausbildungsvergütung, wird damit auch die Bezahlung der
Nachtarbeit mit abgedeckt. Allerdings ist **zusätzlich** noch ein **Ausgleich für
die Nachtarbeit zu gewähren,** entweder durch Gewährung freier Tage oder
durch Zahlung eines Nachtarbeitszuschlags. Zwar enthält das JArbSchG
hierzu keine Regelung, allerdings folgt eine entsprechende Verpflichtung aus
§ 6 Abs. 5 ArbZG. Diese Norm gilt zwar an sich nur für volljährige Arbeitnehmer (vgl. § 18 Abs. 2 ArbZG), doch kann für Jugendliche nichts anderes

---

168 Vgl. *Diringer,* Minderjährige Fußballprofis, www.lto.de.
169 Vgl. *Diringer,* Minderjährige Fußballprofis, www.lto.de.
170 Vgl. *Diringer,* Minderjährige Fußballprofis, www.lto.de.

gelten, weil diese sonst trotz höherer Schutzbedürftigkeit schlechter behandelt würden als volljährige Arbeitnehmer.

§ 6 Abs. 5 ArbZG trifft folgende Bestimmung: 15

Soweit keine tarifvertraglichen Ausgleichsregelungen bestehen, hat der Arbeitgeber dem Nachtarbeitnehmer für die während der Nachtzeit geleisteten Arbeitsstunden eine angemessene Zahl bezahlter freier Tage oder einen angemessenen Zuschlag auf das ihm hierfür zustehende Bruttoarbeitsentgelt zu gewähren.

Für die Anwendung des § 6 Abs. 5 ArbZG sind mehrere Legaldefinitionen maßgeblich. **Nachtarbeit** ist jede Arbeit, die mehr als zwei Stunden der Nachtzeit umfasst (§ 2 Abs. 4 ArbZG). »Nachtzeit« ist die Zeit von 23 bis 6 Uhr, in Bäckereien und Konditoreien die Zeit von 22 bis 5 Uhr (§ 2 Abs. 3 ArbZG). Unabhängig von den gesetzlichen Begriffsdefinitionen kann durch den Arbeitsvertrag oder einen anwendbaren Tarifvertrag »Nachtarbeit« auch anders definiert werden. Gemäß § 3b Abs. 2 Satz 2 EStG ist Nachtarbeit die Arbeit in der Zeit von 20 bis 6 Uhr. **Nachtarbeitnehmer** sind Arbeitnehmer, die aufgrund ihrer Arbeitszeit normalerweise Nachtarbeit in Wechselschicht »zu leisten haben« oder die Nachtarbeit an mindestens 48 Tagen im Kalenderjahr »leisten« (§ 2 Abs. 5 Nr. 1 und 2 ArbZG). Wer nicht in Wechselschicht zu arbeiten hat, sondern ausschließlich Nachtarbeit leistet, muss diese also tatsächlich an mindestens 48 Tagen im Kalenderjahr »leisten«. Nähme man den Wortlaut der Vorschrift ernst, würde zu Beginn eines Kalenderjahres nie feststehen, ob ein Arbeitnehmer, der keine Wechselschicht zu leisten hat, »Nachtarbeitnehmer« im Sinne des ArbZG ist – ein absurdes Ergebnis. Deshalb wird zu Recht davon ausgegangen, dass über den Wortlaut hinaus das Arbeitsschutzrecht für Nachtarbeit auch dann im Wege der Prognose anzuwenden ist, wenn (zum Beispiel aufgrund der Verhältnisse im Vorjahr oder aufgrund arbeitsvertraglicher Vereinbarung) zu erwarten ist, dass der Arbeitnehmer an mindestens 48 Kalendertagen Nachtarbeit leisten wird.[171]

Zuschläge, die für »tatsächlich geleistete« Nachtarbeit neben dem Grundlohn gezahlt werden, sind **steuerfrei**, soweit sie **25 % des Grundlohns** nicht übersteigen (§ 3b Abs. 1 Nr. 1 EStG). Grundlohn ist der laufende Arbeitslohn, der dem Arbeitnehmer bei der für ihn maßgebenden regelmäßigen Arbeitszeit für den jeweiligen Lohnzahlungszeitraum zusteht; er ist in einen Stundenlohn umzurechnen und mit höchstens 50 Euro anzusetzen (§ 3b Abs. 2 Satz 1 EStG). Nachtarbeit ist die Arbeit in der Zeit von 20 bis 6 Uhr (§ 3b Abs. 2 Satz 2 EStG). Wird die Nachtarbeit vor 0 Uhr aufgenommen, erhöht sich für Nachtarbeit in der Zeit von 0 bis 4 Uhr der Zuschlagssatz auf 40 % (§ 3b Abs. 3 Nr. 1 EStG). Soweit Nachtzuschläge steuerfrei sind, unter- 16

---

171 Vgl. ErfK/*Wank*, § 2 ArbZG, Rn. 19; HWK/*Gäntgen*, § 2 ArbZG, Rn. 14.

liegen sie auch nicht der Beitragspflicht zur Sozialversicherung (Kranken-, Pflege-, Renten-, Arbeitslosenversicherung).

17   § 6 Abs. 5 ArbZG überlässt die Ausgestaltung des Ausgleichs für Nachtarbeit wegen der größeren Sachnähe in erster Linie den **Tarifvertragsparteien** und regelt subsidiär (nachrangig) einen gesetzlichen Anspruch. Auf den Rechtsgrund für die Geltung einer tarifvertraglichen Ausgleichsregelung kommt es nicht an. Diese kann normativ aufgrund Tarifbindung (§ 2 Abs. 1, § 3 Abs. 1 TVG) oder Allgemeinverbindlichkeit (§ 5 TVG) oder vertraglich aufgrund einer Verweisungs- oder Bezugnahmeklausel im Arbeitsvertrag Anwendung finden.

Die Tarifvertragsparteien sind frei darin, wie sie den Ausgleich regeln. Um den gesetzlichen Anspruch nach § 6 Abs. 5 ArbZG zu ersetzen, muss die tarifliche Regelung allerdings gerade eine Entschädigung für die mit der Nachtarbeit verbundenen Belastungen vorsehen.[172] Der tarifliche Ausgleich kann nicht nur ausdrücklich, sondern auch stillschweigend geregelt sein. Erforderlich für eine »stillschweigende« Ausgleichsregelung ist, dass der Tarifvertrag selbst entsprechende Hinweise enthält oder sich dafür aus der Tarifgeschichte oder aus Besonderheiten des Geltungsbereichs Anhaltspunkte ergeben.[173] Eine tarifliche Regelung, die sich darin erschöpft, den Anspruch auf einen Nachtarbeitszuschlag auszuschließen, ist keine Ausgleichsregelung im Sinne des § 6 Abs. 5 ArbZG.[174]

18   Fehlt es an einer tarifvertraglichen Ausgleichsregelung, weil für das Arbeitsverhältnis kein Tarifvertrag Anwendung findet oder der anwendbare Tarifvertrag keine Ausgleichsregelung enthält, ist für die Arbeitsstunden, die während der Nachtzeit geleistet werden, kraft Gesetzes (§ 6 Abs. 5 ArbZG) auf das Bruttoarbeitsentgelt für diese Stunden eine angemessene Zahl bezahlter freier Tage *oder* ein angemessener Zuschlag (in Geld) vom Arbeitgeber zu gewähren. Der Arbeitgeber kann – unter Beachtung der Mitbestimmungsrechte des Betriebsrats – frei wählen, ob er den Ausgleichsanspruch des § 6 Abs. 5 ArbZG durch Zahlung von Geld, durch bezahlte Freistellung oder durch eine Kombination von beidem erfüllt.[175] In Betrieben mit Betriebsrat ist zu beachten, dass das Wahlrecht des Arbeitgebers der Mitbestimmung des Betriebsrats unterliegt, weil es dabei um eine Regelung des Gesundheitsschutzes geht (§ 87 Abs. 1 Nr. 7 BetrVG). Das Mitbestimmungs-

---

172 BAG 18. 5. 2011, 10 AZR 369/10, NZA-RR 2011, 581, 583; BAG 26. 4. 2005, 1 ABR 1/04, NZA 2005, 884, 887.

173 BAG 18. 5. 2011, 10 AZR 369/10, NZA-RR 2011, 581, 583; BAG 26. 4. 2005, 1 ABR 1/04, NZA 2005, 884, 887.

174 BAG 12. 3. 2008, 4 AZR 616/06, Rn. 62; BAG 26. 4. 2005, 1 ABR 1/04, NZA 2005, 884.

175 BAG 9. 12. 2015, 10 AZR 423/14, Rn. 20, NZA 2016, 426.

recht entfällt nur, wenn ein anwendbarer Tarifvertrag eine abschließende Ausgleichsregelung enthält.[176]

Die gesetzlich begründete Wahlschuld (§ 262 BGB) kann auch im Arbeitsvertrag getroffen werden, auch durch AGB, also durch vorformulierte einseitig vom Arbeitgeber gestellte Vertragsbedingungen.[177] Die arbeitsvertragliche Ausgleichsregelung unterliegt nach zwingendem Gesetzesrecht der Rechtskontrolle dahingehend, ob diese »angemessen« ist (§ 6 Abs. 5 ArbZG). Zusätzlich ist das **Transparenzgebot** nach dem AGB-Recht zu beachten (§ 307 Abs. 1 Satz 2 BGB), das auch bei Preisvereinbarungen gilt (§ 307 Abs. 3 Satz 2 BGB). Die Wahlschuld konkretisiert sich auf eine der geschuldeten Leistungen, wenn der Arbeitgeber das ihm zustehende Wahlrecht nach Maßgabe der gesetzlichen Bestimmungen ausübt oder der Arbeitsvertrag hierzu (wirksame) Festlegungen enthält.[178] Ist das Arbeitsverhältnis beendet, kann die Nachtarbeit nur durch Zahlung eines Zuschlags ausgeglichen werden.[179] Solange das Arbeitsverhältnis fortbesteht, kann der Arbeitgeber den Arbeitnehmer zum Ausgleich von Nachtarbeit bezahlt von der Arbeitspflicht freistellen, statt einen Zuschlag zu zahlen.[180] **19**

Für die **Angemessenheit** der bezahlten Freizeit oder des Zuschlags gilt ein einheitlicher Maßstab. Es ist also der gleiche prozentuale Aufschlag entweder in Geld oder in Zeit zu gewähren.[181] Ist der Nachtzuschlag auf 25 % festzusetzen, beträgt auch der Umfang der bezahlten Freizeit als Ausgleich für die Nachtarbeit 25 % der geleisteten Nachtarbeitsstunden. Bei einem Acht-Stunden-Tag ist folglich für je 32 in der Nacht geleistete Stunden ein bezahlter freier Tag zu gewähren. **20**

Erfolgt kein Ausgleich durch **bezahlte freie Tage**, kann die Zahlung des Zuschlags in unterschiedlicher Art und Weise erfolgen. In erster Linie kommt die Zahlung eines prozentualen Zuschlags zusätzlich zum Bruttoarbeitsentgelt, das ohnedies für die Arbeitsleitung geschuldet ist, in Frage. Die Höhe des angemessenen Nachtzuschlags richtet sich nach der Gegenleistung, für die sie bestimmt ist, das heißt nach der Art der Arbeitsleistung, kann also (branchenbezogen) unterschiedlich zu bewerten sein. Die im Wirtschafts- **21**

---

176 BAG 17.1.2012, 1 ABR 62/10, NZA 2012, 513; BAG 26.4.2005, 1 ABR 1/04, NZA 2005, 884.

177 BAG 9.12.2015, 10 AZR 423/14, Rn. 55, NZA 2016, 426; BAG 15.7.2009, 5 AZR 867/08, NZA 2009, 1366.

178 BAG 9.12.2015, 10 AZR 423/14, Rn. 15, NZA 2016, 426; BAG 18.5.2011, 10 AZR 369/10, NZA-RR 2011, 581, 582.

179 BAG 11.2.2009, 5 AZR 148/08, AP ArbZG § 6 Nr. 9, Rn. 12; BAG 31.8.2005, 5 AZR 545/04, NZA 2006, 324, Rn. 15.

180 BAG 13.1.2016, 10 AZR 792/14, Rn. 35, NZA-RR 2016, 333; BAG 1.2.2006, 5 AZR 422/04, Rn. 18, NZA 2006, 494.

181 BAG 9.12.2015, 10 AZR 423/14, Rn. 20, NZA 2016, 426; BAG 1.2.2006, 5 AZR 422/04, NZA 2006, 494, Rn. 23.

zweig des Arbeitgebers bestehenden Tarifverträge können eine Orientierung bieten, sind allerdings nicht zwingend.[182] In der Regel ist ein **Prozentsatz von 25 %** als angemessen anzusehen.[183]

22 Eine Erhöhung oder Verminderung des Zuschlags kommt in Betracht, wenn Umstände im Zusammenhang mit der Erbringung der Arbeitsleistung vorliegen, die den regelmäßig angemessenen Wert von 25 % wegen der im Vergleich zum Üblichen niedrigeren oder höheren Belastung als zu gering oder zu hoch erscheinen lassen. Die Höhe des angemessenen Nachtarbeitszuschlags richtet sich nach der Gegenleistung, für die sie bestimmt ist.[184] Kriterien für einen **geringeren Prozentsatz** ergeben sich daraus, wenn während der Arbeit in der Nacht Bereitschaftszeiten oder Zeiten der Entspannung einen erheblichen Teil ausmachen, oder wenn der Zweck des Zuschlags, Nachtarbeit einzuschränken, nicht erreichbar ist, weil die Tätigkeit (etwa aus Gründen der öffentlichen Sicherheit) zwingend auch in der Nacht ausgeübt werden muss.[185] Für Arbeitnehmer, die im Rettungsdienst tätig sind, soll deshalb ein Nachtzuschlag in Höhe von 10 % noch »angemessen« sein,[186] im Bewachungsgewerbe 10 % bzw. 12 %.[187] Rein wirtschaftliche Erwägungen sind nicht geeignet, eine Abweichung nach unten zu begründen.[188] Ein **höherer Prozentsatz** (30 %) kann gerechtfertigt sein, wenn der Arbeitnehmer nicht in Wechselschicht, sondern in **Dauernachtarbeit** eingesetzt wird oder der Nachtarbeitszuschlag den Arbeitnehmer gerade dafür entschädigen soll, dass er wegen der Nachtarbeit nur erschwert am sozialen Leben teilhaben kann.[189] Dass Jugendliche in Dauernachtarbeit eingesetzt werden, kommt praktisch nicht vor.

---

182 BAG 18.5.2011, 10 AZR 369/10, NZA-RR 2011, 581, Rn. 25; nach BAG 9.12.2015, 10 AZR 423/14, Rn. 31, NZA 2016, 426, sind tarifliche Ausgleichsregelungen nur »nachrangig« zu berücksichtigen.

183 BAG 9.12.2015, 10 AZR 423/14, NZA 2016, 426; BAG 11.2.2009, 5 AZR 148/08, Rn. 19, AP ArbZG § 6 Nr. 9; BAG 1.2.2006, 5 AZR 422/04, NZA 2006, 494, Rn. 21; BAG 27.5.2003, 9 AZR 180/02, AP ArbZG § 6 Nr. 5.

184 BAG 9.12.2015, 10 AZR 423/14, Rn. 27, NZA 2016, 426.

185 BAG 9.12.2015, 10 AZR 423/14, Rn. 29, NZA 2016, 426; BAG 11.2.2009, 5 AZR 148/08, Rn. 12, 16, AP ArbZG § 6 Nr. 9; BAG 31.8.2005, 5 AZR 545/04, Rn. 17, NZA 2006, 324.

186 BAG 31.8.2005, 5 AZR 545/04, NZA 2006, 324.

187 BAG 11.2.2009, 5 AZR 148/08, AP ArbZG § 6 Nr. 9.

188 BAG 9.12.2015, 10 AZR 423/14, Rn. 29, NZA 2016, 426.

189 BAG 9.12.2015, 10 AZR 423/14, NZA 2016, 426; BAG 27.5.2003, 9 AZR 180/02, AP ArbZG § 6 Nr. 5; BAG 5.9.2002, 9 AZR 202/01, NZA 2003, 563, 566.

§ 15 Fünf-Tage-Woche

Jugendliche dürfen nur an fünf Tagen in der Woche beschäftigt werden. Die beiden wöchentlichen Ruhetage sollen nach Möglichkeit aufeinander folgen.

Inhaltsübersicht   Rn.
1. Grundsatz der Fünf-Tage-Woche.   1–5
2. Sonderkonstellationen   6–7
3. Ausnahmen   8
4. Zuwiderhandlungen   9

1. Grundsatz der Fünf-Tage-Woche

Für Jugendliche gilt die **Fünf-Tage- Woche** (§ 15 Satz 1 JArbSchG), so dass eine Verteilung der 40 Wochenstunden (§ 8 Abs. 1 JArbSchG) maximal auf fünf Tage zulässig ist. »Fünf-Tage-Woche« bedeutet nicht in allen, aber in vielen Fällen eine Arbeitszeit von Montag bis Freitag. Eine Beschäftigung Jugendlicher an Samstagen und Sonntagen ist nur in den Grenzen des § 16 und 17 JArbSchG zulässig. **1**

Das Verbot, Jugendliche an mehr als fünf Tagen in der Woche zu beschäftigen, gilt unabhängig davon, wie lange sie an den einzelnen Tagen arbeiten. Auch wenn an einem oder mehreren Wochentagen nur fünf oder sechs (oder weniger) Stunden gearbeitet wird oder die Höchstarbeitszeit von 40 Stunden (§ 8 Abs. 1 JArbSchG) unterschritten wird, darf die fehlende Zeit nicht an anderen Tagen nachgeholt werden. **2**

Wird der Jugendliche von **mehreren Arbeitgebern** beschäftigt, müssen die Arbeitstage bei den einzelnen Arbeitgebern zusammengerechnet werden und es dürfen insgesamt fünf Arbeitstage in der Woche nicht überschritten werden. Erfolgt zum Beispiel eine Beschäftigung an einem Samstag durch einen Arbeitgeber, darf der Jugendliche in der Woche von Montag bis Freitag nur noch an vier Tagen etwa von einem anderen Arbeitgeber beschäftigt werden. Auf die Dauer der Arbeitszeit an den einzelnen Arbeitstagen kommt es nicht an. **3**

Zur Arbeitszeit zählt auch die Teilnahme des Jugendlichen an **außerbetrieblichen Ausbildungsmaßnahmen** (§ 10 Abs. 1 Nr. 1 JArbSchG), so dass diese Teilnahme auf die zulässigen fünf Arbeitstage anzurechnen ist. Fallen außerbetriebliche Ausbildungsmaßnahmen auf einen Samstag, so ist dem Jugendlichen – unabhängig von der Dauer – ein ganzer Tag in der Woche freizugeben. **4**

Für die **Berechnung der wöchentlichen Arbeitszeit** ist als Woche die Zeit von Montag bis einschließlich Sonntag zugrunde zu legen (§ 4 Abs. 4 Satz 1 JArbSchG). Aus der Vorgabe der Fünf-Tage-Woche folgt, dass zwei Tage in der Woche frei sein müssen. Das Gesetz spricht insoweit von den »beiden **5**

wöchentlichen Ruhetagen«. Ist ausnahmsweise eine Beschäftigung an Samstagen und/oder Sonntagen zulässig, sind die zwei freien Tage an anderen Tagen in der Woche zu gewähren. Die beiden Ruhetage »sollen nach Möglichkeit« aufeinander folgen (§ 15 Satz 2 JArbSchG), sie sind also zusammenhängend zu gewähren. Da es sich dabei um eine Soll-Vorschrift handelt,
kann der Arbeitgeber nach Art. 10 Abs. 2 der europäischen Jugendarbeitsschutzrichtlinie 94/33/EG (Anhang Nr. 1) nur aus dringenden betrieblichen
Gründen von den **zwei aufeinander folgenden Ruhetagen** abweichen.

2. Sonderkonstellationen

6   Was die Auswirkungen auf den **Berufsschulunterricht** anbetrifft, gilt Fol-
gendes: Die Bestimmung erlaubt dem Arbeitgeber nur an fünf Tagen in der
Woche eine Beschäftigung des Jugendlichen. Nach den Vorstellungen des
Gesetzgebers ist die Teilnahme am Berufsschulunterricht jedoch nicht mit
Arbeit oder Beschäftigung durch den Arbeitgeber gleichzusetzen. Das führt
dazu, dass der Grundsatz der Fünf-Tage- Woche durchbrochen wird, wenn
die Berufsschule auf den Samstag fällt und nicht nach § 9 Abs. 2 Nr. 1
JArbSchG die Zeit der Teilnahme am Berufsschulunterricht mit acht Stun-
den auf die Arbeitszeit angerechnet wird. Haben Jugendliche nicht mehr als
fünf Zeitstunden Berufsschule am Samstag, ist nur die Zeit der tatsächlichen
Teilnahme am Unterricht auf die Arbeitszeit anzurechnen (§ 9 Abs. 2 Nr. 3
JArbSchG). Das hat zur Folge, dass sie zwar an einem ihrer Arbeitstage einen
Anspruch auf Freistellung haben, aber nur für die tatsächliche Dauer des Berufsschulunterrichts. Der Jugendliche wird fünf Tage in der Woche beschäftigt, der Berufsschultag (am Samstag) kommt hinzu. Das entspricht der Ge-
setzeslage, da der Berufsschulunterricht nach § 9 JArbSchG nur auf die Arbeitszeit, nicht aber auf die Fünf-Tage-Woche anzurechnen ist.[190] Zu dieser
Konsequenz kommt es indes nur, wenn ein Berufsschultag auf den Samstag
fällt, was eher selten der Fall ist.

7   Für die **Teilnahme an Prüfungen** gilt Folgendes: Das Verbot, Jugendliche an
mehr als fünf Tagen in der Woche zu beschäftigen, richtet sich an den Arbeitgeber. Danach können Prüfungen auch am Samstag stattfinden. Der Arbeitgeber hat im Rahmen des § 10 Abs. 2 Nr. 1 JArbSchG die Teilnahme an Prüfungen auf die Arbeitszeit anzurechnen. Dies führt zu dem Ergebnis, dass
nur bei mehr als fünf Zeitstunden Prüfungsdauer ein anderer Werktag in der
Woche freizugeben ist. Im Übrigen gilt das vorstehend Gesagte (vgl. Rn. 7),
wobei hier aber zu berücksichtigen ist, dass im Gegensatz zum regelmäßigen
wöchentlichen Berufsschulunterricht die Prüfung nur einen Einzeltag betrifft.

---

190 *Zmarzlik/Anzinger* § 15 Rn. 14.

2. Ausnahmen

Abweichungen von § 15 JArbSchG sind durch Tarifvertrag zulässig (§ 21a **8** Abs. 1 Nr. 5 JArbSchG) oder durch Rechtsverordnung des Bundesministeriums für Arbeit und Soziales (§ 21b Nr. 1 JArbSchG). Ansonsten sind **Ausnahmen** nur zulässig in der **Binnenschifffahrt** (§ 20 Abs. 1 Nr. 3 JArbSchG) und in **Notfällen** (§ 21 Abs. 1 JArbSchG).

3. Zuwiderhandlungen

Wenn der Arbeitgeber Jugendlichen an mehr als fünf Tagen in der Woche **9** Arbeit zuweist, können sich diese weigern, die Arbeit auszuführen, ohne dass ihnen daraus Nachteile entstehen dürfen. Üben Jugendliche die an sich verbotene Arbeit aus, haben sie einen Anspruch auf Bezahlung der Arbeit. Wer als Arbeitgeber einen Jugendlichen an mehr als fünf Tagen in der Woche beschäftigt, begeht eine **Ordnungswidrigkeit** und kann mit einer Geldbuße belegt werden (§ 58 Abs. 1 Nr. 12 JArbSchG), unter Umständen ist das sogar strafbar (§ 58 Abs. 5 und 6 JArbSchG).

§ 16 Samstagsruhe

(1) An Samstagen dürfen Jugendliche nicht beschäftigt werden.

(2) Zulässig ist die Beschäftigung Jugendlicher an Samstagen nur

1. in Krankenanstalten sowie in Alten-, Pflege- und Kinderheimen,
2. in offenen Verkaufsstellen, in Betrieben mit offenen Verkaufsstellen, in Bäckereien und Konditoreien, im Friseurhandwerk und im Marktverkehr,
3. im Verkehrswesen,
4. in der Landwirtschaft und Tierhaltung,
5. im Familienhaushalt,
6. im Gaststätten- und Schaustellergewerbe,
7. bei Musikaufführungen, Theatervorstellungen und anderen Aufführungen, bei Aufnahmen im Rundfunk (Hörfunk und Fernsehen), auf Ton- und Bildträger sowie bei Film- und Fotoaufnahmen,
8. bei außerbetrieblichen Ausbildungsmaßnahmen,
9. beim Sport,
10. im ärztlichen Notdienst,
11. in Reparaturwerkstätten für Kraftfahrzeuge.

Mindestens zwei Samstage im Monat sollen beschäftigungsfrei bleiben.

(3) Werden Jugendliche am Samstag beschäftigt, ist ihnen die Fünf-Tage-Woche (§ 15) durch Freistellung an einem anderen berufsschulfreien Arbeitstag derselben Woche sicherzustellen. In Betrieben mit einem Betriebsruhetag in der Woche kann die Freistellung auch an diesem Tag er-

folgen, wenn die Jugendlichen an diesem Tag keinen Berufsschulunterricht haben.

(4) Können Jugendliche in den Fällen des Absatzes 2 Nr. 2 am Samstag nicht acht Stunden beschäftigt werden, kann der Unterschied zwischen der tatsächlichen und der nach § 8 Abs. 1 höchstzulässigen Arbeitszeit an dem Tag bis 13 Uhr ausgeglichen werden, an dem die Jugendlichen nach Absatz 3 Satz 1 freizustellen sind.

Inhaltsübersicht   Rn.
1. Grundsatz: Samstagsarbeitsverbot 1– 2
2. Ausnahmen vom Samstagsarbeitsverbot   3–15
3. Freistellungsregelungen 16–18
4. Vergütungszahlung   19
5. Zuwiderhandlungen   20

1. Grundsatz: Samstagsarbeitsverbot

1   An Samstagen dürfen Jugendliche nicht beschäftigt werden (§ 16 Abs. 1 JArbSchG). Es gilt also grundsätzlich ein Samstagsarbeitsverbot. Das Beschäftigungsverbot gilt für die Zeit von 0:00 Uhr bis 24:00 Uhr. Fällt auf einen Samstag ein Feiertag, geht das Feiertagsbeschäftigungsverbot des § 18 Abs. 1 JArbSchG dem Samstagsbeschäftigungsverbot vor. § 16 JArbSchG gilt nur für Samstage, die Werktage sind.[191] Verboten ist jede Beschäftigung durch den Arbeitgeber, insoweit auch Bereitschaftsdienst oder Rufbereitschaft. Verboten ist jede Art der Beschäftigung, unabhängig von dem Ort, wo sie erfolgen soll, so dass der Arbeitgeber dem Jugendlichen auch keine Arbeit mit nach Hause geben darf. Berufsschulunterricht oder Prüfungen sind dagegen an Samstagen zulässig.

2   Für bestimmte Branchen finden sich jedoch in § 16 Abs. 2 JArbSchG **Ausnahmen,** wobei in dem Zusammenhang § 16 Abs. 3 bis 4 JArbSchG konkretisierende Regelungen enthalten. § 16 Abs. 3 JArbSchG stellt sicher, dass im Falle der Samstagsarbeit eines Jugendlichen die Fünf-Tage-Woche (§ 15 JArbSchG) durch eine Freistellung an einem anderen berufsschulfreien Arbeitstag derselben Woche eingehalten wird. Schließlich ergibt sich aus § 16 Abs. 4 JArbSchG eine Ausgleichsregelung im Hinblick auf § 16 Abs. 2 Nr. 2 JArbSchG für die Samstagsarbeit eines Jugendlichen.

2. Ausnahmen vom Samstagsarbeitsverbot

3   § 16 Abs. 2 JArbSchG regelt die öffentlich-rechtliche Zulässigkeit der Samstagsarbeit. Ob im Einzelfall am Samstag gearbeitet werden muss, richtet sich

---

191 *Zmarzlik/Anzinger* § 16 Rn. 10.

nach dem Ausbildungsvertrag, dem Arbeitsvertrag oder einem anwendbaren Tarifvertrag. Es bedarf einer ausdrücklichen Regelung, dass am Samstag gearbeitet werden soll. § 16 Abs. 2 JArbSchG ermöglicht es lediglich, solche Regelungen zu treffen. Mit der Möglichkeit der Samstagsarbeit ist weder die 40-Stunden-Woche (§ 8 Abs. 1 JArbSchG) noch die Fünf-Tage-Woche (§ 15 JArbSchG) aufgehoben, wie § 16 Abs. 3 JArbSchG ausdrücklich klarstellt.

Zulässig ist die Beschäftigung Jugendlicher an Samstagen in den in § 16 Abs. 2 Satz 1 Nr. 1 bis 11 JArbSchG genannten Konstellationen, wobei auch in diesen Fällen **mindestens zwei Samstage im Monat beschäftigungsfrei** bleiben sollen (§ 16 Abs. 2 Satz 2 JArbSchG). Aus der Soll-Vorschrift folgt, dass zwar grundsätzlich zwei Samstage beschäftigungsfrei bleiben müssen, bei Vorliegen sachlicher Gründe im Einzelfall aber Jugendliche ausnahmsweise an drei, eventuell sogar vier Samstagen im Monat beschäftigt werden dürfen.

Der Katalog der Ausnahmetatbestände enthält eine abschließende Aufzählung und ist wegen ihres Ausnahmecharakters eng auszulegen.[192] Nach Maßgabe des § 20 Abs. 1 Nr. 3 besteht für die **Binnenschifffahrt** eine weitere Ausnahme. Weitere Ausnahmen sind nur möglich durch Tarifvertrag (§ 21a Abs. 1 Nr. 4 JArbSchG) oder durch Rechtsverordnung (§ 21b Nr. 1 JArbSchG).

Die gesetzlichen **Ausnahmen vom Samstagsarbeitsverbot** gelten in folgenden Fällen:

- in Krankenanstalten sowie in Alten-, Pflege- und Kinderheimen,
- in offenen Verkaufsstellen, in Betrieben mit offenen Verkaufsstellen, in Bäckereien und Konditoreien, im Friseurhandwerk und im Marktverkehr,
- im Verkehrswesen,
- in der Landwirtschaft und Tierhaltung,
- im Familienhaushalt,
- im Gaststätten- und Schaustellergewerbe,
- bei Musikaufführungen, Theatervorstellungen und anderen Aufführungen, bei Aufnahmen im Rundfunk (Hörfunk und Fernsehen), auf Ton- und Bildträger sowie bei Film- und Fotoaufnahmen (Ton-, Film- und Fotoaufnahmen),
- bei außerbetrieblichen Ausbildungsmaßnahmen,
- beim Sport,
- im ärztlichen Notdienst,
- in Reparaturwerkstätten für Kraftfahrzeuge.

Wegen des herausgehobenen Schutzes der Jugendlichen ist in allen Fällen zu prüfen, ob die Heranziehung zur Samstagsarbeit von Jugendlichen erforderlich ist oder nicht dadurch vermieden werden kann, dass diese Tätigkeiten

---

192 OLG Karlsruhe 14. 1. 1983, 3 Ss 132/82, DÖV 1983, 738.

volljährigen Arbeitnehmern übertragen werden. Für **Auszubildende** gilt zudem § 14 Abs. 2 BBiG: dem Auszubildenden dürfen nur Aufgaben übertragen werden, die dem Ausbildungszweck dienen und seinen körperlichen Kräften angemessen sind.

Samstagsarbeit ist zulässig in **Krankenanstalten** (§ 16 Abs. 2 Nr. 1 JArbSchG). Das sind öffentliche, kirchliche und private Anstalten, in denen Krankheiten, Leiden oder Körperschäden durch ärztliche Hilfeleistungen festgestellt, geheilt oder gelindert werden sollen. Dazu gehören auch Entbindungsanstalten, Säuglingsheime und Anstalten für geistig Behinderte.[193] Sanatorien sind entweder Krankenanstalten oder fallen unter den Begriff des Gaststättengewerbes (§ 16 Abs. 2 Nr. 6 JArbSchG). **Altenheime** (§ 16 Abs. 2 Nr. 1 JArbSchG) sind alle öffentlichen und privaten Heime, die der Betreuung und Versorgung älterer Menschen dienen, unabhängig von deren Gesundheitszustand. Auch Altenwohnheime und Altenwohnungen werden erfasst, wenn Versorgung und Betreuung zumindest angeboten werden.[194] In **Pflegeheimen** (§ 16 Abs. 2 Nr. 1 JArbSchG) werden Pflegebedürftige und körperlich oder geistig Behinderte versorgt und betreut.[195] **Kinderheime** (§ 16 Abs. 2 Nr. 1 JArbSchG) dienen der Versorgung und Betreuung von Säuglingen, Kleinkindern, Kindern oder Jugendlichen.[196]

8   **Offene Verkaufsstellen** (§ 16 Abs. 2 Nr. 2 JArbSchG) sind Ladengeschäfte aller Art, Apotheken, Tankstellen, Kioske. »Offene« Verkaufsstellen sind aber nur solche, zu der die Allgemeinheit unbegrenzt Zutritt hat, also nicht Großhandelsbetriebe.[197] **Betriebe mit offenen Verkaufsstellen** sind zum Beispiel Metzgereien, Schneidereien, Gärtnereien.

9   **Bäckereien und Konditoreien** (§ 16 Abs. 2 Nr. 2 JArbSchG) sind nur solche Betriebe, die handwerksähnlich betrieben werden, nicht aber Brotfabriken oder Fabriken, die Konditorei-Erzeugnisse herstellen.

10 Begrifflich ist Voraussetzung für den **Marktverkehr** (§ 16 Abs. 2 Nr. 2 JArbSchG), dass es sich um offene Märkte und Messen handelt, die für jedermann zugänglich sind. Daraus folgt, dass auf Großmärkten oder Industriemessen, zu denen nur bestimmte Personengruppen, zum Beispiel Wiederverkäufer, zugelassen sind, eine Beschäftigung Jugendlicher am Samstag nicht erfolgen darf.

11 Zum **Verkehrswesen** (§ 16 Abs. 2 Nr. 3 JArbSchG) gehören alle öffentlichen und privaten Betriebe, die Personen, Güter oder Nachrichten befördern, einschließlich der dazugehörigen Neben- oder Hilfsbetriebe,[198] zum Beispiel

---

193 ErfK/*Schlachter* § 16 JArbSchG Rn. 4.
194 ErfK/*Schlachter* § 16 JArbSchG Rn. 4.
195 ErfK/*Schlachter* § 16 JArbSchG Rn. 4.
196 ErfK/*Schlachter* § 16 JArbSchG Rn. 4.
197 ErfK/*Schlachter* § 16 JArbSchG Rn. 5.
198 BVerwG 7. 4. 1983, 1 C 15/82, NVwZ 1984, 374.

Bahnunternehmen, Busunternehmen, Speditionen, Reisebüros, Taxiunternehmen, Luftfahrtbetriebe, Zeitungsvertriebsgesellschaften, Postbetriebe, Tankstellen, Autobahn- und Garagenbetriebe oder Schlaf- und Speisewagenbetriebe von Bahnunternehmen, aber auch Betriebe, die selbst keine Verkehrsbetriebe sind, deren Tätigkeit jedoch zu einem reibungslosen Ablauf des Verkehrs erforderlich und deren Beziehung zu einem Verkehrsbetrieb auf eine gewisse Dauer angelegt ist.[199]

Zur **Landwirtschaft** (§ 16 Abs. 2 Nr. 4 JArbSchG) gehören auch Landma-   12
schinenfachbetriebe, soweit sie Hilfsbetriebe der Landwirtschaft sind und wenn ohne ihre Tätigkeit der landwirtschaftliche Betrieb erheblich gestört würde.[200] Zu der **Tierhaltung** (§ 16 Abs. 2 Nr. 4 JArbSchG) gehören sowohl die landwirtschaftliche und gewerbliche Tierhaltung als auch die Tierhaltung zu privaten und sonstigen Zwecken, wie zum Beispiel Zoos, Tiergärten, Tierheime.[201]

Die Beschäftigung eines Jugendlichen durch den Personensorgeberechtigten im **Familienhaushalt** (§ 16 Abs. 2 Nr. 5 JArbSchG) fällt nicht unter den Geltungsbereich des Gesetzes (§ 1 Abs. 2 Nr. 2 JArbSchG), so dass § 16 Abs. 2 Nr. 5 JArbSchG für die Beschäftigung »fremder« Jugendlicher gilt, wie zum Beispiel bei Kindermädchen, Hausgehilfinnen, Pflegerinnen.[202]

Samstagsarbeit ist zulässig im **Gaststättengewerbe und im Schaustellergewerbe** (§ 16 Abs. 2 Nr. 6 JArbSchG). Zum Schaustellergewerbe gehören zum Beispiel Kirmes, Jahrmarkt, Volksfest.

Zur Beschäftigung »bei **Musikaufführungen, Theatervorstellungen und**   13
anderen Aufführungen« (§ 16 Abs. 2 Nr. 7 JArbSchG) gehört nicht nur die gestaltende Mitwirkung (wie bei § 6 oder § 14 Abs. 7 JArbSchG), sondern auch (»bei Aufführungen«) alle damit im Zusammenhang stehenden Tätigkeiten, wie zum Beispiel der Verkauf von Eintrittskarten und Programmen, Tätigkeiten als Platzanweiser, Bühnenarbeiter, Beleuchter, Maskenbildner.[203]

Außerbetriebliche Ausbildungsmaßnahmen (§ 16 Abs. 2 Nr. 8 JArbSchG) sind Maßnahmen, die die betriebliche Berufsausbildung fördern sollen und außerhalb des Ausbildungsbetriebes durchgeführt werden. Dabei ist es unerheblich, ob die Ausbildungsmaßnahmen auf Grund öffentlich-rechtlicher oder privatrechtlicher Bestimmungen (zum Beispiel im Ausbildungsvertrag) durchzuführen sind oder ob sie als Teil- oder Vollzeitlehrgänge ausgestaltet werden.[204]

---

199 ErfK/*Schlachter* § 16 JArbSchG Rn. 7; *Zmarzlik/Anzinger* § 16 Rn. 27.
200 ErfK/*Schlachter* § 16 JArbSchG Rn. 8.
201 ErfK/*Schlachter* § 16 JArbSchG Rn. 8.
202 ErfK/*Schlachter* § 16 JArbSchG Rn. 8.
203 ErfK/*Schlachter* § 16 JArbSchG Rn. 9.
204 ErfK/*Schlachter* § 16 JArbSchG Rn. 10.

14 Zur Beschäftigung »beim **Sport**« (§ 16 Abs. 2 Nr. 9 JArbSchG) gehören die Tätigkeiten, die der Ausbildung zu bestimmten Sportberufen dienen, aber auch Hilfs- und Nebentätigkeiten, also auch Tätigkeiten, die aus Anlass einer Sportveranstaltung verrichtet werden sollen (»beim« Sport), zum Beispiel der Kartenverkauf.

15 Unter die Ausnahme der Beschäftigung im **ärztlichen Notdienst** (§ 16 Abs. 2 Nr. 10 JArbSchG) fällt der festgelegte ärztliche und zahnärztliche Notfalldienst an Wochenenden, das heißt, dass Jugendliche nur im Rahmen des vorher festgelegten und allgemein bekannt gemachten Notdienstes beschäftigt werden dürfen.

Schließlich ist Samstagsarbeit zulässig in **Reparaturwerkstätten für Kraftfahrzeuge** (§ 16 Abs. 2 Nr. 11 JArbSchG).

3. Freistellungsregelungen

16 Werden Jugendliche am Samstag beschäftigt, ist ihnen die Fünf-Tage-Woche (§ 15 JArbSchG) durch **Freistellung an einem anderen berufsschulfreien Arbeitstag derselben Woche** sicherzustellen (§ 16 Abs. 3 Satz 1 JArbSchG). Ein Jugendlicher, dem in der betreffenden Woche kein Tag freigegeben worden ist, braucht am Samstag nicht zu arbeiten. In »derselben Woche« bedeutet am Montag bis Freitag vor dem Samstag, an dem der Jugendliche arbeiten soll. Die Dauer der Beschäftigung am Samstag spielt für den Anspruch auf die Freistellung keine Rolle. Auch wenn am Samstag nur kurz gearbeitet wird (etwa für nur für zwei, drei Stunden), ist in der gleichen Woche ein ganzer Tag freizugeben. Eine Ausnahme besteht für die Fälle des § 16 Abs. 2 Nr. 2 JArbSchG (vgl. Rn. 19).

17 In Betrieben mit einem **Betriebsruhetag** in der Woche kann die Freistellung auch an diesem Tag erfolgen, wenn die Jugendlichen an diesem Tag keinen Berufsschulunterricht haben (§ 16 Abs. 3 Satz 2 JArbSchG). Voraussetzung ist, dass der Jugendliche an diesem Tag keinen Berufsschulunterricht hat, wobei es auf die Dauer des Unterrichts nicht ankommt. Aus dieser Erlaubnis des Gesetzgebers darf aber nicht umgekehrt gefolgert werden, dass bei einem Betriebsruhetag damit eine generelle und durchgängige Beschäftigung der Jugendlichen an Samstagen gerechtfertigt wäre. Hier bleibt es bei § 16 Abs. 2 Satz 2 JArbSchG: mindestens zwei Samstage im Monat sollen beschäftigungsfrei bleiben.

18 Können Jugendliche in den Fällen des § 16 Abs. 2 Nr. 2 JArbSchG (in offenen Verkaufsstellen, in Betrieben mit offenen Verkaufsstellen, in Bäckereien und Konditoreien, im Friseurhandwerk und im Marktverkehr) am Samstag nicht acht Stunden beschäftigt werden, kann der Unterschied zwischen der tatsächlichen und der nach § 8 Abs. 1 JArbSchG höchstzulässigen Arbeitszeit an dem Tag bis 13:00 Uhr ausgeglichen werden, an dem die Jugendlichen nach

§ 16 Abs. 3 Satz 1 JArbSchG freizustellen sind (§ 16 Abs. 4 JArbSchG). Hier kann es also faktisch zu einer Sechs-Tage-Woche kommen.

Beispiel für eine zulässige Gestaltung: Am Samstag arbeitet der Jugendliche fünf Stunden bis 14:00 Uhr. Ist der freie Tag in dieser Woche am Mittwoch, so lässt es das Gesetz zu, dass der Jugendliche an diesem Mittwoch die zu acht Stunden fehlende Zeit (drei Stunden) bis 13:00 Uhr vorarbeitet. Das bedeutet, dass er also nur an einem Tag, nämlich am Sonntag, in der Woche frei hat und dass er, im Gegensatz zu den meisten anderen Arbeitnehmern, unter Umständen für nur wenige Stunden noch einen weiten Anreiseweg zum Betrieb zurücklegen muss.

4. Vergütungzahlung

Darf ausnahmsweise am Samstag gearbeitet werden (vgl. Rn. 3 ff.), ist die Ar- **19** beit am Samstag ebenso zu vergüten wie die Arbeit an jedem anderen Tage. Wird ein festes Monatsgehalt gezahlt, wie bei der Ausbildungsvergütung, ist dadurch die Bezahlung der Samstagsarbeit mit abgedeckt. Es besteht keine gesetzliche Pflicht zur Zahlung eines gesonderten **Samstagsarbeitszuschlags.** Allerdings kann sich ein Anspruch auf Zahlung eines solchen Zuschlags aus einzelvertraglichen Vereinbarungen ergeben oder aus einem anwendbaren Tarifvertrag. Wird ein Zuschlag für die Arbeit an einem Samstag gezahlt, so ist dieser *nicht* steuerfrei.[205]

5. Zuwiderhandlungen

Wenn die Arbeit an Samstagen nicht ausnahmsweise zulässig ist (vgl. **20** Rn. 3 ff.), können sich die Jugendlichen weigern, die Arbeit auszuführen, ohne dass ihnen daraus Nachteile entstehen dürfen. Üben Jugendliche die an sich verbotene Arbeit aus, haben sie einen Anspruch auf Bezahlung der Arbeit (vgl. Rn. 19).

Wer als Arbeitgeber einen Jugendlichen an Samstagen beschäftigt, obwohl keine Ausnahme nach § 16 Abs. 2 JArbSchG besteht, oder den Jugendlichen nicht freistellt, begeht eine **Ordnungswidrigkeit** und kann mit einer Geldbuße belegt werden (§ 58 Abs. 1 Nr. 13 JArbSchG), unter Umständen ist das sogar strafbar (§ 58 Abs. 5 und 6 JArbSchG).

---

205 § 3b EStG sieht bei Zuschlägen für Samstagsarbeit keine Steuerfreiheit vor. In der Praxis werden solche Zuschläge (anders als Zuschläge für Sonn- und Feiertagsarbeit) auch kaum bis gar nicht gezahlt.

§ 17   Sonntagsruhe

(1) An Sonntagen dürfen Jugendliche nicht beschäftigt werden.

(2) Zulässig ist die Beschäftigung Jugendlicher an Sonntagen nur

1. in Krankenanstalten sowie in Alten-, Pflege- und Kinderheimen,

2. in der Landwirtschaft und Tierhaltung mit Arbeiten, die auch an Sonn- und Feiertagen naturnotwendig vorgenommen werden müssen,

3. im Familienhaushalt, wenn der Jugendliche in die häusliche Gemeinschaft aufgenommen ist,

4. im Schaustellergewerbe,

5. bei Musikaufführungen, Theatervorstellungen und anderen Aufführungen sowie bei Direktsendungen im Rundfunk (Hörfunk und Fernsehen),

6. beim Sport,

7. im ärztlichen Notdienst,

8. im Gaststättengewerbe.

Jeder zweite Sonntag soll, mindestens zwei Sonntage im Monat müssen beschäftigungsfrei bleiben.

(3) Werden Jugendliche am Sonntag beschäftigt, ist ihnen die Fünf-Tage-Woche (§ 15) durch Freistellung an einem anderen berufsschulfreien Arbeitstag derselben Woche sicherzustellen. In Betrieben mit einem Betriebsruhetag in der Woche kann die Freistellung auch an diesem Tag erfolgen, wenn die Jugendlichen an diesem Tag keinen Berufsschulunterricht haben.

Inhaltsübersicht   Rn.
1. Grundsatz: Sonntagsarbeitsverbot 1– 2
2. Ausnahmen vom Sonntagsarbeitsverbot 3– 8
3. Freistellungsregelung   9
4. Vergütungszahlung   10
5. Zuwiderhandlungen   11

1.   Grundsatz: Sonntagsarbeitsverbot

1 An Sonntagen dürfen Jugendliche nicht beschäftigt werden (§ 17 Abs. 1 JArbSchG). Es gilt also grundsätzlich ein Sonntagsarbeitsverbot. Das Beschäftigungsverbot gilt für die Zeit von 0:00 bis 24:00 Uhr. Fällt auf einen Sonntag ein Feiertag, gilt das Feiertagsbeschäftigungsverbot (§ 18 Abs. 1 JArbSchG), dieses gilt vorrangig vor dem Sonntagsbeschäftigungsverbot. Verboten ist jede Beschäftigung durch den Arbeitgeber, auch Bereitschaftsdienst oder Rufbereitschaft. Verboten ist jede Art der Beschäftigung, unabhängig von dem Ort, wo sie erfolgen soll, so dass der Arbeitgeber dem Jugendlichen auch keine Arbeit mit nach Hause geben darf.

Für bestimmte Branchen finden sich jedoch in § 17 Abs. 2 JArbSchG **Ausnahmen**. Die Freistellungsregelung (§ 17 Abs. 3 JArbSchG) stellt sicher, dass im Falle der Sonntagsarbeit die Fünf-Tage-Woche (§ 15 JArbSchG) durch eine Freistellung an einem anderen berufsschulfreien Arbeitstag derselben Woche eingehalten wird. **2**

2. Ausnahmen vom Sonntagsarbeitsverbot

§ 17 Abs. 2 JArbSchG regelt die öffentlich-rechtliche Zulässigkeit der Sonntagsarbeit, aber **keine Verpflichtung** der Jugendlichen zur Sonntagsarbeit.[206] Ob im Einzelfall am Sonntag gearbeitet werden muss, richtet sich nach dem Ausbildungsvertrag, dem Arbeitsvertrag oder einem anwendbaren Tarifvertrag. Es bedarf einer ausdrücklichen Regelung, dass am Sonntag gearbeitet werden muss. § 17 Abs. 2 JArbSchG ermöglicht es lediglich, solche Regelungen zu treffen. Mit der Möglichkeit der Sonntagsarbeit sind weder die 40-Stunden-Woche (§ 8 Abs. 1 JArbSchG) noch die Fünf-Tage-Woche (§ 15 JArbSchG) aufgehoben, wie § 17 Abs. 3 JArbSchG ausdrücklich klarstellt. Da nach § 17 Abs. 1 JArbSchG der Grundsatz des Verbots der Sonntagsarbeit gilt, darf der Arbeitgeber nicht im Wege des bloßen Weisungsrechts die Sonntagsarbeit zuweisen. **3**

Zulässig ist die Beschäftigung Jugendlicher an Sonntagen in den in § 17 Abs. 2 Satz 1 Nr. 1 bis 8 JArbSchG genannten Konstellationen, wobei in diesen Fällen jeder **zweite Sonntag im Monat beschäftigungsfrei** bleiben »soll« und mindestens zwei Sonntage im Monat beschäftigungsfrei bleiben »müssen« (§ 17 Abs. 2 Satz 2 JArbSchG). Während von der Soll-Vorschrift aus sachlichen Gründen abgewichen werden darf, ist die Mindestregelung der Freistellung an zwei Sonntagen pro Monat zwingend und darf vom Arbeitgeber nicht umgangen werden. **4**

Der Katalog der **Ausnahmetatbestände** enthält eine **abschließende Aufzählung** und ist wegen ihres Ausnahmecharakters eng auszulegen.[207] Eine schrankenlose Ausweitung der Arbeit an Sonntagen wäre auch verfassungsrechtlich nicht zulässig (Art. 4 Abs. 1 und 2, Art. 140 GG, Art. 139 WRV).[208] Nach Maßgabe des § 20 Abs. 1 Nr. 3 JArbSchG besteht für die **Binnenschifffahrt** eine weitere Ausnahme. Weitere Ausnahmen wären möglich durch eine Rechtsverordnung (§ 21b Nr. 3 JArbSchG), nicht aber durch Tarifvertrag (vgl. § 21a Abs. 1 Nr. 5, 6 JArbSchG, der nur eine eng begrenzte Öffnungsklausel vorsieht). Die gesetzlichen **Ausnahmen vom Sonntagsarbeitsverbot** gelten in folgenden Fällen: **5**

---

206 ErfK/*Schlachter* § 17 JArbSchG Rn. 2.
207 ErfK/*Schlachter* § 17 JArbSchG Rn. 2.
208 BVerfG 1.12.2009, 1 BvR 2857, 2858/07, AuR 2010, 167.

- in Krankenanstalten sowie in Alten-, Pflege- und Kinderheimen,
- in der Landwirtschaft und Tierhaltung mit Arbeiten, die auch an Sonn-
  und Feiertagen naturnotwendig vorgenommen werden müssen,
- im Familienhaushalt, wenn der Jugendliche in die häusliche Gemeinschaft aufgenommen ist,
- im Schaustellergewerbe,
- bei Musikaufführungen, Theatervorstellungen und anderen Aufführungen sowie bei Direktsendungen im Rundfunk (Hörfunk und Fernsehen),
- beim Sport,
- im ärztlichen Notdienst,
- im Gaststättengewerbe.

6 Für alle Ausnahmen gilt der Grundsatz, dass Arbeitgeber Arbeiten an Sonn-
und Feiertagen nur verlangen können, sofern diese nicht an Werktagen vorgenommen werden können (vgl. § 10 ArbZG). Diese für Volljährige geltende
Regelung muss erst recht auch für Jugendliche gelten. Wegen des herausgehobenen Schutzes der Jugendlichen ist zudem in allen Fällen zu prüfen, ob
die Heranziehung zur Sonntagsarbeit von Jugendlichen erforderlich ist oder
nicht dadurch vermieden werden kann, dass diese Tätigkeiten volljährigen Arbeitnehmern übertragen werden. Für **Auszubildende** gilt zudem § 14
Abs. 2 BBiG: dem Auszubildenden dürfen nur Aufgaben übertragen werden,
die dem Ausbildungszweck dienen und seinen körperlichen Kräften angemessen sind.

7 Sonntagsarbeit ist – wie auch Samstagsarbeit (vgl. § 16 JArbSchG Rn. 7) –
in **Krankenanstalten sowie in Alten-, Pflege- und Kinderheimen** (§ 17
Abs. 2 Nr. 1 JArbSchG) zulässig.
Sonntagsarbeit ist auch zulässig in der **Landwirtschaft und Tierhaltung**
(§ 17 Abs. 2 Nr. 2 JArbSchG). Anders als bei der Samstagsarbeit (vgl. § 16
JArbSchG Rn. 12) gilt dies jedoch nur für **Arbeiten, die auch an Sonn- und
Feiertagen naturnotwendig vorgenommen werden müssen**. Naturnotwendig sind Arbeiten, die durchgeführt werden müssen, um anderenfalls
drohende erhebliche Schäden an Tieren und Pflanzen abzuwenden: Füttern
und Pflegen, Ein- und Austreiben von Tieren auf die Weide, das Melken der
Kühe, das Bewässern der Pflanzen, das Einbringen der Ernte, das Bedienen
der Heizungsanlagen im Gartenbau. Dagegen genügt es nicht, dass der Ar-
beitsanfall lediglich aus der Betriebsorganisation resultiert.[209]
Sonntagsarbeit ist auch im **Familienhaushalt** zulässig (§ 17 Abs. 2 Nr. 3
JArbSchG), allerdings – anders als bei der Samstagsarbeit (vgl. § 16
JArbSchG Rn. 12) – nur, wenn der Jugendliche in die häusliche Gemein-
schaft aufgenommen ist.

---

209 ErfK/*Schlachter* § 17 JArbSchG Rn. 3.

Sonntagsarbeit ist – wie auch Samstagsarbeit (vgl. § 16 JArbSchG Rn. 12) – im **Schaustellergewerbe** (§ 17 Abs. 2 Nr. 4 JArbSchG) zulässig.

Bei **Musikaufführungen, Theatervorstellungen und anderen Aufführungen sowie bei Direktsendungen im _Rundfunk, Hörfunk und Fernsehen** (§ 17 Abs. 2 Nr. 5 JArbSchG) ist – teilweise abweichend von der Samstagsarbeit (vgl. § 16 JArbSchG Rn. 13) – nur eine Beschäftigung bei »**Live- Darstellungen**« erlaubt, also Veranstaltungen, die vor einem Publikum stattfinden. Das ergibt sich für Musikaufführungen, Theatervorstellungen und andere Aufführungen aus der Natur der Sache, bei Hörfunk und Fernsehen aus dem ausdrücklichen Hinweis, dass eine Beschäftigung an Sonntagen nur bei **Direktsendungen** zulässig ist. Aufzeichnungen dürfen demnach mit Jugendlichen an Sonntagen nicht gemacht werden.

Sonntagsarbeit ist – wie auch Samstagsarbeit (vgl. § 16 JArbSchG Rn. 14) – **8** **beim Sport** (§ 17 Abs. 2 Nr. 6 JArbSchG) zulässig.

Unter die Ausnahme der Beschäftigung im **ärztlichen Notdienst** (§ 17 Abs. 2 Nr. 7 JArbSchG) fällt – wie auch bei der Samstagsarbeit (vgl. § 16 JArbSchG Rn. 15) – der festgelegte ärztliche und zahnärztliche Notfalldienst an Wochenenden, das heißt, dass Jugendliche nur im Rahmen des vorher festgelegten und allgemein bekannt gemachten Notdienstes beschäftigt werden dürfen.

Sonntagsarbeit ist – wie auch Samstagsarbeit (vgl. § 16 JArbSchG Rn. 12) – im **Gaststättengewerbe** (§ 17 Abs. 2 Nr. 8 JArbSchG) zulässig.

Die weiteren Ausnahmen vom Beschäftigungsverbot, die für die Samstagsarbeit gelten,

• für offene Verkaufsstellen, Bäckereien und Konditoreien, im Friseurhandwerk und im Marktverkehr (§ 16 Abs. 2 Nr. 2 JArbSchG),
• im Verkehrswesen (§ 16 Abs. 2 Nr. 3 JArbSchG),
• bei außerbetrieblichen Ausbildungsmaßnahmen (§ 16 Abs. 2 Nr. 8 JArbSchG) und
• in Reparaturwerkstätten für Kraftfahrzeuge (§ 16 Abs. 2 Nr. 11 JArbSchG)

gelten *nicht* **für die Sonntagsarbeit**. Sonntagsarbeit in diesen Bereichen ist für Jugendliche verboten.

3. Freistellungsregelung

Werden Jugendliche am Sonntag beschäftigt, ist die Fünf-Tage- Woche (§ 15 **9** JArbSchG) durch **Freistellung an einem anderen berufsschulfreien Arbeitstag derselben Woche** sicherzustellen (§ 17 Abs. 3 Satz 1 JArbSchG). In Betrieben mit einem Betriebsruhetag in der Woche kann die Freistellung auch an diesem Tag erfolgen, wenn die Jugendlichen an diesem Tag keinen Berufsschulunterricht haben (§ 17 Abs. 3 Satz 2 JArbSchG).

4.   Vergütungszahlung

10 Darf ausnahmsweise am Sonntag gearbeitet werden (vgl. Rn. 5 ff.), ist die Arbeit am Sonntag ebenso zu vergüten wie die Arbeit an jedem anderen Tage. Wird ein festes Monatsgehalt gezahlt, wie bei der Ausbildungsvergütung, ist dadurch die Bezahlung der Sonntagsarbeit mit abgedeckt. Es besteht keine gesetzliche Pflicht zur Zahlung eines gesonderten **Sonntagsarbeitszuschlags.** Allerdings kann sich ein Anspruch auf Zahlung eines solchen Zuschlags aus einzelvertraglichen Vereinbarungen ergeben oder aus einem anwendbaren Tarifvertrag. Wird ein Zuschlag für die Arbeit an einem Sonntag gezahlt, so ist dieser nach Maßgabe des § 3b EStG steuerfrei.[210]

5.   Zuwiderhandlungen

11 Wenn die Arbeit an Sonntagen nicht ausnahmsweise zulässig ist (vgl. Rn. 5 ff.), können sich die Jugendlichen weigern, die Arbeit auszuführen, ohne dass ihnen daraus Nachteile entstehen dürfen. Üben Jugendliche die an sich verbotene Arbeit aus, haben sie einen Anspruch auf Bezahlung der Arbeit (vgl. Rn. 10).

Wer als Arbeitgeber einen Jugendlichen an Sonntagen beschäftigt, obwohl keine Ausnahme nach § 17 Abs. 2 JArbSchG besteht, oder den Jugendlichen nicht freistellt, begeht eine **Ordnungswidrigkeit** und kann mit einer Geldbuße belegt werden (§ 58 Abs. 1 Nr. 14 JArbSchG), unter Umständen ist das sogar strafbar (§ 58 Abs. 5 und 6 JArbSchG).

§ 18   Feiertagsruhe

(1) Am 24. und 31. Dezember nach 14 Uhr und an gesetzlichen Feiertagen dürfen Jugendliche nicht beschäftigt werden.

(2) Zulässig ist die Beschäftigung Jugendlicher an gesetzlichen Feiertagen in den Fällen des § 17 Abs. 2, ausgenommen am 25. Dezember, am 1. Januar, am ersten Osterfeiertag und am 1. Mai.

(3) Für die Beschäftigung an einem gesetzlichen Feiertag, der auf einem Werktag fällt, ist der Jugendliche an einem anderen berufsschulfreien Arbeitstag derselben oder der folgenden Woche freizustellen. In Betrieben mit einem Betriebsruhetag in der Woche kann die Freistellung auch an diesem Tag erfolgen, wenn die Jugendlichen an diesem Tag keinen Berufsschulunterricht haben.

---

210 Steuerfrei sind danach Zuschläge, die für tatsächlich geleistete Sonntagsarbeit neben dem Grundlohn gezahlt werden, soweit diese für Sonntagsarbeit 50 Prozent des Grundlohns nicht übersteigen. Fällt die Sonntagsarbeit zugleich auf einen Feiertag gelten höhere Sätze; vgl. § 18 Rn. 6.

Inhaltsübersicht Rn.
1. Grundsatz der Feiertagsruhe 1
2. Beschäftigung am 24. und 31. Dezember. 2
3. Ausnahmen vom Feiertagsarbeitsverbot 3–4
4. Freistellungsregelung 5
5. Vergütungszahlung 6
6. Zuwiderhandlungen 7

1. Grundsatz der Feiertagsruhe

An gesetzlichen Feiertagen dürfen nach näherer Maßgabe des § 18 JArbSchG **1**
Jugendliche grundsätzlich nicht beschäftigt werden. Fällt der Feiertag auf einen Sonntag, gelten sowohl die Bestimmungen des Sonntagsbeschäftigungsverbotes (§ 17 JArbSchG) als auch die des Feiertagsbeschäftigungsverbotes (§ 18 JArbSchG). **Bundesweit anerkannte gesetzliche Feiertage** sind
- Neujahr,
- Karfreitag,
- Ostermontag,
- Christi Himmelfahrt,
- 1. Mai,
- Pfingstmontag,
- 3. Oktober und
- die Weihnachtstage 25. und 26. Dezember.

In einzelnen Bundesländern sind als gesetzliche Feiertage anerkannt:
- **Heilige Drei Könige** (6. Januar): Baden-Württemberg, Bayern, Sachsen-Anhalt
- **Fronleichnam:** Baden-Württemberg, Bayern, Hessen, Nordrhein- Westfalen, Rheinland-Pfalz, Saarland landesweit sowie Mecklenburg-Vorpommern, Sachsen, Sachsen-Anhalt und Thüringen in Gemeinden mit überwiegend katholischer Bevölkerung.
- **Mariä Himmelfahrt:** Saarland landesweit sowie in Bayern in Gemeinden mit überwiegend katholischer Bevölkerung.
- **Reformationstag** (31. Oktober): Brandenburg, Mecklenburg-Vorpommern, Sachsen, Sachsen-Anhalt und Thüringen. Wegen des 500jährigen Jubiläums war im Jahr 2017 der Reformationstag einmalig bundesweit ein gesetzlicher Feiertag. Ab dem Jahr 2018 soll in den norddeutschen Bundesländern (Bremen, Hamburg, Niedersachsen, Schleswig-Holstein) der Reformationstag ein gesetzlicher Feiertag werden. Entsprechende Gesetze sind (Stand: 17. 4. 2018) in Hamburg und Schleswig-Holstein bereits verabschiedet worden.
- **Allerheiligen** (1. November): Baden-Württemberg, Bayern, Nordrhein-Westfalen, Rheinland-Pfalz und Saarland.
- **Buß und Bettag:** Sachsen.
- **Friedenstag** (8. August): nur in der Stadt Augsburg.

2. Beschäftigung am 24. und 31. Dezember

2 Der 24. Dezember (**Heiligabend**) und der 31. Dezember (**Silvester**) sind *keine* gesetzlichen Feiertage. Insoweit bestimmt aber § 18 Abs. 1 JArbSchG, dass Jugendliche an diesen Tagen nach 14:00 Uhr nicht beschäftigt werden dürfen.

3. Ausnahmen vom Feiertagsarbeitsverbot

3 Die Beschäftigung von Jugendlichen an gesetzlichen Feiertagen ist ausnahmsweise zulässig, allerdings nur in den in § 17 Abs. 2 JArbSchG aufgeführten Branchen (§ 18 Abs. 2 JArbSchG), in denen auch Ausnahmen vom Sonntagsarbeitsverbot zulässig sind; vgl. zu diesen Branchen § 17 Rn. 5 ff.. Ausgenommen sind hiervon allerdings die Beschäftigung am 25. Dezember, am 1. Januar, am ersten Osterfeiertag und am 1. Mai. Das bedeutet, dass Jugendliche an diesen vier gesetzlichen Feiertagen (1. Weihnachtstag, Neujahr, Ostermontag, 1. Mai) in den Ausnahmebranchen *nicht* arbeiten dürfen.

4 **Abweichungen** vom Gebot der Feiertagsruhe sind eingeschränkt durch Tarifvertrag zulässig (§ 21a Abs. 1 Nr. 5 JArbSchG) oder durch Rechtsverordnung des Bundesministeriums für Arbeit und Soziales (§ 21b Nr. 3 JArbSchG). Ansonsten sind **Ausnahmen** nur zulässig in der **Binnenschifffahrt** (§ 20 Abs. 1 Nr. 3 JArbSchG) und in **Notfällen** (§ 21 Abs. 1 JArbSchG).

4. Freistellungsregelung

5 Für die Beschäftigung an einem gesetzlichen Feiertag, der auf einen Werktag fällt, ist der Jugendliche an einem anderen berufsschulfreien Arbeitstag derselben oder der folgenden Woche freizustellen (§ 18 Abs. 3 Satz 1 JArbSchG). Durch diese Regelung soll die **Fünf-Tage-Woche** (§ 15 JArbSchG) sichergestellt werden. In Betrieben mit einem Betriebsruhetag in der Woche kann die Freistellung auch an diesem Tag erfolgen, wenn die Jugendlichen an diesem Tag keinen Berufsschulunterricht haben (§ 18 Abs. 3 Satz 2 JArbSchG). Fällt der gesetzliche Feiertag auf einen **Sonntag**, gilt die Freistellungsregelung für die Sonntagsarbeit (§ 17 Abs. 3 JArbSchG; vgl. § 17 Rn. 11). Fällt der Feiertag auf einen Samstag, gilt die spezielle Freistellungsregelung für den Feiertag (§ 18 Abs. 3 JArbSchG) und nicht § 16 Abs. 3 JArbSchG.[211]

5. Vergütungszahlung

6 Für Arbeitszeit, die infolge eines gesetzlichen Feiertages ausfällt, hat der Arbeitgeber dem Arbeitnehmer oder Auszubildenden das Arbeitsentgelt zu

---

211 HWK/*Tillmanns*, § 18 JArbSchG Rn. 3.

zahlen, das er ohne den Arbeitsausfall erhalten hätte (§ 2 Abs. 1 EFZG). Das gilt auch für Jugendliche.

Darf ausnahmsweise am Feiertag gearbeitet werden (vgl. Rn. 3f.), ist die Arbeit am Feiertag ebenso zu vergüten wie die Arbeit an jedem anderen Tage. Wird ein festes Monatsgehalt gezahlt, wie bei der Ausbildungsvergütung, ist dadurch die Bezahlung der Feiertagsarbeit mit abgedeckt. Es besteht keine gesetzliche Pflicht zur Zahlung eines gesonderten **Feiertagszuschlags**. Allerdings kann sich ein Anspruch auf Zahlung eines solchen Zuschlags aus einzelvertraglichen Vereinbarungen ergeben oder aus einem anwendbaren Tarifvertrag. Wird ein Zuschlag für die Arbeit an einem Feiertag gezahlt, so ist dieser nach Maßgabe des § 3b EStG steuerfrei.[212]

6. Zuwiderhandlungen

Wenn die Arbeit an Feiertagen oder am 24. oder 31. Dezember nach 14:00 Uhr nicht ausnahmsweise zulässig ist (vgl. Rn. 3f.), können die Jugendlichen sich weigern, die Arbeit auszuführen, ohne dass ihnen daraus Nachteile entstehen dürfen. Üben Jugendliche die an sich verbotene Arbeit aus, haben sie einen Anspruch auf Bezahlung der Arbeit (vgl. Rn. 6). 7

Wer als Arbeitgeber einen Jugendlichen am 24. oder 31. Dezember nach 14:00 Uhr oder an gesetzlichen Feiertagen beschäftigt, obwohl keine Ausnahme nach § 17 Abs. 2 JArbSchG besteht, oder entgegen § 18 Abs. 3 JArbSchG nicht freistellt, begeht eine **Ordnungswidrigkeit** und kann mit einer Geldbuße belegt werden (§ 58 Abs. 1 Nr. 15 JArbSchG), unter Umständen ist das sogar strafbar (§ 58 Abs. 5 und 6 JArbSchG).

§ 19 Urlaub

(1) Der Arbeitgeber hat Jugendlichen für jedes Kalenderjahr einen bezahlten Erholungsurlaub zu gewähren.

(2) Der Urlaub beträgt jährlich

1. **mindestens 30 Werktage, wenn der Jugendliche zu Beginn des Kalenderjahres noch nicht 16 Jahre alt ist,**

2. **mindestens 27 Werktage, wenn der Jugendliche zu Beginn des Kalenderjahres noch nicht 17 Jahre alt ist,**

3. **mindestens 25 Werktage, wenn der Jugendliche zu Beginn des Kalenderjahres noch nicht 18 Jahre alt ist.**

---

212 Steuerfrei sind danach Zuschläge, die für tatsächlich geleistete Feiertagsarbeit neben dem Grundlohn gezahlt werden, soweit diese für die Arbeit am 31. Dezember ab 14 Uhr und an den gesetzlichen Feiertagen 125 Prozent, für die Arbeit am 24. Dezember ab 14 Uhr, am 25. und 26. Dezember sowie am 1. Mai 150 Prozent des Grundlohns nicht übersteigen.

Jugendliche, die im Bergbau unter Tage beschäftigt werden, erhalten in jeder Altersgruppe einen zusätzlichen Urlaub von drei Werktagen.

(3) Der Urlaub soll Berufsschülern in der Zeit der Berufsschulferien gegeben werden. Soweit er nicht in den Berufsschulferien gegeben wird, ist für jeden Berufsschultag, an dem die Berufsschule während des Urlaubs besucht wird, ein weiterer Urlaubstag zu gewähren.

(4) Im übrigen gelten für den Urlaub der Jugendlichen § 3 Abs. 2, §§ 4 bis 12 und § 13 Abs. 3 des Bundesurlaubsgesetzes. Der Auftraggeber oder Zwischenmeister hat jedoch abweichend von § 12 Nr. 1 des Bundesurlaubsgesetzes den jugendlichen Heimarbeitern für jedes Kalenderjahr einen bezahlten Erholungsurlaub entsprechend Absatz 2 zu gewähren; das Urlaubsentgelt der jugendlichen Heimarbeiter beträgt bei einem Urlaub von 30 Werktagen 11,6 vom Hundert, bei einem Urlaub von 27 Werktagen 10,3 vom Hundert und bei einem Urlaub von 25 Werktagen 9,5 vom Hundert.

Inhaltsübersicht   **Rn.**
1. Überblick 1– 4
2. Umfang des gesetzlichen Mindesturlaubs 5– 9
3. Weitere rechtliche Vorgaben für den Urlaub 10–25
4. Lage des Urlaubs   26
5. Heimarbeitsverhältnisse   27

1. Überblick

1   Der Arbeitgeber hat Jugendlichen für jedes Kalenderjahr einen bezahlten Erholungsurlaub zu gewähren. Durch diese Regelung in § 19 Abs. 1 JArbSchG wird ein gesetzlicher Anspruch auf Erholungsurlaub festgeschrieben. Der **Umfang des gesetzlichen Mindesturlaubs** folgt aus § 19 Abs. 2 JArbSchG. Dieser Urlaub ist zwingend. Er darf nicht durch einzelvertragliche oder tarifvertragliche Regelungen unterschritten werden. Einzelvertragliche Vereinbarungen, die für den Jugendlichen günstiger sind, also einen höheren Urlaubsanspruch einräumen, sind zulässig. Häufig ergibt sich ein höherer Urlaubsanspruch auch aus anwendbaren Tarifverträgen.

2   § 19 Abs. 3 JArbSchG macht Vorgaben für die Lage des Urlaubs. § 19 Abs. 4 JArbSchG verweist auf die entsprechende Geltung einzelner Regelungen aus dem Bundesurlaubsgesetz und regelt den Urlaubsanspruch für jugendliche Heimarbeiter. § 19 JArbSchG gilt für Jugendliche. Für **Volljährige** regelt das Bundesurlaubsgesetz den gesetzlichen Mindesturlaubsanspruch von 24 Werktagen (20 Arbeitstage bei einer Fünf-Tage-Woche).

3   Wer als Arbeitgeber entgegen § 19 JArbSchG Urlaub nicht oder nicht mit der vorgeschriebenen Dauer gewährt, begeht eine **Ordnungswidrigkeit** und kann mit einer Geldbuße belegt werden (§ 58 Abs. 1 Nr. 16 JArbSchG), unter Umständen ist das sogar strafbar (§ 58 Abs. 5 und 6 JArbSchG).

Gibt es zwischen dem jugendlichen Arbeitnehmer und dem Arbeitgeber **4**
Streit über die Lage des Urlaubs, hat der Betriebsrat ein **Mitbestimmungs-recht** (§ 87 Abs. 1 Nr. 5 BetrVG). Auch kann der Betriebsrat für Jugendliche
im Betrieb allgemeine Urlaubsgrundsätze mit dem Arbeitgeber aushandeln.
Für den Personalrat ergibt sich das Mitbestimmungsrecht aus § 75 Abs. 3
Nr. 3 BPersVG oder den Personalvertretungsgesetzen der Bundesländer.

2. Umfang des gesetzlichen Mindesturlaubs

Der gesetzliche Mindesturlaub (§ 19 Abs. 2 Satz 1 Nr. 1 bis 3 JArbSchG) ist **5**
nach Alter gestaffelt. Er beträgt jährlich
- mindestens 30 Werktage, wenn der Jugendliche zu Beginn des Kalenderjahres noch nicht 16 Jahre alt ist,
- mindestens 27 Werktage, wenn der Jugendliche zu Beginn des Kalenderjahres noch nicht 17 Jahre alt ist,
- mindestens 25 Werktage, wenn der Jugendliche zu Beginn des Kalenderjahres noch nicht 18 Jahre alt ist.

Der Stichtag für die Feststellung des Alters des Jugendlichen ist der »**Beginn** **6**
des Kalenderjahres«, also der 1. Januar eines jeden Kalenderjahres, so dass
die Vollendung eines neuen Lebensjahres innerhalb des Kalenderjahres ohne
Bedeutung für die Altersstufenregelung ist.[213]

»**Werktage**« sind die Tage von Montag bis Samstag. Das folgt aus der Verwei- **7**
sung in § 19 Abs. 4 Satz 1 JArbSchG auf § 3 Abs. 2 BUrlG. Sind die Arbeits-tage des Jugendlichen auf weniger als sechs Tage die Woche verteilt, bedarf es
der Umrechnung des Urlaubs auf die Arbeitstage.[214] Für Jugendliche ist die
Fünf-Tage-Woche der Normalfall (§ 15 JArbSchG). Die Umrechnung ergibt
folgendes:
- 30 Werktage sind 25 Arbeitstage,
- 27 Werktage sind 22,5 Arbeitstage,
- 25 Werktage sind 21 (20,83) Arbeitstage.

Jugendliche, die im **Bergbau unter Tage** beschäftigt werden, erhalten in je- **8**
der Altersgruppe einen zusätzlichen Urlaub von drei Werktagen (§ 19 Abs. 2
Satz 2 JArbSchG).

Schwerbehinderte Jugendliche haben einen zusätzlichen Urlaubsanspruch **9**
von fünf Arbeitstagen im Urlaubsjahr, der sich aus § 208 SGB IX ergibt. § 208
SGB IX hat folgenden Wortlaut:

*(1) Schwerbehinderte Menschen haben Anspruch auf einen bezahlten zusätz-lichen Urlaub von fünf Arbeitstagen im Urlaubsjahr; verteilt sich die regelmä-ßige Arbeitszeit des schwerbehinderten Menschen auf mehr oder weniger als
fünf Arbeitstage in der Kalenderwoche, erhöht oder vermindert sich der Zusatz-*

---

213 ErfK/*Schlachter* § 19 JArbSchG Rn. 4.
214 ErfK/*Schlachter* § 19 JArbSchG Rn. 5.

urlaub entsprechend. Soweit tarifliche, betriebliche oder sonstige Urlaubsregelungen für schwerbehinderte Menschen einen längeren Zusatzurlaub vorsehen, bleiben sie unberührt.

(2) Besteht die Schwerbehinderteneigenschaft nicht während des gesamten Kalenderjahres, so hat der schwerbehinderte Mensch für jeden vollen Monat der im Beschäftigungsverhältnis vorliegenden Schwerbehinderteneigenschaft einen Anspruch auf ein Zwölftel des Zusatzurlaubs nach Absatz 1 Satz 1. Bruchteile von Urlaubstagen, die mindestens einen halben Tag ergeben, sind auf volle Urlaubstage aufzurunden. Der so ermittelte Zusatzurlaub ist dem Erholungsurlaub hinzuzurechnen und kann bei einem nicht im ganzen Kalenderjahr bestehenden Beschäftigungsverhältnis nicht erneut gemindert werden.

(3) Wird die Eigenschaft als schwerbehinderter Mensch nach § 152 Abs. 1 und 2 rückwirkend festgestellt, finden auch für die Übertragbarkeit des Zusatzurlaubs in das nächste Kalenderjahr die dem Beschäftigungsverhältnis zugrunde liegenden urlaubsrechtlichen Regelungen Anwendung.

3. Weitere rechtliche Vorgaben für den Urlaub

10 Im Übrigen gelten für den Urlaub der Jugendlichen die in § 19 Abs. 4 Satz 1 JArbSchG genannten Vorschriften des Bundesurlaubsgesetzes, also neben § 3 Abs. 2 BUrlG (vgl. Rn. 7) auch die §§ 4 bis 12 und § 13 Abs. 3 BUrlG. Im Einzelnen bedeutet das Folgendes:

11 Der volle Urlaubsanspruch wird erstmalig nach sechsmonatigem Bestehen des Ausbildungs- oder Arbeitsverhältnisses erworben (§ 4 BUrlG). Das bezeichnet man als **Wartezeit.** Das bedeutet nicht, dass der Urlaub nicht bereits auch schon in den ersten Monaten (teilweise) gewährt werden kann, es besteht lediglich kein Anspruch auf die Gewährung. Die Wartezeit gilt nur einmal, nicht in jedem Kalenderjahr von Neuem. Das bedeutet, dass der Arbeitnehmer oder Auszubildende, der im ersten Beschäftigungsjahr die Wartezeit erfüllt hat, in den folgenden Kalenderjahren bereits ab dem 1. 1. einen Anspruch auf den vollen Urlaub erwirbt.

12 § 5 BUrlG regelt den **Teilurlaubsanspruch.** Anspruch auf ein Zwölftel des Jahresurlaubs für jeden vollen Monat des Bestehens des Arbeitsverhältnisses hat der Arbeitnehmer oder Auszubildende

a) für Zeiten eines Kalenderjahres, für die er wegen Nichterfüllung der Wartezeit in diesem Kalenderjahr keinen vollen Urlaubsanspruch erwirbt;

b) wenn er vor erfüllter Wartezeit aus dem Arbeitsverhältnis ausscheidet;

c) wenn er nach erfüllter Wartezeit in der ersten Hälfte eines Kalenderjahres aus dem Arbeitsverhältnis ausscheidet.

13 **Bruchteile von Urlaubstagen,** die mindestens einen halben Tag ergeben, sind auf volle Urlaubstage aufzurunden (§ 5 Abs. 2 BUrlG). Wenn der Arbeitnehmer oder Auszubildende nach erfüllter Wartezeit in der ersten Hälfte eines Kalenderjahres aus dem Ausbildungs- oder Arbeitsverhältnis ausscheidet (und deshalb nur einen Anspruch auf Teilurlaub, nicht auf den vollen Urlaub hat), bereits Urlaub über den ihm zustehenden Umfang hinaus erhalten hat, kann das dafür gezahlte Urlaubsentgelt *nicht* zurückgefordert werden (§ 5 Abs. 3 BUrlG).

Wichtig ist, dass nur in den genannten Fällen (Rn. 12) ein **Teilurlaubsanspruch** entsteht. In allen anderen Fällen hat der Arbeitnehmer oder Auszubildende nach Ende von sechs Monaten jeweils zu Beginn des Kalenderjahres **Anspruch auf den vollen Jahresurlaub.** Ein Anspruch auf den vollen Jahresurlaub besteht auch dann, wenn der Arbeitnehmer oder Auszubildende nach erfüllter Wartezeit in der *zweiten* Hälfte eines Kalenderjahres aus dem Arbeitsverhältnis ausscheidet, also ab dem 1.7. eines Jahres. **14**

§ 6 BUrlG regelt den **Ausschluss von Doppelansprüchen.** Der Anspruch auf Urlaub besteht nicht, soweit dem Arbeitnehmer für das laufende Kalenderjahr bereits von einem früheren Arbeitgeber Urlaub gewährt worden ist (§ 6 Abs. 1 BUrlG). Der Arbeitgeber ist verpflichtet, bei Beendigung des Arbeitsverhältnisses dem Arbeitnehmer eine **Bescheinigung** über den im laufenden Kalenderjahr gewährten oder abgegoltenen Urlaub auszuhändigen (§ 6 Abs. 2 BUrlG). **15**

§ 7 BUrlG regelt **Zeitpunkt, Übertragbarkeit und Abgeltung des Urlaubs.** Bei der **zeitlichen Festlegung** des Urlaubs sind die Urlaubswünsche des Arbeitnehmers oder Auszubildenden zu berücksichtigen, es sei denn, dass ihrer Berücksichtigung dringende betriebliche Belange oder Urlaubswünsche anderer Arbeitnehmer oder Auszubildender, die unter sozialen Gesichtspunkten den Vorrang verdienen, entgegenstehen (§ 7 Abs. 1 Satz 1 BUrlG). Der Urlaub ist zu gewähren, wenn der Arbeitnehmer dies im Anschluss an eine Maßnahme der medizinischen Vorsorge oder Rehabilitation verlangt (§ 7 Abs. 1 Satz 2 BUrlG). **16**

Der **Urlaub ist zusammenhängend zu gewähren**, es sei denn, dass dringende betriebliche oder in der Person des Arbeitnehmers oder Auszubildenden liegende Gründe eine Teilung des Urlaubs erforderlich machen (§ 7 Abs. 2 Satz 1 BUrlG). Kann der Urlaub aus diesen Gründen nicht zusammenhängend gewährt werden und hat der Arbeitnehmer oder Auszubildende Anspruch auf Urlaub von mehr als zwölf Werktagen, muss einer der Urlaubsteile mindestens zwölf aufeinanderfolgende Werktage umfassen (§ 7 Abs. 2 Satz 2 BUrlG). **17**

Der Urlaub muss **im laufenden Kalenderjahr gewährt und genommen werden** (§ 7 Abs. 3 Satz 1 BUrlG). So auch § 19 Abs. 1 JArbSchG: Der Arbeitgeber hat Jugendlichen »für jedes Kalenderjahr« Urlaub zu gewähren. Eine Übertragung des Urlaubs auf das nächste Kalenderjahr ist nur statthaft, wenn dringende betriebliche oder in der Person des Arbeitnehmers liegende Gründe dies recht- fertigen (§ 7 Abs. 3 Satz 2 BUrlG). Im Falle der Übertragung muss der Urlaub in den **ersten drei Monaten des folgenden Kalender-** **18**

jahres gewährt und genommen werden (§ 7 Abs. 3 Satz 3 BUrlG). Das ist insofern wichtig, als daraus folgt, dass der Urlaubsanspruch an das Kalenderjahr gebunden ist. Wird der Urlaub im Kalenderjahr nicht genommen, geht er ersatzlos unter (spätestens mit dem Ende des Übertragungszeitraums).

19   Auf Verlangen des Arbeitnehmers ist ein nach § 5 Abs. 1 Buchstabe a BUrlG entstehender Teilurlaub (für Zeiten eines Kalenderjahres, für die er wegen Nichterfüllung der Wartezeit in diesem Kalenderjahr keinen vollen Urlaubsanspruch erwirbt) jedoch auf das nächste Kalenderjahr zu übertragen (§ 7 Abs. 3 Satz 4 BUrlG).

20   Kann der Urlaub **wegen Beendigung des Arbeits- oder Ausbildungsverhältnisses** ganz oder teilweise nicht mehr gewährt werden, ist er abzugelten (§ 7 Abs. 4 BUrlG), das heißt in Geld umzurechnen und auszuzahlen. Dieser **Abgeltungsanspruch** entsteht zwingend mit dem Ende des Beschäftigungsverhältnisses, allerdings auch nur in diesem Fall. Unzulässig ist es, im bestehenden Arbeits- oder Ausbildungsverhältnis den Urlaub nicht zu gewähren und stattdessen auszubezahlen.

21   Während des Urlaubs darf der Arbeitnehmer oder Auszubildende **keine dem Urlaubszweck widersprechende Erwerbstätigkeit** leisten (§ 8 BUrlG).

22   **Erkrankt ein Arbeitnehmer oder Auszubildender während des Urlaubs,** werden die durch ärztliches Zeugnis nachgewiesenen Tage der Arbeitsunfähigkeit auf den Jahresurlaub nicht angerechnet (§ 9 BUrlG).

23   **Maßnahmen der medizinischen Vorsorge oder Rehabilitation** dürfen nicht auf den Urlaub angerechnet werden, soweit ein Anspruch auf Fortzahlung des Arbeitsentgelts nach den gesetzlichen Vorschriften über die Entgeltfortzahlung im Krankheitsfall besteht (§ 10 BUrlG).

24   Es besteht ein Anspruch auf »bezahlten« Erholungsurlaub (§ 19 Abs. 1 JArbSchG). Wie die **Berechnung des Urlaubsentgelts** zu erfolgen hat, ergibt sich aus § 11 BUrlG. Das Urlaubsentgelt bemisst sich nach dem **durchschnittlichen Arbeitsverdienst,** den der Arbeitnehmer in den **letzten 13 Wochen** vor dem Beginn des Urlaubs erhalten hat, mit Ausnahme des zusätzlich für Überstunden gezahlten Arbeitsverdienstes (§ 11 Abs. 1 Satz 1 BUrlG). Bei **Verdiensterhöhungen** nicht nur vorübergehender Natur, die während des Berechnungszeitraums oder während des Urlaubs eintreten, ist von dem erhöhten Verdienst auszugehen (§ 11 Abs. 1 Satz 2 BUrlG). **Verdienstkürzungen,** die im Berechnungszeitraum infolge von Kurzarbeit, Arbeitsausfällen oder unverschuldeter Arbeitsversäumnis eintreten, bleiben für die Berechnung des Urlaubsentgelts außer Betracht (§ 11 Abs. 1 Satz 3 BUrlG). Zum Arbeitsentgelt gehörende Sachbezüge, die während des Urlaubs nicht weitergewährt werden, sind für die Dauer des Urlaubs angemessen in bar abzugelten (§ 11 Abs. 1 Satz 4 BUrlG). Das Urlaubsentgelt ist **vor Antritt des Urlaubs auszuzahlen** (§ 11 Abs. 2 BUrlG).

Vom Urlaubsentgelt (der Fortzahlung der normalen Vergütung während des Urlaubs: »bezahlter« Urlaub) zu unterscheiden ist das **Urlaubsgeld.** Dabei geht es um eine zusätzliche Zahlung, die weder im JArbSchG noch im BUrlG geregelt ist. Es bedarf dazu einer besonderen Anspruchsgrundlage im Ausbildungsvertrag/Arbeitsvertrag, in einer Betriebsvereinbarung oder in einem anwendbaren Tarifvertrag. Fehlt eine solche Anspruchsgrundlage, gibt es keinen Anspruch auf Zahlung eines zusätzlichen Urlaubsgeldes. Rechtsgrundlage kann auch eine betriebliche Übung sein. Eine arbeitsvertragliche Bezugnahme/Verweisung auf die Geltung tariflicher Regelungen für den Urlaub ist als Bezugnahme auf den gesamten tariflichen Regelungskomplex »Urlaub« zu verstehen. Ein im Tarifvertrag geregeltes zusätzliches tarifliches Urlaubsgeld wird deshalb von der Bezugnahme erfasst und der Arbeitnehmer hat Anspruch auf Zahlung des tariflichen Urlaubsgeldes.[215]

Für den Bereich der **Deutsche Bahn Aktiengesellschaft** (sowie einer ausgegliederten Gesellschaft) und für den Bereich der Nachfolgeunternehmen der **Deutschen Bundespost** kann von der Vorschrift über das Kalenderjahr als Urlaubsjahr (§ 1 BUrlG) in Tarifverträgen abgewichen werden (§ 13 Abs. 3 BUrlG). **25**

4. Lage des Urlaubs

Soweit es um die zeitliche Lage des Urlaubs geht, ergänzt § 19 JArbSchG die allgemeine Regelung des § 7 BUrlG (vgl. Rn. 16 ff.). Der Urlaub »soll« Berufsschülern in der Zeit der Berufsschulferien gegeben werden (§ 19 Abs. 3 Satz 1 JArbSchG). Soweit er nicht in den Berufsschulferien gegeben wird, ist für jeden Berufsschultag, an dem die Berufsschule während des Urlaubs besucht wird, ein weiterer Urlaubstag zu gewähren (§ 19 Abs. 3 Satz 2 JArbSchG). **26**

5. Heimarbeitsverhältnisse

Für den Urlaub für die Beschäftigten, die in Heimarbeit beschäftigt werden, gilt § 12 BUrlG, wie sich aus dem Verweis in § 19 Abs. 4 Satz 1 JArbSchG ergibt. § 19 Abs. 4 Satz 2 JArbSchG enthält eine Zusatzregelung: Der Auftraggeber oder Zwischenmeister hat abweichend von § 12 Nr. 1 BUrlG den jugendlichen Heimarbeitern für jedes Kalenderjahr einen bezahlten Erholungsurlaub entsprechend § 19 Abs. 2 JArbSchG zu gewähren. Das Urlaubsentgelt der jugendlichen Heimarbeiter beträgt bei einem Urlaub von 30 Werktagen 11,6 vom Hundert, bei einem Urlaub von 27 Werktagen 10,3 vom Hundert und bei einem Urlaub von 25 Werktagen 9,5 vom Hundert. **27**

---

215 BAG 17. 1. 2006, 9 AZR 41/05, NZA 2006, 923.

§ 20   Binnenschifffahrt

(1) In der Binnenschifffahrt gelten folgende Abweichungen:

1. Abweichend von § 12 darf die Schichtzeit Jugendlicher über 16 Jahre während der Fahrt bis auf 14 Stunden täglich ausgedehnt werden, wenn ihre Arbeitszeit sechs Stunden täglich nicht überschreitet. Ihre tägliche Freizeit kann abweichend von § 13 der Ausdehnung der Schichtzeit entsprechend bis auf 10 Stunden verkürzt werden.

2. Abweichend von § 14 Abs. 1 dürfen Jugendliche über 16 Jahre während der Fahrt bis 22 Uhr beschäftigt werden.

3. Abweichend von §§ 15, 16 Abs. 1, § 17 Abs. 1 und § 18 Abs. 1 dürfen Jugendliche an jedem Tag der Woche beschäftigt werden, jedoch nicht am 24. Dezember, an den Weihnachtsfeiertagen, am 31. Dezember, am 1. Januar, an den Osterfeiertagen und am 1. Mai. Für die Beschäftigung an einem Samstag, Sonntag und an einem gesetzlichen Feiertag, der auf einen Werktag fällt, ist ihnen je ein freier Tag zu gewähren. Diese freien Tage sind den Jugendlichen in Verbindung mit anderen freien Tagen zu gewähren, spätestens, wenn ihnen 10 freie Tage zustehen.

(2) In der gewerblichen Binnenschifffahrt hat der Arbeitgeber Aufzeichnungen nach Absatz 3 über die tägliche Arbeits- oder Freizeit jedes Jugendlichen zu führen, um eine Kontrolle der Einhaltung der §§ 8 bis 21a dieses Gesetzes zu ermöglichen. Die Aufzeichnungen sind in geeigneten Zeitabständen, spätestens bis zum nächsten Monatsende, gemeinsam vom Arbeitgeber oder seinem Vertreter und von dem Jugendlichen zu prüfen und zu bestätigen. Im Anschluss müssen die Aufzeichnungen für mindestens zwölf Monate an Bord aufbewahrt werden und dem Jugendlichen ist eine Kopie der bestätigten Aufzeichnungen auszuhändigen. Der Jugendliche hat die Kopien daraufhin zwölf Monate für eine Kontrolle bereitzuhalten.

(3) Die Aufzeichnungen nach Absatz 2 müssen mindestens folgende Angaben enthalten:

1. Name des Schiffes,
2. Name des Jugendlichen,
3. Name des verantwortlichen Schiffsführers,
4. Datum des jeweiligen Arbeits- oder Ruhetages,
5. für jeden Tag der Beschäftigung, ob es sich um einen Arbeits- oder um einen Ruhetag handelt sowie
6. Beginn und Ende der täglichen Arbeitszeit oder der täglichen Freizeit.

1   § 20 Abs. 1 JArbSchG regelt bei der Arbeitszeit bestimmte Abweichungen für die **Binnenschifffahrt** (Schifffahrt auf Binnengewässern, Flüssen, Kanälen und Seen). Die Nationalität des Schiffes spielt keine Rolle, solange es sich in

deutschen Binnengewässern aufhält.[216] Die Ausnahmen gelten nur für die Binnenschifffahrt, nicht für die in den Landbetrieben von Schifffahrtsunternehmen beschäftigten Jugendlichen, etwa in Lagerhäusern, Werften oder Büros. Für die Küsten- und Hochseeschifffahrt gilt das Seearbeitsgesetz (vgl. § 61 JArbSchG und den Auszug im Anhang). Von § 20 Abs. 1 JArbSchG werden alle Jugendlichen erfasst, die auf einem Binnenschiff beschäftigt werden, nicht nur Besatzungsmitglieder (Seeleute).[217]

Die möglichen Abweichungen sind abschließend in § 20 Abs. 1 Nr. 1 bis Nr. 3 **2** JArbSchG genannt. Jugendliche dürfen in der Binnenschifffahrt (abweichend vom Grundsatz der Fünf-Tage-Woche) an jedem Tag der Woche arbeiten (§ 20 Abs. 1 Nr. 3 JArbSchG). Ausgeschlossen ist ihre Beschäftigung jedoch am Heiligabend (24. Dezember) und den Weihnachtsfeiertagen (25./26. Dezember), an Silvester (31. Dezember), am Neujahrsfeiertag (1. Januar), an den Osterfeiertagen und am 1. Mai. Insoweit geht es um ein absolutes Beschäftigungsverbot. Werden sie an einem Samstag, Sonntag oder an einem gesetzlichen Feiertag beschäftigt, bestimmt § 20 Abs. 1 Nr. 3 Satz 2 JArbSchG, dass ihnen dafür jeweils ein freier Tag zusteht. Dieser freie Tag ist ihnen in Verbindung mit anderen freien Tagen zu gewähren, spätestens jedoch, wenn ihnen zehn freie Tage zustehen (§ 20 Abs. 1 Nr. 3 Satz 3 JArbSchG). Diese freien Tage können demzufolge angesammelt werden, wobei zu beachten ist, dass ein freier Tag nicht einzeln genommen werden kann, sondern wenigstens mit einem anderen freien Tag zusammen genommen werden muss.[218]

In der gewerblichen Binnenschifffahrt hat der Arbeitgeber bestimmte **Aufzeichnungspflichten** nach näherer Maßgabe des § 20 Abs. 2 und Abs. 3 **3** JArbSchG, die sich auf die tägliche Arbeitszeit (vgl. § 8 JArbSchG) oder Freizeit (vgl. § 13 JArbSchG) jedes Jugendlichen beziehen. Diese Aufzeichnungspflichten sollen die Kontrolle erleichtern, ob die Schutzvorschriften des JArbSchG eingehalten werden. Die Regelung bedeutet nicht, dass der Arbeitgeber die Aufzeichnungen selbst vornehmen muss. Er kann auch einen Vertreter beauftragen oder die Aufzeichnung dem Jugendlichen überlassen. Der Arbeitgeber bleibt aber in jedem Fall für die vorschriftsmäßige Aufzeichnung verantwortlich.[219] Wer solche Aufzeichnungen nicht oder nicht richtig führt oder diese nicht oder nicht mindestens zwölf Monate aufbewahrt, begeht eine **Ordnungswidrigkeit** und kann mit einer Geldbuße belegt werden (§ 59 Abs. 1 Nr. 2a, 2b JArbSchG).

---

216 ErfK/*Schlachter* § 20 JArbSchG Rn. 1.
217 Während § 61 JArbSchG ausdrücklich auf »Besatzungsmitglieder« abstellt, ist dies bei § 20 JArbSchG nicht der Fall.
218 ErfK/*Schlachter* § 20 JArbSchG Rn. 3.
219 So die Gesetzesbegründung, BT-Drs. 18/9088, S. 17.

§ 21   Ausnahmen in besonderen Fällen

(1) Die §§ 8 und 11 bis 18 finden keine Anwendung auf die Beschäftigung Jugendlicher mit vorübergehenden und unaufschiebbaren Arbeiten in Notfällen, soweit erwachsene Beschäftigte nicht zur Verfügung stehen.
(2) Wird in den Fällen des Absatzes 1 über die Arbeitszeit des § 8 hinaus Mehrarbeit geleistet, so ist sie durch entsprechende Verkürzung der Arbeitszeit innerhalb der folgenden drei Wochen auszugleichen.

1   § 21 JArbSchG hat einen absoluten **Ausnahmecharakter.** Die Vorschrift kommt nur in Notfällen zur Anwendung. Darüber hinaus muss es um unaufschiebbare Arbeiten gehen und erwachsene Arbeitskräfte dürfen nicht zur Verfügung stehen. Die Tätigkeit darf außerdem nur vorübergehender Natur sein (maximal ein Tag).[220] Der Arbeitgeber ist verpflichtet, so schnell wie möglich erwachsene Arbeitnehmer herbeizuholen, mit dem Ziel, die Jugendlichen zu ersetzen (»soweit erwachsene Beschäftigte nicht zur Verfügung stehen«). Ein Arbeitgeber darf zum Beispiel nicht aus Kostengründen die Jugendlichen arbeiten und die erwachsenen Arbeitnehmer zu Hause bleiben lassen. Die Beschäftigung von **Kindern** (§ 2 Abs. 1 JArbSchG) ist in jedem Fall verboten, auch in Notfällen.

2   **Notfälle** sind ungewöhnliche, nicht vorhersehbare Ereignisse, die plötzlich und unabhängig vom Willen der Betroffenen eintreten und so gravierend sind, dass sie ein sofortiges Handeln zur Abwendung konkreter Gefahren für Gesundheit und Leben oder erhebliche Sachwerte notwendig machen.[221] Das kann vorliegen bei Bränden, Explosionen, Überschwemmungen, Naturereignissen, Unwettern oder Flutkatastrophen. Dagegen kann der Ausfall von Maschinen, die Erkrankung von Arbeitskräften oder auch fehlerhaftes Material nicht als Notfall bezeichnet werden. Auch Schwierigkeiten infolge mangelhafter Disposition des Arbeitgebers sind keinesfalls Notfälle. Auch Termindruck und drohende Konventionalstrafen führen nicht zu einem Notfall.[222]

3   Wird in den in § 21 Abs. 1 JArbSchG genannten Fällen über die Arbeitszeit des § 8 JArbSchG hinaus Mehrarbeit geleistet, ist diese zwingend durch entsprechende Verkürzung der Arbeitszeit innerhalb der folgenden drei Wochen auszugleichen (§ 21 Abs. 2 JArbSchG). Besondere Zeitzuschläge für die Mehrarbeit sieht das Gesetz nicht vor. Solche Zuschläge können sich allerdings aus tarifvertraglichen oder einzelvertraglichen Regelungen ergeben.

4   Wer als Arbeitgeber entgegen § 21 Abs. 2 JArbSchG die geleistete Mehrarbeit durch Verkürzung der Arbeitszeit nicht ausgleicht, begeht eine **Ordnungs-**

---

220 ErfK/*Schlachter* § 21 JArbSchG Rn. 3; HWK/*Tillmanns* § 21 JArbSchG Rn. 3.
221 ErfK/*Schlachter* § 21 JArbSchG Rn. 2.
222 *Zmarzlik/Anzinger* § 21 Rn. 6.

widrigkeit und kann mit einer Geldbuße belegt werden (§ 58 Abs. 1 Nr. 15 JArbSchG), unter Umständen ist das sogar strafbar (§ 58 Abs. 5 und 6 JArbSchG).

§ 21a Abweichende Regelungen

(1) In einem Tarifvertrag oder auf Grund eines Tarifvertrages in einer Betriebsvereinbarung kann zugelassen werden

1. abweichend von den §§ 8, 15, 16 Abs. 3 und 4, § 17 Abs. 3 und § 18 Abs. 3 die Arbeitszeit bis zu neun Stunden täglich, 44 Stunden wöchentlich und bis zu fünfeinhalb Tagen in der Woche anders zu verteilen, jedoch nur unter Einhaltung einer durchschnittlichen Wochenarbeitszeit von 40 Stunden in einem Ausgleichszeitraum von zwei Monaten,

2. abweichend von § 11 Abs. 1 Satz 2 Nr. 2 und Abs. 2 die Ruhepausen bis zu 15 Minuten zu kürzen und die Lage der Pausen anders zu bestimmen,

3. abweichend von § 12 die Schichtzeit mit Ausnahme des Bergbaus unter Tage bis zu einer Stunde täglich zu verlängern,

4. abweichend von § 16 Abs. 1 und 2 Jugendliche an 26 Samstagen im Jahr oder an jedem Samstag zu beschäftigen, wenn statt dessen der Jugendliche an einem anderen Werktag derselben Woche von der Beschäftigung freigestellt wird,

5. abweichend von den §§ 15, 16 Abs. 3 und 4, § 17 Abs. 3 und § 18 Abs. 3 Jugendliche bei einer Beschäftigung an einem Samstag oder an einem Sonn- oder Feiertag unter vier Stunden an einem anderen Arbeitstag derselben oder der folgenden Woche vor- oder nachmittags von der Beschäftigung freizustellen,

6. abweichend von § 17 Abs. 2 Satz 2 Jugendliche im Gaststätten- und Schaustellergewerbe sowie in der Landwirtschaft während der Saison oder der Erntezeit an drei Sonntagen im Monat zu beschäftigen.

(2) Im Geltungsbereich eines Tarifvertrages nach Absatz 1 kann die abweichende tarifvertragliche Regelung im Betrieb eines nicht tarifgebundenen Arbeitgebers durch Betriebsvereinbarung oder, wenn ein Betriebsrat nicht besteht, durch schriftliche Vereinbarung zwischen dem Arbeitgeber und dem Jugendlichen übernommen werden.

(3) Die Kirchen und die öffentlich-rechtlichen Religionsgesellschaften können die in Absatz 1 genannten Abweichungen in ihren Regelungen vorsehen.

§ 21a JArbSchG öffnet die meisten Arbeitszeitregelungen des Jugendarbeits- **1** schutzgesetzes für den Abschluss von Tarifverträgen, allerdings nicht ohne den Tarifvertragsparteien jeweils eine absolute Grenze aufzuerlegen, die sie im Interesse des Jugendarbeitsschutzes zu wahren haben. Tarifverträge können auch den Abschluss von Betriebsvereinbarungen zulassen, die die abweichenden Regelungen festlegen. Die Regelung hat, soweit erkennbar, keine praktische Bedeutung erlangt.

2 Im Betrieb eines nicht tarifgebundenen Arbeitgebers können die abweichenden tarifvertraglichen Regelungen entweder durch eine Betriebsvereinbarung oder, wenn ein Betriebsrat nicht besteht, durch schriftliche Vereinbarung zwischen dem Arbeitgeber und dem Jugendlichen übernommen werden (§ 21a Abs. 2 JArbSchG). Eine solche einzelvertragliche Verweisung auf abweichende Tarifverträge ist nur zulässig »im Geltungsbereich« des jeweiligen Tarifvertrages. Der Tarifvertrag müsste also (bei unterstellter Tarifbindung) an sich Anwendung finden. Zudem muss einzelvertraglich der gesamte einschlägige Tarifvertrag in Bezug genommen, auf diesen verwiesen werden (also keine »Rosinenpickerei«).[223] Nur so ist gewährleistet, dass der Tarifvertrag als ausgewogenes Gesamtkonzept abweichende Regelungen im Vergleich zum Gesetzesniveau rechtfertigen kann.

3 Für Kirchen und öffentlich-rechtliche Religionsgemeinschaften besteht die Möglichkeit, die in § 21a Abs. 1 JArbSchG genannten Abweichungen in ihren Regelungen vorzusehen (§ 21a Abs. 3 JArbSchG). Voraussetzung ist nicht, dass es vergleichbare Tarifverträge gibt.

§ 21b [Ermächtigung]

Das Bundesministerium für Arbeit und Soziales kann im Interesse der Berufsausbildung oder der Zusammenarbeit von Jugendlichen und Erwachsenen durch Rechtsverordnung mit Zustimmung des Bundesrates Ausnahmen von den Vorschriften

1. **des § 8, der §§ 11 und 12, der §§ 15 und 16, des § 17 Abs. 2 und 3 sowie des § 18 Abs. 3 im Rahmen des § 21a Abs. 1,**
2. **des § 14, jedoch nicht vor 5 Uhr und nicht nach 23 Uhr, sowie**
3. **des § 17 Abs. 1 und § 18 Abs. 1 an höchstens 26 Sonn- und Feiertagen im Jahr**

zulassen, soweit eine Beeinträchtigung der Gesundheit oder der körperlichen oder seelisch-geistigen Entwicklung der Jugendlichen nicht zu befürchten ist.

§ 21b JArbSchG ist eine Ermächtigungsnorm. Das Bundesministerium für Arbeit und Soziales kann unter Beachtung der in der Norm genannten Vorgaben und Grenzen mit Zustimmung des Bundesrates eine Rechtsverordnung erlassen. Von der Ermächtigungsnorm wurde bis heute kein Gebrauch gemacht, es gibt keine entsprechende Rechtsverordnung.

---

223 HWK/*Tillmanns* § 21a JArbSchG Rn. 3.

Zweiter Titel
Beschäftigungsverbote und -beschränkungen

§ 22 Gefährliche Arbeiten

(1) Jugendliche dürfen nicht beschäftigt werden

1. mit Arbeiten, die ihre physische oder psychische Leistungsfähigkeit übersteigen,
2. mit Arbeiten, bei denen sie sittlichen Gefahren ausgesetzt sind,
3. mit Arbeiten, die mit Unfallgefahren verbunden sind, von denen anzunehmen ist, dass Jugendliche sie wegen mangelnden Sicherheitsbewusstseins oder mangelnder Erfahrung nicht erkennen oder nicht abwenden können,
4. mit Arbeiten, bei denen ihre Gesundheit durch außergewöhnliche Hitze oder Kälte oder starke Nässe gefährdet wird,
5. mit Arbeiten, bei denen sie schädlichen Einwirkungen von Lärm, Erschütterungen oder Strahlen ausgesetzt sind,
6. mit Arbeiten, bei denen sie schädlichen Einwirkungen von Gefahrstoffen im Sinne der Gefahrstoffverordnung ausgesetzt sind,
7. mit Arbeiten, bei denen sie schädlichen Einwirkungen von biologischen Arbeitsstoffen im Sinne der Biostoffverordnung ausgesetzt sind.

(2) Absatz 1 Nr. 3 bis 7 gilt nicht für die Beschäftigung Jugendlicher, soweit

1. dies zur Erreichung ihres Ausbildungszieles erforderlich ist,
2. ihr Schutz durch die Aufsicht eines Fachkundigen gewährleistet ist und
3. der Luftgrenzwert bei gefährlichen Stoffen (Absatz 1 Nr. 6) unterschritten wird.

Satz 1 findet keine Anwendung auf gezielte Tätigkeiten mit biologischen Arbeitsstoffen der Risikogruppen 3 und 4 im Sinne der Biostoffverordnung sowie auf nicht gezielte Tätigkeiten, die nach der Biostoffverordnung der Schutzstufe 3 oder 4 zuzuordnen sind.

(3) Werden Jugendliche in einem Betrieb beschäftigt, für den ein Betriebsarzt oder eine Fachkraft für Arbeitssicherheit verpflichtet ist, muss ihre betriebsärztliche oder sicherheitstechnische Betreuung sichergestellt sein.

Inhaltsübersicht Rn.
1. Überblick 1– 4
2. Die Beschäftigungsverbote im Einzelnen. 5–13
3. Ausnahmen von den Beschäftigungsverboten 14–16
4. Betreuung durch Betriebsärzte oder sicherheitstechnische Fachkräfte . 17

1. Überblick

1   Durch § 22 bis § 25 JArbSchG werden zugunsten Jugendlicher besondere **Beschäftigungsverbote und Beschäftigungsbeschränkungen** geregelt, die über den allgemeinen Arbeitsschutz hinausgehen. § 22 JArbSchG betrifft »gefährliche Arbeiten«, § 23 JArbSchG Akkordarbeit und tempoabhängige Arbeiten, § 24 JArbSchG die Arbeit unter Tage und § 25 JArbSchG das Verbot der Beschäftigung durch bestimmte Personen. § 26 JArbSchG ist die Ermächtigungsnorm für spezielle Rechtsverordnungen in diesem Bereich. § 27 JArbSchG regelt die Möglichkeit behördlicher Anordnungen und Ausnahmen. Mit § 22 JArbSchG wurde Art. 7 der europäischen Jugendarbeitsschutzrichtlinie 94/33/EG (Anhang Nr. 1) umgesetzt.

2   Die **Beschäftigungsverbote** des § 22 JArbSchG sind **zwingend** und gelten unabhängig von sonstigen Bestimmungen oder Ausnahmeregelungen des Jugendarbeitsschutzgesetzes oder der Tarifvertragsparteien aufgrund des § 21a JArbSchG oder des Verordnungsgebers nach § 21b JArbSchG. Das Vorliegen der Voraussetzungen der Beschäftigungsverbote ist stets vom Arbeitgeber zu prüfen, unabhängig davon, ob der Jugendliche selbst einer solchen Beschäftigung zustimmt oder sie gar will. **Zuwiderhandlungen** gegen § 22 Abs. 1 JArbSchG sind **Ordnungswidrigkeiten** und können mit einer Geldbuße geahndet werden (§ 58 Abs. 1 Nr. 18 JArbSchG), unter Umständen sind sie sogar strafbar (§ 58 Abs. 5 und 6 JArbSchG). Daneben kommen **Schadensersatzansprüche der Jugendlichen** in Betracht.[224]

3   Verlangt der Arbeitgeber vom Jugendlichen Arbeiten, die nach § 22 JArbSchG nicht zulässig sind, steht dem Jugendlichen ein **Leistungsverweigerungsrecht** zu. Mit der Weigerung, solche verbotenen Arbeiten auszuüben, verstößt der Jugendliche nicht gegen seine vertragliche Pflicht aus dem Ausbildungs- oder Arbeitsvertrag, so dass darauf eine wirksame Kündigung des Arbeitgebers nicht gestützt werden kann.

4   Der **Betriebsrat** kann über Regelungen zur Verhütung von Arbeitsunfällen und Berufskrankheiten sowie über den Gesundheitsschutz im Rahmen der gesetzlichen Vorschriften mitbestimmen (§ 87 Abs. 1 Nr. 7 BetrVG). Es geht um betriebliche Regelungen, die das gesetzlich vorgeschriebene Schutzniveau für den einzelnen Betrieb konkretisieren. Für den **Personalrat** folgt das Mitbestimmungsrecht aus § 75 Abs. 3 Nr. 11 BPersVG oder den Personalvertretungsgesetzen der Bundesländer. Zudem hat der Betriebsrat oder Personalrat die für den **Arbeitsschutz zuständigen Behörden** und die Träger der gesetzlichen Unfallversicherung und die übrigen in Betracht kommenden Stellen durch Anregungen, Beratung und Auskunft zu unterstützen (§ 89 Abs. 1 BetrVG, § 81 Abs. 1 BPersVG). Die Zusammenarbeit von Betriebsrat

---

224 HWK/*Tillmanns* § 22 JArbSchG Rn. 1.

und den Betriebsärzten sowie den Fachkräften für Arbeitssicherheit wird zudem in § 9 ASiG festgeschrieben.

2. Die Beschäftigungsverbote im Einzelnen

Jugendliche dürfen nicht mit Arbeiten beschäftigt werden, die ihre **physische oder psychische Leistungsfähigkeit übersteigen** (§ 22 Abs. 1 Nr. 1 JArbSchG). Maßgeblich ist die **individuelle Leistungsfähigkeit** des Jugendlichen, nicht die durchschnittliche Leistungsfähigkeit von Jugendlichen in diesem Alter.[225] Hier geht es um Arbeiten, die mit einem hohen Kraftaufwand oder hoher Verantwortung und Stress verbunden sind, also das Heben, Tragen und Bewegen schwerer Lasten, Arbeiten, bei denen dauernd gestanden werden muss, Arbeiten mit erzwungener Körperhaltung, Arbeiten, die das Sehvermögen überanstrengen oder Arbeiten mit hoher Dauerbelastung.[226] Zur Leistungsfähigkeit gehört nicht nur die körperliche, sondern auch die psychisch-geistige Leistungsfähigkeit. Es ist Jugendlichen zum Beispiel die Beschäftigung mit Arbeiten verboten, die die Konzentrationsfähigkeit überfordern, ein zu hohes Maß an Verantwortung abverlangen oder Arbeiten mit besonderer Monotonie. 5

Der Arbeitgeber hat im Einzelfall zu prüfen, ob der Jugendliche mit solchen Arbeiten beschäftigt werden darf. Es kommt nicht darauf an, ob der Jugendliche selbst die Auffassung vertritt, seine Leistungsfähigkeit werde nicht überschritten. Dem Arbeitgeber obliegt eine **objektive Prüfungspflicht.** Im Übrigen genügt für das Eingreifen des Beschäftigungsverbotes die abstrakte Gefahr einer Leistungsüberforderung. Es müssen nicht tatsächlich Schäden beim Jugendlichen eintreten oder eingetreten sein. 6

Jugendliche dürfen nicht mit Arbeiten beschäftigt werden, bei denen sie **sittlichen Gefahren** ausgesetzt sind (§ 22 Abs. 1 Nr. 2 JArbSchG). Das sind Arbeiten, die die allgemeinen moralischen Wertmaßstäbe negativ zu beeinflussen imstande sind.[227] Als objektiver Maßstab für die Beurteilung, ob moralisch negative Auswirkungen vorliegen, dienen die Bestimmungen des Strafgesetzbuches und das Jugendschutzgesetz.[228] Verboten ist eine Beschäftigung in einer Peep-Show, in Nachtbars, Spielhallen, Sexläden, Pornokinos, als Bardame, Nacktmodell, Tabledancerin, Bedienung in einem Striptease-Lokal. Nach § 1 Abs. 1 der »Verordnung über das Verbot der Beschäftigung von 7

---

225 Gesetzesbegründung, BT-Drucks. 7/2305, S. 32.
226 *Anzinger* MünchArbR § 311 Rn. 48; ErfK/*Schlachter* § 22 JArbSchG Rn. 3; *Zmarzlik* MünchArbR § 232 Rn. 118.
227 *Zmarzlik/Anzinger* § 22 Rn. 9.
228 ErfK/*Schlachter* § 22 JArbSchG Rn. 3.

Personen unter 18 Jahren mit sittlich gefährdenden Tätigkeiten«[229] dürfen weibliche Jugendliche in Betrieben und bei Veranstaltungen aller Art nicht als »Nackttänzerinnen, Schönheitstänzerinnen oder Schleiertänzerinnen oder mit ähnlich sie sittlich gefährdenden Tätigkeiten, insbesondere wenn sie dabei unbekleidet oder fast unbekleidet sind«, beschäftigt werden. Nach § 1 Abs. 2 der genannten Verordnung dürfen weibliche Jugendliche auch nicht als »Tanzdamen, Eintänzerinnen, Tisch- oder Bardamen« beschäftigt werden. Untersagt ist selbstverständlich auch eine Beschäftigung Minderjähriger als Pornodarsteller, Prostituierte, im Escortservice oder Ähnliches, wobei allerdings das Jugendarbeitsschutzgesetz nicht für Tätigkeiten von Selbstständigen Anwendung findet (vgl. die Kommentierung bei § 1 JArbSchG Rn. 18–20).

8   Jugendliche dürfen nicht mit Arbeiten beschäftigt werden, die mit **Unfallgefahren** verbunden sind, von denen anzunehmen ist, dass Jugendliche sie wegen mangelnden Sicherheitsbewusstseins oder mangelnder Erfahrung nicht erkennen oder nicht abwenden können (§ 22 Abs. 1 Nr. 3 JArbSchG). Auch hier kommt es nicht auf die individuelle Einschätzung des Jugendlichen an. Oft genug bringen gefährliche Arbeitssituationen es mit sich, dass Jugendliche sie aufgrund mangelnder Erfahrung unterschätzen oder überhaupt nicht erkennen können. Gemeint sind damit Tätigkeiten in gefährlichen Arbeitssituationen (wie im Gerüstbau, Schornsteinbau, Arbeiten in Steinbrüchen, Abbrucharbeiten, Tief- und Ausschachtungsarbeiten, Fällen von Bäumen, Rangier- oder Taucharbeiten), Arbeiten mit gefährlichen Arbeitsmitteln (Pressen, Walzen, Schmelzöfen, Zentrifugen, offene Rühr-, Misch-, Knet- oder Zerkleinerungsmaschinen), Arbeiten mit gefährlichen Arbeitsstoffen, bei denen zum Beispiel Brand-, Explosions- oder Vergiftungsgefahr besteht, Arbeiten unter elektrischer Spannung.[230]

9   Ergänzend ist § 28a JArbSchG zu beachten, der dem Arbeitgeber auferlegt, vor Beginn der Beschäftigung Jugendlicher – aber auch bei wesentlicher Änderung der Arbeitsbedingungen – die mit der Beschäftigung verbundenen Gefährdungen des Jugendlichen zunächst selbst zu beurteilen. Dann hat er den Jugendlichen auf die Gefährdungen hinzuweisen und über die Einrichtungen und Maßnahmen zur Abwendung der Gefährdungen zu unterweisen (§ 29 JArbSchG).

10   Jugendliche dürfen nicht mit Arbeiten beschäftigt werden, bei denen ihre Gesundheit durch **außergewöhnliche Hitze oder Kälte oder starke Nässe** gefährdet wird (§ 22 Abs. 1 Nr. 4 JArbSchG). Beispiele: Arbeiten in Hüttenwerken, Stahlwerken, Gießereien, Schmieden, in chemischen Betrieben,

---

229 Verordnung vom 3. 4. 1964 (BGBl. I S. 262), zuletzt geändert durch Artikel 3 der Verordnung vom 8. 10. 1986 (BGBl. I S. 1634).

230 ErfK/*Schlachter* § 22 JArbSchG Rn. 4; *Taubert* § 22 Rn. 25; *Zmarzlik/Anzinger* § 22 Rn. 13.

Härtereien, in der Nähe von Öfen oder in Kühlräumen, Nässearbeiten in Schlachthöfen, Brauereien oder bei Tiefbauarbeiten.[231]

Jugendliche dürfen nicht mit Arbeiten beschäftigt werden, bei denen sie **schädlichen Einwirkungen von Lärm, Erschütterungen oder Strahlen** ausgesetzt sind (§ 22 Abs. 1 Nr. 5 JArbSchG). Die maßgebliche **Lärm- und Vibrations-Arbeitsschutzverordnung (Lärm- VibrationsArbSchV)** vom 6. 3. 2007 verwendet statt des Begriffs »Erschütterungen« den Begriff »Vibrationen«. **11**

Jugendliche dürfen nicht mit Arbeiten beschäftigt werden, bei denen sie **schädlichen Einwirkungen von Gefahrstoffen im Sinne der Gefahrstoffverordnung** ausgesetzt sind (§ 22 Abs. 1 Nr. 6 JArbSchG). Vgl. die Informationen im Internet des Bundesamtes für Arbeitsschutz und Arbeitsmedizin: www.baua.de – Themen von A-Z: Gefahrstoffe). **12**

Jugendliche dürfen nicht mit Arbeiten beschäftigt werden, bei denen sie **schädlichen Einwirkungen von biologischen Arbeitsstoffen** im Sinne der Biostoffverordnung ausgesetzt sind (§ 22 Abs. 1 Nr. 7 JArbSchG). **13**

3. Ausnahmen von den Beschäftigungsverboten

Abweichungen von den für Jugendliche geltenden Beschäftigungsverboten sind durch Rechtsvorschrift zulässig, sofern sie für die Berufsausbildung der Jugendlichen unbedingt erforderlich sind und die Sicherheit und der Gesundheitsschutz der Jugendlichen dadurch sichergestellt wird, dass die Arbeiten unter der Aufsicht einer dafür zuständigen Person verrichtet werden (Art. 7 Abs. 3 der europäischen Jugendarbeitsschutzrichtlinie 94/33/EG, Anhang Nr. 1). **14**

Mit § 22 Abs. 2 JArbSchG wurden diese Vorgaben aus Art. 7 Abs. 3 der Richtlinie 94/33/EG (Anhang Nr. 1) umgesetzt. Die Vorschrift setzt für die Zulässigkeit der Abweichung von den Beschäftigungsverboten des § 22 Abs. 1 Nr. 3 bis 7 JArbSchG voraus, dass **15**

- die Ausnahme zum Erreichen des Ausbildungsziels erforderlich ist (Nr. 1) *und*
- der Schutz der Jugendlichen durch die Aufsicht einer fachkundigen Person gewährleistet ist (Nr. 2) *und*
- der Luftgrenzwert bei gefährlichen Stoffen im Sinne des Chemikaliengesetzes (vgl. Rn. 12) unterschritten ist (Nr. 3).

Bei den Beschäftigungsverboten nach § 22 Abs. 1 Nr. 1 und 2 JArbSchG (vgl. Rn. 5–7) sind Ausnahmen *nicht* zulässig, auch nicht unter den Voraussetzungen des § 22 Abs. 2 JArbSchG.

---

231 ErfK/*Schlachter* § 22 JArbSchG Rn. 5.

16   § 22 Abs. 2 Satz 2 JArbSchG verbietet ausdrücklich gezielte Tätigkeiten mit
biologischen Arbeitsstoffen der Risikogruppen 3 und 4 im Sinne der Biostoffverordnung sowie nicht gezielte Tätigkeiten, die nach der Biostoffverordnung der Schutzstufe 3 oder 4 zuzuordnen sind. Es geht um Arbeitsstoffe, die schwere Krankheiten beim Menschen hervorrufen können und
eine ernste Gefahr für Arbeitnehmer darstellen. Damit fallen Jugendliche
unter ein absolutes Beschäftigungsverbot im Hinblick auf die Produktion
und Verarbeitung biologischer Arbeitsstoffe zum Beispiel in Laboratorien.

4. Betreuung durch Betriebsärzte oder sicherheitstechnische Fachkräfte

17   Ist im Betrieb ein Betriebsarzt (§ 2 ASiG) oder eine sicherheitstechnische
Fachkraft (§ 5 ASiG) beschäftigt, verlangt § 22 Abs. 3 JArbSchG die betriebsärztliche oder sicherheitstechnische Betreuung des Jugendlichen. Dadurch
wird allerdings die Überwachung des Jugendlichen bei der Arbeit durch die
fachkundige Person (§ 22 Abs. 2 Nr. 2 JArbSchG) nicht überflüssig, denn
bei dieser muss es sich nicht um einen Arzt oder eine sicherheitstechnische
Fachkraft handeln. Für die Betreuung des Jugendlichen durch den Betriebsarzt oder die sicherheitstechnische Fachkraft genügt eine Untersuchung in
regelmäßigen Abständen.

§ 23 Akkordarbeit; tempoabhängige Arbeiten

(1) Jugendliche dürfen nicht beschäftigt werden
1. mit Akkordarbeit und sonstigen Arbeiten, bei denen durch ein gesteigertes Arbeitstempo ein höheres Entgelt erzielt werden kann,
2. in einer Arbeitsgruppe mit erwachsenen Arbeitnehmern, die mit Arbeiten nach Nummer 1 beschäftigt werden,
3. mit Arbeiten, bei denen ihr Arbeitstempo nicht nur gelegentlich vorgeschrieben, vorgegeben oder auf andere Weise erzwungen wird.
(2) Absatz 1 Nr. 2 gilt nicht für die Beschäftigung Jugendlicher,
1. soweit dies zur Erreichung ihres Ausbildungsziels erforderlich ist
   oder
2. wenn sie eine Berufsausbildung für diese Beschäftigung abgeschlossen haben
und ihr Schutz durch die Aufsicht eines Fachkundigen gewährleistet ist.

Inhaltsübersicht   Rn.
1. Verbot von Akkordarbeit und tempoabhängigen Arbeiten 1– 9
   a. Akkordarbeit.   4
   b. Arbeitsgruppe mit erwachsenen Arbeitnehmern 5– 6
   c. Tempoabhängige Arbeiten 7– 9
2. Ausnahme vom Beschäftigungsverbot   10

1. Verbot von Akkordarbeit und tempoabhängigen Arbeiten

Die **Beschäftigungsverbote** des § 23 Abs. 1 JArbSchG sind **zwingend,** soweit   1
nicht die Ausnahmen nach § 23 Abs. 2 JArbSchG gegeben sind. Auch ein
Einverständnis des Jugendlichen mit solchen Arbeiten, etwa weil sie finanziell lukrativ erscheinen, kann das Verbot nicht aufheben. **Zuwiderhandlungen** gegen § 23 Abs. 1 JArbSchG sind **Ordnungswidrigkeiten** und können mit einer Geldbuße geahndet werden (§ 58 Abs. 1 Nr. 19 JArbSchG), unter Umständen sind sie sogar strafbar (§ 58 Abs. 5 und 6 JArbSchG).

Verlangt der Arbeitgeber vom Jugendlichen Arbeiten, die nach § 23   2
JArbSchG nicht zulässig sind, steht dem Jugendlichen ein **Leistungsverweigerungsrecht** zu. Mit der Weigerung, solche verbotenen Arbeiten auszuüben, verstößt der Jugendliche nicht gegen seine vertragliche Pflicht aus
dem Ausbildungs- oder Arbeitsvertrag, so dass darauf eine wirksame Kündigung des Arbeitgebers nicht gestützt werden kann.

Die **Aufsichtsbehörde** kann nach § 27 Abs. 3 JArbSchG **Ausnahmen** für   3
Jugendliche über 16 Jahre bewilligen und zwar nur für deren Tätigkeit in
einer Arbeitsgruppe mit erwachsenen Arbeitnehmern oder für Arbeiten,
bei denen das Arbeitstempo vorgeschrieben ist (§ 23 Abs. 1 Nr. 2 und 3
JArbSchG), wenn eine Beeinträchtigung der Gesundheit oder der körperlichen oder seelisch-geistigen Entwicklung des Jugendlichen nicht zu befürchten ist und darüber hinaus eine ärztliche Bescheinigung vorgelegt
wird, die nicht älter als drei Monate ist, nach der gesundheitliche Bedenken gegen die Beschäftigung nicht bestehen. Behördliche Ausnahmebewilligungen vom Verbot der Akkordarbeit (§ 23 Abs. 1 Nr. 1 JArbSchG) sind
nicht zulässig.

a. Akkordarbeit

Jugendliche dürfen nicht beschäftigt werden mit Akkordarbeit und sons-   4
tigen Arbeiten, bei denen durch ein gesteigertes Arbeitstempo ein höheres
Entgelt erzielt werden kann (§ 23 Abs. 1 Nr. 1 JArbSchG). **Akkordarbeit**
liegt vor, wenn sich die Höhe der Vergütung nicht nach der Dauer der Arbeitszeit, sondern nach der Arbeitsmenge richtet oder nach dem erzielten
Arbeitsergebnis bemessen wird. Auf die Bezeichnung (Geldakkord, Zeit-
akkord, Stückakkord, Gruppenakkord usw.) kommt es nicht an. »Sonstige
Arbeiten«, bei denen durch ein gesteigertes Arbeitstempo ein höheres Entgelt erzielt werden kann, liegen vor, wenn als Anreiz zur Steigerung des Arbeitstempos zusätzliche **Prämien** gezahlt werden, die sich am Arbeiter-
gebnis oder der erzielten Arbeitsmenge ausrichten. Das gilt nicht für
Qualitätsprämien und andere Entlohnungsformen, die nicht das Arbeits-

tempo, sondern die Arbeitsqualität belohnen.[232] Bei **gemischten Lohnformen,** die sowohl Qualität wie Quantität der Arbeitsleistung berücksichtigen, handelt es sich um verbotene Akkordarbeit, sofern eine der Bezugsgrößen einen spürbaren Anreiz für eine Steigerung des Arbeitstempos bildet.[233]

b. Arbeitsgruppe mit erwachsenen Arbeitnehmern

5   Verboten ist auch die Beschäftigung von Jugendlichen in einer **Arbeitsgruppe mit erwachsenen Arbeitnehmern,** die mit Akkordarbeit und sonstigen Arbeiten beschäftigt werden, bei denen durch ein gesteigertes Arbeitstempo ein höheres Entgelt erzielt werden kann (§ 23 Abs. 1 Nr. 2 JArbSchG). Die Vorschrift soll verhindern, dass Jugendliche sich dem Tempo der Erwachsenen anpassen und dabei ihre Kräfte überfordern. Diese Gefahr besteht auch dann, wenn nur die Erwachsenen unmittelbar akkord- oder tempoabhängige Arbeiten verrichten, die Jugendlichen aber mit diesen zusammenarbeiten.[234] Im Rahmen der Berufsausbildung sind Ausnahmen von dem Verbot der Mitarbeit in Akkordgruppen möglich (Rn. 10). Zudem kann die **Aufsichtsbehörde** hiervon Ausnahmen bewilligen (§ 27 Abs. 3 JArbSchG).

6   Eine »Akkordgruppe« liegt auch bei nur zwei Arbeitnehmern vor. Das Verbot greift ein, wenn ein Jugendlicher mit einem erwachsenen Arbeitnehmer in einer Gruppe zusammenarbeiten soll oder für einen Erwachsenen Zuarbeiten erbringen soll, der Akkordarbeit leistet, selbst wenn der Jugendliche von dessen Leistungslohn nicht profitiert.[235] Ausgehend vom Schutzzweck der Norm wird nicht nur die unmittelbare Beschäftigung des Jugendlichen in einer Akkordgruppe verboten, sondern auch die Beschäftigung Jugendlicher, wenn deren Arbeitsleistung von der Akkordarbeit der Erwachsenen berührt wird. Das ist zum Beispiel auch bei »Zuarbeiten« und Vorbereitungsarbeiten der Fall, wenn die erwachsenen Arbeitnehmer auf die Arbeit der Jugendlichen warten müssen, um weiterarbeiten zu können.[236] Verboten ist es auch, Jugendliche einem Gesellen zuzuordnen und ihn danach zu bezahlen, was diese »Akkordgruppe« leistet.

---

232 *Anzinger* MünchArbR § 311 Rn. 58; ErfK/*Schlachter* § 23 JArbSchG Rn. 1; *Zmarzlik* MünchArbR § 232 Rn. 140.
233 ErfK/*Schlachter* § 23 JArbSchG Rn. 1.
234 ErfK/*Schlachter* § 23 JArbSchG Rn. 2.
235 *Anzinger* MünchArbR § 311 Rn. 59; *Zmarzlik* MünchArbR § 232 Rn. 141.
236 ErfK/*Schlachter* § 23 JArbSchG Rn. 2.

c. Tempoabhängige Arbeiten

Verboten ist schließlich auch die Beschäftigung von Jugendlichen mit Ar- **7**
beiten, bei denen ihr **Arbeitstempo** nicht nur gelegentlich **vorgeschrieben, vorgegeben oder auf andere Weise erzwungen wird** (§ 23 Abs. 1 Nr. 3
JArbSchG). Gemeint ist damit vor allem, aber nicht nur, die **Fließbandarbeit** in allen vorkommenden Erscheinungsbildern. Es ergänzt das Verbot
nach § 23 Abs. 1 Nr. 1 und Nr. 2 JArbSchG in den Fällen, in denen durch zeit-
abhängige Leistung keine höhere Vergütung erzielt wird. Das Verbot erfasst
jede Beschäftigung, bei der ein bestimmtes Arbeitstempo vorgegeben wird,
also jede Arbeit unter Zeitdruck oder mit vorherbestimmtem Arbeitstempo.[237] In welcher Weise das Arbeitstempo vorgegeben wird, ist unerheblich, ob also durch die Arbeitsorganisation (Fließ- oder Taktarbeit), durch
die Betriebsmittel (Maschinen, Bänder, Stanzen, Pressen), durch die Arbeitsstoffe (zeitlich bestimmte chemische oder physikalische Vorgänge) oder
durch Anordnungen des Arbeitgebers (Terminssetzungen). Verboten sind
auch solche Arbeiten, bei denen die Jugendlichen bei einer Maschine die
Einstellungen selbst vornehmen, also das Tempo selbst bestimmen können,
weil jedenfalls durch die Arbeitsorganisation ein Arbeitstempo vorgegeben
ist und nur die Schnelligkeit variiert werden kann. Nach dem Gesetzeswortlaut ist jede Vorgabe des Arbeitstempos verboten, auf einen unmittelbaren
oder mittelbaren »Zwang« kommt es nicht entscheidend an.

Es spielt keine Rolle, ob der Jugendliche selbst am Fließband arbeitet oder **8**
mit einem erwachsenen Arbeitnehmer zusammenarbeitet, der seinerseits
Fließbandarbeit leistet. Zwangsläufig wird dadurch auch das Arbeitstempo
des Jugendlichen bestimmt, es greift dann jedenfalls das Verbot des § 23
Abs. 1 Nr. 2 JArbSchG. Der Jugendliche verrichtet in diesem Fall mittelbar
Fließbandarbeit.

Das Verbot gilt nicht absolut. **Ausnahmsweise** ist es zulässig, den Jugend- **9**
lichen **gelegentlich** solche Arbeiten verrichten zu lassen (§ 23 Abs. 1 Nr. 3
JArbSchG). Ausgehend vom Schutzzweck der Norm ist diese Ausnahme eng
auszulegen. Zudem kann die Aufsichtsbehörde Ausnahmen bewilligen (§ 27
Abs. 3 JArbSchG).

2. Ausnahme vom Beschäftigungsverbot

Ausnahmen gelten nur für § 23 Abs. 1 Nr. 2 JArbSchG. Eine Beschäftigung **10**
von Jugendlichen in einer **Arbeitsgruppe mit erwachsenen Arbeitnehmern,** die mit Akkordarbeit und sonstigen Arbeiten beschäftigt werden, bei
denen durch ein gesteigertes Arbeitstempo ein höheres Entgelt erzielt werden kann, ist ausnahmsweise zulässig soweit dies zur **Erreichung ihres Aus-**

---

237 *Anzinger* MünchArbR § 311 Rn. 60; *Zmarzlik* MünchArbR § 232 Rn. 142.

bildungsziels erforderlich ist *oder* wenn sie eine **Berufsausbildung für diese Beschäftigung abgeschlossen** haben. In beiden Fällen muss hinzukommen, dass der Schutz der Jugendlichen durch die **Aufsicht eines Fachkundigen** gewährleistet ist. **Typische Branchen,** in denen die Ausnahmebestimmung zum Tragen kommt, sind die Autoindustrie, die Textilindustrie und das Fliesenlegerhandwerk.[238] Wichtig ist, dass das Verbot des § 23 Abs. 1 Nr. 1 und Nr. 3 JArbSchG auch in diesen Fällen nicht aufgehoben ist. Das bedeutet, dass der Jugendliche zwar in der Akkordgruppe der Erwachsenen mitarbeiten, jedoch selbst nicht zu tempoabhängiger (Akkord-)Arbeit herangezogen werden darf.

§ 24   Arbeiten unter Tage

(1) **Jugendliche dürfen nicht mit Arbeiten unter Tage beschäftigt werden.**

(2) **Absatz 1 gilt nicht für die Beschäftigung Jugendlicher über 16 Jahre,**
1. **soweit dies zur Erreichung ihres Ausbildungsziels erforderlich ist,**
2. **wenn sie eine Berufsausbildung für die Beschäftigung unter Tage abgeschlossen haben oder**
3. **wenn sie an einer von der Bergbehörde genehmigten Ausbildungsmaßnahme für Bergjungarbeiter teilnehmen oder teilgenommen haben**

und ihr Schutz durch die Aufsicht eines Fachkundigen gewährleistet ist.

1   § 24 Abs. 1 JArbSchG regelt ein Beschäftigungsverbot für Jugendliche für Arbeiten unter Tage. **Zuwiderhandlungen** gegen § 24 Abs. 1 ArbSchG sind **Ordnungswidrigkeiten** und können mit einer Geldbuße geahndet werden (§ 58 Abs. 1 Nr. 20 JArbSchG), unter Umständen sind sie sogar strafbar (§ 58 Abs. 5 und 6 JArbSchG).

2   **Arbeit unter Tage** meint zum einen den traditionellen Abbau in Steinkohle-, Salz- oder vergleichbaren Bergwerken, aber auch Steinbrüche, soweit sie sich unter der Erdoberfläche befinden, zum Beispiel Kalksteinbrüche zur Kalk-, Stein-, Ton- oder Schiefergewinnung. Dagegen unterliegen dem Beschäftigungsverbot *nicht* entsprechende Tätigkeiten über Tage, wie in Braunkohlegruben oder Steinbrüchen. Die Bestimmung verbietet auch nicht jegliche Beschäftigung unterhalb der Erdoberfläche, zum Beispiel in unterirdischen Kanalisations- und Verkehrsanlagen.

3   Ausnahmen vom Beschäftigungsverbot enthält § 24 Abs. 2 JArbSchG für **Jugendliche über 16 Jahre.** Diese dürfen unter Tage beschäftigt werden, wenn

---

238 ErfK/*Schlachter* § 23 JArbSchG Rn. 3.

dies zum Erreichen des Ausbildungsziels notwendig ist (§ 24 Abs. 2 Nr. 1 JArbSchG) oder wenn sie eine Berufsausbildung für die Beschäftigung unter Tage abgeschlossen haben (§ 24 Abs. 2 Nr. 2 JArbSchG) oder aber, wenn sie an einer von der Bergbehörde genehmigten Ausbildung für Bergjungarbeiter teilnehmen oder teilgenommen haben (§ 24 Abs. 2 Nr. 3 JArbSchG). In allen drei Fällen gilt die Ausnahme nur, wenn der Schutz der Jugendlichen durch die Aufsicht eines Fachkundigen gewährleistet ist. Jedenfalls die Regelung für Bergjungarbeiter (§ 24 Abs. 2 Nr. 3 JArbSchG) hat keine praktische Relevanz mehr. Es gibt bereits seit vielen Jahren keine Ausbildungsmaßnahmen mehr für Bergjungarbeiter.

§ 25 Verbot der Beschäftigung durch bestimmte Personen

(1) Personen, die
1. wegen eines Verbrechens zu einer Freiheitsstrafe von mindestens zwei Jahren,
2. wegen einer vorsätzlichen Straftat, die sie unter Verletzung der ihnen als Arbeitgeber, Ausbildender oder Ausbilder obliegenden Pflichten zum Nachteil von Kindern oder Jugendlichen begangen haben, zu einer Freiheitsstrafe von mehr als drei Monaten,
3. wegen einer Straftat nach den §§ 109h, 171, 174 bis 184i, 225, 232 bis 233a des Strafgesetzbuches,
4. wegen einer Straftat nach dem Betäubungsmittelgesetz oder
5. wegen einer Straftat nach dem Jugendschutzgesetz oder nach dem Gesetz über die Verbreitung jugendgefährdender Schriften wenigstens zweimal

rechtskräftig verurteilt worden sind, dürfen Jugendliche nicht beschäftigen sowie im Rahmen eines Rechtsverhältnisses im Sinne des § 1 nicht beaufsichtigen, nicht anweisen, nicht ausbilden und nicht mit der Beaufsichtigung, Anweisung oder Ausbildung von Jugendlichen beauftragt werden. Eine Verurteilung bleibt außer Betracht, wenn seit dem Tag ihrer Rechtskraft fünf Jahre verstrichen sind. Die Zeit, in welcher der Täter auf behördliche Anordnung in einer Anstalt verwahrt worden ist, wird nicht eingerechnet.

(2) Das Verbot des Absatzes 1 Satz 1 gilt auch für Personen, gegen die wegen einer Ordnungswidrigkeit nach § 58 Abs. 1 bis 4 wenigstens dreimal eine Geldbuße rechtskräftig festgesetzt worden ist. Eine Geldbuße bleibt außer Betracht, wenn seit dem Tag ihrer rechtskräftigen Festsetzung fünf Jahre verstrichen sind.

(3) Das Verbot des Absatzes 1 und 2 gilt nicht für die Beschäftigung durch die Personensorgeberechtigten.

1 Während die Beschäftigungsverbote nach den §§ 22 bis 24 JArbSchG an die Gesundheitsgefährdung durch bestimmte Arbeiten anknüpfen, geht es bei § 25 JArbSchG darum, dass bestimmte Personen Jugendliche nicht beschäftigen oder ausbilden sollen, und zwar solche Personen, die sich aufgrund bestimmter Straftaten oder Ordnungswidrigkeiten persönlich ungeeignet scheinen. Das Verbot richtet sich nicht nur an den Arbeitgeber, sondern an die konkreten Personen, die Jugendliche anweisen, ausbilden oder beschäftigen sollen.[239] Bei juristischen Personen (GmbH, AG, Verein usw.) ist das offensichtlich. Es kommt nicht auf den Arbeitgeber, die juristische Person, an, sondern auf die konkret handelnden Personen. Das Beschäftigungsverbot gilt jedoch nicht für die Beschäftigung durch die Personensorgeberechtigten (§ 25 Abs. 3 JArbSchG). § 25 JArbSchG wird ergänzt durch die mögliche Anordnung **behördlicher personenbezogener Beschäftigungsverbote** (§ 27 Abs. 2 JArbSchG), die – anders § 25 JArbSchG – keine strafrechtliche Verurteilung voraussetzt. **Zuwiderhandlungen** gegen § 25 JArbSchG sind **Ordnungswidrigkeiten** und können mit einer Geldbuße geahndet werden (§ 58 Abs. 2 JArbSchG), unter Umständen sind sie sogar strafbar (§ 58 Abs. 5 und 6 JArbSchG).

2 Voraussetzung für das Eingreifen des Beschäftigungsverbots ist eine **rechtskräftige Verurteilung** wegen einer in § 25 Abs. 1 Satz 1 Nr. 1 bis 5 JArbSchG genannten Straftat. Ein Ermittlungsverfahren wegen einer solchen Tat reicht nicht. Eine Verurteilung bleibt außer Betracht, wenn seit dem Tag ihrer Rechtskraft **fünf Jahre** verstrichen sind (§ 25 Abs. 1 Satz 2 JArbSchG). Die Zeit, in welcher der Täter auf behördliche Anordnung in einer Anstalt verwahrt worden ist, wird nicht eingerechnet (§ 25 Abs. 1 Satz 3 JArbSchG).

3 Das Beschäftigungsverbot gilt für Personen, die rechtskräftig wegen eines Verbrechens zu einer Freiheitsstrafe von mindestens zwei Jahren verurteilt worden sind (§ 25 Abs. 1 Satz 1 Nr. 1 JArbSchG). Bei einer vorsätzlichen Straftat, die sie unter Verletzung der ihnen als Arbeitgeber, Ausbildender oder Ausbilder obliegenden Pflichten zum Nachteil von Kindern oder Jugendlichen begangen haben, müssen sie zu einer Freiheitsstrafe von mehr als drei Monaten verurteilt worden sein (§ 25 Abs. 1 Satz 1 Nr. 2 JArbSchG). Eine bestimmte Mindestfreiheitsstrafe ist nicht Voraussetzung bei den in § 25 Abs. 1 Satz 1 Nr. 3 bis 5 JArbSchG genannten Straftaten. § 25 Abs. 1 Satz 1 Nr. 4 JArbSchG betrifft Straftaten nach dem Betäubungsmittelgesetz. § 25 Abs. 1 Satz 1 Nr. 5 JArbSchG betrifft Straftaten nach dem Jugendschutzgesetz oder nach dem Gesetz über die Verbreitung jugendgefährdender Schriften, hier muss eine Verurteilung wenigstens zweimal erfolgt sein. Die in § 25 Abs. 1 Satz 1 Nr. 3 JArbSchG aufgeführten Straftaten sind folgende:
- Anwerben für einen fremden Wehrdienst (§ 109h StGB)

---

239   ErfK/*Schlachter* § 25 JArbSchG Rn. 1.

- Verletzung der Fürsorge- oder Erziehungspflicht (§ 171 StGB)
- Sexueller Missbrauch von Schutzbefohlenen (§ 174 StGB)
- Sexueller Missbrauch von Gefangenen, behördlich Verwahrten oder Kranken und Hilfsbedürftigen in Einrichtungen (§ 174a StGB)
- Sexueller Missbrauch unter Ausnutzung einer Amtsstellung (§ 174b StGB)
- Sexueller Missbrauch unter Ausnutzung eines Beratungs-, Behandlungs- oder Betreuungsverhältnisses (§ 174c StGB)
- Sexueller Missbrauch von Kindern unter 14 Jahren (§ 176 StGB)
- Schwerer sexueller Missbrauch von Kindern (§ 176a StGB)
- Sexueller Missbrauch von Kindern mit Todesfolge (§ 176b StGB)
- Sexueller Übergriff, sexuelle Nötigung; Vergewaltigung (§ 177 StGB)
- Sexueller Übergriff, sexuelle Nötigung und Vergewaltigung mit Todesfolge (§ 178 StGB)
- Förderung sexueller Handlungen Minderjähriger (§ 180 StGB)
- Ausbeutung von Prostituierten (§ 180a StGB)
- Zuhälterei (§ 181a StGB)
- Sexueller Missbrauch von Jugendlichen (§ 182 StGB)
- Exhibitionistische Handlungen (§ 183 StGB)
- Erregung öffentlichen Ärgernisses (§ 183a StGB)
- Verbreitung pornographischer Schriften (§ 184 StGB)
- Verbreitung gewalt- oder tierpornographischer Schriften (§ 184a StGB)
- Verbreitung, Erwerb und Besitz kinderpornographischer Schriften (§ 184b StGB)
- Verbreitung, Erwerb und Besitz jugendpornographischer Schriften (§ 184c StGB)
- Verbreitung pornographischer Darbietungen durch Rundfunk, Medien- oder Teledienste (§ 184d StGB)
- Ausübung der verbotenen Prostitution (§ 184e StGB)
- Jugendgefährdende Prostitution (§ 184f StGB)
- Sexuelle Belästigung (§ 184i StGB)
- Misshandlung von Schutzbefohlenen (§ 225 StGB)
- Menschenhandel zum Zwecke der sexuellen Ausbeutung (§ 232 StGB)
- Menschenhandel zum Zwecke der Ausbeutung der Arbeitskraft (§ 233 StGB)
- Förderung des Menschenhandels (§ 233a StGB)

Wurde gegen einen Arbeitgeber oder einen Ausbilder eine Geldbuße **we-** **4** **gen einer Ordnungswidrigkeit nach § 58 Abs. 1 bis 4 JArbSchG wenigstens dreimal rechtskräftig verhängt,** gilt das Verbot der Beschäftigung, Anweisung und Ausbildung von Jugendlichen entsprechend (§ 25 Abs. 2 Satz 1 JArbSchG). Eine Geldbuße bleibt außer Betracht, wenn seit dem Tag ihrer rechtskräftigen Festsetzung fünf Jahre verstrichen sind (§ 25 Abs. 2 Satz 2 JArbSchG).

§ 26   Ermächtigungen

Das Bundesministerium für Arbeit und Soziales kann zum Schutz der Jugendlichen gegen Gefahren für Leben und Gesundheit sowie zur Vermeidung einer Beeinträchtigung der körperlichen oder seelisch-geistigen Entwicklung durch Rechtsverordnung mit Zustimmung des Bundesrates

1. die für Kinder, die der Vollzeitschulpflicht nicht mehr unterliegen, geeigneten und leichten Tätigkeiten nach § 7 Satz 1 Nr. 2 und die Arbeiten nach § 22 Abs. 1 und den §§ 23 und 24 näher bestimmen,

2. über die Beschäftigungsverbote in den §§ 22 bis 25 hinaus die Beschäftigung Jugendlicher in bestimmten Betriebsarten oder mit bestimmten Arbeiten verbieten oder beschränken, wenn sie bei diesen Arbeiten infolge ihres Entwicklungsstands in besonderem Maß Gefahren ausgesetzt sind oder wenn das Verbot oder die Beschränkung der Beschäftigung infolge der technischen Entwicklung oder neuer arbeitsmedizinischer oder sicherheitstechnischer Erkenntnisse notwendig ist.

§ 27   Behördliche Anordnungen und Ausnahmen

(1) Die Aufsichtsbehörde kann in Einzelfällen feststellen, ob eine Arbeit unter die Beschäftigungsverbote oder -beschränkungen der §§ 22 bis 24 oder einer Rechtsverordnung nach § 26 fällt. Sie kann in Einzelfällen die Beschäftigung Jugendlicher mit bestimmten Arbeiten über die Beschäftigungsverbote und -beschränkungen der §§ 22 bis 24 und einer Rechtsverordnung nach § 26 hinaus verbieten oder beschränken, wenn diese Arbeiten mit Gefahren für Leben, Gesundheit oder für die körperliche oder seelischgeistige Entwicklung der Jugendlichen verbunden sind.

(2) Die zuständige Behörde kann

1. den Personen, die die Pflichten, die ihnen kraft Gesetzes zugunsten der von ihnen beschäftigten, beaufsichtigten, angewiesenen oder auszubildenden Kinder und Jugendlichen obliegen, wiederholt oder gröblich verletzt haben,

2. den Personen, gegen die Tatsachen vorliegen, die sie in sittlicher Beziehung zur Beschäftigung, Beaufsichtigung, Anweisung oder Ausbildung von Kindern und Jugendlichen ungeeignet erscheinen lassen,

verbieten, Kinder und Jugendliche zu beschäftigen oder im Rahmen eines Rechtsverhältnisses im Sinne des § 1 zu beaufsichtigen, anzuweisen oder auszubilden.

(3) Die Aufsichtsbehörde kann auf Antrag Ausnahmen von § 23 Abs. 1 Nr. 2 und 3 für Jugendliche über 16 Jahre bewilligen,

1. wenn die Art der Arbeit oder das Arbeitstempo eine Beeinträchtigung der Gesundheit oder der körperlichen oder seelisch-geistigen Entwicklung des Jugendlichen nicht befürchten lassen und

2. wenn eine nicht länger als vor drei Monaten ausgestellte ärztliche Bescheinigung vorgelegt wird, nach der gesundheitliche Bedenken gegen die Beschäftigung nicht bestehen.

Inhaltsübersicht Rn.
1. Überblick 1
2. Feststellender Verwaltungsakt 2
3. Behördliche Beschäftigungsverbote oder Beschäftigungsbeschränkungen 3– 5
4. Behördliche Ausnahmebewilligung 6–10

1. Überblick

§ 27 JArbSchG betrifft verschiedene Fallkonstellationen, in denen die **Aufsichtsbehörde** bestimmte Anordnungen oder Ausnahmen erlassen darf. Die Aufsichtsbehörde entscheidet dabei entweder von Amts wegen oder aber auf Antrag, jedenfalls durch **Verwaltungsakt**.[240] Dagegen sind die im Verwaltungsstreitverfahren vorgesehenen Rechtsschutzmöglichkeiten gegeben (Widerspruch, Klage). **Zuwiderhandlungen** gegen bestandskräftige vollziehbare Anordnungen der Aufsichtsbehörde nach § 27 Abs. 1 Satz 2, Abs. 2 und 3 JArbSchG sind **Ordnungswidrigkeiten** und können mit einer Geldbuße geahndet werden (§ 58 Abs. 1 Nr. 27, 28 JArbSchG), unter Umständen sind sie sogar strafbar (§ 58 Abs. 5 und 6 JArbSchG).

2. Feststellender Verwaltungsakt

Die Aufsichtsbehörde kann in Einzelfällen auf Antrag oder von Amts wegen feststellen, ob eine Arbeit unter die Beschäftigungsverbote oder -beschränkungen der §§ 22 bis 24 oder einer Rechtsverordnung nach § 26 fällt (§ 27 Abs. 1 Satz 1 JArbSchG). Hierbei geht es um einen **feststellenden Verwaltungsakt**, der der Rechtsklarheit dient, aber gegebenenfalls (nach Widerspruch und Klage) der gerichtlichen Kontrolle unterliegt. Eine Entscheidung der Aufsichtsbehörde kann jeder Betroffene herbeiführen. Das sind die Arbeitgeber, die beschäftigten Jugendlichen, vertreten durch die Personensorgeberechtigten. Die Jugend- und Auszubildendenvertretungen, Betriebs- und Personalräte haben kein eigenes Antragsrecht, weil sie nicht unmittelbar in eigenen Rechten betroffen sind.

1

2

---

240 ErfK/*Schlachter* § 27 JArbSchG Rn. 2.

3. Behördliche Beschäftigungsverbote oder Beschäftigungsbeschränkungen

3 Die Aufsichtsbehörde kann in Einzelfällen die Beschäftigung Jugendlicher mit bestimmten Arbeiten über die Beschäftigungsverbote und -beschränkungen der §§ 22 bis 24 und einer Rechtsverordnung nach § 26 hinaus verbieten oder beschränken, wenn diese Arbeiten mit Gefahren für Leben, Gesundheit oder für die körperliche oder seelischgeistige Entwicklung der Jugendlichen verbunden sind (§ 27 Abs. 1 Satz 2 JArbSchG). Hierbei geht es um Anordnungen, um **behördliche Beschäftigungsverbote oder Beschäftigungsbeschränkungen.**

4 Die zuständige Behörde kann bestimmten **Personen verbieten, Kinder und Jugendliche zu beschäftigen** oder im Rahmen eines Rechtsverhältnisses im Sinne des § 1 JArbSchG zu beaufsichtigen, anzuweisen oder auszubilden. Dabei geht es zum einen um Personen, die die Pflichten, die ihnen kraft Gesetzes zugunsten der von ihnen beschäftigten, beaufsichtigten, angewiesenen oder auszubildenden Kinder und Jugendlichen obliegen, wiederholt oder gröblich verletzt haben (§ 27 Abs. 2 Nr. 1 JArbSchG), zum anderen um Personen, gegen die Tatsachen vorliegen, die sie in sittlicher Beziehung zur Beschäftigung, Beaufsichtigung, Anweisung oder Ausbildung von Kindern und Jugendlichen ungeeignet erscheinen lassen (§ 27 Abs. 2 Nr. 2 JArbSchG). Hierbei geht es um **behördliche personenbezogene Beschäftigungsverbote.** Diese Möglichkeit der Aufsichtsbehörde ergänzt einerseits § 25 JArbSchG, ist andererseits aber unabhängig von einer strafrechtlichen Verurteilung des Arbeitgebers, Ausbilders oder anderer Personen, die in § 25 JArbSchG jeweils vorausgesetzt wird.

5 Für welchen Zeitraum und in welchem Umfang die Aufsichtsbehörde das Verbot der Beschäftigung von Kindern und Jugendlichen ausspricht, steht in ihrem **Ermessen.**[241] Das Verbot kann auch über die von § 25 JArbSchG vorgesehenen fünf Jahre hinausgehen, muss aber von der Behörde bei unbestimmter Dauer überprüft werden, wenn über die betreffende Person längere Zeit nichts Nachteiliges bekannt geworden ist.[242]

4. Behördliche Ausnahmebewilligung

6 Die **Aufsichtsbehörde kann auf Antrag Ausnahmen von den Beschäftigungsverboten** des § 23 Abs. 1 Nr. 2 und 3 für Jugendliche über 16 Jahre **bewilligen,** wenn die in § 27 Abs. 3 JArbSchG genannten Voraussetzungen vorliegen. Voraussetzung für die Ausnahmebewilligung ist zum einen, dass die Art der Arbeit oder das Arbeitstempo eine Beeinträchtigung der Gesundheit

---

241 BVerwG 14. 12. 1972, 5 C 47/72, BVerwGE 41, 286, 291.
242 BVerwG 14. 12. 1972, 5 C 47/72, BVerwGE 41, 286, 291.

oder der körperlichen oder seelisch-geistigen Entwicklung des Jugendlichen nicht befürchten lassen (§ 27 Abs. 3 Nr. 1 JArbSchG) und zum zweiten muss eine ärztliche Bescheinigung vorgelegt werden, die nicht länger als vor drei Monaten ausgestellt worden ist, nach der gesundheitliche Bedenken gegen die Beschäftigung nicht bestehen (§ 27 Abs. 3 Nr. 2 JArbSchG). Liegen diese Voraussetzungen vor, besteht gleichwohl kein Rechtsanspruch auf die Erteilung der Ausnahmebewilligung, vielmehr entscheidet die Behörde nach pflichtgemäßem **Ermessen** (»kann … bewilligen«).

Voraussetzung für die Erteilung einer Ausnahmebewilligung ist nicht nur, **7** dass die Art der Arbeit oder das Arbeitstempo eine Beeinträchtigung der Gesundheit oder der körperlichen oder seelisch-geistigen Entwicklung des Jugendlichen nicht befürchten lassen. Hinzukommen muss, dass eine nicht länger als vor drei Monaten ausgestellte ärztliche Bescheinigung vorgelegt wird, nach der gesundheitliche Bedenken gegen die Beschäftigung nicht bestehen. Eine **Ausnahme vom Verbot der Akkordarbeit** (§ 23 Abs. 1 Nr. 1 JArbSchG) ist **nicht zulässig.**

Während die Entscheidung nach § 27 Abs. 1 und 2 JArbSchG auch von Amts **8** wegen, also auf Initiative der Aufsichtsbehörde, ergehen kann, ist in § 27 Abs. 3 JArbSchG zwingend ein **Antragserfordernis** geregelt (»auf Antrag«). Den Antrag kann der Arbeitgeber (§ 3 JArbSchG) stellen, aber auch der Jugendliche, vertreten durch seine Personensorgeberechtigten.

Dem Antrag ist eine **ärztliche Bescheinigung** beizufügen, nach der gesund- **9** heitliche Bedenken gegen die Beschäftigung des betreffenden Jugendlichen nicht bestehen. Die ärztliche Bescheinigung muss für jeden einzelnen Jugendlichen, für den eine Ausnahmegenehmigung beantragt wird, vorgelegt werden. Das heißt, jeder Jugendliche muss einzeln untersucht und für jeden Jugendlichen muss die Unbedenklichkeit von einem Arzt bescheinigt worden sein. Es ist also auf die individuelle Leistungsfähigkeit des einzelnen Jugendlichen abzustellen. Die Aufsichtsbehörde hat deshalb stets zu prüfen, ob die Bescheinigung des Arztes positiv die Aussage enthält, dass gegen die Beschäftigung der einzelnen – namentlich genannten – Jugendlichen keine gesundheitlichen Bedenken bestehen. Pauschale Urteile eines Arztes reichen nicht aus. Auch aus der Vorgabe, dass die ärztliche Bescheinigung nicht älter als drei Monate sein darf, geht die Bedeutung des geschützten Rechtsgutes Gesundheit und damit die körperliche und seelisch-geistige Entwicklung der Jugendlichen hervor. Es folgt daraus mittelbar, dass in aller Regel die Aufsichtsbehörde die Ausnahmegenehmigung befristet auszustellen hat, damit nach Ablauf von weiteren drei Monaten erneut eine ärztliche Untersuchung die Unbedenklichkeit der Tätigkeit feststellen kann. Dass die **Ausnahmebewilligung befristet zu erteilen** ist, folgt zudem aus § 54 JArbSchG, der ergänzend anzuwenden ist. § 54 JArbSchG gilt für sämtliche Ausnahmebewilligungen nach dem Jugendarbeitsschutzgesetz, also auch für § 27 Abs. 3 JArbSchG.

10 Wird die Ausnahmebewilligung *nicht* erteilt, hat der Antragsteller **Rechtsschutzmöglichkeiten** (Widerspruch, Klage). Ergeht die Ausnahmebewilligung antragsgemäß, stehen die Rechtsschutzmöglichkeiten (Widerspruch, Klage) demjenigen zu, der durch die Entscheidung beschwert ist. Das ist der Jugendliche, vertreten durch die Personensorgeberechtigten, wenn Antragsteller der Arbeitgeber war. Der Betriebs- oder Personalrat oder die Jugend- und Auszubildendenvertretung hat keine Anfechtungsmöglichkeiten, weil es nicht um deren eigene Rechtspositionen geht.

Dritter Titel
Sonstige Pflichten des Arbeitgebers

§ 28   Menschengerechte Gestaltung der Arbeit

(1) Der Arbeitgeber hat bei der Einrichtung und der Unterhaltung der Arbeitsstätte einschließlich der Maschinen, Werkzeuge und Geräte und bei der Regelung der Beschäftigung die Vorkehrungen und Maßnahmen zu treffen, die zum Schutz der Jugendlichen gegen Gefahren für Leben und Gesundheit sowie zur Vermeidung einer Beeinträchtigung der körperlichen oder seelisch-geistigen Entwicklung der Jugendlichen erforderlich sind. Hierbei sind das mangelnde Sicherheitsbewusstsein, die mangelnde Erfahrung und der Entwicklungsstand der Jugendlichen zu berücksichtigen und die allgemein anerkannten sicherheitstechnischen und arbeitsmedizinischen Regeln sowie die sonstigen gesicherten arbeitswissenschaftlichen Erkenntnisse zu beachten.

(2) Das Bundesministerium für Arbeit und Soziales kann durch Rechtsverordnung mit Zustimmung des Bundesrates bestimmen, welche Vorkehrungen und Maßnahmen der Arbeitgeber zur Erfüllung der sich aus Absatz 1 ergebenden Pflichten zu treffen hat.

(3) Die Aufsichtsbehörde kann in Einzelfällen anordnen, welche Vorkehrungen und Maßnahmen zur Durchführung des Absatzes 1 oder einer vom Bundesministerium für Arbeit und Soziales gemäß Absatz 2 erlassenen Verordnung zu treffen sind.

Inhaltsübersicht   Rn.
1. Überblick 1– 2
2. Maßnahmen und Vorkehrungen des Arbeitgebers 3– 8
3. Anordnungen der Aufsichtsbehörde   9–10

1. Überblick

Jugendliche bedürfen eines besonders starken Schutzes vor Gesundheitsgefahren. § 28 JArbSchG will dies dadurch absichern, dass dem **Arbeitgeber** bestimmte Pflichten bei der menschengerechten Gestaltung der Arbeit auferlegt werden. Der Arbeitgeber hat nicht nur die Maschinen, Geräte und Werkzeuge auf mögliche Gefährdungen zu überprüfen, sondern auch sonstige Maßnahmen und Vorkehrungen zu treffen, um Gesundheitsbeeinträchtigungen für Jugendliche zu verhindern. § 28 Abs. 2 JArbSchG regelt eine **Verordnungsermächtigung** und § 28 Abs. 3 JArbSchG berechtigt die **Aufsichtsbehörde** im Einzelfall, bestimmte Anordnungen zu erlassen. Ergänzend sind § 28a, § 29 und § 31 JArbSchG zu beachten. **1**

Eine zentrale Rolle im Arbeitsschutz haben auch die **Betriebs- und Personalräte**, die in diesem Bereich ein Mitbestimmungsrecht haben (§ 87 Abs. 1 Nr. 7 BetrVG; § 75 Abs. 3 Nr. 11, 16 BPersVG). Weitere Mitbestimmungsrechte stehen dem Betriebsrat nach § 90 und § 91 BetrVG zu (Personalrat: § 68 Abs. 2, § 81 Abs. 2 BPersVG). Im öffentlichen Dienst der Bundesländer ergeben sich die Mitbestimmungsrechte aus den Personalvertretungsgesetzen der Bundesländer. **2**

2. Maßnahmen und Vorkehrungen des Arbeitgebers

Der Arbeitgeber hat nach § 28 Abs. 1 Satz 1 JArbSchG **3**
- bei der Einrichtung und der Unterhaltung der Arbeitsstätte einschließlich der Maschinen, Werkzeuge und Geräte und
- bei der Regelung der Beschäftigung die Vorkehrungen und Maßnahmen zu treffen,
- die zum Schutz der Jugendlichen gegen Gefahren für Leben und Gesundheit sowie
- zur Vermeidung einer Beeinträchtigung der körperlichen oder seelisch-geistigen Entwicklung der Jugendlichen

erforderlich sind.
Hierbei sind nach § 28 Abs. 1 Satz 2 JArbSchG
- das mangelnde Sicherheitsbewusstsein,
- die mangelnde Erfahrung und
- der Entwicklungsstand der Jugendlichen

zu berücksichtigen und
- die allgemein anerkannten sicherheitstechnischen und arbeitsmedizinischen Regeln sowie
- die sonstigen gesicherten arbeitswissenschaftlichen Erkenntnisse

zu beachten.
Als **Maßnahmen und Vorkehrungen** kommen in Betracht: **4**

- Abwendung besonderer Belastungen durch Gestaltung des Arbeitsplatzes nach Körpermaßen und -kräften;
- Abwendung von Hebearbeit durch technische Mittel (Kran, Gabelstapler);
- Abwendung von Tragearbeit durch Transportmittel;
- Abwendung von Haltearbeit durch technische Mittel (Stützen, selbsthaltende Zangen);
- Abwendung von besonders belastenden Körperhaltungen wie kriechen, bücken, knien, auf einem Bein stehen, Über-Kopf-Arbeit durch nicht belastende Körperhaltungen wie sitzen, aufrecht stehen; Anbringen von Schutzgittern zur Vermeidung von Abstürzen oder Verletzungen durch umherfliegende Gegenstände oder sich bewegende Fahrzeuge;
- zeitliche Begrenzung der belastenden Tätigkeiten; Abbau von Nachtschichten;
- Ersatz gesundheitsschädlicher Werkstoffe durch unschädliche;
- Beseitigung von Staub, Lärm, Gasen, Nebeln, Dämpfen, Erschütterungen, Strahlungen, Wärme, Blendung, Lichtmangel an der Entstehungsquelle.

5   Als **Maßnahmen zur Milderung**, also teilweisen Aufhebung der Belastung kommen in Betracht:
- Erholungspausen, entsprechend der Belastung;
- Verkürzung von Belastungen durch Ablösung;
- Arbeitswechsel;
- Verringerung von Unterbelastung durch Ausgleichstätigkeit;
- Berücksichtigung konstitutioneller Faktoren beim Arbeitseinsatz;
- Vermeidung sozialer Isolierung;
- Vorsorge- und Überwachungsuntersuchung für solche Arbeitnehmer, die besonderen Belastungen ausgesetzt sind;
- Einsatz von Blendschutz, Brillen, Lupen, Gehörschutz; Nutzung körpergerechter Schutzkleidung.

6   Als **Ausgleichsmaßnahmen** können herangezogen werden:
- Zusatzurlaub (zum Beispiel bei Arbeiten mit Röntgenstrahlen);
- Verkürzung der Tätigkeitszeit;
- erhöhte Freizeit;
- das Stellen von Wechselkleidung;
- das Stellen von Körperschutzmitteln;
- das Stellen von Getränken bei extremen klimatischen Bedingungen;
- die Einrichtung von Ruheräumen;
- die Einrichtung von Bädern, Duschräumen, Massageräumen;
- das Stellen von Zwischenverpflegung, die die Belastung unmittelbar ausgleicht;
- Aufstellen von Ventilatoren und Verdunstungsapparaten;
- Aufstellen von Regenschutz bei Arbeiten im Freien;
- Einrichten von Wärmestellen bei Arbeiten im Freien bei Kälte;

• Lohnzuschläge (zum Beispiel Lärmzulage; arbeitswissenschaftlich verfehlt und nur anzuwenden, wenn keine andere Ausgleichsmöglichkeit besteht).

Im Einzelfall kommt es nicht nur auf die Belastung und Gefährdung durch **7** Maschinen, Werkzeuge und Geräte an. Im Rahmen des § 28 JArbSchG ist auch die Verpflichtung des Arbeitgebers gegeben, die **Arbeitsbedingungen den Gesundheitsgefahren anzupassen.** Das gebietet, die gesamte Tätigkeit der Jugendlichen einschließlich Dauer, zeitliche Lage und Belastung durch die Arbeit, Schichteinteilung und das Tragen von Arbeitsschutzkleidung in die Prüfung mit einzubeziehen. Das kann bedeuten, dass eine besondere Regelung über Beginn und Ende sowie über die Dauer und Lage der täglichen Arbeitszeit getroffen werden und Pausen von angemessener Dauer über die Mindestbestimmungen des § 11 JArbSchG hinaus gewährt werden müssen.

Bei der Pflicht des Arbeitgebers, die **notwendigen Gesundheits- Schutz-** **8** **maßnahmen** zu ergreifen, kommt es nicht auf die finanzielle Leistungsfähigkeit des Betriebs an. Es können also nicht nur »angemessene Maßnahmen« zur Abwendung der Gefahren für Jugendliche vom Arbeitgeber verlangt werden, sondern die Grenze für die Verpflichtung des Arbeitgebers ist danach zu beurteilen, welche Maßnahmen zum Schutz der Jugendlichen **erforderlich und technisch möglich** sind. So kann sich ein Arbeitgeber nicht auf finanzielles Unvermögen berufen oder unter Hinweis auf hohe Kosten eine Maßnahme ablehnen, die zum Schutz der Jugendlichen in anderen Betrieben vorgenommen wird und im Rahmen des § 28 Abs. 1 JArbSchG notwendig ist.

3. Anordnungen der Aufsichtsbehörde

Die Aufsichtsbehörde kann **im Einzelfall** anordnen, welche Vorkehrungen **9** und Maßnahmen zu treffen sind, um dem Gebot des § 28 Abs. 1 JArbSchG genüge zu tun. Der Begriff des Einzelfalls bezieht sich auch auf den Betrieb, so dass auch mehrere Jugendliche von den behördlichen Anordnungen betroffen sein können, zum Beispiel auch alle Jugendlichen eines einzelnen Betriebs oder, wenn die Maßnahme in mehreren ähnlichen Betrieben erforderlich ist, für alle Jugendlichen dieser Betriebe. Die Aufsichtsbehörde handelt im Rahmen ihres Opportunitätsprinzips, das heißt, sie kann einschreiten, muss es aber nicht (pflichtgemäßes Ermessen).

Zuwiderhandlungen gegen bestandskräftige vollziehbare Anordnungen der **10** Aufsichtsbehörde nach § 28 Abs. 3 JArbSchG sind **Ordnungswidrigkeiten** und können mit einer Geldbuße geahndet werden (§ 58 Abs. 1 Nr. 27 JArbSchG), unter Umständen sind sie sogar strafbar (§ 58 Abs. 5 und 6 JArbSchG).

§ 28a Beurteilung der Arbeitsbedingungen

Vor Beginn der Beschäftigung Jugendlicher und bei wesentlicher Änderung der Arbeitsbedingungen hat der Arbeitgeber die mit der Beschäftigung verbundenen Gefährdungen Jugendlicher zu beurteilen. Im übrigen gelten die Vorschriften des Arbeitsschutzgesetzes.

1 Der Arbeitgeber hat vor Beginn der Beschäftigung eines Jugendlichen eine Gefährdungsbeurteilung des entsprechenden Arbeitsplatzes vorzunehmen. Das gilt auch bei wesentlichen Änderungen der Arbeitsbedingungen. Die Bestimmung korrespondiert mit § 29 JArbSchG, der den Arbeitgeber verpflichtet, Jugendliche vor Beginn der Beschäftigung im Einzelnen über mögliche Gefahren zu unterweisen. Ergänzend zu berücksichtigen sind der für alle Arbeitnehmer im Betrieb geltende § 5 ArbSchG und § 81 BetrVG (vgl. die Informationen im Internet zu Gefährdungsbeurteilungen des Bundesamtes für Arbeitsschutz und Arbeitsmedizin: www.baua.de – Themen von A-Z: Gefährdungsbeurteilung).

2 Die §§ 81–86 BetrVG regeln Mitspracherechte des einzelnen Arbeitnehmers. Die Vorschriften sind dem Arbeitsvertragsrecht zuzuordnen, gelten aber auch für Auszubildende. Sie gelten auch in betriebsratslosen Betrieben.[243] § 81 Abs. 1 Satz 1 BetrVG verpflichtet den Arbeitgeber, den Arbeitnehmer über seinen Aufgabenbereich und seine Verantwortung, darüber hinaus auch über die Bedeutung seiner Tätigkeit im Rahmen des Arbeitsablaufs des Betriebs und mögliche Auswirkungen auf die Umwelt zu unterrichten. § 81 Abs. 1 Satz 2 BetrVG verlangt vom Arbeitgeber »vor Beginn der Beschäftigung« (und später bei Veränderungen im Arbeitsbereich, § 81 Abs. 2 BetrVG) die Belehrung des Arbeitnehmers über Unfall- und Gesundheitsgefahren und deren Abwehr im konkreten Arbeitsbereich des Arbeitnehmers sowie die Bekanntgabe der Beschäftigten, die Aufgaben der Ersten Hilfe, Brandbekämpfung und Evakuierung wahrnehmen (§ 10 Abs. 2 ArbSchG). Entsprechendes gilt für den betrieblichen Umweltschutz, bei dem es ebenfalls um den Schutz der im Betrieb tätigen Personen vor Unfall- und Gesundheitsgefahren geht (vgl. § 29 JArbSchG).

3 Der Arbeitgeber hat durch eine Beurteilung der für die Beschäftigten mit ihrer Arbeit verbundenen Gefährdung zu ermitteln, welche Maßnahmen des Arbeitsschutzes erforderlich sind (§ 5 Abs. 1 ArbSchG). Daraus folgt in Verbindung mit § 618 BGB ein individualrechtlicher Anspruch der Arbeitnehmer auf **Gefährdungsbeurteilung**.[244] Der Arbeitgeber die Beschäftigten über Sicherheit und Gesundheitsschutz bei der Arbeit während ihrer Arbeitszeit ausreichend und angemessen zu unterweisen (§ 12 Abs. 1 Satz 1

---

243 DKKW-*Buschmann* BetrVG § 81 Rn. 4.
244 BAG 12.8.2008, 9 AZR 1117/06, NZA 2009, 102.

ArbSchG). Die Unterweisung umfasst Anweisungen und Erläuterungen, die eigens auf den Arbeitsplatz oder den Aufgabenbereich der Beschäftigten ausgerichtet sind (§ 12 Abs. 1 Satz 2 ArbSchG). Die Unterweisung muss bei der Einstellung, bei Veränderungen im Aufgabenbereich, der Einführung neuer Arbeitsmittel oder einer neuen Technologie vor Aufnahme der Tätigkeit der Beschäftigten erfolgen (§ 12 Abs. 1 Satz 3 ArbSchG). Die Unterweisung muss an die Gefährdungsentwicklung angepasst sein und erforderlichenfalls regelmäßig wiederholt werden. (§ 12 Abs. 1 Satz 4 ArbSchG). Bei einer Arbeitnehmerüberlassung trifft die Pflicht zur Unterweisung den Entleiher (§ 12 Abs. 2 Satz 1 ArbSchG). Er hat die Unterweisung unter Berücksichtigung der Qualifikation und der Erfahrung der Personen, die ihm zur Arbeitsleistung überlassen werden, vorzunehmen (§ 12 Abs. 2 Satz 2 ArbSchG). Die sonstigen Arbeitsschutzpflichten des Verleihers bleiben unberührt (§ 12 Abs. 2 Satz 3 ArbSchG).

Bei der Gefährdungsbeurteilung hat sich der Arbeitgeber mit dem Betriebsrat oder Personalrat zu beraten (§ 90 Abs. 2 BetrVG, § 81 Abs. 2 BPersVG). Über § 91 BetrVG (§ 75 Abs. 3 Nr. 16 BPersVG) hat der Betriebsrat hier auch ein Mitbestimmungsrecht, in das die Anregungen der Jugend- und Auszubildendenvertretung aufzunehmen sind. § 29 Abs. 3 JArbSchG schreibt im Übrigen die Beteiligung des Betriebsarztes oder der Fachkraft für Arbeitssicherheit vor. **4**

§ 29   Unterweisung über Gefahren

(1) Der Arbeitgeber hat die Jugendlichen vor Beginn der Beschäftigung und bei wesentlicher Änderung der Arbeitsbedingungen über die Unfall- und Gesundheitsgefahren, denen sie bei der Beschäftigung ausgesetzt sind, sowie über die Einrichtungen und Maßnahmen zur Abwendung dieser Gefahren zu unterweisen. Er hat die Jugendlichen vor der erstmaligen Beschäftigung an Maschinen oder gefährlichen Arbeitsstellen oder mit Arbeiten, bei denen sie mit gesundheitsgefährdenden Stoffen in Berührung kommen, über die besonderen Gefahren dieser Arbeiten sowie über das bei ihrer Verrichtung erforderliche Verhalten zu unterweisen.

(2) Die Unterweisungen sind in angemessenen Zeitabständen, mindestens aber halbjährlich, zu wiederholen.

(3) Der Arbeitgeber beteiligt die Betriebsärzte und die Fachkräfte für Arbeitssicherheit an der Planung, Durchführung und Überwachung der für die Sicherheit und den Gesundheitsschutz bei der Beschäftigung Jugendlicher geltenden Vorschriften.

Die Unterweisung des Jugendlichen über die mit seinem zukünftigen Arbeitsplatz verbundenen Unfall- und Gesundheitsgefahren muss vor Beginn der Arbeitsaufnahme erfolgen und in regelmäßigen Abständen wiederholt **1** werden, mindestens aber einmal pro Halbjahr. Die Betriebsärzte und Fachkräfte für Arbeitssicherheit sind zu beteiligen (§ 29 Abs. 3 JArbSchG). **Zuwiderhandlungen** gegen § 29 JArbSchG sind **Ordnungswidrigkeiten** und können mit einer Geldbuße geahndet werden (§ 59 Abs. 1 Nr. 3 JArbSchG).

2   Eine dem § 29 JArbSchG entsprechende Vorschrift enthält der § 12 ArbSchG. Ergänzend gilt § 81 BetrVG (vgl. § 28a Rn. 3). § 81 Abs. 1 Satz 2 BetrVG verlangt vom Arbeitgeber »vor Beginn der Beschäftigung« (und später bei Veränderungen im Arbeitsbereich – § 81 Abs. 2 BetrVG) die Belehrung des Arbeitnehmers über Unfall- und Gesundheitsgefahren und deren Abwehr im konkreten Arbeitsbereich des Arbeitnehmers sowie die Bekanntgabe der Beschäftigten, die Aufgaben der Ersten Hilfe, Brandbekämpfung und Evakuierung wahrnehmen (§ 10 Abs. 2 ArbSchG). Entsprechendes gilt für den betrieblichen Umweltschutz, bei dem es ebenfalls um den Schutz der im Betrieb tätigen Personen vor Unfall- und Gesundheitsgefahren geht. Der Arbeitnehmer ist auch über die Einrichtungen zur Gefahrenabwehr zu informieren und zu deren Benutzung anzuhalten. Dazu gehört zum Beispiel die

- Demonstration von Sicherheitseinrichtungen, deren Bedienung und Wirkungsweise,
- Unterweisung in die sicherheitsgerechte Arbeit an gefährlichen Maschinen,
- Einweisung in die Verwendung persönlicher Schutzausrüstung (Helme, Brillen, Handschuhe, Masken, Rettungsgeräte),
- Belehrung über gefährliche Einwirkungen am Arbeitsplatz (vor allem gefährliche Arbeitsstoffe),
- Information über das Verhalten im Gefahrenfall,
- Erläuterung von Warnsignalen und deren Betätigung,
- Benennung der zuständigen Personen, die bei Unfällen oder Gefahrenlagen zu unterrichten sind,
- Information über vorhandene Schutzeinrichtungen (Sanitätsräume, Unfallhilfsstellen, Notausgänge, Feuerlöscher),
- Information über Reichweite, Inhalt und Bedeutung von Alkohol- und Rauchverboten.

§ 30   Häusliche Gemeinschaft

(1) Hat der Arbeitgeber einen Jugendlichen in die häusliche Gemeinschaft aufgenommen, so muss er

1. **ihm eine Unterkunft zur Verfügung stellen und dafür sorgen, dass sie so beschaffen, ausgestattet und belegt ist und so benutzt wird, dass die Gesundheit des Jugendlichen nicht beeinträchtigt wird, und**
2. **ihm bei einer Erkrankung, jedoch nicht über die Beendigung der Beschäftigung hinaus, die erforderliche Pflege und ärztliche Behand-**

lung zuteil werden lassen, soweit diese nicht von einem Sozialversicherungsträger geleistet wird.

(2) Die Aufsichtsbehörde kann im Einzelfall anordnen, welchen Anforderungen die Unterkunft (Absatz 1 Nr. 1) und die Pflege bei Erkrankungen (Absatz 1 Nr. 2) genügen müssen.

Den Arbeitgeber, der einen Jugendlichen in die häusliche Gemeinschaft aufgenommen hat, treffen **gesteigerte Fürsorgepflichten.** Er muss eine geeignete Unterkunft herrichten und bei einer Erkrankung des Jugendlichen für die ärztliche Versorgung Sorge tragen, sofern dies nicht von einem Sozialversicherungsträger (häusliche Krankenpflege) übernommen wird. Voraussetzung für diese erhöhten Anforderungen an einen Arbeitgeber ist, dass der Jugendliche in die häusliche Gemeinschaft des Arbeitgebers aufgenommen worden ist. Das gilt nicht nur dann, wenn der Jugendliche unmittelbar im Haushalt des Arbeitgebers aufgenommen ist, sondern auch bei Wohnräumen, über die der Arbeitgeber die Verfügungsgewalt, das Belegrecht, hat, sie also den beschäftigten Jugendlichen zur Verfügung stellt (zum Beispiel Wohnheime).[245] Die Pflicht, bei der Erkrankung die Arbeitsvergütung oder Ausbildungsvergütung fortzuzahlen, folgt nicht aus § 30 JArbSchG, sondern aus dem Entgeltfortzahlungsgesetz. **1**

Die Aufsichtsbehörde kann im Einzelfall anordnen, welchen Anforderungen die Unterkunft und die Pflege bei Erkrankungen genügen müssen. **Zuwiderhandlungen** gegen bestandskräftige vollziehbare Anordnungen der Aufsichtsbehörde nach § 30 Abs. 2 JArbSchG sind **Ordnungswidrigkeiten** und können mit einer Geldbuße geahndet werden (§ 58 Abs. 1 Nr. 27 JArbSchG), unter Umständen sind sie sogar strafbar (§ 58 Abs. 5 und 6 JArbSchG). **2**

§ 31   Züchtigungsverbot, Verbot der Abgabe von Alkohol und Tabak

(1) Wer Jugendliche beschäftigt oder im Rahmen eines Rechtsverhältnisses im Sinne des § 1 beaufsichtigt, anweist oder ausbildet, darf sie nicht körperlich züchtigen.

(2) Wer Jugendliche beschäftigt, muss sie vor körperlicher Züchtigung und Misshandlung und vor sittlicher Gefährdung durch andere bei ihm Beschäftigte und durch Mitglieder seines Haushalts an der Arbeitsstätte und in seinem Haus schützen. Soweit deren Abgabe nach § 9 Absatz 1 oder § 10 Absatz 1 und 4 des Jugendschutzgesetzes verboten ist, darf der Arbeitgeber Jugendlichen keine alkoholischen Getränke, Tabakwaren oder anderen dort genannten Erzeugnisse geben.

---

245 *Molitor/Volmer/Germelmann* § 30 Rn. 7 ff; *Taubert* § 30 Rn. 2.

1   § 31 Abs. 1 JArbSchG regelt im Grunde eine Selbstverständlichkeit. Verboten ist jede körperliche Züchtigung durch den Arbeitgeber und die Personen, die den Jugendlichen beaufsichtigen, anweisen oder ausbilden (zum Beispiel Schläge, Tritte, Schubsen). Von dem Verbot gibt es keine Ausnahme. Auch »maßvolle« Züchtigungen aus »erzieherischen« Gründen sind verboten. »Züchtigungen« sind auch verbotene und strafbare Körperverletzungen (§§ 223 ff. StGB). Zurechtweisungen verbaler Art oder »Standpauken« und ähnliches fallen nicht unter das Verbot.[246]

2   § 31 Abs. 2 Satz 1 JArbSchG ergänzt und erweitert das Züchtigungsverbot. Der Arbeitgeber wird verpflichtet, die Jugendlichen auch vor Misshandlungen und sittlicher Gefährdung durch andere bei ihm Beschäftigte oder durch Mitglieder seines Haushaltes an der Arbeitsstätte oder in seinem Haushalt zu schützen.

3   Bemerkt der Arbeitgeber zum Beispiel ständige Hänseleien und Schikanen eines Jugendlichen, hat er die Verpflichtung einzugreifen, denn eine Misshandlung ist nicht nur eine körperliche Beeinträchtigung, vielmehr fallen darunter auch seelische Misshandlungen, Schikanen, Beleidigungen und ähnliches.[247]

4

     § 31 Abs. 2 Satz 2 JArbSchG verweist auf die entsprechenden Vorschriften des Jugendschutzgesetzes und verbietet damit die Abgabe
     • von Tabakwaren, elektronischen Zigaretten und elektronischen Shishas[248] an Jugendliche,
     • von Bier, Wein, weinähnlichen Getränken oder Schaumwein oder Mischungen von Bier, Wein, weinähnlichen Getränken oder Schaumwein mit nichtalkoholischen Getränken an Kinder und Jugendliche unter 16 Jahren sowie
     • von anderen alkoholischen Getränken (früher als »Branntwein« bezeichnet)[249] oder Lebensmittel, die andere alkoholische Getränke in nicht nur geringfügiger Menge enthalten, an Jugendliche über 16 Jahren.
     Unabhängig von § 31 JArbSchG besteht im Rahmen des organisatorisch Möglichen ein **Anspruch auf einen rauchfreien Arbeits- und Ausbildungs-**

---

246   ErfK/*Schlachter* § 31 JArbSchG Rn. 1.

247   ErfK/*Schlachter* § 31 JArbSchG Rn. 1.

248   Das Abgabe- und Konsumverbot von Tabakwaren wurde durch das »Gesetz zum Schutz von Kindern und Jugendlichen vor den Gefahren des Konsums von elektronischen Zigaretten und elektronischen Shishas« vom 3. 3. 2016 (BGBl. I S. 369) auf nikotinhaltige und auch auf nikotinfreie elektronische Zigaretten und elektronische Shishas ausgeweitet; zur Begründung vgl. BT-Drs. 18/6858.

249   Der Begriff »Branntwein« wurde durch das Gesetz zur Auflösung der Bundesmonopolverwaltung für Branntwein und zur Änderung weiterer Gesetze (Branntweinmonopolverwaltung-Auflösungsgesetz) vom 10. 3. 2017 (BGBl. I S. 420) abgeschafft.

platz.[250] Der Arbeitgeber hat die erforderlichen Maßnahmen zu treffen, damit die nicht rauchenden Beschäftigten wirksam vor den Gesundheitsgefahren durch Tabakrauch geschützt sind (§ 5 Arbeitsstättenverordnung). Soweit erforderlich, hat der Arbeitgeber ein allgemeines oder auf einzelne Bereiche der Arbeitsstätte beschränktes Rauchverbot zu erlassen. In **Arbeitsstätten mit Publikumsverkehr** hat der Arbeitgeber solche Schutzmaßnahmen nur insoweit zu treffen, wie die Natur des Betriebs und die Art der Beschäftigung es zulassen. Dies kann dazu führen, dass er nur verpflichtet ist, die Belastung durch Passivrauchen zu minimieren, nicht aber sie gänzlich auszuschließen.[251]

Das Verbot der Abgabe von Tabakwaren, elektronischen Zigaretten und   5
elektronischen Shishas sowie Alkohol gilt auch dann, wenn wegen der Art des Betriebs den Beschäftigten einschließlich der Jugendlichen arbeitsvertraglich alkoholische Getränke oder Tabakwaren oder elektronische Zigaretten oder elektronische Shishas als zusätzliche Leistung des Arbeitgebers zustehen. Er hat dann diese Leistungen in Geld abzugelten.

Das Verbot richtet sich an den Arbeitgeber, es beinhaltet aber auch die Ver-   6
pflichtung des Arbeitgebers zu verhindern, dass andere im Betrieb Beschäftigte Alkohol an Jugendliche abgeben. Der Arbeitgeber muss dafür Sorge tragen, dass Alkohol zum Beispiel nicht durch den Kantinenpächter der Werkskantine an den geschützten Personenkreis abgegeben werden.

Zuwiderhandlungen gegen § 31 Abs. 2 Satz 2 JArbSchG sind **Ordnungs-**   7
widrigkeiten und können mit einer Geldbuße geahndet werden (§ 58 Abs. 1 Nr. 21 JArbSchG), unter Umständen sind sie sogar strafbar (§ 58 Abs. 5 und 6 JArbSchG). Eine spezielle Bußgeld- oder Strafvorschrift für Verstöße gegen das »Züchtigungsverbot« findet sich im Jugendarbeitsschutzgesetz nicht. Dessen bedarf es auch nicht, weil Züchtigungen als Körperverletzungen nach allgemeinem Strafrecht strafbar sind (§§ 223 ff. StGB).

Vierter Titel
Gesundheitliche Betreuung

§ 32 Erstuntersuchung

(1) Ein Jugendlicher, der in das Berufsleben eintritt, darf nur beschäftigt werden, wenn

1. er innerhalb der letzten vierzehn Monate von einem Arzt untersucht worden ist (Erstuntersuchung) und

---

250 BAG 17. 2. 1998, 9 AZR 84/97, NZA 1998, 1231.
251 BAG 10. 5. 2016, 9 AZR 347/15, NZA 2016, 1134.

2. dem Arbeitgeber eine von diesem Arzt ausgestellte Bescheinigung
   vorliegt.

(2) Absatz 1 gilt nicht für eine nur geringfügige oder eine nicht länger als
zwei Monate dauernde Beschäftigung mit leichten Arbeiten, von denen
keine gesundheitlichen Nachteile für den Jugendlichen zu befürchten
sind.

Inhaltsübersicht   Rn.
1. Überblick 1– 3
2. Pflicht zur Erstuntersuchung   4–10
3. Ausnahmen von der Pflicht zur Erstuntersuchung 11–15

1. Überblick

1   In § 32 bis § 45 JArbSchG ist die gesundheitliche Betreuung Jugendlicher
    geregelt. Im Wesentlichen geht es um ärztliche Untersuchungen vor der
    Aufnahme und während einer Beschäftigung. Zweck der ärztlichen Unter-
    suchungen ist es, eine Beschäftigung zu verhindern, der der Jugendliche ge-
    sundheitlich nicht gewachsen ist, sowie einen begleitenden **Gesundheits-
    schutz,** zumindest für das erste Jahr der Beschäftigung, sicherzustellen.
    Die gesetzlichen Regelungen (§ 32 bis § 45 JArbSchG) sind zwingend. Von
    ihnen kann weder durch Tarifvertrag noch durch Betriebsvereinbarung,
    Arbeits- oder Ausbildungsvertrag abgewichen werden.[252] Geregelt ist die
    Pflicht einer ärztlichen Erstuntersuchung vor der Beschäftigungsaufnahme
    (§ 32 JArbSchG) sowie einer Nachuntersuchung nach einem Jahr (§ 33
    JArbSchG). Danach kann sich der Jugendliche von sich aus erneut untersu-
    chen lassen (§ 34 JArbSchG), auf ärztliche Anordnung findet eine außeror-
    dentliche Nachuntersuchung statt (§ 35 JArbSchG). Nähere Vorgaben für
    den Inhalt und die Durchführung der ärztlichen Untersuchungen regelt
    § 37 JArbSchG, die schriftlichen Mitteilungs- und Bescheinigungspflichten
    § 38 JArbSchG. Die ärztlichen Bescheinigungen sind vom Arbeitgeber auf-
    zubewahren (§ 39 JArbSchG). Der Arbeitgeber hat den Jugendlichen unter
    Entgeltfortzahlung für die Untersuchungen freizustellen (§ 43 JArbSchG).
    Die Kosten der Untersuchungen hat das Land zu tragen (§ 44 JArbSchG).

2   Die Notwendigkeit der gesundheitlichen Betreuung und ärztlicher Untersu-
    chungen wird in der Praxis unterschätzt, auch durch die Jugendlichen selbst.
    Die ärztlichen Erst- und Nachuntersuchungen sind eine wesentliche Voraus-
    setzung zur Verhinderung oder zum frühzeitigen Erkennen von Gesund-
    heitsschäden. Die Jugend- und Auszubildendenvertretungen, die Betriebs-
    und Personalräte sollten bei jeder Einstellung von Jugendlichen auch prü-

---

252 *Molitor/Volmer/Germelmann* § 32 Rn. 6; *Taubert* § 32 Rn. 1; *Zmarzlik/Anzinger*
     § 32 Rn. 4.

fen, ob die ärztlichen Untersuchungsergebnisse vorliegen. Die notwendigen Nachuntersuchungen sind dann mittels geeigneter Möglichkeiten, zum Beispiel anhand einer Liste mit den Namen aller Jugendlichen, zu kontrollieren.

Bei Bewertung der Notwendigkeit gesundheitlicher Betreuung ist zu beachten, dass viele Berufskrankheiten, die zur Frühinvalidität führen, durch geeignete und rechtzeitige Untersuchungen häufig verhindert, zumindest aber gemildert werden könnten. Für die nicht mehr Minderjährigen gelten die Vorgaben des Arbeitsschutzgesetzes (ArbSchG). **3**

2. Pflicht zur Erstuntersuchung

Durch das Gebot einer Erstuntersuchung vor Eintritt in das Berufsleben soll sichergestellt werden, etwaige Gesundheitsschäden möglichst frühzeitig zu erkennen. Zudem soll vermieden werden, dass eine Arbeit ergriffen wird, die im Einzelfall zu gesundheitlichen Schäden führen kann. Auch internationale Regelungen, wie die IAO-Übereinkommen Nrn. 77 und 78, befassen sich mit der ärztlichen Betreuung von Jugendlichen und dokumentieren den hohen Stellenwert einer Begutachtung Jugendlicher vor Eintritt in das Berufsleben. **4**

Die Erstuntersuchung ist vor dem erstmaligen **Eintreten »in das Berufsleben«** vorzunehmen. Wechselt der Arbeitgeber, braucht die Erstuntersuchung nicht wiederholt zu werden. Der neue Arbeitgeber muss sich die Bescheinigung über die Erstuntersuchung oder über die erste Nachuntersuchung vorlegen lassen (§ 36 JArbSchG). Die Pflicht zur Erstuntersuchung ist beschränkt auf **Jugendliche**, also auf unter 18-jährige. Ab dem Tag der Vollendung des 18. Lebensjahres besteht die Pflicht nicht mehr. Nehmen Jugendliche an einem **Berufsgrundbildungsjahr** oder an **sonstigen schulischen Ausbildungen** teil, ist nach dem Wortlaut des Gesetzes eine Erstuntersuchung nicht erforderlich.[253] **5**

Eine **Beschäftigung,** ohne dass dem Arbeitgeber die ärztliche Bescheinigung über die erste Untersuchung vorliegt, ist verboten.[254] Verboten ist die tatsächliche Beschäftigung, die **tatsächliche Arbeitsaufnahme,** nicht der Abschluss des Arbeits- oder Ausbildungsvertrages.[255] Die Gültigkeit des Arbeitsvertrages oder eines Ausbildungsvertrages hängt nicht von der Durchführung der Erstuntersuchung und der Vorlage der Bescheinigung ab. Der Arbeits- oder Ausbildungsvertrag ist wirksam. Der Jugendliche darf aber tatsächlich nicht beschäftigt werden, solange die Erstuntersuchung nicht erfolgt ist und dem Arbeitgeber die Bescheinigung nicht vorliegt. Beschäftigt **6**

---

253 *Taubert* § 32 Rn. 10.
254 *Molitor/Volmer/Germelmann* § 32 Rn. 7.
255 *Taubert* § 32 Rn. 7.

der Arbeitgeber einen Jugendlichen ohne ärztliche Bescheinigung über die Erstuntersuchung, begeht er eine **Ordnungswidrigkeit** (§ 58 Abs. 1 Nr. 22 JArbSchG), die mit einer Geldbuße belegt werden kann.

7 Der Tag der Arbeitsaufnahme ist für die Frist des § 32 Abs. 1 Nr. 1 JArbSchG maßgeblich: **Innerhalb der letzten 14 Monate** vor dem Tag der Arbeitsaufnahme muss die Untersuchung vorgenommen worden sein. Liegt der Tag der Untersuchung außerhalb der 14 Monate, muss eine neue Untersuchung durchgeführt werden. Auf den Tag der Übersendung der Bescheinigung durch den Arzt kommt es nicht an, sondern nur auf den Tag der tatsächlichen Untersuchung. Hiervon abweichende Regelungen sind nur durch eine Rechtsverordnung (§ 46 JArbSchG) zulässig.

8 Für die Untersuchungen (auch für die anderen Untersuchungen, die im Jugendarbeitsschutzgesetz geregelt sind) gilt die **freie Arztwahl**.[256] Der Jugendliche und die Personensorgeberechtigten können frei wählen, zu welchem Arzt (Hausarzt, Amtsarzt oder Werksarzt) der Jugendliche geht. Der Arbeitgeber kann zum Beispiel nicht verlangen, dass die Untersuchung beim Betriebsarzt durchgeführt wird. Für den Arzt gilt die **ärztliche Schweigepflicht** (vgl. § 37 Rn. 4).

9 Das wesentliche **Ergebnis der Untersuchung** ist den Personensorgeberechtigten mitzuteilen (§ 39 Abs. 1 JArbSchG). Hingegen darf die dem Arbeitgeber vorzulegende Bescheinigung nur den Hinweis auf solche Arbeiten enthalten, durch deren Ausführung der Arzt die Gesundheit oder die Entwicklungen des Jugendlichen für gefährdet hält (§ 39 Abs. 2 JArbSchG). Der Arbeitgeber darf dann den Jugendlichen mit solchen Arbeiten nicht beschäftigten (§ 40 Abs. 1 JArbSchG). Die Wirksamkeit des Arbeits- oder Ausbildungsvertrages bleibt davon unberührt.

10 Besondere Folgen können sich für **jugendliche Auszubildende** nach dem Berufsbildungsgesetz ergeben. Bei Fehlen der Bescheinigung nach § 32 Abs. 1 JArbSchG darf der Berufsausbildungsvertrag nicht in das Verzeichnis der Berufsausbildungsverhältnisse eingetragen werden (§ 35 Abs. 1 Nr. 3, Abs. 2 Satz 1 BBiG), wenn die Bescheinigung auch nicht nachträglich innerhalb einer gesetzten Frist vorgelegt wird.

3. Ausnahmen von der Pflicht zur Erstuntersuchung

11 § 32 Abs. 2 JArbSchG regelt die Ausnahmen von der Pflicht zur Erstuntersuchung. Eine solche ist nicht erforderlich bei einer nur geringfügigen oder eine nicht länger als zwei Monate dauernde Beschäftigung mit leichten Arbeiten, von denen keine gesundheitlichen Nachteile für den Jugendlichen zu befürchten sind. Voraussetzung ist, dass der Jugendliche ausschließlich mit

---

256 *Molitor/Volmer/Germelmann* § 32 Rn. 12; *Taubert* § 32 Rn. 6.

leichten Arbeiten beschäftigt wird, von denen keine gesundheitlichen Nachteile für den Jugendlichen zu befürchten sind.

Eine **geringfügige Beschäftigung** liegt vor, wenn sie auf mehrere Tage verteilt ist und 15 Stunden wöchentlich nicht überschreitet. Eine geringfügige Beschäftigung in diesem Sinne darf durchaus länger als zwei Monate dauern (»geringfügig *oder* nicht länger als zwei Monate«). **12**

Wenn mehr als eine geringfügige Beschäftigung beabsichtigt ist, braucht keine ärztliche Erstuntersuchung vorgenommen zu werden, wenn die Beschäftigung von vornherein **nicht länger als zwei Monate** dauern soll. Ist eine längere Beschäftigung vorgesehen oder überschreitet die Beschäftigungszeit zwei Monate, muss die Untersuchung durchgeführt werden. Wird nach einem auf zwei Monate befristeten Beschäftigungsverhältnis ein weiteres Beschäftigungsverhältnis begründet, ist – auch wenn dazwischen eine gewisse Zeit der Nichtbeschäftigung liegt – eine ärztliche Erstuntersuchung durchzuführen, denn die Zeiten der Beschäftigung müssen addiert werden. Eine Umgehung des Gesetzes durch mehrere hintereinander geschaltete kurzfristige Kettenarbeitsverhältnisse ist rechtswidrig. **13**

Auch wenn die Beschäftigung nur geringfügig ist oder wenn sie nicht länger als zwei Monate dauert, ist eine ärztliche Untersuchung nur dann entbehrlich, wenn der Jugendliche mit **leichten Arbeiten** beschäftigt wird, von denen keine gesundheitlichen Nachteile für den Jugendlichen zu befürchten sind. Dabei ist die persönliche Leistungsfähigkeit des einzelnen Jugendlichen als Maßstab der Bewertung heranzuziehen. Die Arbeiten müssen daher nicht nur objektiv, sondern auch subjektiv leicht sein und es dürfen keine gesundheitlichen Nachteile für den konkreten Jugendlichen zu befürchten sein. Bereits eine Vermutung solcher Nachteile führt zum Wegfall der Ausnahmeregelung mit der Folge, dass vor der Beschäftigung die ärztliche Erstuntersuchung vorgenommen werden muss. **14**

§ 32 Abs. 2 JArbSchG regelt lediglich, unter welchen Voraussetzungen eine Beschäftigung ohne vorherige ärztliche Erstuntersuchung durchgeführt werden darf, sagt aber nichts darüber, ob die Beschäftigung aus anderen Gründen unzulässig sein könnte oder in welchem Maße die Beschäftigung erlaubt ist. Insoweit finden neben § 32 JArbSchG die übrigen Bestimmungen des Jugendarbeitsschutzgesetzes selbstverständlich Anwendung. **15**

§ 33 Erste Nachuntersuchung

(1) Ein Jahr nach Aufnahme der ersten Beschäftigung hat sich der Arbeitgeber die Bescheinigung eines Arztes darüber vorlegen zu lassen, dass der Jugendliche nachuntersucht worden ist (erste Nachuntersuchung). Die Nachuntersuchung darf nicht länger als drei Monate zurückliegen. Der Arbeitgeber soll den Jugendlichen neun Monate nach Aufnahme der ersten Beschäftigung nachdrücklich auf den Zeitpunkt, bis zu dem der Ju-

gendliche ihm die ärztliche Bescheinigung nach Satz 1 vorzulegen hat, hinweisen und ihn auffordern, die Nachuntersuchung bis dahin durchführen zu lassen.

(2) Legt der Jugendliche die Bescheinigung nicht nach Ablauf eines Jahres vor, hat ihn der Arbeitgeber innerhalb eines Monats unter Hinweis auf das Beschäftigungsverbot nach Absatz 3 schriftlich aufzufordern, ihm die Bescheinigung vorzulegen. Je eine Durchschrift des Aufforderungsschreibens hat der Arbeitgeber dem Personensorgeberechtigten und dem Betriebs- oder Personalrat zuzusenden.

(3) Der Jugendliche darf nach Ablauf von 14 Monaten nach Aufnahme der ersten Beschäftigung nicht weiterbeschäftigt werden, solange er die Bescheinigung nicht vorgelegt hat.

Inhaltsübersicht   Rn.
1. Pflicht zur Nachuntersuchung. . . . . :   1– 4
2. Folgen bei Verstoß   5–10

1. Pflicht zur Nachuntersuchung

1 Die Ergebnisse der Nachuntersuchung ermöglichen im Vergleich mit den Ergebnissen der Erstuntersuchung (die schriftlich festzuhalten sind, § 37 JArbSchG) eine Beurteilung, welche Auswirkungen die tatsächliche Beschäftigung auf die Gesundheit des Jugendlichen hatte. Gerade wegen des begleitenden Gesundheitsschutzes kommt der Nachuntersuchung eine besondere Bedeutung zu. Nach Möglichkeit sollte der Jugendliche die Nachuntersuchung bei dem Arzt vornehmen lassen, der auch die Erstuntersuchung vorgenommen hat. Eine Verpflichtung hierzu besteht allerdings nicht. Über die wechselseitige Unterrichtung der Ärzte untereinander vgl. § 45 JArbSchG.

2 Ein Jahr nach Aufnahme der ersten Beschäftigung hat sich der Arbeitgeber die **Bescheinigung eines Arztes** darüber **vorlegen zu lassen,** dass der Jugendliche nachuntersucht worden ist (erste Nachuntersuchung; § 33 Abs. 1 Satz 1 JArbSchG). Die Nachuntersuchung darf nicht länger als drei Monate zurückliegen (§ 33 Abs. 1 Satz 2 JArbSchG). Das bedeutet, der **Zeitpunkt der Nachuntersuchung** darf nicht vor Ablauf von neun Monaten und nicht später als ein Jahr nach Aufnahme der tatsächlichen Beschäftigung liegen. Bei der Fristberechnung kommt es auf die erstmalige Arbeitsaufnahme bei dem ersten Arbeitgeber an. Ist zwischenzeitlich ein Wechsel des Arbeitgebers erfolgt, richtet sich gleichwohl die Nachuntersuchung nach dem Zeitpunkt der ersten tatsächlichen Arbeitsaufnahme (bei dem anderen Arbeitgeber). Auf den Zeitpunkt des Abschlusses der Arbeits- oder Ausbildungsverträge kommt es nicht an.

3 Die Pflicht zur Nachuntersuchung besteht ausschließlich für **Jugendliche.** Wenn die Person, die bei Beschäftigungsaufnahme noch keine 18 Jahre alt war, im ersten Jahr nach Beschäftigungsaufnahme das 18. Lebensjahr vollendet, entfällt die Pflicht zur Nachuntersuchung.

Der **Arbeitgeber** hat eine **Hinweis- und Aufforderungspflicht.** Der Arbeitgeber soll den Jugendlichen neun Monate nach Aufnahme der ersten Beschäftigung »nachdrücklich« auf den Zeitpunkt, bis zu dem der Jugendliche ihm die ärztliche Bescheinigung über Nachuntersuchung vorzulegen hat, hinweisen und ihn auffordern, die Nachuntersuchung bis dahin durchführen zu lassen (§ 33 Abs. 1 Satz 3 JArbSchG).   4

2. Folgen bei Verstoß

Legt der Jugendliche die Bescheinigung nicht nach Ablauf eines Jahres vor, hat ihn der Arbeitgeber innerhalb eines Monats unter Hinweis auf das Beschäftigungsverbot (§ 33 Abs. 3 JArbSchG) **schriftlich aufzufordern,** ihm die Bescheinigung vorzulegen (§ 33 Abs. 2 Satz 1 JArbSchG). Kommt der Arbeitgeber dieser Pflicht nicht nach, ist das eine **Ordnungswidrigkeit,** die mit einer Geldbuße belegt werden kann (§ 59 Abs. 1 Nr. 4 JArbSchG).   5

Je eine Durchschrift des Aufforderungsschreibens hat der Arbeitgeber dem **Personensorgeberechtigten** und dem **Betriebs- oder Personalrat** zuzusenden (§ 33 Abs. 2 Satz 2 JArbSchG). Der Betriebs- oder Personalrat hat – soweit vorhanden – die Jugend- und Auszubildendenvertretung zu beteiligen, damit diese dem Jugendlichen die Bedeutung und Konsequenzen der Nachuntersuchung klarmacht.   6

Der Jugendliche darf nach Ablauf von 14 Monaten nach Aufnahme der ersten Beschäftigung **nicht weiterbeschäftigt werden,** solange er die Bescheinigung nicht vorgelegt hat (§ 33 Abs. 3 JArbSchG). Da der Arbeitgeber den Jugendlichen nach Ablauf dieser Zeit nicht mehr beschäftigen darf, braucht er dem Jugendlichen, wenn dieser die Nichtvorlage der Bescheinigung zu vertreten hat, auch keinen Lohn oder die Ausbildungsvergütung weiterzuzahlen. Das setzt voraus, dass der Arbeitgeber seine Pflicht nach § 33 Abs. 2 JArbSchG erfüllt hat. In dem Fall besteht für den Arbeitgeber auch das Recht zur Kündigung des Arbeits- oder Ausbildungsvertrages.   7

Wird der Jugendliche ohne ärztliche Bescheinigung über die erste Nachuntersuchung vom Arbeitgeber weiterbeschäftigt, ist das eine **Ordnungswidrigkeit,** die mit einer Geldbuße belegt werden kann (§ 58 Abs. 1 Nr. 23 JArbSchG).   8

Enthält die ärztliche Bescheinigung über die Nachuntersuchung **Beschäftigungsverbote** für bestimmte Arbeiten (§ 40 Abs. 1 JArbSchG), darf der Jugendliche vom Arbeitgeber mit solchen Arbeiten nicht beschäftigt werden. Der Arbeitgeber ist verpflichtet, dem Jugendlichen andere Arbeit zuzuweisen, die im Einklang mit dem Ausbildungs- oder Arbeitsvertrag steht.   9

Besondere Folgen können sich für **jugendliche Auszubildende** nach dem Berufsbildungsgesetz ergeben. Bei Fehlen der Bescheinigung nach § 33 Abs. 1   10

JArbSchG am Tag der Anmeldung zur Zwischenprüfung oder zum ersten Teil der Abschlussprüfung ist die Eintragung in das Verzeichnis der Berufsausbildungsverhältnisse zu löschen (§ 35 Abs. 2 Satz 2 BBiG), wenn die Bescheinigung auch nicht nachträglich innerhalb einer gesetzten Frist vorgelegt wird.

§ 34   Weitere Nachuntersuchungen

Nach Ablauf jedes weiteren Jahres nach der ersten Nachuntersuchung kann sich der Jugendliche erneut nachuntersuchen lassen (weitere Nachuntersuchungen). Der Arbeitgeber soll ihn auf diese Möglichkeit rechtzeitig hinweisen und darauf hinwirken, dass der Jugendliche ihm die Bescheinigung über die weitere Nachuntersuchung vorlegt.

Während die Erstuntersuchung und die erste Nachuntersuchung für Jugendliche verpflichtend sind, sind weitere Nachuntersuchungen fakultativ: der Jugendliche »kann« sich erneut nachuntersuchen lassen (§ 34 Satz 1 JArbSchG). Immerhin soll der Arbeitgeber ihn auf diese Möglichkeit rechtzeitig hinweisen und darauf hinwirken, dass der Jugendliche ihm die Bescheinigung über die weitere Nachuntersuchung vorlegt (§ 34 Satz 2 JArbSchG). Der Arbeitgeber hat nach § 43 JArbSchG den Jugendlichen auch für die Durchführung der weiteren Nachuntersuchungen freizustellen. Zur wechselseitigen Unterrichtung der Ärzte vgl. § 45 JArbSchG.

§ 35   Außerordentliche Nachuntersuchung

(1) Der Arzt soll eine außerordentliche Nachuntersuchung anordnen, wenn eine Untersuchung ergibt, dass
1. **ein Jugendlicher hinter dem seinem Alter entsprechenden Entwicklungsstand zurückgeblieben ist,**
2. **gesundheitliche Schwächen oder Schäden vorhanden sind,**
3. **die Auswirkungen der Beschäftigung auf die Gesundheit oder Entwicklung des Jugendlichen noch nicht zu übersehen sind.**
(2) Die in § 33 Abs. 1 festgelegten Fristen werden durch die Anordnung einer außerordentlichen Nachuntersuchung nicht berührt.

1   § 35 JArbSchG regelt keine Pflichten des Jugendlichen oder des Arbeitgebers. Vielmehr soll der **Arzt** unter den in § 35 Abs. 1 JArbSchG geregelten Voraussetzungen eine **außerordentliche Nachuntersuchung anordnen.** Der Arzt soll die außerordentliche Nachuntersuchung anordnen, wenn eine der drei in § 35 Abs. 1 JArbSchG geregelten Voraussetzungen vorliegt. Die Beurteilung der Notwendigkeit einer außerordentlichen Nachuntersuchung liegt im pflichtgemäßen Ermessen des Arztes. Ergibt aber eine Untersuchung,

dass der Jugendliche hinter dem seinem Alter entsprechenden Entwicklungsstand zurückgeblieben ist, gesundheitliche Schwächen oder Schäden vorhanden sind, oder kann im Einzelfall der Arzt die Auswirkungen der Beschäftigung für die Gesundheit noch nicht übersehen, dann hat er die außerordentliche Nachuntersuchung anzuordnen. Der Arzt macht sich dem Jugendlichen gegenüber unter Umständen schadensersatzpflichtig, wenn er eine gebotene Anordnung der Nachuntersuchung unterlässt. Er verletzt den Behandlungsvertrag und verstößt gegen seine Berufspflicht, wenn er schuldhaft sachlich gebotene Nachuntersuchungen nicht anordnet.

Für den Jugendlichen selbst ist die ärztliche »Anordnung« allerdings nicht bindend, der Arzt kann die Untersuchung nicht erzwingen. Die **Nichtbefolgung der ärztlichen Anordnung** hat weder für den Arbeitgeber noch für den Jugendlichen oder die Personensorgeberechtigten irgendwelchen Rechtsfolgen.[257] **2**

Die Anordnung einer außerordentlichen Nachuntersuchung ist den **Personensorgeberechtigten** schriftlich mitzuteilen (§ 30 Abs. 1 Nr. 4 JArbSchG). Dem Arbeitgeber dürfen die Gründe, weshalb die Anordnung einer außerordentlichen Nachuntersuchung erfolgt ist, nicht mitgeteilt werden. Diese fallen unter die Schweigepflicht des Arztes. Dem Arbeitgeber sind allerdings die eventuellen Beschäftigungsbeschränkungen oder -verbote mitzuteilen. **3**

Die außerordentliche Nachuntersuchung kann **mehrmals angeordnet** werden. Sie ersetzt auch nicht die erste Nachuntersuchung nach § 33 Abs. 1 JArbSchG, wie § 35 Abs. 2 JArbSchG deutlich macht. Grundsätzlich kann die außerordentliche Untersuchung nicht durch andere ärztliche Untersuchungen, zum Beispiel durch die Nachuntersuchung nach § 33 Abs. 1 JArbSchG, ersetzt werden und umgekehrt. Um eine überflüssige Doppeluntersuchung zu vermeiden, ist nur eine Untersuchung notwendig, wenn die erste Nachuntersuchung in einem Zeitraum vorgenommen wird, in dem auch eine außerordentliche Nachuntersuchung angeordnet wurde. Die in § 33 Abs. 1 JArbSchG festgelegten Fristen werden durch die Anordnung einer außerordentlichen Nachuntersuchung allerdings nicht berührt (§ 33 Abs. 2 JArbSchG). **4**

§ 36 Ärztliche Untersuchungen und Wechsel des Arbeitgebers

Wechselt der Jugendliche den Arbeitgeber, so darf ihn der neue Arbeitgeber erst beschäftigen, wenn ihm die Bescheinigung über die Erstuntersuchung (§ 32 Abs. 1) und, falls seit der Aufnahme der Beschäftigung ein Jahr vergangen ist, die Bescheinigung über die erste Nachuntersuchung (§ 33) vorliegen.

---

257 *Molitor/Volmer/Germelmann* § 35 Rn. 8; *Taubert* § 35 Rn. 3.

1   § 36 JArbSchG soll sicherstellen, dass auch bei einem **Wechsel des Arbeitgebers** eine Beschäftigung erst aufgenommen wird, wenn dem Arbeitgeber die Bescheinigung über die Erstuntersuchung (§ 32 Abs. 1 JArbSchG) oder über die Nachuntersuchung (§ 33 JArbSchG) vorliegt. Eine Beschäftigung ohne Vorlage der Bescheinigung über die Erstuntersuchung oder über die Nachuntersuchung ist verboten. Für die Frage der Gültigkeit des Ausbildungsoder Arbeitsvertrages hat dies allerdings keine Bedeutung. Beschäftigung (nach dem Verständnis des § 36 JArbSchG) ist die tatsächliche Arbeitsaufnahme. Bei einem **Betriebsübergang** (Betriebsinhaberwechsel; § 613a BGB) oder im Erbfall (§ 1922 BGB) tritt ein Arbeitgeberwechsel kraft Gesetzes ein. Dem neuen Arbeitgeber sind die vorherigen Geschehnisse zuzurechnen. Sofern dem alten Arbeitgeber die Bescheinigungen Vorlagen, ist in diesen Fällen eine Neuvorlage nach § 36 JArbSchG entbehrlich.[258]

2   Zu den Papieren, auf deren Aushändigung der Jugendliche bei Beendigung der Beschäftigung gegenüber dem alten Arbeitgeber einen Anspruch hat (Herausgabeanspruch), gehören die Bescheinigungen über die ärztlichen Untersuchungen (§ 41 Abs. 2 JArbSchG). Der Jugendliche muss aber selbst dafür Sorge tragen, dass er sie dem neuen Arbeitgeber vorlegt (§ 36 JArbSchG). Leitet der alte Arbeitgeber die Bescheinigung direkt an den neuen Arbeitgeber weiter, ist damit dem § 36 JArbSchG selbstverständlich genügt.

3   Wenn der Jugendliche mit gefährlichen Arbeitsstoffen arbeitet, muss dem neuen Arbeitgeber auch die Bescheinigung über die Vorsorgeuntersuchung nach § 15 Abs. 1 i. V. m. § 18 Abs. 2 ArbStoffV vorliegen.

4   Solange dem neuen Arbeitgeber die Bescheinigung über die Erstuntersuchung (§ 32 Abs. 1 JArbSchG) oder die erste Nachuntersuchung (§ 33 JArbSchG) nicht vorliegt, darf er den **Jugendlichen nicht beschäftigen.** Beschäftigt er ihn gleichwohl, begeht er eine **Ordnungswidrigkeit,** die mit einer Geldbuße belegt werden kann (§ 58 Abs. 1 Nr. 24 JArbSchG). Beides gilt nur, wenn der Betreffende noch Jugendlicher ist, also das 18. Lebensjahr noch nicht vollendet hat (§ 2 Abs. 2 JArbSchG).

§ 37   Inhalt und Durchführung der ärztlichen Untersuchungen

(1) Die ärztlichen Untersuchungen haben sich auf den Gesundheits- und Entwicklungsstand und die körperliche Beschaffenheit, die Nachuntersuchungen außerdem auf die Auswirkungen der Beschäftigung auf Gesundheit und Entwicklung des Jugendlichen zu erstrecken.

(2) Der Arzt bat unter Berücksichtigung der Krankheitsvorgeschichte des Jugendlichen auf Grund der Untersuchungen zu beurteilen,

---

258 *Molitor/Volmer/Germelmann* § 36 Rn. 6.

1. ob die Gesundheit oder die Entwicklung des Jugendlichen durch die Ausführung bestimmter Arbeiten oder durch die Beschäftigung während bestimmter Zeiten gefährdet wird,

2. ob besondere der Gesundheit dienende Maßnahmen einschließlich Maßnahmen zur Verbesserung des Impfstatus erforderlich sind,

3. ob eine außerordentliche Nachuntersuchung (§ 35 Abs. 1) erforderlich ist.

(3) Der Arzt hat schriftlich festzuhalten:

1. den Untersuchungsbefund,

2. die Arbeiten, durch deren Ausführung er die Gesundheit oder die Entwicklung des Jugendlichen für gefährdet hält,

3. die besonderen der Gesundheit dienenden Maßnahmen einschließlich Maßnahmen zur Verbesserung des Impfstatus,

4. die Anordnung einer außerordentlichen Nachuntersuchung (§ 35 Abs. 1).

§ 37 JArbSchG beschreibt Inhalt und Durchführung der ärztlichen Untersuchungen. Damit soll eine Vergleichbarkeit und Einheitlichkeit der Untersuchungen gewährleistet werden. Die Bestimmung wird ergänzt durch die auf der Grundlage des § 46 JArbSchG erlassenen **Verordnung über die ärztlichen Untersuchungen nach dem Jugendarbeitsschutzgesetz – Jugendarbeitsschutzuntersuchungsverordnung** (JArbSchUV) vom 16.10.1990 (BGBl. I S. 2221).[259] Danach hat der Arzt bestimmte Vordrucke zu verwenden. Die besonderen Fragen, die der Arzt dem Jugendlichen zu stellen hat, sind im Untersuchungsbogen vorgeschrieben. Damit soll eine einheitliche Prüfung der gesundheitlichen Beurteilung der Jugendlichen erreicht werden. **1**

Für alle ärztlichen Untersuchungen gilt die **freie Arztwahl** (vgl. § 32 Rn. 8). Der Jugendliche kann den Arzt selbst wählen. Er bedarf weder der Zustimmung der Personensorgeberechtigten noch des Arbeitgebers. Wegen der wechselseitigen Unterrichtung der Ärzte untereinander vgl. § 45 JArbSchG. **2**

Es besteht die **ärztliche Schweigepflicht,** von der der Arzt nur durch den Jugendlichen selbst entbunden werden kann.[260] Das gilt wegen der Einzelheiten auch gegenüber den **Personensorgeberechtigten**, denen indes die wesentlichen Ergebnisse der Untersuchung mitzuteilen sind (§ 39 Abs. 1 JArbSchG). Die ärztliche Schweigepflicht besteht auch gegenüber dem **Arbeitgeber.** Selbst wenn der Jugendliche im Einstellungsfragebogen, auf deren Gestaltung nur der Arbeitgeber Einfluss hat, den Arzt von seiner Schweigepflicht gegenüber dem Arbeitgeber entbunden hat, darf der Arzt, auch ein **3**

---

259 Abgedruckt im Anhang.

260 *Molitor/Volmer/Germelmann* § 37 Rn. 8ff.; *Taubert* § 37 Rn. 8.

Betriebs- oder Werksarzt, den Arbeitgeber nur insoweit von den ärztlichen Untersuchungsergebnissen informieren, als sie für die konkret in Aussicht genommene Beschäftigung Auswirkungen haben könnten. Eine Verletzung der ärztlichen Schweigepflicht ist strafbar (§ 203 StGB).

4   Die **Untersuchungsergebnisse** sind auf dem Untersuchungsbogen schriftlich festzuhalten. Die näheren Einzelheiten ergeben sich aus § 37 Abs. 3 JArbSchG und der Jugendarbeitsschutzuntersuchungsverordnung. Schriftlich niederzulegen sind die Arbeiten, durch deren Ausführung der Arzt die Gesundheit oder die Entwicklung des Jugendlichen für gefährdet hält, die besonderen der Gesundheit dienenden Maßnahmen, sowie, soweit im Einzelfall geboten, die Anordnung einer außerordentlichen Nachuntersuchung (§ 35 Abs. 1 JArbSchG).

§ 38   Ergänzungsuntersuchung

Kann der Arzt den Gesundheits- und Entwicklungsstand des Jugendlichen nur beurteilen, wenn das Ergebnis einer Ergänzungsuntersuchung durch einen anderen Arzt oder einen Zahnarzt vorliegt, so hat er die Ergänzungsuntersuchung zu veranlassen und ihre Notwendigkeit schriftlich zu begründen.

1   Der Inhalt der ärztlichen Beurteilung hat sich auf den in § 37 Abs. 2 JArbSchG beschriebenen Bereich zu erstrecken. Die Beurteilung hat Aussagen darüber zu treffen, ob die Gesundheit oder die Entwicklung des Jugendlichen durch die Beschäftigung allgemein oder durch die Ausführung bestimmter Arbeiten oder während bestimmter Zeiten gefährdet wird (§ 37 Abs. 1 Nr. 1 JArbSchG), ob besondere, der Gesundheit dienende Maßnahmen erforderlich sind (§ 37 Abs. 2 Nr. 2 JArbSchG) oder ob eine außerordentliche Nachuntersuchung erforderlich ist.

2   Im Einzelfall kann eine **Ergänzungsuntersuchung** durch einen anderen Arzt erforderlich sein. § 38 JArbSchG bietet die Rechtsgrundlage für den untersuchenden Arzt, Spezialuntersuchungen durch Fachärzte zu veranlassen. Die Notwendigkeit ist durch den Arzt schriftlich zu begründen. Da die abschließende Beurteilung durch den erstuntersuchenden Arzt vorgenommen wird, kann dieser die Bescheinigung über die Untersuchung erst ausstellen, wenn der Jugendliche den anderen Arzt aufgesucht hat und der Befund dem erstuntersuchenden Arzt vorliegt. Hinsichtlich des »anderen« Arztes gilt die **freie Arztwahl,** so dass der Jugendliche nicht gezwungen ist, den Arzt aufzusuchen, den ihm der untersuchende Arzt empfohlen hat.[261] Der Jugendliche

---

261 *Molitor/Volmer/Germelmann* § 38 Rn. 4.

kann vielmehr zu einem Arzt seiner Wahl gehen, der die notwendige Fachqualifikation für die notwendige Ergänzungsuntersuchung hat.

Die Ergänzungsuntersuchung kann bei jeder Pflichtuntersuchung, aber **3** auch bei einer freiwilligen Untersuchung veranlasst werden. Durch die Anordnung einer Ergänzungsuntersuchung wird bei der Erstuntersuchung (§ 32 Abs. 1 JArbSchG) die Voraussetzung, dass vor der Beschäftigung die vom Arzt ausgestellte Bescheinigung vorliegen muss, nicht ausgesetzt: Die Ergänzungsuntersuchung muss also vor der Beschäftigung durchgeführt worden sein und die Bescheinigung nach § 32 Abs. 1 Nr. 2 JArbSchG muss vorliegen, ansonsten ist die Beschäftigung unzulässig. Die Verpflichtung zur Freistellung und Lohnfortzahlung ergibt sich auch für die Ergänzungsuntersuchung aus § 43 JArbSchG.

§ 39   Mitteilung, Bescheinigung

(1) Der Arzt hat dem Personensorgeberechtigten schriftlich mitzuteilen:

1. **das wesentliche Ergebnis der Untersuchung,**
2. **die Arbeiten, durch deren Ausführung er die Gesundheit oder die Entwicklung des Jugendlichen für gefährdet hält,**
3. **die besonderen der Gesundheit dienenden Maßnahmen einschließlich Maßnahmen zur Verbesserung des Impfstatus,**
4. **die Anordnung einer außerordentlichen Nachuntersuchung (§ 35 Abs. 1).**

(2) Der Arzt hat eine für den Arbeitgeber bestimmte Bescheinigung darüber auszustellen, dass die Untersuchung stattgefunden hat, und darin die Arbeiten zu vermerken, durch deren Ausführung er die Gesundheit oder die Entwicklung des Jugendlichen für gefährdet hält.

§ 39 Abs. 1 JArbSchG regelt den Inhalt der schriftlichen Mitteilung an die **1** **Personensorgeberechtigten.** Dem Arzt steht für die Mitteilung nach § 5 JArbSchUV (siehe Anhang) ein Vordruck zur Verfügung. Mitteilungen an den Personensorgeberechtigten, die über die in § 39 Abs. 1 JArbSchG genannten Informationen hinausgehen, darf der Arzt nicht geben. Sie unterliegen der ärztlichen Schweigepflicht (vgl. § 37 Rn. 4). Er kann jedoch ärztliche Ratschläge geben.

Die für den **Arbeitgeber** bestimmte Bescheinigung (§ 39 Abs. 2 JArbSchG) **2** beschränkt sich auf den Hinweis, dass die Untersuchung stattgefunden hat. Wenn festgestellt wurde, dass die Beschäftigung des Jugendlichen mit bestimmten Arbeiten zu einer Gesundheitsgefährdung führen kann, sind zusätzlich diese Arbeiten in der Bescheinigung aufzuführen. Der Jugendliche darf dann mit solchen Arbeiten nicht beschäftigt werden (§ 40 Abs. 1 JArbSchG). Weitere Angaben, wie das detaillierte Untersuchungsergebnis, darf die Bescheinigung nicht enthalten, ansonsten würde der Arzt die ärztliche Schweigepflicht verletzen (vgl. § 37 Rn. 4). Der Arzt kann dem Jugendlichen die für den Arbeitgeber bestimmte Bescheinigung zur Weiterleitung aushändigen oder diese direkt dem Arbeitgeber zusenden oder den Personensorgeberechtigten.

3 Hat ein Jugendlicher **mehrere Arbeitgeber,** muss für jeden Arbeitgeber eine Bescheinigung ausgestellt werden, da in ihr die Arbeiten zu vermerken sind, durch deren Ausführung der Arzt die Gesundheit oder die Entwicklung des Jugendlichen für gefährdet erachtet. Das kann sich aber nur auf einen konkreten Arbeitgeber und die dort zu verrichtenden Tätigkeiten beziehen.

§ 40   Bescheinigung mit Gefährdungsvermerk

(1) Enthält die Bescheinigung des Arztes (§ 39 Abs. 2) einen Vermerk über Arbeiten, durch deren Ausführung er die Gesundheit oder die Entwicklung des Jugendlichen für gefährdet hält, so darf der Jugendliche mit solchen Arbeiten nicht beschäftigt werden.

(2) Die Aufsichtsbehörde kann die Beschäftigung des Jugendlichen mit den in der Bescheinigung des Arztes (§ 39 Abs. 2) vermerkten Arbeiten im Einvernehmen mit einem Arzt zulassen und die Zulassung mit Auflagen verbinden.

Inhaltsübersicht   Rn.
1. Beschäftigungsverbot 1–2
2. Eingeschränkte Zulassung 3–6

1.   Beschäftigungsverbot

1 Wenn die Bescheinigung des Arztes (§ 39 Abs. 2 JArbSchG) einen Vermerk enthält über Arbeiten, durch deren Ausführung er die Gesundheit oder die Entwicklung des Jugendlichen für gefährdet hält, darf der Jugendliche mit solchen Arbeiten grundsätzlich nicht beschäftigt werden (§ 40 Abs. 1 JArbSchG). Ausnahmsweise kann die Aufsichtsbehörde im Einvernehmen mit einem Arzt zulassen, dass der Jugendliche mit solchen Arbeiten beschäftigt wird (§ 40 Abs. 2 JArbSchG). Ansonsten **endet das Beschäftigungsverbot,** wenn der Jugendliche das 18. Lebensjahr vollendet hat und damit nicht mehr Jugendlicher ist.

2 Wird der Jugendliche durch den Arbeitgeber entgegen dem Beschäftigungsverbot mit solchen Arbeiten beschäftigt, begeht der Arbeitgeber eine **Ordnungswidrigkeit** (§ 58 Abs. 1 Nr. 25 JArbSchG) bzw. eine Straftat (§ 58 Abs. 5 und 6 JArbSchG). Zivilrechtlich begeht der Arbeitgeber eine unerlaubte Handlung (§ 823 BGB). Eine Beschäftigung entgegen dem Beschäftigungsverbot bedeutet auch eine Verletzung des Ausbildungs- oder Arbeitsvertrages. Der Arbeitgeber ist deshalb dem Jugendlichen gegenüber zum Schadensersatz verpflichtet.

2. Eingeschränkte Zulassung

Eine Abschwächung des strikten Beschäftigungsverbotes des § 40 Abs. 1 **3** JArbSchG enthält § 40 Abs. 2 JArbSchG. Der Aufsichtsbehörde wird die Möglichkeit eröffnet, trotz der vom Arzt festgestellten Gefährdungsvermerke die Beschäftigung des Jugendlichen mit diesen Arbeiten zuzulassen. Voraussetzung ist, dass die Behörde mit dem gleichen oder einem anderen Arzt (»einem Arzt«) hierüber Übereinstimmung erzielt hat. Ohne **Einvernehmen mit einem Arzt** ist eine Ausnahme vom Beschäftigungsverbot nicht zulässig.

Die Aufsichtsbehörde »kann« die Beschäftigung des Jugendlichen im Einver- **4** nehmen mit einem Arzt zulassen und sie »kann« die **Zulassung mit Auflagen** verbinden (§ 40 Abs. 2 JArbSchG). Das bedeutet, dass die Zulassung nicht mit Auflagen verbinden »muss«. Normalerweise wird wegen der drohenden Gesundheitsgefährdung eine Zulassung nur unter Auflagen sachgerecht sein. Sachgerecht ist vor allem eine **zeitliche Beschränkung.** Denkbar ist auch eine Auflage, dass sich der Jugendliche in regelmäßigen Abständen nachuntersuchen lassen muss. Denkbar ist auch eine Zulassung unter Bedingungen, durch die eine besondere Gestaltung des Arbeitsplatzes vorgeschrieben wird.

Die Ausnahmebewilligung kann von Amts wegen oder auf Antrag ergehen. **5** Den Antrag an die Aufsichtsbehörde können der Arbeitgeber, der Jugendliche oder der Personensorgeberechtigte stellen. Die Entscheidung darüber steht im pflichtgemäßen Ermessen der Aufsichtsbehörde. Es geht um einen **Verwaltungsakt**, der gegebenenfalls mit dem Widerspruch oder der Klage angefochten werden kann.

Hat die Aufsichtsbehörde die Zulassung des Jugendlichen mit gefährdenden **6** Arbeiten mit Auflagen verbunden und verstößt der Arbeitgeber gegen die Auflagen, handelt es sich bei diesem Verstoß um eine **Ordnungswidrigkeit** (§ 58 Abs. 1 Nr. 28 JArbSchG), die mit einer Geldbuße geahndet werden kann.

§ 41 Aufbewahren der ärztlichen Bescheinigungen

(1) Der Arbeitgeber hat die ärztlichen Bescheinigungen bis zur Beendigung der Beschäftigung, längstens jedoch bis zur Vollendung des 18. Lebensjahres des Jugendlichen aufzubewahren und der Aufsichtsbehörde sowie der Berufsgenossenschaft auf Verlangen zur Einsicht vorzulegen oder einzusenden.

(2) Scheidet der Jugendliche aus dem Beschäftigungsverhältnis aus, so hat ihm der Arbeitgeber die Bescheinigungen auszuhändigen.

1   § 41 JArbSchG regelt eine **Aufbewahrungspflicht** der ärztlichen Bescheinigungen. Der Jugendliche, die Personensorgeberechtigten oder der untersuchende Arzt haben die Bescheinigungen dem Arbeitgeber auszuhändigen.
Der Arbeitgeber hat die ärztlichen Bescheinigungen bis zur Beendigung der
Beschäftigung, längstens jedoch bis zur Vollendung des 18. Lebensjahres des
Jugendlichen aufzubewahren und der Aufsichtsbehörde sowie der Berufsgenossenschaft auf Verlangen zur Einsicht vorzulegen oder einzusenden. Es
geht um die Bescheinigungen über die Erstuntersuchung (§ 32 JArbSchG),
über die erste Nachuntersuchung (§ 33 JArbSchG), gegebenenfalls über freiwillige Nachuntersuchungen (§ 34 JArbSchG) oder über außerordentliche
Nachuntersuchungen (§ 35 JArbSchG). Die Aufbewahrungspflicht gilt bei
einem Wechsel des Arbeitgebers (§ 36 JArbSchG) für den neuen Arbeitgeber.

2   Der **Aufsichtsbehörde** sowie der **Berufsgenossenschaft** sind die ärztlichen
Bescheinigungen auf Verlangen vom Arbeitgeber **zur Einsicht vorzulegen
oder einzusenden.** Die Einsichtnahme an Ort und Stelle umfasst auch das
Recht der Aufsichtsbehörde und der Berufsgenossenschaft zu prüfen, ob
entsprechend den Bescheinigungen im Betrieb verfahren wird, ob zum Beispiel die Gefährdungsvermerke (§ 40 Abs. 1 JArbSchG) beachtet werden.
Davon zu unterscheiden ist die Aufbewahrungspflicht der Untersuchungs-
bögen durch den jeweiligen Arzt. Sie sind vom Arzt zehn Jahre aufzubewahren (§ 4 Abs. 2 JArbSchUV).

3   Bei einem **Berufsausbildungsverhältnis** muss die ärztliche Bescheinigung
der nach dem Berufsbildungsgesetz zuständigen Stelle auch ohne Aufforderung dieser Stelle vorgelegt werden, damit der Berufsausbildungsvertrag
in das Verzeichnis der Berufsausbildungsverhältnisse eingetragen werden
kann. Entsprechendes gilt für die Anmeldung des Auszubildenden zur Zwischenprüfung (vgl. § 35 BBiG).

4   Die **Bescheinigungen** sind dem Jugendlichen **herauszugeben** (auszuhändigen), wenn das Ausbildungs- oder Arbeitsverhältnis endet, auch bei einem
Wechsel des Arbeitgebers oder des Ausbildenden (§ 41 Abs. 2 JArbSchG).
Der Herausgabeanspruch erstreckt sich nicht nur auf Herausgabe der Ori-
ginale, sondern auch auf Herausgabe etwaiger Duplikate, Fotokopien oder
Abschriften der Bescheinigungen.[262] Gegebenenfalls kann die Herausgabe
vor dem Arbeitsgericht eingeklagt oder im Wege der einstweiligen Verfügung verfolgt werden.[263] Erleidet der Jugendliche durch eine verspätete Herausgabe einen Schaden, besteht ein Schadensersatzanspruch gegen den Arbeitgeber. Eine Herausgabepflicht besteht zudem, wenn der Beschäftigte das
18. Lebensjahr vollendet hat. Eine Vernichtung der Bescheinigungen kann
nur im Einverständnis mit dem Beschäftigten erfolgen.

---

262 *Molitor/Volmer/Germelmann* § 41 Rn. 21.
263 *Molitor/Volmer/Germelmann* § 41 Rn. 22.

Der Arbeitgeber, der entgegen § 41 Abs. 1 JArbSchG die Bescheinigungen nicht aufbewahrt, nicht vorlegt, einsendet oder aushändigt, begeht eine **Ordnungswidrigkeit,** die mit einer Geldbuße geahndet werden kann (§ 59 Abs. 1 Nr. 5 JArbSchG). 5

§ 42 Eingreifen der Aufsichtsbehörde

Die Aufsichtsbehörde hat, wenn die dem Jugendlichen übertragenen Arbeiten Gefahren für seine Gesundheit befürchten lassen, dies dem Personensorgeberechtigten und dem Arbeitgeber mitzuteilen und den Jugendlichen aufzufordern, sich durch einen von ihr ermächtigten Arzt untersuchen zu lassen.

Die Bestimmung rundet die Maßnahmen ab, die zum Schutz der Gesundheit der Jugendlichen ergriffen werden können. Stellt die Aufsichtsbehörde zum Beispiel bei einer Betriebskontrolle fest, dass der begründete Verdacht einer Gesundheitsgefährdung für einen Jugendlichen besteht, kann sie verlangen, dass der Jugendliche sich einen von ihr ermächtigten Arzt untersuchen lässt. Bei dieser Untersuchung besteht also **keine freie Arztwahl.**[264] Das schließt aber nicht aus, dass der Arzt, von dem der Jugendliche untersucht werden soll und den er der Aufsichtsbehörde nennt, von dieser zur Untersuchung ermächtigt wird. Allerdings stellt § 42 JArbSchG keine Rechtsgrundlage dafür dar, den Jugendlichen zu zwingen, sich der Untersuchung zu unterziehen.[265] Allerdings kann die Aufsichtsbehörde, wenn der Jugendliche der Untersuchungsaufforderung nicht folgt, ein Beschäftigungsverbot oder eine Beschäftigungsbeschränkung (§ 27 Abs. 1 JArbSchG) auferlegen.[266] 1

Wird der Jugendliche aufgrund der Aufforderung der Aufsichtsbehörde untersucht, finden auf diese Untersuchungen die weiteren Bestimmungen des Gesetzes und der Jugendarbeitsschutzuntersuchungsverordnung Anwendung. Die Personensorgeberechtigten und der Arbeitgeber erhalten eine Bescheinigung nach § 39 JArbSchG. 2

Unabhängig von der Untersuchungsaufforderung nach § 42 JArbSchG kann die Aufsichtsbehörde nach § 27 JArbSchG Beschäftigungsbeschränkungen und Beschäftigungsverbote für bestimmte Arbeiten anordnen. 3

---

264 *Molitor/Volmer/Germelmann* § 42 Rn. 11.
265 *Molitor/Volmer/Germelmann* § 42 Rn. 9; ErfK/*Schlachter* § 42 JArbSchG Rn. 1; *Taubert* § 42 Rn. 3; *Zmarzlik/Anzinger* § 42 Rn. 4.
266 *Molitor/Volmer/Germelmann* § 42 Rn. 10; ErfK/*Schlachter* § 42 JArbSchG Rn. 1; *Taubert* § 42 Rn. 3.

§ 43   Freistellung für Untersuchungen

Der Arbeitgeber hat den Jugendlichen für die Durchführung der ärztlichen Untersuchungen nach diesem Abschnitt freizustellen. Ein Entgeltausfall darf hierdurch nicht eintreten.

1   Es besteht die zwingende Verpflichtung des Arbeitgebers, den Jugendlichen zu allen Untersuchungen, die in § 32 bis § 42 JArbSchG vorgesehen sind, unter Fortzahlung des Entgelts freizustellen. Das bedeutet, dass der Jugendliche **während der Arbeitszeit** die Untersuchungen durchführen lassen kann. Der Arbeitgeber darf den Jugendlichen nicht auf die Möglichkeit verweisen, den Arzt nur außerhalb der Arbeitszeit aufzusuchen.

2   § 43 Satz 1 JArbSchG regelt einen gesetzlichen **Freistellungsanspruch.** Der Jugendliche muss seinen Anspruch auf Freistellung zur Durchführung der ärztlichen Untersuchung gegenüber dem Arbeitgeber geltend machen. Er kann nicht ohne entsprechende Zustimmung des Arbeitgebers einseitig den Arztbesuch festlegen, er hat jedoch einen Anspruch auf Zustimmung des Arbeitgebers zur Freistellung, um eine ärztliche Untersuchung vornehmen zu lassen. Dieser Anspruch umfasst nicht nur die Zeit des Arztbesuches selbst oder des Wartens, sondern auch die notwendigen **Wegezeiten.**

3   Obgleich in § 43 JArbSchG (anders als in § 9 Abs. 2 und § 10 Abs. 2 JArbSchG) keine ausdrückliche Anrechnung der durch den Arztbesuch ausgefallenen Arbeitszeit auf die höchstzulässige Arbeitszeit vorgesehen ist, kann der Arbeitgeber nicht verlangen, dass der Jugendliche diese Arbeitszeit am selben Tag oder an einem anderen Tag nachholt.[267] Die ausdrückliche Regelung in § 43 Satz **2** JArbSchG, dass ein Entgeltausfall durch die Teilnahme an einer ärztlichen Untersuchung nicht eintreten darf, wäre sonst nicht verständlich. Ein Entgeltausfall träte auch ein, wenn der Jugendliche die ausgefallene Zeit des Arztbesuches vor- oder nacharbeiten müsste.

4   Durch den Arztbesuch während der Arbeitszeit darf **kein Entgeltausfall** eintreten. Die Berechnung des Entgeltausfalls erfolgt nach dem **Lohnausfallprinzip.** Es kommt darauf an, ob allein durch die ärztliche Untersuchung die Arbeit ausgefallen ist und darauf, wie viel der Jugendliche in der ausgefallenen Zeit normalerweise verdient hätte. Sucht der Jugendliche den Arzt ganz oder teilweise außerhalb der Arbeitszeit auf, zum Beispiel aufgrund von Gleitzeitregelungen im Betrieb, hat er nur für die Zeit Anspruch auf Lohnfortzahlung, in der er üblicherweise gearbeitet hätte. Fahrtkosten oder an-

---

267 *Lorenz* § 43 Rn. 6; **a. A.:** *Molitor/Volmer/Germelmann* § 43 Rn. 19; ErfK/*Schlachter* § 43 JArbSchG Rn. 1; *Taubert* § 43 Rn. 3; *Zmarzlik/Anzinger* § 43 Rn. 7.

dere Kosten, die dem Jugendlichen durch den Arztbesuch entstehen, muss der Arbeitgeber allerdings nicht erstatten.[268]

Ist eine Untersuchung aus Anlass eines **Wechsels des Arbeitgebers** für die Einstellung bei einem neuen Arbeitgeber erforderlich, muss der bisherige Arbeitgeber die Freistellung und das Entgelt gewähren. Der neue Arbeitgeber darf, ohne dass die Untersuchungsbescheinigung vorliegt, den Jugendlichen nicht beschäftigen und muss daher keine Freistellung gewähren.

Verstößt der Arbeitgeber gegen die Freistellungsverpflichtung nach § 43 JArbSchG, zum Beispiel dadurch, dass er einen unzulässigen Druck auf den Jugendlichen ausübt, begeht er eine **Ordnungswidrigkeit,** die mit einer Geldbuße geahndet werden kann (§ 59 Abs. 1 Nr. 6 JArbSchG).

§ 44   Kosten der Untersuchungen

Die Kosten der Untersuchungen trägt das Land.

Die Kosten der Untersuchungen tragen die Bundesländer. Dem Sinn des Gesetzes würde es entsprechen, dass auch die Kosten, die dem Jugendlichen entstehen (Fahrtkosten, Auslagen) erstattet werden. Nur dann wäre gewährleistet, dass diese wichtigen Pflichtuntersuchungen von den Jugendlichen wahrgenommen werden. § 44 JArbSchG bezieht sich jedoch nur auf die Kosten »der Untersuchungen«, also die Kosten, die dem Arzt entstehen, nicht auf sonstige Kosten, die anderen Personen entstehen.[269] Diese müssen der Jugendliche oder die Personensorgeberechtigten tragen, die Kosten nach § 43 JArbSchG der Arbeitgeber.

Die Erstattung der Untersuchungskosten ist in § 2 JArbSchUV geregelt. Danach erfolgt die Untersuchung aufgrund eines »Untersuchungsberechtigungsscheins«, der von den jeweiligen Bundesländern ausgegeben wird und aufgrund dessen die Ärzte die Untersuchung durchzuführen haben. Der Untersuchungsberechtigungsschein ist auch für die Abrechnung des Arztes maßgeblich.

§ 45   Gegenseitige Unterrichtung der Ärzte

(1) **Die Ärzte, die Untersuchungen nach diesem Abschnitt vorgenommen haben, müssen, wenn der Personensorgeberechtigte und der Jugendliche damit einverstanden sind,**

---

268 *Molitor/Volmer/Germelmann* § 43 Rn. 17; *Taubert* § 43 Rn. 2; *Zmarzlik/Anzinger* § 43 Rn. 9.

269 *Molitor/Volmer/Germelmann* § 44 Rn. 9; *Taubert* § 44 Rn. 2; *Zmarzlik/Anzinger* § 44 Rn. 3.

1. dem staatlichen Gewerbearzt,
2. dem Arzt, der einen Jugendlichen nach diesem Abschnitt nachuntersucht,
   auf Verlangen die Aufzeichnungen über die Untersuchungsbefunde
   zur Einsicht aushändigen.

(2) Unter den Voraussetzungen des Absatzes 1 kann der Amtsarzt des Ge-
sundheitsamtes einem Arzt, der einen Jugendlichen nach diesem Abschnitt
untersucht, Einsicht in andere in seiner Dienststelle vorhandene Unterlagen über Gesundheit und Entwicklung des Jugendlichen gewähren.

1   § 45 JArbSchG regelt die Möglichkeit der gegenseitigen Unterrichtung der
    Ärzte über Untersuchungsergebnisse. Sie hat den Zweck, dem untersuchen-
    den Arzt die Beurteilung des Gesundheitszustands und der Leistungsfä-
    higkeit des Jugendlichen dadurch zu erleichtern, dass er frühere Untersu-
    chungsergebnisse berücksichtigen kann.

2   Die Pflicht, die Aufzeichnungen über die Untersuchungsbefunde auszuhän-
    digen, hängt davon ab, ob die Personensorgeberechtigten, also normaler-
    weise beide Elternteile, *und* der Jugendliche damit einverstanden sind. Liegt
    dieses Einverständnis vor, beschränkt sich die Aushändigung auf die Un-
    tersuchungsergebnisse, die aufgrund von Untersuchungen nach den §§ 32 ff.
    JArbSchG festgehalten wurden. Erkenntnisse, die Ärzte aufgrund anderer
    Untersuchungen über den Jugendlichen haben, gehören nicht hierzu. Inso-
    weit besteht die Schweigepflicht des Arztes.

3   Mit Befunden nach § 45 JArbSchG sind in erster Linie die Untersuchungs-
    bögen nach § 3 JArbSchUV gemeint. Sowohl der staatliche Gewerbearzt wie
    auch der Arzt, der einen Jugendlichen nachuntersucht, haben einen Anspruch
    auf Aushändigung der Aufzeichnungen über frühere Untersuchungsbefunde.
    Der Arzt, der die Aufzeichnungen zur Einsicht ausgehändigt erhalten hat, ist
    verpflichtet, sie nach der Einsichtnahme wieder zurückzusenden.

4   Der staatliche Gewerbearzt kann – unter der Voraussetzung dass der Jugend-
    liche und der Personensorgeberechtigte zustimmen – die Unterlagen und
    Aufzeichnungen anderer Ärzte nicht nur anfordern, wenn er den Jugendli-
    chen nachuntersucht, sondern auch dann, wenn er im Verfahren nach § 40
    Abs. 2 JArbSchG oder im Verfahren nach § 42 JArbSchG tätig werden soll,
    also die Aufsichtsbehörde unterstützen und beraten soll.

5   Auf Anforderung des staatlichen Gewerbearztes oder eines sonstigen Arztes,
    der einen Jugendlichen im Rahmen dieses Gesetzes nachuntersucht, kann der
    Amtsarzt des Gesundheitsamts – wenn der Personensorgeberechtigte und der
    Jugendliche damit einverstanden sind – den anfordernden Ärzten Einsicht
    auch in andere »in seiner Dienststelle« vorhandene Unterlagen über Gesund-
    heit und Entwicklung des Jugendlichen gewähren. Sonstige Unterlagen, etwa
    des Jugendamts oder anderer Behörden, kommen nicht in Betracht. Bei den
    genannten anderen Unterlagen geht es vor allem um Ergebnisse schulärztli-

cher Untersuchungen. Ergebnisse über Untersuchungen der Eltern oder Geschwister des Jugendlichen darf der Amtsarzt auch dann nicht mitteilen, wenn diese zum Beispiel wegen erblicher Veranlagungen Aufschluss über die Gesundheit und die Entwicklung des Jugendlichen geben könnten.

Im Gegensatz zu § 45 Abs. 1 JArbSchG, wonach die Unterlagen zur Einsicht **6** auszuhändigen sind, hat der Amtsarzt nur Einsicht in die Unterlagen zu gewähren, das heißt, er darf die Unterlagen dem untersuchenden Arzt nicht überlassen. Die Einsicht in die Unterlagen kann auch aus Anlass der Erstuntersuchung (§ 32 Abs. 1 JArbSchG) gewährt werden.

§ 46 Ermächtigungen

(1) Das Bundesministerium für Arbeit und Soziales kann zum Zwecke einer gleichmäßigen und wirksamen gesundheitlichen Betreuung durch Rechtsverordnung mit Zustimmung des Bundesrates Vorschriften über die Durchführung der ärztlichen Untersuchungen und über die für die Aufzeichnungen der Untersuchungsbefunde, die Bescheinigungen und Mitteilungen zu verwendenden Vordrucke erlassen.

(2) Die Landesregierung kann durch Rechtsverordnung

1. zur Vermeidung von mehreren Untersuchungen innerhalb eines kurzen Zeitraumes aus verschiedenen Anlässen bestimmen, dass die Untersuchungen nach den §§ 32 bis 34 zusammen mit Untersuchungen nach anderen Vorschriften durchzuführen sind, und hierbei von der Frist des § 32 Abs. 1 Nr. 1 bis zu drei Monaten abweichen,

2. zur Vereinfachung der Abrechnung

   a) Pauschbeträge für die Kosten der ärztlichen Untersuchung im Rahmen der geltenden Gebührenordnungen festsetzen,

   b) Vorschriften über die Erstattung der Kosten beim Zusammentreffen mehrerer Untersuchungen nach Nummer 1 erlassen.

Vierter Abschnitt
Durchführung des Gesetzes

Erster Titel
Aushänge und Verzeichnisse

§ 47 Bekanntgabe des Gesetzes und der Aufsichtsbehörde

Arbeitgeber, die regelmäßig mindestens einen Jugendlichen beschäftigen, haben einen Abdruck dieses Gesetzes und die Anschrift der zuständigen Aufsichtsbehörde an geeigneter Stelle im Betrieb zur Einsicht auszulegen oder auszuhängen.

Inhaltsübersicht   Rn.
1. Überblick   1
2. Verpflichtungen der Arbeitgeber zur Bekanntgabe   2–6

1. Überblick

1   Das Jugendarbeitsschutzgesetz kann seinen Zweck nur erfüllen, wenn es bekannt ist. Damit die Jugendlichen sich jederzeit, aber auch bei aktuellen Anlässen, über die ihnen zustehenden Rechte und Pflichten und die gesetzliche Vorgaben zu ihrem Schutz informieren können, muss das **Jugendarbeitsschutzgesetz an geeigneter Stelle im Betrieb ausliegen oder aushängen.** Gleichfalls muss die **Anschrift der zuständigen Aufsichtsbehörde** ausliegen oder aushängen. Die Pflicht, das Jugendarbeitsschutzgesetz im Betrieb bekanntzugeben, besteht für alle Arbeitgeber, die mindestens einen Jugendlichen beschäftigen (§ 47 JArbSchG). Arbeitgeber, die regelmäßig mindestens drei Jugendliche beschäftigen, haben darüber hinaus die Pflicht, **Beginn und Ende der regelmäßigen täglichen Arbeitszeit und der Pausen der Jugendlichen auszuhängen** (§ 48 JArbSchG). Um die Kontrolle der Einhaltung des Jugendarbeitsschutzgesetzes zu sichern, bestehen zudem für die Arbeitgeber Pflichten, bestimmte **Verzeichnisse** zu führen, sowie **Auskunftspflichten** gegenüber der **Aufsichtsbehörde** (§§ 49, 50 JArbSchG). Wer »Arbeitgeber« ist, definiert § 3 JArbSchG. Welche Aufsichtsbehörde zuständig ist, regelt das Landesrecht (§ 51 JArbSchG). In der Regel sind dies die örtlichen Gewerbeaufsichtsämter in den einzelnen Regierungsbezirken.

2. Verpflichtungen der Arbeitgeber zur Bekanntgabe

2   Ein Abdruck des Gesetzes und die Anschrift der zuständigen Aufsichtsbehörde sind »**im Betrieb**« auszulegen oder auszuhängen (erfasst werden auch die Verwaltungsstellen im öffentlichen Dienst), und zwar »**an geeigneter Stelle**« im Betrieb. **Zuwiderhandlungen** sind Ordnungswidrigkeiten und können mit einer Geldbuße geahndet werden (§ 59 Abs. 1 Nr. 7 JArbSchG).

3   Die Pflicht nach § 47 JArbSchG besteht, wenn »**regelmäßig**« mindestens ein **Jugendlicher beschäftigt** wird, wenn also üblicherweise mindestens ein Jugendlicher beschäftigt wird. Kurzzeitige Unterbrechungen sind ohne Bedeutung. Auf den Umfang der Arbeitszeit des oder der Jugendlichen kommt es nicht an, es reicht auch eine stunden- oder tageweise Tätigkeit verschiedener Jugendlicher. Werden Jugendliche zwar nur zu bestimmten Zeiten des Jahres, aber üblicherweise beschäftigt (zum Beispiel saisonweise zur Ernte oder im Sommer als Urlaubsvertretung), liegt eine »regelmäßige« Beschäftigung vor. Auch in diesen Fällen muss der Text des Jugendarbeitsschutzgesetzes ausliegen oder ausgehängt werden.

Die Arbeitgeber haben »**im Betrieb**« ein Abdruck des Gesetzes und die An- **4**
schrift der zuständigen Aufsichtsbehörde auszulegen oder auszuhängen. Auf
die Größe des Betriebs oder die Zahl der im Übrigen beschäftigten Arbeitnehmer kommt es nicht an. Die Pflicht gilt auch für Kleinbetriebe, wenn
mindestens ein Jugendlicher beschäftigt wird (Rn. 3). Bei mehreren Be-
triebsstätten muss der Aushang in jeder Betriebsstätte erfolgen. Besteht kein
Betrieb im eigentlichen Sinne, entfällt die Pflicht nach § 47 JArbSchG, so
wenn ein Schriftsteller eine Schreibkraft beschäftigt oder bei der Putzhilfe im
Haushalt.[270]

Die Bekanntgabe muss »**an geeigneter Stelle**« im Betrieb erfolgen. Geeignet **5**
ist die Stelle für die Auslage oder den Aushang nur dann, wenn der Jugendliche jederzeit, sooft es ihm notwendig erscheint, Einblick nehmen kann,
ohne dass größere Hindernisse zu überwinden sind. Ein Aushang am
»schwarzen Brett« ist stets sachgerecht. Ein Verstoß gegen § 47 JArbSchG
wäre gegeben, wenn der Jugendliche das Gesetz bei einem Vorgesetzten an-
fordern muss oder nur im Zimmer des Vorgesetzten einsehen kann.[271] In
größeren Betrieben oder bei weiträumigen Betriebsanlagen ist es notwendig,
das Gesetz an mehreren Stellen auszuhängen oder auszulegen.[272] Das folgt
aus dem Sinn und Zweck der Bestimmung.

Das Gesetz verlangt nur eine Bekanntgabe **in deutscher Sprache,** weil alle **6**
Gesetze in Deutschland ausschließlich in deutscher Sprache erlassen werden.[273] Die Bekanntgabepflicht des Arbeitgebers kann sich nur auf das Gesetz beziehen, wie es in Deutschland erlassen ist. Es mag zwar wünschenswert sein, das Gesetz auch in anderen Sprachen, die im Betrieb gesprochen
werden, bekannt zu machen. Eine gesetzliche Pflicht besteht aber nicht. Es
kann auch nicht mit der »Fürsorgepflicht« des Arbeitgebers gegenüber aus-
ländischen Jugendlichen argumentiert werden. Da die Pflicht nach § 47
JArbSchG bußgeldbewehrt ist (§ 59 Abs. 1 Nr. 7 JArbSchG), gilt der Be-
stimmtheitsgrundsatz (Art. 103 Abs. 2 GG). Eine Geldbuße darf nur auferlegt werden, soweit sich dem Gesetz das bußgeldbewehrte Gebot klar entnehmen lässt. Von einer Bekanntgabe des Jugendarbeitsschutzgesetzes in einer nicht offiziellen Fassung, nämlich in einer anderen als der deutschen
Sprache, ist in § 47 JArbSchG aber nicht die Rede. Nichtsdestotrotz ist
es sinnvoll, fremdsprachiges Informationsmaterial im Betrieb auszuhängen
oder auszulegen, sofern die Aufsichtsbehörden oder andere Stellen (Gewerkschaften, Arbeitgeberverbände, Berufsgenossenschaften, Ausschüsse
oder Landesausschüsse für Jugendarbeitsschutz) solches zur Verfügung zu
stellen.

---

270 *Taubert* § 47 Rn. 2.
271 *Molitor/Volmer/Germelmann* § 47 Rn. 14; *Taubert* § 47 Rn. 3.
272 *Taubert* § 47 Rn. 3.
273 *Anzinger* MüArbR § 312 Rn. 8; *Zmarzlik/Anzinger* § 47 Rn. 7.

§ 48   Aushang über Arbeitszeit und Pausen

Arbeitgeber, die regelmäßig mindestens drei Jugendliche beschäftigen, haben einen Aushang über Beginn und Ende der regelmäßigen täglichen Arbeitszeit und der Pausen der Jugendlichen an geeigneter Stelle im Betrieb anzubringen.

1   Beschäftigt der Arbeitgeber regelmäßig mindestens drei Jugendliche, hat er neben dem Aushang des Gesetzestextes und der Adresse der zuständigen Aufsichtsbehörde auch noch Beginn und Ende der regelmäßigen täglichen Arbeitszeit und der Pausen für die Jugendlichen an geeigneter Stelle im Betrieb durch Aushang bekannt zu geben. **Zuwiderhandlungen** gegen § 48 JArbSchG sind Ordnungswidrigkeiten und können mit einer Geldbuße geahndet werden (§ 59 Abs. 1 Nr. 8 JArbSchG). Durch § 48 JArbSchG wird auch sichergestellt, dass eine Kontrolle der Einhaltung der arbeitszeitrechtlichen Bestimmungen des Jugendarbeitsschutzgesetzes durch den **Betriebsrat** oder **Personalrat** ermöglicht wird. Darüber hinaus können auch die **Aufsichtsbehörden** bei Überprüfungen feststellen, ob die Arbeitszeiten und Ruhepausen, wie sie vom Arbeitgeber im Betrieb für die Jugendlichen festgelegt worden sind, mit den arbeitszeitrechtlichen Bestimmungen des Gesetzes übereinstimmen.

2   Auszuhängen ist Beginn und Ende der »regelmäßigen« täglichen **Arbeitszeit**. Mit **Pausen** sind die Ruhepausen des § 11 JArbSchG gemeint (vgl. im Einzelnen die Kommentierung dort). Aus der Bekanntgabepflicht folgt mittelbar, dass die tägliche Arbeitszeit und die Pausen der Jugendlichen für eine längere Zeit im Voraus festzulegen sind und nicht täglich neu. Gelegentliche Abweichungen aus besonderen Anlässen sind nicht ausgeschlossen. Bei gelegentlichen Abweichungen wird die »regelmäßige« Arbeitszeit nicht geändert. Durch solche gelegentlichen Abweichungen wird nicht jedes Mal eine neue Aushangpflicht ausgelöst.[274] Wird im Betrieb **Gleitzeit** auch für die Jugendlichen praktiziert, sind die Kern- und Gleitzeiten auszuhängen.[275]

3   Bei der Festlegung von Beginn und Ende der Arbeitszeit und der Pausen haben **Betriebsrat** (§ 87 Abs. 1 Nr. 2 und 1 BetrVG) und **Personalrat** (§ 75 Abs. 3 Nr. 1 BPersVG oder den Personalvertretungsgesetzen der Bundesländer) ein Mitbestimmungsrecht.

---

274 *Anzinger* MüArbR § 312 Rn. 9; *Molitor/Volmer/Germelmann* § 48 Rn. 14; *Zmarzlik/Anzinger* § 48 Rn. 5.

275 *Taubert* § 48 Rn. 2.

§ 49 Verzeichnisse der Jugendlichen

Arbeitgeber haben Verzeichnisse der bei ihnen beschäftigten Jugendlichen unter Angabe des Vor- und Familiennamens, des Geburtsdatums und der Wohnanschrift zu führen, in denen das Datum des Beginns der Beschäftigung bei ihnen, bei einer Beschäftigung unter Tage auch das Datum des Beginns dieser Beschäftigung, enthalten ist.

Die Arbeitgeber (§ 3 JArbSchG) haben Verzeichnisse der bei ihnen beschäftigten Jugendlichen unter Angabe der in § 49 JArbSchG genannten Daten zu führen. Da der Zweck des § 49 JArbSchG darin liegt, den Aufsichtsbehörden die Kontrolle über die Einhaltung der Bestimmungen des Jugendarbeitsschutzgesetzes zu erleichtern, müssen die Verzeichnisse jederzeit verfügbar sein und einen Überblick über alle im Betrieb beschäftigten Jugendlichen geben. **Zuwiderhandlungen** gegen § 49 JArbSchG sind Ordnungswidrigkeiten und können mit einer Geldbuße geahndet werden (§ 59 Abs. 1 Nr. 9 JArbSchG). Mit den Verzeichnissen soll auch den Aufsichtsbehörden die Kontrolle ermöglicht werden, ob und in welcher Zahl Jugendliche im Betrieb beschäftigt werden. Ergänzend ist deshalb § 50 JArbSchG zu beachten. **1**

Maßgeblich ist, dass **Jugendliche »beschäftigt«** werden. Unerheblich ist, in welchem Rechtsverhältnis die Beschäftigung erfolgt, ob als Arbeitnehmer, Auszubildender oder in sonstiger Weise. Auf eine »regelmäßige« Mindestbeschäftigungszahl (wie bei § 47 oder § 48 JArbSchG) kommt es nicht. Jeder Arbeitgeber, der auch nur einen Jugendlichen, auch nur kurzzeitig oder zeitweilig und nicht regelmäßig, beschäftigt, muss ein solches Verzeichnis führen. **2**

Da die Bestimmung der Absicherung der Kontrollmöglichkeiten der Aufsichtsbehörden dient, ist ihre entsprechende Anwendung auf die **erlaubte Beschäftigung von Kindern** geboten. § 5 Abs. 2 JArbSchG, der die erlaubte Beschäftigung von Kindern regelt, verweist zwar nur auf die entsprechende Anwendung des § 9 bis § 46 JArbSchG, gleichwohl ist die entsprechende Anwendung auch des § 49 JArbSchG in diesen Fällen geboten. Der Grund für den Verweis auf § 9 bis § 46 JArbSchG liegt darin, dass Kinder, wenn überhaupt, nur vorübergehend beschäftigt werden sollen, und daher die Führung eines Verzeichnisses für Kinder überflüssig scheint. Wenn allerdings Kinder ausnahmsweise beschäftigt werden dürfen, sollten wegen der notwendigen Kontrolle durch die Aufsichtsbehörden die Verzeichnisse nach § 49 JArbSchG geführt werden müssen. **3**

Anders als früher wird in § 49 JArbSchG der Plural verwendet. Es ist nicht ein Verzeichnis zu führen, sondern »**Verzeichnisse**«. Das ermöglicht es zum Beispiel für Auszubildende unterschiedlicher Berufe verschiedene Verzeichnisse anzulegen oder Verzeichnisse durch elektronische Datenverarbei- **4** tungsanlagen erstellen zu lassen. Entscheidend ist letztlich, dass die Aufsichtsbehörde jederzeit auf Verlangen einen Überblick über alle im Betrieb beschäftigten Jugendlichen und über die in § 49 JArbSchG genannten Daten erhält.

5 Der **Betriebs- oder Personalrat** sowie die Jugend- und Auszubildendenvertretung haben nach § 80 BetrVG oder § 68 BPersVG (oder den Personalvertretungsgesetzen der Bundesländer) Anspruch auf Einsicht in diese Listen. Sie sind verpflichtet, diese regelmäßig zu kontrollieren. Für die Jugendlichen selbst ist kein Einsichtsrecht gesetzlich vorgeschrieben.

§ 50 Auskunft; Vorlage der Verzeichnisse

(1) Der Arbeitgeber ist verpflichtet, der Aufsichtsbehörde auf Verlangen
1. die zur Erfüllung ihrer Aufgaben erforderlichen Angaben wahrheitsgemäß und vollständig zu machen,
2. die Verzeichnisse gemäß § 49, die Unterlagen, aus denen Name, Beschäftigungsart und -Zeiten der Jugendlichen sowie Lohn- und Gehaltszahlungen ersichtlich sind, und alle sonstigen Unterlagen, die sich auf die nach Nummer 1 zu machenden Angaben beziehen, zur Einsicht vorzulegen oder einzusenden.

(2) Die Verzeichnisse und Unterlagen sind mindestens bis zum Ablauf von zwei Jahren nach der letzten Eintragung aufzubewahren.

Inhaltsübersicht   Rn.
1. Überblick   1
2. Auskunftspflicht des Arbeitgebers.   2
3. Vorlagepflichten des Arbeitgebers 3–4
4. Aufbewahrungspflicht des Arbeitgebers.   5

1. Überblick

1 § 50 JArbSchG ist für die Überwachung der Bestimmungen des Jugendarbeitsschutzgesetzes von großer praktischer Bedeutung. Sie ermöglicht der Aufsichtsbehörde, Verstöße gegen das Jugendarbeitsschutzgesetz ohne großen organisatorischen Aufwand festzustellen. Die Arbeitgeber sind zur wahrheitsgemäßen Auskunft in allen das Jugendarbeitsschutzgesetz betreffenden Fragen verpflichtet. **Zuwiderhandlungen** gegen § 50 JArbSchG sind Ordnungswidrigkeiten und können mit einer Geldbuße geahndet werden (§ 59 Abs. 1 Nr. 10 JArbSchG). Zur Auskunft verpflichtet ist der **Arbeitgeber** (§ 3 JArbSchG). Daneben ergibt sich aus § 89 Abs. 1 BetrVG oder § 81 BPersVG (oder den Personalvertretungsgesetzen der Bundesländer) auch eine Auskunftspflicht des **Betriebs- oder Personalrates** gegenüber der Auf-

sichtsbehörde. Die Pflichten der Arbeitgeber nach § 50 JArbSchG werden ergänzt durch die **Zutritts- und Besichtigungsrechte der Aufsichtsbehörde** (§ 51 JArbSchG).

2. Auskunftspflicht des Arbeitgebers

Der Arbeitgeber ist verpflichtet, der Aufsichtsbehörde auf Verlangen die **2** zur Erfüllung ihrer Aufgaben erforderlichen Angaben wahrheitsgemäß und vollständig zu machen (§ 50 Abs. 1 Nr. 1 JArbSchG). Die Pflicht zur Auskunft im Rahmen des § 50 Abs. 1 Nr. 1 JArbSchG umfasst alle Angaben, die zur Erfüllung der Aufgaben der Aufsichtsbehörde erforderlich sind. Zielrichtung des § 50 JArbSchG ist das Einhalten des Jugendarbeitsschutzgesetzes. Der Schutz der Jugendlichen vor gesundheitlichen Gefahren und Schäden verlangt, dass bei Verstößen die Aufsichtsbehörde den Arbeitgeber zur Beseitigung des rechtswidrigen Zustands veranlasst. Die eventuelle Verhängung eines Bußgeldes, wenn der Arbeitgeber durch einen Verstoß gegen das Gesetz gleichzeitig eine Ordnungswidrigkeit begangen hat, ist nur eine Nebenfolge der Auskunftspflicht nach § 50 JArbSchG. Der Arbeitgeber ist auch dann zur Auskunft nach § 50 Abs. 1 JArbSchG verpflichtet, wenn er sich bei wahrheitsgemäßer Auskunft einer Ordnungswidrigkeit oder Straftat bezichtigen würde.[276] Das folgt aus dem unbeschränkten Wortlaut der Norm und dem Regelungszweck. Es geht darum, Verstöße gegen das Jugendarbeitsschutzgesetz aufzudecken und abzustellen, und zwar zum Zwecke des Gesundheitsschutzes der Jugendlichen.

3. Vorlagepflichten des Arbeitgebers

Der Arbeitgeber hat die Verzeichnisse (§ 49 JArbSchG) und die weiteren in **3** § 50 Abs. 1 Nr. 2 JArbSchG genannten Unterlagen der Aufsichtsbehörde zur Einsicht vorzulegen oder einzusenden. Zu den sonstigen Unterlagen zählen zum Beispiel Stempeluhrkarten, alle Aufzeichnungen über Arbeitszeiten, Ruhepausen, Urlaub, Lohn- und Gehaltslisten, Briefwechsel mit der Berufsschule, Schriftwechsel mit Eltern, Industrie- und Handelskammer, Handwerkskammer, mit Betriebsrat oder Personalrat und Jugend- und Auszubildendenvertretung.

Die Aufsichtsbehörde entscheidet nach Zweckmäßigkeitserwägungen, ob **4** die Unterlagen zugesandt werden sollen oder ob sie Einsicht in die Unterlagen nehmen will. Will die Aufsichtsbehörde Einsicht nehmen, ist sie nicht verpflichtet, beim Arbeitgeber die Einsichtnahme vorher anzukündigen.

---

276 *Anzinger* MüArbR § 312 Rn. 11; *Lorenz* § 50 Rn. 3; *Molitor/Volmer/Germelmann* § 50 Rn. 20; *Taubert* § 50 Rn. 3; *Zmarzlik/Anzinger* § 50 Rn. 3.

4.   Aufbewahrungspflicht des Arbeitgebers

5   Da bei bestimmten Verstößen nach dem Jugendarbeitsschutzgesetz eine Verjährung der Ordnungswidrigkeit erst nach zwei Jahren eintritt (vgl. § 31 Abs. 2 Nr. 2 OWiG), verpflichtet § 50 Abs. 2 JArbSchG den Arbeitgeber, die Verzeichnisse und Unterlagen mindestens bis zum Ablauf von zwei Jahren nach der letzten Eintragung aufzubewahren. Dabei kommt es auf den Zeitpunkt an, zu dem tatsächlich die letzte Eintragung korrekterweise hätte gemacht werden müssen. Als letzte Eintragung ist zum Beispiel das Ende der Beschäftigung des Jugendlichen im Betrieb anzusehen. Wenn Jugendliche das 18. Lebensjahr vollenden, endet damit die Eintragungspflicht, es sei denn, es geht um Regelungen des Jugendarbeitsschutzgesetzes, die auch für Volljährige gelten.

Zweiter Titel
Aufsicht

§ 51   Aufsichtsbehörde; Besichtigungsrechte und Berichtspflicht

(1) Die Aufsicht über die Ausführung dieses Gesetzes und der auf Grund dieses Gesetzes erlassenen Rechtsverordnungen obliegt der nach Landesrecht zuständigen Behörde (Aufsichtsbehörde). Die Landesregierung kann durch Rechtsverordnung die Aufsicht über die Ausführung dieser Vorschriften in Familienhaushalten auf gelegentliche Prüfungen beschränken.

(2) Die Beauftragten der Aufsichtsbehörde sind berechtigt, die Arbeitsstätten während der üblichen Betriebs- und Arbeitszeit zu betreten und zu besichtigen; außerhalb dieser Zeit oder wenn sich die Arbeitsstätten in einer Wohnung befinden, dürfen sie nur zur Verhütung von dringenden Gefahren für die öffentliche Sicherheit und Ordnung betreten und besichtigt werden. Der Arbeitgeber hat das Betreten und Besichtigen der Arbeitsstätten zu gestatten. Das Grundrecht der Unverletzlichkeit der Wohnung (Artikel 13 des Grundgesetzes) wird insoweit eingeschränkt.

(3) Die Aufsichtsbehörden haben im Rahmen der Jahresberichte nach § 139b Abs. 3 der Gewerbeordnung über ihre Aufsichtstätigkeit gemäß Absatz 1 zu berichten.

Inhaltsübersicht   Rn.
1. Aufsichtsbehörde   1–4
2. Zutritts- und Besichtigungsrecht der Aufsichtsbehörde   5–7
3. Berichtspflicht der Aufsichtsbehörden   8

1. Aufsichtsbehörde

Die Aufsicht über die Ausführung dieses Gesetzes und der aufgrund dieses **1**
Gesetzes erlassenen Rechtsverordnungen obliegt der nach Landesrecht zuständigen Behörde (Aufsichtsbehörde). Der Bundesgesetzgeber hat die Aufsicht über die Einhaltung der Bestimmungen des Gesetzes an die Länder delegiert. Das entspricht dem verfassungsrechtlichen Grundsatz, dass die Länder die Bundesgesetze als eigene Angelegenheit ausführen (Art. 83 GG). Die Entscheidungen der Aufsichtsbehörde sind **Verwaltungsakte.** Gegen diese sind nach näherer Maßgabe der Verwaltungsgerichtsordnung (VwGO) Rechtsschutzmöglichkeiten gegeben (Widerspruch, Klage). **Örtlich zuständig** ist die Aufsichtsbehörde, in deren Bereich der Betrieb tätig ist oder das Unternehmen seinen Sitz hat, in dem der Jugendliche beschäftigt wird. Es ist also durch **Landesrecht** die zuständige Behörde zu bestimmen. In der Regel sind das die örtlichen **Gewerbeaufsichtsämter** oder **Ämter für Arbeitsschutz.** Für die Beschäftigung im Bergbau ist das örtliche Bergamt zuständig.

Aus dem Grundsatz der Gesetzmäßigkeit des Verwaltungshandelns (**Legali-** **2**
tätsprinzip) ergibt sich die Pflicht der Länder, die Aufsicht vollständig wahrzunehmen. Daraus folgt, dass die Länder sich nicht darauf berufen können, sie hätten zu wenig geeignete Beschäftigte, um die Einhaltung des Gesetzes in den Betrieben und Verwaltungen zu prüfen. Das Gesetz verpflichtet die Länder, einen effektiven und effizienten Überwachungsdienst zur Verfügung zu stellen, das bedeutet ausreichende Planstellen und qualifiziertes Personal. Die Aufsichtsbehörden sind verpflichtet, das ordnungsgemäße Einhalten der Bestimmungen des Jugendarbeitsschutzgesetzes in allen Verwaltungen und allen Betrieben zu überwachen. Ist eine Überwachung aller Betriebe in kurzen Zeitabständen nicht möglich, haben die Aufsichtsbehörden nach pflichtgemäßem Ermessen zu entscheiden, welche Betriebe sie verstärkt prüfen, das heißt in welchen Betrieben sie zum Beispiel Begehungen durchführen oder Auskünfte nach § 50 JArbSchG einholen. Besondere Aufmerksamkeit ist den Branchen zu widmen, die nach vorliegenden Erkenntnissen und Erfahrungswerten die Gefahr bieten, gegen Bestimmungen des Jugendarbeitsschutzgesetzes zu verstoßen. Das gilt besonders für Betriebe, in denen kein Betriebs- oder Personalrat besteht.

Bei Anzeigen und Beschwerden haben die Aufsichtsbehörden stets einzu- **3**
greifen, ihr Ermessen ist insoweit eingeschränkt. **Hinweise über Verstöße** haben die Aufsichtsbehörden **vertraulich zu behandeln.** Sie dürfen dem Arbeitgeber zum Beispiel keine Namen von »Informanten« nennen. Die Behörden müssen auch deshalb Stillschweigen über die Personen wahren, von denen sie Informationen erhalten, weil sie praktisch kaum Möglichkeiten haben, den Jugendlichen oder sonstige Informanten wirksam vor Repressalien zu schützen.

4   § 51 Abs. 1 Satz 2 JArbSchG ermöglicht den Landesregierungen durch
Rechtsverordnung zu bestimmen, dass in **Familienhaushalten** die Einhaltung der Bestimmungen des Jugendarbeitsschutzgesetzes nur gelegentlich
überprüft wird.»Familienhaushalte« sind *nicht* die Familienbetriebe zum
Beispiel im Hotel- und Gaststättengewerbe (vgl. Kommentierung zu § 1). Im
Umkehrschluss folgt aus dieser Bestimmung, dass in allen anderen Betrieben und Verwaltungen mehr als gelegentlich, nämlich regelmäßig, Prüfungen vorzunehmen sind.

2.   Zutritts- und Besichtigungsrecht der Aufsichtsbehörde

5   Die Zutritts- und Besichtigungsrechte der Aufsichtsbehörde nach § 51
JArbSchG ergänzen die **Pflichten der Arbeitgeber nach § 50 JArbSchG.** Die
Beauftragten der Aufsichtsbehörde sind berechtigt, die Arbeitsstätten **während der üblichen Betriebs- und Arbeitszeit** zu betreten und zu besichtigen
(§ 51 Abs. 2 JArbSchG). Der Arbeitgeber hat das Betreten und Besichtigen
der Arbeitsstätten zu gestatten. Die Betriebsbesichtigung kann **ohne Voran-
meldung** durchgeführt werden. Es besteht das Recht, zum Zwecke der Einhaltung der Bestimmungen des Jugendarbeitsschutzgesetzes alle notwendig
erscheinenden Untersuchungen und Unterlagen einsehen. Betriebs- oder
Personalrat und die Jugend- und Auszubildendenvertreter, die Jugendlichen
selbst und der Arbeitgeber können befragt werden. Die üblichen Betriebs-
oder Arbeitszeiten umfassen in mehrschichtigen Betrieben auch die Nachtstunden. Besteht ein begründeter Verdacht, dass gegen den Arbeitszeitschutz
verstoßen wird, kann die Aufsichtsbehörde eine Betriebsrevision auch außerhalb der üblichen Betriebsstunden vornehmen, zum Beispiel wenn sie
davon ausgeht, dass in dieser Zeit verbotswidrig gearbeitet wird.

6   Stellt der Beauftragte der Aufsichtsbehörde **Verstöße gegen das Jugendarbeitsschutzgesetz** fest, wird er auf das Abstellen der Verstöße hinwirken. Er
wird den Arbeitgeber außerdem beraten, wie der Jugendarbeitsschutz wir-
kungsvoll und umfassend gewährleistet werden kann, vor allem die menschengerechte Gestaltung der Arbeit (§ 28 JArbSchG). Neben der Beratung
und Verwarnung bei Verstößen kann die Aufsichtsbehörde mit hoheitlichen
Mitteln, nämlich Zwang und Strafe, den Arbeitgeber zur Einhaltung des Gesetzes veranlassen. Sie kann vollziehbare Verfügungen erlassen, die zwangs-
weise durchgesetzt werden, zum Beispiel durch Ersatzvornahme oder
Zwangsgeld. Die Aufsichtsbehörde hat zudem die Möglichkeit, nach § 58
und § 59 JArbSchG Bußgelder zu verhängen, wenn der Verstoß eine **Ordnungswidrigkeit** darstellt. Stellt der Beauftragte der Aufsichtsbehörde eine
strafbare Handlung oder eine Ordnungswidrigkeit fest, ist er bei Straftaten
zur Anzeige an die Staatsanwaltschaft verpflichtet. Bei Ordnungswidrigkeiten steht deren Verfolgung im pflichtgemäßen Ermessen der Behörde.

Der **Betriebsrat oder Personalrat** hat die Aufsichtsbehörde im Rahmen des 7 § 89 BetrVG (Arbeits- und betrieblicher Umweltschutz) oder § 81 BPersVG (oder den Personalvertretungsgesetzen der Bundesländer) durch Auskunft und Anregung zu unterstützen. Die Aufsichtsbehörde ist verpflichtet, den Betriebsrat bei allen im Zusammenhang mit Arbeitsschutz und Unfallverhütung stehenden Besichtigungen und Fragen und bei Unfalluntersuchungen hinzuzuziehen (§ 89 Abs. 2 BetrVG). Die **Jugend- und Auszubildendenvertretung** hat darüber zu wachen, dass die zugunsten der jugendlichen Arbeitnehmer geltenden Gesetze, Verordnungen, Unfallverhütungsvorschriften eingehalten werden (§ 70 Abs. 1 Nr. 2 BetrVG). Dazu gehört das Jugendarbeitsschutzgesetz. Zur Erfüllung dieser Aufgabe ist der Betriebsrat verpflichtet, die Jugend- und Auszubildendenvertretung rechtzeitig und umfassend zu unterrichten (§ 70 Abs. 2 BetrVG). Daher wird die Aufsichtsbehörde nicht nur den Betriebsrat, sondern auch die Jugend- und Auszubildendenvertretung oder die von der Jugend- und Auszubildendenvertretung beauftragten Mitglieder bei Untersuchungen hinzuzuziehen haben.

3. Berichtspflicht der Aufsichtsbehörden

Nach § 139b Abs. 3 GewO hatten die Aufsichtsbehörden jährlich über ihre 8 Arbeit einen Bericht abzugeben. Die maßgebliche Vorschrift findet sich nunmehr in § 23 Abs. 4 ArbSchG: *Die zuständigen obersten Landesbehörden haben über die Überwachungstätigkeit der ihnen unterstellten Behörden einen Jahresbericht zu veröffentlichen. Der Jahresbericht umfasst auch Angaben zur Erfüllung von Unterrichtungspflichten aus internationalen Übereinkommen oder Rechtsakten der Europäischen Gemeinschaften, soweit sie den Arbeitsschutz betreffen.* § 51 Abs. 3 JArbSchG stellt sicher, dass im Rahmen dieser Berichte auch die Arbeit und die Vorfälle im Bereich des Jugendarbeitsschutzes behandelt werden. In diesem Bericht ist auch über die erteilten Ausnahmeregelungen zu informieren. Ergebnisse von Schwerpunktuntersuchungen wie auch gravierende Einzelverstöße sollten ebenfalls enthalten sein. Die Berichte selbst sind den Parlamenten der einzelnen Bundesländer vorzulegen. Sie werden heute durchweg von den Behörden auch im Internet veröffentlicht, so dass sich jeder Interessierte dort informieren kann.

§ 52 Unterrichtung über Lohnsteuerkarten an Kinder

§ 52 wurde mit Wirkung vom 14. 12. 2011 durch Gesetz vom 7. 12. 2011 (BGBl. I S. 2592) aufgehoben. Eine Lohnsteuerkarte in Papierform existiert nicht mehr. Die entsprechenden Daten werden nunmehr ausschließlich elektronisch erfasst: Elektronische LohnSteuerAbzugs-Merkmale (ELStAM).

§ 53   Mitteilung über Verstöße

Die Aufsichtsbehörde teilt schwerwiegende Verstöße gegen die Vorschriften dieses Gesetzes oder gegen die auf Grund dieses Gesetzes erlassenen
Rechtsverordnungen der nach dem Berufsbildungsgesetz oder der Handwerksordnung zuständigen Stelle mit. Die zuständige Agentur für Arbeit
erhält eine Durchschrift dieser Mitteilung.

1   Weil die nach dem Berufsbildungsgesetz (BBiG) für die berufliche Bildung
    zuständigen Stellen darüber zu wachen haben, dass der Ausbildende persön-
    lich und fachlich zur Ausbildung von Jugendlichen geeignet ist, ist es not-
    wendig, diesen Stellen Verstöße gegen die Jugendarbeitsschutzbestimmun-
    gen mitzuteilen. Entsprechend sind auch die Agenturen für Arbeit (ehemals
    Arbeitsämter) zu informieren, weil diese für die Vermittlung von Arbeits-
    plätzen und Ausbildungsstellen und die Beratung Jugendlicher zuständig
    sind und deshalb entsprechende Erkenntnisse über Verstöße bei der Be-
    rufsberatung Jugendlicher berücksichtigen sollen. Durch diese Mitteilungen
    kann die Vermittlung von Jugendlichen in beanstandungsfreie Ausbildungs-
    betriebe verbessert werden.

2   Die Mitteilungspflicht bezieht sich auf »**schwerwiegende**« **Verstöße**.
    Schwerwiegend ist zum Beispiel ein Verstoß, wenn er nach § 58 und § 59
    JArbSchG mit Bußgeld oder gar Strafe belegt ist oder der Arbeitgeber mehr-
    fach gegen einzelne Bestimmungen des Jugendarbeitsschutzgesetzes versto-
    ßen hat. Einmalige leichte Verstöße werden in der Regel nicht mitzuteilen
    sein. Grundsätzlich ist die Mitteilung der Aufsichtsbehörde an die zustän-
    digen Stellen erst vorzunehmen, wenn der Verstoß rechtskräftig festgestellt
    worden ist. Bei besonders schweren Anschuldigungen gegen den Arbeitge-
    ber wird es im Einzelfall angebracht sein, die zuständigen Stellen bereits
    vor rechtskräftiger Verurteilung des Arbeitgebers oder bevor der Bußgeld-
    bescheid rechtskräftig geworden ist, vom Sachverhalt zu informieren unter
    Hinweis darauf, dass das Verfahren noch nicht endgültig abgeschlossen ist.
    Die Aufsichtsbehörde soll den Tatbestand der Verstöße möglichst genau an-
    geben. Ist ein Bußgeldbescheid erlassen worden, sollte er der Mitteilung in
    Durchschrift oder Ablichtung beigefügt werden.

3   Wer die »**zuständige Stelle**« **nach dem Berufsbildungsgesetz** ist, wird für
    die einzelnen Branchen in § 71 bis § 75 BBiG geregelt. Zuständig sind die
    • Handwerkskammern für Berufe der Handwerksordnung,
    • Industrie- und Handelskammern (IHK) für nichthandwerkliche Gewer-
      beberufe,
    • Landwirtschaftskammern für Berufe der Landwirtschaft, einschließlich
      der ländlichen Hauswirtschaft,
    • Rechtsanwalts-, Patentanwalts- und Notarkammern für Fachangestellte
      im Bereich der Rechtspflege,

- Wirtschaftsprüfer- und Steuerberaterkammern für Fachangestellte im Bereich der Wirtschaftsprüfung und Steuerberatung,
- Ärzte-, Zahnärzte-, Tierärzte- und Apothekerkammern für Gesundheitsdienstberufe.

§ 54 Ausnahmebewilligungen

(1) Ausnahmen, die die Aufsichtsbehörde nach diesem Gesetz oder den auf Grund dieses Gesetzes erlassenen Rechtsverordnungen bewilligen kann, sind zu befristen. Die Ausnahmebewilligungen können

1. mit einer Bedingung erlassen werden,
2. mit einer Auflage oder mit einem Vorbehalt der nachträglichen Aufnahme, Änderung oder Ergänzung einer Auflage verbunden werden und
3. jederzeit widerrufen werden.

(2) Ausnahmen können nur für einzelne Beschäftigte, einzelne Betriebe oder einzelne Teile des Betriebs bewilligt werden.

(3) Ist eine Ausnahme für einen Betrieb oder einen Teil des Betriebs bewilligt worden, so hat der Arbeitgeber hierüber an geeigneter Stelle im Betrieb einen Aushang anzubringen.

Inhaltsübersicht   Rn.
1. Überblick   1
2. Befristung der Ausnahmebewilligung   2–4
3. Widerrufbarkeit der Ausnahmebewilligung   5
4. Nebenbestimmungen zur Ausnahmebewilligung   6
5. Ausnahmebewilligung nur für Einzelfälle   7
6. Aushangpflicht   8

1. Überblick

Das Jugendarbeitsschutzgesetz enthält zum Schutz der Gesundheit und **1** der möglichst ungestörten körperlichen Entwicklung der Jugendlichen eine Vielzahl von Verbotsnormen, die den Arbeitgeber von einem bestimmten Tun abhalten (zum Beispiel den Jugendlichen mehr als acht Stunden täglich zu beschäftigen) oder zu einem bestimmten Tun anhalten (zum Beispiel dem Jugendlichen ausreichende Pausen zu gewähren). Allerdings enthält das Gesetz die Möglichkeit für die Aufsichtsbehörden, Ausnahmen von den Verbotsnormen des Jugendarbeitsschutzgesetzes zu bewilligen. Solche Ausnahmemöglichkeiten sind begrenzt auf § 6 Abs. 1 Satz 1, § 14 Abs. 6 und 7 Satz 1, § 27 Abs. 3 sowie § 40 Abs. 2 JArbSchG. Von anderen Verbotsnormen dieses Gesetzes können die Aufsichtsbehörden keine Ausnahmen zulassen. § 54 JArbSchG enthält nähere Vorgaben für die Ausnahmebewilligungen.

2. Befristung der Ausnahmebewilligung

2   Die Ausnahmebewilligung ist ein Verwaltungsakt der Aufsichtsbehörde, die
auf Antrag des Arbeitgebers im Rahmen des pflichtgemäßen Ermessens der
Behörde ergehen kann. § 54 Abs. 1 Satz 1 JArbSchG bestimmt zwingend,
dass Ausnahmen zu befristen sind. Wird die Bewilligung nicht befristet und
würde die Ausnahme dadurch zu einer Dauerregelung, ist sie insgesamt
nichtig, so dass keine Ausnahme bewilligt ist. Weil zwingend eine Befristung
der Ausnahme vorgeschrieben ist, ist auch – als objektive Umgehung dieser Vorgabe – eine Wiederholung der Ausnahmebewilligung unmittelbar im
Anschluss an das Ende der vorherigen Ausnahmebewilligung unzulässig.

3   Bei der **Befristung** ist die mit dem Verwaltungsakt erstrebte Vergünstigung
zeitlich beschränkt. Sie beginnt und endet zu dem Zeitpunkt, der in der Bewilligung genau angegeben werden muss, zum Beispiel durch die Angabe
des Tages, an dem die Vergünstigung beginnt, und der Angabe des Tages, an
dem sie endet. Die Zeitangabe ist auch erforderlich, wenn die Tätigkeit selbst
nur vorübergehender Art ist oder der Jugendliche bald 18 Jahre wird. Eine
Bewilligung mit dem Hinweis »bis zur Beendigung eines Auftrages« ist demnach nicht möglich.

4   Die Dauer der Befristung liegt im pflichtgemäßen **Ermessen** der Aufsichtsbehörde. Sie wird dabei die besonderen Umstände des Einzelfalls zu berücksichtigen haben, je nachdem von welcher Schutznorm zugunsten des Arbeitgebers abgewichen werden soll. Die Entscheidung über die Ausnahmebewilligung ist ein **Verwaltungsakt.** Sie kann von demjenigen, der durch die Entscheidung belastet ist, durch Widerspruch, gegebenenfalls Klage, angegrif-
fen werden, also vom Jugendlichen (vertreten durch die gesetzlichen
Vertreter) oder vom Arbeitgeber.

3. Widerrufbarkeit der Ausnahmebewilligung

5   Ausnahmebewilligungen können jederzeit widerrufen werden (§ 54 Abs. 1
Satz 2 Nr. 3 JArbSchG). Der Widerruf ist eine einseitige Erklärung der Auf-
sichtsbehörde, die in ihrem pflichtgemäßen Ermessen steht. Auch wenn der
Widerruf in der Ausnahmebewilligung nicht ausdrücklich Vorbehalten wor-
den ist, kann aufgrund der gesetzlichen Regelung die Aufsichtsbehörde die
Bewilligung widerrufen, wenn die Voraussetzungen der Bewilligung von
Anfang an nicht vorgelegen haben oder nachträglich weggefallen sind. So ist
zum Beispiel die Nichterfüllung einer Auflage im Regelfall ein Grund für den
Widerruf der Ausnahmebewilligung.

4. Nebenbestimmungen zur Ausnahmebewilligung

§ 54 Abs. 1 Satz 2 Nr. 1 und 2 JArbSchG lässt es zu, die Ausnahmebewilligung **6** mit weiteren Nebenbestimmungen zu versehen. Diese Nebenbestimmungen müssen in der Ausnahmebewilligung ausdrücklich geregelt werden. Ist die Ausnahmebewilligung mit einer **Bedingung** erlassen worden, wird die Bewilligung erst wirksam, wenn die Bedingung eingetreten ist. Die Ausnahmebewilligung kann auch mit einer Auflage oder mit einem Vorbehalt der nachträglichen Aufnahme, Änderung oder Ergänzung einer Auflage verbunden werden. Die Auflage schreibt dem Arbeitgeber ein Tun, Dulden oder Unterlassen vor.

5. Ausnahmebewilligung nur für Einzelfälle

§ 54 Abs. 2 JArbSchG regelt ausdrücklich, dass Ausnahmen »nur« für einzelne Beschäftigte, einzelne Betriebe oder einzelne Teile des Betriebs bewilligt werden können. Je nach Sachverhalt ist also von der Aufsichtsbehörde gesondert zu prüfen, ob dem Ziel des Jugendarbeitsschutzes besser dadurch entsprochen werden kann, dass, wenn schon eine Ausnahme bewilligt wird, diese begrenzt wird auf einzelne Beschäftigte oder auf einzelne Betriebe oder einzelne Teile des Betriebs. Das bedeutet, dass die Aufsichtsbehörde Ausnahmen von den Schutznormen des Gesetzes nur im Einzelfall erlassen kann, also nicht für ganze Wirtschaftszweige oder Branchen, Ausbildungsberufe oder Beschäftigungsarten.

6. Aushangpflicht

Ist die Ausnahme nicht nur für einzelne Jugendliche erteilt, sondern für einen ganzen Betrieb oder einen Teil des Betriebs, dann muss der Arbeitgeber an geeigneter Stelle im Betrieb einen Aushang über die Ausnahmebewilligung anbringen, aus der sich der Umfang der Ausnahme ergibt. Damit sollen die betroffenen Jugendlichen informiert werden und der Betriebsrat und die Jugend- und Auszubildendenvertretung kontrollieren können, ob die Grenzen der Ausnahmebewilligung nicht überschritten, ob Bedingungen erfüllt und Auflagen eingehalten werden. Die »geeignete Stelle« wird in der Regel das »schwarze Brett« sein. Heutzutage dürfte auch eine Bekanntmachung im Intranet, sofern vorhanden, genügen. Ein Verstoß gegen die Aushangpflicht nach § 54 Abs. 3 JArbSchG ist eine Ordnungswidrigkeit (§ 59 Abs. 1 Nr. 12 JArbSchG).

Dritter Titel
Ausschüsse für Jugendarbeitsschutz

§ 55   Bildung des Landesausschusses für Jugendarbeitsschutz

(1) Bei der von der Landesregierung bestimmten obersten Landesbehörde wird ein Landesausschuss für Jugendarbeitsschutz gebildet.

(2) Dem Landesausschuss gehören als Mitglieder an:

1. je sechs Vertreter der Arbeitgeber und der Arbeitnehmer,
2. ein Vertreter des Landesjugendrings,
3. ein von der Bundesagentur für Arbeit benannter Vertreter und je ein Vertreter des Landesjugendamts, der für das Gesundheitswesen zuständigen obersten Landesbehörde und der für die berufsbildenden Schulen zuständigen obersten Landesbehörde und
4. ein Arzt.

(3) Die Mitglieder des Landesausschusses werden von der von der Landesregierung bestimmten obersten Landesbehörde berufen, die Vertreter der Arbeitgeber und Arbeitnehmer auf Vorschlag der auf Landesebene bestehenden Arbeitgeberverbände und Gewerkschaften, der Arzt auf Vorschlag der Landesärztekammer, die übrigen Vertreter auf Vorschlag der in Absatz 2 Nr. 2 und 3 genannten Stellen.

(4) Die Tätigkeit im Landesausschuss ist ehrenamtlich. Für bare Auslagen und für Entgeltausfall ist, soweit eine Entschädigung nicht von anderer Seite gewährt wird, eine angemessene Entschädigung zu zahlen, deren Höhe nach Landesrecht oder von der von der Landesregierung bestimmten obersten Landesbehörde festgesetzt wird.

(5) Die Mitglieder können nach Anhören der an ihrer Berufung beteiligten Stellen aus wichtigem Grund abberufen werden.

(6) Die Mitglieder haben Stellvertreter. Die Absätze 2 bis 5 gelten für die Stellvertreter entsprechend.

(7) Der Landesausschuss wählt aus seiner Mitte einen Vorsitzenden und dessen Stellvertreter. Der Vorsitzende und sein Stellvertreter sollen nicht derselben Mitgliedergruppe angehören.

(8) Der Landesausschuss gibt sich eine Geschäftsordnung. Die Geschäftsordnung kann die Bildung von Unterausschüssen vorsehen und bestimmen, dass ihnen ausnahmsweise nicht nur Mitglieder des Landesausschusses angehören. Absatz 4 Satz 2 gilt für die Unterausschüsse hinsichtlich der Entschädigung entsprechend. An den Sitzungen des Landesausschusses und der Unterausschüsse können Vertreter der beteiligten obersten Landesbehörden teilnehmen.

Inhaltsübersicht   Rn.
1. Überblick 1– 3
2. Landesausschüsse für Jugendarbeitsschutz.   4–24
    a. Zusammensetzung 5– 8
    b. Berufung der Mitglieder   9–12
    c. Rechtsstellung der Mitglieder   13–15
    d. Abberufung von Mitgliedern.   16
    e. Stellvertreter   17–18
    f. Vorsitzender   19–20
    g. Geschäftsordnung   21
    h. Unterausschüsse   22
    i. Geschäftsführung   23
    j. Teilnahmerecht der obersten Landesbehörden.   24

1. Überblick

Die Ausschüsse für Jugendarbeitsschutz sind neben den Aufsichtsbehörden **1** ein wichtiges Instrument zur Durchführung des Jugendarbeitsschutzes. § 55 JArbSchG regelt die Bildung der Landesausschüsse für Jugendarbeitsschutz. Diese werden gebildet bei den von der Landesregierung bestimmten obersten Landesbehörden. In der Regel ist es das jeweilige Landesministerium für Arbeit. Es gibt also in jedem Bundesland einen **Landesausschuss für Jugendarbeitsschutz.** Daneben gibt es bei den örtlichen Aufsichtsbehörden die **örtlichen Ausschüsse für Jugendarbeitsschutz** (§ 56 JArbSchG). § 57 JArbSchG regelt die **Aufgaben dieser Ausschüsse.** Die Vorschriften verfolgen den Zweck, die obersten Landesbehörden und die Aufsichtsbehörden bei der Anwendung des Jugendarbeitsschutzgesetzes zu beraten und die Arbeitgeber, die Kinder und Jugendlichen und die Bevölkerung über Inhalt und Ziel des Jugendarbeitsschutzes aufzuklären. Die Ausschüsse für Jugendarbeitsschutz auf Landesebene waren bereits im Jugendarbeitsschutzgesetz von 1960 vorgeschrieben. Durch eine neue Beschreibung und Ausweitung ihrer Aufgaben im Jugendarbeitsschutzgesetz 1976 wurden ihre Bedeutung und ihre Wirkungsmöglichkeiten ausgeweitet.

Um die Durchführung des Gesetzes und die Information der Öffentlichkeit **2** über den Jugendarbeitsschutz weiter zu verbessern, hat der Gesetzgeber zusätzlich zu den Landesausschüssen die örtlichen Ausschüsse bei den Aufsichtsbehörden eingerichtet. Welche Bedeutung der Gesetzgeber diesen Gremien beimisst, wird dadurch deutlich, dass er sie zwingend vorschreibt. Sie können nicht, sie müssen eingerichtet werden.

Von erheblicher Bedeutung auch für die Arbeitnehmervertreter, die in die- **3** sen Gremien arbeiten, ist eine realistische Einschätzung ihrer Möglichkeiten. Mit diesen Ausschüssen sind Mängel des Gesetzes nicht zu korrigieren. Die gesetzlichen Bestimmungen können nicht verbessert werden. Ihre Bedeutung haben die Gremien in ihrer Funktion, die Aufsichtsbehörden zu beraten, und durch ihre eigenständigen Möglichkeiten der Information über das Jugendarbeitsschutzgesetz in der Öffentlichkeit. In der Zusammensetzung dieser Gremien liegt die Chance, durch das Einbeziehen der Arbeitgeberseite die Praxis des Jugendarbeitsschutzes zu verbessern.

2. Landesausschüsse für Jugendarbeitsschutz

4   Die Bildung von Landesausschüssen für Jugendarbeitsschutz ist **zwingend vorgeschrieben** (§ 55 Abs. 1 JArbSchG). Da für die Anwendung des Jugendarbeitsschutzgesetzes generell die Bundesländer verantwortlich sind, ergeben sich hieraus konkrete Verpflichtungen der Landesregierungen. So sind zum Beispiel ausreichende Mittel für eine ordnungsgemäße Geschäftsführung und für die gesetzmäßigen Aufgaben der Ausschüsse sicherzustellen. Die Landesausschüsse sind bei den obersten Landesbehörden, zumeist bei den Ministerien für Arbeit, angesiedelt.

a. Zusammensetzung

5   Der Landesauschuss ist so zusammengesetzt, dass einerseits eine ausreichende Vertretung der zu beteiligenden Gruppen, andererseits die Arbeitsfähigkeit des Ausschusses sichergestellt wird.[277] An die Mitglieder werden keine besonderen fachlichen oder persönlichen Anforderungen gestellt. Es wird darauf vertraut, dass die vorschlagenden Stellen sachkundige Personen benennen. § 55 Abs. 2 JArbSchG gibt die **Zusammensetzung zwingend und abschließend** vor.[278] Hieraus ergibt sich, dass weder die Berufung der aufgeführten Vertreter unterbleiben darf, noch dass die Gruppen über die Aufzählung hinaus ausgedehnt werden dürfen. Auch durch Regelungen in der Geschäftsordnung des Ausschusses kann die Mitgliedschaft weder ausgedehnt noch eingeschränkt werden. Eine solche Möglichkeit besteht auch nicht für die oberste Landesbehörde, die die Mitglieder beruft.

6   **Je sechs Vertreter der Arbeitnehmer** und **Arbeitgeber** bilden die größten Gruppen des Ausschusses (§ 55 Abs. 2 Nr. 1 JArbSchG). Durch diese starke Vertretung der unmittelbar an der Durchführung des Jugendarbeitsschutzes Beteiligten lässt sich die Zielsetzung dieser Ausschüsse ablesen. Es geht in erster Linie um Fragen der konkreten Durchführung des Jugendarbeitsschutzes in den Betrieben und Verwaltungen. Zum Teil wird die Auffassung vertreten, dass möglichst drei Vertreter der Arbeitnehmer in den Ausschüssen nicht älter als 18 Jahre sein sollten. Hintergrund ist wohl die Absicht, auch in die Arbeit der Ausschüsse die Meinung der direkt Betroffenen mit einzubeziehen. Nach dem Gesetzeswortlaut gibt es jedoch insoweit keine

---

277 Gesetzesbegründung, BT-Drucks. 7/2305, S. 37.
278 *Molitor/Volmer/Germelmann* § 55 Rn. 7.

konkreten Vorgaben. Die Praxis zeigt, dass es wichtig ist, dass möglichst viele Wirtschaftsbereiche in den Ausschüssen vertreten sind.

Die Einbeziehung eines **Vertreters des Landesjugendringes** (§ 55 Abs. 2 Nr. 2 JArbSchG) ist ein Hinweis dafür, dass Jugendarbeitsschutz ein wesentlicher Teil der Jugendpolitik ist. Hieraus ergibt sich ferner, dass Jugendarbeitsschutz auch ein Thema für die Arbeit des Landesjugendringes darstellt. Der Vertreter wird vom Landesjugendring benannt, sollte aber – das ist implizit vorausgesetzt – auf dem Gebiet des Jugendarbeitsschutzes Kenntnisse mitbringen.   **7**

In § 55 Abs. 2 Nr. 3 und 4 JArbSchG sind **weitere Vertreter im Landesausschuss** genannt. Es sind dies zum einen Vertreter von Behörden, die unmittelbar oder mittelbar mit der Durchführung des Jugendarbeitsschutzgesetzes befasst sind, nämlich ein Vertreter, der von der Bundesagentur für Arbeit benannt wird, ein Vertreter des Landesjugendamts und je ein Vertreter aus den obersten Landesbehörden, die für das Gesundheitswesen und berufsbildende Schulen zuständig sind. Daraus wird deutlich, dass auch Fragen der Arbeitsmarktpolitik und der schulischen Berufsausbildung eine wichtige Rolle beim Jugendarbeitsschutz spielen. Wegen der Bedeutung des Gesundheitsschutzes im Jugendarbeitsschutzgesetz ist auch ein Arzt als Mitglied im Landesausschuss vorgesehen. Obwohl der Arzt auf Vorschlag der Landesärztekammer von der obersten Landesbehörde berufen wird, ist zu verlangen, dass sich der Arzt mit Fragen des Jugendarbeitsschutzes befasst, zumindest aber über die arbeitsmedizinische Bedeutung des Kinder- und Jugendarbeitsschutzes informiert ist.   **8**

b.   Berufung der Mitglieder

Alle Mitglieder des Landesausschusses werden von der **obersten Landesbehörde** berufen (§ 55 Abs. 3 JArbSchG). Die oberste Landesbehörde ist bei der Berufung grundsätzlich an den **Vorschlag** der **entsendenden Stelle** gebunden. Hat sie gegen einen Vorschlag Bedenken, ist dies ausführlich, entsprechend der Verfahrensweise nach § 55 Abs. 5 JArbSchG (Abberufung von Mitgliedern) zu begründen.   **9**

Die Mitglieder werden zwar als Einzelpersonen berufen, sie sind jedoch in erster Linie **Beauftragte ihrer entsendenden Stelle** und haben daher auch die Interessen ihrer Gruppe zur Geltung zu bringen. In der Praxis wirkt sich das am deutlichsten bei den Gruppen der Arbeitnehmer und der Arbeitgeber aus. Für die Behördenvertreter ist das Weisungsrecht der entsendenden Behörde, in der Regel des zuständigen Ministers, zu beachten. Die Praxis zeigt, dass die Behördenvertreter bei kontroversen Entscheidungen oft den Ausschlag geben.   **10**

Das Gesetz sagt nichts über die **Dauer der Berufung** der Mitglieder und damit auch nichts über die Dauer der jeweiligen Legislaturperiode eines Aus-   **11** schusses aus. Das kann vom Landesausschuss in der Geschäftsordnung festgelegt werden. In der Regel wird sich diese an der Dauer der Legislaturperiode des jeweiligen Landtages orientieren (vier oder fünf Jahre).

12 Bei Rücktritt eines Mitglieds des Landesausschusses oder eines Stellvertreters ist **eine Neubenennung** jederzeit möglich. Von daher kann selbst bei längeren Legislaturperioden nicht der Fall eintreten, dass durch eine starke Fluktuation innerhalb einer Gruppe die Stellvertreter »aufgebraucht« sind und damit die Vertretung einer Gruppe nicht mehr vollständig gewährleistet ist.

c.   Rechtsstellung der Mitglieder

13 Die Tätigkeit aller Ausschussmitglieder ist **ehrenamtlich** (§ 55 Abs. 4 Satz 1 JArbSchG). Eine ehrenamtliche Tätigkeit bedeutet eine freiwillige Tätigkeit im öffentlichen Interesse aufgrund einer allgemeinen Pflicht. Kann man eine solche Funktion nicht mehr wahrnehmen, ist ein Rücktritt, zum Beispiel wegen Arbeitsüberlastung, angezeigt. Ein Ausscheiden aus einem Ehrenamt ist jederzeit ohne Angabe von Gründen möglich.

14 Die Definition der ehrenamtlichen Tätigkeit beschreibt eine offizielle Funktion im Interesse der Gemeinschaft. Hieraus ergibt sich die Verpflichtung einer **Freistellung für die Ausübung des Mandats**. Diese Verpflichtung richtet sich an die jeweiligen Arbeitgeber der Mitglieder bzw. an die entsendenden Stellen. Die Pflicht zur Freistellung gilt nicht nur für die Dauer der Sitzungen, sondern auch für die Wegezeiten und die notwendige Zeit der Vorbereitung solcher Sitzungen. Die Freistellungsverpflichtung gilt auch für alle sonstigen Aufgaben und Termine, die sich aus der Wahrnehmung der Mitgliedschaft in dem Ausschuss ergeben, also zum Beispiel für Betriebsbesichtigungen, öffentliche Veranstaltungen, Pressekonferenzen und alle sonstigen Veranstaltungen der Ausschüsse. Das gleiche gilt, wenn ein Vertreter des Ausschusses Aufträge für den Ausschuss wahrnimmt. Das gilt auch für den Vorsitzenden oder den stellvertretenden Vorsitzenden bei notwendigen Gesprächen mit der Aufsichtsbehörde oder in Betrieben.

15 Das Gesetz schreibt ausdrücklich **eine angemessene Entschädigung** für die notwendigen Auslagen und für einen etwaigen Entgeltausfall vor (§ 55 Abs. 4 Satz 2 JArbSchG). Die Formulierung »bare Auslagen« umfasst sämtliche Kosten, die im Zusammenhang mit der Ausführung der Aufgabe entstehen. Beispielsweise können dies sein die Kosten für die Fahrt von der Wohnung oder Arbeitsstelle zum Tagungsort und zurück, Kosten für Essen und Übernachtung, Kosten für erforderliche Telefongespräche. Die Entschädigung für den **Entgeltausfall** ist in erster Linie für die Arbeitnehmer von Interesse, soweit nicht eine Entschädigung von anderer Seite gewährt wird, etwa vom Arbeitgeber. Für die Entschädigung durch die Behörde muss der Grundsatz einer vollen Erstattung gelten. Die Mitglieder des Ausschusses müssen finanziell so gestellt werden, als hätten sie gearbeitet.

d. Abberufung von Mitgliedern

Die Mitglieder können von der obersten Landesbehörde nach Anhören der **16**
an ihrer Berufung beteiligten Stellen **aus wichtigem Grund** abberufen werden (§ 55 Abs. 5 JArbSchG). Für den »wichtigen Grund« ist ein objektiver Maßstab anzulegen. Der »wichtige Grund« muss in der Person des Aus-
schussmitglieds liegen und zu einer Unzumutbarkeit der weiteren Arbeit im
Ausschuss fuhren. Die **Anhörung** verlangt mehr als die bloße Verpflichtung
einer Mitteilung von Tatbeständen an die entsendende Stelle. Sie setzt voraus, dass der entsendenden Stelle ausführlich die Absicht der obersten
Landesbehörde begründet wird. Die oberste Landesbehörde ist zudem verpflichtet, die Stellungnahme der entsendenden Stelle entgegenzunehmen
und sich mit ihr auseinander zu setzen. Das heißt, falls die oberste Landesbehörde sich nicht der Auffassung der entsendenden Stelle anschließt, muss
sie dies ausführlich begründen. Da die Abberufung ein **Verwaltungsakt** ist,
sind die Rechtsschutzmöglichkeiten des Verwaltungsstreitverfahrens gegeben (Widerspruch, Klage).[279]

e. Stellvertreter

§ 55 Abs. 6 Satz 1 JArbSchG schreibt vor, dass »die Mitglieder« Stellvertreter **17**
haben. Entsprechend der Zahl der ordentlichen Mitglieder sind Stellvertreter zu berufen. Das Gesetz regelt keine persönliche Stellvertretung eines bestimmten Mitglieds, sondern eine **Stellvertretung innerhalb der Gruppe.**
Ist nur je ein Vertreter oder eine Einzelperson Mitglied (§ 55 Abs. 2 Nr. 2 bis
4 JArbSchG), wirkt sich die Stellvertretung aber wie eine persönliche Stellvertretung aus. Das bedeutet zum Beispiel bei der Verhinderung des Arztes
und dessen Stellvertreters, dass dieser Sitz im Ausschuss frei bleibt.

Nimmt ein stellvertretendes Mitglied die Funktion eines ordentlichen Mit- **18**
glieds wahr, hat es Anspruch auf angemessene Entschädigung (§ 55 Abs. 4
JArbSchG). Gleiches gilt, wenn es zusätzlich zu den ordentlichen Mitgliedern aufgrund eines Ausschussbeschlusses oder einer Regelung in der Geschäftsordnung offiziell teilnimmt. Allen Stellvertretern müssen die erforderlichen Informationsmöglichkeiten, Protokolle, Einladungen und Unterlagen der Ausschusssitzungen in gleichem Umfang wie ordentlichen Mitgliedern zur Verfügung gestellt werden. Das gehört zu einer ordnungsgemä-
ßen Geschäftsführung des Ausschusses und kann zusätzlich in der
Geschäftsordnung festgeschrieben werden.

---

279 *Taubert* § 55 Rn. 4.

f.   Vorsitzender

19 Der Landesausschuss wählt »aus seiner Mitte« einen **Vorsitzenden und dessen Stellvertreter** (§ 55 Abs. 7 Satz 1 JArbSchG). Diese müssen (»aus seiner Mitte«) ordentliche Mitglieder des Landesausschusses sein. Der Vorsitzende und sein Stellvertreter »sollen« nicht derselben Mitgliedergruppe angehören (§ 55 Abs. 7 Satz 2 JArbSchG). In der Praxis wird dem dadurch Rechnung getragen, dass im Wechsel die Gruppe der Arbeitnehmer oder der Arbeitgeber den Vorsitzenden oder den Stellvertreter stellen. Im Übrigen sind der Vorsitzende und dessen Stellvertreter den anderen Ausschussmitgliedern gleichgestellt. Diese haben kein doppeltes Stimmrecht.

20 Über die **Dauer der Wahl** schweigt das Gesetz. Daraus folgt, dass die Wahlzeit spätestens mit dem Ende der Berufungszeit des Vorsitzenden oder seines Stellvertreters endet. In der Praxis hat sich die Verfahrensweise ergeben, in einem Zeitraum von zwei Jahren den Vorsitz und die Stellvertretung zwischen der Gruppe der Arbeitnehmer und der Gruppe der Arbeitgeber zu wechseln. Nähere Regelungen kann der Ausschuss in der Geschäftsordnung festlegen.

g.   Geschäftsordnung

21 Jeder Ausschuss, auch der bei der örtlichen Aufsichtsbehörde gebildete (vgl. § 56 Abs. 3 JArbSchG), gibt sich eine Geschäftsordnung (§ 55 Abs. 8 Satz 1 JArbSchG). Die Geschäftsordnung regelt die wesentlichen Verfahrensfragen des Ausschusses, zum Beispiel

- Wahl und Aufgaben des Vorsitzenden und seines Stellvertreters,
- die Einberufung des Ausschusses,
- die Festlegung der Tagesordnung,
- die Teilnahme von Nichtmitgliedern,
- die Frage der Beschlussfähigkeit und der Protokollführung.

h.   Unterausschüsse

22 Die Geschäftsordnung kann die Bildung von Unterausschüssen vorsehen und bestimmen, dass ihnen ausnahmsweise nicht nur Mitglieder des Landesausschusses angehören (§ 55 Abs. 8 Satz 2 JArbSchG). Unterausschüsse haben nur eine Hilfsfunktion. Alle Entscheidungen müssen im Gesamtausschuss selbst getroffen werden. Durch die Unterausschüsse können arbeitsfähige Gremien gebildet werden, die dem Gesamtausschuss zuarbeiten. Der Gesetzgeber geht davon aus, dass in der Regel nur ordentliche Mitglieder des Ausschusses auch Mitglieder der Unterausschüsse sein können. Es bedarf einer ausdrücklichen Regelung in der Geschäftsordnung, wenn ausnahmsweise andere Personen als Mitglieder des Landesausschusses den Unterausschüssen angehören sollen. Ungeachtet dessen können sowohl zu den Ausschusssitzungen als auch zu den Sitzungen der Unterausschüsse auf Beschluss des Ausschusses Experten oder sonstige Dritte eingeladen werden. Für die Arbeit der Unterausschüsse gilt § 55 Abs. 4 Satz 2 JArbSchG entsprechend. Damit ist auch den Mitgliedern der Unterausschüsse eine angemessene Entschädigung für bare Auslagen und Lohnausfall zu zahlen.

i. Geschäftsführung

Von der Geschäftsordnung zu unterscheiden ist die Geschäftsführung. Dabei geht es um die Vorbereitung und die Ausführung der Geschäfte, also etwa die Vervielfältigung der Sitzungsniederschriften, die Bereitstellung der notwendigen Sachmittel und des erforderlichen Schreibpersonals, die Beschaffung und Vervielfältigung von Unterlagen, die Weiterleitung von Beschlüssen an andere, die Organisation von Veranstaltungen, des notwendigen technischen Geräts usw. Sinnvoll ist es, die Geschäftsführung des Landesausschusses bei der obersten Landesbehörde bzw. für die örtlichen Ausschüsse bei der Aufsichtsbehörde anzusiedeln. Die Einzelheiten können auch durch die Geschäftsordnung geregelt werden (§ 55 Abs. 8 Satz 1 JArbSchG). **23**

j. Teilnahmerecht der obersten Landesbehörden

An den Sitzungen des Landesausschusses und der Unterausschüsse können Vertreter der beteiligten obersten Landesbehörden teilnehmen (§ 55 Abs. 8 Satz 4 JArbSchG). Das bedeutet, dass alle Ministerien, die mit Fragen des Jugendarbeitsschutzes befasst sind, von sich aus, ohne ausdrückliche Einladung durch den Ausschuss, aufgrund eigener Rechtstellung an diesen Sitzungen teilnehmen können. Diese Teilnahme beschränkt sich auf ein Informations- bzw. angemessenes Rederecht. Ein Stimmrecht ist aufgrund der gesetzlich vorgeschriebenen Zusammensetzung des Ausschusses nicht möglich. Ein solches kann auch nicht vom Ausschuss beschlossen werden. Selbstverständlich kann der Ausschuss von sich aus alle Behörden um Entsendung eines Vertreters bitten, von denen er der Auffassung ist, dass sie seiner Arbeit dienlich sind. **24**

§ 56 Bildung des Ausschusses für Jugendarbeitsschutz bei der Aufsichtsbehörde

(1) Bei der Aufsichtsbehörde wird ein Ausschuss für Jugendarbeitsschutz gebildet. In Städten, in denen mehrere Aufsichtsbehörden ihren Sitz haben, wird ein gemeinsamer Ausschuss für Jugendarbeitsschutz gebildet. In Ländern, in denen nicht mehr als zwei Aufsichtsbehörden eingerichtet

sind, übernimmt der Landesausschuss für Jugendarbeitsschutz die Aufgaben dieses Ausschusses.

(2) Dem Ausschuss gehören als Mitglieder an:
1. je sechs Vertreter der Arbeitgeber und der Arbeitnehmer,
2. ein Vertreter des im Bezirk der Aufsichtsbehörde wirkenden Jugendrings,
3. je ein Vertreter eines Arbeits-, Jugend- und Gesundheitsamts,
4. ein Arzt und ein Lehrer an einer berufsbildenden Schule.

(3) Die Mitglieder des Jugendarbeitsschutzausschusses werden von der Aufsichtsbehörde berufen, die Vertreter der Arbeitgeber und Arbeitnehmer auf Vorschlag der im Aufsichtsbezirk bestehenden Arbeitgeberverbände und Gewerkschaften, der Arzt auf Vorschlag der Ärztekammer, der Lehrer auf Vorschlag der nach Landesrecht zuständigen Behörde, die übrigen Vertreter auf Vorschlag der in Absatz 2 Nr. 2 und 3 genannten Stellen. § 55 Abs. 4 bis 8 gilt mit der Maßgabe entsprechend, dass die Entschädigung von der Aufsichtsbehörde mit Genehmigung der von der Landesregierung bestimmten obersten Landesbehörde festgesetzt wird.

1 § 56 JArbSchG regelt, dass **bei jeder Aufsichtsbehörde ein Ausschuss für Jugendarbeitsschutz** zu bilden ist. Die Regelung ist zwingend (»wird gebildet«). Weder von Seiten der Aufsichtsbehörde noch von Seiten der obersten Landesbehörde kann auf die Einrichtung eines solchen Ausschusses verzichtet werden. In **Städten**, in denen mehrere Aufsichtsbehörden ihren Sitz haben, wird ein gemeinsamer Ausschuss für Jugendarbeitsschutz gebildet (§ 56 Abs. 1 Satz 2 JArbSchG). In **Ländern**, in denen nicht mehr als zwei Aufsichtsbehörden eingerichtet sind, übernimmt der Landesausschuss für Jugendarbeitsschutz die Aufgaben dieses Ausschusses (§ 56 Abs. 1 Satz 1 JArbSchG). Das hat Bedeutung für die Stadtstaaten Berlin, Bremen und Hamburg.

2 Die Zusammensetzung des örtlichen Ausschusses ist ebenso abschließend im Gesetz festgelegt (§ 56 Abs. 2 JArbSchG) wie die Zusammensetzung des Landesausschusses (§ 55 Abs. 2 JArbSchG). Die maßgebenden Gruppen sind – ebenso wie im Landesausschuss – Arbeitnehmer und Arbeitgeber, die je sechs Mitglieder stellen. Daneben gehören dem Ausschuss ein Vertreter des Jugendringes, je ein Vertreter eines Arbeits-, Jugend- und Gesundheitsamts an sowie ein Arzt und ein Lehrer an einer berufsbildenden Schule.

3 Das Verfahren der Berufung der Mitglieder des örtlichen Ausschusses folgt aus § 56 Abs. 3 JArbSchG und entspricht im Übrigen dem der Mitglieder des Landesausschusses (§ 55 Abs. 3 JArbSchG). Auch § 55 Abs. 4 bis 8 JArbSchG finden auch für die örtlichen Ausschüsse entsprechende Anwendung. Damit ist auch die Tätigkeit im örtlichen Ausschuss ehrenamtlich, und es besteht ein Anspruch auf Entschädigung für Auslagen und Arbeitsentgelt, die von der Aufsichtsbehörde mit Genehmigung der obersten Landesbehörde fest-

zusetzen ist (§ 55 Abs. 4 JArbSchG). Auch die Mitglieder des örtlichen Ausschusses können abberufen werden (§ 55 Abs. 5 JArbSchG) und haben Stellvertreter (§ 55 Abs. 6 JArbSchG). Ebenfalls wählen die örtlichen Ausschüsse einen Vorsitzenden und einen Stellvertreter aus ihrer Mitte (§ 55 Abs. 7 JArbSchG). Auch örtliche Ausschüsse sind verpflichtet, sich eine Geschäftsordnung zu geben. Die Bildung von Unterausschüssen entspricht der Regelung des Landesausschusses (§ 55 Abs. 8 JArbSchG).

§ 57 Aufgaben der Ausschüsse

(1) Der Landesausschuss berät die oberste Landesbehörde in allen allgemeinen Angelegenheiten des Jugendarbeitsschutzes und macht Vorschläge für die Durchführung dieses Gesetzes. Er klärt über Inhalt und Ziel des Jugendarbeitsschutzes auf.

(2) Die oberste Landesbehörde beteiligt den Landesausschuss in Angelegenheiten von besonderer Bedeutung, insbesondere vor Erlass von Rechtsvorschriften zur Durchführung dieses Gesetzes.

(3) Der Landesausschuss hat über seine Tätigkeit im Zusammenhang mit dem Bericht der Aufsichtsbehörden nach § 51 Abs. 3 zu berichten.

(4) Der Ausschuss für Jugendarbeitsschutz bei der Aufsichtsbehörde berät diese in allen allgemeinen Angelegenheiten des Jugendarbeitsschutzes und macht dem Landesausschuss Vorschläge für die Durchführung dieses Gesetzes. Er klärt über Inhalt und Ziel des Jugendarbeitsschutzes auf.

Inhaltsübersicht   Rn.
1. Beratungsaufgaben des Landesausschusses . . . . 1 – 5
2. Beteiligung des Landesausschusses . . . . 6 – 7
3. Berichtspflicht des Landesausschusses 8
4. Aufgaben der örtlichen Ausschüsse für Jugendarbeitsschutz . . . . . 9 – 13

1. Beratungsaufgaben des Landesausschusses

§ 57 Abs. 1 JArbSchG bestimmt die **Aufgaben des Landesausschusses** für Jugendarbeitsschutz: **1**

- Der Landesausschuss berät die oberste Landesbehörde in allen allgemeinen Angelegenheiten des Jugendarbeitsschutzes.
- Der Landesausschuss macht Vorschläge für die Anwendung des Jugendarbeitsschutzgesetzes.
- Der Landesausschuss klärt über Inhalt und Ziel des Jugendarbeitsschutzes auf.

Das allgemeine **Beratungsrecht** setzt voraus, dass der Landesausschuss die Gelegenheit einer Beratung erhält und beinhaltet die Verpflichtung der obersten Landesbehörde, den Ausschuss über alle Angelegenheiten des Ju-   **2** gendarbeitsschutzes zu informieren, damit dieser von seinem Beratungs-recht Gebrauch machen kann. Die Information durch die oberste Landesbe-hörde muss umfassend erfolgen. Erst bei einer vollständigen Übersicht ist es dem Landesausschuss möglich zu entscheiden, welche Probleme des Ju-gendarbeitsschutzes allgemeiner Art sind und welche er zu beraten gedenkt und welche nicht. Es entspricht nicht den Absichten des Gesetzgebers, wenn zum Beispiel die oberste Landesbehörde allein entscheiden könnte, was sie als allgemeine Angelegenheiten des Jugendarbeitsschutzes und damit für be-ratungsfähig hält. Ungeachtet dieser **Informationspflicht der obersten Lan-desbehörde** besteht jederzeit die Möglichkeit, aus der Mitte des Ausschus-ses Angelegenheiten des Jugendarbeitsschutzes zur Sprache zu bringen. Der Ausschuss und seine einzelnen Mitglieder haben insofern auch ein **Initiativ-recht.**

3   **Allgemeine Angelegenheiten** sind zum Beispiel Stellungnahmen und Vor-schläge des Ausschusses gegenüber der obersten Landesbehörde und ande-ren mit dem Jugendarbeitsschutz befassten Stellen. Hierzu zählen das Erar-beiten von Grundsätzen und Entwürfen für Richtlinien zur Durchführung des Jugendarbeitsschutzes, die Beratung von Bußgeldkatalogen, Verwal-tungsanweisungen allgemeiner Art, Beratung der Grundsätze für die Zu-sammenarbeit der Aufsichtsbehörden mit Schulen, den Jugendämtern, den Agenturen für Arbeit und anderen Stellen, Grundsätze für die Arbeit der örtlichen Aufsichtsbehörden, vor allem was die Praxis der betrieblichen Kontrollen und Ausnahmeregelungen nach § 6 oder § 27 JArbSchG betrifft. Die Beratung über Grundsätze für die Erteilung von Ausnahmen der obers-ten Landesbehörde und vor allem auch die Beratung bei der Auslegung von Bestimmungen des Jugendarbeitsschutzgesetzes durch die Behörden stellen weitere wichtige Aufgaben des Ausschusses dar. Hierzu gehört auch die Be-ratung von Einzelausnahmen, vor allem soweit sie von den diskutierten und vom Ausschuss mitberatenden Grundsätzen abweichen.

4   Neben der Beratung der obersten Landesbehörde hat der Landesausschuss auch **Vorschläge zur Anwendung des Gesetzes** zu unterbreiten. Die Vor-schläge sollten die Verbesserung der Umsetzung des Jugendarbeitsschutz-gesetzes zum Ziel haben. Vorschläge für Sonderuntersuchungen und für Grundsätze der Überwachung der gesetzlichen Bestimmungen in den Be-trieben und Verwaltungen bilden hierbei die Schwerpunkte. Gesetzesinter-pretationen und Initiativen der obersten Landesbehörden bzw. der Lan-desregierung zur Information über das Jugendarbeitsschutzgesetz gehören ebenso zu diesen Aufgaben wie Vorschläge zur Verbesserung der Berichts-praxis in den Jahresberichten der örtlichen Aufsichtsbehörden. Der Aus-schuss ist autonom in der Erarbeitung dieser Vorschläge. Die **Aufsichtsbe-hörde** ist verpflichtet, sich mit den Vorschlägen des Ausschusses auseinander zu setzen, und hat es zu begründen, falls sie sich nicht in der Lage sieht, die Vorschläge zu realisieren.

Der Ausschuss hat als dritten wesentlichen Arbeitsschwerpunkt die Aufgabe, 5
über **Inhalte und Zielsetzung des Jugendarbeitsschutzes aufzuklären.**
Auch hier ist der Ausschuss in seinen Initiativen autonom, was eine inhaltliche Abstimmung und Absprache mit der obersten Landesbehörde allerdings
nicht ausschließt. Der Gesetzgeber hat den Landesausschüssen durch die
ausdrückliche Nennung dieser Aufgabe nicht nur das Recht zugewiesen,
sondern er hat sie auch verpflichtet, dieser Aufgabe nachzukommen. Das
bedeutet, dass der Landesausschuss Informationen (beispielsweise Broschüren, Info-Blätter, Arbeitshilfen) zu erarbeiten und diese der Öffentlichkeit
zur Verfügung zu stellen hat. Das geschieht heute auch im Internet. Zielgruppen sind die betroffenen Jugendlichen, die Eltern, die Arbeitgeber, die
Ausbilder sowie die allgemein- und berufsbildenden Schulen. Gerade unter
dem Aspekt einer frühzeitigen Information der Jugendlichen über die Bedeutung des Jugendarbeitsschutzes und die Möglichkeiten der Durchsetzung der gesetzlichen Bestimmungen ist die Vermittlung dieser Inhalte in
den allgemeinbildenden Schulen besonders wichtig.

2. Beteiligung des Landesausschusses

In § 57 Abs. 2 JArbSchG wird das Recht der Beteiligung des Landesausschus- 6
ses in Angelegenheiten von besonderer Bedeutung festgelegt. Die oberste
Landesbehörde »beteiligt« den Landesausschuss in Angelegenheiten »von
besonderer Bedeutung«, vor allem vor Erlass von Rechtsvorschriften zur
Durchführung des Jugendarbeitsschutzgesetzes. Während der Beratungen
des Deutschen Bundestages wurden die Worte des Regierungsentwurfs »gibt
Gelegenheit zur Stellungnahme« durch das Wort »beteiligt« ersetzt.[280] Damit hat der Gesetzgeber deutlich gemacht, dass es bei Angelegenheiten von
besonderer Bedeutung nicht ausreicht, dem Landesausschuss nur Gelegenheit zur Stellungnahme zu geben, ihn beraten zu lassen. Der **Begriff der Beteiligung** beinhaltet eine weitergehende Verpflichtung der obersten Landesbehörde, der Stellungnahme des Landesausschusses Rechnung zu tragen. Es
wird bei einer abweichenden Auffassung des Ausschusses nicht ausreichen,
die Entscheidung der obersten Aufsichtsbehörde nochmals zu begründen
und damit die Sache auf sich beruhen zu lassen. Die Beteiligung setzt voraus,
dass von beiden Seiten der Versuch unternommen wird, eine Einigung zu erzielen. Zwar liegt das Recht, die letzte Entscheidung über eine Maßnahme
(eine Verwaltungsanweisung oder einen Verwaltungsakt) zu treffen, bei der
obersten Landesbehörde. Der Landesausschuss kann jedoch seine abweichende Auffassung als autonomes Gremium auch der Öffentlichkeit kundtun.

---

280 BT-Drucks. 7/4544, S. 8.

7 Die Pflicht, den Landesausschuss zu beteiligen, bezieht sich auf alle **Angelegenheiten von besonderer Bedeutung.** § 57 Abs. 2 JArbSchG erwähnt besonders **die Beteiligung vor dem Erlass von Rechtsvorschriften** zur Umsetzung des Jugendarbeitsschutzgesetzes. Das bedeutet, dass die oberste Aufsichtsbehörde keine Rechtsvorschriften erlassen darf, ohne den Landesausschuss beteiligt zu haben. Der Erlass von Rechtsvorschriften ohne Beteiligung des Landesausschusses steht einen wesentlichen Formfehler dar und würde die Anfechtbarkeit begründen. Angelegenheiten »von besonderer Bedeutung« sind aber nicht nur der Erlass von Rechtsvorschriften (»insbesondere«).

3. Berichtspflicht des Landesausschusses

8 Der Landesausschuss hat über seine Tätigkeit im Zusammenhang mit dem Bericht der Aufsichtsbehörde (§ 51 Abs. 3 JArbSchG) zu berichten. Da die Aufsichtsbehörde »Jahresberichte« zu erstellen hat (§ 51 Abs. 3 JArbSchG), hat deshalb auch der Landesausschuss, über seine Tätigkeit jährlich einen Bericht zu erstellen. Damit soll der Ausschuss die Öffentlichkeit über seine Arbeit informieren. Der Ausschuss hat auch die Möglichkeit, die Öffentlichkeit auf Probleme aufmerksam zu machen, die in der Durchführung des Gesetzes liegen. Dies können zum einen Ergebnisse von Sonderuntersuchungen über gravierende Verstöße gegen das Gesetz selbst sein, zum anderen können aber auch in diesem Bericht Probleme der Zusammenarbeit zwischen Aufsichtsbehörde und Ausschuss festgehalten werden. Zwar soll der Landesausschuss den Bericht im Zusammenhang mit dem jährlichen Bericht der Aufsichtsbehörde erstatten (§ 51 Abs. 3 JArbSchG). Trotz dieser zeitlichen Koppelung ist der Bericht des Landesausschusses aber eine eigenständige Aufgabe des Gremiums. Er hat ihn unabhängig von der Aufsichtsbehörde zu erstellen, eigenständig zu beschließen und auch in der Öffentlichkeit selbst zu vertreten. Die Aufsichtsbehörde ist gehalten, den Bericht des Landesausschusses gemeinsam mit ihrem Jahresbericht zu veröffentlichen.

4. Aufgaben der örtlichen Ausschüsse für Jugendarbeitsschutz

9 Die örtlichen Ausschüsse für Jugendarbeitsschutz bei den örtlichen Aufsichtsbehörden sind **unabhängige Gremien.** Das gilt sowohl im Verhältnis zur Aufsichtsbehörde als auch für das Verhältnis zum Landesausschuss. Der Landesausschuss ist keine Kontrollinstanz, er kann aber die Arbeit der örtlichen Ausschüsse koordinieren. Der Landesausschuss kann zum Beispiel Empfehlungen geben über bestimmte Arbeitsschwerpunkte, Sonderuntersuchungen und die Beratung von Angelegenheiten, bei denen der Landesausschuss auf Informationen der örtlichen Ausschüsse angewiesen ist.

§ 57 Abs. 4 JArbSchG umschreibt die **Aufgaben des Ausschusses** für Jugend- **10**
arbeitsschutz wie folgt:
* Der Ausschuss berät die Aufsichtsbehörde in allen allgemeinen Angelegenheiten des Jugendarbeitsschutzes.
* Der Ausschuss unterbreitet dem Landesausschuss Vorschläge für die Durchführung dieses Gesetzes.
* Der Ausschuss klärt über Inhalte und Ziele des Jugendarbeitsschutzes auf.

Ein Beteiligungsrecht, das dem des Landesausschusses entspricht, ist gesetzlich nicht geregelt. Das erklärt sich aus der unterschiedlichen Aufgabenstellung der örtlichen Aufsichtsbehörden, die beispielsweise keine Rechtsverordnungen zur Durchführung des Jugendarbeitsschutzgesetzes erlassen können. Das ist ausschließlich den obersten Landesbehörden Vorbehalten.

Das Recht und die Pflicht der Beratung umfasst alle allgemeinen Angelegen- **11**
heiten des Jugendarbeitsschutzes. Mit der Beratung verbunden ist auch eine **Informationspflicht der Aufsichtsbehörde.** Hierzu gehört die ständige Information über die behördlichen Anordnungen und Ausnahmen nach § 6 und § 27 JArbSchG. »**Allgemeine Angelegenheiten**« beziehen sich nicht auf eine Erörterung von Einzelfällen im Ausschuss. In der Praxis hat sich allerdings herausgestellt, dass es nicht ausbleiben kann, auch Einzelfälle von Verstößen gegen das Jugendarbeitsschutzgesetz in den örtlichen Ausschüssen zu erörtern. Vor allem gravierende Einzelverstöße können Ansatzpunkte für Schwerpunktuntersuchungen sein, bei deren Vorbereitung und vor allem Auswertung der Ausschuss in jedem Falle zu beteiligen, das heißt zur Beratung heranzuziehen ist.

Eine der wichtigsten Aufgaben des örtlichen Ausschusses für Jugendarbeits- **12**
schutz ist die **Aufklärung über Inhalt und Ziel des Jugendarbeitsschutzes.**
Die Ansiedlung der örtlichen Ausschüsse »vor Ort« ermöglicht eine konkrete und zielgerichtete Aufklärungsarbeit. Er kann zweckmäßigerweise auf die Materialien des Landesausschusses zurückgreifen und diese gegebenenfalls aufgrund besonderer örtlicher Verhältnisse ergänzen. Entscheidend ist, inwieweit es gelingt, die Betriebe und Verwaltungen, die Schulen, Eltern und die örtlichen Medien über die Bedeutung und Durchsetzungsprobleme des Jugendarbeitsschutzes zu informieren. Daneben wird die direkte Information der Jugendlichen über ihre Rechte und deren Durchsetzung ein wesentlicher Arbeitsschwerpunkt sein. Die Information über die Funktion der örtlichen Aufsichtsbehörde und des Ausschusses für Jugendarbeitsschutz gehört zu dieser Aufklärungsarbeit. Die Praxis zeigt, dass neben der Information der Betriebe und Verwaltungen der Kontakt zu allgemeinbildenden und berufsbildenden Schulen wichtig ist.

Die örtlichen Ausschüsse sind autonom in ihrer Entscheidung, auf welche **13**
Art und Weise und in welchem Umfang sie Öffentlichkeitsarbeit betreiben.
Die Grenzen werden gezogen durch die zur Verfügung stehenden **finanziel-**

len Mittel. Stehen einem örtlichen Ausschuss überhaupt keine oder nur un-
zureichende Mittel für die Aufklärung über Inhalt und Ziel des Jugendarbeitsschutzes zur Verfügung, liegt darin ein Verstoß gegen das geltende
Recht. Der Ausschuss kann dann einer seiner wesentlichsten Funktionen
nicht nachkommen.

Fünfter Abschnitt
Straf- und Bußgeldvorschriften

§ 58   Bußgeld- und Strafvorschriften

(1) Ordnungswidrig handelt, wer als Arbeitgeber vorsätzlich oder fahrlässig

1. entgegen § 5 Abs. 1, auch in Verbindung mit § 2 Abs. 3, ein Kind oder
   einen Jugendlichen, der der Vollzeitschulpflicht unterliegt, beschäftigt,

2. entgegen § 5 Abs. 3 Satz 1 oder Satz 3, jeweils auch in Verbindung mit
   § 2 Abs. 3, ein Kind über 13 Jahre oder einen Jugendlichen, der der
   Vollzeitschulpflicht unterliegt, in anderer als der zugelassenen Weise
   beschäftigt,

3. (weggefallen)

4. entgegen § 7 Satz 1 Nr. 2, auch in Verbindung mit einer Rechtsverordnung nach § 26 Nr. 1, ein Kind, das der Vollzeitschulpflicht nicht mehr
   unterliegt, in anderer als der zugelassenen Weise beschäftigt,

5. entgegen § 8 einen Jugendlichen über die zulässige Dauer der Arbeitszeit hinaus beschäftigt,

6. entgegen § 9 Abs. 1 eine dort bezeichnete Person an Berufsschultagen
   oder in Berufsschulwochen nicht freistellt,

7. entgegen § 10 Abs. 1 einen Jugendlichen für die Teilnahme an Prüfungen oder Ausbildungsmaßnahmen oder an dem Arbeitstag, der der
   schriftlichen Abschlussprüfung unmittelbar vorangeht, nicht freistellt,

8. entgegen § 11 Abs. 1 oder 2 Ruhepausen nicht, nicht mit der vorgeschriebenen Mindestdauer oder nicht in der vorgeschriebenen zeitlichen Lage gewährt,

9. entgegen § 12 einen Jugendlichen über die zulässige Schichtzeit hinaus beschäftigt,

10. entgegen § 13 die Mindestfreizeit nicht gewährt,

11. entgegen § 14 Abs. 1 einen Jugendlichen außerhalb der Zeit von 6 bis
    20 Uhr oder entgegen § 14 Abs. 7 Satz 3 vor Ablauf der Mindestfreizeit
    beschäftigt,

12. entgegen § 15 einen Jugendlichen an mehr als fünf Tagen in der Woche beschäftigt,

13. entgegen § 16 Abs. 1 einen Jugendlichen an Samstagen beschäftigt oder entgegen § 16 Abs. 3 Satz 1 den Jugendlichen nicht freistellt,

14. entgegen § 17 Abs. 1 einen Jugendlichen an Sonntagen beschäftigt oder entgegen § 17 Abs. 2 Satz 2 Halbsatz 2 oder Abs. 3 Satz 1 den Jugendlichen nicht freistellt,

15. entgegen § 18 Abs. 1 einen Jugendlichen am 24. oder 31. Dezember nach 14 Uhr oder an gesetzlichen Feiertagen beschäftigt oder entgegen § 18 Abs. 3 nicht freistellt,

16. entgegen § 19 Abs. 1, auch in Verbindung mit Abs. 2 Satz 1 oder 2, oder entgegen § 19 Abs. 3 Satz 2 oder Abs. 4 Satz 2 Urlaub nicht oder nicht mit der vorgeschriebenen Dauer gewährt,

17. entgegen § 21 Abs. 2 die geleistete Mehrarbeit durch Verkürzung der Arbeitszeit nicht ausgleicht,

18. entgegen § 22 Abs. 1, auch in Verbindung mit einer Rechtsverordnung nach § 26 Nr. 1, einen Jugendlichen mit den dort genannten Arbeiten beschäftigt,

19. entgegen § 23 Abs. 1, auch in Verbindung mit einer Rechtsverordnung nach § 26 Nr. 1, einen Jugendlichen mit Arbeiten mit Lohnanreiz, in einer Arbeitsgruppe mit Erwachsenen, deren Entgelt vom Ergebnis ihrer Arbeit abhängt, oder mit tempoabhängigen Arbeiten beschäftigt,

20. entgegen § 24 Abs. 1, auch in Verbindung mit einer Rechtsverordnung nach § 26 Nr. 1, einen Jugendlichen mit Arbeiten unter Tage beschäftigt,

21. entgegen § 31 Abs. 2 Satz 2 einem Jugendlichen ein dort genanntes Getränk, Tabakwaren oder ein dort genanntes Erzeugnis gibt,

22. entgegen § 32 Abs. 1 einen Jugendlichen ohne ärztliche Bescheinigung über die Erstuntersuchung beschäftigt,

23. entgegen § 33 Abs. 3 einen Jugendlichen ohne ärztliche Bescheinigung über die erste Nachuntersuchung weiterbeschäftigt,

24. entgegen § 36 einen Jugendlichen ohne Vorlage der erforderlichen ärztlichen Bescheinigungen beschäftigt,

25. entgegen § 40 Abs. 1 einen Jugendlichen mit Arbeiten beschäftigt, durch deren Ausführung der Arzt nach der von ihm erteilten Bescheinigung die Gesundheit oder die Entwicklung des Jugendlichen für gefährdet hält,

26. einer Rechtsverordnung nach

   a) § 26 Nr. 2 oder

   b) § 28 Abs. 2

   zuwiderhandelt, soweit sie für einen bestimmten Tatbestand auf diese Bußgeldvorschrift verweist,

27. einer vollziehbaren Anordnung der Aufsichtsbehörde nach § 6 Abs. 3,
    § 27 Abs. 1 Satz 2 oder Abs. 2, § 28 Abs. 3 oder § 30 Abs. 2 zuwiderhan-
    delt,

28. einer vollziehbaren Auflage der Aufsichtsbehörde nach § 6 Abs. 1, § 14
    Abs. 7, § 27 Abs. 3 oder § 40 Abs. 2, jeweils in Verbindung mit § 54
    Abs. 1, zuwiderhandelt,

29. einer vollziehbaren Anordnung oder Auflage der Aufsichtsbehörde
    auf Grund einer Rechtsverordnung nach § 26 Nr. 2 oder § 28 Abs. 2
    zuwiderhandelt, soweit die Rechtsverordnung für einen bestimmten
    Tatbestand auf die Bußgeldvorschrift verweist.

(2) Ordnungswidrig handelt, wer vorsätzlich oder fahrlässig entgegen
§ 25 Abs. 1 Satz 1 oder Abs. 2 Satz 1 einen Jugendlichen beschäftigt, beaufsichtigt, anweist oder ausbildet, obwohl ihm dies verboten ist, oder einen
anderen, dem dies verboten ist, mit der Beaufsichtigung, Anweisung oder
Ausbildung eines Jugendlichen beauftragt.

(3) Absatz 1 Nr. 4, 6 bis 29 und Absatz 2 gelten auch für die Beschäftigung
von Kindern (§ 2 Abs. 1) oder Jugendlichen, die der Vollzeitschulpflicht
unterliegen (§ 2 Abs. 3), nach § 5 Abs. 2 Absatz 1 Nr. 6 bis 29 und Absatz 2
gelten auch für die Beschäftigung von Kindern, die der Vollzeitschulpflicht nicht mehr unterliegen, nach § 7.

(4) Die Ordnungswidrigkeit kann mit einer Geldbuße bis zu fünfzehn-
tausend Euro geahndet werden.

(5) Wer vorsätzlich eine in Absatz 1, 2 oder 3 bezeichnete Handlung begeht und dadurch ein Kind, einen Jugendlichen oder im Fall des Absatzes 1
Nr. 6 eine Person, die noch nicht 21 Jahre alt ist, in ihrer Gesundheit oder
Arbeitskraft gefährdet, wird mit Freiheitsstrafe bis zu einem Jahr oder
mit Geldstrafe bestraft. Ebenso wird bestraft, wer eine in Absatz 1, 2 oder
3 bezeichnete Handlung beharrlich wiederholt.

(6) Wer in den Fällen des Absatzes 5 Satz 1 die Gefahr fahrlässig verursacht, wird mit Freiheitsstrafe bis zu sechs Monaten oder mit Geldstrafe
bis zu einhundertachtzig Tagessätzen bestraft.

Inhaltsübersicht   Rn.
1. Überblick   1
2. Ordnungswidrigkeiten. 2– 7
3. Höhe der Geldbuße   8–10
4. Strafvorschriften. 11–14

1.   Überblick

1 Die Straf- und Bußgeldvorschriften in den §§ 58 und 59 JArbSchG sollen zur
Durchsetzung der Regelungen zum Schutze der Kinder und Jugendlichen
beitragen. Der Bußgeldrahmen des § 58 JArbSchG bis zu 15 000 Euro ent-

spricht den für erwachsene Arbeitnehmer geltenden Arbeitszeitvorschriften (§ 22 Abs. 2 ArbZG). Für die weniger gewichtigen Verstöße in § 59 JArbSchG ist ein Bußgeldrahmen bis zu 2500 Euro vorgesehen. Entscheidend ist jedoch nicht die Existenz von Bußgeld- und Strafvorschriften, sondern deren effektive Überwachung und Durchsetzung.

2. Ordnungswidrigkeiten

§ 58 Abs. 1 Nrn. 1 bis 29, § 58 Abs. 2 und 3 JArbSchG enthalten einen Katalog von Ordnungswidrigkeiten. Eine Ordnungswidrigkeit ist eine rechtswidrige und vorwerfbare Handlung, die den Tatbestand eines Gesetzes verwirklicht, das die Ahndung mit einer Geldbuße zulässt (§ 1 Abs. 1 OWiG). **Vorsätzlich** ist der Verstoß, wenn der Arbeitgeber mit Wissen und Wollen gegen die Bestimmung des Gesetzes verstößt. **Fahrlässig** handelt der Arbeitgeber, wenn er die gebotene Sorgfalt außer acht ließ, zu der er nach den Umständen und seinen persönlichen Verhältnissen im Einzelfall verpflichtet und fähig gewesen ist, und deshalb die Tatbestandsverwirklichung nicht erkennt (unbewusste Fahrlässigkeit). Das gleiche gilt, wenn er die Tatbestandsverwirklichung für möglich hält, jedoch pflichtwidrig und vorwerfbar im Vertrauen darauf handelt, dass sie nicht eintreten werde (bewusste Fahrlässigkeit). 2

Ordnungswidrig handeln kann ein **Arbeitgeber** (§ 3 JArbSchG). Das ist jede natürliche Person, die ein Kind oder einen Jugendlichen beschäftigt (§ 1 JArbSchG). Wenn juristische Personen (GmbH, AG) oder nicht geschäftsfähige natürliche Personen Arbeitgeber (§ 3 JArbSchG) sind (zum Beispiel ein Kind, das einen Betrieb geerbt hat), gilt § 9 Abs. 1 OWiG. Handelt jemand als vertretungsberechtigtes Organ einer juristischen Person oder als Mitglied eines solchen Organs oder als vertretungsberechtigter Gesellschafter einer rechtsfähigen Personengesellschaft oder als gesetzlicher Vertreter eines anderen, ist ein Gesetz, nach dem besondere persönliche Eigenschaften, Verhältnisse oder Umstände (besondere persönliche Merkmale) die Möglichkeit der Ahndung begründen, auch auf den Vertreter anzuwenden, wenn diese Merkmale zwar nicht bei ihm, aber bei dem Vertretenen vorliegen. Bei Verstößen werden also das vertretungsberechtigte Organ, der vertretungsberechtigte Gesellschafter oder der gesetzliche Vertreter herangezogen. Diese sind dann zur Einhaltung der Bestimmungen des Jugendarbeitsschutzgesetzes verpflichtet. Der **Jugendliche** selbst handelt nicht ordnungswidrig oder macht sich nicht strafbar, wenn er gegen Bestimmungen des Jugendarbeitsschutzgesetzes verstößt, da sich die Verbotsnorm allein gegen den Arbeitgeber richtet. Das gilt auch dann, wenn die Initiative zu dem Verstoß vom Jugendlichen selbst ausgegangen ist. 3

Verantwortlich und verpflichtet ist aber nicht nur der »Arbeitgeber« im engeren Sinne, sondern auch die Person, die konkret für den Arbeitgeber handelt, wenn also **die Leitung des Betriebs** und/oder die **konkrete Beschäfti-** 4 gung oder Ausbildung Jugendlicher auf einen Dritten übertragen** worden ist. Ist jemand von dem Inhaber eines Betriebs oder einem sonst dazu Befugten beauftragt, den Betrieb ganz oder zum Teil zu leiten, oder ausdrücklich beauftragt, in eigener Verantwortung Aufgaben wahrzunehmen, die dem Inhaber des Betriebs obliegen, und handelt er aufgrund dieses Auftrags, so ist ein Gesetz, nach dem besondere persönliche Merkmale die Möglichkeit der Ahndung begründen, auch auf den Beauftragten anzuwenden, wenn diese Merkmale zwar nicht bei ihm, aber bei dem Inhaber des Betriebs vorliegen (§ 9 Abs. 2 Satz 1 OWiG). Dem Betrieb steht das Unternehmen gleich (§ 9 Abs. 2 Satz 2 OWiG). Handelt jemand aufgrund eines entsprechenden Auftrags für eine Stelle, die Aufgaben der öffentlichen Verwaltung wahrnimmt, ist Satz 1 sinngemäß anzuwenden (§ 9 Abs. 2 Satz 3 OWiG). Die konkret zuständige Person hat in diesen Fällen in eigener Verantwortung die Pflichten zu erfüllen, die den »Arbeitgeber« als den Inhaber des Betriebs treffen. Der **Ausbildungsleiter** oder auch der **Ausbilder,** dem der Arbeitgeber die Verantwortung über die Ausbildung und damit die Einhaltung des Jugendarbeitsschutzgesetzes übertragen hat, macht sich selbst einer Ordnungswidrigkeit schuldig, wenn er gegen die Bestimmungen des Jugendarbeitsschutzgesetzes verstößt und ist in diesen Fällen die verantwortliche Person im Sinne des § 58 und § 59 JArbSchG.

5   Verstößt der Arbeitgeber gegen das Jugendarbeitsschutzgesetz, irrt er aber entweder über die tatsächlichen Voraussetzungen oder über das Verbotensein seines Tuns, greifen die allgemeinen Regeln über einen Tatbestands- oder Verbotsirrtum. Wer bei Begehung einer Handlung einen Umstand nicht kennt, der zum gesetzlichen Tatbestand gehört, handelt nicht vorsätzlich (§ 11 Abs. 1 Satz 1 OWiG). Die Möglichkeit der Ahndung wegen fahrlässigen Handelns bleibt unberührt (§ 11 Abs. 1 Satz 2 OWiG). Davon zu unterscheiden ist der Verbotsirrtum: Fehlt dem Täter bei Begehung der Handlung die Einsicht, etwas Unerlaubtes zu tun, namentlich weil er das Bestehen oder die Anwendbarkeit einer Rechtsvorschrift nicht kennt, handelt er nicht vorwerfbar, wenn er diesen Irrtum nicht vermeiden konnte (§ 11 Abs. 2 OWiG). Hierbei kommt es darauf an, ob der Irrtum vermeidbar war oder nicht. Bei einem Verstoß gegen das Jugendarbeitsschutzgesetz ist von einem vermeidbaren Verbotsirrtum auszugehen, denn der Arbeitgeber muss alle Bestimmungen des Jugendarbeitsschutzgesetzes kennen und sie einhalten. Der vermeidbare Verbotsirrtum schützt nicht von einer Bestrafung oder Verhängung einer Geldbuße.

6   Der **Versuch einer Ordnungswidrigkeit** kann nur geahndet werden, wenn das Gesetz es ausdrücklich bestimmt (§ 13 Abs. 2 OWiG). Eine Ordnungswidrigkeit versucht, wer nach seiner Vorstellung von der Handlung zur Verwirklichung des Tatbestands unmittelbar ansetzt (§ 13 Abs. 1 OWiG). Der Versuch wird nicht geahndet, wenn der Täter freiwillig die weitere Ausführung der Handlung aufgibt oder deren Vollendung verhindert (§ 13 Abs. 3

Satz 1 OWiG). Wird die Handlung ohne Zutun des Zurücktretenden nicht vollendet, genügt sein freiwilliges und ernsthaftes Bemühen, die Vollendung zu verhindern (§ 13 Abs. 3 Satz 2 OWiG). Sind an der Handlung mehrere beteiligt, wird der Versuch desjenigen nicht geahndet, der freiwillig die Vollendung verhindert (§ 13 Abs. 4 Satz 1 OWiG). Jedoch genügt sein freiwilliges und ernsthaftes Bemühen, die Vollendung der Handlung zu verhindern, wenn sie ohne sein Zutun nicht vollendet oder unabhängig von seiner früheren Beteiligung begangen wird (§ 13 Abs. 4 Satz 2 OWiG).

Beteiligen sich mehrere an einer Ordnungswidrigkeit, handelt jeder von   7
ihnen ordnungswidrig (§ 14 Abs. 1 Satz 1 OWiG). Das gilt auch dann, wenn besondere persönliche Merkmale (vgl. Rn. 3), welche die Möglichkeit der Ahndung begründen, nur bei einem Beteiligten vorliegen (§ 14 Abs. 1 Satz 2 OWiG). Die Beteiligung kann nur dann geahndet werden, wenn der Tatbestand eines Gesetzes, das die Ahndung mit einer Geldbuße zulässt, rechtswidrig verwirklicht wird oder in Fällen, in denen auch der Versuch geahndet werden kann, dies wenigstens versucht wird (§ 14 Abs. 2 OWiG). Handelt einer der Beteiligten nicht vorwerfbar, wird dadurch die Möglichkeit der Ahndung bei den anderen nicht ausgeschlossen. Bestimmt das Gesetz, dass besondere persönliche Merkmale die Möglichkeit der Ahndung ausschließen, gilt das nur für den Beteiligten, bei dem sie vorliegen (§ 14 Abs. 3 OWiG). Bestimmt das Gesetz, dass eine Handlung, die sonst eine Ordnungswidrigkeit wäre, bei besonderen persönlichen Merkmalen des Täters eine Straftat ist, gilt das nur für den Beteiligten, bei dem sie vorliegen (§ 14 Abs. 4 OWiG).

3.   Höhe der Geldbuße

Die Höhe der Geldbuße wird durch einen **Bußgeldbescheid** festgesetzt (§ 65   8
OWiG). § 58 Abs. 4 JArbSchG legt den Höchstsatz für das Bußgeld der in § 58 JArbSchG geregelten Ordnungswidrigkeiten auf 15 000 Euro fest. Der Mindestsatz liegt bei fünf Euro (§ 17 Abs. 1 OwiG). Droht das Gesetz für vorsätzliches und fahrlässiges Handeln eine Geldbuße an, ohne im Höchstmaß zu unterscheiden, kann fahrlässiges Handeln im Höchstmaß nur mit der Hälfte des angedrohten Höchstbetrags der Geldbuße geahndet werden (§ 17 Abs. **2** OWiG). Grundlage für die Zumessung der Geldbuße sind die Bedeutung der Ordnungswidrigkeit und der Vorwurf, der den Täter trifft (§ 17 Abs. 3 Satz 1 OWiG). Auch die wirtschaftlichen Verhältnisse des Täters kommen in Betracht; bei geringfügigen Ordnungswidrigkeiten bleiben sie jedoch in der Regel unberücksichtigt (§ 17 Abs. 3 Satz 2 OWiG). Die Geldbuße soll den wirtschaftlichen Vorteil, den der Täter aus der Ordnungswidrigkeit gezogen hat, übersteigen (§ 17 Abs. 4 Satz 1 OWiG). Reicht das gesetzliche Höchstmaß hierzu nicht aus, kann es überschritten werden (§ 17 Abs. 4 Satz 2 OWiG).

9 Ist dem Betroffenen nach seinen wirtschaftlichen Verhältnissen nicht zuzumuten, die Geldbuße sofort zu zahlen, wird ihm eine Zahlungsfrist bewilligt oder es wird ihm gestattet, die Geldbuße in bestimmten Teilbeträgen zu zahlen (§ 18 Satz 1 OWiG). Dabei kann angeordnet werden, dass die Vergünstigung, die Geldbuße in bestimmten Teilbeträgen zu zahlen, entfällt, wenn der Betroffene einen Teilbetrag nicht rechtzeitig zahlt (§ 18 Satz 2 OWiG).

10 Der Betroffene kann gegen den **Bußgeldbescheid** innerhalb von zwei Wochen nach Zustellung schriftlich oder zur Niederschrift bei der Verwaltungsbehörde, die den Bußgeldbescheid erlassen hat, **Einspruch** einlegen (§ 67 Abs. 1 OWiG). Bei einem Einspruch gegen den Bußgeldbescheid entscheidet das **Amtsgericht,** in dessen Bezirk die Verwaltungsbehörde ihren Sitz hat (§ 68 Abs. 1 OWiG).

4. Strafvorschriften

11 § 58 Abs. 5 und 6 JArbSchG enthalten Strafvorschriften. Wer **vorsätzlich** eine in § 58 Abs. 1, Abs. 2 oder Abs. 3 bezeichnete Handlung begeht **und** dadurch ein Kind, einen Jugendlichen oder im Falle des § 58 Abs. 1 Nr. 6 eine Person, die noch nicht 21 Jahre alt ist, in ihrer **Gesundheit oder Arbeitskraft gefährdet,** wird mit **Freiheitsstrafe** bis zu einem Jahr oder mit **Geldstrafe** bestraft. Ebenso wird bestraft, wer eine in § 58 Abs. 1, Abs. 2 oder Abs. 3 bezeichnete Handlung **beharrlich wiederholt.**

12 Die **Geldstrafe** wird in Tagessätzen verhängt (§ 40 Abs. 1 Satz 1 StGB). Sie beträgt mindestens fünf und höchstens 360 volle Tagessätze (§ 40 Abs. 1 Satz 2 StGB). Die Höhe eines Tagessatzes bestimmt das Gericht unter Berücksichtigung der persönlichen und wirtschaftlichen Verhältnisse des Täters (§ 40 Abs. 2 Satz 1 StGB). Dabei geht es in der Regel von dem Nettoeinkommen aus, das der Täter durchschnittlich an einem Tag hat oder haben könnte (§ 40 Abs. 2 Satz 2 StGB). Ein Tagessatz wird auf mindestens einen und höchstens 30 000 Euro festgesetzt (§ 40 Abs. 2 Satz 3 StGB). Die Einkünfte des Täters, sein Vermögen und andere Grundlagen für die Bemessung eines Tagessatzes können geschätzt werden (§ 40 Abs. 3 StGB). In der Entscheidung werden Zahl und Höhe der Tagessätze angegeben (§ 40 Abs. 4 StGB). Theoretisch kommt also eine Geldstrafe in Höhe von maximal 10,8 Millionen Euro in Betracht (360 × 30 000 Euro) – in der Praxis kommt das kaum vor.

13 Wer in den Fällen des § 58 Abs. 5 Satz 1 JArbSchG die **Gefahr fahrlässig verursacht,** wird mit Freiheitsstrafe bis zu sechs Monaten oder mit Geldstrafen bis zu 180 Tagessätzen bestraft.

14 Ist eine Handlung gleichzeitig Straftat und Ordnungswidrigkeit, wird nur das Strafgesetz angewendet (§ 21 Abs. 1 Satz 1 OWiG). Die Handlung kann jedoch als Ordnungswidrigkeit geahndet werden, wenn eine Strafe nicht verhängt wird (§ 21 Abs. 2 OWiG).

§ 59   Bußgeldvorschriften

(1) Ordnungswidrig handelt, wer als Arbeitgeber vorsätzlich oder fahrlässig

1. entgegen § 6 Abs. 4 Satz 2 ein Kind vor Erhalt des Bewilligungsbescheids beschäftigt,
2. entgegen § 11 Abs. 3 den Aufenthalt in Arbeitsräumen gestattet,
2a. entgegen § 20 Absatz 2 Satz 1 eine Aufzeichnung nicht oder nicht richtig führt,
2b. entgegen § 20 Absatz 2 Satz 3 eine Aufzeichnung nicht oder nicht mindestens zwölf Monate aufbewahrt,
3. entgegen § 29 einen Jugendlichen über Gefahren nicht, nicht richtig oder nicht rechtzeitig unterweist,
4. entgegen § 33 Abs. 2 Satz 1 einen Jugendlichen nicht oder nicht rechtzeitig zur Vorlage einer ärztlichen Bescheinigung auffordert,
5. entgegen § 41 die ärztliche Bescheinigung nicht aufbewahrt, vorlegt, einsendet oder aushändigt,
6. entgegen § 43 Satz 1 einen Jugendlichen für ärztliche Untersuchungen nicht freistellt,
7. entgegen § 47 einen Abdruck des Gesetzes oder die Anschrift der zuständigen Aufsichtsbehörde nicht auslegt oder aushängt,
8. entgegen § 48 Arbeitszeit und Pausen nicht oder nicht in der vorgeschriebenen Weise aushängt,
9. entgegen § 49 ein Verzeichnis nicht oder nicht in der vorgeschriebenen Weise führt,
10. entgegen § 50 Abs. 1 Angaben nicht, nicht richtig oder nicht vollständig macht oder Verzeichnisse oder Unterlagen nicht vorlegt oder einsendet oder entgegen § 50 Abs. 2 Verzeichnisse oder Unterlagen nicht oder nicht vorschriftsmäßig aufbewahrt,
11. entgegen § 51 Abs. 2 Satz 2 das Betreten oder Besichtigen der Arbeitsstätten nicht gestattet,
12. entgegen § 54 Abs. 3 einen Aushang nicht anbringt.

(2) Absatz 1 Nr. 2 bis 6 gilt auch für die Beschäftigung von Kindern (§ 2 Abs. 1 und 3) nach § 5 Abs. 2 Satz 1.

(3) Die Ordnungswidrigkeit kann mit einer Geldbuße bis zu zweitausendfünfhundert Euro geahndet werden.

§ 60   Verwaltungsvorschriften für die Verfolgung und Ahndung von Ordnungswidrigkeiten

Das Bundesministerium für Arbeit und Soziales kann mit Zustimmung des Bundesrates allgemeine Verwaltungsvorschriften für die Verfolgung und Ahndung von Ordnungswidrigkeiten nach §§ 58 und 59 durch die

Verwaltungsbehörde (§ 35 des Gesetzes über Ordnungswidrigkeiten) und über die Erteilung einer Verwarnung (§§ 56, 58 Abs. 2 des Gesetzes über Ordnungswidrigkeiten) wegen einer Ordnungswidrigkeit nach §§ 58 und 59 erlassen.

Von der Ermächtigung zum Erlass von Verwaltungsvorschriften für die Verfolgung und Ahndung von Ordnungswidrigkeiten wurde bisher kein Gebrauch gemacht und es ist nicht absehbar, dass dies in Zukunft der Fall sein wird.

Sechster Abschnitt
Schlussvorschriften

§ 61   Beschäftigung von Jugendlichen auf Kauffahrteischiffen

Für die Beschäftigung von Jugendlichen als Besatzungsmitglieder auf Kauffahrteischiffen im Sinne des § 3 des Seearbeitsgesetzes gilt anstelle dieses Gesetzes das Seearbeitsgesetz.

Der Gesetzgeber hat die für jugendliche Besatzungsmitglieder **auf Kauffahrteischiffen** (das sind Schiffe der Küsten- und Hochseeschifffahrt) geltenden arbeitsschutzrechtlichen Vorschriften im **Seearbeitsgesetz** (SeeArbG) zusammengefasst, das zum 1.8.2013 das Seemannsgesetz (SeemG) ersetzte. Für die **Binnenschifffahrt** ist nicht § 61 JArbSchG einschlägig, sondern für die dort tätigen jugendlichen Beschäftigten gilt das Jugendarbeitsschutzgesetz mit den Abweichungen nach § 20 JArbSchG. Die für Jugendliche maßgeblichen Vorschriften des **Seearbeitsgesetzes** sind im **Anhang** abgedruckt. Für Minderjährige, die nicht als Seeleute (Besatzungsmitglieder) beschäftigt werden oder sich in einer entsprechenden Ausbildung befinden, sondern mit anderen Tätigkeiten beschäftigt sind, gelten die Bestimmungen des Jugendarbeitsschutzgesetzes und nicht des Seearbeitsgesetzes. Allerdings sind insoweit die Definitionen des Seearbeitsgesetzes zu beachten. Seeleute sind nach § 3 Abs. 1 SeeArbG alle Personen, die an Bord des Schiffes tätig sind, unabhängig davon, ob sie vom Reeder oder einer anderen Person beschäftigt werden oder als Selbstständige tätig sind, einschließlich der zu ihrer Berufsbildung Beschäftigten (**Besatzungsmitglieder**). Das »Servicepersonal« gehört zu den »Besatzungsmitgliedern« (§ 2 Nr. 9 SeeArbG). Zum **Servicepersonal** gehören »die Besatzungsmitglieder, die zur Verpflegung, Bedienung, Betreuung, Unterhaltung oder Krankenpflege anderer Besatzungsmitglieder oder von Passagieren arbeiten oder auf dem Schiff im Verkauf tätig sind« (§ 2

Nr. 9 SeeArbG). § 3 Abs. 3 SeeArbG definiert wiederum Personen, die *nicht* zu den »Besatzungsmitgliedern« gehören.

§ 62 Beschäftigung im Vollzug einer Freiheitsentziehung

(1) Die Vorschriften dieses Gesetzes gelten für die Beschäftigung Jugendlicher (§ 2 Abs. 2) im Vollzuge einer gerichtlich angeordneten Freiheitsentziehung entsprechend, soweit es sich nicht nur um gelegentliche, geringfügige Hilfeleistungen handelt und soweit in den Absätzen 2 bis 4 nichts anderes bestimmt ist.

(2) Im Vollzug einer gerichtlich angeordneten Freiheitsentziehung finden § 19, §§ 47 bis 50 keine Anwendung.

(3) Die §§ 13, 14, 15, 16, 17 und 18 Abs. 1 und 2 gelten im Vollzug einer gerichtlich angeordneten Freiheitsentziehung nicht für die Beschäftigung jugendlicher Anstaltsinsassen mit der Zubereitung und Ausgabe der Anstaltsverpflegung.

(4) § 18 Abs. 1 und 2 gilt nicht für die Beschäftigung jugendlicher Anstaltsinsassen in landwirtschaftlichen Betrieben der Vollzugsanstalten mit Arbeiten, die auch an Sonn- und Feiertagen naturnotwendig vorgenommen werden müssen.

Inhaltsübersicht	Rn.
1. Überblick	1
2. Ausnahmen von der Anwendbarkeit	2–5
a. Gelegentliche, geringfügige Hilfeleistungen	2
b. Ausdrücklich ausgenommene Vorschriften	3
c. Zubereitung und Ausgabe der Anstaltsverpflegung	4
d. Landwirtschaftliche Tätigkeiten	5

1. Überblick

Die Vorschriften des Jugendarbeitsschutzgesetzes finden entsprechende Anwendung, wenn Jugendliche (zur Definition § 2 Abs. 2 JArbSchG) im Vollzuge einer gerichtlich angeordneten Freiheitsentziehung beschäftigt werden, soweit es sich nicht nur um gelegentliche, geringfügige Hilfeleistungen handelt und soweit in § 62 Abs. 2 bis 4 JArbSchG nichts anderes bestimmt ist. Die Jugendlichen werden in diesen Fällen **nicht in einem regulären Arbeitsverhältnis** beschäftigt, sondern befinden sich aufgrund der richterlich angeordneten Freiheitsentziehung in einer **öffentlich-rechtlichen Sonderbeziehung.** Voraussetzung für die Anwendung des Jugendarbeitsschutzgesetzes nach Maßgabe des § 62 JArbSchG ist, dass der Jugendliche »beschäftigt« wird. Eine **Beschäftigung** liegt vor, wenn der jugendliche Strafgefangene Arbeit auf Weisung leistet.

2. Ausnahmen von der Anwendbarkeit

a. Gelegentliche, geringfügige Hilfeleistungen

2 Das Jugendarbeitsschutzgesetz findet keine Anwendung, soweit es sich bei den Tätigkeiten der jugendlichen Strafgefangenen um **gelegentliche geringfügige Hilfeleistungen** handelt. Eine nur gelegentliche geringfügige Hilfeleistung liegt vor, wenn der Jugendliche nur unregelmäßig Dienste oder Handreichungen verrichtet, die nicht regelmäßig nach Plan wiederkehren, und der zeitliche Umfang jeweils gering ist. Die im Strafvollzug angeordneten Hausarbeiten (zum Beispiel die Reinigung der Anstaltsbüros, der Flure, des Hofes, die Beschäftigung in der Anstaltswäscherei usw.) sind »Beschäftigungen« mit der Folge der Anwendbarkeit des Jugendarbeitsschutzgesetzes, weil sie regelmäßig von den Gefangenen geleistet werden und deshalb nicht nur als gelegentliche geringfügige Hilfeleistungen angesehen werden können.

b. Ausdrücklich ausgenommene Vorschriften

3 Im Vollzug einer gerichtlich angeordneten Freiheitsentziehung finden die in § 62 Abs. 2 JArbSchG genannten Vorschriften ausdrücklich keine Anwendung: § 19 JArbSchG und § § 47 bis 50 JArbSchG. Die Urlaubsregelung (§ 19 JArbSchG) findet keine Anwendung, weil das Strafvollzugsgesetz für Strafgefangene eine eigene Urlaubsregelung enthält. Der Verzicht auf die Anwendung der Aushang- und Bekanntgabevorschriften (§ 47 und § 48 JArbSchG) ist nicht zwingend nachvollziehbar. Es ist kein Grund ersichtlich, weshalb für jugendliche Strafgefangene nicht ebenso wie für andere Jugendliche ein Abdruck des Jugendarbeitsschutzgesetzes an geeigneter Stelle in der Strafanstalt zur Einsicht ausgelegt werden soll und wieso nicht auch Strafgefangene einen Anspruch darauf haben, dass ihnen Beginn und Ende der regelmäßigen täglichen Arbeitszeit und der Pausen im Vorhinein durch Aushang bekanntgegeben werden. Auf die Anwendung der Bestimmungen der §§ 49 und 50 JArbSchG konnte verzichtet werden, da bereits nach anderen Bestimmungen Unterlagen über die Jugendlichen geführt und aufbewahrt werden, die auch ihre Beschäftigung nachweisen.

c. Zubereitung und Ausgabe der Anstaltsverpflegung

4 Da in den Strafvollzugsanstalten das Essen von Insassen zubereitet wird, erklärt § 62 Abs. 3 JArbSchG für diese Tätigkeiten eine Reihe von Bestimmungen des Jugendarbeitsschutzgesetzes für nicht anwendbar. Die Essenszubereitung in den Jugendstrafvollzugsanstalten soll dadurch auch am Abend, an Samstagen, Sonn- und Feiertagen und in den frühen Morgenstunden möglich sein. Nicht einmal die zwölfstündige Ruhepause (§ 13 JArbSchG) nach

Ende einer Beschäftigung muss eingehalten werden. Spezielle Regelungen zur Begrenzung der Beschäftigungsmöglichkeiten sind durch die Anstaltsordnung oder die Strafvollzugsgesetze zu treffen.

d. Landwirtschaftliche Tätigkeiten

Werden jugendliche Strafgefangene in landwirtschaftlichen Betrieben der **5** Vollzugsanstalten mit Arbeiten beschäftigt, die auch an Sonn- und Feiertagen naturnotwendig vorgenommen werden müssen, finden die Vorschriften des § 18 Abs. 1 und 2 JArbSchG keine Anwendung. Die Arbeiten müssen »auch an Sonn- und Feiertagen naturnotwendig vorgenommen werden müssen« (vgl. zu den »naturnotwendigen« Arbeiten § 17 Rn. 7) und es muss sich um landwirtschaftliche Betriebe »der Vollzugsanstalten« handeln. Die Ausnahme gilt nicht, wenn die Vollzugsanstalt Jugendliche an landwirtschaftliche Betriebe zur Erbringung von Arbeitsleistungen »ausleiht«. Es muss ein Eigenbetrieb der Vollzugsanstalt sein.

Anhang

1. EU-Richtlinie 94/33/EG über den Jugendarbeitsschutz
2. Verordnung über den Kinderarbeitsschutz (Kinderarbeitsschutzverordnung – KindArbSchV)
3. Verordnung über die ärztlichen Untersuchungen nach dem Jugendarbeitsschutzgesetz (Jugendarbeitsschutzuntersuchungsverordnung – JArbSchUV)
4. Verordnung über Ausnahmen von Vorschriften des Jugendarbeitsschutzgesetzes für jugendliche Polizeivollzugsbeamte in der Bundespolizei (BGS-JArbSchV)
5. Jugendschutzgesetz (JuSchG) – Auszug –
6. Berufsbildungsgesetz (BBiG) – Auszug –
7. Seearbeitsgesetz (SeeArbG) – Auszug –
8. Abschlussbericht der Bund-Länder-Arbeitsgruppe zur Überprüfung des Jugendarbeitsschutzgesetzes vom Mai 2011 – Auszug –

1.   EU-Richtlinie 94/33/EG über den Jugendarbeitsschutz

vom 22. Juni 1994 (ABl. EG Nr. L 216 S. 12), zuletzt geändert durch Artikel 3
ÄndRL 2014/27/EU vom 26. 2. 2014 (ABl. EG Nr. L 65 S. 1)

Der Rat der Europäischen Union
gestützt auf den Vertrag zur Gründung der Europäischen Gemeinschaft, insbesondere auf Artikel 118a, auf Vorschlag der Kommission[1]
nach Stellungnahme des Wirtschafts- und Sozialausschusses,[2] gemäß dem
Verfahren des Artikels 189c des Vertrags.[3] in Erwägung nachstehender
Gründe:
Artikel 118a des Vertrages bestimmt, dass der Rat durch Richtlinien Mindestvorschriften zur Verbesserung insbesondere der Arbeitsumwelt erlässt,
um einen besseren Schutz der Sicherheit und Gesundheit der Arbeitnehmer
zu gewährleisten.
Nach demselben Artikel sollen diese Richtlinien keine verwaltungsmäßigen,
finanziellen oder rechtlichen Aufgaben vorschreiben, die der Gründung und
Entwicklung von Klein- und Mittelbetrieben entgegenstehen.
In der Gemeinschaftscharta der sozialen Grundrechte der Arbeitnehmer, die
von den Staats- und Regierungschefs von elf Mitgliedstaaten auf der Tagung
des Europäischen Rates in Straßburg am 9. Dezember 1989 verabschiedet
wurde, heißt es unter den Punkten 20 und 22:
»20. Unbeschadet günstigerer Vorschriften für Jugendliche, vor allem solcher Vorschriften, die ihre berufliche Eingliederung durch Berufsausbildung gewährleisten, und abgesehen von auf bestimmte leichte Arbeiten beschränkten Ausnahmen darf das Mindestalter für den Eintritt in das Arbeitsleben das Alter, in dem die Schulpflicht erlischt, nicht unterschreiten und in
keinem Fall unter 15 Jahren liegen.
22. Es sind die notwendigen Maßnahmen zu ergreifen, um die arbeitsrechtlichen Vorschriften für junge Arbeitnehmer so umzugestalten, dass sie den
Erfordernissen ihrer persönlichen Entwicklung und ihrem Bedarf an beruflicher Bildung und an Zugang zur Beschäftigung entsprechen.

---

1 ABl. EG Nr. C 84 vom 4. 4. 1992, S. 7.
2 ABl. EG Nr. C 313 vom 30. 11. 1992, S. 70.
3 Stellungnahme des Europäischen Parlaments vom 17. Dezember 1992 (ABl. EG
   Nr. C 21 vom 25. 1. 1993, S. 167). Gemeinsame Stellungnahme des Rates vom
   23. November 1993 (noch nicht im Amtsblatt veröffentlicht) und Beschluss des
   Europäischen Parlaments vom 9, März 1994 (ABl. EG Nr. C 91 vom 28. 3. 1994,
   S, 89),

Namentlich die Arbeitszeit der Arbeitnehmer unter achtzehn Jahren ist zu begrenzen – ohne dass dieses Gebot durch den Rückgriff auf Überstunden umgangen werden kann – und die Nachtarbeit zu untersagen, wobei für bestimmte durch die einzelstaatlichen Rechtsvorschriften und Regelungen festgelegte berufliche Tätigkeiten Ausnahmen gelten können.«

Es ist den Grundsätzen der Internationalen Arbeitsorganisation hinsichtlich des Jugendarbeitsschutzes Rechnung zu tragen, einschließlich der Regeln über das Mindestalter für den Zugang zur Beschäftigung oder zur Arbeit.

In seiner Entschließung über die Kinderarbeit[4] hat das Europäische Parlament die Aspekte der Arbeit Jugendlicher zusammengefasst und insbesondere die Auswirkungen dieser Arbeit auf die Gesundheit, die Sicherheit sowie die körperliche und geistige Entwicklung der jungen Menschen hervorgehoben; es hat die Notwendigkeit unterstrichen, eine Richtlinie zu erlassen, die die einschlägigen nationalen Rechtsvorschriften vereinheitlicht.

Gemäß Artikel 15 der Richtlinie 89/391/EWG des Rates vom 12. Juni 1989 über die Durchführung von Maßnahmen zur Verbesserung der Sicherheit und des Gesundheitsschutzes der Arbeitnehmer bei der Arbeit[5] müssen besonders gefährdete Risikogruppen gegen die speziell sie bedrohenden Gefahren geschützt werden.

Da Kinder und Jugendliche als Gruppen mit besonderen Risiken betrachtet werden müssen, sind Maßnahmen für ihre Sicherheit und ihren Gesundheitsschutz zu treffen.

Die Gefährdungen für Kinder machen es erforderlich, dass die Mitgliedstaaten Kinderarbeit verbieten und dafür Sorge tragen, dass das Mindestalter für den Zugang zur Beschäftigung oder Arbeit nicht unter dem Alter, mit dem gemäß den einzelstaatlichen Rechtsvorschriften die Vollzeitschulpflicht endet, und in keinem Fall unter 15 Jahren liegt. Ausnahmen von dem Verbot der Kinderarbeit können nur in einzelnen Fällen und unter den in dieser Richtlinie genannten Bedingungen zugelassen werden. Sie dürfen sich auf keinen Fall auf den Schulbesuch und den Nutzen des Unterrichts nachteilig auswirken.

Die besonderen Merkmale des Übergangs von der Kindheit zum Erwachsenenalter machen eine strenge Regelung und einen strengen Schutz der Arbeit von Jugendlichen erforderlich.

Die Arbeitgeber müssen gewährleisten, dass die Arbeitsbedingungen dem Alter des jungen Menschen angepasst sind. Die Arbeitgeber müssen die für die Sicherheit und den Gesundheitsschutz der jungen Menschen erforderlichen Maßnahmen aufgrund einer Beurteilung der für die jungen Menschen mit ihrer Arbeit verbundenen Gefährdung treffen.

---

4 ABl. EG Nr. C 190 vom 20.7.1987, S. 44.
5 ABl. EG Nr. L 183 vom 29.6.1989, S. 1.

Die Mitgliedstaaten müssen die jungen Menschen vor den spezifischen Gefahren schützen, die aus der mangelnden Erfahrung, dem fehlenden Bewusstsein für tatsächliche oder potentielle Gefahren und der noch nicht abgeschlossenen Entwicklung des jungen Menschen herrühren. Die Mitgliedstaaten müssen zu diesem Zweck eine Beschäftigung junger Menschen mit den in der vorliegenden Richtlinie genannten Arbeiten verbieten.

Mit dem Erlass von eindeutigen Mindestvorschriften für die Arbeitszeitgestaltung können die Arbeitsbedingungen der jungen Menschen verbessert werden.

Die Höchstdauer der Arbeitszeit der jungen Menschen muss strikt begrenzt werden, und Nachtarbeit muss für junge Menschen verboten werden, ausgenommen in bestimmten, durch einzelstaatliche Rechtsvorschriften festzulegenden Tätigkeitsbereichen.

Die Mitgliedstaaten müssen geeignete Maßnahmen treffen, damit bei Jugendlichen, die noch in schulischer Ausbildung stehen, die Arbeitszeit sich nicht nachteilig auf die Fähigkeit auswirkt, dem Unterricht mit Nutzen zu folgen.

Die Zeit, die die jungen Menschen, die im Rahmen eines dualen Systems der theoretischen und/oder praktischen Berufsausbildung oder eines Betriebspraktikums arbeiten, für die Ausbildung aufwenden, muss als Teil der Arbeitszeit gelten.

Um die Sicherheit und Gesundheit der jungen Menschen zu gewährleisten, müssen ihnen Mindestruhezeiten – je Tag, Woche und Jahr – sowie angemessene Ruhepausen zugestanden werden.

Bei der wöchentlichen Ruhezeit muss der Unterschiedlichkeit der kulturellen, ethnischen, religiösen und anderen Faktoren in den Mitgliedstaaten hinreichend Rechnung getragen werden. Insbesondere fällt es in den Zuständigkeitsbereich eines jeden Mitgliedstaats, letztlich darüber zu befinden, ob und in welchem Maße der Sonntag in die wöchentliche Ruhezeit einzubeziehen ist.

Eine angemessene Arbeitserfahrung kann dazu beitragen, die jungen Menschen auf das berufliche und gesellschaftliche Leben von Erwachsenen vorzubereiten, vorausgesetzt, es wird dafür Sorge getragen, dass nachteilige Auswirkungen auf ihre Sicherheit, Gesundheit und Entwicklung vermieden werden.

Wenn Ausnahmen von den in dieser Richtlinie vorgesehenen Verboten und Einschränkungen für bestimmte Beschäftigungen oder besondere Situationen unumgänglich erscheinen, darf ihre Anwendung nicht die Grundsätze des festgelegten Schutzsystems beeinträchtigen.

Diese Richtlinie stellt ein konkretes Element im Rahmen der Verwirklichung der sozialen Dimension des Binnenmarktes dar.

Das von dieser Richtlinie vorgesehene Schutzsystem erfordert für seine konkrete Anwendung, dass die Mitgliedstaaten ein System von Maßnahmen einführen, die wirksam und angemessen sind.

Die Durchführung einiger Bestimmungen dieser Richtlinie stellt einen Mitgliedstaat in bezug auf sein System des Schutzes Jugendlicher bei der Arbeit vor besondere Schwierigkeiten. Diesem Mitgliedstaat sollte deshalb gestattet werden, die betreffenden Bestimmungen während eines angemessenen Zeitraums noch nicht anzuwenden –

hat folgende Richtlinie erlassen:

Abschnitt I

Artikel 1
Gegenstand

(1) Die Mitgliedstaaten treffen die erforderlichen Maßnahmen, um die Kinderarbeit zu verbieten.

Sie tragen unter den in dieser Richtlinie vorgesehenen Bedingungen dafür Sorge, daß das Mindestalter für den Zugang zur Beschäftigung oder Arbeit nicht unter dem Alter, mit dem gemäß den einzelstaatlichen Rechtsvorschriften die Vollzeitschulpflicht endet und in keinem Fall unter 15 Jahren liegt.

(2) Die Mitgliedstaaten tragen dafür Sorge, dass die Arbeit Jugendlicher unter den in dieser Richtlinie vorgesehenen Bedingungen streng geregelt und geschützt wird.

(3) Die Mitgliedstaaten tragen allgemein dafür Sorge, dass der Arbeitgeber gewährleistet, dass die Arbeitsbedingungen dem Alter der jungen Menschen angepasst sind.

Sie tragen dafür Sorge, dass junge Menschen vor wirtschaftlicher Ausbeutung sowie vor Arbeiten geschützt werden, die ihrer Sicherheit, ihrer Gesundheit oder ihrer physischen, psychischen, moralischen oder sozialen Entwicklung schaden oder ihre Gesamtbildung beeinträchtigen könnten.

Artikel 2
Geltungsbereich

(1) Diese Richtlinie gilt für Personen unter 18 Jahren, die einen Arbeitsvertrag haben oder in einem Arbeitsverhältnis stehen, der bzw. das durch das in einem Mitgliedstaat geltende Recht definiert ist und/oder dem in einem Mitgliedstaat geltenden Recht unterliegt.

(2) Die Mitgliedstaaten können durch Rechtsvorschrift vorsehen, dass diese Richtlinie im Rahmen von ihnen durch Rechtsvorschrift festgesetzter Grenzen und Bedingungen keine Anwendung findet auf gelegentliche oder kurzfristige

a) Hausarbeiten in einem Privathaushalt oder

b) Arbeiten in Familienbetrieben, sofern diese Arbeiten als für junge Menschen weder schädlich noch nachteilig noch gefährlich anzusehen sind.

Artikel 3
Begriffsbestimmungen

In dieser Richtlinie bezeichnet der Ausdruck

a) »junger Mensch« jede Person unter 18 Jahren im Sinne des Artikels 2 Absatz 1;

b) »Kind« jeden jungen Menschen, der noch nicht 15 Jahre alt ist oder gemäß den einzelstaatlichen Rechtsvorschriften noch der Vollzeitschulpflicht unterliegt;

c) »Jugendlicher« jeden jungen Menschen, der mindestens 15, aber noch nicht 18 Jahre alt ist und gemäß den einzelstaatlichen Rechtsvorschriften nicht mehr der Vollzeitschulpflicht unterliegt;

d) »leichte Arbeit« jede Arbeit, die aufgrund ihrer Beschaffenheit und der besonderen Bedingungen, unter denen sie ausgeführt wird, sich

　　i) weder auf die Sicherheit, die Gesundheit oder die Entwicklung der Kinder

　　ii) noch auf ihren Schulbesuch, ihre Beteiligung an Programmen zur Berufsberatung oder -ausbildung, die von der zuständigen Stehe anerkannt sind, oder ihre Fähigkeit, dem Unterricht mit Nutzen zu folgen, nachteilig auswirkt;

e) »Arbeitszeit« jegliche Zeitspanne, während der der junge Mensch gemäß den einzelstaatlichen Rechtsvorschriften und/oder Gepflogenheiten arbeitet, dem Arbeitgeber zur Verfügung steht und seine Tätigkeit ausübt oder Aufgaben wahrnimmt;

f) »Ruhezeit« jegliche Zeitspanne außerhalb der Arbeitszeit.

Artikel 4
Verbot der Kinderarbeit

(1) Die Mitgliedstaaten treffen die erforderlichen Maßnahmen für ein Verbot der Kinderarbeit.

(2) Die Mitgliedstaaten können unter Berücksichtigung der Ziele des Artikels 1 durch Rechtsvorschrift vorsehen, dass das Verbot der Kinderarbeit nicht gilt für

a) Kinder, die unter Artikel 5 fallende Tätigkeiten ausüben;

b) Kinder, die mindestens 14 Jahre alt sind und im Rahmen eines Systems der dualen Ausbildung oder eines Betriebspraktikums arbeiten, sofern diese Arbeit unter den von der zuständigen Behörde vorgeschriebenen Bedingungen ausgeübt wird;

c) Kinder, die mindestens 14 Jahre alt sind und leichte Arbeiten mit Ausnahme der unter Artikel 5 fallenden leichten Arbeiten verrichten; leichte Arbeiten mit Ausnahme der unter Artikel 5 fallenden leichten Arbeiten dürfen jedoch nach Maßgabe der einzelstaatlichen Rechtsvorschriften in bestimmten Kategorien von Arbeiten für eine begrenzte Zahl von Stunden auch von Kindern ab 13 Jahren verrichtet werden.

(3) Die Mitgliedstaaten, die von der in Absatz 2 Buchstabe c) genannten Möglichkeit Gebrauch machen, legen die Arbeitsbedingungen für leichte Arbeiten nach Maßgabe dieser Richtlinie fest.

Artikel 5
Kulturelle und ähnliche Aktivitäten

(1) Die Einstellung von Kindern im Hinblick auf ihre Mitwirkung bei kulturellen, künstlerischen, sportlichen oder Werbetätigkeiten bedarf der vorherigen Genehmigung im Einzelfall durch die zuständige Stelle.

(2) Die Mitgliedstaaten regeln durch Rechtsvorschrift die Arbeitsbedingungen der Kinder in den Absatz 1 genannten Fällen sowie die Modalitäten des Verfahrens der vorherigen Genehmigung mit der Maßgabe, dass sich diese Tätigkeiten

i) weder auf die Sicherheit, die Gesundheit oder die Entwicklung der Kinder

ii) noch auf ihren Schulbesuch, auf ihre Beteiligung an Programmen zur Berufsberatung oder -ausbildung, die von der zuständigen Stelle anerkannt sind, oder ihre Fähigkeit, dem Unterricht mit Nutzen zu folgen, nachteilig auswirken dürfen.

(3) Abweichend von dem in Absatz 1 vorgesehenen Verfahren können die Mitgliedstaaten durch Rechtsvorschrift vorsehen, dass Kinder, die mindestens 13 Jahre alt sind, im Hinblick auf ihre Mitwirkung bei kulturellen, künstlerischen, sportlichen oder Werbetätigkeiten unter von den Mitgliedstaaten festgesetzten Bedingungen beschäftigt werden dürfen.

(4) Mitgliedstaaten können Regelungen beibehalten, nach denen Modell-Agenturen einer besonderen Genehmigung für die Beschäftigung von Kindern bedürfen.

Abschnitt II

Artikel 6
Allgemeine Pflichten des Arbeitgebers

(1) Unbeschadet des Artikels 4 Absatz 1 trifft der Arbeitgeber unter besonderer Berücksichtigung der in Artikel 7 Absatz 1 genannten spezifischen Gefahren die für die Sicherheit und den Gesundheitsschutz der jungen Menschen erforderlichen Maßnahmen.

(2) Der Arbeitgeber trifft die Maßnahmen gemäß Absatz 1 aufgrund einer Beurteilung der für die jungen Menschen mit ihrer Beschäftigung verbundenen Gefährdungen.

Die Beurteilung erfolgt vor Beginn der Beschäftigung des jungen Menschen und bei jeder bedeutenden Änderung der Arbeitsbedingungen; sie bezieht sich insbesondere auf folgende Punkte:

a) Einrichtung und Gestaltung der Arbeitsstätte und des Arbeitsplatzes;
b) Art, Grad und Dauer der physikalischen, chemischen und biologischen Einwirkungen;
c) Gestaltung, Auswahl und Einsatz von Arbeitsmitteln, insbesondere von Arbeitsstoffen, Maschinen, Geräten und Anlagen sowie den Umgang damit;
d) Gestaltung von Arbeitsverfahren und Arbeitsabläufen und deren Zusammenwirken (Arbeitsorganisation);
e) Stand von Ausbildung und Unterweisung der jungen Menschen.

Wenn diese Beurteilung ergibt, dass eine Gefahr für die Sicherheit, die körperliche oder geistige Gesundheit oder die Entwicklung der jungen Menschen besteht, so ist sicherzustellen, dass unbeschadet der Richtlinie 89/391/EWG in regelmäßigen Zeitabständen kostenlos eine angemessene Bewertung und Überwachung des Gesundheitszustands der jungen Menschen erfolgt.

Die kostenlose Gesundheitsbewertung und -Überwachung kann Bestandteil eines nationalen Gesundheitssystems sein.

(3) Der Arbeitgeber unterrichtet die jungen Menschen über mögliche Gefahren sowie über alle zu ihrer Sicherheit und ihrem Gesundheitsschutz getroffenen Maßnahmen.

Der Arbeitgeber unterrichtet ferner die gesetzlichen Vertreter der Kinder über mögliche Gefahren sowie über alle zu ihrer Sicherheit und ihrem Gesundheitsschutz getroffenen Maßnahmen.

(4) Der Arbeitgeber beteiligt die mit Schutzmaßnahmen und Maßnahmen zur Gefahrenverhütung beauftragten Dienste im Sinne des Artikels 7 der Richtlinie 89/91/EWG an der Planung, Durchführung und Überwachung der für die Sicherheit und den Gesundheitsschutz bei der Beschäftigung junger Menschen geltenden Vorschriften.

Artikel 7
Gefährdungen für junge Menschen –
Beschäftigungsverbote

(1) Die Mitgliedstaaten tragen dafür Sorge, dass junge Menschen vor den spezifischen Gefahren für die Sicherheit, die Gesundheit und die Entwicklung geschützt werden, die aus der mangelnden Erfahrung, dem fehlenden Bewusstsein für tatsächliche oder potentielle Gefahren und der noch nicht abgeschlossenen Entwicklung des jungen Menschen herrühren.

(2) Unbeschadet des Artikels 4 Absatz 1 verbieten die Mitgliedstaaten zu diesem Zweck eine Beschäftigung junger Menschen mit

a) Arbeiten, die objektiv ihre physische oder psychische Leistungsfähigkeit übersteigen;

b) Arbeiten, die eine schädliche Einwirkung von giftigen, krebserregenden, erbgutverändernden, fruchtschädigenden oder in sonstiger Weise den Menschen chronisch schädigenden Gefahrstoffen mit sich bringen;

c) Arbeiten, die eine schädliche Einwirkung von Strahlen mit sich bringen;

d) Arbeiten, die mit Unfallgefahren verbunden sind, von denen anzunehmen ist, dass junge Menschen sie wegen mangelnden Sicherheitsbewusstseins oder wegen mangelnder Erfahrung oder Ausbildung nicht erkennen oder nicht abwenden können; oder

e) Arbeiten, bei denen die Gesundheit durch extreme Kälte oder Hitze oder durch Lärm oder Erschütterungen gefährdet wird.

Zu den Arbeiten, die spezifische Gefahren für jungen Menschen im Sinne des Absatzes 1 mit sich bringen, gehören insbesondere

• Arbeiten unter schädlicher Einwirkung der in Abschnitt 1 des Anhangs aufgeführten physikalischen, chemischen und biologischen Agenzien und

• Verfahren und Arbeiten, die in Abschnitt II des Anhangs 1 aufgeführt sind.

(3) Die Mitgliedstaaten können durch Rechtsvorschrift für Jugendliche Abweichungen von Absatz 2 zulassen, soweit sie für die Berufsausbildung der Jugendlichen unbedingt erforderlich sind und die Sicherheit und der Gesundheitsschutz der Jugendlichen dadurch sichergestellt sind, dass die Arbeiten unter der Aufsicht einer gemäß Artikel 7 der Richtlinie 89/391/EWG hierfür zuständigen Person ausgeführt werden und dass der in derselben Richtlinie vorgesehene Schutz gewährleistet ist.

Abschnitt III

Artikel 8
Arbeitszeit

(1) Die Mitgliedstaaten, die von Artikel 4 Absatz 2 Buchstabe b) oder c) Gebrauch machen, treffen die erforderlichen Maßnahmen, um die Arbeitszeit von Kindern wie folgt zu begrenzen:

a) auf 8 Stunden pro Tag und auf 40 Stunden pro Woche für Kinder, die im Rahmen eines Systems der dualen Ausbildung oder eines Betriebspraktikums arbeiten;

b) auf 2 Stunden pro Schultag und auf 12 Stunden pro Woche bei Arbeiten, die während der Schulzeit außerhalb der Unterrichtsstunden verrichtet werden, sofern die einzelstaatlichen Rechtsvorschriften und/oder Praktiken dies nicht verbieten;
    die Tagesarbeitszeit darf in keinem Fall 7 Stunden überschreiten; diese Höchstdauer kann für Kinder, die mindestens 15 Jahre alt sind, auf 8 Stunden heraufgesetzt werden;

c) auf 7 Stunden pro Tag und auf 35 Stunden pro Woche bei Arbeiten während der unterrichtsfreien Zeit, wenn diese mindestens eine Woche beträgt; diese Begrenzungen können für Kinder, die mindestens 15 Jahre alt sind, auf 8 Stunden pro Tag und 40 Stunden pro Woche heraufgesetzt werden;

d) auf 7 Stunden pro Tag und auf 35 Stunden pro Woche bei leichten Arbeiten, die von Kindern ausgeführt werden, die gemäß den einzelstaatlichen Rechtsvorschriften nicht mehr der Vollzeitschulpflicht unterliegen.

(2) Die Mitgliedstaaten treffen die erforderlichen Maßnahmen, um die Arbeitszeit von Jugendlichen auf 8 Stunden pro Tag und auf 40 Stunden pro Woche zu begrenzen.

(3) Die Zeit, die ein junger Mensch, der im Rahmen eines dualen Systems der theoretischen und/oder praktischen Berufsausbildung oder eines Be-

triebspraktikums arbeitet, für die Ausbildung aufwendet, gilt als Teil der Arbeitszeit.

(4) Ist ein junger Mensch bei mehreren Arbeitgebern beschäftigt, so sind die geleisteten Arbeitstage und Arbeitsstunden zusammenzurechnen.

(5) Die Mitgliedstaaten können durch Rechtsvorschrift vorsehen, dass in Ausnahmefällen oder in Fällen, in denen dies durch objektive Gründe gerechtfertigt ist, von Absatz 1 Buchstabe a) bzw. Absatz 2 abgewichen werden kann.

Die Mitgliedstaaten legen die Bedingungen, Einschränkungen und sonstigen Einzelheiten für die Durchführung der Abweichungen durch Rechtsvorschrift fest.

Artikel 9
Nachtarbeit

(1) a) Die Mitgliedstaaten, die von Artikel 4 Absatz 2 Buchstabe b) oder c) Gebrauch machen, treffen die erforderlichen Maßnahmen, um Kinderarbeit zwischen 20.00 Uhr und 6.00 Uhr zu verbieten.

b) Die Mitgliedstaaten treffen die erforderlichen Maßnahmen, um die Arbeit von Jugendlichen zwischen 22.00 Uhr und 6.00 Uhr oder zwischen 23.00 Uhr und 7.00 Uhr zu verbieten.

(2) a) Die Mitgliedstaaten können durch Rechtsvorschrift in besonderen Tätigkeitsbereichen die Arbeit von Jugendlichen während des Nachtarbeitsverbots nach Absatz 1 Buchstabe b) zulassen.

In diesem Fall treffen die Mitgliedstaaten geeignete Maßnahmen für die Beaufsichtigung des Jugendlichen durch einen Erwachsenen in den Fällen, in denen eine solche Beaufsichtigung zum Schutz des Jugendlichen erforderlich ist.

b) Für den Fall, dass Buchstabe a) angewendet wird, bleibt eine Arbeit zwischen Mitternacht und 4.00 Uhr verboten.

Die Mitgliedstaaten können jedoch durch Rechtsvorschrift in den nachstehend aufgeführten Fällen die Arbeit von Jugendlichen während des Nachtarbeitsverbots zulassen, sofern dies durch objektive Gründe gerechtfertigt ist, den Jugendlichen angemessene Ausgleichsruhezeiten gewährt werden und die Ziele des Artikels 1 nicht in Frage gestellt werden:

- Beschäftigung in der Schifffahrt oder in der Fischerei;
- Beschäftigung in den Streitkräften oder in der Polizei;
- Beschäftigung in Krankenhäusern oder ähnlichen Einrichtungen;
- kulturelle, künstlerische, sportliche oder Werbetätigkeiten.

(3) Vor einer Einteilung zur Nachtarbeit und anschließend in regelmäßigen Abständen muß den Jugendlichen eine kostenlose Bewertung ihres Gesund-

heitszustands und ihrer Fähigkeiten gewährt werden, es sei denn, die Arbeit während des Nachtarbeitsverbots wird nur ausnahmsweise verrichtet.

Artikel 10
Ruhezeiten

(1) a) Die Mitgliedstaaten, die von Artikel 4 Absatz 2 Buchstabe b) oder c) Gebrauch machen, treffen die erforderlichen Maßnahmen, damit Kinder während jedes Zeitraums von 24 Stunden eine Ruhezeit von mindestens 14 aufeinanderfolgenden Stunden erhalten,

b) Die Mitgliedstaaten treffen die erforderlichen Maßnahmen, damit Jugendliche während jedes Zeitraums von 24 Stunden eine

Ruhezeit von mindestens 12 aufeinanderfolgenden Stunden erhalten.

(2) Die Mitgliedstaaten treffen die erforderlichen Maßnahmen, damit
- Kinder, auf die Artikel 4 Absatz 2 Buchstabe b) oder c) angewendet wird, und
- Jugendliche

während jedes Zeitraums von 7 Tagen mindestens 2 Ruhetage, die nach Möglichkeit aufeinanderfolgen, erhalten.

Die Mindestruhezeit kann verkürzt werden, sofern technische oder organisatorische Gründe dies rechtfertigen; sie darf in keinem Fall weniger als 36 aufeinanderfolgende Stunden betragen.

Die in den Unterabsätzen 1 und 2 genannte Mindestruhezeit umfasst im Prinzip den Sonntag.

(3) Die Mitgliedstaaten können durch Rechtsvorschrift vorsehen, dass die in den Absätzen 1 und 2 genannten Mindestruhezeiten bei Tätigkeiten mit über den Tag verteilten oder kurzen Arbeitszeiten unterbrochen werden können.

(4) Die Mitgliedstaaten können durch Rechtsvorschrift in den nachstehend aufgeführten Fällen für Jugendliche Abweichungen von Absatz 1 Buchstabe b) und Absatz 2 zulassen, sofern dies durch objektive Gründe gerechtfertigt ist, den Jugendlichen angemessene Ausgleichsruhezeiten gewährt werden und die Ziele des Artikels 1 nicht in Frage gestellt werden:

a) Beschäftigung in der Schifffahrt oder in der Fischerei;

b) Beschäftigung in den Streitkräften oder in der Polizei;

c) Beschäftigung in Krankenhäusern oder ähnlichen Einrichtungen;

d) Beschäftigung in der Landwirtschaft;

e) Beschäftigung im Fremdenverkehr oder im Hotel- und Gaststättengewerbe;

f) Beschäftigung, bei der die Arbeitszeiten über den Tag verteilt sind.

Artikel 11
Jahresruhezeit

Die Mitgliedstaaten, die von der Möglichkeit des Artikels 4 Absatz 2 Buchstabe b) oder c) Gebrauch machen, tragen dafür Sorge, dass bei Kindern, die aufgrund der einzelstaatlichen Rechtsvorschriften der Vollzeitschulpflicht unterliegen, die Schulferien im Rahmen des Möglichen einen arbeitsfreien Zeitraum umfassen.

Artikel 12
Pausen

Die Mitgliedstaaten treffen die erforderlichen Maßnahmen, damit junge Menschen eine nach Möglichkeit zusammenhängende Ruhepause von mindestens 30 Minuten erhalten, wenn die tägliche Arbeitszeit mehr als viereinhalb Stunden beträgt.

Artikel 13
Jugendarbeit in Fällen höherer Gewalt

Die Mitgliedstaaten können durch Rechtsvorschrift für Arbeiten, die unter den in Artikel 5 Absatz 4 der Richtlinie 89/391/EWG genannten Bedingungen ausgeführt werden, Ausnahmen von Artikel 8 Absatz 2, Artikel 9 Absatz 1 Buchstabe b), Artikel 10 Absatz 1 Buchstabe b) sowie, im Fall von Jugendlichen, von Artikel 12 zulassen, sofern diese Arbeiten vorübergehend sind und keinen Aufschub dulden, keine erwachsenen Arbeitnehmer zur Verfügung stehen und den betroffenen Jugendlichen binnen drei Wochen entsprechende Ausgleichsruhezeiten gewährt werden.

Abschnitt IV

Artikel 14
Maßnahmen

Jeder Mitgliedstaat legt die erforderlichen Maßnahmen fest, die bei einem Verstoß gegen die zur Durchführung dieser Richtlinie erlassenen Bestimmungen zu ergreifen sind; diese Maßnahmen müssen wirksam und angemessen sein.

Artikel 15
Anpassung des Anhangs

Die rein technischen Anpassungen des Anhangs aufgrund des technischen Fortschritts, der Entwicklung der internationalen Vorschriften oder Spezifikationen oder des Wissensstandes in dem von dieser Richtlinie erfassten Bereich, erfolgen nach dem Verfahren des Artikels 17 der Richtlinie 89/391/EWG.

Artikel 16
Nichtrückschrittsklausel

Unbeschadet des Rechts der Mitgliedstaaten, aufgrund der Entwicklung der Lage unterschiedliche Vorschriften im Bereich des Jugendschutzes zu erlassen, sofern die in dieser Richtlinie vorgesehenen Mindestanforderungen eingehalten werden, darf die Umsetzung dieser Richtlinie keinen Rückschritt gegenüber dem in jedem Mitgliedstaat bestehenden allgemeinen Jugendschutzniveau bedeuten.

Artikel 17
Schlussbestimmungen

(1) a) Die Mitgliedstaaten erlassen die erforderlichen Rechts- und Verwaltungsvorschriften, um dieser Richtlinie spätestens am 22. Juni 1996 nachzukommen, bzw. vergewissern sich spätestens zu jenem Zeitpunkt, dass die Sozialpartner die notwendigen Vorschriften durch Vereinbarungen einführen, wobei die Mitgliedstaaten die notwendigen Maßnahmen zu treffen haben, um die dieser Richtlinie entsprechenden Ergebnisse jederzeit gewährleisten zu können.

b) Während eines Zeitraums von vier Jahren ab dem unter Buchstabe a) genannten Zeitpunkt kann das Vereinigte Königreich die Durchführung von Artikel 8 Absatz 1 Buchstabe b) Unterabsatz 1 hinsichtlich der Höchstdauer der Wochenarbeitszeit sowie von Artikel 8 Absatz 2 und von Artikel 9 Absatz 1 Buchstabe b) und Absatz 2 hinausschieben.

Die Kommission legt einen Bericht über die Auswirkungen dieser Bestimmung vor.

Der Rat entscheidet nach den im Vertrag vorgesehenen Bedingungen, ob der obengenannte Zeitraum verlängert wird.

c) Die Mitgliedstaaten setzen die Kommission unverzüglich davon in Kenntnis.

(2) Wenn die Mitgliedstaaten Vorschriften nach Absatz 1 erlassen, nehmen sie in den Vorschriften selbst oder durch einen Hinweis bei der amtlichen Veröffentlichung auf diese Richtlinie Bezug. Die Mitgliedstaaten regeln die Einzelheiten der Bezugnahme.

(3) Die Mitgliedstaaten teilen der Kommission den Wortlaut der wichtigsten innerstaatlichen Rechtsvorschriften mit, die sie in dem unter diese Richtlinie fallenden Bereich erlassen bzw. bereits erlassen haben.

Artikel 17a
Durchführungsbericht

Alle fünf Jahre legen die Mitgliedstaaten der Kommission einen Bericht über die praktische Durchführung dieser Richtlinie vor, und zwar in der Form eines gesonderten Kapitel des in Artikel 17a Absätze 1, 2 und 3 der Richtlinie 89/391/EWG vorgesehenen Gesamtberichts, der als Grundlage für die Bewertung dient, die von der Kommission gemäß Artikel 17a Absatz 4 jener Richtlinie durchzuführen ist.

Artikel 18

Diese Richtlinie ist an die Mitgliedstaaten gerichtet.

Anhang[6]
Nicht erschöpfende Liste der Agenzien, Verfahren und Arbeiten (Artikel 7 Absatz 2 Unterabsatz 2)

I.   Agenzien

1. Physikalische Agenzien
    a) Ionisierende Strahlungen;
    b) Arbeiten unter Überdruckbedingungen, beispielsweise in Senkkästen, bei Taucheinsätzen.

---

6 Anhang geändert mit Wirkung vom 25.3.2014 durch Richtlinie vom 26.2.2014 (ABl. Nr. L 65 S. 1).

2. Biologische Agenzien
   a) Biologische Agenzien der Risikogruppen 3 und 4 im Sinne von Artikel 2 Absatz 2 Nummern 3 und 4 der Richtlinie 2000/54/EG des Europäischen Parlaments und des Rates.

3. Chemische Agenzien
   a) Stoffe und Gemische, die die Kriterien für die Einstufung in eine oder mehrere der folgenden Gefahrenklassen und Gefahrenkategorien mit einem oder mehreren der folgenden Gefahrenhinweise gemäß der Verordnung (EG) Nr. 1272/2008 des Europäischen Parlaments und des Rates erfüllen:
      – akute Toxizität, Kategorie 1, 2 oder 3 (H300, H310, H330, H301, H311, H331);
      – Ätzwirkung auf die Haut, Kategorie 1A, 1B oder IC (H314);
      – entzündbare Gase, Kategorie 1 oder 2 (H220, H221);
      – entzündbare Aerosole, Kategorie 1 (H222);
      – entzündbare Flüssigkeiten, Kategorie 1 oder 2 (H224, H225);
      – explosive Stoffe, Kategorie unstabil, explosiv, oder explosive Stoffe der Unterklassen 1.1, 1.2, 1.3, 1.4, 1.5 (H200, H201, H202, H203, H204, H205);
      – selbstzersetzliche Stoffe und Gemische, Typ A, B, C oder D (H240, H241, H242);
      – organische Peroxide, Typ A oder B (H240, H241);
      – spezifische Zielorgan-Toxizität nach einmaliger Exposition, Kategorie 1 oder 2 (H370, H371);
      – spezifische Zielorgan-Toxizität nach wiederholter Exposition, Kategorie 1 oder 2 (H372, H373);
      – Sensibilisierung der Atemwege, Kategorie 1, Unterkategorie 1A oder 1B (H334);
      – Sensibilisierung der Haut, Kategorie 1, Unterkategorie 1A oder 1B (H317);
      – Karzinogenität, Kategorie 1A, 1B oder 2 (H350, H350i, H351);
      – Keimzellmutagenität, Kategorie 1A, 1B oder 2 (H340, H341);
      – Reproduktionstoxizität, Kategorie 1A oder 1B (H360, H360F, H360FD, H360Fd, H360D, H360Df).
   b), c) [aufgehoben]
   d) in Artikel 2 Buchstabe a Ziffer ii der Richtlinie 2004/37/EG des Europäischen Parlaments und des Rates aufgeführte Stoffe und Gemische;
   e) Blei und Bleiverbindungen, soweit diese Agenzien vom menschlichen Organismus aufgenommen werden können;
   f) Asbest.

II.   Verfahren und Arbeiten

1. Arbeitsverfahren gemäß Anhang I der Richtlinie 2004/37/EG.
2. Herstellung und Handhabung von Anlagen, Zündmitteln oder sonstigen, Explosionsstoffe enthaltenden Gegenständen.
3. Arbeiten in Tierschauen mit wilden oder giftigen Tieren.
4. Industrielle Schlachtung von Tieren.
5. Arbeiten, die mit der Handhabung von Geräten zur Herstellung, Lagerung oder Inbetriebnahme von Druckgas, Flüssiggas oder gelöstem Gas verbunden sind.
6. Arbeiten mit Behältern, Becken, Speicherbecken, Ballons oder Korbflaschen, die unter Abschnitt I Nummer 3 aufgeführte chemische Agenzien enthalten.
7. Arbeiten unter Einsturzgefahr.
8. Arbeiten, die mit Gefahren aufgrund von hohen elektrischen Spannungen verbunden sind.
9. Arbeiten, deren Takt durch Maschinen bestimmt wird und die nach Akkord bezahlt werden.

2. Verordnung über den Kinderarbeitsschutz (Kinderarbeitsschutzverordnung – KindArbSchV)

vom 23. Juni 1998 (BGBl. I 1508)

§ 1   Beschäftigungsverbot

Kinder über 13 Jahre und vollzeitschulpflichtige Jugendliche dürfen nicht beschäftigt werden, soweit nicht das Jugendarbeitsschutzgesetz und § 2 dieser Verordnung Ausnahmen vorsehen.

§ 2   Zulässige Beschäftigungen

(1) Kinder über 13 Jahre und vollzeitschulpflichtige Jugendliche dürfen nur beschäftigt werden

1. mit dem Austragen von Zeitungen, Zeitschriften, Anzeigenblättern und Werbeprospekten,
2. in privaten und landwirtschaftlichen Haushalten mit
   a) Tätigkeiten in Haushalt und Garten,
   b) Botengängen,
   c) der Betreuung von Kindern und anderen zum Haushalt gehörenden Personen,
   d) Nachhilfeunterricht,
   e) der Betreuung von Haustieren,
   f) Einkaufstätigkeiten mit Ausnahme des Einkaufs von alkoholischen Getränken und Tabakwaren,
3. in landwirtschaftlichen Betrieben mit Tätigkeiten bei
   a) der Ernte und der Feldbestellung,
   b) der Selbstvermarktung landwirtschaftlicher Erzeugnisse,
   c) der Versorgung von Tieren,
4. mit Handreichungen beim Sport,
5. mit Tätigkeiten bei nichtgewerblichen Aktionen und Veranstaltungen der Kirchen, Religionsgemeinschaften, Verbände, Vereine, Parteien,

wenn die Beschäftigung nach § 5 Abs. 3 des Jugendarbeitsschutzgesetzes leicht und für sie geeignet ist.

(2) Eine Beschäftigung mit Arbeiten nach Absatz 1 ist nicht leicht und für Kinder über 13 Jahre und vollzeitschulpflichtige Jugendliche nicht geeignet, wenn sie insbesondere

1. mit einer manuellen Handhabung von Lasten verbunden ist, die regelmäßig das maximale Lastgewicht von 7,5 kg oder gelegentlich das maximale Lastgewicht von 10 kg überschreiten; manuelle Handhabung in diesem Sinne ist jedes Befördern oder Abstützen einer Last durch menschliche Kraft, unter anderem das Heben, Absetzen, Schieben, Ziehen, Tragen und Bewegen einer Last,

2. infolge einer ungünstigen Körperhaltung physisch belastend ist oder

3. mit Unfallgefahren, insbesondere bei Arbeiten an Maschinen und bei der Betreuung von Tieren, verbunden ist, von denen anzunehmen ist, dass Kinder über 13 Jahre und vollzeitschulpflichtige Jugendliche sie wegen mangelnden Sicherheitsbewusstseins oder mangelnder Erfahrung nicht erkennen oder nicht abwenden können.

Satz 1 Nr. 1 gilt nicht für vollzeitschulpflichtige Jugendliche.

(3) Die zulässigen Beschäftigungen müssen im übrigen den Schutzvorschriften des Jugendarbeitsschutzgesetzes entsprechen.

§ 3   Behördliche Befugnisse

Die Aufsichtsbehörde kann im Einzelfall feststellen, ob die Beschäftigung nach § 2 zulässig ist.

§ 4   Inkrafttreten

Diese Verordnung tritt am ersten Tage des auf die Verkündung folgenden Kalendermonats in Kraft.

3. Verordnung über die ärztlichen Untersuchungen nach dem Jugendarbeitsschutzgesetz (Jugendarbeitsschutzuntersuchungsverordnung – JArbSchUV)

vom 16. Oktober 1990 (BGBl. I S. 2221)

§ 1   Durchführung der Untersuchungen

(1) Der Arzt, der einen Jugendlichen nach den §§ 32 bis 35 oder nach § 42 des Jugendarbeitsschutzgesetzes untersucht, hat unter Berücksichtigung der Krankheitsvorgeschichte des Jugendlichen auf Grund der Untersuchungen zu beurteilen, ob dessen Gesundheit und Entwicklung durch die Ausführung bestimmter Arbeiten oder durch die Beschäftigung während bestimmter Zeiten gefährdet wird, ob eine außerordentliche Nachuntersuchung oder eine Ergänzungsuntersuchung erforderlich ist oder ob besondere der Gesundheit dienende Maßnahmen nötig sind (§ 37 Jugendarbeitsschutzgesetz).

(2) Als Tag der Untersuchung (§ 32 Abs. 1 Nr. 1, § 33 Abs. 1 und § 34 Jugendarbeitsschutzgesetz) gilt der Tag der abschließenden Beurteilung.

§ 2   Untersuchungsberechtigungsschein

Die Kosten einer Untersuchung werden vom Land (§ 44 Jugendarbeitsschutzgesetz) nur erstattet, wenn der Arzt der Kostenforderung einen von der nach Landesrecht zuständigen Stelle ausgegebenen Untersuchungsberechtigungsschein beifügt.

§ 3   Erhebungsbogen

Zur Vorbereitung einer Untersuchung nach § 32 Abs. 1 des Jugendarbeitsschutzgesetzes (Erstuntersuchung) erhält der Jugendliche von der nach Landesrecht zuständigen Stelle einen Erhebungsbogen nach dem Muster der Anlage I in weißer Farbe, zur Vorbereitung einer Untersuchung nach § 33 Abs. 1, §§ 34, 35 Abs. 1 oder § 42 des Jugendarbeitsschutzgesetzes (Nachuntersuchung) einen Erhebungsbogen nach dem Muster der Anlage 1a in roter Farbe. Der Erhebungsbogen soll, vom Personensorgeberechtigten ausgefüllt und von diesem und dem Jugendlichen unterschrieben, dem Arzt bei der Untersuchung vorgelegt werden.

§ 4   Untersuchungsbogen

(1) Für die Aufzeichnung der Ergebnisse einer Erstuntersuchung hat der Arzt einen Untersuchungsbogen nach dem Muster der Anlage 2 in weißer Farbe, für die Aufzeichnung der Ergebnisse einer Nachuntersuchung einen Untersuchungsbogen nach dem Muster der Anlage 2a in roter Farbe zu verwenden.

(2) Der Arzt hat die Untersuchungsbogen 10 Jahre aufzubewahren.

§ 5   Ärztliche Mitteilung an den Personensorgeberechtigten

Für die ärztliche Mitteilung an den Personensorgeberechtigten nach § 39 Abs. 1 des Jugendarbeitsschutzgesetzes hat der Arzt bei einer Erstuntersuchung einen Vordruck nach dem Muster der Anlage 3 in weißer Farbe, bei einer Nachuntersuchung einen Vordruck nach dem Muster der Anlage 3a in roter Farbe zu verwenden.

§ 6   Ärztliche Bescheinigung für den Arbeitgeber

Für die ärztliche Bescheinigung für den Arbeitgeber nach § 39 Abs. 2 des Jugendarbeitsschutzgesetzes hat der Arzt bei einer Erstuntersuchung einen Vordruck nach dem Muster der Anlage 4 in weißer Farbe, bei einer Nachuntersuchung einen Vordruck nach dem Muster der Anlage 4a in roter Farbe zu verwenden.

§ 7   Berlin-Klausel

Diese Verordnung gilt nach § 14 des Dritten Überleitungsgesetzes in Verbindung mit § 71 des Jugendarbeitsschutzgesetzes auch im Land Berlin.

§ 8   Inkrafttreten, abgelöste Vorschrift

Diese Verordnung tritt am ersten Tage des auf die Verkündung folgenden vierten Kalendermonats in Kraft.[7] Gleichzeitig tritt die Verordnung über die ärztlichen Untersuchungen nach dem Jugendarbeitsschutzgesetz vom 2. Oktober 1961 (BGBl. I S. 1789), geändert durch Verordnung vom 5. September 1968 (BGBl. I S. 1013), außer Kraft.

---

7 Inkrafttreten: 1. Februar 1991. Die Vordrucke sind hier nicht abgedruckt.

4. Verordnung über Ausnahmen von Vorschriften des Jugendarbeitsschutzgesetzes für jugendliche Polizeivollzugsbeamte in der Bundespolizei (BGS-JArbSchV)

vom 11. November 1977 (BGBl. I S. 2071), zuletzt geändert durch Art. 59 zur Umbenennung des Bundesgrenzschutzes in Bundespolizei vom 21.6.2005 (BGBl. I S. 1818)

§ 1

Für jugendliche Polizeivollzugsbeamte in der Bundespolizei, die Verbänden oder Einheiten angehören, werden folgende Ausnahmen von den Vorschriften des Jugendarbeitsschutzgesetzes vom 12. April 1976 (BGBl. I S. 965) zugelassen, soweit dies erforderlich ist, um die Ausbildung sicherzustellen:

1. Die tägliche Arbeitszeit, die auch Zeiten einschließt, in denen die Jugendlichen nicht zur Arbeitsleistung herangezogen werden, darf bis zu zwölf Stunden betragen
   a) im ersten Ausbildungsjahr höchstens viermal im Monat, hiervon für die Ausbildung im Sicherungswachdienst höchstens dreimal im Monat, insgesamt jedoch nicht öfter als sechsunddreißigmal im Jahr,
   b) im zweiten Ausbildungsjahr höchstens sechsmal im Monat, hiervon für die Ausbildung im Sicherungswachdienst höchstens dreimal im Monat.

Die wöchentliche Arbeitszeit darf im ersten Ausbildungsjahr höchstens 48 Stunden, im zweiten Ausbildungsjahr höchstens 50 Stunden betragen.

2. Für den Aufenthalt in den Pausen können die Räume in der Unterkunft aufgesucht werden, soweit dies nicht wegen einer Ausbildung im Freien ausgeschlossen ist.

3. Die Schichtzeit darf betragen
   a) im ersten Ausbildungsjahr bis zu 14 Stunden höchstens viermal im Monat, hiervon für die Ausbildung im Sicherungswachdienst höchstens dreimal im Monat,
   b) im zweiten Ausbildungsjahr bis zu 16 Stunden höchstens sechsmal im Monat, hiervon für die Ausbildung im Sicherungswachdienst höchstens dreimal im Monat.

4. Die tägliche ununterbrochene Freizeit darf im Anschluss an die Ausbildung im Sicherungswachdienst und Bereitschaftsdienst im zweiten Ausbildungsjahr bis zu höchstens sechs Stunden eingeschränkt werden, jedoch nicht öfter als dreimal im Monat.

5. Eine Beschäftigung in der Nacht ist zulässig

    a) im ersten Ausbildungsjahr höchstens viermal im Monat, hiervon für die Ausbildung im Sicherungswachdienst höchstens dreimal im Monat, insgesamt jedoch nicht öfter als sechsunddreißigmal im Jahr, und für die Kraftfahrausbildung begrenzt auf die Zeit bis 24 Uhr,

    b) im zweiten Ausbildungsjahr höchstens sechsmal im Monat, hiervon für die Ausbildung im Sicherungswachdienst höchstens dreimal im Monat, insgesamt jedoch nicht öfter als achtundvierzigmal im Jahr.

    Im Anschluss an eine Ausbildung in der Nacht, ausgenommen eine Ausbildung im Sicherungswachdienst und Bereitschaftsdienst, ist eine ununterbrochene Freizeit von mindestens zwölf Stunden zu gewähren; die Freizeit beträgt mindestens vierundzwanzig Stunden, wenn diese Ausbildung nach 24 Uhr endet.

6. Die Ausbildung an mehr als fünf Tagen in der Woche ist höchstens einmal im Monat zulässig, jedoch im ersten Ausbildungsjahr nur für die Ausbildung im Sicherungswachdienst.

7. Die Ausbildung am Samstag und Sonntag ist jeweils höchstens einmal im Monat zulässig, jedoch im ersten Ausbildungsjahr nur für die Ausbildung im Sicherungswachdienst.

8. Die Ausbildung am 24. oder 31. Dezember –jeweils nach 14 Uhr – sowie an gesetzlichen Feiertagen ist im Sicherungswachdienst und Bereitschaftsdienst insgesamt höchstens zweimal im Jahr zulässig, jedoch im ersten Ausbildungsjahr nur für die Ausbildung im Sicherungswachdienst.

§ 2

Müssen aus zwingenden dienstlichen Gründen jugendliche Polizeivollzugsbeamte in der Bundespolizei, die die Grundausbildung beendet haben, zu Dienstleistungen herangezogen werden, weil auf Verbände und Einheiten mit ausschließlich volljährigen Polizeivollzugsbeamten nicht zurückgegriffen werden kann, so sind über den in § 1 genannten Umfang hinaus Ausnahmen von § 8 Abs. 1, § 11 Abs. 1 bis 4, §§ 12, 13 und 14 Abs. 1, §§ 15 bis 18 sowie 22 Abs. 1 Nr. 3 bis 5 des Jugendarbeitsschutzgesetzes zulässig, soweit dies erforderlich ist, um Aufgaben der Bundespolizei nach dem Ersten Abschnitt des Bundespolizeigesetzes zu erfüllen. Auf die Leistungsfähigkeit und den Ausbildungsstand der Jugendlichen ist besonders Rücksicht zu nehmen; die Heranziehung jugendlicher Polizeivollzugsbeamter zu solchen Dienstleistungen, die voraussichtlich mit besonderen Gefährdungen sowie mit außergewöhnlichen physischen oder psychischen Belastungen verbunden sind, ist nicht zulässig.

§ 3

Ausnahmen von den Vorschriften des Jugendarbeitsschutzgesetzes in dem in § 2 Satz 1 genannten Umfang sind auch für jugendliche Polizeivollzugsbeamte in der Bundespolizei während der Grundausbildung zulässig, wenn der Bundesminister des Innern unter den in § 2 Satz 1 genannten Voraussetzungen Dienstleistungen dieser Beamten bei Naturkatastrophen, besonders schweren Unglücksfällen oder in Fällen anderer Art, die die Kräfte der Polizei in außergewöhnlichem Maße in Anspruch nehmen, angeordnet hat. Auf die Leistungsfähigkeit und den Ausbildungsstand der Jugendlichen ist besonders Rücksicht zu nehmen; die Heranziehung jugendlicher Polizeivollzugsbeamter zu solchen Dienstleistungen, die voraussichtlich mit besonderen Gefährdungen sowie mit außergewöhnlichen physischen oder psychischen Belastungen verbunden sind, ist nicht zulässig.

§ 4

Mehrarbeit, die jugendliche Polizeivollzugsbeamte in der Bundespolizei in den Fällen der §§ 1 bis 3 über die Arbeitszeit nach § 8 Abs. 1 des Jugendarbeitsschutzgesetzes hinaus leisten, ist innerhalb von vier Wochen durch Dienstbefreiung auszugleichen.

§ 5

Diese Verordnung tritt am Tage nach der Verkündung[8] in Kraft.

---

8 Verkündung: 18.11.1977.

5.   Jugendschutzgesetz (JuSchG)

vom 23. Juli 2002 (BGBl. I S. 2730), zuletzt geändert durch Artikel 11 des
Gesetzes zur Auflösung der Bundesmonopolverwaltung für Branntwein
und zur Änderung weiterer Gesetze (Branntweinmonopolverwaltung-
Auflösungsgesetz) vom 10. 3. 2017 (BGBl. I S. 420)
– Auszug –

Abschnitt 1
Allgemeines

§ 1   Begriffsbestimmungen

(1) Im Sinne dieses Gesetzes
1.   sind Kinder Personen, die noch nicht 14 Jahre alt sind,
2.   sind Jugendliche Personen, die 14, aber noch nicht 18 Jahre alt sind,
3.   ist personensorgeberechtigte Person, wem allein oder gemeinsam mit
     einer anderen Person nach den Vorschriften des Bürgerlichen Gesetz-
     buchs die Personensorge zusteht,
4.   ist erziehungsbeauftragte Person, jede Person über 18 Jahren, soweit sie
     auf Dauer oder zeitweise aufgrund einer Vereinbarung mit der perso-
     nensorgeberechtigten Person Erziehungsaufgaben wahrnimmt oder so-
     weit sie ein Kind oder eine jugendliche Person im Rahmen der Ausbil-
     dung oder der Jugendhilfe betreut.
(2) Trägermedien im Sinne dieses Gesetzes sind Medien mit Texten, Bildern
oder Tönen auf gegenständlichen Trägern, die zur Weitergabe geeignet, zur
unmittelbaren Wahrnehmung bestimmt oder in einem Vorführ- oder Spiel-
gerät eingebaut sind. Dem gegenständlichen Verbreiten, Überlassen, Anbieten oder Zugänglichmachen von Trägermedien steht das elektronische Verbreiten, Überlassen, Anbieten oder Zugänglichmachen gleich, soweit es sich
nicht um Rundfunk im Sinne des § 2 des Rundfunkstaatsvertrages handelt.
(3) Telemedien im Sinne dieses Gesetzes sind Medien, die nach dem Tele-
mediengesetz übermittelt oder zugänglich gemacht werden. Als Übermitteln oder Zugänglichmachen im Sinne von Satz 1 gilt das Bereithalten eigener oder fremder Inhalte.
(4) Versandhandel im Sinne dieses Gesetzes ist jedes entgeltliche Geschäft,
das im Wege der Bestellung und Übersendung einer Ware durch Postversand
oder elektronischen Versand ohne persönlichen Kontakt zwischen Lieferant
und Besteller oder ohne dass durch technische oder sonstige Vorkehrungen

sichergestellt ist, dass kein Versand an Kinder und Jugendliche erfolgt, vollzogen wird.

(5) Die Vorschriften der §§ 2 bis 14 dieses Gesetzes gelten nicht für verheiratete Jugendliche.

§ 2   Prüfungs- und Nachweispflicht

(1) Soweit es nach diesem Gesetz auf die Begleitung durch eine erziehungsbeauftragte Person ankommt, haben die in § 1 Abs. 1 Nr. 4 genannten Personen ihre Berechtigung auf Verlangen darzulegen. Veranstalter und Gewerbetreibende haben in Zweifelsfällen die Berechtigung zu überprüfen.

(2) Personen, bei denen nach diesem Gesetz Altersgrenzen zu beachten sind, haben ihr Lebensalter auf Verlangen in geeigneter Weise nachzuweisen. Veranstalter und Gewerbetreibende haben in Zweifelsfällen das Lebensalter zu überprüfen.

§ 3   Bekanntmachung der Vorschriften

(1) Veranstalter und Gewerbetreibende haben die nach den §§ 4 bis 13 für ihre Betriebseinrichtungen und Veranstaltungen geltenden Vorschriften sowie bei öffentlichen Filmveranstaltungen die Alterseinstufung von Filmen oder die Anbieterkennzeichnung nach § 14 Abs. 7 durch deutlich sichtbaren und gut lesbaren Aushang bekannt zu machen.

(2) Zur Bekanntmachung der Alterseinstufung von Filmen und von Film- und Spielprogrammen dürfen Veranstalter und Gewerbetreibende nur die in § 14 Abs. 2 genannten Kennzeichnungen verwenden. Wer einen Film für öffentliche Filmveranstaltungen weitergibt, ist verpflichtet, den Veranstalter bei der Weitergabe auf die Alterseinstufung oder die Anbieterkennzeichnung nach § 14 Abs. 7 hinzuweisen. Für Filme, Film- und Spielprogramme, die nach § 14 Abs. 2 von der obersten Landesbehörde oder einer Organisation der freiwilligen Selbstkontrolle im Rahmen des Verfahrens nach § 14 Abs. 6 gekennzeichnet sind, darf bei der Ankündigung oder Werbung weder auf jugendbeeinträchtigende Inhalte hingewiesen werden noch darf die Ankündigung oder Werbung in jugendbeeinträchtigender Weise erfolgen.

Abschnitt 2
Jugendschutz in der Öffentlichkeit

§ 4   Gaststätten

(1) Der Aufenthalt in Gaststätten darf Kindern und Jugendlichen unter 16 Jahren nur gestattet werden, wenn eine personensorgeberechtigte oder erziehungsbeauftragte Person sie begleitet oder wenn sie in der Zeit zwischen 5 Uhr und 23 Uhr eine Mahlzeit oder ein Getränk einnehmen. Jugendlichen ab 16 Jahren darf der Aufenthalt in Gaststätten ohne Begleitung einer personensorgeberechtigten oder erziehungsbeauftragten Person in der Zeit von 24 Uhr und 5 Uhr morgens nicht gestattet werden.

(2) Absatz 1 gilt nicht, wenn Kinder oder Jugendliche an einer Veranstaltung eines anerkannten Trägers der Jugendhilfe teilnehmen oder sich auf Reisen befinden.

(3) Der Aufenthalt in Gaststätten, die als Nachtbar oder Nachtclub geführt werden, und in vergleichbaren Vergnügungsbetrieben darf Kindern und Jugendlichen nicht gestattet werden.

(4) Die zuständige Behörde kann Ausnahmen von Absatz 1 genehmigen.

§ 5   Tanzveranstaltungen

(1) Die Anwesenheit bei öffentlichen Tanzveranstaltungen ohne Begleitung einer personensorgeberechtigten oder erziehungsbeauftragten Person darf Kindern und Jugendlichen unter 16 Jahren nicht und Jugendlichen ab 16 Jahren längstens bis 24 Uhr gestattet werden.

(2) Abweichend von Absatz 1 darf die Anwesenheit Kindern bis 22 Uhr und Jugendlichen unter 16 Jahren bis 24 Uhr gestattet werden, wenn die Tanzveranstaltung von einem anerkannten Träger der Jugendhilfe durchgeführt wird oder der künstlerischen Betätigung oder der Brauchtumspflege dient.

(3) Die zuständige Behörde kann Ausnahmen genehmigen.

§ 6   Spielhallen, Glücksspiele

(1) Die Anwesenheit in öffentlichen Spielhallen oder ähnlichen vorwiegend dem Spielbetrieb dienenden Räumen darf Kindern und Jugendlichen nicht gestattet werden.

(2) Die Teilnahme an Spielen mit Gewinnmöglichkeit in der Öffentlichkeit darf Kindern und Jugendlichen nur auf Volksfesten, Schützenfesten, Jahrmärkten, Spezialmärkten oder ähnlichen Veranstaltungen und nur unter der Voraussetzung gestattet werden, dass der Gewinn in Waren von geringem Wert besteht.

§ 7 Jugendgefährdende Veranstaltungen und Betriebe

Geht von einer öffentlichen Veranstaltung oder einem Gewerbebetrieb eine Gefährdung für das körperliche, geistige oder seelische Wohl von Kindern oder Jugendlichen aus, so kann die zuständige Behörde anordnen, dass der Veranstalter oder Gewerbetreibende Kindern und Jugendlichen die Anwesenheit nicht gestatten darf. Die Anordnung kann Altersbegrenzungen, Zeitbegrenzungen oder andere Auflagen enthalten, wenn dadurch die Gefährdung ausgeschlossen oder wesentlich gemindert wird.

§ 8 Jugendgefährdende Orte

Hält sich ein Kind oder eine jugendliche Person an einem Ort auf, an dem ihm oder ihr eine unmittelbare Gefahr für das körperliche, geistige oder seelische Wohl droht, so hat die zuständige Behörde oder Stelle die zur Abwendung der Gefahr erforderlichen Maßnahmen zu treffen. Wenn nötig, hat sie das Kind oder die jugendliche Person

1. zum Verlassen des Ortes anzuhalten,
2. der erziehungsberechtigten Person im Sinne des § 7 Abs. 1 Nr. 6 des Achten Buches Sozialgesetzbuch zuzuführen oder, wenn keine er- ziehungsberechtigte Person erreichbar ist, in die Obhut des Jugendamtes zu bringen.

In schwierigen Fällen hat die zuständige Behörde oder Stelle das Jugendamt über den jugendgefährdenden Ort zu unterrichten.

§ 9 Alkoholische Getränke

(1) In Gaststätten, Verkaufsstellen oder sonst in der Öffentlichkeit dürfen

1. Bier, Wein, weinähnliche Getränke oder Schaumwein oder Mischungen von Bier, Wein, weinähnlichen Getränken oder Schaumwein mit nichtalkoholischen Getränken an Kinder und Jugendliche unter 16 Jahren,
2. andere alkoholische Getränke oder Lebensmittel, die andere alkoholische Getränke in nicht nur geringfügiger Menge enthalten, an Kinder und Jugendliche

weder abgegeben noch darf ihnen der Verzehr gestattet werden.

(2) Absatz 1 Nummer 1 gilt nicht, wenn Jugendliche von einer personensorgeberechtigten Person begleitet werden.

(3) In der Öffentlichkeit dürfen alkoholische Getränke nicht in Automaten angeboten werden. Dies gilt nicht, wenn ein Automat

1. an einem für Kinder und Jugendliche unzugänglichen Ort aufgestellt ist oder

2. in einem gewerblich genutzten Raum aufgestellt und durch technische Vorrichtungen oder durch ständige Aufsicht sichergestellt ist, dass Kinder und Jugendliche alkoholische Getränke nicht entnehmen können.

§ 20 Nr. 1 des Gaststättengesetzes bleibt unberührt.

(4) Alkoholhaltige Süßgetränke im Sinne des § 1 Abs. 2 und 3 des Alkopopsteuergesetzes dürfen gewerbsmäßig nur mit dem Hinweis »Abgabe an Personen unter 18 Jahren verboten, § 9 Jugendschutzgesetz« in den Verkehr gebracht werden. Dieser Hinweis ist auf der Fertigpackung in der gleichen Schriftart und in der gleichen Größe und Farbe wie die Marken- oder Phantasienamen oder, soweit nicht vorhanden, wie die Verkehrsbezeichnung zu halten und bei Flaschen auf dem Frontetikett anzubringen.

§ 10   Rauchen in der Öffentlichkeit, Tabakwaren

(1) In Gaststätten, Verkaufsstellen oder sonst in der Öffentlichkeit dürfen Tabakwaren und andere nikotinhaltige Erzeugnisse und deren Behältnisse an Kinder oder Jugendliche weder abgegeben noch darf ihnen das Rauchen oder der Konsum nikotinhaltiger Produkte gestattet werden.

(2) In der Öffentlichkeit dürfen Tabakwaren und andere nikotinhaltige Erzeugnisse und deren Behältnisse nicht in Automaten angeboten werden. Dies gilt nicht, wenn ein Automat

1. an einem Kindern und Jugendlichen unzugänglichen Ort aufgestellt ist oder

2. durch technische Vorrichtungen oder durch ständige Aufsicht sichergestellt ist, dass Kinder und Jugendliche Tabakwaren und andere nikotinhaltige Erzeugnisse und deren Behältnisse nicht entnehmen können.

(3) Tabakwaren und andere nikotinhaltige Erzeugnisse und deren Behältnisse dürfen Kindern und Jugendlichen weder im Versandhandel angeboten noch an Kinder und Jugendliche im Wege des Versandhandels abgegeben werden.

(4) Die Absätze 1 bis 3 gelten auch für nikotinfreie Erzeugnisse, wie elektronische Zigaretten oder elektronische Shishas, in denen Flüssigkeit durch ein elektronisches Heizelement verdampft und die entstehenden Aerosole mit dem Mund eingeatmet werden, sowie für deren Behältnisse.

Abschnitt 3
Jugendschutz im Bereich der Medien

Unterabschnitt 1
Trägermedien

§ 11 Filmveranstaltungen

(1) Die Anwesenheit bei öffentlichen Filmveranstaltungen darf Kindern und Jugendlichen nur gestattet werden, wenn die Filme von der obersten Landesbehörde oder einer Organisation der freiwilligen Selbstkontrolle im Rahmen des Verfahrens nach § 14 Abs. 6 zur Vorführung vor ihnen freigegeben worden sind oder wenn es sich um Informations-, Instruktions- und Lehrfilme handelt, die vom Anbieter mit »Infoprogramm« oder »Lehrprogramm« gekennzeichnet sind.

(2) Abweichend von Absatz 1 darf die Anwesenheit bei öffentlichen Filmveranstaltungen mit Filmen, die für Kinder und Jugendliche ab zwölf Jahren freigegeben und gekennzeichnet sind, auch Kindern ab sechs Jahren gestattet werden, wenn sie von einer personensorgeberechtigten Person begleitet sind.

(3) Unbeschadet der Voraussetzungen des Absatzes 1 darf die Anwesenheit bei öffentlichen Filmveranstaltungen nur mit Begleitung einer personensorgeberechtigten oder erziehungsbeauftragten Person gestattet werden

1. Kindern unter sechs Jahren,
2. Kindern ab sechs Jahren, wenn die Vorführung nach 20 Uhr beendet ist,
3. Jugendlichen unter 16 Jahren, wenn die Vorführung nach 22 Uhr beendet ist,
4. Jugendlichen ab 16 Jahren, wenn die Vorführung nach 24 Uhr beendet ist.

(4) Die Absätze 1 bis 3 gelten für die öffentliche Vorführung von Filmen unabhängig von der Art der Aufzeichnung und Wiedergabe. Sie gelten auch für Werbevorspanne und Beiprogramme. Sie gelten nicht für Filme, die zu nichtgewerblichen Zwecken hergestellt werden, solange die Filme nicht gewerblich genutzt werden.

(5) Werbefilme oder Werbeprogramme, die für Tabakwaren oder alkoholische Getränke werben, dürfen unbeschadet der Voraussetzungen der Absätze 1 bis 4 nur nach 18 Uhr vorgeführt werden.

§ 12 Bildträger mit Filmen oder Spielen

(1) Bespielte Videokassetten und andere zur Weitergabe geeignete, für die Wiedergabe auf oder das Spiel an Bildschirmgeräten mit Filmen oder Spielen programmierte Datenträger (Bildträger) dürfen einem Kind oder einer

jugendlichen Person in der Öffentlichkeit nur zugänglich gemacht werden, wenn die Programme von der obersten Landesbehörde oder einer Organisation der freiwilligen Selbstkontrolle im Rahmen des Verfahrens nach § 14 Abs. 6 für ihre Altersstufe freigegeben und gekennzeichnet worden sind oder wenn es sich um Informations-, Instruktions- und Lehrprogramme handelt, die vom Anbieter mit »Infoprogramm« oder »Lehrprogramm« gekennzeichnet sind.

(2) Auf die Kennzeichnungen nach Absatz 1 ist auf dem Bildträger und der Hülle mit einem deutlich sichtbaren Zeichen hinzuweisen. Das Zeichen ist auf der Frontseite der Hülle links unten auf einer Fläche von mindestens 1200 Quadratmillimetern und dem Bildträger auf einer Fläche von mindestens 250 Quadratmillimetern anzubringen. Die oberste Landesbehörde kann

1. Näheres über Inhalt, Größe, Form, Farbe und Anbringung der Zeichen anordnen und

2. Ausnahmen für die Anbringung auf dem Bildträger oder der Hülle genehmigen.

Anbieter von Telemedien, die Filme, Film- und Spielprogramme verbreiten, müssen auf eine vorhandene Kennzeichnung in ihrem Angebot deutlich hinweisen.

(3) Bildträger, die nicht oder mit »Keine Jugendfreigabe« nach § 14 Abs. 2 von der obersten Landesbehörde oder einer Organisation der freiwilligen Selbstkontrolle im Rahmen des Verfahrens nach § 14 Abs. 6 oder nach § 14 Abs. 7 vom Anbieter gekennzeichnet sind, dürfen

1. einem Kind oder einer jugendlichen Person nicht angeboten, überlassen oder sonst zugänglich gemacht werden,

2. nicht im Einzelhandel außerhalb von Geschäftsräumen, in Kiosken oder anderen Verkaufsstellen, die Kunden nicht zu betreten pflegen, oder im Versandhandel angeboten oder überlassen werden.

(4) Automaten zur Abgabe bespielter Bildträger dürfen

1. auf Kindern oder Jugendlichen zugänglichen öffentlichen Verkehrsflächen,

2. außerhalb von gewerblich oder in sonstiger Weise beruflich oder geschäftlich genutzten Räumen oder

3. in deren unbeaufsichtigten Zugängen, Vorräumen oder Fluren nur aufgestellt werden, wenn ausschließlich nach § 14 Abs. 2 Nr. 1 bis 4 gekennzeichnete Bildträger angeboten werden und durch technische Vorkehrungen gesichert ist, dass sie von Kindern und Jugendlichen, für deren Altersgruppe ihre Programme nicht nach § 14 Abs. 2 Nr. 1 bis 4 freigeben sind, nicht bedient werden können.

(5) Bildträger, die Auszüge von Film- und Spielprogrammen enthalten, dürfen abweichend von den Absätzen 1 und 3 im Verbund mit periodischen Druckschriften nur vertrieben werden, wenn sie mit einem Hinweis des An-

bieters versehen sind, der deutlich macht, dass eine Organisation der freiwilligen Selbstkontrolle festgestellt hat, dass diese Auszüge keine Jugendbeeinträchtigungen enthalten. Der Hinweis ist sowohl auf der periodischen Druckschrift als auch auf dem Bildträger vor dem Vertrieb mit einem deutlich sichtbaren Zeichen anzubringen. Absatz 2 Satz 1 bis 3 gilt entsprechend. Die Berechtigung nach Satz 1 kann die oberste Landesbehörde für einzelne Anbieter ausschließen.

§ 13 Bildschirmspielgeräte

(1) Das Spielen an elektronischen Bildschirmspielgeräten ohne Gewinnmöglichkeit, die öffentlich aufgestellt sind, darf Kindern und Jugendlichen ohne Begleitung einer personensorgeberechtigten oder erziehungsbeauftragten Person nur gestattet werden, wenn die Programme von der obersten Landesbehörde oder einer Organisation der freiwilligen Selbstkontrolle im Rahmen des Verfahrens nach § 14 Abs. 6 für ihre Altersstufe freigegeben und gekennzeichnet worden sind oder wenn es sich um Informations-, Instruktions- oder Lehrprogramme handelt, die vom Anbieter mit »Infoprogramm« oder »Lehrprogramm« gekennzeichnet sind.

(2) Elektronische Bildschirmspielgeräte dürfen

1. auf Kindern oder Jugendlichen zugänglichen öffentlichen Verkehrsflächen,
2. außerhalb von gewerblich oder in sonstiger Weise beruflich oder geschäftlich genutzten Räumen oder
3. in deren unbeaufsichtigten Zugängen, Vorräumen oder Fluren nur aufgestellt werden, wenn ihre Programme für Kinder ab sechs Jahren freigegeben und gekennzeichnet oder nach § 14 Abs. 7 mit »Infoprogramm« oder »Lehrprogramm« gekennzeichnet sind.

(3) Auf das Anbringen der Kennzeichnungen auf Bildschirmspielgeräten findet § 12 Abs. 2 Satz 1 bis 3 entsprechende Anwendung.

§ 14   Kennzeichnung von Filmen und Film- und Spielprogrammen

(1) Filme sowie Film- und Spielprogramme, die geeignet sind, die Entwicklung von Kindern und Jugendlichen oder ihre Erziehung zu einer eigenverantwortlichen und gemeinschaftsfähigen Persönlichkeit zu beeinträchtigen, dürfen nicht für ihre Altersstufe freigegeben werden.

(2) Die oberste Landesbehörde oder eine Organisation der freiwilligen Selbstkontrolle im Rahmen des Verfahrens nach Absatz 6 kennzeichnet die Filme und die Film- und Spielprogramme mit

1. »Freigegeben ohne Altersbeschränkung«,
2. »Freigegeben ab sechs Jahren«,
3. »Freigegeben ab zwölf Jahren«,

4. »Freigegeben ab sechzehn Jahren«,

5. »Keine Jugendfreigabe«.

(3) Hat ein Trägermedium nach Einschätzung der obersten Landesbehörde oder einer Organisation der freiwilligen Selbstkontrolle im Rahmen des Verfahrens nach Absatz 6 einen der in § 15 Abs. 2 Nr. 1 bis 5 bezeichneten Inhalte oder ist es in die Liste nach § 18 aufgenommen, wird es nicht gekennzeichnet. Die oberste Landesbehörde hat Tatsachen, die auf einen Verstoß gegen § 15 Abs. 1 schließen lassen, der zuständigen Strafverfolgungsbehörde mitzuteilen.

(4) Ist ein Programm für Bildträger oder Bildschirmspielgeräte mit einem in die Liste nach § 18 aufgenommenen Trägermedium ganz oder im Wesentlichen inhaltsgleich, wird es nicht gekennzeichnet. Das Gleiche gilt, wenn die Voraussetzungen für eine Aufnahme in die Liste vorliegen. In Zweifelsfällen führt die oberste Landesbehörde oder eine Organisation der freiwilligen Selbstkontrolle im Rahmen des Verfahrens nach Absatz 6 eine Entscheidung der Bundesprüfstelle für jugendgefährdende Medien herbei.

(5) Die Kennzeichnungen von Filmprogrammen für Bildträger und Bildschirmspielgeräte gelten auch für die Vorführung in öffentlichen Filmveranstaltungen und für die dafür bestimmten, inhaltsgleichen Filme. Die Kennzeichnungen von Filmen für öffentliche Filmveranstaltungen können auf inhaltsgleiche Filmprogramme für Bildträger und Bildschirmspielgeräte übertragen werden; Absatz 4 gilt entsprechend.

(6) Die obersten Landesbehörden können ein gemeinsames Verfahren für die Freigabe und Kennzeichnung der Filme sowie Film- und Spielprogramme auf der Grundlage der Ergebnisse der Prüfung durch von Verbänden der Wirtschaft getragene oder unterstützte Organisationen freiwilliger Selbstkontrolle vereinbaren. Im Rahmen dieser Vereinbarung kann bestimmt werden, dass die Freigaben und Kennzeichnungen durch eine Organisation der freiwilligen Selbstkontrolle Freigaben und Kennzeichnungen der obersten Landesbehörden aller Länder sind, soweit nicht eine oberste Landesbehörde für ihren Bereich eine abweichende Entscheidung trifft.

(7) Filme, Film- und Spielprogramme zu Informations-, Instruktions- oder Lehrzwecken dürfen vom Anbieter mit »Infoprogramm« oder »Lehrprogramm« nur gekennzeichnet werden, wenn sie offensichtlich nicht die Entwicklung oder Erziehung von Kindern und Jugendlichen beeinträchtigen. Die Absätze 1 bis 5 finden keine Anwendung. Die oberste Landesbehörde kann das Recht zur Anbieterkennzeichnung für einzelne Anbieter oder für besondere Film- und Spielprogramme ausschließen und durch den Anbieter vorgenommene Kennzeichnungen aufheben.

(8) Enthalten Filme, Bildträger oder Bildschirmspielgeräte neben den zu kennzeichnenden Film- oder Spielprogrammen Titel, Zusätze oder weitere Darstellungen in Texten, Bildern oder Tönen, bei denen in Betracht kommt, dass sie die Entwicklung oder Erziehung von Kindern oder Jugendlichen be-

einträchtigen, so sind diese bei der Entscheidung über die Kennzeichnung mit zu berücksichtigen.

§ 15   Jugendgefährdende Trägermedien

(1) Trägermedien, deren Aufnahme in die Liste jugendgefährdender Medien nach § 24 Abs. 3 Satz 1 bekannt gemacht ist, dürfen nicht

1. einem Kind oder einer jugendlichen Person angeboten, überlassen oder sonst zugänglich gemacht werden,

2. an einem Ort, der Kindern oder Jugendlichen zugänglich ist oder von ihnen eingesehen werden kann, ausgestellt, angeschlagen, vorgeführt oder sonst zugänglich gemacht werden,

3. im Einzelhandel außerhalb von Geschäftsräumen, in Kiosken oder anderen Verkaufsstellen, die Kunden nicht zu betreten pflegen, im Versandhandel oder in gewerblichen Leihbüchereien oder Lesezirkeln einer anderen Person angeboten oder überlassen werden,

4. im Wege gewerblicher Vermietung oder vergleichbarer gewerblicher Gewährung des Gebrauchs, ausgenommen in Ladengeschäften, die Kindern und Jugendlichen nicht zugänglich sind und von ihnen nicht eingesehen werden können, einer anderen Person angeboten oder überlassen werden,

5. im Wege des Versandhandels eingeführt werden,

6. öffentlich an einem Ort, der Kindern oder Jugendlichen zugänglich ist oder von ihnen eingesehen werden kann, oder durch Verbreiten von Träger- oder Telemedien außerhalb des Geschäftsverkehrs mit dem einschlägigen Handel angeboten, angekündigt oder angepriesen werden,

7. hergestellt, bezogen, geliefert, vorrätig gehalten oder eingeführt werden, um sie oder aus ihnen gewonnene Stücke im Sinne der Nummern 1 bis 6 zu verwenden oder einer anderen Person eine solche Verwendung zu ermöglichen.

(2) Den Beschränkungen des Absatzes 1 unterliegen, ohne dass es einer Aufnahme in die Liste und einer Bekanntmachung bedarf, schwer jugendgefährdende Trägermedien, die

1. einen der in § 86, § 130, § 130a, § 131, § 184, § 184a, 184b oder § 184c des Strafgesetzbuches bezeichneten Inhalte haben,

2. den Krieg verherrlichen,

3. Menschen, die sterben oder schweren körperlichen oder seelischen Leiden ausgesetzt sind oder waren, in einer die Menschenwürde verletzenden Weise darstellen und ein tatsächliches Geschehen wiedergeben, ohne dass ein überwiegendes berechtigtes Interesse gerade an dieser Form der Berichterstattung vorliegt,

3a. besonders realistische, grausame und reißerische Darstellungen selbstzweckhafter Gewalt beinhalten, die das Geschehen beherrschen,

4. Kinder oder Jugendliche in unnatürlicher, geschlechtsbetonter Körperhaltung darstellen oder

5. offensichtlich geeignet sind, die Entwicklung von Kindern oder Jugendlichen oder ihre Erziehung zu einer eigenverantwortlichen und gemeinschaftsfähigen Persönlichkeit schwer zu gefährden.

(3) Den Beschränkungen des Absatzes 1 unterliegen auch, ohne dass es einer Aufnahme in die Liste und einer Bekanntmachung bedarf, Trägermedien, die mit einem Trägermedium, dessen Aufnahme in die Liste bekannt gemacht ist, ganz oder im Wesentlichen inhaltsgleich sind.

(4) Die Liste der jugendgefährdenden Medien darf nicht zum Zweck der geschäftlichen Werbung abgedruckt oder veröffentlicht werden.

(5) Bei geschäftlicher Werbung darf nicht darauf hingewiesen werden, dass ein Verfahren zur Aufnahme des Trägermediums oder eines inhaltsgleichen Telemediums in die Liste anhängig ist oder gewesen ist.

(6) Soweit die Lieferung erfolgen darf, haben Gewerbetreibende vor Abgabe an den Handel die Händler auf die Vertriebsbeschränkungen des Absatzes 1 Nr. 1 bis 6 hinzuweisen.

Unterabschnitt 2
Telemedien

§ 16   Sonderregelung für Telemedien

Regelungen zu Telemedien, die in die Liste jugendgefährdender Medien nach § 18 aufgenommen sind, bleiben Landesrecht Vorbehalten.

...

6. Berufsbildungsgesetz (BBiG)

vom 23. März 2005 (BGBl. I S. 931), zuletzt geändert durch Artikel 14 des
Gesetzes vom 17.7.2017 (BGBl. I S. 2581)
– Auszug –

Teil 1
Allgemeine Vorschriften

§ 1   Ziele und Begriffe der Berufsbildung

(1) Berufsbildung im Sinne dieses Gesetzes sind die Berufsausbildungsvorbereitung, die Berufsausbildung, die berufliche Fortbildung und die berufliche Umschulung.

(2) Die Berufsausbildungsvorbereitung dient dem Ziel, durch die Vermittlung von Grundlagen für den Erwerb beruflicher Handlungsfähigkeit an
eine Berufsausbildung in einem anerkannten Ausbildungsberuf heranzu-
führen.

(3) Die Berufsausbildung hat die für die Ausübung einer qualifizierten beruflichen Tätigkeit in einer sich wandelnden Arbeitswelt notwendigen beruflichen Fertigkeiten, Kenntnisse und Fähigkeiten (berufliche Handlungsfähigkeit) in einem geordneten Ausbildungsgang zu vermitteln. Sie hat ferner den Erwerb der erforderlichen Berufserfahrungen zu ermöglichen.

(4) Die berufliche Fortbildung soll es ermöglichen, die berufliche Handlungsfähigkeit zu erhalten und anzupassen oder zu erweitern und beruflich
aufzusteigen.

(5) Die berufliche Umschulung soll zu einer anderen beruflichen Tätigkeit
befähigen.

§ 2   Lernorte der Berufsbildung

(1) Berufsbildung wird durchgeführt
1. in Betrieben der Wirtschaft, in vergleichbaren Einrichtungen außerhalb
   der Wirtschaft, insbesondere des öffentlichen Dienstes, der Angehörigen freier Berufe und in Haushalten (betriebliche Berufsbildung),
2. in berufsbildenden Schulen (schulische Berufsbildung) und
3. in sonstigen Berufsbildungseinrichtungen außerhalb der schulischen
   und betrieblichen Berufsbildung (außerbetriebliche Berufsbildung).

(2) Die Lernorte nach Absatz 1 wirken bei der Durchführung der Berufsbildung zusammen (Lernortkooperation).

(3) Teile der Berufsausbildung können im Ausland durchgeführt werden, wenn dies dem Ausbildungsziel dient. Ihre Gesamtdauer soll ein Viertel der in der Ausbildungsordnung festgelegten Ausbildungsdauer nicht überschreiten.

§ 3   Anwendungsbereich

(1) Dieses Gesetz gilt für die Berufsbildung, soweit sie nicht in berufsbildenden Schulen durchgeführt wird, die den Schulgesetzen der Länder unterstehen.

(2) Dieses Gesetz gilt nicht für

1. die Berufsbildung, die in berufsqualifizierenden oder vergleichbaren Studiengängen an Hochschulen auf der Grundlage des Hochschulrahmengesetzes und der Hochschulgesetze der Länder durchgeführt wird,
2. die Berufsbildung in einem öffentlich-rechtlichen Dienstverhältnis,
3. die Berufsbildung auf Kauffahrteischiffen, die nach dem Flaggenrechtsgesetz die Bundesflagge führen, soweit es sich nicht um Schiffe der kleinen Hochseefischerei oder der Küstenfischerei handelt.

(3) Für die Berufsbildung in Berufen der Handwerksordnung gelten die §§ 4 bis 9, 27 bis 49, 53 bis 70, 76 bis 80 sowie 102 nicht; insoweit gilt die Handwerksordnung.

Teil 2
Berufsbildung

Kapitel 1
Berufsausbildung

Abschnitt 1
Ordnung der Berufsausbildung;
Anerkennung von Ausbildungsberufen

§ 4   Anerkennung von Ausbildungsberufen

(1) Als Grundlage für eine geordnete und einheitliche Berufsausbildung kann das Bundesministerium für Wirtschaft und Energie oder das sonst zuständige Fachministerium im Einvernehmen mit dem Bundesministerium für Bildung und Forschung durch Rechtsverordnung, die nicht der Zustimmung des Bundesrates bedarf, Ausbildungsberufe staatlich anerkennen und hierfür Ausbildungsordnungen nach § 5 erlassen.

(2) Für einen anerkannten Ausbildungsberuf darf nur nach der Ausbildungsordnung ausgebildet werden.

(3) In anderen als anerkannten Ausbildungsberufen dürfen Jugendliche unter 18 Jahren nicht ausgebildet werden, soweit die Berufsausbildung nicht auf den Besuch weiterführender Bildungsgänge vorbereitet.

(4) Wird die Ausbildungsordnung eines Ausbildungsberufes aufgehoben, so gelten für bestehende Berufsausbildungsverhältnisse die bisherigen Vorschriften.

(5) Das zuständige Fachministerium informiert die Länder frühzeitig über Neuordnungskonzepte und bezieht sie in die Abstimmung ein.

§ 5   Ausbildungsordnung

(1) Die Ausbildungsordnung hat festzulegen

1. die Bezeichnung des Ausbildungsberufes, der anerkannt wird,
2. die Ausbildungsdauer; sie soll nicht mehr als drei und nicht weniger als zwei Jahre betragen,
3. die beruflichen Fertigkeiten, Kenntnisse und Fähigkeiten, die mindestens Gegenstand der Berufsausbildung sind (Ausbildungsberufsbild),
4. eine Anleitung zur sachlichen und zeitlichen Gliederung der Vermittlung der beruflichen Fertigkeiten, Kenntnisse und Fähigkeiten (Ausbildungsrahmenplan),
5. die Prüfungsanforderungen.

(2) Die Ausbildungsordnung kann vorsehen,

1. dass die Berufsausbildung in sachlich und zeitlich besonders gegliederten, aufeinander aufbauenden Stufen erfolgt; nach den einzelnen Stufen soll ein Ausbildungsabschluss vorgesehen werden, der sowohl zu einer qualifizierten beruflichen Tätigkeit im Sinne des § 1 Abs. 3 befähigt als auch die Fortsetzung der Berufsausbildung in weiteren Stufen ermöglicht (Stufenausbildung),
2. dass die Abschlussprüfung in zwei zeitlich auseinander fallenden Teilen durchgeführt wird,
3. dass abweichend von § 4 Abs. 4 die Berufsausbildung in diesem Ausbildungsberuf unter Anrechnung der bereits zurückgelegten Ausbildungszeit fortgesetzt werden kann, wenn die Vertragsparteien dies vereinbaren,
4. dass auf die durch die Ausbildungsordnung geregelte Berufsausbildung eine andere, einschlägige Berufsausbildung unter Berücksichtigung der hierbei erworbenen beruflichen Fertigkeiten, Kenntnisse und Fähigkeiten angerechnet werden kann,
5. dass über das in Absatz 1 Nr. 1 beschriebene Ausbildungsberufsbild hinaus zusätzliche berufliche Fertigkeiten, Kenntnisse und Fähigkeiten

vermittelt werden können, die die berufliche Handlungsfähigkeit ergänzen oder erweitern,

6. dass Teile der Berufsausbildung in geeigneten Einrichtungen außerhalb der Ausbildungsstätte durchgeführt werden, wenn und soweit es die Berufsausbildung erfordert (überbetriebliche Berufsausbildung).

Im Rahmen der Ordnungsverfahren soll stets geprüft werden, ob Regelungen nach Nummer 1, 2 und 4 sinnvoll und möglich sind.

§ 6   Erprobung neuer Ausbildungsberufe, Ausbildungs- und Prüfungsformen

Zur Entwicklung und Erprobung neuer Ausbildungsberufe sowie Ausbildungs- und Prüfungsformen kann das Bundesministerium für Wirtschaft und Energie oder das sonst zuständige Fachministerium im Einvernehmen mit dem Bundesministerium für Bildung und Forschung nach Anhörung des Hauptausschusses des Bundesinstituts für Berufsbildung durch Rechtsverordnung, die nicht der Zustimmung des Bundesrates bedarf, Ausnahmen von § 4 Abs. 2 und 3 sowie den §§ 5, 37 und 48 zulassen, die auch auf eine bestimmte Art und Zahl von Ausbildungsstätten beschränkt werden können.

§ 7   Anrechnung beruflicher Vorbildung auf die Ausbildungszeit

(1) Die Landesregierungen können nach Anhörung des Landesausschusses für Berufsbildung durch Rechtsverordnung bestimmen, dass der Besuch eines Bildungsganges berufsbildender Schulen oder die Berufsausbildung in einer sonstigen Einrichtung ganz oder teilweise auf die Ausbildungszeit angerechnet wird. Die Ermächtigung kann durch Rechtsverordnung auf oberste Landesbehörden weiter übertragen werden.

(2) Die Anrechnung nach Absatz 1 bedarf des gemeinsamen Antrags der Auszubildenden und Ausbildenden. Der Antrag ist an die zuständige Stelle zu richten. Er kann sich auf Teile des höchstzulässigen Anrechnungszeitraums beschränken.

§ 8   Abkürzung und Verlängerung der Ausbildungszeit

(1) Auf gemeinsamen Antrag der Auszubildenden und Ausbildenden hat die zuständige Stelle die Ausbildungszeit zu kürzen, wenn zu erwarten ist, dass das Ausbildungsziel in der gekürzten Zeit erreicht wird. Bei berechtigtem Interesse kann sich der Antrag auch auf die Verkürzung der täglichen oder wöchentlichen Ausbildungszeit richten (Teilzeitberufsausbildung).

(2) In Ausnahmefällen kann die zuständige Stelle auf Antrag Auszubildender die Ausbildungszeit verlängern, wenn die Verlängerung erforderlich ist,

um das Ausbildungsziel zu erreichen. Vor der Entscheidung nach Satz 1 sind die Ausbildenden zu hören.

(3) Für die Entscheidung über die Verkürzung oder Verlängerung der Ausbildungszeit kann der Hauptausschuss des Bundesinstituts für Berufsbildung Richtlinien erlassen.

§ 9   Regelungsbefugnis

Soweit Vorschriften nicht bestehen, regelt die zuständige Stelle die Durchführung der Berufsausbildung im Rahmen dieses Gesetzes.

Abschnitt 2
Berufsausbildungsverhältnis

Unterabschnitt 1
Begründung des Ausbildungsverhältnisses

§ 10   Vertrag

(1) Wer andere Personen zur Berufsausbildung einstellt (Ausbildende), hat mit den Auszubildenden einen Berufsausbildungsvertrag zu schließen.

(2) Auf den Berufsausbildungsvertrag sind, soweit sich aus seinem Wesen und Zweck und aus diesem Gesetz nichts anderes ergibt, die für den Arbeitsvertrag geltenden Rechtsvorschriften und Rechtsgrundsätze anzuwenden.

(3) Schließen die gesetzlichen Vertreter oder Vertreterinnen mit ihrem Kind einen Berufsausbildungsvertrag, so sind sie von dem Verbot des § 181 des Bürgerlichen Gesetzbuchs befreit.

(4) Ein Mangel in der Berechtigung, Auszubildende einzustellen oder auszubilden, berührt die Wirksamkeit des Berufsausbildungsvertrages nicht.

(5) Zur Erfüllung der vertraglichen Verpflichtungen der Ausbildenden können mehrere natürliche oder juristische Personen in einem Ausbildungsverbund Zusammenwirken, soweit die Verantwortlichkeit für die einzelnen Ausbildungsabschnitte sowie für die Ausbildungszeit insgesamt sichergestellt ist (Verbundausbildung).

§ 11   Vertragsniederschrift

(1) Ausbildende haben unverzüglich nach Abschluss des Berufsausbildungsvertrages, spätestens vor Beginn der Berufsausbildung, den wesentlichen Inhalt des Vertrages gemäß Satz 2 schriftlich niederzulegen; die elek-

tronische Form ist ausgeschlossen. In die Niederschrift sind mindestens aufzunehmen

1. Art, sachliche und zeitliche Gliederung sowie Ziel der Berufsausbildung, insbesondere die Berufstätigkeit, für die ausgebildet werden soll,
2. Beginn und Dauer der Berufsausbildung,
3. Ausbildungsmaßnahmen außerhalb der Ausbildungsstätte,
4. Dauer der regelmäßigen täglichen Ausbildungszeit,
5. Dauer der Probezeit,
6. Zahlung und Höhe der Vergütung,
7. Dauer des Urlaubs,
8. Voraussetzungen, unter denen der Berufsausbildungsvertrag gekündigt werden kann,
9. ein in allgemeiner Form gehaltener Hinweis auf die Tarifverträge, Betriebs- oder Dienstvereinbarungen, die auf das Berufsausbildungsverhältnis anzuwenden sind,
10. die Form des Ausbildungsnachweises nach § 13 Satz 2 Nummer 7.

(2) Die Niederschrift ist von den Ausbildenden, den Auszubildenden und deren gesetzlichen Vertretern und Vertreterinnen zu unterzeichnen.

(3) Ausbildende haben den Auszubildenden und deren gesetzlichen Vertretern und Vertreterinnen eine Ausfertigung der unterzeichneten Niederschrift unverzüglich auszuhändigen.

(4) Bei Änderungen des Berufsausbildungsvertrages gelten die Absätze 1 bis 3 entsprechend.

§ 12 Nichtige Vereinbarungen

(1) Eine Vereinbarung, die Auszubildende für die Zeit nach Beendigung des Berufsausbildungsverhältnisses in der Ausübung ihrer beruflichen Tätigkeit beschränkt, ist nichtig. Dies gilt nicht, wenn sich Auszubildende innerhalb der letzten sechs Monate des Berufsausbildungsverhältnisses dazu verpflichten, nach dessen Beendigung mit den Ausbildenden ein Arbeitsverhältnis einzugehen.

(2) Nichtig ist eine Vereinbarung über

1. die Verpflichtung Auszubildender, für die Berufsausbildung eine Entschädigung zu zahlen,
2. Vertragsstrafen,
3. den Ausschluss oder die Beschränkung von Schadensersatzansprüchen,
4. die Festsetzung der Höhe eines Schadensersatzes in Pauschbeträgen.

Unterabschnitt 2
Pflichten der Auszubildenden

§ 13   Verhalten während der Berufsausbildung

Auszubildende haben sich zu bemühen, die berufliche Handlungsfähigkeit zu erwerben, die zum Erreichen des Ausbildungsziels erforderlich ist. Sie sind insbesondere verpflichtet,

1. die ihnen im Rahmen ihrer Berufsausbildung aufgetragenen Aufgaben sorgfältig auszuführen,
2. an Ausbildungsmaßnahmen teilzunehmen, für die sie nach § 15 freigestellt werden,
3. den Weisungen zu folgen, die ihnen im Rahmen der Berufsausbildung von Ausbildenden, von Ausbildern oder Ausbilderinnen oder von anderen weisungsberechtigten Personen erteilt werden,
4. die für die Ausbildungsstätte geltende Ordnung zu beachten,
5. Werkzeug, Maschinen und sonstige Einrichtungen pfleglich zu behandeln,
6. über Betriebs- und Geschäftsgeheimnisse Stillschweigen zu wahren,
7. einen schriftlichen oder elektronischen Ausbildungsnachweis zu führen.

Unterabschnitt 3
Pflichten der Ausbildenden

§ 14   Berufsausbildung

(1) Ausbildende haben

1. dafür zu sorgen, dass den Auszubildenden die berufliche Handlungsfähigkeit vermittelt wird, die zum Erreichen des Ausbildungsziels erforderlich ist, und die Berufsausbildung in einer durch ihren Zweck gebotenen Form planmäßig, zeitlich und sachlich gegliedert so durchzuführen, dass das Ausbildungsziel in der vorgesehenen Ausbildungszeit erreicht werden kann,
2. selbst auszubilden oder einen Ausbilder oder eine Ausbilderin ausdrücklich damit zu beauftragen,
3. Auszubildenden kostenlos die Ausbildungsmittel, insbesondere Werkzeuge und Werkstoffe zur Verfügung zu stellen, die zur Berufsausbildung und zum Ablegen von Zwischen- und Abschlussprüfungen, auch soweit solche nach Beendigung des Berufsausbildungsverhältnisses stattfinden, erforderlich sind,
4. Auszubildende zum Besuch der Berufsschule anzuhalten,

5.   dafür zu sorgen, dass Auszubildende charakterlich gefördert sowie sittlich und körperlich nicht gefährdet werden.

(2) Ausbildende haben Auszubildende zum Führen der Ausbildungsnachweise nach § 13 Satz 2 Nummer 7 anzuhalten und diese regelmäßig durchzusehen. Den Auszubildenden ist Gelegenheit zu geben, den Ausbildungsnachweis am Arbeitsplatz zu führen.

(3) Auszubildenden dürfen nur Aufgaben übertragen werden, die dem Ausbildungszweck dienen und ihren körperlichen Kräften angemessen sind.

§ 15   Freistellung

Ausbildende haben Auszubildende für die Teilnahme am Berufsschulunterricht und an Prüfungen freizustellen. Das Gleiche gilt, wenn Ausbildungsmaßnahmen außerhalb der Ausbildungsstätte durchzuführen sind.

§ 16   Zeugnis

(1) Ausbildende haben den Auszubildenden bei Beendigung des Berufsausbildungsverhältnisses ein schriftliches Zeugnis auszustellen. Die elektronische Form ist ausgeschlossen. Haben Ausbildende die Berufsausbildung nicht selbst durchgeführt, so soll auch der Ausbilder oder die Ausbilderin das Zeugnis unterschreiben.

(2) Das Zeugnis muss Angaben enthalten über Art, Dauer und Ziel der Berufsausbildung sowie über die erworbenen beruflichen Fertigkeiten, Kenntnisse und Fähigkeiten der Auszubildenden. Auf Verlangen Auszubildender sind auch Angaben über Verhalten und Leistung aufzunehmen.

Unterabschnitt 4
Vergütung

§ 17   Vergütungsanspruch

(1) Ausbildende haben Auszubildenden eine angemessene Vergütung zu gewähren. Sie ist nach dem Lebensalter der Auszubildenden so zu bemessen, dass sie mit fortschreitender Berufsausbildung, mindestens jährlich, ansteigt.

(2) Sachleistungen können in Höhe der nach § 17 Abs. 1 Satz 1 Nr. 4 des Vierten Buches Sozialgesetzbuch festgesetzten Sachbezugswerte angerechnet werden, jedoch nicht über 75 Prozent der Bruttovergütung hinaus.

(3) Eine über die vereinbarte regelmäßige tägliche Ausbildungszeit hinausgehende Beschäftigung ist besonders zu vergüten oder durch entsprechende Freizeit auszugleichen.

§ 18 Bemessung und Fälligkeit der Vergütung

(1) Die Vergütung bemisst sich nach Monaten. Bei Berechnung der Vergütung für einzelne Tage wird der Monat zu 30 Tagen gerechnet.

(2) Die Vergütung für den laufenden Kalendermonat ist spätestens am letzten Arbeitstag des Monats zu zahlen.

§ 19 Fortzahlung der Vergütung

(1) Auszubildenden ist die Vergütung auch zu zahlen
1. für die Zeit der Freistellung (§ 15),
2. bis zur Dauer von sechs Wochen, wenn sie
   a) sich für die Berufsausbildung bereithalten, diese aber ausfällt oder
   b) aus einem sonstigen, in ihrer Person liegenden Grund unverschuldet verhindert sind, ihre Pflichten aus dem Berufsausbildungsverhältnis zu erfüllen.

(2) Können Auszubildende während der Zeit, für welche die Vergütung fortzuzahlen ist, aus berechtigtem Grund Sachleistungen nicht abnehmen, so sind diese nach den Sachbezugswerten (§ 17 Abs. 2) abzugelten.

Unterabschnitt 5
Beginn und Beendigung des Ausbildungsverhältnisses

§ 20 Probezeit

Das Berufsausbildungsverhältnis beginnt mit der Probezeit. Sie muss mindestens einen Monat und darf höchstens vier Monate betragen.

§ 21 Beendigung

(1) Das Berufsausbildungsverhältnis endet mit dem Ablauf der Ausbildungszeit. Im Falle der Stufenausbildung endet es mit Ablauf der letzten Stufe.

(2) Bestehen Auszubildende vor Ablauf der Ausbildungszeit die Abschlussprüfung, so endet das Berufsausbildungsverhältnis mit Bekanntgabe des Ergebnisses durch den Prüfungsausschuss.

(3) Bestehen Auszubildende die Abschlussprüfung nicht, so verlängert sich das Berufsausbildungsverhältnis auf ihr Verlangen bis zur nächstmöglichen Wiederholungsprüfung, höchstens um ein Jahr.

§ 22 Kündigung

(1) Während der Probezeit kann das Berufsausbildungsverhältnis jederzeit ohne Einhalten einer Kündigungsfrist gekündigt werden.

(2) Nach der Probezeit kann das Berufsausbildungsverhältnis nur gekündigt werden

1. aus einem wichtigen Grund ohne Einhalten einer Kündigungsfrist,
2. von Auszubildenden mit einer Kündigungsfrist von vier Wochen, wenn sie die Berufsausbildung aufgeben oder sich für eine andere Berufstätigkeit ausbilden lassen wollen.

(3) Die Kündigung muss schriftlich und in den Fällen des Absatzes 2 unter Angabe der Kündigungsgründe erfolgen.

(4) Eine Kündigung aus einem wichtigen Grund ist unwirksam, wenn die ihr zugrundeliegenden Tatsachen dem zur Kündigung Berechtigten länger als zwei Wochen bekannt sind. Ist ein vorgesehenes Güteverfahren vor einer außergerichtlichen Stelle eingeleitet, so wird bis zu dessen Beendigung der Lauf dieser Frist gehemmt.

§ 23 Schadensersatz bei vorzeitiger Beendigung

(1) Wird das Berufsausbildungsverhältnis nach der Probezeit vorzeitig gelöst, so können Ausbildende oder Auszubildende Ersatz des Schadens verlangen, wenn die andere Person den Grund für die Auflösung zu vertreten hat. Dies gilt nicht im Falle des § 22 Abs. 2 Nr. 2.

(2) Der Anspruch erlischt, wenn er nicht innerhalb von drei Monaten nach Beendigung des Berufsausbildungsverhältnisses geltend gemacht wird.

Unterabschnitt 6
Sonstige Vorschriften

§ 24 Weiterarbeit

Werden Auszubildende im Anschluss an das Berufsausbildungsverhältnis beschäftigt, ohne dass hierüber ausdrücklich etwas vereinbart worden ist, so gilt ein Arbeitsverhältnis auf unbestimmte Zeit als begründet.

§ 25   Unabdingbarkeit

Eine Vereinbarung, die zuungunsten Auszubildender von den Vorschriften dieses Teils des Gesetzes abweicht, ist nichtig.

§ 26   Andere Vertragsverhältnisse

Soweit nicht ein Arbeitsverhältnis vereinbart ist, gelten für Personen, die eingestellt werden, um berufliche Fertigkeiten, Kenntnisse, Fähigkeiten oder berufliche Erfahrungen zu erwerben, ohne dass es sich um eine Berufsausbildung im Sinne dieses Gesetzes handelt, die §§ 10 bis 23 und 25 mit der Maßgabe, dass die gesetzliche Probezeit abgekürzt, auf die Vertragsniederschrift verzichtet und bei vorzeitiger Lösung des Vertragsverhältnisses nach Ablauf der Probezeit abweichend von § 23 Abs. 1 Satz 1 Schadensersatz nicht verlangt werden kann.

Abschnitt 3
Eignung von Ausbildungsstätte und Ausbildungspersonal

§ 27   Eignung der Ausbildungsstätte

(1) Auszubildende dürfen nur eingestellt und ausgebildet werden, wenn
1. die Ausbildungsstätte nach Art und Einrichtung für die Berufsausbildung geeignet ist und
2. die Zahl der Auszubildenden in einem angemessenen Verhältnis zur Zahl der Ausbildungsplätze oder zur Zahl der beschäftigten Fachkräfte steht, es sei denn, dass anderenfalls die Berufsausbildung nicht gefährdet wird.

(2) Eine Ausbildungsstätte, in der die erforderlichen beruflichen Fertigkeiten, Kenntnisse und Fähigkeiten nicht im vollen Umfang vermittelt werden können, gilt als geeignet, wenn diese durch Ausbildungsmaßnahmen außerhalb der Ausbildungsstätte vermittelt werden.

(3) Eine Ausbildungsstätte ist nach Art und Einrichtung für die Berufsausbildung in Berufen der Landwirtschaft, einschließlich der ländlichen Hauswirtschaft, nur geeignet, wenn sie von der nach Landesrecht zuständigen Behörde als Ausbildungsstätte anerkannt ist. Das Bundesministerium für Ernährung und Landwirtschaft kann im Einvernehmen mit dem Bundesministerium für Bildung und Forschung nach Anhörung des Hauptausschusses des Bundesinstituts für Berufsbildung durch Rechtsverordnung, die nicht der Zustimmung des Bundesrates bedarf, Mindestanforderungen für die Größe, die Einrichtung und den Bewirtschaftungszustand der Ausbildungsstätte festsetzen.

(4) Eine Ausbildungsstätte ist nach Art und Einrichtung für die Berufsausbildung in Berufen der Hauswirtschaft nur geeignet, wenn sie von der nach
Landesrecht zuständigen Behörde als Ausbildungsstätte anerkannt ist. Das
Bundesministerium für Wirtschaft und Energie kann im Einvernehmen mit
dem Bundesministerium für Bildung und Forschung nach Anhörung des
Hauptausschusses des Bundesinstituts für Berufsbildung durch Rechtsverordnung, die nicht der Zustimmung des Bundesrates bedarf, Mindestanforderungen für die Größe, die Einrichtung und den Bewirtschaftungszustand
der Ausbildungsstätte festsetzen.

§ 28   Eignung von Ausbildenden und Ausbildern oder Ausbilderinnen

(1) Auszubildende darf nur einstellen, wer persönlich geeignet ist. Auszubildende darf nur ausbilden, wer persönlich und fachlich geeignet ist.
(2) Wer fachlich nicht geeignet ist oder wer nicht selbst ausbildet, darf Auszubildende nur dann einstellen, wenn er persönlich und fachlich geeignete
Ausbilder oder Ausbilderinnen bestellt, die die Ausbildungsinhalte in der
Ausbildungsstätte unmittelbar, verantwortlich und in wesentlichem Umfang vermitteln.
(3) Unter der Verantwortung des Ausbilders oder der Ausbilderin kann bei
der Berufsausbildung mitwirken, wer selbst nicht Ausbilder oder Ausbilderin ist, aber abweichend von den besonderen Voraussetzungen des § 30 die
für die Vermittlung von Ausbildungsinhalten erforderlichen beruflichen
Fertigkeiten, Kenntnisse und Fähigkeiten besitzt und persönlich geeignet ist.

§ 29   Persönliche Eignung

Persönlich nicht geeignet ist insbesondere, wer
1.   Kinder und Jugendliche nicht beschäftigen darf oder
2.   wiederholt oder schwer gegen dieses Gesetz oder die auf Grund dieses
     Gesetzes erlassenen Vorschriften und Bestimmungen verstoßen hat.

§ 30   Fachliche Eignung

(1) Fachlich geeignet ist, wer die beruflichen sowie die berufs- und arbeits-
spädagogischen Fertigkeiten, Kenntnisse und Fähigkeiten besitzt, die für die
Vermittlung der Ausbildungsinhalte erforderlich sind.
(2) Die erforderlichen beruflichen Fertigkeiten, Kenntnisse und Fähigkeiten besitzt, wer
1.   die Abschlussprüfung in einer dem Ausbildungsberuf entsprechenden
     Fachrichtung bestanden hat,
2.   eine anerkannte Prüfung an einer Ausbildungsstätte oder vor einer Prü-
     fungsbehörde oder eine Abschlussprüfung an einer staatlichen oder

staatlich anerkannten Schule in einer dem Ausbildungsberuf entsprechenden Fachrichtung bestanden hat,

3. eine Abschlussprüfung an einer deutschen Hochschule in einer dem
    Ausbildungsberuf entsprechenden Fachrichtung bestanden hat oder

4. im Ausland einen Bildungsabschluss in einer dem Ausbildungsberuf
    entsprechenden Fachrichtung erworben hat, dessen Gleichwertigkeit
    nach dem Berufsqualifikationsfeststellungsgesetz oder anderen rechtli-
    chen Regelungen festgestellt worden ist

    und eine angemessene Zeit in seinem Beruf praktisch tätig gewesen ist.

(3) Das Bundesministerium für Wirtschaft und Energie oder das sonst zuständige Fachministerium kann im Einvernehmen mit dem Bundesministerium für Bildung und Forschung nach Anhörung des Hauptausschusses des
Bundesinstituts für Berufsbildung durch Rechtsverordnung, die nicht der
Zustimmung des Bundesrates bedarf, in den Fällen des Absatzes 2 Nr. 2 bestimmen, welche Prüfungen für welche Ausbildungsberufe anerkannt werden.

(4) Das Bundesministerium für Wirtschaft und Energie oder das sonst zuständige Fachministerium kann im Einvernehmen mit dem Bundesministerium für Bildung und Forschung nach Anhörung des Hauptausschusses des
Bundesinstituts für Berufsbildung durch Rechtsverordnung, die nicht der
Zustimmung des Bundesrates bedarf, für einzelne Ausbildungsberufe bestimmen, dass abweichend von Absatz 2 die für die fachliche Eignung erforderlichen beruflichen Fertigkeiten, Kenntnisse und Fähigkeiten nur besitzt,
wer

1. die Voraussetzungen des Absatzes 2 Nr. 2 oder 3 erfüllt und eine ange-
    messene Zeit in seinem Beruf praktisch tätig gewesen ist oder

2. die Voraussetzungen des Absatzes 2 Nr. 3 erfüllt und eine angemessene
    Zeit in seinem Beruf praktisch tätig gewesen ist oder

3. für die Ausübung eines freien Berufes zugelassen oder in ein öffentliches
    Amt bestellt ist.

(5) Das Bundesministerium für Bildung und Forschung kann nach Anhörung des Hauptausschusses des Bundesinstituts für Berufsbildung durch
Rechtsverordnung, die nicht der Zustimmung des Bundesrates bedarf, bestimmen, dass der Erwerb berufs- und arbeitspädagogischer Fertigkeiten,
Kenntnisse und Fähigkeiten gesondert nachzuweisen ist. Dabei können Inhalt, Umfang und Abschluss der Maßnahmen für den Nachweis geregelt
werden.

(6) Die nach Landesrecht zuständige Behörde kann Personen, die die Voraussetzungen des Absatzes 2, 4 oder 5 nicht erfüllen, die fachliche Eignung
nach Anhörung der zuständigen Stelle widerruflich zuerkennen.

§ 31 Europaklausel

(1) In den Fällen des § 30 Abs. 2 und 4 besitzt die für die fachliche Eignung erforderlichen beruflichen Fertigkeiten, Kenntnisse und Fähigkeiten auch, wer die Voraussetzungen für die Anerkennung seiner Berufsqualifikation nach der Richtlinie 2005/36/EG des Europäischen Parlaments und des Rates vom 7. September 2005 über die Anerkennung von Berufsqualifikationen (ABl. EU Nr. L 255 S. 22) erfüllt, sofern er eine angemessene Zeit in seinem Beruf praktisch tätig gewesen ist. § 30 Abs. 4 Nr. 3 bleibt unberührt.

(2) Die Anerkennung kann unter den in Artikel 14 der in Absatz 1 genannten Richtlinie aufgeführten Voraussetzungen davon abhängig gemacht werden, dass der Antragsteller oder die Antragstellerin zunächst einen höchstens dreijährigen Anpassungslehrgang ableistet oder eine Eignungsprüfung ablegt.

(3) Die Entscheidung über die Anerkennung trifft die zuständige Stelle. Sie kann die Durchführung von Anpassungslehrgängen und Eignungsprüfungen regeln.

§ 31a Sonstige ausländische Vorqualifikationen

In den Fällen des § 30 Absatz 2 und 4 besitzt die für die fachliche Eignung erforderlichen Fertigkeiten, Kenntnisse und Fähigkeiten, wer die Voraussetzungen von § 2 Absatz 1 in Verbindung mit § 9 des Berufsqualifikationsfeststellungsgesetzes erfüllt und nicht in einem anderen Mitgliedstaat der Europäischen Union oder einem anderen Vertragsstaat des Europäischen Wirtschaftsraums oder der Schweiz seinen Befähigungsnachweis erworben hat, sofern er eine angemessene Zeit in seinem Beruf praktisch tätig gewesen ist. § 30 Absatz 4 Nummer 3 bleibt unberührt.

§ 32 Überwachung der Eignung

(1) Die zuständige Stelle hat darüber zu wachen, dass die Eignung der Ausbildungsstätte sowie die persönliche und fachliche Eignung vorliegen.

(2) Werden Mängel der Eignung festgestellt, so hat die zuständige Stelle, falls der Mangel zu beheben und eine Gefährdung Auszubildender nicht zu erwarten ist, Ausbildende aufzufordern innerhalb einer von ihr gesetzten Frist den Mangel zu beseitigen. Ist der Mangel der Eignung nicht zu beheben oder ist eine Gefährdung Auszubildender zu erwarten oder wird der Mangel nicht innerhalb der gesetzten Frist beseitigt, so hat die zuständige Stelle dies der nach Landesrecht zuständigen Behörde mitzuteilen.

§ 33   Untersagung des Einstellens und Ausbildens

(1) Die nach Landesrecht zuständige Behörde kann für eine bestimmte Ausbildungsstätte das Einstellen und Ausbilden untersagen, wenn die Voraussetzungen nach § 27 nicht oder nicht mehr vorliegen.

(2) Die nach Landesrecht zuständige Behörde hat das Einstellen und Ausbilden zu untersagen, wenn die persönliche oder fachliche Eignung nicht oder nicht mehr vorliegt.

(3) Vor der Untersagung sind die Beteiligten und die zuständige Stelle zu hören. Dies gilt nicht im Falle des § 29 Nr. 1.

Abschnitt 4
Verzeichnis derBerufsausbildungsverhältnisse

§ 34   Einrichten, Führen

(1) Die zuständige Stelle hat für anerkannte Ausbildungsberufe ein Verzeichnis der Berufsausbildungsverhältnisse einzurichten und zu führen, in das der Berufsausbildungsvertrag einzutragen ist. Die Eintragung ist für Auszubildende gebührenfrei.

(2) Die Eintragung umfasst für jedes Berufsausbildungsverhältnis

1.   Name, Vorname, Geburtsdatum, Anschrift der Auszubildenden;

2.   Geschlecht, Staatsangehörigkeit, allgemeinbildender Schulabschluss, vorausgegangene Teilnahme an berufsvorbereitender Qualifizierung oder beruflicher Grundbildung, berufliche Vorbildung;

3.   erforderlichenfalls Name, Vorname und Anschrift der gesetzlichen Vertreter oder Vertreterinnen;

4.   Ausbildungsberuf einschließlich Fachrichtung;

5.   Datum des Abschlusses des Ausbildungsvertrages, Ausbildungsdauer, Dauer der Probezeit;

6.   Datum des Beginns der Berufsausbildung;

7.   Art der Förderung bei überwiegend öffentlich, insbesondere auf Grund des Dritten Buches Sozialgesetzbuch geforderten Berufsausbildungsverhältnissen;

8.   Name und Anschrift der Ausbildenden, Anschrift der Ausbildungsstätte, Wirtschaftszweig, Zugehörigkeit zum öffentlichen Dienst;

9.   Name, Vorname, Geschlecht und Art der fachlichen Eignung der Ausbilder und Ausbilderinnen.

§ 35 Eintragen, Ändern, Löschen

(1) Ein Berufsausbildungsvertrag und Änderungen seines wesentlichen Inhalts sind in das Verzeichnis einzutragen, wenn

1. der Berufsausbildungsvertrag diesem Gesetz und der Ausbildungsordnung entspricht,
2. die persönliche und fachliche Eignung sowie die Eignung der Ausbildungsstätte für das Einstellen und Ausbilden vorliegen und
3. für Auszubildende unter 18 Jahren die ärztliche Bescheinigung über die Erstuntersuchung nach § 32 Abs. 1 des Jugendarbeitsschutzgesetzes zur Einsicht vorgelegt wird.

(2) Die Eintragung ist abzulehnen oder zu löschen, wenn die Eintragungsvoraussetzungen nicht vorliegen und der Mangel nicht nach § 32 Abs. 2 behoben wird. Die Eintragung ist ferner zu löschen, wenn die ärztliche Bescheinigung über die erste Nachuntersuchung nach § 33 Abs. 1 des Jugendarbeitsschutzgesetzes nicht spätestens am Tage der Anmeldung der Auszubildenden zur Zwischenprüfung oder zum ersten Teil der Abschlussprüfung zur Einsicht vorgelegt und der Mangel nicht nach § 32 Abs. 2 behoben wird.

(3) Die nach § 34 Abs. 2 Nr. 1, 4, 6 und 8 erhobenen Daten dürfen zur Verbesserung der Ausbildungsvermittlung, zur Verbesserung der Zuverlässigkeit und Aktualität der Ausbildungsvermittlungsstatistik sowie zur Verbesserung der Feststellung von Angebot und Nachfrage auf dem Ausbildungsmarkt an die Bundesagentur für Arbeit übermittelt werden. Bei der Datenübermittlung sind dem jeweiligen Stand der Technik entsprechende Maßnahmen zur Sicherstellung von Datenschutz und Datensicherheit zu treffen, die insbesondere die Vertraulichkeit, Unversehrtheit und Zurechenbarkeit der Daten gewährleisten.

§ 36 Antrag und Mitteilungspflichten

(1) Ausbildende haben unverzüglich nach Abschluss des Berufsausbildungsvertrages die Eintragung in das Verzeichnis zu beantragen. Der Antrag kann schriftlich oder elektronisch gestellt werden; eine Kopie der Vertragsniederschrift ist jeweils beizufügen. Auf einen betrieblichen Ausbildungsplan im Sinne von § 11 Absatz 1 Satz 2 Nummer 1, der der zuständigen Stelle bereits vorliegt, kann dabei Bezug genommen werden. Entsprechendes gilt bei Änderungen des wesentlichen Vertragsinhalts.

(2) Ausbildende und Auszubildende sind verpflichtet, den zuständigen Stellen die zur Eintragung nach § 34 erforderlichen Tatsachen auf Verlangen mitzuteilen.

…

7. Seearbeitsgesetz (SeeArbG)

vom 20. April 2013 (BGBl. I S. 868), zuletzt geändert durch Artikel 1 des Ersten Gesetz zur Änderung des Seearbeitsgesetzes vom 22. 12. 2015 (BGBl. I S. 2569)

– Auszug –

Abschnitt 1
Allgemeine Vorschriften

§ 1   Anwendungsbereich

(1) Dieses Gesetz regelt die Arbeits- und Lebensbedingungen von Seeleuten an Bord von Kauffahrteischiffen, die die Bundesflagge fuhren. Es gilt nicht für gewerbsmäßig genutzte Sportboote unter 24 Meter Länge, wenn auf diesen nicht mehr als zwei Personen beschäftigt sind.

(2) Für Beschäftigte an Bord eines Fahrzeuges, das

1. die Wasserstraßen der Zonen 1 und 2 nach dem Anhang I der Binnenschiffsuntersuchungsordnung vom 6. Dezember 2008 (BGBl. I S. 2450), in der jeweils geltenden Fassung, seewärts nicht verlässt oder zu verlassen beabsichtigt oder

2. die in Nummer 1 bezeichneten Wasserstraßen nur auf Grund einer besonderen schiffssicherheitsrechtlichen Genehmigung seewärts verlassen darf,

gelten die in der Binnenschifffahrt anzuwendenden arbeitsrechtlichen Vorschriften.

(3) Für Seeleute auf Schiffen unter ausländischer Flagge gelten die §§ 139 bis 141 sowie für Schiffe unter ausländischer Flagge die §§ 137 und 138.

§ 2   Begriffsbestimmungen

Im Sinne dieses Gesetzes und soweit nicht ausdrücklich etwas anders bestimmt ist, sind

1. das Seearbeitsübereinkommen: das Seearbeitsübereinkommen 2006 der Internationalen Arbeitsorganisation vom 23. Februar 2006 (BGBl. 2013 II S. 763, 765),

2. das STCW-Übereinkommen: das Internationale Übereinkommen vom 7. Juli 1978 über Normen für die Ausbildung, die Erteilung von Befähigungszeugnissen und den Wachdienst von Seeleuten (BGBl. 1982 II S. 297) in der jeweils geltenden Fassung,

3. ein Schiff unter ausländischer Flagge: ein Schiff unter einer anderen Flagge als der Bundesflagge, das dem Erwerb durch die Seefahrt dient,

4. die Berufsgenossenschaft: die Berufsgenossenschaft Verkehrswirtschaft Post-Logistik Telekommunikation,

5. der seeärztliche Dienst der Berufsgenossenschaft: eine mit Ärzten ausgestattete unselbständige Arbeitseinheit der Berufsgenossenschaft, die schifffahrtsmedizinische Aufgaben wahrnimmt,

6. Arbeitszeit: die Zeit, während der ein Besatzungsmitglied Arbeit verrichten muss,

7. Ruhezeit: die Zeit außerhalb der Arbeitszeit, wobei dieser Begriff kürzere Arbeitsunterbrechungen (Ruhepausen) nach § 45 Absatz 2 und § 53 Absatz 5 nicht mit einschließt,

8. Feiertage: in Deutschland die gesetzlichen Feiertage des Liegeortes, im Ausland und auf See die Feiertage des Registerhafens des Schiffes,

9. Servicepersonal: die Besatzungsmitglieder, die zur Verpflegung, Bedienung, Betreuung, Unterhaltung oder Krankenpflege anderer Besatzungsmitglieder oder von Passagieren arbeiten oder auf dem Schiff im Verkauf tätig sind,

10. anerkannte Organisation: eine nach § 135 anerkannte Organisation.

§ 3   Besatzungsmitglieder

(1) Seeleute im Sinne dieses Gesetzes sind alle Personen, die an Bord des Schiffes tätig sind, unabhängig davon, ob sie vom Reeder oder einer anderen Person beschäftigt werden oder als Selbständige tätig sind, einschließlich der zu ihrer Berufsbildung Beschäftigten (Besatzungsmitglieder).

(2) Für die zu ihrer Berufsausbildung Beschäftigten gelten die Vorschriften des Abschnittes 4 über die Berufsausbildung an Bord. Soweit die Vorschriften des Abschnittes 4 keine besonderen Regelungen treffen, sind im Übrigen die Vorschriften dieses Gesetzes mit der Maßgabe anzuwenden, dass an die Stelle des »Heuervertrages« der »Berufsausbildungsvertrag«, an die Stelle des »Heuerverhältnisses« das »Berufsausbildungsverhältnis« und an die Stelle der »Heuer« die »Vergütung« tritt. Für Praktikanten und andere Personen, die beschäftigt werden, um berufliche Fertigkeiten, Kenntnisse, Fähigkeiten oder berufliche Erfahrungen zu erwerben, ohne dass es sich um eine Berufsausbildung handelt, gelten die Sätze 1 und 2 entsprechend.

(3) Keine Besatzungsmitglieder im Sinne des Absatzes 1 sind

1. Lotsinnen oder Lotsen sowie Personen, die im Auftrag des Bundes, eines Landes oder einer anderen öffentlich-rechtlichen Körperschaft Beratungs- oder Kontrolltätigkeit an Bord ausüben,

2. Personen, die im Auftrag einer Werft oder eines Anlagenherstellers zur Ausführung von Gewährleistungsarbeiten oder Garantiearbeiten oder

anderen an Bord notwendigen Arbeiten oder zur Einweisung der Besatzung in der Regel nicht länger als 96 Stunden an Bord tätig sind,

3. Personen, die zur Ausführung von unaufschiebbaren Reparaturen oder Wartungsarbeiten, die von den Besatzungsmitgliedern nicht selbst ausgeführt werden können oder dürfen, in der Regel nicht länger als 96 Stunden an Bord tätig sind,

4. Reederei- und Ladungsinspektorinnen oder -Inspektoren, die auf der Grundlage der Reiseplanung in der Regel nicht länger als 72 Stunden an Bord tätig sein sollen,

5. Künstlerinnen oder Künstler, die zur Unterhaltung der Fahrgäste nicht länger als 72 Stunden an Bord tätig sind,

6. Wissenschaftlerinnen oder Wissenschaftler, die vorübergehend an Bord von Schiffen tätig sind,

7. Personen, die sich auf einem Schiff befinden, um von dort aus besondere Tätigkeiten zur Errichtung, zur Änderung oder zum Betrieb von Bauwerken, künstlichen Inseln oder sonstigen Anlagen auf See durchzuführen,

8. Fachschülerinnen oder -schüler und Hochschul- oder Fachhochschulstudentinnen oder -Studenten, die an nach Landesrecht eingerichteten Ausbildungsstätten ausgebildet werden und zu diesem Zweck eine praktische Ausbildung und Seefahrtszeit auf einem Schiff durchführen,

9. Schülerinnen oder Schüler, die im Rahmen von landesrechtlichen Vorschriften ein Praktikum an Bord leisten,

10. Schülerinnen oder Schüler, denen durch Vermittlung des Verbandes Deutscher Reeder auf vertraglicher Grundlage während der Schulferien Einblick in die Praxis der Seefahrtberufe gewährt wird, ohne dass diese Personen an Bord tätig sind,

11. Kanalsteurer auf dem Nord-Ostsee-Kanal und

12. Sicherheitskräfte privater nach der Gewerbeordnung zugelassener Bewachungsunternehmen.

Abweichend von Satz 1 Nummer 2 oder 3 genehmigt die Berufsgenossenschaft auf Antrag des anderen Arbeitgebers oder des Reeders, dass eine zu diesen Personengruppen gehörende Person über den jeweils dort genannten Zeitraum hinaus an Bord tätig sein kann, ohne Besatzungsmitglied zu sein, soweit

1. die Tätigkeit auf einer bestimmten Schiffsreise erfolgt oder erfolgen soll,

2. eine über den in Satz 1 Nummer 2 oder 3 genannten Zeitraum hinausgehende Tätigkeit an Bord für die Erfüllung einer bestimmten Aufgabe erforderlich ist, die von den nach den schiffssicherheitsrecht lichen Vorschriften an Bord tätigen Besatzungsmitgliedern nicht selbst ausgeführt werden kann oder darf, und

3. der vorgesehene Einsatz drei Wochen nicht überschreitet.

Die Genehmigung ist auf den für die Tätigkeit voraussichtlich erforderlichen Zeitraum zu beschränken, der drei Wochen nicht überschreiten darf Eine Kopie der Genehmigung ist an Bord mitzuführen.

(4) Für die in Absatz 3 Satz 1 bezeichneten Personengruppen gelten die §§ 10, 120 bis 126 sowie die auf Grund dieser Vorschriften erlassenen Rechtsverordnungen. Für die in Absatz 3 Satz 1 Nummer 8, 9 und 10 bezeichneten Personengruppen gelten zusätzlich zu den in Satz 1 genannten Vorschriften die §§ 11 bis 20, 42 bis 55, 73 bis 80, 93 bis 113, 117, 118, 127 und 128 sowie die auf Grund dieser Vorschriften erlassenen Rechtsverordnungen. Für die in Absatz 3 Satz 1 Nummer 11 bezeichnete Personengruppe gelten zusätzlich zu den in Satz 1 genannten Vorschriften die §§ 11 bis 20 und 36 sowie die auf Grund dieser Vorschriften erlassenen Rechtsverordnungen. Für die in Absatz 3 Satz 1 Nummer 12 bezeichneten Personengruppen gelten zusätzlich zu den in Satz 1 genannten Vorschriften die §§ 11 bis 20 sowie die auf Grund dieser Vorschriften erlassenen Rechtsverordnungen. Der Reeder hat dafür zu sorgen, dass die in Absatz 3 Satz 1 Nummer 6 bis 10 und 12 genannten Personengruppen eine Unterweisung über die gesetzlichen Arbeitsschutzvorschriften sowie die vorgeschriebene Sicherheitsunterweisung erhalten. Die in Absatz 3 Satz 1 Nummer 10 genannte Personengruppe ist vom Reeder in der gesetzlichen Unfallversicherung gegen Unfälle zu versichern.

(5) Name, Zweck sowie Beginn und Ende des Aufenthaltes von Personen an Bord, die nach Absatz 3 nicht zu den Besatzungsmitgliedern gehören und keine Fahrgäste sind, sind unverzüglich im Seetagebuch zu vermerken.

§ 4   Reeder

(1) Reeder im Sinne dieses Gesetzes ist
1. der Eigentümer des Schiffes oder
2. jede andere Organisation oder Person, die vom Eigentümer des Schiffes die Verantwortung für den Betrieb des Schiffes übernommen und die sich mit der Übernahme dieser Verantwortung in dem Vertrag mit dem Eigentümer verpflichtet hat, die Aufgaben und Pflichten zu erfüllen, die dem Reeder nach diesem Gesetz und den anderen Rechtsvorschriften zur Umsetzung des Seearbeitsübereinkommens auferlegt werden.

(2) Der Reeder ist für die Einhaltung der Rechte und Pflichten nach diesem Gesetz und den anderen Rechtsvorschriften zur Umsetzung des Seearbeitsübereinkommens verantwortlich. Dies gilt auch dann, wenn
1. eine andere Organisation oder Person bestimmte Aufgaben und Pflichten im Auftrag des Reeders erfüllt oder
2. eine andere Organisation oder Person Arbeitgeber oder Ausbildender eines Besatzungsmitglieds ist (anderer Arbeitgeber).

(3) Unabhängig von der Verantwortung des Reeders nach Absatz 2 ist auch der andere Arbeitgeber für die Einhaltung der Rechte und Pflichten des Reeders nach diesem Gesetz und den anderen Rechtsvorschriften zur Umsetzung des Seearbeitsübereinkommens verantwortlich. Der Reeder hat zur Wahrnehmung seiner Verantwortung nach Absatz 2 vertraglich mit dem anderen Arbeitgeber sicherzustellen, dass der andere Arbeitgeber die ihm nach Satz 1 obliegenden Aufgaben und Pflichten gegenüber dem Besatzungsmitglied erfüllt.

(4) Der Reeder haftet auch für Zahlungsverpflichtungen des anderen Arbeitgebers aus dem Heuer- oder Berufsausbildungsverhältnis; insoweit gelten die Vorschriften über den Bürgen, der auf die Einrede der Vorausklage verzichtet hat. Die Haftung des Reeders für die Verpflichtung zur Heuer- oder Vergütungszahlung erstreckt sich auf die übliche Vergütung, es sei denn, dass sich ein abweichender Anspruch aus einer vom Reeder unterschriebenen Ausfertigung des Heuer- oder Berufsausbildungsvertrages ergibt.

(5) Für bürgerliche Rechtsstreitigkeiten zwischen Arbeitnehmern oder Auszubildenden und Reedern über Ansprüche aus der Verantwortung des Reeders nach Absatz 2 Satz 1 in Verbindung mit Absatz 2 Satz 2 Nummer 2 oder Absatz 4 sind ausschließlich die Gerichte für Arbeitssachen zuständig.

§ 5   Kapitän und Stellvertreter

(1) Kapitän ist das vom Reeder zur Führung des Schiffes bestellte Besatzungsmitglied.

(2) Der Kapitän muss Inhaber eines staatlichen Befähigungszeugnisses sein, das ihn zur Führung des Schiffes berechtigt.

(3) Ist ein Kapitän nicht vorhanden oder ist er verhindert, so nimmt der Erste Offizier des Decksdienstes oder der Alleinsteuermann die Pflichten und Befugnisse des Kapitäns wahr.

§ 6   Schiffsoffiziere

Schiffsoffiziere sind Besatzungsmitglieder des nautischen oder des technischen Dienstes, die eines staatlichen Befähigungszeugnisses bedürfen, sowie die Schiffsärztinnen und Schiffsärzte, die Seefunkerinnen und Seefunker, die Schiffselektrotechnikerinnen und Schiffselektrotechniker und die Zahlmeisterinnen und Zahlmeister.

§ 7   Jugendliche Besatzungsmitglieder

Jugendliche Besatzungsmitglieder sind Besatzungsmitglieder, die das 18. Lebensjahr nicht vollendet haben.

§ 8   Datenschutz

(1) Der Reeder und der Kapitän haben dafür zu sorgen, dass Heuerverträge, Heuerabrechnungen, Seediensttauglichkeitszeugnisse, Krankenunterlagen sowie alle anderen Unterlagen mit personenbezogenen Daten so an Bord verwahrt werden, dass kein unberechtigter Dritter davon Kenntnis erlangen kann.

(2) Der Reeder hat sicherzustellen, dass die Übermittlung personenbezogener Daten von Besatzungsmitgliedern nur an die Person erfolgt, für die die Daten dienstlich oder zu privaten Zwecken bestimmt sind. Die Übermittlung von personenbezogenen Daten, insbesondere Kopien von Heuerverträgen, an den Kapitän an Bord eines Schiffes ist zulässig.

§ 9   Abweichende Vereinbarungen

Von den Vorschriften dieses Gesetzes kann zu Ungunsten des Besatzungsmitglieds nur abgewichen werden, wenn es gesetzlich bestimmt ist. Die Mindestanforderungen der Arbeits- und Lebensbedingungen des Seearbeitsübereinkommens im Sinne der Artikel III, IV und VI Nummer 1 Satz 1 sind auch dann zu beachten, wenn eine abweichende Rechtswahl getroffen worden ist.

Abschnitt 2
Mindestanforderungen für die Arbeit von Besatzungsmitgliedern auf Schiffen

Unterabschnitt 1
Mindestalter

§ 10   Mindestalter des Besatzungsmitglieds

(1) Der Reeder darf Personen unter 16 Jahren sowie Personen, die der Vollzeitschulpflicht unterliegen, als Besatzungsmitglied auf Schiffen nicht beschäftigen oder arbeiten lassen.

(2) Personen unter 18 Jahren dürfen nicht als Schiffskoch oder Schiffsköchin arbeiten.

(3) Abweichend von Absatz 1 dürfen auf Fischereifahrzeugen Personen ab 15 Jahren, die nicht mehr der Vollzeitschulpflicht unterliegen, im Rahmen eines Berufsausbildungsverhältnisses beschäftigt werden.

…

§ 53 Arbeitszeitregelungen für jugendliche Besatzungsmitglieder

(1) Für jugendliche Besatzungsmitglieder sind die §§ 42, 48, 50 und 51 sowie die folgenden Absätze anzuwenden. Die §§ 43 und 44 sind mit der Maßgabe der Absätze 2 bis 4 anzuwenden.

(2) Im Hafen dürfen jugendliche Besatzungsmitglieder an höchstens fünf Tagen in der Woche bis zu acht Stunden täglich und bis zu 40 Stunden wöchentlich arbeiten. Die freien Tage sollen möglichst der Samstag und der Sonntag sein.

(3) Auf See dürfen jugendliche Besatzungsmitglieder an höchstens sechs Tagen in der Woche bis zu acht Stunden täglich und bis zu 48 Stunden wöchentlich arbeiten.

(4) Im Wachdienst auf See dürfen jugendliche Besatzungsmitglieder an jedem Tag bis zu acht Stunden täglich und in der Woche ab 5 Uhr beschäftigt werden. Dies gilt jedoch nur, wenn jugendliche Besatzungsmitglieder während der Wache neben dem Wachdienst nur mit gelegentlichen Instandsetzungsarbeiten sowie mit Arbeiten beschäftigt werden, die zur Sicherung des Schiffes und dessen Fahrt, zur Sicherung der Ladung oder zum Bootsdienst unbedingt erforderlich sind. Der Arbeitsbeginn kann auf 4 Uhr gelegt werden, wenn andernfalls die wirksame Ausbildung jugendlicher Besatzungsmitglieder nach festgelegten Programmen und Zeitplänen beeinträchtigt würde.

(5) Den jugendlichen Besatzungsmitgliedern müssen im Voraus feststehende Ruhepausen von angemessener Dauer gewährt werden. Als Ruhepause gilt nur eine Arbeitsunterbrechung von mindestens 15 Minuten. Die Ruhepausen müssen insgesamt mindestens betragen:

1. 30 Minuten bei einer Arbeitszeit von mehr als viereinhalb bis zu sechs Stunden,

2. 60 Minuten bei einer Arbeitszeit von mehr als sechs Stunden.

Die Ruhepausen müssen in angemessener zeitlicher Lage gewährt werden. Länger als viereinhalb Stunden hintereinander dürfen jugendliche Besatzungsmitglieder nicht ohne Ruhepause arbeiten. Für die Einnahme aller Mahlzeiten ist genügend Zeit einzuräumen.

(6) In der Zeit zwischen 20 und 6 Uhr ist die Arbeit von jugendlichen Besatzungsmitgliedern vorbehaltlich der Regelung in Absatz 4 verboten. Außerdem dürfen jugendliche Besatzungsmitglieder auf Fahrgastschiffen bei Aufführungen zur Unterhaltung der Fahrgäste bis 23 Uhr gestaltend mitwirken, wenn im Anschluss daran eine ununterbrochene Ruhezeit von mindestens neun Stunden gewährleistet ist. Die Berufsgenossenschaft kann Ausnahmen von dem Verbot des Satzes 1 zulassen, wenn

1. die wirksame Ausbildung der betreffenden jugendlichen Besatzungsmitglieder nach festgelegten Programmen und Zeitplänen beeinträchtigt würde oder

2. die Besonderheit der Aufgabe oder eines anerkannten Ausbildungspro-
   gramms es erforderlich macht, dass die von der Ausnahme erfassten jugendlichen Besatzungsmitglieder Aufgaben in der Nacht verrichten und
   nach Beratung mit Verbänden der Reeder und der Seeleute feststeht,
   dass die Arbeit sich nicht nachteilig auf die Gesundheit oder das Wohl-
   befinden der jugendlichen Besatzungsmitglieder auswirkt.

(7) Mehrarbeit ist für jugendliche Besatzungsmitglieder nur in den Fällen
des § 47 Absatz 1 und 2 zulässig, jedoch nur, soweit für die jeweilige Arbeit
kein erwachsenes Besatzungsmitglied herangezogen werden kann. Die Regelungen des Absatzes 5 zu Ruhepausen und des Absatzes 6 zur Nachtruhe sind
in diesem Fall nicht anzuwenden. Solche Ausnahmesituationen sind unter
Angabe der Gründe schriftlich aufzuzeichnen und vom Kapitän zu unterzeichnen. Die Mehrarbeit ist durch entsprechende Verkürzung der Arbeitszeit innerhalb der folgenden drei Wochen auszugleichen. Kann der Arbeits-
zeitausgleich wegen Beendigung des Vertragsverhältnisses nicht mehr gewährt werden, ist die Mehrarbeit zu vergüten, wobei der Zuschlag für jugendliche Besatzungsmitglieder abweichend von § 51 Absatz 1 für jede
Mehrarbeitsstunde mindestens ein Viertel eines Zweihundertstels der
Grundheuer beträgt.

(8) Arbeiten jugendliche Besatzungsmitglieder an mehr als fünf Tagen, so
ist ihnen für die Arbeit am sechsten und siebten Tag in der Woche je ein an-
derer freier Tag zu gewähren. Die Regelungen des § 52 zum Sonntags- und
Feiertagsausgleich sind anzuwenden. Sofern ein freier Tag nach Satz 1 als
Ausgleich für eine Beschäftigung an einem Werktag zu gewähren ist, ist § 52
Absatz 2 bis 4 entsprechend anzuwenden. Die finanzielle Abgeltung freier
Tage ist nicht zulässig.

§ 54   Abweichende Arbeitszeitregelungen für jugendliche
Besatzungsmitglieder durch Tarifvertrag

(1) In einem Tarifvertrag oder auf Grund eines Tarifvertrages in einer
Betriebsvereinbarung oder Bordvereinbarung kann für jugendliche Besatzungsmitglieder vereinbart werden,
1. abweichend von § 53 Absatz 2 die Arbeitszeit bis zu neun Stunden täglich, 44 Stunden wöchentlich und bis zu fünfeinhalb Tagen in der Woche
   anders zu verteilen, jedoch nur unter Einhaltung einer durchschnittlichen Wochenarbeitszeit von 40 Stunden in einem Ausgleichszeitraum
   von zwei Monaten;
2. abweichend von § 53 Absatz 4 Satz 1 jugendliche Besatzungsmitglieder
   auch im Wachdienst im Hafen zu beschäftigen; § 53 Absatz 8 ist anzuwenden;
3. abweichend von § 53 Absatz 5 Satz 3 Nummer 2 die Gesamtdauer der
   Ruhepausen auf bis zu 45 Minuten zu kürzen;

4. abweichend von § 53 Absatz 6 jugendliche Besatzungsmitglieder einmal in der Woche in der Zeit von 20 bis 24 Uhr zu beschäftigen, wenn im Anschluss daran eine ununterbrochene Ruhezeit von mindestens neun Stunden gewährleistet ist; die Ruhezeit kann auf acht Stunden verkürzt werden, wenn andernfalls die wirksame Ausbildung jugendlicher Besatzungsmitglieder nach festgelegten Programmen und Zeitplänen beeinträchtigt würde;

5. auf Fahrgastschiffen, Fährschiffen, Bergungsfahrzeugen und See- und Bergungsschleppern abweichende Regelungen von § 53 Absatz 2 bis 8 hinsichtlich der Arbeitszeit sowie für jugendliche Besatzungsmitglieder von Fahrgastschiffen und Fährschiffen abweichende Regelungen auch hinsichtlich der Vergütung und des Ausgleichs für Sonntagsund Feiertagsarbeit sowie sonstige Mehrarbeit; dies ist auch für jugendliche Besatzungsmitglieder von Fischereifahrzeugen sinngemäß anzuwenden; hinsichtlich der Arbeitszeit jedoch nur während des Fangs und seiner Verarbeitung an Bord.

Im Falle des Satzes 1 Nummer 5 sind zusätzlich nachstehende Anforderungen einzuhalten. Bei einer Abweichung von § 53 Absatz 6 muss mindestens ein Zeitraum von neun Stunden, der die Zeit zwischen 0 und 5 Uhr einschließt, arbeitsfrei sein. Abweichungen müssen in Übereinstimmung mit den allgemeinen Grundsätzen für die Sicherheit und den Gesundheitsschutz der jugendlichen Besatzungsmitglieder stehen und aus objektiven, technischen oder arbeitsorganisatorischen Gründen erforderlich sein. Sie haben so weit wie möglich den gesetzlichen Bestimmungen zu folgen, können aber häufigeren oder längeren Urlaubszeiten oder der Gewährung von Ausgleichsurlaub für die Besatzungsmitglieder Rechnung tragen.

(2) Im Geltungsbereich eines Tarifvertrages, der eine Regelung nach Absatz 1 Nummer 1 bis 5 enthält, kann diese tarifvertragliche Regelung im Betrieb eines nicht tarifgebundenen Reeders durch Betriebs- oder Bordvereinbarung oder, wenn eine Arbeitnehmervertretung nicht besteht, durch schriftliche Vereinbarung zwischen dem Reeder und den Besatzungsmitgliedern übernommen werden, wenn die Anwendung des gesamten Tarifvertrages vereinbart ist.

(3) Für Besatzungsmitglieder von Fahrgastschiffen, Fährschiffen oder von Fischereifahrzeugen, für die Tarifverträge üblicherweise nicht geschlossen werden, können Ausnahmen mit einer in Absatz 1 Nummer 5 vorgesehenen Regelung allgemein oder im Einzelfall durch die Berufsgenossenschaft bewilligt werden.

(4) Absatz 1 ist nicht für Tarifverträge anzuwenden, die nach § 21 Absatz 4 Satz 2 des Flaggenrechtsgesetzes abgeschlossen werden.

…

Unterabschnitt 5
Urlaub

§ 56 Urlaubsanspruch

(1) Ein Besatzungsmitglied hat für jedes Beschäftigungsjahr Anspruch auf bezahlten Erholungsurlaub. Der Anspruch auf Erholungsurlaub darf nur unter den Voraussetzungen des § 64 Absatz 3 abgegolten werden.

(2) Soweit nachfolgend nichts anderes bestimmt ist, ist das Bundesurlaubsgesetz anzuwenden.

§ 57 Urlaubsdauer

(1) Der Urlaub der Besatzungsmitglieder beträgt für jedes Beschäftigungsjahr mindestens 30 Kalendertage.

(2) Der Urlaub jugendlicher Besatzungsmitglieder beträgt für jedes Beschäftigungsjahr mindestens

1. 34 Kalendertage, wenn sie zu Beginn des Beschäftigungsjahres noch nicht 17 Jahre alt sind,
2. 32 Kalendertage, wenn sie zu Beginn des Beschäftigungsjahres noch nicht 18 Jahre alt sind.

(3) Nicht auf den Urlaub anzurechnen sind

1. gesetzliche Feiertage, die am Ort des Heimathafens gelten,
2. Zeiten einer Arbeitsunfähigkeit infolge Krankheit oder Unfall sowie Arbeitsausfälle infolge Mutterschaft,
3. Landgang nach § 35 und
4. Ausgleichsfreizeiten nach § 52.

§ 58 Festlegung des Urlaubs

(1) Bei der zeitlichen Festlegung des Urlaubs sind die Urlaubswünsche des Besatzungsmitglieds zu berücksichtigen, es sei denn, dass ihrer Berücksichtigung dringende betriebliche Belange oder Urlaubswünsche anderer vom Reeder beschäftigter Besatzungsmitglieder, die unter sozialen Gesichtspunkten den Vorrang verdienen, entgegenstehen. Der Urlaub ist möglichst nach sechsmonatigem ununterbrochenem Dienst an Bord, spätestens bis zum Schluss des Beschäftigungsjahres zu gewähren. Ist nicht der Reeder, sondern eine andere Person Arbeitgeber oder Ausbilder des Besatzungsmitglieds und kommt die andere Person ihrer vertraglichen Verpflichtung nach Satz 2 nicht nach, ist der Reeder verpflichtet, im Namen und mit Wirkung für die andere Person den Urlaub zu gewähren.

(2) Jugendlichen Besatzungsmitgliedern haben Reeder und Kapitän den Urlaub spätestens nach sechsmonatigem ununterbrochenem Dienst an Bord zu gewähren.

(3) Der Urlaub ist zusammenhängend zu gewähren, es sei denn, dass dringende betriebliche oder in der Person des Besatzungsmitglieds liegende Gründe eine Teilung des Urlaubs erforderlich machen.

(4) Der Urlaub beginnt frühestens mit dem Tag, der dem Tag der Ankunft des Besatzungsmitglieds am Urlaubsort nachfolgt. Ist der Ort der Wiederaufnahme des Dienstes an Bord oder ein anderer vom Reeder zur Wiederaufnahme des Dienstes bestimmter Ort nicht der Urlaubsort, hat das Besatzungsmitglied an dem Tag, der auf das Ende des Urlaubs folgt, die Reise zu diesem Ort anzutreten.

…

Unterabschnitt 7
Heimschaffung

§ 73   Anspruch auf Heimschaffung

Das Besatzungsmitglied hat Anspruch auf Heimschaffung an den nach § 75 maßgebenden Bestimmungsort

1. im Falle von Krankheit oder Verletzung nach Maßgabe des § 105,
2. wenn das Heuerverhältnis endet; im Falle einer ordentlichen Kündigung nach Ablauf der sich aus § 66 ergebenden Kündigungsfrist,
3. wenn der Reeder seine gesetzlichen oder arbeitsvertraglichen Verpflichtungen wegen Insolvenz, Veräußerung des Schiffes, Änderung der Eintragung im Schiffsregister oder aus einem ähnlichen Grund nicht mehr erfüllt,
4. wenn ein Schiff ein Gebiet befahren soll, in dem besondere Gefahren durch bewaffnete Auseinandersetzungen drohen und in das sich das Besatzungsmitglied nicht begeben will, oder wenn das Schiff ein solches Gebiet nicht unverzüglich verlässt,
5. wenn der Reeder das Besatzungsmitglied im Stich lässt (§ 76a Absatz 1 Satz 3).

§ 74   Heimschaffung eines jugendlichen Besatzungsmitglieds

Hat ein jugendliches Besatzungsmitglied während seiner ersten Auslandsreise auf einem Schiff mindestens vier Monate lang Dienst getan und stellt sich während dieser Zeit heraus, dass es für das Leben auf See ungeeignet ist, so hat es einen Anspruch auf Heimschaffung von einem Hafen, in dem die Heimschaffung sicher und mit allgemein zugänglichen Verkehrsmitteln möglich ist.

…

§ 117 Besonderer Schutz von jugendlichen Besatzungsmitgliedern

(1) Die Beschäftigung oder Arbeit von jugendlichen Besatzungsmitgliedern mit Arbeiten, die ihre Gesundheit oder Sicherheit gefährden können, ist verboten.

(2) Jugendliche Besatzungsmitglieder dürfen nicht beschäftigt werden oder Arbeiten übertragen erhalten,

1. die ihre physische oder psychische Leistungsfähigkeit übersteigen,
2. bei denen sie sittlichen Gefahren ausgesetzt sind,
3. die mit Unfallgefahren verbunden sind, von denen anzunehmen ist, dass jugendliche Besatzungsmitglieder sie wegen mangelnden Sicherheitsbewusstseins oder mangelnder Erfahrung nicht erkennen oder nicht abwenden können,
4. bei denen ihre Gesundheit durch außergewöhnliche Hitze oder Kälte oder starke Nässe gefährdet wird,
5. bei denen sie schädlichen Einwirkungen von Lärm, Erschütterungen oder Strahlen ausgesetzt sind,
6. bei denen sie schädlichen Einwirkungen von Gefahrstoffen im Sinne der Gefahrstoffverordnung ausgesetzt sind,
7. bei denen sie schädlichen Einwirkungen von biologischen Arbeitsstoffen im Sinne der Biostoffverordnung ausgesetzt sind,
8. im Maschinendienst, wenn sie die Abschlussprüfung in einem für den Maschinendienst anerkannten Ausbildungsberuf noch nicht bestanden haben.

Satz 1 Nummer 3 bis 8 gilt nicht für jugendliche Besatzungsmitglieder, soweit

1. dies zur Erreichung ihres Ausbildungszieles erforderlich ist,
2. ihr Schutz durch die Aufsicht einer fachkundigen Person gewährleistet ist,
3. der Luftgrenzwert bei gefährlichen Stoffen nach Nummer 6 unterschritten wird.

Satz 2 ist nicht anzuwenden auf gezielte Tätigkeiten mit biologischen Arbeitsstoffen der Risikogruppen 3 und 4 im Sinne der Biostoffverordnung sowie für die Beschäftigung von mindestens 15-jährigen Besatzungsmitgliedern auf Fischereifahrzeugen nach § 10 Absatz 3.

(3) Der Kapitän hat die erforderlichen Vorkehrungen und Anordnungen zum Schutze der jugendlichen Besatzungsmitglieder gegen Gefahren für Leben und Gesundheit sowie zur Vermeidung einer Beeinträchtigung der körperlichen oder seelisch-geistigen Entwicklung zu treffen. Hierbei sind das

mangelnde Sicherheitsbewusstsein, die mangelnde Erfahrung und der Entwicklungsstand der jugendlichen Besatzungsmitglieder zu berücksichtigen und die allgemein anerkannten sicherheitstechnischen und arbeitsmedizinischen Regeln sowie die sonstigen gesicherten arbeitswissenschaftlichen Erkenntnisse zu beachten. Der Kapitän hat insbesondere bei folgenden Tätigkeiten zu prüfen, ob eine Arbeit jugendlicher Besatzungsmitglieder nach den Absätzen 1 und 2 ausgeschlossen ist:

1. Heben, Bewegen oder Tragen schwerer Lasten oder Gegenstände,
2. Betreten von Kesseln, Tanks und Kofferdämmen,
3. Bedienen von Hebezeugen und anderen kraftgetriebenen Geräten und Werkzeugen oder die Tätigkeit als Signalgeber zur Verständigung mit den Personen, die derartige Geräte bedienen,
4. Handhabung von Festmachertrossen, Schlepptrossen oder Ankergeschirr,
5. Arbeiten in der Takelage,
6. Arbeiten in der Höhe oder auf Deck bei schwerem Wetter,
7. Wachdienst während der Nacht,
8. Wartung elektrischer Anlagen und Geräte,
9. Reinigung von Küchenmaschinen,
10. Bedienen von Schiffsbooten oder die Übernahme der Verantwortung für diese.

(4) Vor Beginn der Arbeit jugendlicher Besatzungsmitglieder und bei wesentlicher Änderung der Arbeitsbedingungen hat der Kapitän die mit der Arbeit verbundenen Gefährdungen jugendlicher Besatzungsmitglieder zu beurteilen. Im Übrigen gelten die Vorschriften des Arbeitsschutzgesetzes.

(5) Der Kapitän hat die jugendlichen Besatzungsmitglieder vor Beginn der Arbeit und bei wesentlicher Änderung der Arbeitsbedingungen über die Unfall- und Gesundheitsgefahren, denen sie bei der Arbeit ausgesetzt sind, sowie über die Einrichtungen und Maßnahmen zur Abwendung dieser Gefahren zu unterweisen. Er hat die jugendlichen Besatzungsmitglieder vor der erstmaligen Arbeitsaufnahme an Maschinen und gefährlichen Arbeitsstellen oder mit Arbeiten, bei denen sie mit gesundheitsgefährdenden Stoffen in Berührung kommen, über die besonderen Gefahren dieser Arbeiten sowie über das bei ihrer Verrichtung erforderliche Verhalten zu unterweisen. Die Unterweisungen sind in angemessenen Zeitabständen, mindestens aber halbjährlich zu wiederholen.

(6) Der Reeder beteiligt die Betriebsärztinnen und Betriebsärzte sowie die Fachkräfte für Arbeitssicherheit an der Planung, Durchführung und Überwachung der für die Sicherheit und den Gesundheitsschutz bei der Arbeit jugendlicher Besatzungsmitglieder geltenden Vorschriften.

(7) Für Besatzungsmitglieder, die nicht beim Reeder beschäftigt sind, haben deren Arbeitgeber oder Ausbildende und der Kapitän gemeinsam für die Einhaltung der Vorschriften nach den Absätzen 1 bis 5 zu sorgen. Für diese

Besatzungsmitglieder kann anstelle des Kapitäns der Arbeitgeber, der Ausbildende oder die diese an Bord vertretende Person mit Zustimmung des Kapitäns Anordnungen zum Arbeitsschutz treffen.

(8) Die Berufsgenossenschaft kann im Einzelfall feststellen, ob eine Arbeit unter die Arbeitsverbote oder Arbeitsbeschränkungen nach den Absätzen 1 und 2 oder einer nach § 118 erlassenen Rechtsverordnung fällt. Sie kann in Einzelfällen die Arbeit jugendlicher Besatzungsmitglieder mit bestimmten Tätigkeiten über die Arbeitsverbote oder Arbeitsbeschränkungen des Absatzes 1 und einer Rechtsverordnung nach § 118 hinaus verbieten oder beschränken, wenn diese Arbeiten mit Gefahren für Leben, Gesundheit oder für die körperliche oder seelischgeistige Entwicklung der jugendlichen Besatzungsmitglieder verbunden sind.

8. Abschlussbericht der Bund- Länder- Arbeitsgruppe zur Überprüfung des Jugendarbeitsschutzgesetzes

eingerichtet durch das Bundesministerium für Arbeit und Soziales Mai 2011

– Auszug –

1 Einleitung

Das Bundesministerium für Arbeit und Soziales (BMAS) hat im Jahr 2006 eine Bund-Länder-Arbeitsgruppe zur fachlichen Überprüfung des aus dem Jahr 1976 stammenden Jugendarbeitsschutzgesetzes eingesetzt. Das Jugendarbeitsschutzgesetz (JArbSchG) regelt bundesweit die zentralen Bedingungen der Beschäftigung aller jungen Menschen unter 18 Jahren in einem Arbeits- oder Ausbildungsverhältnis oder einem ähnlichen Rechtsverhältnis. Die Bund-Länder-Arbeitsgruppe nahm am 1. September 2006 ihre Arbeit auf. Neben dem BMAS beteiligten sich an der Arbeitsgruppe elf Länder (Baden-Württemberg, Bayern, Brandenburg, Bremen, Hamburg, Hessen, Niedersachsen, Nordrhein-Westfalen, Rheinland-Pfalz, Saarland und Thüringen). Die Bundesanstalt für Arbeitsschutz und Arbeitsmedizin (BAuA) war ständig in die Arbeit eingebunden.

Mit dem vorliegenden Abschlussbericht, der in der Sitzung am 11./12. Mai 2011 beschlossen wurde, hat die Bund-Länder-Arbeitsgruppe ihre Arbeit beendet. Der Abschlussbericht referiert die Arbeit und den Diskussionsprozess in der Bund-Länder-Arbeitsgruppe, fasst die Ergebnisse von drei Forschungsprojekten zusammen und gibt die Empfehlungen der Bund-Länder-Arbeitsgruppe wieder.

1.1 Das Jugendarbeitsschutzgesetz und seine praktische Bedeutung

Das Jugendarbeitsschutzgesetz hat die Aufgabe, Kinder und Jugendliche vor Überforderung, Überbeanspruchung und den Gefahren am Arbeitsplatz zu schützen. Um dieses Ziel zu erreichen, setzt das Jugendarbeitsschutzgesetz der Beschäftigung von Kindern und Jugendlichen Grenzen bzw. knüpft die Beschäftigung von Kindern und Jugendlichen an bestimmte Voraussetzungen. Kinderarbeit ist grundsätzlich verboten. Die Dauer der Arbeitszeit von Jugendlichen ist grundsätzlich auf acht Stunden täglich und 40 Stunden in der Woche begrenzt. Differenzierte Regeln sollen dem unterschiedlichen

Entwicklungsstand von Kindern und Jugendlichen einerseits sowie den spezifischen Bedürfnissen bestimmter Branchen andererseits Rechnung tragen. Mit dem Jugendarbeitsschutzgesetz werden auch die europarechtlichen Vorgaben der Richtlinie 94/33/EG des Rates der Europäischen Union über den Jugendarbeitsschutz vom 22. Juni 1994 (Jugendarbeitsschutzrichtlinie) umgesetzt.

Besondere Arbeitsschutzvorschriften für Kinder gibt es in Deutschland, beginnend mit dem preußischen Regulativ über die Beschäftigung jugendlicher Arbeiter in den Fabriken von 1839, seit der Frühzeit der Industrialisierung. Die erste umfassende Kodifikation des Arbeitsschutzes von Minderjährigen in der Bundesrepublik war das Jugendarbeitsschutzgesetz aus dem Jahr 1960. Das heute geltende Jugendarbeitsschutzgesetz stammt in den wesentlichen Zügen aus dem Jahr 1976. Wichtige Änderungen erfolgten in den Jahren 1984 durch das Erste Gesetz zur Änderung des Jugendarbeitsschutzgesetzes (u. a. Aufnahme einer Reihe von Ausnahmetatbeständen in Bezug auf die Arbeitszeiten und Einfügung einer Tariföffnungsklausel) und 1997 durch das Zweite Gesetz zur Änderung des Jugendarbeitsschutzgesetzes mit Regelungen zur Umsetzung der Jugendarbeitsschutzrichtlinie (insbesondere Ausdehnung des grundsätzlichen Kinderarbeitsverbots auf unter 15-Jährige). Ebenfalls der Umsetzung der Vorgaben der Jugendarbeitsschutzrichtlinie diente die 1998 in Kraft getretene Kinderarbeitsschutzverordnung, die die gesetzlichen Voraussetzungen für ein Abweichen vom Grundsatz des Verbots der Kinderarbeit konkretisiert.

Das Jugendarbeitsschutzgesetz hat erhebliche praktische Relevanz. Nach dem Mikrozensus 2009 gibt es in Deutschland in der Gruppe der Jugendlichen (junge Menschen im Alter von 15 bis unter 18 Jahren) 374 000 Beschäftigte. Das sind rund 15 % aller Jugendlichen. Nach Angaben des Bundesinstituts für Berufliche Bildung (BiBB) befanden sich 2009 rund 230 000, also ca. 61 % aller beschäftigten Jugendlichen, in einem Berufsausbildungsverhältnis. Die Minijob-Zentrale der Deutschen Rentenversicherung Knappschaft-Bahn-See weist zum 31. März 2010 in ihrer Statistik 113 874 Jugendliche mit einer geringfügigen Beschäftigung aus.

Über den Umfang der Beschäftigung von Kindern liegen mangels repräsentativer Erhebungen keine genauen Erkenntnisse vor. Es ist davon auszugehen, dass die bei der Minijob-Zentrale zum 31. März 2010 offiziell gemeldeten 7169 geringfügig beschäftigten Kinder nur einen Bruchteil der tatsächlich in Deutschland beschäftigten Kinder darstellen. Für eine Beschäftigung im Kultur- und Medienbereich wurden im Kalenderjahr 2009 von den Arbeitsschutzbehörden nach Angaben der Bundesländer 4938 Ausnahmegenehmigungen erteilt. In der Regel wird mit einer Genehmigung die Beschäftigung mehrerer Kinder bewilligt.

…

3   Empfehlungen der Bund-Länder-Arbeitsgruppe

Die Bund-Länder-Arbeitsgruppe empfiehlt, aus fachlichen Gründen nachfolgende Änderungen am Jugendarbeitsschutzgesetz vorzunehmen. Die Empfehlungen beruhen auf einem einstimmigen oder mehrheitlichen Votum der Mitglieder der Arbeitsgruppe. Die Arbeitsgruppe hat über den gesamten Zeitraum ihrer Tätigkeit die an sie herangetragenen Änderungsvorschläge zum Jugendarbeitsschutzgesetz von Verbänden, aus der Wissenschaft und von Einzelpersonen in ihre Beratungen mit einbezogen.

3.1   Aufbau und Sprache des Jugendarbeitsschutzgesetzes

Die Unterarbeitsgruppe »Rechtssprache« hat, wie bereits ausgeführt (…), Formulierungsvorschläge für das gesamte Jugendarbeitsschutzgesetz erarbeitet, um die Vorschriften anwenderfreundlicher zu gestalten. Die folgenden Empfehlungen der Bund-Länder-Arbeitsgruppe beruhen auf diesen Vorarbeiten.

3.1.1   Aufbau

Bei zentralen Vorschriften sollte – soweit möglich – das Regel-Ausnahme-Prinzip stärker herausgearbeitet werden. Beispiel: Das Verbot der Kinderarbeit wird in einem eigenen Paragrafen festgelegt, die Ausnahmen von diesem Grundsatz sind dann in weiteren Paragrafen aufzuführen.

Begriffsdefinitionen mit wesentlicher Bedeutung (z. B. »Kinder«, »Jugendliche«, »Arbeitgeberinnen und Arbeitgeber«, »Arbeitszeit«, »Woche«, »Aufsichtsbehörde«) sollten am Anfang des Gesetzes zusammengefasst werden.

Bei der Struktur des Gesetzes sollte der Grundsatz »Generalität vor Spezialität« stärker berücksichtigt werden. Entsprechend sollten die Grundpflichten der Arbeitgeberin bzw. des Arbeitgebers, wie die menschengerechte Gestaltung der Arbeit, die Beurteilung der Arbeitsbedingungen und die Unterweisung über Gefahren (vgl. §§ 28 bis 29 JArbSchG) an zentraler Stelle im Gesetz geregelt werden.

Die Vorschriften zur Beschäftigung vollzeitschulpflichtiger Jugendlicher, die bisher im Abschnitt »Beschäftigung von Kindern« enthalten sind, sollten im Abschnitt über die Beschäftigung Jugendlicher geregelt werden. Damit soll einfacher erfassbar sein, welche Regelungen für Jugendliche gelten. Die bisherige Verweisung wird als nicht ausreichend transparent angesehen.

Die Regelungen der Kinderarbeitsschutzverordnung vom 23. Juli 1998 zu den für Kinder zulässigen Tätigkeiten sollten, zur besseren Übersichtlichkeit, in die gesetzlichen Vorschriften zu den Ausnahmen vom Verbot der Kinderarbeit integriert werden. Die Kinderarbeitsschutzverordnung könnte dann aufgehoben werden.

Die Verordnung über das Verbot der Beschäftigung von Personen unter 18 Jahren mit sittlich gefährdenden Tätigkeiten vom 3. April 1964, die Beschäftigungsverbote für weibliche Jugendliche enthält, sollte aufgehoben werden. Die in ihr enthaltenen Beschäftigungsverbote werden inhaltlich von den §§ 14 Abs. 7, 22 Abs. 1 Nr. 2 JArbSchG abgedeckt, deren Regelungen zusammengeführt werden sollten, etwa in § 22 JArbSchG.

Zur Verbesserung der Übersichtlichkeit des Gesetzes sollten auch die verschiedenen über das Jugendarbeitsschutzgesetz verteilten Verordnungsermächtigungen in einer Norm zusammengefasst werden. Im Übrigen könnten bei einer Umsetzung der inhaltlichen Änderungsempfehlungen (…) als Folgeänderungen einzelne Verordnungsermächtigungen entfallen (§§ 21b, 26 JArbSchG).

§ 46 Abs. 2 Nr. 2a JArbSchG, der festlegt, dass die Landesregierung durch Rechtsverordnung zur Vereinfachung der Abrechnung Pauschbeträge für die Untersuchungen im Rahmen der geltenden Gebührenordnungen festsetzen kann, sollte gestrichen werden. Die Kosten für die ärztlichen Untersuchungen werden nach der Gebührenordnung der Ärzte (GOA) abgerechnet. Darüber hinaus besteht für die Festsetzung eines Pauschbetrages für die Kosten der ärztlichen Untersuchungen nach Auffassung der Arbeitsgruppe kein Raum.

Weiter kann die Regelung entfallen, die es der Landesregierung ermöglicht, durch Rechtsverordnung die Aufsicht über die Ausführung der Bestimmungen des Jugendarbeitsschutzgesetzes in Familienhaushalten auf gelegentliche Prüfungen zu beschränken. Angesichts der Anzahl der Familienhaushalte sind mehr als gelegentliche Prüfungen ohnehin nicht durchführbar. Im Übrigen legen die Aufsichtsbehörden Art und Umfang ihrer Prüfungen selbst fest.

Weiter könnte auch § 60 JArbSchG aufgehoben werden, wonach der »Bundesminister für Arbeit und Sozialordnung« mit Zustimmung des Bundesrates allgemeine Verwaltungsvorschriften für die Verfolgung und Ahndung von Ordnungswidrigkeiten erlassen kann. Von der Ermächtigung wurde in der Vergangenheit kein Gebrauch gemacht und es ist nicht absehbar, dass dies in Zukunft der Fall sein wird.

3.1.2 Sprache

Die Arbeitsgruppe empfiehlt eine sprachliche Überarbeitung der Vorschriften des Jugendarbeitsschutzgesetzes, die insbesondere darauf abzielt, die Verständlichkeit des Gesetzes zu erhöhen. Die Bestimmungen des Jugendarbeitsschutzgesetzes sollen in erster Linie von denjenigen leichter erfasst und verstanden werden können, die direkt von ihnen betroffen sind: Die Jugendlichen, die Arbeitgeber und die Personensorgeberechtigten (Anwenderfreundlichkeit, Adressatenorientierung).

3.1.2.1 Verständlichkeit der Regelungen

Umständliche Formulierungen sollten vermieden werden. So sollte eine Formulierung wie
»Auf Jugendliche, die der Vollzeitschulpflicht unterliegen, finden die für Kinder geltenden Vorschriften Anwendung.« (§ 2 Abs. 3 JArbSchG)
ersetzt werden durch:
»Wenn Jugendliche noch vollzeitschulpflichtig sind, gelten für sie die Vorschriften für Kinder.«
Außerdem sollten die Vorschriften klarer gegliedert werden. Ein Satz wie
»Die Kinder dürfen nicht mehr als zwei Stunden täglich, in landwirtschaftlichen Familienbetrieben nicht mehr als drei Stunden täglich, nicht zwischen 18 und 8 Uhr, nicht vor dem Schulunterricht und nicht während des Schulunterrichts beschäftigt werden.« (§ 5 Abs. 3 Satz 3 JArbSchG)
sollte entsprechend ersetzt werden durch folgende Formulierung:
»Die Kinder dürfen nicht beschäftigt werden
1. mehr als zwei Stunden täglich,
2. zwischen 18 und 8 Uhr,
3. vor und während des Schulunterrichts.« (zu der inhaltlichen Änderung – Streichung der Regelung bezüglich der landwirtschaftlichen Familienbetriebe – siehe unten, …).
Im Übrigen sollte im Rahmen von Aufzählungen das maßgebliche Verb vorangestellt werden.
Ein Beispiel ist die Regelung des § 7 Satz 1 JArbSchG. Bislang lautet diese Regelung:
»Kinder, die der Vollzeitschulpflicht nicht mehr unterliegen, **dürfen**
1. im Berufsausbildungsverhältnis,
2. außerhalb eines Berufsausbildungsverhältnisses nur mit leichten und für sie geeigneten Tätigkeiten bis zu sieben Stunden täglich und 35 Stunden wöchentlich
beschäftigt werden.«
Die Änderungsempfehlung der Arbeitsgruppe, die auch eine inhaltliche Klarstellung zum Mindestalter der betroffenen Kinder beinhaltet (siehe dazu unten, …) lautet:
»Kinder, die 14 Jahre alt und nicht mehr vollzeitschulpflichtig sind, **dürfen** nur wie folgt **beschäftigt werden:**
1. in einem Berufsausbildungsverhältnis oder
2. außerhalb eines Berufsausbildungsverhältnisses, wobei die Tätigkeit
    a) leicht und für sie geeignet sein muss,
    b) höchstens sieben Stunden täglich betragen und
    c) höchstens 35 Stunden wöchentlich dauern darf.«

3.1.2.2 Einsatz von Tabellen

Die Bund-Länder-Arbeitsgruppe empfiehlt bei einer Gesetzesänderung zu prüfen, ob Paragrafen, die Aufzählungen enthalten, durch das Benutzen der Tabellenform übersichtlicher gestaltet werden können, sofern dies rechtsförmlich zulässig ist. Diskutiert wurde diese Darstellungsform insbesondere in Bezug auf § 21a JArbSchG, der Möglichkeiten für das Abweichen von verschiedenen Grundnormen des Gesetzes insbesondere auf tarifvertraglicher Grundlage auflistet. Das Bundesministerium der Justiz ist aus Gründen der Rechtsförmlichkeit zurückhaltend gegenüber dem Einsatz von Tabellen in Gesetzestexten. Es hält sie aber für möglich, wenn die Tabelle nicht mehr als eine Seite umfasst und die Tabellenform deutlich verständlicher und anwenderfreundlicher ist.

3.1.2.3 Gendering

Um dem Prinzip der Gleichstellung von Frauen und Männern im Rahmen der Gesetzgebung auch auf sprachlicher Ebene Rechnung zu tragen, sollten Formulierungen gewählt werden, die sowohl die männliche als auch die weibliche Form erfassen (Gendering).
Um im Rahmen des Gendering Doppelungen zu vermeiden, empfiehlt die Arbeitsgruppe die Verwendung geschlechtsneutraler Begriffe oder die Verwendung des geschlechtsneutralen Plurals.
Z.B. sollte der Begriff »Fachkundiger« (vgl. § 22 Abs. 2, § 23 Abs. 2 und § 24 Abs. 2 JArbSchG) durch den Begriff «fachkundige Person« ersetzt werden. Statt in § 9 Abs. 1 Satz 2 JArbSchG zu formulieren: »Er darf den Jugendlichen nicht beschäftigen«, sollte es etwa heißen: »Sie dürfen Jugendliche nicht beschäftigen.« In Betracht kommt auch eine Umschreibung oder eine passivische Bezeichnung, etwa »ärztliche Untersuchung« statt »Untersuchung durch einen Arzt oder eine Ärztin« (§ 38 JArbSchG) oder »von ärztlicher Seite soll« statt »der Arzt oder die Ärztin soll« (§ 35 Abs. 1 JArbSchG).
Bietet sich eine solche Lösung nicht an, empfiehlt die Arbeitsgruppe, sowohl die männliche als auch die weibliche Form zu verwenden. So sollte etwa § 3 JArbSchG, der bisher lautet »Arbeitgeber im Sinne dieses Gesetzes ist, wer ein Kind oder einen Jugendlichen gemäß § 1 beschäftigt« wie folgt umformuliert werden: »Arbeitgeber und Arbeitgeberinnen im Sinne dieses Gesetzes sind natürliche oder juristische Personen, die Kinder oder Jugendliche gemäß § 1 beschäftigen.« Gleiches gilt etwa auch für »Berufsschüler und Berufsschülerinnen« (vgl. § 19 Abs. 3 JArbSchG).

3.1.2.4 Begriffliche Änderungen

Einzelne Begriffe, die im Jugendarbeitsschutzgesetz verwandt werden, sind inzwischen veraltet, entsprechen nicht mehr dem Sprachgebrauch oder sind aus Sicht der Praxis missverständlich und sollten nach Auffassung der Arbeitsgruppe deshalb ersetzt werden.

Z.B. sollte die Formulierung »bei Aufnahmen (…) auf Ton- und Bildträger sowie bei Film- und Fotoaufnahmen« (§ 6 Abs. 1 Nr. 2, § 14 Abs. 7 Satz 1 und § 16 Abs. 1 Nr. 7 JArbSchG) ersetzt werden durch »bei Ton-, Film- und Fotoaufnahmen«. Damit werden auch die Aufnahmen auf Ton- und Bildträger erfasst.

Das Neunte Buch Sozialgesetzbuch (Rehabilitation und Teilhabe behinderter Menschen) benutzt nicht den Begriff »Behinderte«, sondern spricht von »behinderten Menschen«. Entsprechend sollte auch in § 1 Abs. 2 Nr. 1 Buchstabe d) JArbSchG von »Einrichtungen zur Eingliederung behinderter Menschen« die Rede sein, anstatt, wie bisher, von »Einrichtungen zur Eingliederung Behinderter«.

3.2   Aktualisierungen aufgrund des geänderten Rechtsrahmens

Die Bund-Länder-Arbeitsgruppe empfiehlt Aktualisierungen wegen des geänderten rechtlichen Rahmens. Dabei geht es insbesondere um die folgenden Vorschriften:

– In § 22 JArbSchG, der ein Beschäftigungsverbot in Bezug auf gefährliche Arbeiten regelt, sollten die Verweise auf die Richtlinie 90/679/EWG des Rates vom 26. November 1990 zum Schutz der Arbeitnehmer gegen Gefährdung durch biologische Arbeitsstoffe gestrichen und durch den Verweis auf die Biostoffverordnung (Absatz 1 Nr. 7) bzw. deren Diktion (»gezielte Tätigkeiten mit biologischen Arbeitsstoffen der Risikogruppen 3 und 4 im Sinne der Biostoffverordnung« – Absatz 2 Satz 1) ersetzt werden. Die Richtlinie 90/679/EWG wurde durch die Biostoffverordnung vom 27. Januar 1999 umgesetzt.

– In § 22 Abs. 1 Nr. 6 sollte auch der Begriff »Chemikaliengesetz« durch den Begriff »Gefahrstoffverordnung« ersetzt werden. Die neue Gefahrstoffverordnung vom 26. November 2010 enthält in § 2 eine eigene Definition der Gefahrstoffe, auf die verwiesen werden sollte.

– Statt des Begriffs »Erschütterungen« (§ 22 Abs. 1 Nr. 5 JArbSchG) sollte entsprechend der Lärm- und Vibrations-Arbeitsschutzverordnung vom 6. März 2007 der Begriff »Vibrationen« verwendet werden.

– § 22 Abs. 3 JArbSchG, der festlegt, dass bei Beschäftigung von Jugendlichen in Betrieben, für die ein Betriebsarzt oder eine Fachkraft für Arbeitssicherheit verpflichtet ist, die betriebsärztliche oder sicherheitstechnische Betreuung dieser Jugendlichen sichergestellt sein muss, kann gestrichen werden. Die betriebsärztliche und sicherheitstechnische Betreuung von Arbeitnehmern richtet sich nach dem Arbeitssicherheitsgesetz (ASiG). Der im ASiG verwendete Arbeitnehmerbegriff ist – entsprechend den europarechtlichen Vorgaben – weit zu verstehen und umfasst auch die in den Betrieben beschäftigten Jugendlichen, die keine Arbeitnehmerinnen oder Arbeitnehmer im Sinne des deutschen Arbeitsrechts sind.

– Obwohl § 25 Abs. 1 Nr. 5 JArbSchG auf das Gesetz über die Verbreitung Jugendgefährdender Schriften (JgefSchrG) verweist, das zum 1. April 2003 außer Kraft getreten ist, kann dieser Verweis nicht entfallen. Es sind nach wie vor Fallkonstellationen denkbar, wonach Personen rechtskräftig nach diesem außer Kraft getretenen Gesetz verurteilt worden sind und die Frist von fünf Jahren nach Rechtskraft der Verurteilung (siehe § 25 Abs. 1 Satz 2 JArbSchG) noch nicht verstrichen ist, weil etwa Zeiten der Anstaltsverwahrung (z. B. in einem psychiatrischen Krankenhaus) nach § 25 Abs. 1 Satz 3 JArbSchG bei der Fristberechnung nicht berücksichtigt werden.

– § 31 Abs. 2 Satz 2 JArbSchG enthält ein Verbot, an Jugendliche unter 16 Jahren Tabakwaren zu geben. Angesichts von § 10 Abs. 1 Jugendschutzgesetz, wonach in Gaststätten, Verkaufsstellen oder sonst in der Öffentlichkeit Tabakwaren an Kinder und Jugendliche weder abgegeben noch ihnen das Rauchen gestattet werden darf, sollte die Regelung dahingehend geändert werden, dass die Abgabe von Tabakwaren an Jugendliche generell nicht gestattet ist.

– In § 51 Abs. 3 JArbSchG, der eine Regelung zu den Jahresberichten der Aufsichtsbehörden enthält, sollte nicht, wie bislang, auf § 139b Abs. 3 Gewerbeordnung, sondern auf § 23 Abs. 4 Arbeitsschutzgesetz verwiesen werden.

– Nach § 52 JArbSchG ist die Aufsichtsbehörde durch die ausstellende Behörde über die Ausstellung von Lohnsteuerkarten an Kinder zu unterrichten. Nach Rückmeldung aus der Praxis läuft diese Vorschrift ins Leere. Sie wird im Zuge der Einführung der sog. elektronischen Lohnsteuerkarte (Entwurf eines Gesetzes zur Umsetzung der Beitreibungsrichtlinie sowie zur Änderung steuerrechtlicher Vorschriften) entfallen. Mit der vorgesehenen Gesetzesänderung erübrigt sich eine – angesichts der Einführung der »elektronischen Lohnsteuerkarte« ansonsten notwendige – Neuregelung des Unterrichtungsverfahrens und es wird gleichzeitig ein Beitrag zum Bürokratieabbau geleistet.

3.3   Empfehlungen zu Regelungsinhalten

Die Arbeitsgruppe empfiehlt aus fachlichen Gründen die folgenden inhaltlichen Änderungen.

3.3.1 Geltungsbereich

Gesetzliche Regelung:

Das Jugendarbeitsschutzgesetz gilt nach § 1 JArbSchG für die Beschäftigung von Personen, die noch nicht 18 Jahre alt sind, in der Berufsausbildung, als Arbeitnehmer oder Heimarbeiter, mit sonstigen Dienstleistungen, die der Arbeitsleistung von Arbeitnehmern oder Heimarbeitern ähnlich sind und in einem der Berufsausbildung ähnlichen Ausbildungsverhältnis.

Änderungsempfehlung:

Es sollte klargestellt werden, dass auch Praktikantinnen und Praktikanten in den Geltungsbereich des Jugendarbeitsschutzgesetzes einbezogen sind.

Hintergrund:

Obwohl Praktika bereits nach geltendem Recht grundsätzlich in den Geltungsbereich des Jugendarbeitsschutzgesetzes fallen (entweder nach § 1 Abs. 1 Nr. 4 JArbSchG als »ein der Berufsausbildung ähnliches Ausbildungsverhältnis« oder gemäß § 1 Abs. 1 Nr. 3 JArbSchG als »sonstige Dienstleistungen, die der Arbeitsleistung von Arbeitnehmern ähnlich sind«), wird eine ausdrückliche Klarstellung befürwortet. Angesichts der zunehmenden Bedeutung von Praktika für den Berufseinstieg sollen dadurch eventuelle Zweifel über die Anwendbarkeit des Jugendarbeitsschutzgesetzes vermieden werden.

Eine Ausweitung des Geltungsbereichs des Jugendarbeitsschutzgesetzes z. B. auf Erwachsene bis zur Vollendung des 21. Lebensjahres wird von der Arbeitsgruppe nicht empfohlen. Kinder und Jugendliche haben im Rahmen ihrer Beschäftigung einen besonderen Bedarf an staatlichem Schutz. Auf diesen Schutz konzentriert sich das Jugendarbeitsschutzgesetz in Übereinstimmung mit den europäischen Vorgaben der Jugendarbeitsschutzrichtlinie.

3.3.2 Beschäftigung von Kindern und vollzeitschulpflichtigen Jugendlichen

3.3.2.1 Erlaubte Tätigkeiten für vollzeitschulpflichtige Jugendliche

Gesetzliche Regelung:

Nach § 5 JArbSchG ist die Beschäftigung von Kindern (Personen, die noch nicht 15 Jahre alt sind) verboten. Das gleiche gilt gemäß § 2 Abs. 3 in Verbindung mit § 5 JArbSchG für vollzeitschulpflichtige Jugendliche. Eine Ausnahme hiervon lässt das Jugendarbeitsschutzgesetz für über 13-Jährige und vollzeitschulpflichtige Jugendliche dann zu, wenn die Personensorgeberechtigten einwilligen und wenn die Beschäftigung leicht und für Kinder geeignet ist (die genauen Kriterien und die konkreten Tätigkeiten – z. B. die Betreuung von Kindern und Nachhilfeunterricht – werden in der Kinderarbeitsschutzverordnung näher bestimmt). In diesen Fällen dürfen Kinder und vollzeitschulpflichtige Jugendliche bis zu zwei Stunden täglich in der Zeit von 8 bis 18 Uhr

– allerdings nicht vor und während des Schulunterrichts – beschäftigt werden.

Änderungsempfehlung:
Vollzeitschulpflichtige Jugendliche sollten nicht nur die für Kinder zugelassenen Tätigkeiten ausüben dürfen, sondern jede leichte und für sie geeignete Tätigkeit innerhalb des bestehenden Zeitrahmens.

Hintergrund:
Eine Differenzierung der für Kinder und für vollzeitschulpflichtige Jugendliche erlaubten Tätigkeiten ist nach Auffassung der Arbeitsgruppe wegen des unterschiedlichen Entwicklungsstands von über und unter 15-Jährigen sachgerecht. In den Ferien dürfen vollzeitschulpflichtige Jugendliche ohnehin alle für Jugendliche zulässigen Tätigkeiten ausüben. Mit der Änderung würde vollzeitschulpflichtigen Jugendlichen – anders als Kindern – die Möglichkeit offen stehen, auch außerhalb der Ferienzeiten etwa einer Beschäftigung im gewerblichen Bereich nachzugehen (dies ist nach der Kinderarbeitsschutzverordnung bis auf eine Ausnahme – Austragen von Zeitungen, Zeitschriften, Anzeigenblättern und Werbeprospekten – ausgeschlossen). Erfahrungen aus der Praxis zeigen, dass die geltenden Vorschriften auf wenig Akzeptanz stoßen, wonach vollzeitschulpflichtige Jugendliche im gewerblichen Bereich – etwa im Einzelhandel oder im Büro – zwar in den Ferien tätig werden dürfen, neben der Schule aber noch nicht einmal leichte und für sie geeignete Tätigkeiten im gewerblichen Bereich mit einer geringen Stundenzahl ausüben dürfen. Konflikte mit den schulischen Anforderungen (Erledigung von Hausaufgaben) würden sich aus Sicht der Arbeitsgruppe für die vollzeitschulpflichtigen Jugendlichen nicht ergeben, weil es bei den strengen zeitlichen Begrenzungen bliebe.

3.3.2.2 Beschäftigungsdauer in der Landwirtschaft

Gesetzliche Regelung:
Nach § 5 Abs. 3 Satz 3 JArbSchG dürfen Kinder nicht mehr als zwei Stunden täglich, in landwirtschaftlichen Familienbetrieben nicht mehr als drei Stunden täglich beschäftigt werden.

Änderungsempfehlung:
Die Beschäftigungshöchstdauer für Kinder in landwirtschaftlichen Familienbetrieben sollte auf zwei Stunden täglich reduziert werden.

Hintergrund:
Die Verkürzung der Beschäftigungshöchstdauer für Kinder in landwirtschaftlichen Familienbetrieben bedeutet eine Vereinheitlichung der Höchstarbeitszeiten für Kinder, die ansonsten stets zwei Stunden täglich beträgt. Die bisherige Differenzierung ist nach Auffassung der Arbeitsgruppe ange-

sichts der vielfältigen Belastungen im Rahmen landwirtschaftlicher Tätigkeiten nicht zu rechtfertigen. Die Mitarbeit von Kindern im landwirtschaftlichen Familienbetrieb der eigenen Familie bleibt davon unberührt (vgl. § 1
Abs. 2 Nr. 1 Buchstabe b, Nr. 2 JArbSchG).

3.3.3　Beschäftigung von Kindern im Kultur- und Medienbereich

3.3.3.1　Lage und Dauer der Beschäftigung von Kindern im Kultur- und Medienbereich

Gesetzliche Regelung:

Bei Theatervorstellungen dürfen Kinder über sechs Jahre gemäß § 6
JArbSchG bis zu vier Stunden täglich in der Zeit von 10 bis 23 Uhr gestaltend
mitwirken. Bei sonstigen Veranstaltungen im Kultur- und Medienbereich
gilt für Kinder über drei bis sechs Jahre eine tägliche Beschäftigungsdauer bis
zu zwei Stunden in der Zeit von 8 bis 17 Uhr. Über sechsjährige Kinder dürfen bei den sonstigen Veranstaltungen täglich bis zu drei Stunden in der Zeit
von 8 bis 22 Uhr gestaltend mitwirken. Voraussetzung ist dabei jeweils,
dass die Aufsichtsbehörde einen entsprechenden Antrag bewilligt. Dies wiederum setzt u. a. voraus, dass die Personensorgeberechtigten in die Beschäftigung schriftlich eingewilligt haben und die erforderlichen Vorkehrungen
und Maßnahmen in Bezug auf Sicherheit, Gesundheitsschutz sowie die Entwicklung der betroffenen Kinder getroffen werden.

Änderungsempfehlung:

Für die gestaltende Mitwirkung bei Kulturveranstaltungen und im Medienbereich sollte eine einheitliche Beschäftigungsdauer für Kinder von drei bis
zu sechs Jahren von bis zu zwei Stunden täglich in der Zeit von 8 bis 17 Uhr
und für Kinder über sechs Jahre von bis zu vier Stunden täglich in der Zeit
von 8 bis 22 Uhr gelten. Zudem sollte klargestellt werden, dass vollzeitschulpflichtige Jugendliche ebenfalls für bis zu vier Stunden täglich in der Zeit
von 8 bis 22 Uhr als Sportlerinnen und Sportler im Rahmen einer Sportveranstaltung beschäftigt werden können. Weiter sollte geregelt werden, dass
die Personensorgeberechtigten mit ihrer schriftlichen Einverständniserklä-
rung auch mitzuteilen haben, ob und wenn ja an wie vielen Tagen das Kind
in den vorangegangenen 365 Tagen beschäftigt wurde und ob bereits weitere
Beschäftigungen bewilligt wurden.

Ergänzend sollte die Aufsichtsbehörde auf Antrag der Arbeitgeberin oder
des Arbeitgebers im Einzelfall Ausnahmen von der zeitlichen Lage und
Dauer der Beschäftigung zulassen können, wenn besondere Umstände dies
erfordern. Es sollte im Übrigen bei dem Antrags- und Genehmigungserfor-
dernis durch die Aufsichtsbehörde und bei den weiteren bisherigen Voraussetzungen bleiben.

Hintergrund:

Die geltende Differenzierung zwischen der gestaltenden Mitwirkung von Kindern bei Theatervorstellungen und bei anderen Aufführungen oder Aufnahmen im Kultur- und Medienbereich ist aus Sicht der Arbeitsgruppe nicht mehr zu rechtfertigen. Es ist nicht ersichtlich, warum Kinder bei Theateraufführungen grundsätzlich weniger Schutz benötigen als bei der Mitwirkung etwa im Rahmen von Musikaufführungen oder Filmarbeiten. Deshalb sollten die Regelungen in Bezug auf die Beschäftigung von Kindern über drei bis zu sechs Jahren bzw. über sechs Jahre im Kultur- und Medienbereich vereinheitlicht werden. Die generelle Ausdehnung der Beschäftigungsmöglichkeit für Kinder über 6 Jahre auf bis zu vier Stunden am Tag bedeutet eine wichtige Vereinfachung der Arbeitsabläufe im Kultur- und Medienbereich (z. B. bei Filmproduktionen). Gleiches gilt für die Möglichkeit, ebenfalls durch behördliche Ausnahmegenehmigung, in besonderen Fällen weitere Ausnahmen von den gesetzlichen Regelungen zuzulassen. Insbesondere die Produktion von Kinderfilmen in Deutschland soll durch diese zusätzliche Flexibilisierungsmöglichkeit erleichtert werden. Die durch die empfohlene Vereinheitlichung bedingte Reduzierung der Beschäftigungszeit für über 6-Jährige von 23 Uhr auf 22 Uhr bei Theatervorstellungen wird durch die ergänzende Ausnahmemöglichkeit in besonderen Fällen aufgefangen. Nach Auffassung der Arbeitsgruppe sollten die Voraussetzungen für eine solche Ausnahmegenehmigung vorliegen, wenn etwa das Theaterstück, in dem das betroffene Kind mitwirkt, zu einer üblichen Zeit beginnt und eine Mitwirkung von Kindern bis 23 Uhr aufgrund des Inhalts des Stücks bzw. seiner Inszenierung erforderlich ist. Entsprechendes gilt für vollzeitschulpflichtige Jugendliche, die als Sportlerinnen oder Sportler bei einer Sportveranstaltung nach 22 Uhr beschäftigt werden sollen (siehe dazu auch unten, …).

Die zusätzlich geforderten Angaben zur Beschäftigung der Kinder sollen den Aufsichtsbehörden eine bessere Einschätzung der Belastungssituation der betroffenen Kinder ermöglichen.

Weitergehende Vorschläge, die zulässige Höchstdauer und Lage der Arbeitszeit von Kindern – differenziert nach Altersstufen – erheblich auszudehnen, werden aus Gründen des gesundheitlichen und sozialen Schutzes der betroffenen Kinder nicht befürwortet.

Ebenfalls nicht befürwortet wird die Aufnahme einer verbindlichen Regelung für die Hinzuziehung von pädagogischen Fachkräften im Rahmen des Engagements von Kindern in Medienproduktionen. Bereits nach geltendem Recht darf eine Beschäftigung nur bewilligt werden, wenn die Betreuung und die Beaufsichtigung des Kindes sichergestellt ist. Dies ermöglicht den Aufsichtsbehörden – bei Bedarf – den Einsatz einer (medien-)pädagogischen Fachkraft vorzuschreiben.

Unabhängig von der Änderungsempfehlung regt die Arbeitsgruppe außerdem die Prüfung der Möglichkeit gemeinsamer Richtlinien für eine bundeseinheitliche Bewilligungspraxis der Aufsichtsbehörden an.

3.3.3.2 Beteiligung von Kindern unter drei Jahren im Kultur- und Medienbereich

Gesetzliche Regelung:
Das Jugendarbeitsschutzgesetz enthält ein grundsätzliches Beschäftigungsverbot von Kindern. Es enthält keine spezifischen Regelungen zur Beschäftigung bzw. Beteiligung von Kindern unter drei Jahren im Kultur- und Medienbereich.

Empfehlung:
In das Jugendarbeitsschutzgesetz sollten keine Regelungen zur Beteiligung von Kindern unter drei Jahren im Kultur- und Medienbereich – etwa für die Beteiligung an Filmproduktionen und Werbeaufnahmen – aufgenommen werden.

Hintergrund:
Die Arbeitsgruppe ist zu dem Ergebnis gekommen, dass die Einführung einer speziellen Regelung für die Beteiligung von Kindern unter drei Jahren im Kultur- und Medienbereich in das Jugendarbeitsschutzgesetz nicht systemgerecht ist.

Das Jugendarbeitsschutzgesetz ist von seiner Zielsetzung ein Arbeitsschutzgesetz. Es knüpft dementsprechend für seine Anwendbarkeit an ein Beschäftigungsverhältnis an und setzt eine weisungsabhängige Tätigkeit für einen anderen voraus. Kinder unter drei Jahren können in der Regel keine Weisungen befolgen. Im Bereich des Einsatzes dieser Kinder in den Medien geht es daher nicht um Arbeitsschutz, sondern um das allgemeine Kindeswohl. Auch Erwägungen des Kinderschutzes, die einen (weiteren) Regelungsbedarf zum Schutz von Kindern unter drei Jahren, etwa im Bereich von Fernsehproduktionen, nahe legen, ändern nichts daran, dass das Jugendarbeitsschutzgesetz nicht der richtige Ort für ihre Umsetzung ist.

3.3.4 Beschäftigung von nicht vollzeitschulpflichtigen Kindern

Gesetzliche Regelung:
Kinder, die nicht mehr vollzeitschulpflichtig sind, dürfen nach § 7 JArbSchG im Rahmen eines Berufsausbildungsverhältnisses beschäftigt werden. Außerhalb eines Berufsausbildungsverhältnisses dürfen nicht mehr vollzeitschulpflichtige Kinder nach dieser Vorschrift nur mit leichten und für sie geeigneten Tätigkeiten bis zu sieben Stunden täglich und 35 Stunden in der Woche beschäftigt werden. Die geltende Regelung bezieht sich nur auf Kinder – ohne Angabe eines Mindestalters.

Änderungsempfehlung:
Es sollte klargestellt werden, dass die Vorschrift unter Berücksichtigung der europarechtlichen Vorgaben der Jugendarbeitsschutzrichtlinie nur für Kinder gilt, die mindestens 14 Jahre alt sind.

Hintergrund:
Die Klarstellung ist europarechtlich gefordert, auch wenn angesichts einer neun- bis zehnjährigen Schulpflicht kaum Konstellationen denkbar sind, in denen nicht mehr vollzeitschulpflichtige Kinder jünger als 14 Jahre alt sind.

3.3.5　Arbeitszeit

3.3.5.1　Verlängerung der täglichen Arbeitszeit

Gesetzliche Regelung:
Nach § 8 Abs. 1 JArbSchG dürfen Jugendliche nicht länger als acht Stunden täglich und 40 Stunden wöchentlich beschäftigt werden. Von dieser Grundregel gibt es eine Reihe von Ausnahmen. So dürfen Jugendliche nach § 8 Abs. 2a JArbSchG, wenn an einzelnen Werktagen die Arbeitszeit auf weniger als acht Stunden verkürzt wird, an den übrigen Werktagen derselben Woche achteinhalb Stunden beschäftigt werden. Eine weitere Ausnahme von der Grundregel der täglichen Höchstarbeitszeit von acht Stunden ist in § 8 Abs. 2 JArbSchG verankert: Wenn in Verbindung mit Feiertagen an Werktagen nicht gearbeitet wird, damit die Beschäftigten eine längere zusammenhängende Freizeit haben, darf die ausfallende Arbeitszeit auf andere Werktage verteilt werden und an diesen zu einer Verlängerung der täglichen Arbeitszeit auf achteinhalb Stunden fuhren. Die wöchentliche Höchstarbeitszeit darf in diesem Fall über einen Zeitraum von fünf Wochen (sog. Ausgleichszeitraum) durchschnittlich 40 Stunden nicht überschreiten.

Änderungsempfehlung:
Wenn an einzelnen Werktagen die Arbeitszeit auf weniger als acht Stunden verkürzt wird, sollte die tägliche Beschäftigungsdauer statt achteinhalb Stunden bis zu neun Stunden betragen dürfen. Gleichzeitig bleibt es bei der bisher geltenden wöchentlichen Höchstarbeitszeit von 40 Stunden.
Wenn in Verbindung mit Feiertagen an kompletten Werktagen nicht gearbeitet wird, um etwa zusammen mit einem sog. Brückentag eine längere zusammenhängende Freizeit zu ermöglichen, dann sollte die ausfallende Arbeitszeit auf andere Werktage dergestalt verteilt werden können, dass an diesen Tagen bis zu neun Stunden gearbeitet wird. Gleichzeitig bleibt es hinsichtlich der wöchentlichen Höchstarbeitszeit von 40 Stunden bei dem Ausgleichszeitraum von fünf Wochen.

Hintergrund:
Die Arbeitsgruppe empfiehlt, an den bisherigen Regelungen festzuhalten und nur eine moderate Flexibilisierung zuzulassen. Aus Sicht der Arbeitsgruppe wird durch diese Änderung eine flexiblere Handhabung der täglichen Arbeitszeit ermöglicht, ohne dass Gesundheitsgefährdungen der betroffenen Jugendlichen zu befürchten sind. Die zur Unterstützung der Arbeitsgruppe erstellten Studien zu den Auswirkungen der Arbeit von Jugend-

lichen am Abend und in den Nachtstunden sowie in den Morgenstunden (AWiS-Studien) haben ergeben, dass eine tägliche Arbeitszeit bis zu neun Stunden am Tag dann unproblematisch ist, wenn ein zeitnaher Ausgleich erfolgt. Die beiden Studien kommen übereinstimmend zu dem Ergebnis, dass eine Arbeitszeit von mehr als neun Stunden nicht zu empfehlen ist. Die mit der Änderungsempfehlung zu den täglichen Höchstarbeitszeiten verbundene Flexibilisierung liegt sowohl im Interesse der Arbeitgeber als auch der betroffenen Jugendlichen. Hierdurch wird z. B. die Möglichkeit geschaffen, am Freitag, wie in vielen Branchen üblich, nur einen halben Tag zu arbeiten.

In Bezug auf die weitere Änderungsempfehlung (Erhöhung der täglichen Arbeitszeit im Zusammenhang mit der Ermöglichung von freien Werktagen, z. B. »Brückentage«) kann nach Auffassung der Arbeitsgruppe von einem sehr zeitnahen Ausgleich der längeren täglichen Arbeitszeit abgesehen werden. Denn die Verlängerung der täglichen Arbeitszeit steht im Zusammenhang mit zusätzlich gewährten komplett freien Werktagen und den damit verbundenen Möglichkeiten der zusätzlichen Erholung und sozialen Aktivität.

3.3.5.2 Tägliche und wöchentliche Arbeitszeit in der Landwirtschaft

Gesetzliche Regelung:
In § 8 Abs. 3 JArbSchG ist eine Ausnahme von den Grundregeln der täglichen und wöchentlichen Höchstarbeitszeit von Jugendlichen festgelegt. Nach dieser Vorschrift dürfen Jugendliche über 16 Jahre in der Landwirtschaft während der Erntezeit nicht mehr als neun Stunden täglich und nicht mehr als 85 Stunden in der Doppelwoche beschäftigt werden. Ein Ausgleichszeitraum ist nach geltendem Recht nicht vorgesehen.

Änderungsempfehlung:
In Bezug auf die zulässige längere tägliche und wöchentliche Arbeitszeit von Jugendlichen über 16 Jahre in der Landwirtschaft sollte ein Ausgleichszeitraum von fünf Wochen eingeführt werden.

Hintergrund:
Die Ausnahme des § 8 Abs. 3 JArbSchG hat ihren Grund in den besonderen Verhältnissen in der Landwirtschaft. Während der Erntezeit muss länger gearbeitet werden als in anderen Bereichen. Gleichzeitig ging der Gesetzgeber davon aus, dass die Mehrarbeit während der Erntezeit durch kürzere Arbeitszeiten außerhalb der Erntezeit wieder ausgeglichen würde (BT-Drs. 7/2305, S. 29). Diese Überlegungen haben nach Ansicht der Arbeitsgruppe weiterhin Bestand. Allerdings führt die moderne Landwirtschaft zunehmend zu längeren Erntezeiten, die sich auch mehr über das Jahr verteilen. Die Einführung des Ausgleichszeitraums soll deshalb sicherstellen, dass Gesundheitsgefährdungen der betroffenen Jugendlichen durch dauerhafte

Überschreitungen der grundsätzlich zulässigen täglichen und wöchentlichen Höchstarbeitszeit vorgebeugt wird.

3.3.6 Berufsschule

3.3.6.1 Regelung zu erwachsenen Berufsschulpflichtigen

Gesetzliche Regelung:
Beginnt der Berufsschulunterricht vor 9 Uhr, darf der Arbeitgeber den betroffenen Jugendlichen nach § 9 Abs. 1 Nr. 1, 1. Halbsatz JArbSchG nicht beschäftigen. Dies gilt nach § 9 Abs. 1 Nr. 1, 2. Halbsatz JArbSchG auch für Personen, die über 18 Jahre alt und noch berufsschulpflichtig sind.

Änderungsempfehlung:
Regelungen im Jugendarbeitsschutzgesetz sollten sich auf Kinder und Jugendliche beschränken. Vorschriften für erwachsene berufsschulpflichtige Personen sollten in den auf die Ausbildung zugeschnittenen Gesetzen geregelt werden, etwa im Berufsbildungsgesetz (BBiG).

Hintergrund:
Die Arbeitsgruppe ist der Auffassung, dass eine Regelung dazu, wann berufsschulpflichtige Erwachsene nicht beschäftigt werden dürfen, aus systematischen Gründen nicht in das Jugendarbeitsschutzgesetz gehört. Aus Sicht der Arbeitsgruppe kommt hierfür das BBiG in Frage, das umfassende Regelungen zur Berufsausbildung enthält.

3.3.6.2 Beschäftigungsverbot und Anrechnungsregel an Berufsschultagen

Gesetzliche Regelung:
An Berufsschultagen mit mehr als fünf Unterrichtsstunden von mindestens je 45 Minuten darf der Jugendliche nicht mehr beschäftigt werden. Ein solcher Berufsschultag wird auf die Arbeitszeit der betroffenen Jugendlichen mit acht Stunden angerechnet. In Berufsschulwochen mit einem planmäßigen Blockunterricht von mindestens 25 Stunden an mindestens fünf Tagen darf der Jugendliche nicht mehr beschäftigt werden (Ausnahme: zwei Stunden betriebliche Ausbildungsveranstaltungen). Diese Wochen werden mit 40 Stunden auf die Arbeitszeit angerechnet (§ 9 JArbSchG).

Änderungsempfehlung:
Das Beschäftigungsverbot und die Anrechnungsregel gelten bei einem Unterricht von zusammen mehr als vier Zeitstunden täglich und von zusammen mehr als 18 Zeitstunden in der Woche.

Hintergrund:
Die Empfehlung dient der Vermeidung von Widersprüchen, die zum Beispiel dann entstehen könnten, wenn der Unterricht an einem Berufsschul-

tag auf fünf Stunden zu je 60 Minuten oder in einer Berufsschulwoche auf 20 Zeitstunden (5 Tage x 4 Stunden à 60 Minuten) verteilt würde. Die Unterrichtszeit wäre in diesen Fällen länger als an einem Berufsschultag mit sechs Stunden à 45 Minuten (die Unterrichtszeit beträgt dann insgesamt nur 4,5 Zeitstunden) bzw. in einer Berufsschulwoche 25 Unterrichtsstunden à 45 Minuten (= 18,75 Zeitstunden). Gleichwohl müssten die Jugendlichen nach dem Berufsschulunterricht – mangels Anrechnung von acht bzw. 40 Arbeitsstunden – wieder die Arbeit im Betrieb bzw. in der Dienststelle aufnehmen, da die vom Gesetz geforderte Anzahl von mehr als fünf Unterrichtsstunden pro Tag bzw. mindestens 25 Unterrichtsstunden pro Woche nicht erreicht würde.

3.3.6.3 Freistellung vor Abschlussprüfung

Gesetzliche Regelung:
Gemäß § 10 Abs. 1 Nr. 2 JArbSchG hat der Arbeitgeber den Jugendlichen an dem Arbeitstag, der der schriftlichen Abschlussprüfung unmittelbar vorangeht, freizustellen.
Änderungsempfehlung:
Es sollte klargestellt werden, dass die Jugendlichen vor der theoretischen Abschlussprüfung (im Gegensatz zur praktischen Abschlussprüfung) freizustellen sind, unabhängig davon, ob die theoretische Prüfung schriftlich oder mündlich abgelegt wird.
Hintergrund:
Nach der Konzeption des Jugendarbeitsschutzgesetzes steht die schriftliche Abschlussprüfung als theoretische Prüfung im Gegensatz zur praktischen Abschlussprüfung. Wird die theoretische Abschlussprüfung nur mündlich abgehalten oder enthält sie einen mündlichen Teil, ist die mündliche Abschlussprüfung nach Auffassung der Arbeitsgruppe von der Regelung bereits nach geltendem Recht erfasst. Dagegen soll den Jugendlichen vor der praktischen Abschlussprüfung zur besseren Vorbereitung noch einmal Gelegenheit gegeben werden, im Betrieb zu arbeiten (BT-Drs. 7/4544, S. 5), weshalb eine Freistellung nicht zwingend vorgesehen ist. Aus Sicht der Arbeitsgruppe ist die Klarstellung geboten, um Missverständnisse zu vermeiden.
Anlass für die Überlegungen ist eine Petition an den Deutschen Bundestag, in der eine Freistellungspflicht im Jugendarbeitsschutzgesetz auch hinsichtlich der Tage gefordert wird, die dem Tag der mündlichen Abschlussprüfung und dem Tag der Zwischenprüfung vorangehen. Diese erweiterte Freistellungspflicht soll nach dem Petenten auch für erwachsene Berufsschüler gelten. Hierzu vertritt die Arbeitsgruppe die Auffassung, dass weitere Änderungen des Jugendarbeitsschutzgesetzes, neben der erwähnten Klarstellung, nicht zu empfehlen sind. Abschlussprüfungen im Rahmen von Stufenausbildungen (etwa die Prüfung als Verkäufer/in bei der Ausbildung zum Einzel-

handelskaufmann bzw. zur Einzelhandelskauffrau oder die Prüfung als Modenäher/in bei der Ausbildung zum Modeschneider bzw. zur Modeschneiderin) werden bereits nach der geltenden Rechtslage erfasst. Ein zusätzliches Bedürfnis nach einer zwingenden Freistellung vor Zwischenprüfungen wurde deshalb von der Arbeitsgruppe verneint.

Regelungen für Erwachsene im Jugendarbeitsschutzgesetz werden von der Arbeitsgruppe generell nicht befürwortet (vgl. …).

3.3.7   Ruhepausen

3.3.7.1 Länge der Ruhepausen

Gesetzliche Regelung:

Nach der geltenden Rechtslage (§ 11 JArbSchG) müssen Jugendlichen, die mehr als viereinhalb und bis zu sechs Stunden arbeiten, Ruhepausen (im Voraus feststehende Arbeitsunterbrechungen) von mindestens 30 Minuten gewährt werden. Arbeitet ein Jugendlicher länger als sechs Stunden, müssen die Ruhepausen mindestens 60 Minuten betragen. Per Tarifvertrag kann die Dauer der Ruhepausen gemäß § 21a Abs. 1 Nr. 2 JArbSchG von 60 auf 45 Minuten verkürzt werden.

Empfehlung:

Keine Änderung der Regelung zur Länge der Ruhepausen.

Hintergrund:

Die Arbeitsgruppe diskutierte insbesondere einen an das BMAS herangetragenen Änderungsvorschlag, der vorsah, bei Arbeitszeiten von Jugendlichen zwischen viereinhalb und acht Stunden die Dauer der Ruhepause auf 30 Minuten zu verkürzen und bei Arbeitszeiten von mehr als acht Stunden eine Pausenzeit von 45 bzw. 60 Minuten einzuführen. Bei einer Mindestpausendauer von 60 Minuten (bei Arbeitszeiten von mehr als acht Stunden) sollte es bei der Verkürzungsmöglichkeit per Tarifvertrag bleiben. Als Begründung für diesen Änderungsvorschlag wurde insbesondere auf die Vorteile einer Synchronisierung der Pausenregelung für Jugendliche und Erwachsene hingewiesen. Dies führe zu Erleichterungen in Bezug auf die gemeinsame Gestaltung der Ruhepausen und die Arbeitsorganisation (z. B. beim Transport von und zum Arbeitsplatz). Außerdem entspreche eine solche Angleichung der Pausenregelung für Jugendliche und Erwachsene dem Wunsch vieler Jugendlicher.

Im Ergebnis wird der Änderungsvorschlag unter dem Aspekt eines präventiven Arbeitsschutzes nicht aufgegriffen. Die zur Unterstützung der Arbeitsgruppe erstellten AWiS-Studien empfehlen keine Abweichungen von den bestehenden Pausenregelungen (…) und auch die BAuA spricht sich gegen eine Änderung der bestehenden Rechtslage aus.

3.3.7.2 Angemessene Lage der Ruhepausen

Gesetzliche Regelung:
Nach § 11 Abs. 2 Satz 1 JArbSchG müssen die Ruhepausen in angemessener zeitlicher Lage, frühestens eine Stunde nach Beginn und spätestens eine Stunde vor Ende der Arbeitszeit, gewährt werden.

Änderungsempfehlung:
Die gesetzliche Konkretisierung der angemessenen zeitlichen Lage der Ruhepausen sollte entfallen.

Hintergrund:
Ruhepausen sind Arbeitsunterbrechungen (vgl. § 11 Abs. 1 Satz 3 JArbSchG), woraus sich bereits zwingend ergibt, dass nach und vor einer Ruhepause gearbeitet wird und Ruhepausen nicht direkt am Anfang und am Ende eines Arbeitstages liegen dürfen. Die zusätzliche Feststellung, dass die Ruhepausen in angemessener zeitlicher Lage zu gewähren sind, reicht für sich bereits aus, um dem mit Ruhepausen verbundenen Erholungszweck in der Praxis Rechnung zu tragen. Der gesetzlichen Regelung dazu, was unter einer angemessenen zeitlichen Lage der Ruhepausen zu verstehen ist, bedarf es darüber hinaus nicht.

3.3.8 Schichtzeiten

Gesetzliche Regelung:
Nach § 12 JArbSchG darf bei der Beschäftigung Jugendlicher die Schichtzeit (tägliche Arbeitszeit zuzüglich Ruhepausen) grundsätzlich zehn Stunden nicht überschreiten. Im Bergbau unter Tage gilt eine Grenze für die Schichtzeit von acht Stunden. Im Gaststättengewerbe, in der Landwirtschaft, in der Tierhaltung, und auf Bau- und Montagestellen darf sie bis zu elf Stunden lang sein. Nach § 21a Abs. 1 Nr. 3 JArbSchG kann die Schichtzeit durch Tarifvertrag um eine Stunde verlängert werden, ausgenommen ist allerdings der Bergbau.

Änderungsempfehlung:
Die Regelung zur Schichtzeit sollte beibehalten werden. Eine Verlängerung der Schichtzeit durch Tarifvertrag sollte auf bis zu elf Stunden möglich sein (bisher teilweise zwölf Stunden). Dies bedeutet eine maximale Obergrenze der täglichen Arbeitszeit zuzüglich Ruhepausen von elf Stunden.

Hintergrund:
Die Begrenzung der Schichtzeit dient dem Interesse der Jugendlichen an ausreichend zusammenhängender Freizeit und ihrem Gesundheitsschutz. Die AWiS-Studien haben aus gesundheitlichen und sozialen Erwägungen heraus empfohlen, Arbeitszeiten zuzüglich Ruhepausen grundsätzlich auf zehn Stunden zu begrenzen. Ausnahmen sollten nach den Studien nur dann zugelassen werden, wenn es um die Erfahrung berufstypischer Arbeitszeiten

und die Vermittlung ausbildungsrelevanter Inhalte gehe. Die Arbeitsgruppe folgt diesen Empfehlungen, indem sie an dem Grundsatz der Begrenzung der Schichtzeiten auf zehn Stunden festhält und sich darüber hinaus einerseits für Schichtzeiten von über zehn Stunden nur für Branchen ausspricht, in denen lange Schichtzeiten berufstypisch sind (wie etwa im Gastgewerbe) und andererseits empfiehlt, keine Schichtzeiten von über elf Stunden zuzulassen.

3.3.9　Nachtruhe

3.3.9.1　Grundregeln zur Nachtruhe

Gesetzliche Regelung:

In Bezug auf die Nachtruhe sieht das Jugendarbeitsschutzgesetz in § 14 JArbSchG folgende Regelungen vor: Jugendliche dürfen grundsätzlich nur in der Zeit von 6 bis 20 Uhr beschäftigt werden. Jugendliche ab 16 Jahre dürfen im Gaststätten- und Schaustellergewerbe bis 22 Uhr, in mehrschichtigen Betrieben bis 23 Uhr, in der Landwirtschaft ab 5 Uhr oder bis 21 Uhr und in Bäckereien und Konditoreien ab 5 Uhr beschäftigt werden. Über 17-Jährige dürfen zudem in Bäckereien ab 4 Uhr beschäftigt werden. An einem Tag, der einem Berufsschultag unmittelbar vorangeht, dürfen Jugendliche aber auch in den genannten Ausnahmefällen dann nicht nach 20 Uhr beschäftigt werden, wenn der Berufsschulunterricht am Berufsschultag vor 9 Uhr beginnt.

Änderungsempfehlung:

Eine Beschäftigung Jugendlicher in mehrschichtigen Betrieben bis 23 Uhr sollte nur dann zulässig sein, wenn gleichzeitig die tägliche Schichtzeit (Arbeitszeit zuzüglich Ruhepausen) für die Jugendlichen auf neun Stunden begrenzt wird. Im Übrigen wird eine Änderung der allgemeinen Regeln (z.B. eine Verlängerung des zulässigen Arbeitsendes auf 21 Uhr bzw. 23 Uhr) von der Arbeitsgruppe nicht empfohlen.

Hintergrund:

Eine differenzierte Betrachtung der Ergebnisse der AWiS-Studie zur Abend- und Nachtarbeit zeigt, dass ein Arbeitsende bis 20 Uhr wenige negative Auswirkungen auf die Jugendlichen hat. Bei einem Arbeitsende zwischen 20 und 22 Uhr ist dagegen ein Anstieg negativer Auswirkungen insbesondere auf die Gesundheit zu verzeichnen. Eindeutig negative gesundheitliche Auswirkungen hat nach der Studie ein Arbeitsende nach 22 Uhr (siehe oben …). Für die Arbeitsgruppe ergibt sich hieraus, dass von einer weiteren Flexibilisierung der Zeiten des Arbeitsendes abzuraten ist. Die AWiS-Studie zeigt, dass im Bereich Hotel- und Gaststätten von den bestehenden Flexibilisierungsmöglichkeiten umfassend Gebrauch gemacht wird (lange Schichtzeiten, Arbeit am Wochenende und ein spätes Arbeitsende sind danach üblich) und

von der Einhaltung aller Schutzvorschriften nicht immer ausgegangen werden kann.
Der Ausnahmetatbestand, wonach bei Schichtbetrieben ein Arbeitsende um 23 Uhr zulässig ist, wurde eingeführt, um Jugendlichen die Beschäftigung in Betrieben mit vorgegebenen Schichtsystemen zu ermöglichen. Allerdings zeigt die Praxis, dass die Schichtmodelle sehr unterschiedlich sind und teilweise Schichtzeiten von mehr als zehn bis 12 Stunden üblich sind, beispielsweise bei »geteilten Diensten«. Nach einer Studie der BAuA bedeutet ein Arbeitsende zwischen 22 und 23 Uhr dann keine Gefährdung, wenn kurze Schichtzeiten gearbeitet werden und die sonstigen Regelungen des Jugendarbeitsschutzgesetzes strikt eingehalten werden (siehe oben …). Die AWiS-Studien beurteilen aus gesundheitlicher Sicht die Kombination von langen Schichtzeiten mit einem späten Arbeitsende als besonders problematisch (siehe oben …). Die vorgeschlagene Regelung soll dazu beitragen, diese Kombination zu vermeiden. Dafür wird die Schichtzeit von Jugendlichen in mehrschichtigen Betrieben auf neun Stunden begrenzt, wenn die Jugendlichen bis 23 Uhr beschäftigt werden sollen. Sogenannte geteilte Dienste – mit langen Ruhepausen zwischen den einzelnen Arbeitsphasen – werden dadurch vermieden.

3.3.9.2 Regelungen zur Nachtruhe im Kultur- und Medienbereich

Gesetzliche Regelung:
Jugendliche dürfen bei Kulturveranstaltungen, anderen Aufführungen und im Medienbereich bis 23 Uhr beschäftigt werden und im Anschluss daran erst nach 14 Stunden ununterbrochener Freizeit wieder beschäftigt werden (§ 14 Abs. 7 JArbSchG).
Änderungsempfehlung:
Die Dauer der ununterbrochenen Freizeit, nach der eine Beschäftigung wieder möglich ist, sollte auf 12 Stunden verkürzt werden. Weiter sollte klargestellt werden, dass auch die Beschäftigung als Sportlerin oder Sportler im Rahmen von Sportveranstaltungen unter die Regelung des § 14 Abs. 7 JArbSchG fällt.
Hintergrund:
Die Umsetzung der Änderungsempfehlung würde bedeuten, dass für alle Jugendlichen unabhängig von der Beschäftigung zwölf Stunden ununterbrochene Freizeit zwischen Beendigung und Wiederaufnahme der Beschäftigung vorgeschrieben werden (§ 13 JArbSchG). Zwölf Stunden Ruhe reichen nach Auffassung der Arbeitsgruppe auch für Tätigkeiten im Bereich Kulturveranstaltungen und Medien aus, um den erforderlichen Gesundheitsschutz sicherzustellen. Gleichzeitig würde durch diese Anpassung die Arbeit im Kultur- und Medienbereich erleichtert, weil die Beschäftigung nach einer kürzeren Unterbrechung als bislang wieder aufgenommen werden könnte

(etwa für Proben). In der Praxis haben sich für Profisportlerinnen und Profisportler Fragen hinsichtlich der Beschäftigung bei Sportveranstaltungen in den Abend- und Nachtstunden ergeben. Sportveranstaltungen werden nach Auffassung der Arbeitsgruppe bereits nach geltender Rechtslage von der Regelung des § 14 Abs. 7 JArbSchG erfasst. Eine entsprechende Klarstellung wird empfohlen. Eine Beschäftigung Jugendlicher im Kultur- und Medienbereich bzw. bei Sportveranstaltungen über 23 Uhr hinaus sollte nach Ansicht der Arbeitsgruppe mit Genehmigung der Aufsichtsbehörde in Einzelfällen möglich sein (vgl. Empfehlung zur Einführung neuer Ausnahmegenehmigungen, …).

3.3.10 Fünf-Tage-Woche, Samstags- und Sonntagsruhe

Die Arbeitsgruppe hat sich auf Änderungsvorschläge in Bezug auf die Regelungen zur Fünf-Tage-Woche und zur Samstags- und Sonntagsruhe verständigt. Diese Änderungsvorschläge sind weitgehend aufeinander abgestimmt und sollten nach Ansicht der Arbeitsgruppe deshalb als Gesamtpaket und nicht losgelöst voneinander betrachtet werden.

3.3.10.1 Fünf-Tage-Woche

Gesetzliche Regelung:
Nach § 15 JArbSchG dürfen Jugendliche nur an fünf Tagen in der Woche beschäftigt werden. Die beiden wöchentlichen Ruhetage sollen aufeinander folgen. Wenn Jugendliche am Samstag oder Sonntag beschäftigt werden, ist ihnen nach § 16 Abs. 3 bzw. § 17 Abs. 3 JArbSchG die Fünf-Tage-Woche durch Freistellung an einem anderen berufsschulfreien Tag der Woche sicherzustellen. Mindestens zwei Samstage im Monat sollen beschäftigungsfrei sein. Jeder zweite Sonntag soll, mindestens zwei Sonntage im Monat müssen beschäftigungsfrei sein.

Änderungsempfehlung:
Mindestens zwei Wochenenden im Monat (jeweils der Samstag und der Sonntag) sollten zwingend beschäftigungsfrei bleiben. Durch Tarifvertrag sollte geregelt werden können, dass statt des Samstags der Montag (wenn er berufsschulfrei ist) als Ruhetag festgelegt wird, um zwei zusammenhängende Ruhetage zu gewährleisten.

Hintergrund:
Die Änderungsempfehlung zielt darauf ab, den Anspruch der Jugendlichen auf ein freies Wochenende zu stärken. Die AWiS-Studien unterstreichen die Bedeutung des freien Wochenendes für die Jugendlichen, um sozialen Aktivitäten nachzugehen und soziale Desynchronisation zu vermeiden. In Fällen, in denen Jugendliche an Samstagen beschäftigt werden, sollte die Ge-

währung von zwei zusammenhängenden Ruhetagen durch tarifliche Regelungen gewährleistet werden.

3.3.10.2 Samstagsruhe

Gesetzliche Regelung:

An Samstagen dürfen Jugendliche nach § 16 JArbSchG grundsätzlich nicht beschäftigt werden. Es gibt aber einen umfangreichen Katalog an Ausnahmen von diesem Verbot. Jugendliche dürfen an Samstagen beschäftigt werden in Krankenanstalten sowie in Alten-, Pflege- und Kinderheimen, in offenen Verkaufsstellen, in Betrieben mit offenen Verkaufsstellen, in Bäckereien und Konditoreien, im Friseurhandwerk und im Marktverkehr, im Verkehrswesen, in der Landwirtschaft und Tierhaltung, im Familienhaushalt, im Gaststätten- und Schaustellergewerbe, bei Musikaufführungen, Theatervorstellungen und anderen Aufführungen, bei Aufnahmen im Rundfunk (Hörfunk und Fernsehen), auf Ton- und Bildträger sowie bei Film- und Fotoaufnahmen, bei außerbetrieblichen Ausbildungsmaßnahmen, beim Sport, im ärztlichen Notdienst und in Reparaturwerkstätten für Kraftfahrzeuge. Dabei sollen mindestens zwei Samstage im Monat beschäftigungsfrei bleiben.

Änderungsempfehlung:

Auf das Verbot der Samstagsarbeit sollte verzichtet werden. Gleichzeitig sollte geregelt werden, dass zwei Samstage im Monat beschäftigungsfrei bleiben müssen. Dies gilt nicht für Aushilfstätigkeiten, die eine Beschäftigung an zwei Tagen in der Woche nicht übersteigen. In Bezug auf diese Tätigkeiten sollte die Arbeit an jedem Samstag zugelassen werden.

Hintergrund:

Die bestehende Regelung zur Samstagsarbeit – grundsätzliches Verbot, aber zahlreiche Ausnahmen für bestimmte Bereiche – sollte angesichts der generellen branchenübergreifenden Zunahme der Bedeutung der Samstagsarbeit geändert werden. Durch die Regelung, dass zwei Samstage im Monat beschäftigungsfrei sein müssen, wird gleichzeitig der Anspruch aller Jugendlichen auf freie Wochenenden gestärkt. Dies würde für viele Jugendliche in Branchen, die bislang unter die Ausnahme vom Verbot der Samstagsarbeit fallen, eine deutliche Verbesserung bedeuten.

Tätigkeiten mit geringem zeitlichen Umfang (bis zu zwei Tage in der Woche) sollen an allen Samstagen möglich sein. Die Empfehlung der Arbeitsgruppe will mit diesem Vorschlag der aktuellen Praxis Rechnung tragen. Diese Tätigkeiten werden an den schulfreien Samstagen bereits heute meistens von Schülerinnen und Schülern durchgeführt und sollen an jedem Samstag erlaubt sein.

3.3.10.3 Sonntagsruhe

Gesetzliche Regelung:

An Sonntagen dürfen Jugendliche gemäß § 17 JArbSchG grundsätzlich nicht beschäftigt werden. Der Ausnahmekatalog lässt eine Beschäftigung am Sonntag zu in Krankenanstalten sowie in Alten-, Pflege- und Kinderheimen, in der Landwirtschaft und Tierhaltung mit Arbeiten, die auch an Sonn- und Feiertagen naturnotwendig vorgenommen werden müssen, im Familienhaushalt, wenn der Jugendliche in die häusliche Gemeinschaft aufgenommen ist, im Schaustellergewerbe, bei Musikaufführungen, Theatervorstellungen und anderen Aufführungen sowie bei Direktsendungen im Rundfunk (Hörfunk und Fernsehen), beim Sport, im ärztlichen Notdienst, im Gaststättengewerbe. Zwei Sonntage im Monat müssen (jeder zweite Sonntag soll) für Jugendliche beschäftigungsfrei sein. Die Beschäftigung am Sonntag ist durch Freistellung an einem anderen berufsschulfreien Tag derselben Woche auszugleichen.

Änderungsempfehlung:

Sonntagsarbeit bleibt verboten. Sonntagsarbeit sollte im Rahmen des Ausnahmekatalogs nur zulässig sein, wenn die Arbeiten nicht an Werktagen vorgenommen werden können (zusätzliche Tatbestandsvoraussetzung entsprechend der Sonntagsregelung im Arbeitszeitgesetz). Der Ausnahmekatalog sollte geringfügig erweitert und bestimmte Ausnahmen sollten klargestellt werden. Die Beschäftigung Jugendlicher in ambulanter Pflege, Tierkliniken und -pflegeeinrichtungen und bei tagesaktuellen Foto-, Film- und Tonaufnahmen sollte zugelassen werden. Die Arbeitsschutzbehörde sollte weitere Ausnahmen vom Verbot der Sonntagsarbeit für die Beschäftigung Jugendlicher bei Kulturveranstaltungen und im Medienbereich zulassen können, wenn besondere Umstände dies erfordern.

Hintergrund:

Durch die Einführung der zusätzlichen Zulässigkeitsvoraussetzung, die § 10 Abs. 1 Arbeitszeitgesetz entspricht, sollen Wertungswidersprüche zwischen dem Jugendarbeitsschutzgesetz und dem Arbeitszeitgesetz vermieden und die verfassungsrechtlich geschützte Sonntagsruhe (Art. 139 GG) gestärkt werden. Durch die Aktualisierung des Ausnahmekatalogs wird dem Bedürfnis nach Sonntagsarbeit die aufgrund der Aktualität nicht an einem anderen Tag ausgeübt werden kann, sowie in bisher nicht genannten Bereichen Rechnung getragen, in denen es um die Befriedigung elementarer Grundbedürfnisse von Menschen und Tieren geht. Mit der Ausnahmebewilligung soll zusätzliche Flexibilität für die Beschäftigung Jugendlicher an Sonntagen im Kultur- und Medienbereich erreicht werden. Dreharbeiten in belebten Städten können vielfach nur an Sonntagen durchgeführt werden, um so wenig Beeinträchtigungen wie möglich, etwa durch Sperrungen, hervorzurufen.

3.3.11 Urlaub

Gesetzliche Regelung:
Jugendliche haben, gestaffelt nach ihrem Alter, gemäß § 19 JArbSchG einen
gesetzlichen Anspruch auf Erholungsurlaub von 25, 27 oder 30 Werktagen
im Jahr. Der Urlaub wird berechnet auf der Grundlage einer Arbeitswoche
mit sechs Werktagen (§ 19 Abs. 4 Satz 1 JArbSchG in Verbindung mit § 3
Abs. 2 Bundesurlaubsgesetz).
Änderungsempfehlung:
Der Urlaubsanspruch sollte auf eine Fünf-Tage-Woche umgerechnet werden.
Hintergrund:
Vielfach gehen betroffene Jugendliche, wie entsprechende Eingaben zeigen,
davon aus, dass ihnen gesetzlich mehr Urlaubstage zustehen als dies tatsächlich der Fall ist. Sie unterstellen dabei fälschlicherweise, dass sich der Anspruch auf Erholungsurlaub bereits nach geltendem Recht auf eine Fünf-Tage-Woche bezieht. Die empfohlene Änderung schafft Klarheit, ohne am tatsächlichen Umfang des gesetzlichen Urlaubsanspruchs etwas zu ändern. In
Bezug auf eine Fünf-Tage-Woche ergibt sich
- für Jugendliche unter 16 Jahren ein Urlaubsanspruch von 25 Arbeitstagen,
- für Jugendliche unter 17 Jahren ein Urlaubsanspruch von 23 Arbeitstagen sowie
- für Jugendliche unter 18 Jahren ein Urlaubsanspruch von 21 Arbeitstagen.

3.3.12 Ausnahme vom Verbot der Beschäftigung mit gefährlichen Arbeiten

Gesetzliche Regelung:
Jugendliche dürfen im Rahmen eines Ausbildungsverhältnisses unter bestimmten Voraussetzungen mit gefährlichen Arbeiten beschäftigt werden
(§ 22 Abs. 2 JArbSchG).
Änderungsempfehlung:
Diese Ausnahmeregelung sollte auch für Beschäftigungen nach Abschluss einer Berufsausbildung gelten.
Hintergrund:
Die Änderungsempfehlung zielt darauf ab, die widersprüchliche Situation
zu vermeiden, dass Jugendliche während einer Ausbildung gefährliche Arbeiten ausführen dürfen, ihnen diese Tätigkeiten nach Abschluss ihrer Ausbildung (u. U. im selben Betrieb) aber verboten werden. Wenn die besonderen Voraussetzungen erfüllt sind, wie die Betreuung durch eine fachkundige

Person, muss erst Recht einem ausgebildeten Jugendlichen eine Beschäftigung mit den fraglichen Arbeiten möglich sein.

3.3.13 Ausnahme vom Beschäftigungsverbot unter Tage

Gesetzliche Regelung:
§ 24 Abs. 2 Nr. 3 JArbSchG sieht eine Ausnahme vom Verbot der Beschäftigung Jugendlicher unter Tage für Bergjungarbeiter vor.
Änderungsvorschlag:
Die Regelung sollte gestrichen werden.
Hintergrund:
Die Regelung hat keine praktische Relevanz mehr. Nach Rückmeldung aus der Praxis gibt es bereits seit vielen Jahren keine Ausbildungsmaßnahmen für Bergjungarbeiter mehr.

3.3.14 Pflicht zur Aufzeichnung der Arbeitszeit und der Ruhepausen

Gesetzliche Regelung:
Nach § 48 JArbSchG müssen Arbeitgeber, die regelmäßig mindestens drei Jugendliche beschäftigen, über Beginn und Ende der regelmäßigen täglichen Arbeitszeit und der Ruhepausen der Jugendlichen im Betrieb informieren (Aushangpflicht).
Nach § 49 JArbSchG haben die Arbeitgeber Verzeichnisse der bei ihnen beschäftigten Jugendlichen unter Angabe des Vor- und Familiennamens, des Geburtsdatums und der Wohnanschrift zu fuhren, in denen das Datum des Beginns der Beschäftigung bei ihnen enthalten ist.
Änderungsempfehlung:
Die Pflicht zum Aushang der Arbeitszeit und der Ruhepausen der Jugendlichen sollte ebenso entfallen, wie die Pflicht, Verzeichnisse über die beschäftigten Jugendlichen zu fuhren. Stattdessen sollten die Arbeitgeber verpflichtet werden, Beginn und Ende der Arbeitszeiten sowie die Ruhepausen der Jugendlichen aufzuzeichnen und die Aufzeichnungen mindestens zwei Jahre aufzubewahren.
Hintergrund:
Eine wirksame Kontrolle ist nur durch eine konkrete Aufzeichnung von Arbeitszeiten und Ruhepausen möglich. In den empirischen Untersuchungen im Rahmen der AWiS-Studien sind eine Vielzahl von Überschreitungen der Grundnormen des Jugendarbeitsschutzgesetzes festgestellt worden. Eine bessere Kontrolle der tatsächlichen Einhaltung der wesentlichen Bestimmungen des Gesetzes ist geboten.

3.3.15 Neue Ausnahmegenehmigungen durch die Arbeitsschutzbehörde

Gesetzliche Regelung:
Eine grundsätzliche Möglichkeit, von den einzelnen Bestimmungen durch Bewilligung der Aufsichtsbehörde im Einzelfall abzuweichen, sieht das Jugendarbeitsschutzgesetz bislang nicht vor.

Änderungsempfehlung:
Die Arbeitsschutzbehörde sollte bewilligen können, dass im Einzelfall von Grundnormen des Jugendarbeitsschutzgesetzes (insbesondere zur Lage der Arbeitszeit und zur Arbeit am Wochenende) abgewichen werden kann, wenn die Berufsausbildung dies erfordert und Sicherheit und Gesundheitsschutz gewährleistet werden. Außerdem sollte die Arbeitsschutzbehörde im Einzelfall Ausnahmen von der Lage der Arbeitszeit und vom Beschäftigungsverbot an Sonn- und Feiertagen für die gestaltende Mitwirkung im Kultur- und Medienbereich oder für die Beschäftigung als Sportlerin oder Sportler im Rahmen einer Sportveranstaltung bewilligen können, wenn besondere Umstände dies erfordern und Sicherheit und Gesundheitsschutz gewährleistet sind.

Hintergrund:
Die Möglichkeit, zu Ausbildungszwecken oder zur Teilnahme an einer Kultur-, Medien- oder Sportveranstaltung durch Ausnahmegenehmigung von den Vorgaben des Jugendarbeitsschutzgesetzes abzuweichen, wenn gleichzeitig Sicherheit und Gesundheitsschutz gewährleistet werden, sorgt für die notwendige Flexibilität in besonderen Einzelfällen. Diese Flexibilität ist insbesondere auch im Interesse der betroffenen Kinder und Jugendlichen. Denn Eingaben sowohl von Arbeitgeberinnen und Arbeitgebern wie auch von Eltern und Jugendlichen belegen, dass in Einzelfällen etwa eine Ausbildung gescheitert ist, weil das Gesetz eine entsprechende Ausnahme im Einzelfall nicht vorsieht.

3.3.16 Aufsichtsbehörden

Gesetzliche Regelung:
§ 51 JArbSchG regelt die Zuständigkeit der Aufsichtsbehörden sowie ihre Aufgaben und Befugnisse, zu denen insbesondere Betretungs- und Besichtigungsrechte hinsichtlich der Arbeitsstätten gehören.

Änderungsempfehlung:
Ausdrücklich sollte als Aufgabe der Aufsichtsbehörde die Beratung der Arbeitgeberinnen und Arbeitgeber genannt werden. Außerdem sollten Aufsichtsbehörden konkrete Maßnahmen anordnen können, die die Arbeitgeberinnen und Arbeitgeber zur Erfüllung der sich aus dem Jugendarbeits-

schutzgesetz und den aufgrund dieses Gesetzes erlassenen Rechtsverordnungen ergebenden Pflichten zu treffen haben.

Neu aufgenommen werden sollte das Recht der Aufsichtsbehörde, Einsicht in geschäftliche Unterlagen zu nehmen, soweit dies zur Erfüllung ihrer Aufgaben erforderlich ist. Es sollte zudem klargestellt werden, dass die Arbeitsstätte – auch außerhalb der Betriebs- und Arbeitszeiten oder wenn sich die Arbeitsstätte in einer Wohnung befindet – zur Verhütung von dringenden Gefahren für die öffentliche Sicherheit und Ordnung ohne Einverständnis des Inhabers oder der Inhaberin betreten werden darf.

Hintergrund:

Die empfohlenen Änderungen entsprechen Regelungen in anderen Arbeitsschutzgesetzen. Sie würden die Arbeit der Aufsichtsbehörden erleichtern und effektiver gestalten. Die Klarstellung in Bezug auf die Beratungspflicht der Aufsichtsbehörden gegenüber den Arbeitgeberinnen und Arbeitgebern soll die gesetzeskonforme Anwendung des Jugendarbeitsschutzgesetzes in Zweifelsfällen sichern.

3.3.17 Jugendarbeitsschutzausschüsse

Gesetzliche Regelung:

Das Jugendarbeitsschutzgesetz sieht in §§ 55, 56 JArbSchG die verpflichtende Einrichtung von beratenden Jugendarbeitsschutzausschüssen auf Landesebene und auf Ebene der Aufsichtsbehörden vor. In § 57 JArbSchG sind die Aufgaben der Ausschüsse, die insbesondere die Beratung der obersten Landesbehörde in allen allgemeinen Angelegenheiten des Jugendarbeitsschutzes und die Unterbreitung von Vorschlägen für die Durchführung des Jugendarbeitsschutzgesetzes umfassen, dargelegt.

Änderungsempfehlung:

Die Verpflichtung zur Bildung der Ausschüsse sollte ebenso entfallen wie die Vorschrift über die Aufgaben der Ausschüsse. Stattdessen sollte eine (deklaratorische) Bestimmung aufgenommen werden, wonach die Länder Jugendarbeitsschutzausschüsse einrichten können.

Hintergrund:

Nach den Berichten der Länder gibt es so gut wie keine aktiven Jugendarbeitsschutzausschüsse auf Ebene der Aufsichtsbehörden. Soweit auf Landesebene Ausschüsse vorhanden sind, tagen sie nur sporadisch ohne wesentliche Impulse zu geben. Eine Verpflichtung zur Einrichtung von Ausschüssen wird von den Ländern nicht mehr für erforderlich gehalten. Die Einrichtung von Ausschüssen sollte vielmehr der Entscheidung des jeweiligen Landes Vorbehalten bleiben.

3.4   Überlegungen zu den Vorschriften über ärztliche Untersuchungen

Nachdem aus der Praxis Bedenken in Bezug auf die Effizienz und die Effektivität der Untersuchungen erhoben worden waren, hielt es die Arbeitsgruppe für erforderlich, durch einen Vergleich mit der Situation in anderen EU-Mitgliedstaaten Anregungen für Verbesserungen zu erhalten.

Die Arbeitsgruppe hat die Ergebnisse des hierzu an einen Projektverbund der Technischen Universität Dresden vergebenen Forschungsprojekts »Ärztliche Untersuchungen von jungen Menschen unter achtzehn Jahren im Hinblick auf ihre Gesundheit und Entwicklung im Arbeitsleben in ausgewählten EU-Mitgliedstaaten« in einer Unterarbeitsgruppe ausgewertet (siehe …).

Änderungen im Bereich der ärztlichen Untersuchungen sind nach Auffassung der Arbeitsgruppe nur im Rahmen eines Gesamtkonzeptes möglich, in dem insbesondere auch die Frage der Höhe der ärztlichen Gebühren und der Kostentragung für die ärztlichen Untersuchungen neu geklärt werden muss. Damit wird der Regelungsbereich des Jugendarbeitsschutzgesetzes und auch der Rahmen der Zuständigkeit der Arbeitsgruppe überschritten. In der Folge werden deshalb keine konkreten Änderungsempfehlungen ausformuliert, sondern lediglich die Überlegungen dargestellt, die aus Sicht der Arbeitsgruppe bei einer Erarbeitung eines Gesamtkonzeptes zu den ärztlichen Untersuchungen berücksichtigt werden sollten.

3.4.1   Erstuntersuchung

Gesetzliche Regelung:
Jugendliche dürfen grundsätzlich nur beschäftigt werden, wenn sie vorher ärztlich untersucht worden sind (sog. Erstuntersuchung nach § 32 JArbSchG). Diese Erstuntersuchung muss innerhalb der letzten 14 Monate vor Beschäftigungsaufnahme durchgeführt werden. Der Arzt hat unter Berücksichtigung der Krankheitsvorgeschichte des Jugendlichen und aufgrund der Untersuchungen zu beurteilen, ob die Gesundheit oder die Entwicklung des Jugendlichen durch die Ausführung bestimmter Arbeiten oder durch die Beschäftigung während bestimmter Zeiten gefährdet wird. Außerdem hat der Arzt festzustellen, ob besondere der Gesundheit dienende Maßnahmen erforderlich sind und ob eine außerordentliche Nachuntersuchung gemäß § 35 Abs. 1 JArbSchG erforderlich ist. Der untersuchende Arzt hat eine Bescheinigung darüber auszustellen, dass die Untersuchung stattgefunden hat. In der Bescheinigung sollen die Arbeiten vermerkt werden, durch deren Ausführung der Arzt die Gesundheit oder die Entwicklung des Jugendlichen für gefährdet hält. Der Gefährdungsvermerk führt gemäß § 49 JArbSchG zu einem Beschäftigungsverbot in Bezug auf die entsprechende Arbeit. Das Beschäftigungsverbot kann von der zuständigen Aufsichtsbehörde im Einver-

nehmen mit einem Arzt aufgehoben werden (ggf. in Verbindung mit bestimmten Auflagen). Inhalt und Umfang der Untersuchungen sind in der Jugendarbeitsschutzuntersuchungsverordnung (JArbSchUV) geregelt.

Die Kosten für die Untersuchungen trägt das Land. Erst- und Nachuntersuchungen werden nach Ziffer 32 der Gebührenordnung für Ärzte (GOA) mit
dem einfachen Satz, also mit EUR 23,31 vergütet.

Überlegungen der Arbeitsgruppe:

Am Charakter der Erstuntersuchung als Pflichtuntersuchung sollte festgehalten werden. Aus Sicht der Arbeitsgruppe kann die Qualität der Erstuntersuchung durch ein Bündel verschiedener Maßnahmen gesteigert werden.
So könnte die arbeits- und betriebsmedizinische Qualifikation der untersuchenden Ärztinnen und Ärzte verbessert werden. Der Forschungsbericht der
TU Dresden empfiehlt, nur solche Ärztinnen und Ärzte die Erstuntersuchung durchführen zu lassen, die entweder über eine Qualifikation als Ar-
beits- und Betriebsmedizinerinnen und -mediziner verfügen oder eine Fortbildung in diesem Bereich absolviert haben. Ebenfalls empfehlenswert ist
eine Stärkung der Prävention und der ärztlichen Beratung der Jugendlichen
im Rahmen der Erstuntersuchung. Bei der Erstellung eines Curriculums
für die arbeitsmedizinische Fortbildung der Medizinerinnen und Mediziner
müsste die Bundesärztekammer mit einbezogen werden. Die Erstuntersuchung bietet die Chance, gerade denjenigen Jugendlichen präventive Ge-
sundheitsmaßnahmen und -beratung zukommen zu lassen, die frühzeitig
die Schule beenden und ins Erwerbsleben eintreten. Gerade diese Jugendlichen werden im Rahmen anderer Präventionsmaßnahmen oft schwer erreicht. Im Fall der Umsetzung der angeregten Veränderungen müsste geklärt
werden, ob die bisher vorgesehene Vergütung ausreichend ist, und außerdem die Kostenträgerschaft überprüft werden. So könnte eine stärker prä-
ventiv ausgerichtete Zielstellung der Erstuntersuchung Krankheiten vermeiden helfen und dadurch ggf. zu Kosteneinsparungen im Gesundheitsbereich
führen. Eine Übertragung der Kosten auf Sozialversicherungsträger könnte
deshalb in Erwägung gezogen werden.

3.4.2   Erste Nachuntersuchung

Gesetzliche Regelung:

Ein Jahr nach Aufnahme der ersten Beschäftigung durch einen Jugendlichen
hat sich der Arbeitgeber die Bescheinigung eines Arztes über die Durchführung einer ersten Nachuntersuchung des Jugendlichen, die zu diesem Zeitpunkt nicht länger als drei Monate zurück liegen darf, vorlegen zu lassen (§ 33 JArbSchG). Wird diese Bescheinigung nicht vorgelegt, führt dies
14 Monate nach Aufnahme der ersten Beschäftigung zu einem Beschäftigungsverbot.

Überlegungen der Arbeitsgruppe:

Die Nachuntersuchung sollte unabhängig von der konkreten Belastungssituation der Jugendlichen eine Pflichtuntersuchung bleiben. Am Zeitpunkt der Nachuntersuchung (Vorlage der Bescheinigung ein Jahr nach Aufnahme der ersten Beschäftigung, § 33 Abs. 1 JArbSchG) sollte festgehalten werden. Präventive Aspekte und arbeitsbezogene Faktoren sollten stärker berücksichtigt werden, um eine höhere Arbeitsplatzbezogenheit der Nachuntersuchung zu erreichen. Vor diesem Hintergrund erscheint es sinnvoll, Ärztinnen und Ärzte mit einer arbeits- und betriebsmedizinischen Qualifikation mit der Durchführung der ersten Nachuntersuchung zu betrauen, sofern flächendeckend entsprechend qualifizierte Medizinerinnen und Mediziner vorhanden sind.

Auch in Bezug auf die Nachuntersuchung ist die Frage der Kostenträgerschaft zu überprüfen. Bei einer stärkeren Arbeitsplatzbezogenheit der Nachuntersuchung und ihrer Durchführung durch Arbeits- und Betriebsmedizinerinnen und -mediziner könnte eine Übertragung der Kostentragungspflicht von den Ländern auf die Arbeitgeberinnen und Arbeitgeber erwogen werden.

Eine Verpflichtung zur Nachuntersuchung unabhängig vom Alter der Betroffenen (d. h. auch, wenn die Jugendlichen zwischenzeitlich volljährig geworden sind) wurde zum Teil als wünschenswert erachtet, im Ergebnis aber im Rahmen des konkreten Anwendungsbereichs des Jugendarbeitsschutzgesetzes verworfen. Darüber hinaus würde dies zu einer unterschiedlichen Behandlung im Vergleich zu jungen Erwachsenen führen, die erstmals ins Berufsleben eintreten.

3.4.3   Weitere Nachuntersuchungen

Gesetzliche Regelung:
Nach Ablauf jedes weiteren Jahres nach der ersten Nachuntersuchung kann sich der Jugendliche gemäß § 34 JArbSchG erneut nachuntersuchen lassen. Der Arbeitgeber soll auf diese Möglichkeit hinweisen und darauf hinwirken, dass der Jugendliche ihm die Bescheinigung über die weitere Nachuntersuchung vorlegt.

Überlegungen der Arbeitsgruppe:
Der Forschungsbericht der TU Dresden empfiehlt, auf die weiteren Nachuntersuchungen zu verzichten. Die Regelung spielt in der Praxis aufgrund des Alters der betroffenen Jugendlichen bei Beschäftigungsbeginn kaum eine Rolle. Im Hinblick auf das Ziel, den Präventionsgedanken im Jugendarbeitsschutzgesetz zu stärken, sollte die Vorschrift beibehalten werden.

3.4.4   Außerordentliche Nachuntersuchung

Gesetzliche Regelung:

§ 35 JArbSchG sieht vor, dass der Arzt eine außerordentliche Nachuntersuchung anordnen soll, wenn eine Untersuchung ergibt, dass ein Jugendlicher hinter dem seinem Alter entsprechenden Entwicklungsstand zurückgeblieben ist, gesundheitliche Schwächen oder Schäden vorhanden sind oder die Auswirkungen der Beschäftigung auf die Gesundheit oder Entwicklung des Jugendlichen noch nicht zu übersehen sind.

Überlegungen der Arbeitsgruppe:

Die außerordentliche Nachuntersuchung sollte erhalten bleiben.

3.4.5   Abweichen von Fristen/Datenerhebung

Gesetzliche Regelung:

Nach § 46 Abs. 2 Nr. 1 JArbSchG kann die Landesregierung durch Rechtsverordnung bestimmen, dass die Erstuntersuchung, die erste Nachuntersuchung sowie die weiteren Nachuntersuchungen zusammen mit Untersuchungen nach anderen Vorschriften durchzuführen sind, wenn dies dazu dient, mehrere Untersuchungen innerhalb eines kurzen Zeitraums zu vermeiden. Dabei kann von der Frist von 14 Monaten, die zwischen Untersuchung und Beschäftigungsbeginn maximal liegen dürfen, um bis zu drei Monate abgewichen werden.

Überlegungen der Arbeitsgruppe:

Diskutiert wurde, auf die Festlegung des Abweichungszeitraums (drei Monate) ganz zu verzichten, um in größerem Umfang insbesondere die Erstuntersuchung zusammen mit anderen Untersuchungen, wie etwa Schulabgangsuntersuchungen, durchfuhren zu können. Im Ergebnis wurde der Vorschlag verworfen. Ziel der Erstuntersuchung ist es, den Entwicklungszustand der Jugendlichen zeitnah vor dem Berufseintritt zu beurteilen. Könnten zwischen Untersuchung und Berufsbeginn mehr als 17 Monate liegen, ist die Erreichung dieses Ziels gefährdet.

Der Forschungsbericht der TU Dresden empfiehlt die kontinuierliche, flächendeckende, EDV-gestützte Erfassung und Aufbereitung der Untersuchungsdaten. Diese Daten könnten zu wissenschaftlichen Zwecken, aber auch für die Formulierung konkreter quantitativ zu formulierender Gesundheitsziele genutzt werden. Für die Datenverarbeitung müssten die notwendigen gesetzlichen Voraussetzungen geschaffen werden. Vorab wäre dabei zu klären, ob tatsächlich ein Interesse an diesen Daten, etwa seitens des Bundesgesundheitsministeriums oder des Robert- Koch-Instituts besteht. Geklärt werden müsste in diesem Zusammenhang dann auch, wer eventuelle Kosten für die notwendige Software, die den Ärztinnen und Ärzten zur Verfügung zu stellen wäre, übernehmen würde.

3.4.6   Untersuchungsberechtigungsscheine

Die von der Bundesregierung im Jahr 2010 eingesetzte Kommission zur Erarbeitung von Vorschlägen zur Neuordnung der Gemeindefinanzierung (Gemeindefinanzkommission) hat zur finanziellen Entlastung der Kommunen unter anderem vorgeschlagen, die im Bundesrecht gemäß § 2 JArbSchUV vorgesehene Ausstellung von Untersuchungsberechtigungsscheinen für die ärztlichen Untersuchungen nach dem JArbSchG zu streichen.

Die Arbeitsgruppe empfiehlt, die Regelung in der Jugendarbeitsschutzuntersuchungsverordnung derzeit nicht zu ändern. Die Einführung der Regelung geht auf eine Initiative des Bundesrates zurück und dient der Vermeidung von Doppeluntersuchungen und Doppelliquidationen. Die Kosten der Untersuchungen tragen die Länder. Die Untersuchungsberechtigungsscheine werden von einer nach Landesrecht zuständigen Stelle – und damit nicht notwendiger Weise von den Kommunen – ausgegeben. In der Praxis werden die Berechtigungsscheine an die Jugendlichen z. B. auch durch Schulen, Arztpraxen oder Arbeitsschutzbehörden ausgegeben. Es bedarf somit zur Entlastung der Kommunen grundsätzlich nicht eines Verzichts auf die Ausstellung der Berechtigungsscheine. Die Position der Arbeitsgruppe entspricht auch dem Ergebnis einer Befragung der Länder durch das BMAS im Rahmen der Prüfung des Vorschlags der Gemeindefinanzkommission. Bis auf ein Land haben sich alle Länder dagegen ausgesprochen, auf die Ausstellung der Untersuchungsberechtigungsscheine zu verzichten.

4   Fazit

Der Jugendarbeitsschutz in Deutschland hat ein hohes Niveau. Die Bund-Länder-Arbeitsgruppe setzt sich dafür ein, dieses hohe Niveau zur Sicherheit und zum Schutz von Kindern und Jugendlichen bei der Arbeit zu erhalten. Insbesondere wird eine Erweiterung der Nachtarbeit oder eine stärkere Ausdehnung der Arbeitszeit nicht befürwortet.

Eine Überarbeitung des Gesetzes käme nach übereinstimmender Auffassung der Arbeitsgruppe aus fachlichen Gründen in Frage. Eine Neustrukturierung des Gesetzes, ein ausführlicher Definitionsteil am Anfang des Gesetzes, eine anwenderfreundlichere Rechtssprache sowie inhaltliche Änderungen, die im Einzelfall praktikablere und flexiblere Lösungen als bisher ermöglichen, könnten einen Beitrag dazu leisten, das Verständnis für die Anforderungen des Jugendarbeitsschutzes bei Arbeitgeberinnen und Arbeitgebern, Eltern, Kindern und Jugendlichen zu erhöhen.

Gleichzeitig stellt die Arbeitsgruppe fest, dass der ermittelte Änderungsbedarf nicht so grundlegend ist, dass ein unmittelbarer gesetzgeberischer Handlungsbedarf besteht.

Sowohl die Ergebnisse der Forschungsprojekte als auch die Expertengespräche legen den Schluss nahe, dass es in der Praxis Defizite in der Umsetzung des Jugendarbeitsschutzgesetzes gibt, etwa in Bezug auf die Vorschriften zur Dauer der Arbeitszeit und zur Nachtruhe. Daher empfiehlt die Arbeitsgruppe, dass sich die für den Vollzug des Jugendarbeitsschutzgesetzes zuständigen Länder mit dieser Thematik weiter befassen.

Mit der Vorlage dieses Abschlussberichts beendet die Bund-Länder- Arbeitsgruppe zur Überprüfung des Jugendarbeitsschutzgesetzes ihre Arbeit.

Stichwortverzeichnis

Die **fett** gedruckten Zahlen/Wörter verweisen auf die jeweiligen Paragrafen des Jugendarbeitsschutzgesetzes, die Einleitung oder den Anhang, die mager gedruckten Zahlen auf die jeweiligen Randnummern.

A

Abgabe, Alkohol und Tabak **31** 1 ff.
Abgeltung, Urlaub **19** 20
Abhängige Beschäftigung **1** 7 ff.
Abmahnung **Einleitung** 361
Abschlussarbeiten **4** 5
Abschlussprüfung, siehe Prüfungen
Abweichende Regelungen **21a** 1 ff.
Agentur für Arbeit
– Mitteilung über Verstöße **53** 1 ff.
Akkordarbeit **23** 1 ff.
– behördliche Anordnungen und Ausnahmen **27** 5 ff.
Alkohol **31** 4
Alleinvertretung **Einleitung** 228 ff.
Altenheim
– Samstagsarbeit **16** 6, 7
– Sonntagsarbeit **17** 5, 7
Anordnungen der Aufsichtsbehörde
– Gestaltung der Arbeit **28** 9
– Häusliche Gemeinschaft **30** 2
Andere Vertragsverhältnisse **Einleitung** 399 ff.
Anlernling **Einleitung 401**
Anrechnung
– Berufsschule **9** 13 ff.
– Freistellung für Prüfungen und Ausbildungsmaßnahmen **10** 10
– Freistellung für Untersuchungen **43** 3
Anstaltsverpflegung **62** 4

Anwendungsbereich, siehe Geltungsbereich
Anzeigenblätter, Austragen **5** 18
Arbeiten, gefährliche **22** 1 ff.
Arbeiten, tempoabhängige **23** 1 ff.
Arbeiten unter Tage **24** 1 ff.
Arbeitgeber **1** 5, **3** 1 ff.
– Bußgeld- und Strafvorschriften **58** 3 f.
– mehrere Arbeitgeber **4** 18 ff.
– Minderjährige **Einleitung** 209 ff.
Arbeitnehmer **1** 14 ff.
– Minderjähriger **Einleitung** 100 ff.
Arbeitnehmerüberlassung **3** 2
Arbeitsagentur
– Mitteilung über Verstöße **53** 1 ff.
Arbeitsaufnahme
– nach Erstuntersuchung **32** 1 ff.
Arbeitsbedingungen
– Beurteilung **28a** 1 ff.
– Menschengerechte Gestaltung **28** 1 ff.
Arbeitsbereitschaft **4** 9
Arbeitsgerichtsprozess, Minderjährige **Einleitung** 169 ff.
Arbeitsgruppe mit Erwachsenen
– Akkordarbeit **23** 5
Arbeitsplatzwechsel
– Unterweisung über Gefahren **29** 1 ff.
Arbeitsschutz **22** 1 ff.

Arbeitsschutzgesetz **29** 1, Anhang
Nr. **6**
Arbeitsstätte
– Gestaltung der Arbeit **28** 1 ff.
Arbeitstempo **23** 1 ff.
Arbeitstherapie **5** 8
Arbeitsunterbrechungen **4** 18
– gleichzeitige Arbeitsbereit-
schaft **11** 5
Arbeitsvergütung **Einleitung** 405
Arbeitsverhältnis **Einleitung** 405
Arbeitsvertrag **Einleitung** 405; **1**
6 ff.
Arbeitszeit **4** 1 ff.
– Arbeitsbereitschaft **4** 9
– Arbeitsunterbrechung **4** 3
– Aushangpflicht **48** 1 ff.
– Ausbildungsmaßnahmen **4** 4
– Bereitschaftsdienst **4** 9
– Bergbau **4** 13
– Berichtsheft **4** 11
– Berufsschule **4** 8
– Feiertage **4** 15 ff.
– Kauffahrteischiffe **61**
– mehrere Arbeitgeber **4** 18 ff.
– Mitbestimmungsrecht **4** 1
– Pausen **4** 2, **11** 1 ff.
– Prüfungen **4** 8
– Rufbereitschaft **4** 10
– Ruhepausen **4** 2, **11** 1 ff.
– Schichtzeit **4** 12, **12** 1 ff.
– Umkleidezeiten **4** 6
– Vor- und Abschlussarbeit **4** 5
– Warten auf Arbeit **4** 3
– Wegezeiten **4** 7
– Wochenarbeitszeit **4** 14 ff.
– Zusammenrechnung **4** 18 ff.
Ärzte, gegenseitige Unterrich-
tung **45** 1 ff.
Ärztliche Bescheinigung **6** 23, 27 9,
39 1 ff., **41** 1 ff.
– Erstuntersuchung **32** 1 ff., **36** 1 ff.
– Gefährdungsvermerk **40**

– Nachuntersuchung **33** 1 ff., **36**
1 ff.
Ärztliche Schweigepflicht **32** 8, **35**
3, **37** 3, **39** 1
Ärztliche Untersuchungen **36** 1 ff.,
37 1 ff.
Ärztlicher Notdienst
– Samstagsarbeit **16** 7, 16
– Sonntagsarbeit **17** 5, 8
Arztwahl, freie **32** 8, **37** 2, **38** 2, **42** 1
Aufbewahren
– ärztliche Bescheinigung **41** 1 ff.
– Verzeichnisse **50** 1 ff.
Aufenthaltsräume **11** 14 ff.
Aufforderung
– Nachuntersuchung **33** 5 ff.
Aufführungen
– Ausnahmebewilligung **6** 4 ff.
Aufgaben, Ausschüsse **57** 1 ff.
Auflage, Ausnahmebewilligun-
gen **54** 6
Aufnahmen, Bild- und Tonträger
– Ausnahmebewilligung, Kinder-
arbeit **6** 4 ff.
– Samstagsarbeit **16** 7
Aufsicht, fachkundige Person
– Akkordarbeit **23** 10
– Aufsichtsbehörde **51** 1 ff.
– gefährliche Arbeit **22** 15
– Kinderarbeit **6** 25
– unter Tage **24** 3
Aufsichtsbehörde **42** 1 ff., **51** 1 ff.
– Ausnahmen für Kinderarbeit **6**
1 ff.
– Bekanntgabe **47** 1 ff.
Ausbildender **Einleitung** 297 ff.
– Pflichten **Einleitung** 329 ff.
Ausbilder **Einleitung** 297 ff., **3** 2
Ausbildung (siehe auch Berufsaus-
bildung) **Einleitung** 297 ff.
– Geltungsbereich **1** 16
Ausbildungsmaßnahmen
– Anrechnung **10** 1 ff.

– Arbeitszeit **4** 4
– Freistellung **10** 1 ff.
– Samstagsarbeit **16** 6, 13
Ausbildungsnachweis **Einleitung**
  328, 334; **4** 11
Ausbildungsverbund **Einleitung**
  299
Ausbildungsvergütung **Einleitung**
  345 ff.
Ausbildungsverhältnis **Einleitung**
  297 ff.
– Geltungsbereich **1** 16
Ausbildungsvertrag **Einleitung**
  297 ff.
– Kündigung **Einleitung** 356 ff.
  Außerordentliche Nachuntersu-
  chung **35** 1 ff.
Ausgleich für Nachtarbeit **14** 14
Aushangpflicht
– Arbeitszeit **48** 1 ff.
– Aufsichtsbehörde **47** 1 ff.
– Ausnahmebewilligung **54** 8
– Gesetz **47** 1 ff.
– Pausen **48** 1 ff.
Auskunftspflicht, Arbeitgeber **50**
  1 ff.
Ausnahmebewilligung **54** 1 ff.
– tempoabhängige Arbeiten **27**
  6 ff.
– Kinderarbeit **6** 1 ff.
Ausnahmen
– Betriebsvereinbarung **21a**
– Binnenschifffahrt **20**
– Feiertagsruhe **18** 3 f.
– Fünf-Tage-Woche **15** 8
– Geltungsbereich **1** 18 ff.
– Höchstarbeitzeit **8** 11 ff.
– Kinderarbeit **5** 1 ff., **6** 1 ff., **7** 1 ff.
– Nachtruhe **14** 3 ff.
– Notfälle **21**
– Samstagsruhe **16** 3 ff.
– Sonntagsruhe **17** 3 ff.
– Tarifvertrag **21a** 1 ff.

Ausfallender Unterricht, Berufs-
  schule **9** 6
Ausland **1** 2
Ausländer **1** 3
– Berufsschule **9** 1
Außerordentliche Nachuntersu-
  chung **35**
Ausschließliche Wirtschaftszone
  (AWZ) **1** 2
Ausschüsse für Jugendarbeits-
  schutz **56** 1 ff.
– Aufgaben **57** 1 ff.
– Landesausschüsse **55** 1 ff.
Austragen, Zeitungen **5** 18
Auszubildender **Einleitung** 297 ff.,
  9 1 ff.
– Pflichten **Einleitung** 320 ff. Aus-
  zubildendenvertretung **Einlei-
  tung** 166 ff.

B
Bäckerei
– Nachtarbeit **14** 9
– Samstagsarbeit **16** 6, 9
Bardame **22** 7
Beamte **1** 6
Bedingung
– Ausnahmebewilligung **54** 6
Befristung
– Ausnahmebewilligungen **54** 1 ff.
Behinderte (siehe auch Schwerbe-
  hinderte)
– Geltungsbereich **1** 21 ff.
Behördliche Anordnungen **27**
Behördliche Ausnahmen **27**
Behördliche Ausnahmen, Kinderar-
  beitsverbot **6** 1 ff.
Bekanntgabe, Aufsichtsbehörde **47**
  1 ff.
Bekanntgabe des Gesetzes **47** 1 ff.
Beleidigung **31** 3
– Kündigungsgrund **Einleitung**
  367

Bereitschaftsdienst **4** 9

Bergbau **4** 13
– Arbeiten unter Tage **24**
– Pause **11** 16
– Urlaub **19** 8

Berichtsheft **4** 11

Berichtspflicht, Aufsichtsbehörde **51** 8

Berufsausbildung **Einleitung** 297 ff.
– Geltungsbereich **1** 16

Berufsausbildungsvorbereitung **1** 16

Berufsausbildungsverhältnis **Einleitung** 297 ff., **7** 3
– Kündigung **Einleitung** 356 ff.
– Minderjährige **Einleitung** 134 ff.

Berufsausbildungsvertrag **Einleitung** 64, 297 ff.
– Abschluss **Einleitung** 298 ff.

Berufsbildungsgesetz **Anhang Nr. 6**

Berufsfreiheit **Einleitung** 306 ff.

Berufsschule **9** 1 ff.
– Anrechnung **9** 13 ff.
– Arbeitszeit **4** 8
– Freistellung **9** 4 ff.
– Fünf-Tage-Woche **15** 6
– Samstag **16** 16 ff.

Berufsschulferien
– Urlaub **19** 26

Berufsschulpflicht **7** 1 ff., **9** 1

Besatzungsmitglieder **20** 1 ff., **61**

Beschäftigung
– Geltungsbereich **1** 6 ff.
– Kinder, siehe Kinderarbeit

Beschäftigung nicht vollzeitschulpflichtiger Kinder **7** 1 ff.

Beschäftigungstherapie **5** 8

Beschäftigungsverbote
– Akkordarbeit **23** 1 ff.
– Arbeiten unter Tage **24** 1 ff.
– behördliche Anordnungen und Ausnahmen **27** 1 ff.

– Berufsschule **9** 9 ff.
– bestimmte Personen **25** 1 ff.
– Feiertagsarbeitsverbot **18** 1 ff.
– Gefährliche Arbeiten **22** 1 ff.
– Kinder **5** 1 ff., **7** 1 ff.
– Kinderarbeitsschutzverordnung **5** 1 ff., **Anhang Nr. 2**
– Nachtarbeitsverbot **14** 1 ff.
– Samstagsarbeitsverbot **16** 1 ff.
– Sonntagsarbeitsverbot **17** 1 ff.
– tempoabhängige Arbeiten **23** 1 ff.

Bescheinigung
– ärztliche **6** 23, **27** 9, **39** 1 ff.; **41** 1 ff.
– Aufbewahren **41** 1 ff.
– Erstuntersuchung **32** 1 ff., **36** 1 ff.
– Gefährdungsvermerk **40** 1 ff.
– Nachuntersuchung **33** 1 ff., **36** 1 ff.

Beschränkte Geschäftsfähigkeit **Einleitung** 34 ff.

Besichtigungsrecht, Aufsichtsbehörde **51** 5 ff.

Betrieb, mehrschichtiger **14** 7

Betriebsarzt **22** 17

Betriebsbedingte Kündigung **Einleitung** 369

Betriebspause **11** 11

Betriebspraktikum **1** 17, **5** 9

Betriebsrat **21a**, **48** 1, 3, **51** 7, **54** 8
– Arbeitsschutz **28** 2, **28a** 4
– Arbeitszeit **4** 1, **8** 10, **48** 3
– Gefährliche Arbeiten **22** 4
– Pausen **11** 6, **48** 3
– Urlaub **19** 4
– Widerspruchsrecht **Einleitung** 330

Betriebsübergang **Einleitung** 304

Betriebsvereinbarung **21a**

Betriebsverfassung **Einleitung** 166 ff.

Beurteilung, Arbeitsbedingungen **28a** 1 ff.

Bezahlter Urlaub **19** 1 ff.

Bier **31** 4

Bildträger, siehe Aufnahmen

Bildung, Ausschuss für Jugendarbeitsschutz **56** 1 ff.

Bildung, Landesausschuss **55** 1 ff.

Bildungsurlaub **Einleitung** 302

Binnenschifffahrt **20** 1 ff.

Biostoffverordnung **22** 12

Blockunterricht, Berufsschule **9** 1 ff.

Bohrinsel **1** 2

Branntwein **31** 4

Bundesfreiwilligendienst **1** 6

Bundesurlaubsgesetz **19** 10 ff.

Bußgeldbescheid **58** 8

Bußgeldvorschriften **58** 1 ff., **59**

C

Casting-Show **1** 14, 22; **6** 13, 16; **14** 13

D

Dauer der Arbeitszeit **8** 1 ff.

Diebstahl, Kündigungsgrund **Einleitung** 367

Dienstleistungen
– Geltungsbereich **1** 14

Direktsendung
– Sonntagsarbeit **17** 7

Doku-Soaps **1** 14

Durchführung, ärztliche Untersuchungen **37**

E

Eingliederung behinderter Menschen **1** 21, 25

Einrichtungen der Jugendhilfe
– Geltungsbereich **1** 21, 24

Einrichtungen
– Jugendhilfe **1** 21, 24

– zur Eingliederung behinderter Menschen **1** 21, 25

Einseitiges Rechtsgeschäft **Einleitung** 81 ff.

Einsichtnahme
– Unterrichtung der Ärzte **45**
– Verzeichnisse **50**

Einspruch, Bußgeldbescheid **58** 10

Eintänzerin **22** 7

Elterliche Sorge **Einleitung** 247 ff.

Elterliches Geschäft **1** 26

Eltern **Einleitung** 64, 228 ff.
– Trennung **Einleitung** 247 ff.

Elternzeit **Einleitung** 373

Entsendung **1** 2

Entzug der Ausbildungserlaubnis **25** 4

Ergänzungsuntersuchung **38** 1 ff.

Erholungsurlaub, siehe Urlaub

Ermächtigung
– zu Ausnahmeregelungen **21b, 26, 46**

Ermächtigung Bundesministerium **60**

Ermessen, Aufsichtsbehörde **6** 34, **54** 4

Ermessen, Arzt **35** 1

Ernte, Landwirtschaft **5** 17, 20; **8** 20

Erschütterung, gefährliche Arbeit **22** 11

Erstuntersuchung **32** 1 ff.

Erste Nachuntersuchung **33** 1 ff.

Erwachsene, siehe Volljährigkeit Erziehungsmaßregeln **5** 11

Escortservice **22** 7

Europarecht (Jugendarbeitsschutzrichtlinie) **1** 2, **Anhang Nr. 1**

F

Facebook **Einleitung** 367

Fahrlässigkeit
– Bußgeld- und Strafvorschriften **58** 2

Fahrlässige Gefährdung
- Bußgeld- und Strafvorschriften **58**, 13
Familienbetrieb **1** 15
Familiengericht, Genehmigungsvorbehalt **Einleitung** 97 ff.
Familienrecht **Einleitung** 228 ff., 247 ff.
Familienrechtliche Vorschriften
- Geltungsbereich **1** 23
Familienhaushalt
- Geltungsbereich **1** 26
- Dauer der Arbeitszeit **8** 19
- Samstagsarbeit **16** 6, 12
- Sonntagsarbeit **17** 5, 7
Feiertag **4** 15 ff.; **18** 1 ff.
Feiertagsruhe **18** 1 ff.
Feiertagsarbeitsverbot **18** 1 ff.
Feldbestellung **5** 20
Fernsehen
- behördliche Ausnahmen für Veranstaltungen **6** 4 ff.
- Samstagsarbeit **16** 6
- Sonntagsarbeit **17** 5, 7
Ferienarbeit **5** 30
Filmaufnahmen
- behördliche Ausnahmen, Kinderarbeit **6** 4 ff.
- Samstagsarbeit **16** 6
Fischerei in Binnengewässern
- Dauer der Arbeitszeit **8** 19
Fortkommen in der Schule
- Kinderbeschäftigungsverbot **6** 29
Fotoaufnahmen
- behördliche Ausnahmen; Kinderarbeit **6** 4 ff.
- Samstagsarbeit **16** 6
Freier Mitarbeiter **1** 20
Freiheitsentziehung, Vollzug **62** 1 ff.
Freistellung
- Ausbildungsmaßnahmen **10** 1 ff.

- Ausbildungsverhältnis **Einleitung** 337 ff.
- Berufsschule **9** 4 ff.
- Feiertag **18** 5
- Prüfungen **10** 1 ff.
- Samstagsarbeit **16** 16 ff.
- Sonntagsarbeit **17** 9
- Untersuchen **43** 1 ff.
- Urlaub **19** 1 ff.
- Vorbereitung Prüfungen **10** 5 ff.
Feiertagszuschlag **18** 6
Freiwilligendienst **1** 6
Freizeit, tägliche **13** 1 ff. Freizeitbeschäftigung
- Geltungsbereich **1** 9
Friseurhandwerk
- Samstagsarbeit **16** 6
Fünf-Tage-Woche **4** 14; **8** 2; **15** 1 ff.
- Feiertag **18** 5
Fürsorgepflicht
- häusliche Gemeinschaft **30** 1
Funktioneller Arbeitgeber **3** 1

G
Gaststättengewerbe
- Nachtarbeit **14** 5
- Samstagsarbeit **16** 6, 12
- Sonntagsarbeit **17** 5, 8
Gefahrenunterweisung **29** 1 ff.
Gefährdung
- Arbeitsbedingungen **28a** 1 ff.
- Bußgeld- und Strafvorschriften **58** 11
Gefährdungsbescheinigung **40** 1 ff.
Gefährdungsbeurteilung **28a** 3
Gefährliche Arbeiten **22** 1 ff.
Gefahrstoffverordnung **22** 12
Gefälligkeit
- Geltungsbereich **1** 21 f.
Gegenseitige Unterrichtung, Ärzte **45** 1 ff.
Gehalt **Einleitung** 405
Geldbuße

– Bußgeld- und Strafvorschriften **58**

– Bußgeldvorschriften **59**

– Höhe **58** 8

Geldstrafe **58** 12

Geltungsbereich **1** 1 ff.

– Ausnahmen **1** 18 ff.

– persönlicher **1** 3 ff.

– räumlicher **1** 2

– sachlicher **1** 6 ff.

Gemeinschaft, häusliche **30** 1 ff.

Genehmigungsvorbehalt, Familiengericht **Einleitung** 97 ff.

Geringfügige Hilfeleistungen

– Geltungsbereich **1** 21 ff.

Gesamtvertretung **Einleitung** 228 ff.

Geschäft, lediglich rechtlich vorteilhaft **Einleitung** 51 ff.

Geschäftsfähigkeit **Einleitung** 34 ff.

Geschäftsunfähigkeit **Einleitung** 34 ff.

Geschichte, Jugendarbeitsschutz **Einleitung** 1 ff.

Gesetzlicher Feiertag, siehe Feiertag

Gesetzlicher Vertreter **Einleitung** 63 ff., 193 ff., 228 ff.

Gestaltende Mitwirkung **14** 13

Gestaltung der Arbeit **28** 1 ff.

Gesundheitsschutz

– Arbeitszeit **8** 1 ff.

– Akkordarbeit **23** 1 ff.

– behördliche Anordnungen **27** 1 ff.

– Erstuntersuchung **32** 1 ff.

– Gefährliche Arbeiten **22** 1 ff.

Giftige Stoffe

– gefährliche Arbeiten **22** 1 ff.

Gleitende Arbeitszeit **8** 16

H

Haftung, Minderjähriger **Einleitung** 140 ff.

Handreichungen, Sport **5** 23

Haushalt **5** 19

Häusliche Gemeinschaft **30** 1 ff.

Heiligabend **18** 2

Heimarbeit

– Geltungsbereich **1** 14

– Urlaub **19** 27

Heranwachsende **1** 4

Herausgabe, ärztliche Bescheinigung **41** 4

Hilfe im Haushalt

– Geltungsbereich **1** 26

Hilfeleistungen, geringfügige

– Geltungsbereich **1** 21 ff.

Hitzebetriebe

– Nachtruhe **14** 12

Hitze

– gefährliche Arbeiten **22** 1 ff.

Hochseeschifffahrt **61**

– Dauer der Arbeitszeit **8** 4, **61**

Höchstarbeitszeit **8** 1 ff.

Hörfunk, siehe Rundfunk

I

Insichgeschäft **Einleitung** 94 ff.

Insolvenz **Einleitung** 302, 345

Insolvenzgeld **Einleitung** 302, 345

J

Jugendamt **6** 21

Jugendarbeitsschutz, Geschichte **Einleitung** 1 ff.

Jugendarbeitsschutzausschüsse

– Aufgaben **57**

– Ausschüsse für Jugendarbeitsschutz **56**

– Landesausschuss für Jugendarbeitsschutz **55**

Jugendarbeitsschutzrichtlinie **1** 2; **5** 4; **Anhang Nr. 1**

Jugendarbeitsschutzuntersuchungsverordnung **Anhang Nr. 3**

Jugendhilfeeinrichtungen
– Geltungsbereich **1** 21 ff.
Jugendliche, siehe auch Minderjährige
– Ausbildung **Einleitung** 297 ff.
– Definition **2** 3
– Geltungsbereich **1** 3
– Verzeichnis **49** 1 ff.
Jugendschutzgesetz **Anhang Nr. 5**
Jugend- und Auszubildendenvertretung **Einleitung** 166 ff.

K
Kabarett
– behördliche Ausnahmen für Veranstaltungen **6** 18
Kauffahrteischiffe **61**
Kälte
– gefährliche Arbeiten **22** 1 ff.
Karneval
– behördliche Ausnahmen für Veranstaltungen **6** 20
– Geltungsbereich **1** 9 f.
Kinder, siehe auch Kinderarbeit, Minderjährige
– Beschäftigung nicht vollzeitschulpflichtiger **7** 1 ff.
– Definition **2** 1
– Geltungsbereich **1** 3
Kinderarbeit **5** 1 ff.
– Ausnahmebewilligung **6** 1 ff.; **7** 1 ff.
– Kinderarbeitsschutzverordnung, **5** 1 ff.; **Anhang Nr. 2**
Kinderheim
– Samstagsarbeit **16** 6, 7
– Sonntagsarbeit **17** 5, 7
Kirchen
– Abweichung vom Arbeitszeitschutz **21a** 3
– Geltungsbereich **1** 13
Konditorei
– Nachtarbeit **14** 9

– Samstagsarbeit **16** 6, 9
Körperverletzung **31** 1 ff.
Kosten, Untersuchung **44** 1 ff.
Krankenanstalt
– Samstagsarbeit **16** 6, 7
– Sonntagsarbeit **17** 5, 7
Kündigung **Einleitung** 89 ff.
– Ausbildungsvertrag **Einleitung** 356 ff.
Küstenländer **1** 2
Küstenschifffahrt **61**

L
Landesausschüsse für Jugendarbeitsschutz **55** 1 ff.
– Abberufung, Mitglieder **55** 16
– Berufung, Mitglieder **55** 9 ff.
– Geschäftsführung **55** 23
– Geschäftsordnung **55** 21
– Rechtsstellung, Mitglieder **55** 13 ff.
– Stellvertreter **55** 17
– Unterausschüsse **55** 22
– Vorsitzender **55** 19 f.
– Zusammensetzung **55** 5 ff.
Landwirtschaft **62** 5
– Arbeitszeit **8** 3, 18 ff.
– Ausnahmen vom Kinderarbeitsverbot **5** 15 ff.
– Geltungsbereich **1** 26
– Nachtarbeit **14** 8
– Samstagsarbeit **16** 6, 12
– Sonntagsarbeit **17** 5, 7
Lärm
– gefährliche Arbeiten **22** 1 ff.
Legalitätsprinzip **51** 2
Leiharbeitgeber **3** 27
Leichte Tätigkeiten **5** 1 ff.
Leistungsverweigerungsrecht **22** 3, **23** 2
Lizenzspieler **1** 14
Lohn **Einleitung** 405
Lohnausfallprinzip **9** 19, **43** 4

Lohnformen, gemischt
- Akkordarbeit **23** 4
Lohnsteuerkarte **52**

M
Marktverkehr
- Samstagsarbeit **16** 10
Mehrere Arbeitgeber
- Arbeitszeit **4** 18 ff.
Mehrschichtiger Betrieb **14** 7
Meinungsfreiheit **Einleitung** 367
Menschengerechte Gestaltung der
  Arbeit **28** 1 ff.
Minderjährige **Einleitung** 34 ff.;
  1 2
- Arbeitgeber **Einleitung** 209 ff.
- Arbeitnehmer **Einleitung**
  100 ff.
- Arbeitsgerichtsprozess **Einlei-
  tung** 169 ff.
- Ausbildung **Einleitung** 297 ff.
- Berufsausbildungsverhält-
  nis **Einleitung** 134 ff., 297 ff.
- Betriebsverfassung **Einleitung**
  166 ff.
- Haftung **Einleitung** 140 ff.
- Kündigung **Einleitung** 89 ff.
- Rechtstellung **Einleitung** 34 ff.
- Sozialversicherung **Einleitung**
  167 f.
Mindestlohn **Einleitung** 345,
  404 f.; **4** 22
Mindestpausenzeiten **11** 1 ff.
Misshandlung, seelische **31** 1 ff.
Mitarbeiter, freier **1** 20
Mitbestimmungsrecht, Betriebs-
  oder Personalrat
- Arbeitsschutz **28** 2, **28a** 4
- Arbeitszeit **4** 1; **8** 10; **48** 3
- Gefährliche Arbeiten **22** 4
- Pausen **11** 6; **48** 3
- Urlaub **19** 4
Mittagspause **11** 10

Mitteilung, ärztliche **39** 1 ff.
Mitteilung, Verstöße **53**
Mitwirkung, gestaltende **14** 13
- behördliche Ausnahmen vom
  Kinderarbeitsverbot **6** 9
Musikaufführung
- behördliche Ausnahmen vom
  Kinderarbeitsverbot **6** 10 ff.
- Samstagsarbeit **16** 6, 13
- Sonntagsarbeit **17** 5, 7
Mutterschutz **Einleitung** 303, 352
- Kündigungsschutz **Einleitung**
  356, 373

N
Nachtarbeitsverbot **14** 1 ff.
- Ausnahmen **14** 3 ff.
- Binnenschifffahrt **20**
- Kauffahrteischiffe **61**
Nachtarbeitszuschlag **14** 14 ff.
Nachtbar **14** 13, **22** 7
Nachtclub **14** 13, **22** 7
Nachtruhe, siehe Nachtarbeitsver-
  bot
Nachuntersuchung, erste **33** 1 ff.
Nachuntersuchung, weitere **34** 1 ff.
Nachuntersuchung, außerordentli-
  che **35** 1 ff.
Nacktmodell **22** 7
Nackttänzerin **22** 7
Nässe
- gefährliche Arbeiten **22** 1 ff.
Nebenbestimmung, Ausnahmebe-
  willigung **54** 6
Nichtige Vereinbarungen **Einlei-
  tung** 306 ff.
Nordsee **1** 2
Notdienst, ärztlicher
- Samstagsarbeit **16** 6, 15
- Sonntagsarbeit **17** 8
Notfälle **21** 2

O

Offene Verkaufsstellen
– Samstagsarbeit **16** 6, 8
Offshore-Windenergieanlagen **1** 2
Ordnungswidrigkeiten **58** 1 ff.; **59**
Ostsee **1** 2

P

Pausen, siehe Ruhepausen
Pausenräume **11** 14 ff.
Peep-Show **22** 7
Personalrat **48** 1, 3; **51** 7; **54** 8
– Arbeitsschutz **28** 2, **28a** 4
– Arbeitszeit **4** 1; **8** 10; **48** 3
– Gefährliche Arbeiten **22** 4
– Pausen **11** 6; **48** 3
– Urlaub **19** 4
Personenbedingte Kündigung **Einleitung** 368
Personensorgeberechtigte **Einleitung** 228 ff., 247 ff.
– Geltungsbereich **1** 27
– Kinderarbeit **5** 1 ff.; **6** 1 ff., 22
Pflegeheim
– Samstagsarbeit **16** 6, 7
– Sonntagsarbeit **17** 5, 7
Pflegeperson **Einleitung** 254 ff.
Pfleger **Einleitung** 64, 290 ff.
Pflegschaft **Einleitung** 64, 290 ff.
Pflichten, Ausbildende **Einleitung** 329 ff.
Pflichten, Auszubildende **Einleitung** 320 ff.
Pornodarsteller **22** 7
Pornokino **22** 7
Praktikant **Einleitung** 402, 404
Praktikum
– Geltungsbereich **1** 17
Prämien
– Akkordarbeit **23** 4
Probearbeit
– Beschäftigung von Kindern **5** 10

Proben
– behördliche Ausnahmen vom Kinderarbeitsverbot **6** 4, 5
Probezeit **Einleitung** 356 ff.
Prostituierte **22** 7
Prozessfähigkeit **Einleitung** 169 ff.
Prüfungen **10** 1 ff.
– Arbeitszeit **4** 8
– Freistellung **10** 1 ff.

R

Rassistisches Verhalten, Kündigungsgrund **Einleitung** 367
Raucherpause **4** 2
Rauchfreier Arbeitsplatz **31** 4
Rechtsverordnung
– Ermächtigung **21b; 46**
– Kinderarbeitsschutzverordnung **Anhang Nr.** 2
Religionsausübung
– Geltungsbereich **1** 13
Religionsgemeinschaften
– Abweichung vom Arbeitszeitschutz **21a** 3
– Geltungsbereich **1** 13
Reinigung des Arbeitsplatzes
– Arbeitszeit **4** 5
Reparaturwerkstatt, Kraftfahrzeuge
– Samstagsarbeit **16** 6, 15
Rechtsgeschäft, einseitige **Einleitung** 81 ff.
Richterliche Weisung **5** 11
Richtlinie, Jugendarbeitsschutz **1** 2; **Anhang Nr.** 1
Rufbereitschaft
– Arbeitszeit **4** 10
Ruhepausen **4** 2, **11** 1 ff.
– Aushangpflicht **48** 1 ff.
– Kauffahrteischiffe **61**
Rundfunk
– behördliche Ausnahmen vom Kinderarbeitsverbot **6** 10, 16

– Samstagsarbeit **16** 6
– Sonntagsarbeit **17** 7

S
Samstagsarbeitsverbot **16** 1 ff.
Samstagsarbeitszuschlag **16** 19
Samstagsruhe **16** 1 ff.
Schadensersatz, **Einleitung** 377 ff.
Schaustellergewerbe
– Nachtarbeit **14** 6
– Samstagsarbeit **16** 6, 12
– Sonntagsarbeit **17** 5, 7
Schichtzeit **4** 12, **12** 1 ff.
Schifffahrt **61**
Schikane **31** 1 ff.
Schleiertänzerin **22** 7
Schließungszeit **12** 1
Schnupperlehre **1** 17
Schönheitstänzerin **22** 7
Schriftliche Abschlussprüfung **10** 1 ff.; **6**
Schülerlotsendienst **1** 11
Schule, siehe Berufsschule
Schulferien
– Kinderbeschäftigung **5** 30
Schulpflicht **2** 4; **7** 1 ff.
Schulveranstaltungen
– Berufsschule **9** 8
Schwangerschaft, siehe Mutterschutz
Schweigepflicht, ärztliche **32** 8; **35** 3; **37** 3; **39** 1
Schwerbehinderte
– Urlaub **19** 9
Schwerwiegende Verstöße
– Mitteilung über Verstöße **53** 2
Seearbeitsgesetz **61, Anhang Nr. 7**
Seelische Misshandlung **31** 1 ff.
Seemannsgesetz **61**
Selbstständige
– Geltungsbereich **1** 18 ff.
Selbstvermarktung **5** 20
Sexladen **22** 7

Shisha **31** 4
Silvester **18** 2
Sittliche Gefahren
– gefährliche Arbeit **22** 1 ff.
Sonntagsarbeitsverbot **17** 1 ff.
Sonntagsarbeitszuschlag **17** 10
Sonntagsruhe **17** 1 ff.
Sonstige Dienstleistungen
– Geltungsbereich **1** 14
Sorge, elterliche **Einleitung** 228 ff., 247 ff.
Sorgerecht **Einleitung** 228 ff., 247 ff.
Soziale Netzwerke **Einleitung** 367
Sozialversicherung, Minderjährige **Einleitung** 167 f.
Spielhalle **14 13, 22** 7
Sport
– Ausnahme, Kinderarbeit **5** 23
– Ausnahmegenehmigung **6** 4
– Geltungsbereich **1** 9, 10, 14
– Nachtruhe **14** 13
– Samstagsarbeit **16** 6, 14
– Sonntagsarbeit **17** 8
Staatsangehörigkeit
– Geltungsbereich **1** 3
Stalking, Kündigungsgrund **Einleitung** 367
Stelle, zuständige
– Mitteilung über Verstöße **53** 1 ff.
Straftaten
– Verbot der Beschäftigung durch bestimmte Personen **25** 1 ff.
Strafvorschriften **58** 1 ff.
Stripteaselokal **22** 7

T
Tabak **31** 1 ff.
Tabledancerin **22** 7
Tägliche Arbeitszeit **4** 2 ff., **8** 1 ff.
Tägliche Freizeit **13** 1 ff.
Talentwettbewerb **1** 14, 22; **14** 13

Talkshow **1** 14
Tanzdame **22** 7
Tarifvertrag **Einleitung** 305, 21a
– Arbeitszeit **8** 4, 7, 17
– Berufsschule **9** 14, 16, 20
– Feiertagsruhe **18** 4, 6
– Fünf-Tage-Woche **15** 9
– Nachtruhe **14** 5
– Samstagsruhe **16** 3
– Sonntagsruhe **17** 3
– Schichtzeit **12** 2, 6
– Urlaub **19** 1
Taschengeldparagraph **Einleitung** 78 ff.
Tatbestandsirrtum
– Bußgeld- und Strafvorschriften **58** 5
Teilgeschäftsfähigkeit **Einleitung** 100
Teilnahme, Ausbildungsmaßnahmen **10** 8 ff.
Teilnahme, Berufsschulunterricht **9** 1 ff.
Teilnahme, Prüfungen **10** 3 f.
– Dauer der Arbeitszeit **8,** 11
Teilurlaub **19** 12
Teilzeitarbeit **8** 7
Teilzeitberufsausbildung **8** 7
Tempoabhängige Arbeiten **23** 1 ff.
Theatervorstellung
– behördliche Ausnahmen von Kinderarbeit **6** 10 f.
– Samstagsarbeit **16** 6, 13
– Sonntagsarbeit **17** 5, 7
Tierhaltung
– Samstagsarbeit **16** 6, 12
Tiere, Versorgung **5** 20
Tischdame **22** 7
Tonträger, siehe Aufnahmen
Trennung, Eltern **Einleitung** 247 ff.

U
Übernahme nach Ausbildung **Einleitung** 388 ff.
Überwachung, Aufsichtsbehörde **51** 1 ff.
Umkleidezeit
– Arbeitszeit **4** 6
Unentgeltliche Tätigkeit **1** 8
Unfallgefahren
– gefährliche Arbeiten **22** 1 ff.
Unsittliche Arbeiten **22** 7
Unterkunft
– häusliche Gemeinschaft **30**
Unterricht, theoretischer
– Arbeitszeit **4** 4
Unterrichtung, Ärzte **45** 1 ff.
Unterrichtung, Gefahren **29** 1 ff.
Unterrichtung, Lohnsteuerkarten **52**
Unterrichtungspflicht, Arbeitgeber **5** 32
Untersuchung
– ärztliche **36** 1 ff.; **37** 1 ff.; **38**
– Erstuntersuchung **32** 1 ff.
– Freistellung **43** 1 ff.
– Kosten **44** 1 ff.
– Nachuntersuchung **33** 1 ff.; **34** 1 ff., **35** 1 ff.
Untertagearbeit, Bergbau
– Arbeitszeit **4** 13
– Ruhepausen **11** 16
Unterweisung, Gefahren **29** 1 ff.
Urlaub **19** 1 ff.
Urlaubsabgeltung **19** 20
Urlaubsentgelt **19** 24
Urlaubsgeld **19** 24

V
Variete
– behördliche Ausnahmen vom Kinderarbeitsverbot **6** 19

Veranstaltungen
– behördliche Ausnahmen vom Kinderarbeitsbot **6** 1 ff.
Verband, Beschäftigung **1** 9
Verbot, Abgabe Alkohol und Tabak **31** 1 ff.
Verbot der Beschäftigung durch bestimmte Personen **25**
Verbot der Kinderarbeit **5** 1 ff.
– Ausnahmebewilligung **6** 1 ff.
Verbotsirrtum
– Bußgeld- und Strafvorschriften **58** 5
Verbundausbildung **Einleitung** 299
Verdachtskündigung **Einleitung** 367
Verein, Beschäftigung **1** 9
Vereinbarungen, nichtige **Einleitung** 306 ff.
Vergütung **4** 21–23; **14** 14–22; **16** 19; **17** 10; **18** 6
– Arbeitsvergütung **Einleitung** 405
– Ausbildungsvergütung **Einleitung** 345 ff.
– Mindestlohn **Einleitung** 345, 405
Verhaltensbedingte Kündigung **Einleitung** 362 ff.
Verkaufsstellen, offene
– Samstagsarbeit **16** 6, 8
Verkehrswesen
– Samstagsarbeit **16** 6, 11
Versorgung, Tiere **5** 20
Verstoß, Mitteilung **53** 1 ff.
Versuch, Ordnungswidrigkeit
– Bußgeld- und Strafvorschriften **58** 6
Vertragsamateure **1** 14
Vertragsverhältnisse, andere **Einleitung** 399 ff.

Vertreter, gesetzlicher **Einleitung** 63 ff., 193 ff., 228 ff.
Verwaltungsakt **5** 29; **6** 35; **27** 1 ff.; **40** 5; **51** 1; **55** 16; **57** 6
– Ausnahmebewilligung **54** 1 ff.
Verzeichnis der Jugendlichen **49** 1 ff.
– Vorlage **50** 1 ff.
Volljährige Auszubildende **9** 16, 18
Volljährigkeit **Einleitung** 34
– Geltungsbereich **1** 3
Vollzeitschulpflicht **2** 4, **7** 1 ff.
Vollzug, Freiheitsentziehung **62** 1 ff.
Volontär **Einleitung** 402
Volunteer **1** 6
Vor- und Abschlussarbeiten
– Arbeitszeit **4** 5
Vorbereitung, Prüfungen **10** 5 ff.
Vordruck, ärztliche Untersuchung **37** 1 ff.
Vorlage, Verzeichnisse **50** 1 ff.
Vorlage, ärztliche Bescheinigung **41** 1 ff.
Vormund **Einleitung** 64, 269 ff.
Vormundschaft **Einleitung** 64, 269 ff.
Vorsatz
– Bußgeld- und Strafvorschriften **58** 2

W
Wartezeit, Urlaub **19** 11
Warten auf Arbeit
– Arbeitszeit **4** 3
Waschzeit **4** 6
Wechsel, Arbeitgeber **36** 1 ff.
Wegezeit
– Arbeitszeit **4** 7 f.
– Ausbildungsmaßnahmen **10** 9, 11
– Ausschüsse **55** 14

Stichwortverzeichnis

- Berufsschule **9 7**, 15
- Pausen **11** 11
- Prüfungen **10** 4, 9, 11
- Schichtzeit **12** 2
- Untersuchungen **43** 2
- Ausschüsse **55** 14
Wein **31** 4
Weisungsrecht **1** 7
Weiterarbeit nach Ausbildung **Einleitung** 388 ff.
Weiterbeschäftigung
- Nachuntersuchung **33** 7
Weitere Nachuntersuchung **34**
  Werbeprospekt, Austragen **5** 18
  Werbeveranstaltungen
- behördliche Ausnahmen vom Kinderarbeitsverbot **6** 10, 15
Wettbewerbsverbot **Einleitung** 327
Widerrufbarkeit, Ausnahmebewilligung **54** 5
Wiederholungsprüfung **10** 4
Wirtschaftszone, ausschließliche (AWZ) **1** 2
Wochenarbeitszeit **4** 14 ff., **8** 1 ff.
- Fünf-Tage-Woche **15** 1 ff.

Z
Zeitpunkt, Nachuntersuchung **33**, 2
Zeitschrift, Austragen **5** 18
Zeitung, Austragen **5** 18
Zigaretten **31** 4
Zirkus
- behördliche Ausnahmen vom Kinderarbeitsverbot **6** 19
Züchtigungsverbot **31** 1 ff. Zusammenrechnung, Arbeitszeit **4** 18 ff.
Zuschlag
- Feiertagsarbeit **18** 6
- Nachtarbeit **14** 14 f.
- Samstagsarbeit **16** 19
- Sonntagsarbeit **17** 10
Zuständige Stelle
- Mitteilung über Verstöße **53** 1 ff.
Zutrittsrecht, Aufsichtsbehörde **51** 5 ff.
Zwangsmittel, Aufsichtsbehörde **51** 1 ff.
Zwischenprüfung **10** 4